Reliure serrée

# LA DOCTRINE
## DE DIEV,

ENSEIGNEE A SAINCTE
## CATHERINE DE SIENNE,
DE L'ORDRE DE S. DOMINIQVE,

EN FORME DE DIALOGVE.

*Donnée au public en noſtre langue par le R. P. f.*
LOVIS CHARDON, *Predicateur, du*
*Conuent du meſme Ordre, en la rüe*
*Neuue S. Honnoré.*

## A PARIS,
Chez SEBASTIEN HVRE', rüe S. Jacques,
au Cœur-Bon.

M. DC. XLVIII.
*Auec Priuilege du Roy, & Approbation des Docteurs.*

Ex libris H... Praedicatorum... ...

# A LA REYNE REGENTE.

ADAME,

La Seraphique Catherine de Sienne sort de l'Escole de Dieu, pour deposer dans le scin de vostre MAIESTE' les leçons ravis-

# EPISTRE.

santes du salut de tous les hommes. Où pourroit-elle chercher sur la terre un plus beau lieu pour rencontrer de la sympathie & de la protection, que dans un cœur, où l'on admire toutes les perfections d'une Reyne Catholique & Tres-Chrestienne?

Ces deux Tiltres venerables, MADAME, qui appartiennent en proprieté à l'Eglise saincte, partagez, à deux puissantes Couronnes, sont heureusement alliez en vostre MAIESTÉ par un dessein particulier du Ciel, auquel vous donnez une parfaicte correspondance. Aussi sont-ils toute la raison de la confiance entre vos mains Royales de cét Ouurage, dicté de la bouche du Roy des Roys, duquel vous portez l'Image.

Ce ne sera donc pas une simple faueur que voſtre MAIESTE' donnera aux Oracles de la DIVINITE' prononcez, par l'Organe de celle, que le SAINT ESPRIT appelle la Maiſtreſſe de l'Vniuers, auant qu'auoir eſté ſon Ecoliere: Ce ſera vn deuoir de Iuſtice, qu'ils attendent de la Creature, que le Ciel a comblé de tous les dons de la Nature, & de la Grace, pour eſtre la Fille Aînée de l'Epouſe de IESVS-CHRIST.

MADAME, cette qualité oblige d'autant plus voſtre MAIESTE', de commander la publication de ces maximes celeſtes, que ſainɔte Catherine en a demandé à Dieu les reuelations & la lumiere, pour ſeruir à la Reformation tant deſirée dans tous les Ordres de l'Egliſe, & pour établir les Loix eter-

# EPISTRE.

nelles de la sainteté dans le monde.

Les merites de cette grande Sainte s'accordent parfaitement auec les inclinations plus affectueuses de vôtre MAIESTÉ. Les heures multipliées que vous employez, tous les iours, semblent estre trop courtes pour leur suffir au milieu d'vne Cour la plus Auguste & la plus occupée. De vray vos retraites ordinaires, MADAME, dans les lieux où les Anges de la Terre cultiuent l'esprit de la grace du LYS adorable des vallées, font connoître que vos prattiques sont de la nature de celles, dont cette Vierge incomparable descrit les perfections, & les moiens.

Aussi, MADAME, vostre Cour est l'Ecole des Reynes ; le Doüaire de celles qui y sont nourries pour meriter les Couronnes des plus

## EPISTRE.

puissantes Monarchies de l'Europe, est l'exemple de vostre vertu, le veritable Bon-heur de la France.

Ne contons-nous pas les iournées de vostre Regence, par autant de victoires signalées que les Armes du Roy emportent en toutes les parties du monde, quand elles suiuent les Ordres que vostre MAIESTE' étudie aux pieds des Autels, tãt pour l'establissement que pour l'heureux succez de leur conduite. Cependant vôtre presence fournit à chaque moment dans vn nombre prodigieux d'exemples de Pieté, des suiets de panegyriques immortels aux hommes, & au Roy de gloire des occasions de preparer des couronnes eternelles à leur merite.

I'auoüe, MADAME, que toute la conduite de ce petit trauail

# EPISTRE.

surpasse ma pensee. Aussi apres en auoir adoré l'*AVTEVR*, & en auoir admiré l'Organe, ie me iette aux pieds de sa victorieuse Protectrice, pour oser dire que ie suis,

*MADAME,*

DE VOSTRE MAIESTÉ

Le tres-humble & tres-obeïssant seruiteur & sujet,
Fr. LOVIS CHARDON.

# ADVERTISSEMENT
## AV LECTEVR.

N fin, cét Ouurage de Dieu viuant inspiré à saincte Catherine de Sienne, qu'elle a dicté en sortant de ses Extases, tant desiré par les Sçauants, & si long-temps attendu par les Ames deuotes, paroist auec plus de iour en nôtre lãgue, qu'il n'auoit pas encor eû. Il ressemble à cét admirable fleuue où l'Agneau beuuoit, & le Chameau se noyoit. Il est vne table mysterieuse où l'on dit aux Amis qu'ils boiuét & qu'ils mãgent, où l'õ inuite les plus cheris en l'Amour sainct pour s'éyurer. C'est, dis-ie, où les Ames de l'ordre vnitif apprennent auec le grand Apôtre, de se laisser rauir aux touches diuinement extatiques, & incontinent d'en souffrir le seurement auec autant de modestie que de sobrieté, pour obeïr aux dispositions du Ciel, & aux besoins Corporels & spirituels du pro-

chain. S'il découure les vices de quelque Estat, il en reuele aussi les perfections. Les laideurs du mal luy seruent à l'embelissement des vertus; Il corrige la mauuaise odeur du Peché, auec les parfums embaumés de la grace. Sans offencer aucune condition, il donne la preference à celle qui la merite; & expliquant auec autant de clarté que de naïueté, le bien & le mieux de chaque degré, il excite de l'emulation pour pretendre aux onctions plus parfaites, & pour ruiner tout ce qui est éloigné de Dieu. Ce que l'on y lit, se ressent de la grandeur de son Auteur, qui est Dieu: Ce qui fait voir l'eminence du progrez que cette Seraphique vierge auoit fait en l'vnion du sainct Amour. Les sentences qu'elle prononce sont autant d'Oracles eternels. Ce n'est pas trop dire pour la recommandation de son Liure; puisque c'est le Pere sans Principe qui parle en elle. J'aduoüe que toutes les Personnes adorables de la Diuinité sont indiuisibles en leurs Operations dans les Creatures: Neantmoins l'Esprit sainct qui souffle, où & comment il luy plaist; n'est pas restreint en la maniere intellectuelle de se representer à l'Ame, qu'il veut honorer des Lumieres de sa grace, au milieu de ses communications priuilegiées.

Il ne faut pas faire beaucoup de progrez en l'étude des diuines Escritures, pour apprendre que tantôt le Pere se manifeste, quelquefois le Fils, & assez souuent le S. Esprit. Cela se fait selon la difference des Especes spirituelles ou imaginaires, qu'il plaist à la bonne & adorable Prouidence d'inspirer aux Prophetes & aux hommes Apostoliques. Toute la conduite de ce Liure se fait au nom de la premiere Personne de l'Eternité. Le sainct Apôtre fléchit les genoux deuant sa Majesté, lors qu'il desire d'aspirer à des Lumieres souueraines, au dessus desquelles il ne croit pas d'en receuoir de plus grandes en cette vie. D'icy ie conjecture l'eminence de celles qui éleuent nôtre Seraphique iusqu'à la source primitiue de toute sorte de Lumieres intellectuelles qui se communiquent, non seulement aux Esprits dans les Hyerarchies Ecclesiastiques & Angeliques, mais encore dans l'Ordre des emanations immanentes des Personnes diuines.

Ne vous offécez pas, Lecteur! du Colloque du Createur & de sa Creature: Tout ce qui se passe icy se fait en Esprit. Les Esprits ont leurs bouches, leurs entretiens, leurs paroles & leurs Sufurres. Le parler de Dieu est puissant & efficace, il se fait entendre dans cette sublime separation extatique de l'Esprit d'auec l'Ame qui dit auec Samuel ; Parlez, Seigneur, i'écoute : & auec le Sainct Roy Prophete ; Ie vai oüir ce qu'il plaist à Dieu de me faire entendre.

L'inspiration de Dieu, l'infusion surnaturelle de ses Lumieres, l'impression admirable des especes intellectuelles, l'application des Notions & des Images interieures en l'Entendement creé, sont tout l'entretien delicieux que l'on promet à l'Ame, qui se laisse conduire dans la solitude Mystique.

C'est là où l'Epoux sainct dit à la Bienaymée, Vous estes belle, & que la Bienaymée dit à son Epoux : ô que vous estes beau & agreable. L'vn se fait par vn mouuement interieur, où l'Ame en peu de temps comprend plus de veritez qu'elle n'en sçauroit apprendre en plusieurs années d'estude de differêtes manieres: L'autre se produit par certains élans d'Amour & d'admiration, qui contiennent plus de discours que la langue n'en sçauroit prononcer en plusieurs harangues étudiées. Que dis-ie? le parler mystique des Ames est vn effect de celuy de Dieu ; pour ne pas

*au Lecteur.*

dire que c'est le parler de Dieu mesme en elles, ainsi que l'asseure l'Apostre incomparable. C'est dans les colloques de cette nature ou sainte Catherine a étudié toutes les leçons rauissantes de ce Liure. Elle les prononçoit verbalement en sortant de ses Extases. Là auec S. Paul elle écoutoit les secrets de la Cour celeste, qu'il est impossible à l'homme de raconter, comme porte la Bulle de sa Canonization, qui adjoûte : Que toute sa Science estoit infuse ,, & non pas acquise, qu'elle a enseigné com- ,, me Maistresse, auparauant qu'auoir esté ,, Escoliere des Creatures. Que ceux qui ,, sont venus la voir ou l'entendre, s'en sont ,, allez, ou meilleurs, ou plus doctes. Qu'il ,, n'y a pas de Questions importantes de la ,, Diuinité & de ses perfections, qu'elle n'ait ,, éclairci en la presence des Prelats les plus ,, qualifiez en l'Eglise, & des Professeurs en ,, Theologie les plus sçauants dans les Eco- ,, les. Qu'vn bon nombre des vns & des au- ,, tres qui l'auoient abordé, ou auec esprit ,, d'enuie, ou de curiosité, ou de doute de ,, sa saincteté, ou par quelque autre motif, ,, pressez par les touches puissantes de sa ,, Sagesse miraculeuse, ont distribué leurs ,, biens aux pauures pour embrasser la Croix ,, de son Epoux, & pour imiter la vie Apo- ,,

« stolique. Que quelques-vns se sont reti-
« rez de sa presence doux & modestes com-
« me des agneaux, qui estoient venus com-
« me des lions pour la surprendre & la perdre. Aydée de ces Lumieres Seraphiques,
elle n'a iamais rien entrepris, quoy que
difficile, ou si vous voulez d'impossible selon l'apparence, qu'elle n'ayt emporté
auec beaucoup de gloire. Elle confondoit
les superbes, elle gagnoit les sçauants, elle
amollissoit les endurcis, elle donnoit des
adresses aux bons, & elle instruisoit les
parfaits. Elle peuploit les Monasteres, elle
reformoit les Ordres, elle appaisoit les se-
ditions, elle ramenoit les desesperez, elle
reconcilioit les Schismatiques, elle re-
mettoit le lustre de la saincteté parmy les
Prelats, elle confirmoit les plus solitaires
en leur estat, elle excitoit de la ferueur en
ceux de sa suite, elle chassoit le luxe du
monde, & elle rappeloit dans la retenuë
les plus perdus de débauche & de scandale. Il n'y a aucune condition d'hommes
qui ne se soit ressenty de la vertu de sa Doctrine miraculeuse. Ses lettres ont gagné
sur les cœurs des absents les mesmes victoires à la gloire de son Espoux, que ses
paroles ont emporté sur ceux qui estoient
presents. Elle escrit aux Roys, aux Reynes,

nes, aux Papes, aux Cardinaux, aux Euesques, aux Puissances & aux Supofts, tant Ecclesiastiques que Laïques, tant seculiers que Reguliers, aux Républiques, aux Communautez, aux Mariez, aux veufues, aux Vierges. Ses persuasions contraignent le Pape auec les Cardinaux de quitter Auignon pour retourner à Rome au Siege de S. Pierre, apres plusieurs harangues remplies de l'Esprit de Dieu qu'elle fit en la presence de sa Saincteté & de sa Cour. Vrbain VI. l'écoute souuent au Consistoire, où il apprend d'elle de viue voix, la volonté de Dieu dans les affaires les plus importantes durât le Schisme Il l'enuoye en Ambassade vers les Florétins, qui auparauât l'auoiét deputé en cette qualité vers son predecesseur Gregoire au deça des Alpes. Le nôbre des Ames qu'elle a gagné à Dieu est incroyable. Elle ne monta iamais en chaire dans les Eglises pour y prescher publiquement, sainct Paul le defend aux femmes. Cela n'empéche pas que pour obeïr à l'Esprit de Dieu, qu'elle n'ayt exercé ce Ministere en toute sorte d'occasions auec des fruicts si pleins d'excez, que trois Confesseurs extraordinaires deleguez du sainct Siege, auec ample pouuoir,

*Advertissement*

à peine pouuoient suffir pour receuoir à la Penitence ceux qui prenoient resolution de changer de vie, pressez par la puissance de ses exhortations domestiques. L'on ne doit pas esperer moins de fruict de cét ouurage, qui a merité à cette Saincte l'honneur d'estre mise au Catalogue des Escriuains Ecclesiastiques, & au nombre des Auteurs les plus doctes & les plus experimentez aux Maximes de la Sagesse Mystique. I'auoüe que le monde s'est rédu indigne de garder long téps vn si riche tresor, elle est morte à l'âge que son cher Espoux est mort sur la terre. Toutefois elle n'a pas laissé depuis par les Lumieres éclatantes de ses exéples à rauir, & de ses écrits emanés du Ciel de viure encore en l'Eglise Militante pour l'instruire, tandis qu'elle ne cesse de luy procurer dans la Triomphante les graces necessaires pour sa Reformation, au desir de laquelle elle a employé plus de zele qu'aucun autre Sainct, puis qu'enfin à ce sujet elle est morte Martyre parmy les tourments que les Demons luy ont fait souffrir ainsi qu'elle l'auoit demandé à Dieu. Aussi n'y a-t'il personne qui ayt mieux qu'elle representé les conditions de ceux qui doiuent entreprendre *au Lecteur.*

ce renouuellement, & les moyens infaillibles pour le faire reüssir auec beaucoup de gloire. La lecture fera connoistre cecy aux moins passionnez. Ie dits trop. Elle m'apprend de ne pas faire de iugement sur la conduite de mon Prochain, en ce qui regarde le bien, soit du general, soit du particulier ; de vray la des-vnion détruit au lieu d'establir : Elle desire que ie sois parfaitement desapproprié, & que ie sois reuestu de la Volonté de Dieu en l'Imitation de IESVS, duquel la Croix me doit seruir de table pour m'y rassasier incessamment de la gloire de son Pere & du salut des Ames. I'ay diuisé ce Volume en trois Liures, pour apporter plus de disposition à l'ordre des matieres qu'il traite, sans toutefois auoir alteré la suite du Discours quant au sens. I'ay reduit chaque Liure en Titres de Chapitres auec moins de confusion qu'auparauant. Autant qu'il m'a esté possible, i'ay desembarassé les periodes, les sentences, & les repetitions importunes, tant des mots que des pensées, qui rauissoient à tout l'Oeuure les beautez qu'il contient ; Par ainsi i'ay crû estre obligé de suppléer quelquefois en peu de paroles ce que l'on pouuoit desirer, & de

ẽ ij

retrancher ce qui sembloit superflu en la façon d'écrire des Secretaires qui en auoient fait le Recueil: De ce nombre fust vn Notaire Apostolique deputé de sa Sainteté, vn Bien-heureux Estienne, qui depuis se fit Chartreux, & le B. Raymond de Capoüe eminent en sainteté, & enfin General de l'Ordre de Sainct Dominique. Toutefois nous ne sçaurions nous empescher de regretter que la plume de ces grands hommes a esté moins habile que cette langue Seraphique enseignée du Pere celeste. Vous y lirés quelques Textes de l'Escriture expliquez mystiquement, qui ne pretendent pas d'offencer la lettre. Les raisonnements sont tous Theologiques, quant à la Theorie; & quant à la prattique ils sont fondez sur l'imitation de la Vie & de la Croix de Iesvs, sans separer de l'Amour de Dieu & du Prochain. Si dans les Termes l'on y rencontre quelques metaphores ou analogies, il y a bien peu d'hommes sçauants en la Doctrine de S. Paul & de S. Denis qui ne les entendent: comme par exemple, ce qui est dit de la Communió du Corps mystique de Iesvs, que saincte Catherine demande apres celle du Corps naturel du mesme Redempteur. Pour ce qui regarde les autres propositions de la Theologie affectiue qui touchent l'vnion, la transformation, d'atteindre Dieu en soy-mesme, s'abysmer en son immensité, aymer sans connoissance ou Amour aueugle, & autres semblables façons de parler des Mystiques, l'on dit que ie les ay assez heureusement expliquées au Liure de la Croix de IESVS imprimé l'année derniere. Ce seroit assez de dire que ie ne suis, ny le pere, ny la mere de celuy-cy ; ie l'ay seulement habillé à la Françoise : Ie me trompe ; l'ay trauaillé à le faire paroistre plus nud que couuert. S'il n'a pas toute la politesse de l'air du temps : Ie me flatte que ses perfections interieures rauiront toute l'attention des Lecteurs, pour ne pas apperceuoir les laideurs que l'Imprimeur & moy y auons glissé insensiblement au dehors. Le petit Traitté de la Volonté de Dieu sembloit estre desiré à la fin du Liure de la Prouidence : Ie l'ay tiré d'vne impression d'Anuers de l'année 1616. L'on voit assez qu'il ne dément pas ny le stile de l'Esprit de nostre Sainte. A la fin i'ay adiousté quelques-vnes de ses Eleuations en forme d'Oraisons, où l'on voit la profondeur de sa sciē-

é iij

ce, les ardeurs de son Amour, & les ferueurs de son zele pour la reformation des mœurs dans l'Eglise, & pour la reünion des Schismatiques. Au reste ie proteste que mon dessein est tres-pur en cét ouurage pour la plus grande gloire de Dieu. Ainsi soit-il.

# TABLE
# DES CHAPITRES
### CONTENVS EN CE LIVRE.

Chap. I. DIEV accroist les desirs de saincte Catherine. fol. 1

Chap. II. Que la Charité fait la veritable satisfaction, tant pour la coulpe que pour la peine. 7

Chap. III. Manieres admirables dont Dieu se sert pour pardonner la coulpe & la peine des pechez. 14

Chap. IV. Que l'on ne sçauroit estre vicieux sans porter dommage au Prochain. 21

Chap. V. Le Prochain est le suiet de l'exercice des vertus. 26

Chap. VI. Les vices du Prochain seruent d'exercice & de lustre à la vertu des parfaits. 32

Chap. VII. Leçons rauissantes touchant la Discretion. 35

Chap. VIII. Sacrifice agreable à Dieu pour la reformation de l'Eglise, consiste plus aux vertus reelles qu'aux mortifications exterieures. 47

Chap. IX. Motifs d'accroissement de zele en saincte Catherine, & leurs effects aux pieds de Dieu. 51

Chap. X. Plaintes de Dieu contre les hommes, & l'ordre qu'il a tenu pour leur salut. 58

Chap. XI. Excez & yuresse d'Amour en saincte Catherine: Douleur de Ioye, effets de cette yuresse

é iiij

## Table des Chapitres.

*en cette Saincte.* 70

Chap. XII. *Iesus est le chemin du salut, & le Pont mystique qui conduit au Ciel.* 79

Chap. XIII. *Description de la structure du Pont mystique en Iesus-Christ, & son vsage.* 85

Chap. XIV. *Iesus monté dans le Ciel demeure virtuellement dans la terre par sa Doctrine, pour nous seruir de chemin & de Pont.* 96

Chap. XV. *Eloge par maniere d'admiration, de la misericorde de Dieu.* 103

Chap. XVI. *Des mal-heurs du peché; & que l'Amour propre est la source de tout mal.* 106

Chap. XVII. *Continuation des mal-heureux effets du Peché. De l'iniustice & des iugemens peruers du pecheur.* 117

Chap. XVIII. *Les reproches de Dieu au Pecheur durant la vie, & à l'heure de la mort.* 122

Chap. XIX. *Du reproche de Dieu au Pecheur dans l'Enfer, & de sa rigueur.* 126

Chap. XIX. *Du reproche de Dieu au Pecheur au Iugement dernier, & de sa rigueur.* 133

Chap. XX. *De l'estat des Bien-heureux dans le Ciel, & de la communication mutuelle de leurs ioyes.* 137

Chap. XXI. *Comparaison des Damnez auec les Bien-heureux.* 147

Chap. XXII. *Tentations & tromperies de Sathan, le profit qu'en tirent les Bons, & les mal-heurs qu'en tirent les Méchants.* 153

Chap. XXIV. *Toutes les peines de la vie viennent de l'Amour propre; & toutes les ioyes, de la conformité à la volonté de Dieu,* 160

Chap. XXV. *Mal-heurs de ceux qui abusent de sa*

# Table des Chapitres.

Lumiere de grace. 170

Chap. XXVI. Belles leçons touchant l'obseruation des Commandements & des Conseils. 175

Chap. XXVII. Dieu est cause de plaisir à l'Ame, & la Creature cause de deplaisir. 183

Chap. XXVIII. Du bien qu'apporte au commencement la crainte seruile : & qu'elle n'est pas assez puissante, afin que l'on s'auance, & que l'on perseuere dans le Bien. 188

Chap. XXIX. Les moyens que l'Ame doit prendre pour quitter la Crainte seruile, & s'auancer en l'Amour & en la pratique des vertus. 195

Chap. XXX. Les puissances de l'Ame vnies en Iesus-Christ, auec l'Amour de Dieu & du Prochain, est vne marque que l'Ame est sortie de la crainte seruile. 202

Chap. XXXI. La Crainte seruile est perfectionnée par la crainte ou Amour filial. La difference entre l'un & l'autre. 212

Chap. XXXII. Marques de l'imperfection de l'Amour sainct en l'Ame. 219

Chap. XXXIII. Dieu se manifeste à l'Ame selon les degrez de sa perfection. 227

Chap. XXXIV. Moyens que Dieu tient pour conduire l'Ame à l'Amour des parfaits. 232

Chap. XXXV. Conditions, aydes & empeschemens de l'Oraison tant vocale que mentale. Preference de celle-cy à celle-là. 242

Chap. XXXVI. Comment il se faut comporter parmy les consolations & les desolations en l'Oraison. 257

Chap. XXXVII. Tromperie de ceux qui sous pretexte de ne rien perdre de leur recueillement en l'Oraison refusent de seruir le Prochain. 266

# Table des Chapitres.

Chap. XXXVIII. *Des tromperies de Sathan par les apparitions feintes.* 271

Chap. XXXIX. *Estat de l'Ame qui s'approche du souuerain degré de la Perfection, auec les profits qu'elle tire de la desolation interieure.* 275

Chap. XL. *Les fruicts que l'ame tire du Cœur de Iesus, où diuerses manieres de Baptesme sont representez.* 282

Chap. XLI. *Continuité d'Oraison, ioye spirituelle, & la patience, marques que l'Ame parfaite est paruenuë à la bouche de Iesus.* 287

Chap. XLII. *La Conformité, la Force, & la Patience, marques que l'Ame est arriuée au souuerain degré de la perfection.* 291

Chap. XLIII. *Estat de l'Ame qui a fait du progrez dans la perfection du sainct Amour, iusqu'au degré sur-eminent & extatique. C'est icy l'estat où estoit arriuée saincte Catherine de Sienne, au rapport du R. Pere Raymond de Capoüe son Confesseur, & depuis General de l'Ordre de sainct Dominique.* 300

Chap. XLIV. *De l'extase & des qualitez de l'Ame extatique.* 310

Chap. XLV. *Les sources des langueurs de l'Ame extatique & parfaite.* 316

Chap. XLVI. *S. Paul est le modele des Ames parfaites, extatiques & languissantes. Il quitte l'imitation du Pere Eternel en cét estat, pour se reuestir de l'imitation du Fils.* 321

Chap. XLVII. *Que la Lumiere surnaturelle de la grace propre aux Ames parfaites, est necessaire pour auoir l'intelligence de la saincte Escriture: cette Lumiere se prend dans l'Amour vnitif.* 328

Ch. XLVIII. *Fin & Epilogue de ce premier Liure.* 334

# LIVRE SECOND.

Chap. I. *Cinq sortes de Larmes, dont les quatre dernieres sont bonnes.* 336

Chap. II. *Que l'Amour vnitif n'est iamais sans l'Amour du Prochain.* 343

Chap. III. *Des larmes criminelles des Mondains, & des fruicts mal-heureux qu'elles leur apportent.* 347

Chap. IV. *Quatre sources des larmes des Mondains.* 354

Chap. V. *Des fruicts des larmes des commençants, des imparfaits, & des parfaits en l'Amour de Dieu.* 360

Chap. VI. *Des fruicts des larmes propres de l'Amour vnitif.* 367

Chap. VII. *Des larmes de feu que Dieu ne dénie pas au cœur des parfaits, à faute des larmes des yeux.* 376

Chap. VIII. *Demandes que sainte Catherine fait à Dieu pour se maintenir & s'accroistre en la perfection. Condescendance de Dieu en son endroit.* 382

Chap. IX. *Trois lumieres necessaires à l'homme pour arriuer à la perfection.* 385

Chap. X. *De la beauté & des effects de la Lumiere propre à l'Amour vnitif.* 393

Chap. XI. *L'Ame parfaite ne iuge iamais mal de son Prochain. Les moyens de conseruer la netteté de cœur.* 399

Chap. XII. *Trois maximes pour empescher que l'Ame soit retardée de sa perfection.* 404

Chap. XIII. *Sommaire repetition des deux Chapi-*

Table des Chapitres.

tres precedents. Auis touchant la correction fraternelle. 413

Chap. XIV. La ioye spirituelle toute seule n'est pas vne marque que la reuelation ou la vision vient de Dieu. 415

Chap. XV. Dieu exhorte sainte Catherine à la perseuerãce de la priere, dãs laquelle elle se laisse aller auec des feruers rauissantes pour le remercier, & pour obtenir de nouuelles faueurs où elle est exaucée. 420

Chap. XVI. Dieu a vne prouidence particuliere des Officiers Ecclesiastiques. Grandeurs du Sacrement de l'Eucharistie, duquel ils sont les dispensateurs. 427

Chap. XVII. Les biens de ceux qui Communient dignement, & les mal-heurs de ceux qui Communient indignement. 431

Chap. XVIII. Le Sacrement de l'Eucharistie se doit toucher auec les sentiments & les affections de l'Ame, & non pas auec les organes & les sentiments du corps. 436

Chap. XIX. De la dignité des Prestres à raison de leurs emplois en la dispensation des Sacrements qu'ils doiuent faire gratuitement. Quelle doit estre leur pureté. 441

Chap. XX. Sainct Pierre Chef de l'Eglise a les clefs du Sang de Iesus. Il luy appartient de choisir & de chastier les Ecclesiastiques. 446

Chap. XXI. Enormité du peché de ceux qui mesprisent les Prestres, & qui persecutent les Prelats de l'Eglise, sous pretexte qu'ils sont de mauuaise vie. 449

Chap. XXII. Mal-heur de ceux qui se rendent rebelles aux Prelats de l'Eglise. 456

Chap. XXIII. Que les saincts Prelats ont esté dans

## Table des Chapitres.

l'Eglise des Soleils mystiques, & comment. 460

Chap. XXIV. De la Iustice, de la magnanimité, de la Charité, & des autres grandes vertus des Saincts Prelats. 466

Chap. XXV. La confiance en Dieu des bons Prelats. De leur zele & de leur compassion dans la terre pour leur troupeau, en s'accommodant à tous. 474

Chap. XXVI. Du motif que l'on doit auoir pour honorer le mauuais Prestre, & que le bon merite double honneur. 480

Chap. XXVII. De l'iniustice que commettent les mauuais Prelats enuers Dieu & enuers leurs sujets. 483

Chap. XXVIII. Dieu reuele à saincte Catherine les occupations scandaleuses des mauuais Ecclesiastiques de son temps. 489

Chap. XXIX. Dieu manifeste les laideurs de la lubricité, principalement parmy les personnes Ecclesiastiques. 497

Chap. XXX. Dieu blasme les excez de la Lubricité en toutes sortes de personnes, principalement aux Ecclesiastiques du siecle de saincte Catherine. 503

Chap. XXXI. Dieu blasme l'auarice sordide des Prelats & des autres Ecclesiastiques. 508

Chap. XXXII. Dieu reproche l'orgueil aux mauuais Prelats. 515

Chap. XXXIII. Les mauuais Prelats & Ecclesiastiques sont cause de la perte des Ames, manque de faire la correction par crainte. 520

Chap. XXXIV. Dangereux estat des mauuais Ecclesiastiques pour eux mèmes & pour les autres. 524

Chap. XXXV. Des desordres des Religieux. 527

Chap. XXXVI. Le bon-heur qui accompagne la

# Table des Chapitres.

mort des Iustes, principalement des Prestres & des Prelats de l'Eglise. 533

Chap. XXXVII. Des mal-heurs qui accompagnent les méchants en la mort, principalement des Prestres & des Prelats de l'Eglise. 540

## LIVRE TROISIESME.

Chap. I. Eleuation d'esprit de saincte Catherine, où elle remercie Dieu de ses lumieres, & des fruits qu'elle en tire, & où elle implore la Misericorde pour le monde. 549

Chap. II. La prouidence de Dieu sur l'homme en sa creation & en sa recreation. 555

Chap. III. De l'esperance saincte des hommes en la prouidence de Dieu. 559

Chap. IV. Tout ce qui est au monde dépend de la Prouidence de Dieu, qui ordonne toute sorte d'accidents pour nostre salut. L'aueuglement de ceux qui pensent le contraire. 564

Chap. V. La prouidence de Dieu aux mouuemens & aux dispositions naturelles de l'Esprit & du Corps: sa Fidelité & ses autres proprietez pour nous exciter à la Confiance. 571

Chap. VI. Prouidence amoureuse de Dieu parmy les afflictions & les besoins de la vie, au milieu desquels il faut auoir esperance en elle. Indifference de l'Ame saincte. 578

Chap. VII. De la prouidence de Dieu en l'vsage de la diuine Eucharistie sur les Ames qui en sont amoureusement affamées. 587

Chap. VIII. De la Prouidence de Dieu sur les

## Table des Chapitres.

*Pecheurs.* 594

Chap. IX. *Prouidence de Dieu sur les Ames imparfaites en son Amour & en sa grace.* 598

Chap. X. *De la Prouidence de Dieu sur les parfaits en son Amour pour les perfectionner de plus en plus.* 608

Chap. XI. *Le zele des parfaits pour le salut des Ames, representé par les circonstances des deux Pesches de S. Pierre, auant & apres la Resurrection de Iesus.* 617

Chap. XII. *De la Diuine harmonie que fait l'Ame des parfaits.* 622

Chap. XIII. *De la Prouidéce de Dieu dans le Corps polytique & Mystique, disposant que l'vn communique au bien de l'autre.* 626

Chap. XIV. *Prouidence de Dieu sur les pauures volontaires pour leur donner les besoins de la vie.* 632

Chap. XV. *Les mal-heurs des Auares, & de ceux qui ont de l'attachement aux richesses téporelles.* 638

Chap. XVI. *Les excellences de la pauureté volontaire, l'extremité de celle de IESVS dans la terre, pour l'enseigner aux hommes, & pour les rendre riches des graces spirituelles de sa Prouidence.* 643

Chap. XVII. *Magnanimité des bons Pauures, des grandes miseres dont ils sont affranchis, & des biens qu'ils reçoiuent de la Prouidence de Dieu pour recompense dés cette vie.* 650

Chap. XVIII. *Recapitulation de ce qui a esté dit de la Prouidence, en l'Amour de laquelle sainte Catherine est rauie.* 658

Chap. XIX. *Loüanges des grandeurs & des biens qu'apportent l'obeissance à l'homme auquel elle a esté donnee pour s'ouurir la porte du Ciel, & de toutes les*

Table des Chapitres.

faueurs de Dieu. 667

Chap. xx. *Prouidence de Dieu sur les Ordres Reguliers, où l'obeïssance de Conseil est vn moyen de plus grande perfection.* 644

Chap. xxi. *Conduite de Dieu sur les Ordres de S. François & de S. Dominique, de leurs fins & de leurs fruits, soit en leurs Fondateurs, soit en leurs Enfans.* 681

Chap. xxii. *De la perfection de l'obeïssance des Religieux.* 683

Chap. xxiii. *L'obeïssant est vn tableau de perfection.* 706

Chap. xxiv. *Du Centuple ou du Cent pour vn, & de la vie eternelle promise aux Obeïssants,* 712

Chap. xxv. *De la laideur de la desobeïssance, des peines qui l'accompagnent & qui la suiuent,* 715

Chap. xxvi. *Le mal de la tiedeur en Religion & son remede. Explication des paroles de l'Apocalypse; Ie voudrois que vous fussiez chaud ou froid, &c. Apoc. 3. v. 15. 16.* 723

Chap. xxvii. *Loüanges des grandeurs & des biens de l'obeïssance de Conseil,* 729

Chap. xxviii. *Que l'obeïssance des Religieux est plus parfaite que celle que l'on voüe dans le monde à vn Directeur, que l'on choisit à cette fin.* 733

Chap. xxix. *Du merite de l'obeïssance prompte & aueugle, comment est-ce qu'on la doit preferer à toute autre exercice de deuotion ou pratique de vertu.* 737

Chap. xxx. *Eleuation extatique de saincte Catherine, en forme de remerciment qu'elle fait à Dieu, pour les instructions qu'il luy a donnees en sa Doctrine.* 745

Chap. xxxi.

## Table des Chapitres.

Chap. XXXI. *En l'accomplissement de laquelle consiste le chemin abregé pour acquerir la perfection.* 753

Chap. XXXII. *Trois moyens pour accomplir parfaitement le Commandement d'aymer Dieu sur toutes choses.* 763

Chap. XXXIII. *Que la volonté de Dieu doit suffire pour toutes choses à l'Ame. Raisons pour s'y soûmettre en tous euenements.* 771

## ELEVATIONS D'ESPRIT
en forme d'Oraisons ; proferées de la bouche de sainte Catherine de Sienne auec vehemence de ferueur durant ses extases.

PRemiere Eleuation. 781
II. Eleuation. 788
III. Eleuation. 801
IV. Eleuation. 798
V. Eleuation. 806
VI. Eleuation. 811
VII. Eleuation. 814
VIII. Eleuation. 821
IX. Eleuation. 832
X. Eleuation. 836
XI. Eleuation. 842
XII. Eleuation. 851
XIII. Eleuation. 862
XIV. Eleuation. 865

## Table des Eleuations.

| | |
|---|---|
| XV. Eleuation. | 872 |
| XVI. Eleuation. | 874 |
| XVII. Eleuation. | 877 |
| XVIII. Eleuation. | 881 |
| XIX. Eleuation. | 889 |
| XX. Eleuation. | 895 |
| XXI. Eleuation. | 902 |

## Suppleément des fautes glissées en l'impression.

Page 75. lig. 8. houles. Pag. 94. l. 29. que l'on. Pag. 102. l. 12. ames. Pag. 169. l. 12. prunelle. Pag. 196. l. 3. sa grace. Pag. 388. l. 26. contredit l'esprit. Pag. 392. l 21. recônoistre. Pag. 394. l. 24. desirs. Pag. 405. l. 1. ie me suis. Pag. 406. l. 20. comprenne. Pag. 423. l. 11. vos bons. Pag. 424. l. 28. tous. Pag. 425. l. 12. application que. Pag. 427. l. 9. ne nous. Pag. 444. l. 25. des peuples. Pag. 452. l. 12. l'on se laisse. Pag. 513. l. 18. peschera. Pag. 518. l. 9. qui. Pag. 519. l. 8. voyez. Pag. 539. l. 10. des Ames. Pag. 554. l. 11. pas: vostre. Pag. 560. l. 15. se. 24. Tandis. Pag. 666. l. 26. si l'on. Pag. 669. l. 17. du libre. Pag. 685 l. 3. preuenir. Pag. 705. l 8. ordonnances. P. 747. l. 25. le Cerf, suppleez au reste. Pag. 749. l 32. effacez vne fois Seigneur. Pag. 766. l. 2. effacez tant. Pag. 774. l. 5. effacez l'exercice. Pag. 780. l. 21. prenez. Pag. 813. l. 15. pour l'ardeur. Pag. 837. l. 9. vous l'auiez creé. Pag 845. l. 21. deuenus. Pag 847. l. 3. la puissance de la liberté.

*Il y a quelques autres fautes à la marge faciles à corriger.*

*Approbation des Docteurs.*

NOvs soubs-signez Docteurs en Theologie de la Faculté de Paris: Certifions que nous auons leu ce Liure intitulé, *La doctrine du Ciel enseignée de Dieu à saincte Catherine de Sienne, mise en François par le R. P.* LOVIS CHARDON, *Iacobin Reformé*, dans lequel nous n'auons rien trouué qui ne soit conforme à la doctrine de l'Eglise Catholique, Apostolique & Romaine, & aux bonnes mœurs. En foy dequoy nous auons signé, ce sixiesme de Nouembre 1647.

DE LAVNOI.

LOISEL.

*Approbation du Vicaire general de l'Ordre.*

Nous Frere Iean Baptiste Guillerme, Vicaire General de la Congregation de S. Louis de la plus estroite obseruance de l'Ordre des Freres Prescheurs: Auons permis au *R. P. Frere Loüis Chardon* Predicateur, Profez de nostre Conuent de la ruë neuue S. Honoré, de faire imprimer *la doctrine de Dieu enseignée à saincte Catherine de Sienne*, qu'il a mise en nostre langue; pourueu qu'il garde toutes les formalitez des saincts Canons & de nos Constitutions. En foy dequoy nous auons signé ces presentes, & fait sceller du sceau de nostre office au susdit Conuent, le 25. Auril de l'année 1647.

GVILERME.

LA Sagesse celeste que contient ce Liure, intitulé, *La doctrine de Dieu enseignée à saincte Catherine de Sienne*, les excellentes maximes, & documents salutaires dont il est remply, la source eternelle d'où les Lumieres Diuines qu'il comprend sont écoulées, & la rare saincteté & pureté de celle à qui Dieu les a premierement communiquées, ont faict que plusieurs saintes Ames ont desiré depuis long-temps qu'il vist le iour en nostre langue, dans vn style plus net & plus agreable au deuot Lecteur qu'il n'auoit paru auparauant. En quoy le R.P. Louis Chardon m'a seblé auoir heureusement reüssi; mesme par l'éclaircissemét nouueau qu'il luy a dóné. C'est pourquoy apres auoir leu & examiné cét ourage par le commandement des Superieurs; I'ay iugé qu'il sera tres-vtile à toute sorte de personnes qui en feront vne lecture serieuse, & particulierement aux Ames deuotes qui desirent arriuer au Ciel par le mépris des choses de la terre, & marcher auec asseurance dans le sentier de la perfection Chrestienne & Religieuse: c'est le iugement que i'en ay porté, & le témoignage que i'en donne. Faict à Paris au Conuét Reformé des FF. Prescheurs de la ruë neuue S. Honoré, le 29. Octobre 1647.

F. ANDRE' VVIDEHEN Religieux<br>
du mesme Ordre, & Professeur<br>
en Theologie.

## PRIVILEGE DV ROY.

LOVIS PAR LA GRACE DE DIEV Roy de France et de Navarre. A nos Amez & feaux Conseillers les Gens tenans nos Cours de Parlemens, Maistre des Requestes ordinaires de nostre Hostel, Baillifs, Seneschaux, Preuosts, ou leurs Lieutenans, & tous autres nos Iusticiers & Officiers qu'il appartiendra : Salut. Nostre cher & bien Amé le P. LOVIS CHARDON, Religieux de l'Ordre des Freres Prescheurs au Conuent des Peres Iacobins Reformez de la ruë neufue S. Honoré de Paris : Nous a tres-humblement fait remonstrer qu'il a mis en nostre langue, *La doctrine de Dieu, enseignée à sainte Catherine de Sienne, en forme de Dialogue*, qu'il desireroit faire imprimer pour le bien & vtilité du public, pourquoy il conuient faire vne grande despence; Et crainte que peu de Libraires se vouluffent charger de l'impression, sans auoir sur ce nos Lettres requises qu'il nous a fait supplier luy vouloir accorder, ne voulant que le public soit priué d'vn œuure qui le peut porter à la deuotion, & y trouuer de la consolation, apres qu'il nous a apparu l'Approbation des Docteurs en Theologie de la Faculté de Paris : A CES CAVSES luy auons permis & octroyé, & d'vne grace & autorité Royale: Par ces presentes permettons & octroyons audit Pere LOVIS CHARDON faire imprimer par tel Libraire ou Imprimeur qu'il voudra choisir, ledit

Liure en telle marge & caractere que bon luy semblera : lequel Libraire ou Imprimeur le pourra vendre & imprimer autant de fois que bon luy semblera, durant le temps & espace de dix ans entiers & accomplis, à compter du iour que ledit Liure sera acheué d'imprimer ; Faisant tres-expresses inhibitions & deffences à toutes personnes de quelque qualité & condition qu'elles soient, d'imprimer, ou faire imprimer, vendre ny distribuer ledit Liure durant ledit temps, sous pretexte d'autre Traduction, augmentation, ou changement de Titre, ny en quelle maniere que ce soit, que du consentement dudit P. LOVIS CHARDON, à peine de quinze cents liures d'amande de chacun contreuenant, applicable, vn tiers à Nous, vn tiers à l'Hostel-Dieu de Paris, & l'autre tiers audit Libraire, auec confiscation des Liures & Exemplaires contrefaits, & de tous despens, dommages & interests, à la charge qu'il en sera mis deux Exéplaires en nostre Bibliotheque, & vn en celle de nostre tres-cher & feal le sieur Seguier Cheualier, Chancelier de France, auant que de l'exposer en vente, à peine de nullité des presentes, du contenu desquelles vous mandons faire iouïr ledit Exposant plainement & paisiblement, & ceux qui auront droit de luy, sans qu'il leur soit donné aucun trouble ou empeschement. VOVLONS aussi que mettant vn extraict du present Priuilege au commencement ou à la fin dudit Liure, il soit tenu pour deuëment signifié, & que foy y soit adioustée, & aux coppies d'icelles deuëment collationnées par vn de nos Amez & feaux Conseillers Secretaires comme à l'original :

Mandons en outre au premier Huissier ou Sergent sur ce requis, faire pour l'execution des presentes tous exploicts necessaires sans demander aucune permission : CAR tel est nostre plaisir. Donné à Paris le huictiesme iour de Iuillet l'an de grace mil six cents quarante-sept, & de nostre regne le cinquiesme.

Par le Roy en son Conseil,

RENOVARD.

*Achevé d'imprimer pour la premiere fois ce 15. Nouembre 1647.*

Les exemplaires ont esté fournis.

---

Le 10. Iuillet 1647. ledit R. P. Louis Chardon a remis entre les mains de Sebastien Huré, Marchand Libraire à Paris, le Priuilege qu'il a obtenu pour les impressions de *la Doctrine de Dieu*, &c. & ce pour en ioüir, aux conditions & le temps porté par iceluy.

# LA DOCTRINE DE DIEV,

ENSEIGNE'E A SAINCTE CATHERINE DE SIENNE en forme de Dialogue.

## LIVRE PREMIER.

*Des moyens & des degrez de la perfection.*

---

### CHAPITRE PREMIER.

*Dieu accroiſt les deſirs de ſainčte Catherine.*

ON Ame touchée de tranſport pour la gloire de Dieu & pour le ſalut des Ames, ſans toutefois rien relâcher de ſes exercices accoûtumez, en la practique veritable de toutes les vertus, s'arreſtoit vn iour auec vn ſouci perſeuerant en la tres-intime connoiſſance de ſa propre foibleſſe. C'eſtoit afin qu'elle pût plus

L'Oraiſon eſt vn moyen de perfection.

A

parfaitement atteindre la verité des richesses immenses de la Bonté souueraine. L'amour s'excitoit admirablement par cette connoissance, laquelle venoit à croître reciproquement par la dilection; car en aymant, nous embrassons la verité, autant pour nous transformer en elle, que pour nous laisser rauir apres elle. Il faut sçauoir que l'Ame sainte sauoure les choses de Dieu, & elle est diuinement esclairée de ses lumieres, à mesure qu'elle fait du progrez en l'Oraison constamment establie en la tres-humble & tres profonde connoissance de Dieu & de soymesme. L'oraison de cette nature, accompagnée de l'imitation veritable de Iesus-Christ, fait l'vnion de l'Esprit crée auec l'Esprit increé : de maniere que par vn desir ardément affectueux, & par vne adherence d'amour transformant, l'on deuient non tant vn autre Iesus ou vn autre Dieu, que Iesus, & si vous voulez, Dieu mesme. C'est ce que le Maistre diuin exprime sagemét lors qu'il dit : Si quelqu'vn a de l'amour pour moy, il fera bon vsage de mes paroles; il sera aymé de mon Pere, & de moy pareillement : ie me feray connoistre à luy, & puis vnis ensemble, nous ne ferons qu'vne mesme chose.

*Si quis diligit me sermonem meum seruabit & ad eū veniemus & māsionem apud eū faciemus. Ioan. 14. v. 23.
Qui habet mandata mea & seruat ea : ille est qui diligit me. Qui autem diligit me, diligetur à Patre meo, & ego diligam eum & manifestabo ei meipsum. Ioā. 14 v. 21.*

C'est ce qui ne se sçauroit faire, ainsi que nous le pouuons encore apprendre de plusieurs autres semblables lieux des diuines Escritures, que par vne tres puissante operation d'amour sacré.

*Témoignage de l'amour de Dieu enuers l'homme.*

Cette rauissante verité me fust vn iour en-

seignée auec beaucoup d'euidence, lors qu'e-
stant à l'oraison auec des touches qui rauissoient mon esprit plus qu'à l'ordinaire, **il
plût à Dieu tout puissant & debonnaire**, de
me faire voir vn eschantillon de l'affection
immense qu'il auoit pour ceux qui luy ont
consacré leur seruice. Voicy cõment il auoit
agreable de me parler : Ma bonne fille, ouure
les yeux de ton esprit, arreste-les sans aucun diuertissement sur ma grandeur : par ce
moyen, tu connoistras bien-tost l'honneur
que i'ay faict à l'homme, & l'excez de la beauté dont ie l'ay gratifié, en imprimant non
tant sur le visage de son corps, que sur la face,
ou pour mieux dire dans l'essence & dans les
puissances de son Ame, l'image & la ressemblance de ce que ie suis.

Si tu me demandois, quelle est la condition *Condition heu-*
de ceux qui sont veritablement reuestus de la *reuse de l'Ame*
robe nuptiale de la Charité, brillante de l'é- *parfaicte.*
clat de toutes les vertus, & qui par vne adherence affectueuse, plus actuelle qu'habituelle,
demeurent inseparablement vnis à ma Bonté?
Ie te respondrois, qu'ils sont des autres moy-
mesme, qu'ils sont entrez en la participation
des richesses, de mes biens, & qui plus est,
des grandeurs immenses de mon Estre. Ne
vois-tu pas qu'ils ont par vne abnegation
vniuerselle conspiré à la mort de leur propre
volonté, pour la faire reuiure en la mienne
tres-auguste, à laquelle ils ont vne tres-parfaicte conformité en toutes choses. Ie ne
dis pas encore tout ; Il faut que ie t'asseure

A ij

qu'il n'y a plus rien de viuant en eux, que mon adorable & delicieux Bon plaisir, auquel ils sont heureusement transformez.

*Les ardeurs de l'amour vnissāt, supposent les vertus.*

J'appris de cecy, que les ardeurs affectueuses de l'Amour diuin sont seules capables de faire l'vnion admirable de l'ame auec son Createur ; qu'il est impossible de paruenir, par la contemplation, à la connoissance des veritez propres pour exciter les feux embrasez de la dilection que l'on doibt à Dieu pour sa plus grande gloire, & au Prochain pour son salut ; que premierement, l'on ne se soit rendu éminent en la prattique de toutes les vertus. C'est ce que ie demandois au Pere eternellement viuant.

*Sujets des prieres de saincte Catherine.*

Apres quoy ; i'insistois à ses pieds, pour la reformation tant desirée de l'Eglise Catholique, pour la paix de tout le monde, & singulierement des Chrestiens, qui sans respect s'estoient également rendus desobeïssans & rebelles à l'Eglise. Ie luy faisois vne quatriefme demande à ce qu'il luy plust remedier par les effects de sa bonne Prouidence, à quelque accident secret & inopiné. Ie sentis en suite, que ce desir de la gloire de Dieu & du salut du prochain deuenoit excessif en son accroissement dans mon ame, à mesme qu'il plaisoit à la verité souueraine de me monstrer les malheurs extrémes, où les hommes se códamnoient par leurs ingratitudes continuelles qu'ils accompagnoient de crimes enormes. Ioignez à cela les lettres que ie venois de receuoir de mon Pere spirituel ; où il exprimoit les douleurs cuisantes qui le faisoient languir pour le mesme sujet.

L'embrazement violent que ce desir auoit faict en mon esprit, en la veuë de ce que Dieu estoit lâchement offencé, luy eust esté intolerable; si la confiance, que la misericorde de ce mesme Dieu apporteroit le remede à tant de maux, ne fût venuë à mon secours, par la ioye qu'elle fist naistre, quand ie m'efforçois d'en supplier son amoureuse Bonté.

Ce qui m'ayda beaucoup en ce rencontre plein d'angoisses; fust la pensée qui me vint, que la diuine Eucharistie estoit le plus puissant moyen & le principal ayde du salut; où l'ame prend son repos plus delicieusemét en Dieu: Elle y a vne vnion plus serrée auec sa Majesté, & si vous voulez, elle y est plus abondâment esclairée des lumieres eternelles de sa verité. De vray, par cét auguste Sacrement, elle a vie en Dieu, & Dieu a vie en elle: elle est en luy, ne plus ne moins que le poisson dans la mer, de laquelle il prend toute sa subsistance & toute sa vie. Il me tardoit que ie fusse arriuée au lendemain que l'on celebroit la feste de la tres-aymable Mere de Dieu; tant estoit violent le desir que i'auois d'oüir la Messe & y communier. *Saincte Catherine est consolée en l'Eucharistie.*

Cette heure, helas! souhaitée auec soûpirs estant venuë; i'entray en vne profonde connoissance de ma fragilité; elle estoit si grande, que pleine de hôte & de confusion, il me sembloit que si ie n'estois l'vnique, i'estois au moins la cause principale de tous les pechez *Connoissance humble de saincte Catherine.*

A iij

qui se commettoient dans le monde : d'où ie conceuois plus de hayne que de déplaisir de moi-mesme. I'estois touchée d'vn certain zele de Iustice, dont les flammes & les feux purifioient mon ame de toutes les soüilleures & de toutes les taches qui la rendoient moins agreable. Il me faisoit crier & dire : ô Pere viuant & debonnaire! c'est côtre mon propre estre que ie vous addresse ma plainte : ordonnez donc les chastimens que meritent les lâchetés de mes crimes & les infidelitez de ma vie. Ce n'est pas assez encore de charger sur mes espaules toutes les punitions pleines de rigueur, deuës aux pechez enormes de tous les hommes : puis qu'il n'est que trop vray à mon esprit ; que ie suis l'occasion des malheurs où ils sont miserablement engagez.

*Saincte Catherine est exaucée, & par quelle maniere.*
Ie vis bien-tost ma priere exaucée : les feux de mon zele, & les ardeurs de mes desirs furent soudainement attirées & rauies par de plus puissantes flammes ; où elles se virent heureusement englouties. Vous eussiez dit, qu'il m'estoit arriué ainsi qu'en l'Ancien Testament; où le feu du Ciel, se ioignoit visiblement à celuy de la victime, dont l'embrazement estoit attiré en haut par celuy-la ; en témoignage que le Sacrifice estoit agreable aux yeux de Dieu. De vray, l'Amour increé, le S. Esprit, estoit venu descendre sur l'holocauste que ie luy faisois de moy-mesme.

## Chapitre II.

*Que la charité fait la veritable satisfaction, tant pour la coulpe que pour la peine.*

Durant l'operatió diuine, extatique, vnissante & transformante du diuin Esprit, i'entendois la verité eternellemét viuáte qui me disoit: Ma bonne fille, ie suis content que vous souffriez, puis que vous m'en faites la priere: mais auant, ie veux que vous sçachiez que toutes les peines que l'on peut endurer en cette vie, ont trop de foiblesse, pour la satisfaction conuenable de la moindre des offences que l'on faict contre vne grandeur infiniment aymable. Aussi n'y a-t'il pas de proportion entre vne action passagere, & vn bien qui ne se mesure que par l'eternité. Le temps & l'immensité, la creature & le Createur détruisent l'egalité, qui doit seruir de fondement à vne iustice rigoureuse.

*Le peu de merite des peines de cette vie pour la satisfaction.*

Cecy estant de la sorte; asseurez-vous que les peines de cette vie ne sont pas tousiours satisfactoires: ie les mesnage assez souuent à ce qu'elles seruent de correction, pour rendre meilleurs ceux que i'ayme comme mes Enfans: ie les chastie quand ils veulent relascher de leur debuoir. Ie ne veux pas dire que l'on ne satisfasse quelquefois tant pour la coulpe que pour la peine qui luy est deuë: prenez garde pourtant que c'est moins du costé de la peine temporelle que l'on souffre;

*La charité donne le merite & le poids aux peines.*

A iiij

que du costé de la ferueur de l'amour sainct qui forme la parfaicte contrition & le veritable déplaisir de m'auoir offencé. Celuy-cy, participe de l'infinité de son principe, tandis que la peine est tousiours limitée dans le sujet où elle est receuë.

*La charité donne quelque sorte d'infinité à la peine.*

Il est raisonnable qu'vn amour infiny se vienne ioindre à vn bien de cette nature; & que l'ame qui est obligée de m'aymer & son prochain, conçoiue vne double douleur : l'vne, pour ses crimes; l'autre, pour les pechez de ceux desquels elle doit procurer le salut apres le sien propre. Si d'auanture cette douleur est excessiue, ainsi qu'elle le doit estre; & quelle soit excitée par vn desir amoureux de ma bonté, qui retienne par participation de l'infinité de sa cause, ou de son principe où il est admirablement vny; Ie vous puis asseurer, ma tres-aymable fille! que toutes les peines imaginables, de quel costé qu'elles viennent, quoy que finies, legeres & petites; receuront vn poids infiny, pour contrepeser en quelque façon, en satisfaisant, à vne offence infinie qui meritoit vne peine infinie, encore que l'action ne fust que passagere & de la durée, s'il faut ainsi dire, d'vn moment.

*Rien ne profite dans la charité.*

C'est parce que la vertu de l'amour qui excite la contrition, se communique à la peine, laquelle endurée auec cét esprit de veritable douleur & de contrition entiere, produit la parfaicte & la generale satisfaction. Et pour te faire voir que toutes les œuures de cette vie ont trop peu de suffisance, soit pour la satisfaction, soit pour la recompense, sans l'assaisonnement de la diuine Charité; Escoute comme mon bien-heureux Apostre parle de bonne grace: Que me seruira, dit-il, de sçauoir toutes les langues des hommes & des Anges; d'estre grand Prophete; d'espuiser toutes mes richesses pour le soulagement des pauures; de consacrer ma vie à leur seruice, & apres tout de le liurer au feu pour y estre reduit en cendres, sans la sacrée & la diuine Charité.

*Si linguis hominum loquar, & Angelorũ, charitatem autem nõ habeam, &c. Et si habuero prophetiam, & nouerim mysteria omnia, & omnẽ sciétiam, & si habuero omnẽ fidem,&c. Et si distribuero in cibos pauperum facultates meas, & si tradidero corpus meũ, ita vt ardeam: charitaté autem nõ habuero, nihil mihi prodest. 1. Corinth. v. 1. 2. 3.*

* Vous voyez assez en ce discours, ma chere Fille! que la coulpe n'est pas punie par maniere de satisfaction, en ce monde, par la peine simplement que l'on souffre; Il faut de necessité, que ce soit par la peine à laquelle l'on se condamne volontairement auec le motif d'vne dilection excessiue, qui fasse la veritable contrition ou douleur de l'ame penitente. De maniere que le desir embrazé & l'affection tres-ardante de l'amour Sainct, accõpagnée de la douleur de m'auoir offencé; donne à la peine téporelle la vie qu'elle prend dans la Croix, en Iesus mon Fils vnique. C'est de là, qu'elle prend en sa source, le poids, la vertu, le merite & l'infinité que fait cette sorte de proportion auec la Majesté infinie, qui a esté lâchemét mesprisée par la creature. Elle tire de là toute sa valeur, & non autrement, si toutefois elle est suiuie de l'imitation en toutes les vertus de cét adorable & tout ensemble aymable Redempteur.

*Commét est-ce que la charité donne l'infinité à la peine.*

Si tu desire d'acquerir cette dilectiõ dou-

*Cause & effects*

*de l'amour douloureux.*

loureuse, ou cette contrition affectueuse, tres-intime & souueraine ; il faut que ce soit par la consideration attentiue de ma delicieuse Bonté, & par la triste veuë de tes propres defauts. L'on tire de cette double connoissance, la haine du peché & le déplaisir amer de l'auoir commis trop inconsiderément. L'on conçoit de là vn mespris de la portion où la sensualité faict sa residence. L'on se iuge entieremét indigne de consolation ; & l'on auouë au contraire, que l'on a merité d'estre déuoüé à toutes sortes de malheurs & de peines. Voila comment l'Amour contristant engendre l'humilité ; & tous deux, comme le pere & la mere, engendrent la patience en la tolerance de la priuation des biens desquels l'on se iuge incapable, & en l'acceptation volontaire des maux que l'on croit auoir merité auec trop de iustice. C'est donc par l'humilité, la patience & l'amour contristant, qu'il plaist à Dieu de tirer la satisfaction qui luy est deuë.

*L'humilité dispose à la connoissance & à l'amour de Dieu.*

Vostre Requeste, ma fille, contenoit deux chefs : l'vn, de souffrir les peines qu'ont merité les hommes par leurs lâchetez en mon seruice ; & l'autre, de connoistre & d'aymer ma tres-adorable & eternelle verité, de laquelle decoule la vie de tous les estres. Ie veux bien vous accorder l'vn & l'autre : Ie vous donne pourtant auis, qu'il ne sera iamais en vostre pouuoir de paruenir à ma connoissance, & de vous mettre en estat de sauourer les douceurs de mes grandeurs delicieusement amoureuses ; si ce n'est, que vous abysmiez perseueramment vostre esprit dans la profondeur de la connoissance de vous mesme. Ce n'est pas sur les montagnes de la presomption, ny sur les collines de la vanité, c'est dans les vallons les plus bas de l'humilité que l'on rencontre ma Bonté : c'est où elle faict voir ses plus agreables perfections, & qu'elle faict paroistre ses plus rauissantes beautez. C'est dans les abaissemens de la connoissance de sa propre deformité, où l'on se perfectionne en ma grace. C'est dans l'aueu & la reconnoissance pleine d'abnegation de son propre vuide & de sa propre insuffisance, où l'on trouue les richesses & tous les aydes necessaires pour le salut & de soy & des autres. De vray il n'y sçauroit auoir de vertu que par la Charité, laquelle ne sçauroit en cette vie subsister sans sa nourrice & son soûtien qui est l'humilité.

Vous estudierez dans la connoissance de vous mesme, les moyens auec les motifs de vous abaisser aux pieds de ma Bonté, en la dependance tres-necessaire & tres-absoluë de laquelle consiste tout ce que vous estes : vous apprendrez là, que vous n'estes pas de vous-mesme : que c'est moy qui suis vostre principe & vostre tout ; afin de prouoquer par ce moyen, toute l'attention des puissances de vostre ame à me témoigner de la gratitude. Helas ! ie vous aymois auant que vous fussiez au monde : l'ay faict encore dauantage ; quant poussé par vne charité de laquelle ie ne vous

*Fruicts de la connoissance de soy-mesme.*

sçaurois expliquer l'excessiue grandeur, desirant vous faire mes enfans par les richesses de ma grace, lors que vous en estiez indignes & remplis de soüilleures ; Ie vous ay laué & nettoyé dans le Sang precieux de mon Fils vnique Iesus-Christ, qui l'a versé auec vne abondance prodigieuse, par les mesmes ardeurs de la charité qui m'ont obligé de l'enuoyer à cette fin dans la terre. Iette les yeux de tous costez, & tu diras qu'il n'y a pas de moyen plus puissant que celuy-là, pour faire cónoistre les veritez eternelles de mõ amour à vn esprit purgé des cataractes fascheux de l'amour propre.

*Peine d'esprit glorieuse & vtile.* L'ame ainsi éclairée par les lumieres delicieusement brillantes de ma bonté ; se transforme toute en inclination d'amour excessif, qui l'oblige de faire à l'auenir son element de la peine, sans laquelle elle ne sçauroit viure vn seul moment. Cette peine, de laquelle io te parle, n'est pas melancholique, ny dessechâte la vigueur de l'esprit ; au contraire elle l'engraisse, s'il faut ainsi dire, & perfectionne son embonpoint ; sans pourtant rien diminuer de la douleur extréme qu'il souffre, de ce que ses ingratitudes & les laschetez des autres, font vne si cruelle guerre à la Bonté souueraine, de laquelle il connoist tant de perfections & dont il ayme si ardamment les grandeurs. La douleur seroit plus moderée, si l'amour n'estoit pas tant intensif ; mais comme il se rend excessif, il faut à mesure que la peine s'agrandisse, & que l'affliction angois-

à saincte Chaterine de Sienne. 13

seuse du cœur se rende plus extréme en son effect.

Il ne faut donc pas s'émerueiller si à mesme temps que toy & mes autres seruiteurs commencez à me connoistre en cette maniere que ie viens d'expliquer, vous sentez vne glorieuse necessité d'endurer de toutes parts iusqu'à la mort, pour la gloire de mon Nom, toute sorte de persecutions, d'opprobres, d'afflictions, & de tribulations. C'est à cét exercice que ie veux que vous disposiez vos cœurs, en le fortifiant par vne patience perseueramment genereuse, parmy les douleurs ameres conceuës pour les offences continuelles qui blessent la fidelité de mon amour. C'est ainsi que vous le contenterez; de maniere que les peines que vous endurerez par le motif & par la vertu de la veritable Charité, suffiront pour la satisfaction & pour le merite. Pour ce qui est de toy; ie produiray dans ton sein les fruits de la vie eternelle, apres en auoir chassé les moindres taches des imperfections que ie ne sçaurois aymer, desquelles ie ne me veux plus iamais souuenir. Et pour ce qui est des autres; Ie suppléeray de ta charité & des desirs affectueux de ton ame, pour leur faire des graces selon les dispositions où ils voudront se resoudre afin de s'en rendre dignes.

*Assouuissement d'amour par les souffrances.*

## Chapitre III.

*Manieres admirables dont Dieu se sert pour pardonner la coulpe & la peine des pechez.*

Profits que l'on tire des seruiteurs de Dieu pour la satisfaction.

JE te veux reueler vn secret bien singulier de ma bône prouidence; c'est que i'ay fait dessein de pardonner la coulpe & la peine à ceux qui se prepareront auec autant de reuerence que d'humilité, pour entendre les diuins enseignemens & receuoir les sacrées instructiós de mes seruiteurs; pourueu qu'ils en tirent le profit que ie desire, lequel consiste en la connoissance veritable de ma Bonté & au déplaisir amer de leurs pechez. Par le moyen donc de l'Oraison & auec l'assistance des desirs ardamment affectueux de mes amis fideles, ils pourront pretédre aux auantages de ma grace, plus ou moins, selon la resolution qu'ils prendront de se disposer à la receuoir, & la mettre dans le plus haut exercice de ses operations, auec la prattique éminente de toutes les vertus. Prenez garde pourtant que tout ce que i'ay dit de la satisfaction de mes seruiteurs en faueur du prochain, ne peut auoir de lieu en ceux qui par vne obstination suiuie de desespoir, meritent que ie les reprenne, pour auoir mesprisé & foulé aux pieds le precieux & adorable Sang, auec lequel mon cher Enfant les a si amoureusement racheptez. Mais quoy! demeureront-ils là sans tirer profit? Non, parce que forcé par les oraisons feruentes de mes amis, ie les souffre auec dissimulation & patience ; l'attends qu'ils reuiennent à leur bon sens. Ie prouoque le chien de leur conscience à ce qu'il crie contre eux, & bien souuent à ce qu'il les morde, pour les réueiller de leur sommeil letargique. Ie ménage des milliers de graces & de lumieres pour les rendre amoureux de la vertu : Ie dispose à ce dessein le rencontre des parfaits; afin que leur exemple puisse plus humainement gagner les tendresses de leur cœur.

Ie permets assez souuent que ce monde, par les malheurs dont il n'est que trop riche, leur fasse des leçons viuantes de leurs propres miseres, qu'ils voyent comme dans vne glace dans les éuenemens estranges qui se rencontrent tous les iours, les laides horreurs de leurs passions & les bizareries ridicules de leur inconstance continuelle ; afin qu'honteux de leur propre folie, ils en déprennent leurs cœurs, pour éleuer ses desirs à l'amour des biens de l'autre vie, & à des objets qui ne sçauent du tout que c'est de changement ou d'alteration. C'est ainsi que par des voyes plus nombreuses & plus differentes que l'on ne sçauroit dire ny penser, Ie me pourmene au milieu d'eux auec les démarches de mon amour, pour voir, si leur liberté me donnera lieu de les amener à la condition trop heureuse de mes Enfans, & à l'estat glorieux où ils puissent connoistre mes adora-

*Vtilité que l'on tire de miseres du siecle.*

bles & aymables veritez.

*Effects des prieres des Saincts en cette vie.*

Ie me laisse forcer à tous ses offices debonnaires enuers eux, par la seule Charité qui m'a porté de les tirer du neant, pour leur donner l'estre par la Creation. C'est encore par la sollicitation des desirs violents de mes bons Amis, desquels les sueurs, les larmes, les souspirs, les tristes amertumes de cœur, & la posture humiliée me fist pitié & attendrissent ma diuine Poitrine. Enfin, ma chere Catherine! veux-tu que ie te die; c'est moy-mesme qui les fait aimer ainsi leur prochain, & qui prouoque dans leur cœur toutes les passions & les feux de l'Amour affligeant, & de la Charité contristante.

*Disposition requise pour tirer profit des prieres des Saincts.*

Or quant à ces personnes que ie conuertis à moy par cette maniere generale que ie viens de dire, ils ne reçoiuent pas la condonation de la peine, c'est de la coulpe seulement: c'est que de leur part ils ne se preparent pas de tout leur pouuoir, à receuoir par vne correspondance égale, la perfection des feux & des flammes de ma dilection sacrée, ny celle de mes bons seruiteurs, desquels ils ne veulent pareillement porter l'imitation, en la grandeur de leur douleur, & en l'excez de la contrition de leur cœur pour leurs pechez. Ils se contentent d'vne contrition imparfaicte & d'vn amour assez plein de lâcheté. De vray si les perfections ne se communiquêt pas dans quelque sujet que ce soit, qu'à proportion de sa disposition, pour les receuoir; ne voyez vous pas, Catherine! que ceux qui ne se preparent

parent que tiedement, & comme à demi, ne
sçauroient receuoir qu'imparfaictement les
perfections embrazées des desirs de ceux qui
les offrent pour eux auec douleur, en ma
presence. Ils ne laissent pas pourtant de receuoir la remission de leurs pechez, auec
le don incomparable de ma grace : puis que
par les lumieres dōt i'éclaire leurs consciences, & auec les autres moyens que ie t'ay dit;
ils viennent à connoistre leur deformité, &
jettent dehors les horreurs des pechez qui
les rendoient coupables des rigoureux effets
de ma Iustice vengeresse.

Ceux-cy demeurent dans les degrez d'vne *Diger de ne pas*
Charité commune, sans prendre part aux fer- *correspōdre aux*
ueurs de ceux qui sont priuilegiez en son or- *graces de Dieu.*
dre. Ils paruiennent à cét estat, & par la tolerance tres-humble & volontaire de ce que
ie leur ay enuoyé pour correction, & par leur
non-resistance aux touches & aux attraits de
mon diuin Esprit. Autrement, si comme des
aueugles & des insensibles ils eussent perseueré de payer d'ingratitude mes agreables
faueurs, & les trauaux infatigables que mes
bons amis ont enduré pour eux ; tout ce
que ma Misericorde leur auoit preparé de
bien, se seroit changé pour leur perte, en effets épouuentables de ma colere. Cette rigueur ne doit pas estre imputée, ny au defaut
de ma Misericorde, ny au peu de ferueur de
l'Ame saincte qui sollicitoit ma Bonté pour
ces malheureux ; l'on en doit attribuer la
cause au peruertissement de leur arbitre, qui

B

s'est à soy-mesme forgé l'endurcissement qui le rend comme desesperé en son obstination.

*Abus & compte des puissances de l'ame.*

Ie t'asseure pourtant, ma fille! que si pendant qu'il est capable d'vser de sa liberté, il demande le Sang de mon Fils, & qu'il veüille s'efforcer de receuoir l'application de son efficace; il sentira bien-tost que sa dureté s'amolira pour faire place aux impressions doucement puissantes de ma grace, comme aux fruits adorables de ce Sang tres-precieux. Qu'il ne se flatte pas trop en differant de iour à autre; de crainte que l'heure ne vienne où il n'y aura plus lieu de remede. Alors que ie luy demanderay cõpte de la memoire que ie luy auois donneé pour conseruer cherement le doux souuenir de mes excessiues liberalitez : de l'entendement, qui deuoit s'appliquer constamment à la connoissance de mes veritez adorables : & de la volonté que i'auois creée, à ce que par des productions genereuses d'Amour elle cherit & embrassast ma Bonté. Ces trois puissances auec leurs aptitudes, sont le riche doüaire que ie vous ay donné qui doit retourner à moy qui suis vostre bon Pere. Voicy en quoy consiste le malheur de l'homme; Il a vendu à l'ennemy ce qui m'appartenoit de iustice, & s'estant associé à ce Monstre de l'enfer; il le suit, & porte auec soy le triste gain qu'il fait en cette vie de sa déplorable societé. Sa memoire est remplie de l'horreur des pensées sensuelles, sales & vilaines, de la superbe, de l'auarice, de l'Amour propre, de la haïne & de l'auersion du Prochain; en fin la perfidie qui est l'ennemie iurée de mes seruiteurs s'y nourrit & y prend de prodigieux accroissemens. C'est pour ces desordres de pésées, que l'entendement contracte son aueuglement, d'où suit l'endurcissement de l'Ame, qui par le propre poids de son obstination finale, se precipite au malheur eternel.

Retenez donc de cét entretien, ma Bonne fille! que la peine toute seule ne satisfait pas sans la contrition de cœur; Que si l'Amour qui prouoque la contrition est excessif, elle obtient la remission de la coulpe & de la peine: si la dilection est lâche & peu feruente, elle efface seulement la coulpe, en laissant l'obligation à la peine que l'on porte dans le Purgatoire. Retenez encore, que le desir embrazé de l'ame vnie à ma souueraine Bôté, satisfait à la peine que l'on a merité, peu, ou beaucoup, selon la grandeur ou l'imperfectiõ de son vnion. Ie relasche de ce qui m'est deu à la mesure de ce que l'homme contribuë de sa part. Tâchez donc de tout vostre pouuoir, d'accroistre incessamment les desirs affectueux de vostre ame; ne souffrez pas qu'en cét exercice vn moment de temps vous eschape; que vous ne l'y employez auec toute la fidelité que vous m'auez protestée, en faueur de ceux dont vous zelez si ardemment la conuersion & le salut. Ce que ie vous dis, ie l'adresse pareillement à vostre Pere spirituel que ie vous ay donné sur la terre, afin qu'auec

*Leçons & auis salutaires.*

une émulation pleine de feruour, tout amour propre estant banny de vos cœurs, vous vous efforciez ensemble d'endurer tout ce qu'il plaira à ma bonne Prouidence de ménager pour sa gloire.

*L'amour saint & la douleur inseparables en cette vie.*

De vray, entre tous les moyens que l'Ame sainte peut employer pour se rendre agreable à mes yeux, il n'y en a aucun qui me plaise dauantage, que le desir ardant d'endurer iusqu'à la mort, pour le salut des Ames, toute sorte de trauaux & de peines de quel costé qu'elles puissent arriuer. La raison en est bien claire; parce que l'on ne sçauroit donner de plus grande preuue de l'Amour que l'on a pour moy, que celle-là : Cét Amour est d'autant plus excessif, qu'il porte à la tolerance de plus grandes peines. Or tant plus que l'Amour est grand plus l'on penetre dãs les profondeurs de mes veritez; & plus l'on en a de connoissance, plus aussi conçoit-on de douleur pour les pechez qui sont commis contre ma grandeur. Tu te trompois donc, ma Fille ! quand en me demandant que i'eusse à punir sur ta propre personne les pechez des hommes, tu demandois coniointement la connoissance & l'Amour de ma verité : Parce qu'il est impossible de m'aymer & de me connoistre, que la douleur & la peine de ce que je suis offencé ne s'accroisse à la mesure de la connoissance & de l'amour que l'on a de mes merites.

Ce vous est donc vne necessité, ma Bonne Fille ! de vous disposer à souffrir au mesme moment que vous vous preparez de m'aymer. Il faut que la patience accompagne la dilection, laquelle ne sçauroit faire la parfaite vnion auec ma Bonté, qu'en la compagnie de cette genereuse vertu. C'est elle qui fait que la Charité est inuincible, & qu'aucune force ne sçauroit separer l'esprit d'auec le Souuerain bié. Et côme l'Amour est éprouué par la patience; aussi la patience se reconnoist parmy les peines : de maniere que l'Amour, la patience & la peine sont inseparables. Si vous les connoissez en vous, tirez asseurance que vous estes du nombre des amis fideles, & si vous voulez, les espoux de ma verité, & les zelateurs veritables de ma gloire & du salut des ames.

### Chapitre IV.

*Que l'on ne sçauroit estre vicieux sans porter dommage au Prochain.*

IL est important, ma tres-aymable Fille! que ie vous apprenne, que toutes les vertus ont leur exercice, & que tous les defauts se contractent par le moyen du Prochain. De vray celuy qui perseuere par le peché en la haïne de ma Bonté, nuit dangereusement aux autres & à soy-mesme, qui est le premier Prochain & le principal. Quant à celuy-là, il luy apporte vn notable dommage, soit en general, soit en particulier. En general, parce que chacun est tenu d'aimer son Prochain com-

*Dommages que le pecheur apporte au Prochain, & à soy-mesme.*

me foy-mesme; spirituellement de premiere intention, en l'aydant par les prieres, & luy donnant les conseils salutaires & les bons auis pour l'eternité: & puis temporellement, luy procurant ses besoins, & dans l'impossible, les luy souhaitant par la condescendance compatissante de la bonne volonté. Voicy vne regle qui ne manque iamais; c'est que quiconque a de l'amour pour moy, en a pareillemét pour autruy: & qui ne m'ayme pas, ne sçauroit aussi estre touché de Charité pour son prochain. Comment est-ce donc qu'il le pourroit assister, s'il n'a pas du tout d'affection pour luy?

Celuy qui m'offence, s'offence premierement apres moy, en se priuant du riche & incomparable tresor de ma grace. En suite son iniustice criminelle passe iusqu'au Prochain, auquel il souftrait les oraisons, les desirs & les feruerurs de la Charité qu'il est obligé de rendre pour luy à mes pieds: puis que tout le soulagement qui est deu aux autres, prend sa source dans la dilection saincte & sacrée que l'on est obligé de luy porter à ma consideration. Par ainsi il est aisé de voir que s'il est impossible d'aimer son Prochain, si l'on ne m'ayme premierement; tous les defauts de l'homme prouiennent de ce qu'il est priué de ce double Amour que ie luy commande: desiste de faire du bien, à mesme-temps s'il est conuaincu d'auoir mal fait; Il est constant que c'est premierement à soy-mesme & puis au Prochain, & non pas à moy qui ne sçauroit receuoir aucun dommage de personne, si ce n'est entant que i'estime fait à moy-mesme ce que l'on fait aux autres.

Tout ce que ie viens de dire regarde le seruice que l'on doit en general à tous les hommes; Il y en a vn autre particulier duquel ie te veux maintenant entretenir: I'ay dit que celuy qui tomboit dans le malheur du peché, portoit dommage en particulier à son Prochain; i'entends à ceux singulierement qui nous approchent dans la societé ciuile ou domestique, que l'on est tenu d'ayder & d'edifier auec paroles, & auec les effects de l'exemple des vertus & des bonnes actions, en toutes les manieres où l'on void qu'ils en ont besoin. C'est ce qu'il faut faire purement & simplement, ainsi que vous voudriez qu'il fust fait à vous mesme, auec vn éloignement de tout ce qui retient de la passion, de l'interest & de l'Amour propre. Quiconque est sans la Charité fraternelle ne sçauroit faire cela. Ce seroit encore peu, s'il ne luy faisoit d'autre mal que celuy qui se tire du costé de ce bien dót il le priue à chaque fois; mais quoy, le dommage qu'il luy apporte est continuel. Ie vous veux expliquer comment la chose se passe.

Sçachez que le peché se peut commettre mentalement, ou par pensée, & actuellemét, c'est à dire, par actions qui paroissent au dehors. Le peché de l'Esprit ou de pensée se contracte par la complaisance que l'on préd au vice, & par l'auersion que l'on a pour le

*Hommages particuliers du pecheur enuers le Prochain.*

*Cruauté du pecheur spirituelle du pecheur.*

B iiij

bien ; d'où il arriue que l'on est priué de l'habitude de la diuine Charité, sans laquelle il est impossible de m'aymer & le Prochain ; Il ne reste autre chose dans l'esprit que l'attachement au plaisir de satisfaire l'amour sensitif. Cette conception mentale est bien-tost suiuie de production, qui se descharge malheureusement sur le Prochain en diuerses manieres, selon que le déreglement confus des passions inclinent la volonté peruerse de l'homme meschant. Assez souuent cette maudite engeance exerce d'estranges cruautez tant spirituelles que corporelles, tant en general qu'en particulier. Le pecheur est cruel spirituellement & en general, lors que se considerant & son Prochain en mauuais estat, & dans le peril éuident de damnation eternelle ; il est si dénaturé de ne pas se donner à soy-mesme les bons auis, ny aux autres les conseils salutaires pour se retirer du vice & embrasser la vertu. Encore s'il se contentoit de ne pas donner l'exemple du bien qu'il doit aux autres : Mais, ô malheur ! il ne faict que trop souuent l'office des Démons, puis que par ses actiôs scandaleuses & par ses sollicitatiôs criminelles, il retire du bien & precipite dans le vice ceux qui l'approchent. Quelle plus estrange cruauté se peut-il dire d'vne Ame, qui se fait l'instrument pour oster la vie spirituelle & diuine, & donner la mort eternelle ?

*La cruauté corporelle.*

Pour ce qui regarde la cruauté corporelle & en particulier, elle se prattique par la mal-heureuse cupidité d'auoir des vains hôneurs & des richesses perissables. Ce qui faict, que non seulemét l'on n'assiste pas ceux qui souffrent des besoins; l'on faict encore pis que cela, on les dépoüille de ce peu qu'ils ont: quelquefois, c'est par voye d'autorité & d'oppression puissante: d'autrefois, c'est par surprise, finesse & tromperie, en faisant racheter aux paunres leurs biens, & si vous voulez leurs propres personnes & leurs propres vies. Malheureuse cruauté! tu merite auec trop de iustice que ie te priue de ma misericorde, si tu ne change promptement la dureté de ton cœur en tendresse de compassion affectueuse suiuie d'effect.

En certains rencontres, cette humeur barbare vomit des paroles iniurieuses, elle nourrit des concertations & des debats qui ne finissent pas assez ordinairement sans meurtre ; ou bien elle infecte le Prochain des saletez & des ordures de la concupiscéce charnelle, par laquelle la personne deuient comme vn bouc puant. Elle n'empoisonne pas peu de personnes, tous ceux qui s'en approchent dans la conuersation familiere en deuiennent empoisonnez. Pour ce qui est de l'orgueil & de la vaine presomptió, elle n'est iamais sans le mépris des autres & sans iniustice, laquelle deuient insolente & intolerable en ceux qui ont quelque excez en grandeur, en biens, & en force, & en esprit par-dessus le commun. Hé bien! ma tres-chere amie & ma bonne Fille! ne pleurerez-vous

*Effects de la cruauté du pecheur.*

pas maintenant pour les offences que l'on m'a faict, & n'auez-vous pas grand sujet de ietter des larmes sans fin, pour tant de morts priuez de ma grace, par la contagion pestilentieuse des pechez cachez & éuidens, si enormes en leur nombre & en leur malice. I'appelle pechez cachez, ceux de la pensée & de la volonté; Ie nomme pechez éuidens, ceux qui ont passé en œuure & en execution: & les vns & les autres s'accomplissent par la relation qu'ils ont au Prochain, suiuant le principe que i'ay estably, sçauoir, que ceux qui les commettoient, estoient priuez de l'Amour sainct qui est source de vie à toutes les vertus, par la conspiration du propre Amour duquel le sein est la source de tout mal. Les scandales, les haines, les coleres, les enuies, les ordures, & tous les auters malheurs de la vie naissent de cette maudite racine, qui a gasté l'Vniuers, qui a rendu malade dangereusement le corps mystique de l'Eglise saincte, & affoibly le corps vniuersel de la Religion Chrestienne.

## Chapitre V.

### Le Prochain est le suiet de l'exercice des vertus.

*Effects de la haine de soy-mesme.*

IL reste de monstrer que l'on ne sçauroit mettre en prattique les vertus, que par le moyen du Prochain. C'est en l'Amour que l'on a pour luy à ma consideration, où consiste le fondement de tout leur exercice. De vray, toute leur vie & tout leur merite découle de la Charité; parce que dés que l'Ame s'est parfaitement connuë, elle trouve l'humilité & la haine de son propre Amour, que mon Apostre nomme la loy peruerse, liée en ses membres, qui meine vne guerre continuelle à l'esprit. Cette Ame, dis-je, s'esleue par les efforts du sainct zele au dessus de soy-mesme, en foulant aux pieds la portion sensible, qu'elle assujettit parfaitement à la raison, comme à sa Reyne naturelle & legitime. Dans son éleuation, ie luy découure les richesses de ma Bonté, par les incomparables faueurs que ie luy ay donné, dont elle se iuge tres-indigne. Elle attribuë mesme cét aueu de son indignité à la douceur de ma grace, par l'efficace de laquelle ie l'ay sauuée des tenebres, pour l'attirer dans le Royaume du Fils de ma Dilection, & la rendre participante de mes admirables lumieres. C'est ce qu'elle medite continuellement, & où elle applique toutes les attentions de ses puissances; afin qu'apres auoir si bien connu les grandeurs de ma Bonté, elle se change toute en inclination de tres-pur Amour, sans aucun diuertissement tiré de l'interest propre & sans aucune reflexion sur soy-mesme.

*Video aliam legem in membris meis repugnantem legi mentis mea, & captiuitatem me in lege peccati quæ est in membris meis. Rom. 7. v. 23*

*Eripuit nos de potestate tenebrarum; & transtulit nos in regnum filij dilectionis suæ. Coloss. 1. v. 13.*

Cét Amour n'est pas sterile, il a la fecondité de toutes les vertus, sans quoy l'on ne sçauroit m'aymer ny se rendre agreable à mes yeux. Ces vertus ayant esté conceuës par la dilection que l'on me porte, il faut

*L'Amour sainct rend l'ame vtile à tout le monde*

qu'incontinent elles se deschargent sur le Prochain, en se rendant vtile à luy, puis que l'amour qu'on lui doit, est le mesme que celuy que ie demande de vous, & que ie vous donne. C'est ce qui fait que la mesure de l'amour que l'on tesmoigne à autruy, est la mesme de celuy que l'on a pour moy.

Or le moyen que ie vous ay mis en main pour donner de l'exercice aux vertus qui sont en vous, c'est de les employer en faueur de vôtre Prochain ; puis que ie suis trop suffisant de moy-même pour tirer profit de vos seruices. Ie vous asseure que vous ne pouuez prendre de meilleures asseurances que vous appartenez à ma grace, que quand par la seule consideration de ma gloire & du salut des ames, vous vous appliquez de les ayder par les fruits des oraisons feruentes, & des desirs doucement affectueux. Aussi est-il veritable que l'ame excessiuement amoureuse de ma verité, ne sçauroit se lasser de se rendre vtile à tout le monde tant en general qu'en particulier, peu ou beaucoup selon la disposition de ceux qui reçoiuent le profit, & selon la grandeur des desirs enflammez de ceux qui le procurent. C'est pourtant auec cet ordre, que l'vtilité generale doit deuancer la particuliere : de maniere qu'à raison de l'vnion d'amour que l'on a auec ma bonté, l'affection vient à se dilater en embrassant generalement le salut de tout ce qui releue de ma prouidence surnaturelle. L'on tache selon tout son pouuoir d'ayder vn chacun en ses besoins, dans lesquels l'on s'est consideré; premierement par la regle de la charité bien ordonnée, lors qu'en l'amour de la vertu & en la haine du vice l'on a tiré l'esprit de ma grace. Apres donc que cette Ame s'est procurée du bien & s'est renduë vtile à soy-mesme; elle commence incontinent de porter l'œil & la main à faire le semblable à son Prochain plus en particulier. Pour ce dessein elle met en exercice les graces differentes dont ie luy ay confié le ménagement; tantost par la parole de la doctrine : autrefois, par le conseil salutaire : & toûjours par l'exemple de la bonne vie ; à quoy tous les hommes sont obligez, sans auoir égard à aucun respect humain tel qu'il puisse estre.

Il y a beaucoup d'autres graces & d'autres ministeres propres à seruir le Prochain en l'affaire de son salut, qui ont leur motif en la Charité laquelle les doit employer. Toutes ces graces qui regardent l'edification du corps mystique de l'Eglise en ses membres particuliers, & dont le nombre est innombrable, sont distribuées differemment par ma toute sage prouidence; afin d'en faire adorer les dispositions secretes. Ie ne les ay pas voulu comuniquer toutes à vn seul; qui a receu vn dō, qui vn autre; pour vous obliger de vous aymer, & cōme pour vous contraindre d'exercer mutuellemét la Charité. L'ordre que i'ay disposé quant aux dons & aux ministeres, ie l'ay voulu garder aussi quant aux vertus ; quoy que pourtant elles soient inseparablement vnies

*Les dons, les ministeres & les vertus sont pour le seruice du Prochain.*

*Diuisiones gratiarū sunt. Diuisiones ministrū ationū sūt. Diuisiones operationum sunt : idem autem Deus qui operatur omnia in omnibus.*
*Cor. 1, v. 4, 5, 6.*

ensemble, de maniere que l'vne ne sçauroit estre sans l'autre. Cela n'empesche pas qu'vn chacun ne s'approprie quelque vertu, comme celle en laquelle il excelle, & comme la principale qui appelle apres elle toutes les autres. Ie faits que l'vn se rende recommandable par la charité iointe à la douceur: Ie donne à vn autre l'humilité: il y en a qui se rendent admirables par la iustice, qui se fera estimer par la prudence ou par la temperance, ou par la patience; ceux-cy seront eminens en la foy viue; & ceux-là donneront des preuues d'vne force magnanime.

*La distribution des Ministeres & des vertus, entretiennent la Charité.*

C'est ainsi que ie me comporte au ménagement de mes graces, & en la distribution des vertus que ie donne toutes non à vn seulement, mais à plusieurs selon le sage & le bon conseil de ma volonté. Prenez garde pourtant, que nonobstant qu'vn chacun ait vne vertu, de laquelle il s'approprie plus particulierement l'exercice, que la prattique des autres; il ne laisse pas de les attirer toutes par celle-là qui luy sert de principal objet, à raison de l'enchaînement qu'ont toutes les vertus les vnes auec les autres par le moyen de la Charité.

*Hæc omnia operatur vnus atque idem spiritus; diuidens singulis prout vult. 1. Cor. 12. 10.*

C'est ce qui fait que les dons, les vertus & les ministeres des diuerses graces sont espandus & mis en exercice differemment, soit pour le bien spirituel soit pour le corporel. Quand ie dis le bien corporel, ie comprends tout ce qui appartient aux besoins de la vie ciuile & priuée de l'homme. I'ay distribué ces biens & ces besoins auec autant d'inega-lité que de diuersité à vn chacun en particulier ; afin que tous ayans necessité des vns des autres, ils puissent exercer mutuellement la charité & les œuures de misericorde. De vray, ne pouuois-je pas enrichir l'homme de toutes les commoditez imaginables, sans qu'il eust esté contraint de mendier hors de soy-mesme ce qu'il auoit de manque. Ma bonté toute sage en a disposé tout autrement: i'ay voulu que chaque particulier fust disetteux de ce dont son voisin estoit riche ; à ce que tous fussent les dispensateurs fideles, & les bõs œconomes des biés, des dons & des graces qu'ils ont receu de ma liberalité. De maniere que quoy que l'homme le veuille, ou qu'il ne le veuille pas, il ne sçauroit s'exempter de prattiquer les actions de la Charité dans la vie. I'auoüe que si c'est sans la consideration de ma Bonté, & hors l'amour que l'on me doit ; telles œuures estant priuées de la vie de ma grace, seront sans aucun fruit pour celuy qui les exercera. Il n'y a pas vn homme dans la terre que ie n'aye establi mon Ministre & mon Officier, auec vn ordre composé d'vn nombre merueilleux d'estats, de degrez & de conditions; afin que tous ensemble missent en vsage les Offices genereux de la charité mutuelle. C'est ce qui vous fait voir qu'en ma maison, il y a diuerses demeures, ainsi que vous a dict mon Fils, dans lesquelles ie n'exige autre payement de ceux que i'y ay logé, que l'amour sainct que ie commande. Dans

*In domo patris mei manontis multæ sunt. Ioan. 14. v. 3.*

cet Amour celuy du Prochain trouue sa perfection, en laquelle est compris l'accomplissement de toute la Loy. D'où vient que ceux qui sont associez en la communion de mon Amour, ne cessent de produire hors d'eux-mesmes, les œuures conformes aux vertus, aux graces & aux biens que ie leur ay diuersement departy chacun en sa condition & en son estat.

## CHAPITRE VI.

### Les vices du Prochain seruent d'exercice & de lustre à la vertu des parfaits.

*Moyen de tirer fruict des vices des autres.*

IVsques icy ie vous ay appris, ma bonne fille! que les vertus auoient leur exercice par le Prochain. Il est temps que ie vous reuele vne nouuelle verité qui semblera d'abord à vostre esprit vn paradoxe. C'est que la vertu mesme se fortifie en vous par le vice contraire, & par l'imperfection qui luy est opposée en vostre Prochain. N'est-il pas vray que la patience se forme & s'acroît au milieu des iniures que le meschant vomit contre vostre reputation : l'on experimente l'humilité en soy-mesme, par la consideration de la superbe des autres : la foy faict de grands progrez au milieu des infidelitez & des impietez des Prophanes : l'esperance s'acroît dans les bons parmy les desespoirs des perdus : l'on apprend la iustice en voyant l'iniquité des peruers, & en supportant les iniustices des puissances. La pieté de mes seruiteurs prend de

mer-

merueilleux merites parmy la cruauté des persecutions de mes ennemis: la manſuetude du cœur de ceux-là, la douceur de leur eſprit & la paix de leur ame, bien loin d'eſtre alterée par les fureurs violentes de ceux qui déchargent leur colere allécontre d'eux; prennent au contraire de nouuelles graces & de plus rauiſſantes beautez : De maniere que l'Ame iuſte gliſſe l'odeur agreable de ſa vertu en l'eſprit du méchant, tandis qu'il iette le venin de ſes vices contre elle.

Prenez garde pourtāt qu'encore que l'humilité s'épreuue par la ſuperbe d'autruy; il n'eſt pas pourtant au pouuoir du Superbe d'apporter aucun dommage à celuy qui eſt humble en verité : De meſme l'iniquité des Infideles ne ſçauroit décroiſtre la foy de mes Amis. Ainſi, mes ennemis, par la haïne qu'ils me portent & à mes ſeruiteurs, par le deſeſpoir qui les perd enfin, ne peuuent du tout refroidir les ardeurs de l'Amour, ny eſbranler l'eſperance de ceux qui m'ont iuré de la fidelité. Leur amour, leur foy & leur eſperance prend au contraire de plus grandes forces qu'ils experimentent en la Charité qu'ils ont pour ces miſerables, & qu'ils employent en leur faueur, pour obtenir de ma miſericorde leur conuerſion & leur ſalut. Les feux ſacrez & les ſaincts braziers de leur Ame s'augmentent exceſſiuement dedans les contrarietez haïſſables de ceux, qui eſloignez de ma verité, ſe rendent les perſecuteurs de mon Nom & de tous mes bons Amis, & qui ont

*La malice des meſchans ne ſçauroit nuire aux bons.*

C

mis toute leur confiance & toute leur espe-rance en la sensualité criminelle de leur maudite Concupiscence. C'est ce que tu dois conclure de toutes les autres vertus ; il n'y en a aucune qui ne retire de l'auantage des laideurs du vice qui luy est contraire. Partant tu vois commét l'iniustice d'autruy te fait paroistre pleine de iustice; sa colere & sa haine t'excite à la debonnaireté & au desir de procurer son salut.

*La vertu des bôs ruïne la malice des impies.*

Ce seroit encore peu, il arriue assez souuent que les ardeurs de la Charité deuiennent si puissantes, qu'elles s'attachent constamment aux imperfections du Prochain; elles ne les quittent pas qu'elles ne les ayent bruslé, consommé, & destruit entierement. C'est ce que mon Apostre appelle ietter des charbons ardants sur la teste des ennemis, capables de conuertir les rancunes de leur cœur & les malices de leur esprit, & y allumer en leur place les viues flammes de l'Amour sainct. Voila ce que peut vne patience embrasée qui dissimule & qui souffre auec perseuerance & en toutes manieres l'iniquité des meschans. Le secret en cecy, c'est de sçauoir que toute la vertu de la perseuerance & de la force cósiste à beaucoup endurer d'iniures, d'opprobres & de medisances des hommes mondains, qui quelquefois par ces moyens, d'autrefois aussi par amadoüement & en flattant, tâchent de retirer les Bons de la fidelité en mon seruice, & leur faire perdre le desir de paruenir à la perfection de la connoissance

& de l'amour de ma verité. Celuy-là donc sera genereux & perseuerant, si parmy les occasions facheuses qu'il reçoit du côté de la mauuaise Volóté d'autruy, sent en soy-même vne force inflexible, sans quoy il ne sçauroit dire asseurement qu'il a la veritable vertu.

## Chapitre VII.

### Leçons rauissantes touchant la Discretion.

SI vous voulez sçauoir, ma Bonne Catherine! quelles sont les operations plus sainctement douces que ie demande que vous employez à mon seruice? Ie vous diray librement que ce sont les Vertus interieures de l'Ame fidelement destachée de toutes choses, & qui a passé par toutes les espreuues que ie viens de dire. Ce ne sont pas les vertus dont toute la prattique consiste aux actes exterieurs qui se produisent par l'organe du Corps en plusieurs & diuerses sortes de penitences, lesquelles à proprement parler ne sont pas des vertus, elles en sont seulement les instruments. Si donc ces choses estoient faictes simplement sans le motif & sans l'ayde de ces douces & sainctes operations que ie viens de dire, elles ne me seroient que fort peu agreables. D'où vient que si l'ame sainte n'apporte beaucoup de discretion à faire penitence, & si elle constituë le principal & le meilleur de son affection à perseuerer aux macerations qu'elle a commencé pour ce dessein; il sera du tout impossible qu'elle par-

*Actes exterieurs sans les vertus interieures sont sans profit.*

C ij

uienne au comble de la perfection qu'elle s'estoit proposée. Elle doit donc mettre tout son cœur dans le desir affectueux de mon Amour, accompagné d'vne sainte haine de soy-même, suiuie d'vne humilité aussi profonde que veritable, & d'vne patience autant genereuse que parfaicte : auec cela il faut qu'elle y appelle le chœur de toutes les vertus : Ce n'est pas encore assez, il faut qu'elle prouoque en son cœur vne faim excessiuement insatiable de ma gloire, & si vous voulez, de mon Amour & du salut des Ames.

*Discrétion dans es penitences.*

C'est ainsi qu'elle donnera des preuues que sa volonté est morte à soy-même & à toutes choses. Que dis-ie ? elle la fera mourir à châque moment à toute sensualité, par les ardeurs affectueuses du sainct desir de posseder les vertus. Ie diray alors qu'elle faict penitence auec discretion; puis qu'elle met plus son cœur en l'amour de mon Amour, qu'en l'amour de la penitence, laquelle ie n'ay establye aux Ames sainctes, qu'afin qu'elle seruit d'instrument pour leur acquerir l'accroissement des vertus; ainsi que l'on verra estre necessaire, & selon ce que l'on pourra faire, ayant égard à la iuste portée, & à la mesure raisonnable des forces d'vn chacun. Autrement, les austeritez n'estant ménagées discretement, auec la connoissance que l'on doit auoir de soy-même & de ma Bonté, & ne s'attachant pas principalement à l'amour de ce que i'ayme le plus & à la haine de ce que i'ay le plus en horreur; il seroit du tout impossible d'atteindre l'eminence du bien où ie perfectionne les Ames.

Quand à la Discretion de laquelle ie t'entretiens, ce seroit en vain que l'on attendroit les heureux fruits qu'elle doit produire dans l'ame sainte, si elle estoit fondée ailleurs que dans la vertu de l'humilité accompagnée de la Charité. Ie puis donc dire que la connoissance que cette Ame a de ma Bonté, & de soy même est le principe radical de la Discretió: par là elle dispose iudicieusement de ce qu'elle doit auec iustice donner à vn chacun. C'est à moy qu'elle regarde premierement, & principalement, pour mettre toute sa complaisance en la gloire de mon Nom, & pour répandre toute sa conjoüissance dans les perfections de ma Bonté : elle veut bien que ie les aye, & tout autant qu'il est en son pouuoir, elle me les donne & me les attribuë. Elle s'espanche toute en action de graces pour les bien-faits inombrables qu'elle confesse d'auoir receu de ma liberalité. Et puis venant à se refléchir sur soy-même, elle auoüe simplement tout ce qu'elle a merité de plus rigoureux : & voyant que son estre & ce qui le perfectionne ne prouient pas d'elle même, mais de ma Bonté, elle en faict la tres humble reconnoissance à mes pieds. Elle confesse l'indignité qu'elle auoit auant qu'elle eust receu mes graces, & elle pleure inconsolablement de ce qu'elle a si negligemment perdu le temps pour les reconnoître : pour reparation elle se condamne digne de tourments

*Exercice de la discretion.*

infinis, & de douleurs eternelles. Cecy est suiuy d'vn desgoust qu'elle conçoit de soy-même; elle ne sçauroit prendre aucune complaisance en ce qu'elle est, en ce qu'elle peut, & en ce qu'elle faict; tant est grande la confusion que luy donne la veuë de ses propres defauts.

*Mal-heurs de l'ame indiscrette.*

Voila ce que faict la vertu de la discretion, fondée en la veritable connoissance de sa propre deformité, jointe à l'humilité profonde, sans laquelle l'Ame deuient indiscrete. De vray comme la Discretion est appuyée sur l'humilité: aussi l'indiscretion s'acorde parfaictement auec la superbe, laquelle est la larronne de mon honneur & de ma gloire, que l'Ame vaine & imprudente s'attribuë indiscrettement par le trop d'estime qu'elle a de sa propre reputation. Au contraire, elle m'impute ce qui est à elle, en murmurant contre les Secrets autant inscrutables qu'adorables de ma Prouidéce, tant sur elle que sur mes autres Creatures, d'où en toutes choses elle tire occasion de scandale & de cheute.

*Connoissance de Dieu & de soy-mesme, font le cercle de l'ame.*

Ma chere Fille! l'Ame est faicte par Amour; aussi ne sçauroit-elle viure d'autre chose que d'Amour, auec lequel elle est capable de produire les fruits agreables de toutes les vertus: autrement ses productions sont des fruits de mort & non plus de vie. Il est donc necessaire que l'affection de l'ame laquelle est comme sa racine, soit approfondie dans le cercle de la veritable connoissance de soy-même que i'appelle vn admirable Cercle, par ce qu'elle se joint à moy qui n'ay ny cómencement ny fin, de même que le cercle qui est rond. Tu tourne & tu te contourne dedans cette connoissance, où tu ne trouue ny principe ny terme, & où pourtant tu te promene sans en sçauoir sortir. Cette connoissance de toy & de moy, est sur la terre de la veritable abnegation & mespris de toy-même. L'humilité que l'on y prattique, est aussi grande comme est la grandeur du cercle, c'est à dire de cette connoissance de ton propre neant, laquelle finiroit en confusion, si elle n'estoit jointe à la connoissance des grandeurs de ma Bonté souueraine.

Par ainsi l'Ame sainte enracinée en l'humilité, se nourrissant de la diuine Charité, produit le rejetton de la discretion. La vigueur & comme la moüelle du desir affectueux qui reside en cette Ame, c'est la patience inuincible; par laquelle elle donne des preuues trop asseurées, que par ma grace, ie demeure en elle, & qu'elle demeure reciproquement en moy. Cet arbre mystique ne manquera pas de ietter les fleurs embaumées de toutes les vertus, & de rendre des fruits sauoureux dignes de mon Amour & de ma grace, & pour ma plus grande gloire & pour l'vtilité salutaire du Prochain, à mesure de la sollicitude qu'il aura apporté pour en receuoir les espanchemens. Voilà comment l'Ame sainte paruient à moy qui suis sa Fin souueraine, sa Vie & son Tout, qui ne luy sera iamais osté, si ce n'est qu'elle le veüille. C'est ainsi que tout

*La discretion conduit à la perfection.*

ce qu'elle pense & tout ce qu'elle faict, est accompagné de sainte & simple Discretiõ. Partant vous voyez, ma Fille! que toutes les vertus que ie viens de vous dire sont vnies ensemble & sont assaisonnées & temperées de discretion.

Ie veux cueillir les fruits que i'attends de l'Ame sainte, par les preuues des veritables vertus, dedans les occasions où il est necessaire de les mettre en exercice : c'estoit donc auec beaucoup de raison, que quand tu desirois d'embrasser de rudes penitéces pour l'amour de moy, ie te disois : Ma Fille! ie me plais à peu de paroles & à beaucoup d'œuures. Qu'ay ie à faire de celuy qui veut seulement mortifier sa chair, en laissant sa propre volonté en vie; non plus que de celuy qui me dit, Seigneur, ie voudrois endurer beaucoup pour vôtre gloire? Ie demande des faits glorieux & des operations genereuses, fortifiées par vne patience inuincible en la tolerance des maux. l'attends auec cela des vertus interieures qui produisent en l'ame les agreables fruits de ma grace. Toutes les autres œuures exterieures sans celles-là sont semblables à la parole simple & toute nuë, auec laquelle l'on me proteste parce ce qu'elles sont finies : partant elles ne sçauroient auoir de proportion auec vn objet infiny (tel que ie suis) à qui sont deuës des operations & des œuures de cette nature. Elles seront telles, si elle sont produites par vn desir excessiuement affectueux de mon Amour, qui retienne de l'infinité de son principe & de sa source en la maniere que ie te l'ay expliqué cy dessus. Ie ne veux pas que l'on ait de l'attachement aux œuures de mortification & de penitence, comme de dessein principal & de premiere intention; C'est assez que l'on en ayme l'vsage comme des moyens pour acquerir les vertus interieures. Autrement l'on ne m'offriroit que des œuures finies, elles seroient semblables à la simple & nuë parole, qui ne laisse aucune trace d'elle mesme par les effects, apres qu'elle a esté prononcée. C'est donc en quoy consiste la veritable & sainte discretion de l'Ame sainte, qui tâche toûjours de joindre les exercices corporels, qui se font par les austeritez & les penitences auec l'affection interieure & secrete de la diuine Charité.

Partant il y auroit beaucoup d'inconueniens à craindre, si l'on establissoit le fondement principal de la vie spirituelle, sur les mortifications exterieures qui affligent la chair : premierement pour la raison que ie viens de dire; Assauoir, que les œuures de cette trempe ont trop peu de merite : Apres, c'est qu'elles ne sçauroient toûjours durer : Et puis l'on est contraint souuent de relâcher de leur rigueur, ou de les laisser tout à fait, soit par le motif de l'obeïssance, soit par celuy de l'infirmité, ou pour quelque autre rencontre où il y a de la necessité de s'en dispenser. Qui en voudroit vser autrement, il se rendroit indigne de mon Amour; j'aurois en

*Mortifications exterieures de nulle valeur sans la mort de l'Amour propre.*

*a* Mortificate ergo membra vestra quæ sunt super terram. Coloss. 3. v. 5.

execration ce qu'il m'offriroit dans les circonstances que i'ay remarqué. * C'est assez que l'on prenne pour exercice de mortifier, ainsi qu'exhorte mon divin Apostre, * les membres qui sont dessus la terre; lors que par la concupiscence des-ordonnée ils veulent faire la guerre contre l'Esprit. Pour ce qui est de la propre volonté, on la doit entierement faire mourir, pour estre en toutes choses vnie à ma bonté. Cette heureuse mort se fait par le glaive de la Discretion, qui cause en l'ame sainte, la haine contre soy-même, & vn desplaisir extrême de ce que ie suis lâchement méprisé par mes creatures. Ce coûteau tranchāt met à mort l'amour propre qui se nourrit & s'accroît dās la volonté déreglée. Ceux où cela se fait, me dōnent moins de paroles & beaucoup d'effets, où ie préds mes pl⁹ douces delices : Ie dits beaucoup d'effets, sans en dire le nombre determiné ; parce que les desirs affectueux de la Charité puissamment embrasez en l'ame sainte, n'ont point de limites ny de restraintes ; ils se peuvent multiplier iusqu'à l'infiny, en disant, que ce n'est iamais assez. Ie ne mesprise pas les paroles non plus que les actions exterieures ; Elles me plaisent pareillement, si elles sont moderées, & si l'on en ayme l'vsage comme des moyens, ou des outils propres pour acquerir les vertus interieures.

Mort de la propre volonté par le glaive de la discretion.

Consolation pour les infirmes.

N'appellerez vous donc pas temeraire & peu raisonnable celuy, qui donnera la preference de la plus haute perfection, à vn qui menera vne vie plus austere, au prejudice de celuy qui meine vne vie moins penible; puis que ce n'est pas en ces exercices corporels, où consiste le merite de tous les deux : Autrement ceux-là seroient mal-heureux & de pire condition, qui n'ayants des forces assez grandes pour beaucoup affliger leur chair, & pour porter de grosses penitences, neanmoins perseuerent auec vn cœur geneteux, estans diuinement éclairez des lumieres de la Discretion, de produire des actes feruents de mon Amour où ils se rendent insatiables. Ces saintes lumieres leur font connoître, que l'on doit aymer sans moderation, sans mode & sans milieu, iusqu'au delà du pouuoir & de la suffisance, vne Bonté eternellement souueraine.

Ce n'est donc pas à mon Amour que la Discretion donne des regles; c'est à celuy du Prochain qu'elle menage par les maximes tirées de l'ordre que l'on doit garder en la Charité. De maniere qu'il ne faut iamais aimer vn homme auec tant d'excez, ou pour mieux dire auec tant de déreglement, que pour penser le secourir & se rendre vtile en ses besoins, l'on vienne à m'offenser, & par ce moyen se procurer à soy-même le mal-heur de la coulpe : il n'en faut iamais venir là, encore que l'on deût esperer de deliurer des mondes entiers de l'esclauage plein d'horreur des Enfers, ou attendre la naissance de tous les biens imaginables.

*La discretion ne regle pas l'amour de Dieu, c'est celuy du Prochain.*

## La doctrine de Dieu enseignée

*L'ordre que la discretion establit.*

Voicy l'ordre qu'establit la divine Discretion en l'Ame sainte; Elle la dispose principalement & de premier dessein, à dresser toutes ses puissances, leur vertu & toute leur attention, afin que ie sois seruy auec la fidelité, la generosité & la sollicitude que l'on est obligé de me rendre : Apres cela elle estend l'affection du cœur sur le Prochain, auec cette prudente moderation, que l'esprit se reserue pour moy, tandis qu'il demeure prest de donner tout le reste. Il ne met pas la propre vie dans l'exclusion; il en voudroit auoir des milliers, s'il estoit possible, pour les employer toutes en l'afaire tres-importante du salut. Il n'y a pas de tourmens qui luy fassent peur, il n'apprehende pas les horreurs des plus grands supplices; il met la vie de grace qu'il souhaite aux autres; à vn si haut prix, qu'il demeure insensible à toute autre impression, soit de douceur, soit de rigueur. Pour ce qui est des biens de fortune; il les épanche largement pour le soulagement des miseres corporelles de ceux desquels il zele auec tant d'ardeur, le salut de l'Ame.

*L'on ne doit iamais aymer le Prochain en se portant dommage à soy-mesme.*

Vous voyez par cecy, ma tres chere Fille! qu'encore que l'on doiue aymer le Prochain, par le motif du mesme amour infiny que l'on me doit; il ne le faut pas pourtant aymer d'vne maniere infinie, c'est à dire sans moderation & sans mode, comme moy. D'où vient qu'il ne vous est iamais permis de faire du bien au Prochain, quant en soulageant ses besoins tant spirituels que corporels, vous

## à saincte Catherine de Sienne. 45

vous mettez en danger euident d'encourir quelque dommage pour vostre propre perfection. Souuenez-vous de ce que mon Fils establit de la Charité dans son ordre: il veut qu'apres moy elle commence en vous: Autrement les Offices que l'on voudroit employer pour se rendre vtile à autruy, n'auroient pas de perfection. Voilà comment ie l'entends; l'Ame imparfaicte ne sçauroit donner que des actions imparfaictes, & pour soy & pour les autres. Et puis se pourroit-il voir vn plus grand mal-heur, & qui eust des suites plus pernicieuses & plus deplorables, si pour le salut de l'ame d'vne chetiue creature, qui est finie, & qui a plus du non estre que de l'estre; l'on venoit à m'offencer, moy qui suis le souuerain Bien, l'Estre eternel & necessaire, qui possede des grandeurs infinies. Ce mal sans doute seroit incomparablement plus grand que ne seroit le fruit ou le bien que l'on en pouuoit esperer.

Il faut donc conclure, qu'il n'est iamais permis pour quoy que ce soit, de tomber dās le peché : la sincerité du saint Amour connoit cecy, par la lumiere de la sainte discretion; laquelle comme vn diuin Soleil chasse les tenebres de l'ame, elle dissipe les broüillars de son ignorance, elle donne le lustre & la beauté à toutes les vertus mises en prattiques & reduites en acte. Comme elle est prudente, de maniere que l'on ne la sçauroit deceuoir; aussi est elle forte & courageuse en vn point, que rien ne la sçauroit vaincre. Elle est

*Proprietez & loüanges de la discretion.*

perseuerante dans son exercice de la connoissance qu'elle a de moy & de soy-même ; par ce moyen tout à la fois elle touche & elle embrasse le Ciel & la terre ; elle s'éleue iusqu'à l'amour de ma bonté, & puis de là elle descéd à la dilection du Prochain ; elle monte de la connoissance de ce qu'elle est, à la connoissance de ce que ie suis ; & de l'estime de mes perfections elle s'abysme dans le mespris qu'elle fait de soy ; auec l'humilité iudicieuse & veritable, elle passe sans danger au milieu des artifices que luy preparent les Demons pour la perdre ; sans armes & toute nuë elle demeure glorieusement victorieuse du monde, de la chair, & de l'Enfer. Toutes les persecutions qui luy sont suscitées par les hommes peruers, n'ont pas assez de force, pour luy rauir vn brin de sa vertu : au contraire elles contribuent pour son agrandissement, apres luy auoir seruy de preuue & de coupelle. Ce seroit trop peu que ces vertus eussent esté conceuës par les desirs affectueux de mõ Amour ; si elles n'estoient enfantées dans le sein du Prochain, aux occasions qui pressent dauantage. De vray vne femme preuue par l'enfantement, que la conception n'a pas esté imaginaire, mais qu'elle a esté reelle : & le Mary qui ne pouuoit auparauant s'asseurer d'estre Pere ; n'en doute plus, quand il void dans le monde vn Fils qui luy est né. De mesme moy qui suis l'Epoux des Ames, ie n'estime pas qu'elle m'ayt encore donné les fruit des veritables vertus ; iusqu'à ce qu'elle en ayt faict paroître les actions sur le Prochain, en luy rendant toute sorte de bons offices, & quant au corps & quant à l'ame, en general & en particulier, en toutes les rencontres où il en a besoin & qu'elle le peut.

## CHAPITRE VIII.

*Sacrifice agreable à Dieu pour la reformation de l'Eglise, consiste plus aux vertus reelles qu'aux mortifications exterieures.*

IVsques icy Catherine, vous auez esté assez instruite par ma Bonté souueraine, des moyens que vous deuez employer pour arriuer à l'estat eminent de la perfection de mon amour, & pour vous y conseruer auec autant de constance que de fidelité. Ie vous ay pareillement donné de suffisantes lumieres en la doctrine que ie vous ay enseignée, de la maniere de satisfaire en cette vie, aux pechez & aux peines dont vous vous estes renduë coulpable & vôtre Prochain. Ie vous ay d'abondant expliqué autant amplement que clairement, que la peine seule a trop peu de suffisance, pour satisfaire à la coulpe criminelle & à la peine eternelle, si ce n'est en tant qu'elle est vnie au desir affectueux de ma diuine & toute pure Charité, suiuy de la contrition veritable du cœur & du deplaisir excessif de ce que l'on m'a lâchement offensé. La peine garnie de toutes ces heureuses cir-

*Epilogue de ce qui a esté dit.*

constances, satisfait veritablement; & non pas en vertu de ce qui actuellement est affligeant en elle.

*Mortifications du corps sont vaisseaux vuides sans les vertus.*

La charité de laquelle ie viens de parler, est celle-là qui est infuse dans l'Ame sainte, simple & naïue, esclairée de la lumiere surnaturelle de ma grace, qui n'a d'autre veuë que moy qui suis son objet vnique, en qualité de souueraine Charité. Ie me suis aresté à te faire voir toutes ces veritez, à cause que tu m'auois instamment supplié qu'il me plût de te donner des leçons, comment tu pourrois auec mes autres seruiteurs offrir vn Sacrifice qui me fust agreable; Ie te l'ay déja dit, & ie te le dis encore, il faut qu'il soit actuel & mental, qu'il soit au desir & en effect, interieur & exterieur, en affection & en action. I'auouë que les trauaux, les penitences & les austeritez du corps sont des vases d'honneur dignes de m'estre presentez; Mais quoy! ie n'en ay que faire, s'ils ne sont remplis des diuines liqueurs de la sacrée dilection, pour lesquelles ils sont disposez. *Ie retire mes yeux des exercices corporels, ie n'excepte pas ceux-là mesmes que ie vous ay menagé par les secrets de ma bonne Prouidence. Ie veux que les peines que vous souffrez n'ont pas esté recherchées par le goust de vôtre propre volonté, ny par l'attachement de vôtre Amour propre, mais qu'en cela vous vous estes accommodé aux dispositions de mon bon plaisir; sçachez toutesfois que ces riches vaisseaux seront toûjours vuides, & partant indignes

\* *Exercitatio corporalis ad modicum vtilis est, pietas autem ad omnia vtilis est.* 1. *Timoth.* 4. v. 8.

gnes de m'estre presentez s'ils ne sont remplis d'vne tolerance affectueuse fondée en mon Amour, & de la veritable patience des defauts du Prochain; sans que ie veüille que l'on perde rien du déplaisir excessif que l'on a conceu pour ses pechez.

Ce sont là les gages de la fidelité que ie reçois de mes cheres Espouses, dont les desirs feruents & enflammez en leurs prieres continuelles me rendent de bonne humeur, appaisent ma colere, & fléchissent ma Iustice, que les meschans & les impies ont irritée auec trop de lascheté. Gardez-vous sur tout de retourner en arriere, & de perdre courage par la crainte des persecutions qui vous seront suscitées. Réjoüissez-vous, & soyez paisibles parmy les tribulations de quel costé qu'elles vous arriuent. Le monde prend de la complaisance parmy les injures atroces qui me sont faites; ie sçay que tu y prends de puissans motifs de t'affliger, & c'est de là mesme que les hommes tirent occasion de te vouloir du mal. Il ne faut pas s'estonner si tu te tuë de déplaisir, lors qu'ils m'offencent, & si ie me ressens quant ils te persecutent; & si la persecution qu'ils te procurent a son motif dans l'interest que tu prends au mépris qu'ils font de ma gloire: Ne vois-tu pas que tu es vne mesme chose auec moy par les efforts de mon Amour, de veritable, & de bon Pere?

C'est ce que i'ay faict quant il m'a plû au mystere adorable de l'Incarnation, de ioindre

*La compassion des bons est le motif de leurs persecutions.*

\* Nemo mittens manum suam ad aratrum & respiciens retro, aptus est recognosci. Luc. 9. v. 52.

à ma Nature Divine mon image que j'avois mise en l'homme, quoy que malheureusemét il se fust par son peché rendu indigne de ma grace. Et comme cét ouurage d'vn Amour excessif que i'ay eu pour vous s'est accomply en la personne tres-Auguste de mon Fils vnique, auec lequel ie suis vn seul Dieu: N'ay-je pas raison de dire que ie suis par vne façon admirable vne mesme chose par mon Amour paternel, auec ceux qui participent de cét Amour immense? Il n'y a que les personnes mortes par le peché que j'excluds de cette grace: Tant il est vray que ie demeure en celuy qui m'ayme, & luy reciproquement a sa demeure & son repos heureux dans mon sein adorable. Pourquoy donc le monde ne vous feroit-il pas du mal, puis qu'il ne porte aucune marque de l'imitatió de mes mœurs? Pour cette raison il a traitté d'opprobres & de persecutions mon Fils bien-aymé iusqu'à la mort honteuse & tres-cruelle de la Croix; pourquoy voudriez-vous auoir meilleur marché que luy de la perfidie des méchans? & si vous sçauez qu'ils n'ont pas d'amour pour moy, pourquoy en auroient-ils pour vous! Courage, ma chere Fille, vostre ioye sera pleine & comblée dans le Ciel.

* si mundus vos odit, scitote quia me priorem vobis odio habuit. Si de mundo fuissetis, mundus quod suum est diligeret: si me persecuti sunt & vos persequentur. Si sermonem meum seruauerunt, & vestrum seruabunt : sed hæc omnia facient vobis propter nomē meū. Iean. 15. v. 18. 19. 20. 21.

Consolation & saincteté de l'Eglise.

A tout cecy, ie veux adjouster vn sujet tres-puissant pour accroistre ta ioye; c'est qu'asseurément la consolation du Corps mystique de mon Eglise sera d'autant plus grande, que ses angoisses & ses persecutions auront esté plus excessiues : il sauourera cette douceur en la reformation des Prelats qui deuiendront eminens en saincteté & en bonne vie. Par cette maniere ils seront des fleurs embaumées qui porteront l'odeur de ma gloire & de mon Nom & de toutes les vertus veritables, pour en faire admirer & aymer à tout le monde les grandeurs. Quoy que cette agreable reformation des Pasteurs de l'Eglise soit à desirer, il ne faut pas penser que l'Eglise en elle-mesme ait besoin de reformation, Non, elle est sainte, elle est sans ride & sans laideur, elle est tousiours les delices de son Espoux & la consolation de son Pere. Elle ne perd rien de sa beauté par les defauts des particuliers, & les pechez de ses Ministres ne luy font rien perdre de sa bonne grace.

Catherine! demeurez contente, & vostre bon Pere spirituel, comme aussi les autres fideles seruiteurs au milieu des amertumes qui affligent vostre cœur. Ie vous iure sur ma verité eternellement viuante, que ie vous donneray de la consolation apres que vous aurez encore quelque temps pleuré pour cette reformation que vous desirez auec tant d'ardeur.

## CHAPITRE IX.
*Motifs d'accroissement de zele en saincte Catherine, & leurs effects aux pieds de Dieu.*

CEs diuines paroles du Pere viuāt estoiét autant de fleches enflammées, dressées

*Connoissance de Dieu accroist l'affliction de sainte Catherine.*

contre mon cœur, qui allumoient de plus en plus les ferueurs de mes desirs; ils deuenoiét excessifs, & leur vehemence me rendoit comme hors de moy-mesme, ils me jettoient dans des perplexitez estranges de ce que ie deuois faire sur ce qu'ils m'auoient manifesté de sa grandeur immense. Ils me faisoient entendre d'vne maniere qui est au dessus de toute intelligence, l'estenduë infinie de sa Charité, laquelle auec vne douceur si pleine de condescendance auoit accordé l'effect de mes demandes, & plus encore auoir daigné de me donner esperance que mon cœur trouueroit le remede à ses amertumes sur le sujet des offences commises contre sa Majesté, & qui tournent au dommage de la sainte Eglise. J'aduouë que de ce costé mon affliction estoit merueilleusement consolée ; mais d'autrepart, elle venoit à mesme temps à croistre demesurément, par la veuë claire & penetrante que le Pere Eternel me donnoit de mes pechez, & de l'estat déplorable des Ames en danger de leur salut. Cette connoissance croissoit à mesure que plus à clair il me monstroit le chemin de la perfection eminente, & qu'il me découuroit plus de beautez dans ses adorables grandeurs; là, comme dans vn miroüer, ie voyois tout ce qu'il y auoit de bien & de mal en moy, ce qu'il y auoit de perfection, & ce qu'il y auoit de defauts : Le premier, parce que i'estois rauie de l'original duquel ie me consideroits la copie, l'image & la ressemblance ; Et le second, parce que iamais

à saincte Catherine de Sienne. 53

la malice de l'homme ne parut plus haïssable qu'en la presence d'vne Bonté si digne d'amour. C'est dans les fines glaces où l'on apperçoit les moindres tâches des objets qui leur sont opposez; Et Dieu estant la mesme pureté, si l'on vient en sa presence auec l'œil de la sacrée discretion, éplucher exactement & attentiuement les actions de la vie, les moindres soüillures qui passeroient pour perfection aux autres, sont iugées pleines d'impuretez. Il ne faut donc pas s'estonner si estant éclairée de plus brillantes lumieres, l'affliction de mon cœur estoit excessiue, quoy que d'ailleurs il sembloit qu'elle se diminuast du costé qu'il m'auoit donné l'esperance qu'il feroit misericorde.

Le feu sainct de mon ame s'augmétoit ainsi que le feu materiel, dont les flammes deuiennent plus grandes à mesure qu'on luy donne plus de matiere. I'auoüe que les miennes estoient arriuées à vn point, que ie ne croyois pas qu'elles pûssent estre plus excessiues, leurs operations estoient si viuement puissantes, qu'elles me mettoient dans le nonpouuoir d'en souffrir dauantage les efforts; mon corps eust incontinent expiré, si celuy qui est la Vertu toute-puissante ne m'eust fortifié bien à point, par vn secours extraordinaire. En cét estat ie me voyois purifiée des moindres soüillures de l'imperfection, par ce feu d'Amour excessif que i'auois trouué en la connoissance de la Bonté diuine. D'icy naissoit vne faim insatiable du salut

*Excez d'amour purifiant.*

D iij

54 *La doctrine de Dieu, enseignée*

des hommes, & vne viue esperance de la perfection de tout le monde, & en particulier de la reformation en l'Eglise: Et demeurant suffisamment instruite de l'horreur de la lepre du peché & des autres miseres de l'Vniuers, j'estois aux pieds de la Diuine Majesté auec plus de confiance humble & saincte, que d'abattement d'esprit, ie luy disois reuestuë de l'Esprit de Moyse.

*Saincte Catherine s'offre à souffrir pour les pecheurs.*

Mon tres-doux & mon tres-aymable Maistre! tournez doucement, s'il vous plaist, vos yeux remplis de misericorde vers ce miserable peuple, & singulierement arrestez-les sur le Corps mystique de vostre Eglise saincte. Ie me veux oublier moy-mesme de dessein en cette priere commune, parce qu'il y aura à gagner beaucoup plus de gloire pour vostre grandeur, si vous faites pardon à ce nombre prodigieux de vos Creatures, leur donnât les lumieres de salut; que si vous n'auiez égard qu'à moy toute seule qui ay si lâchement offencé vostre Bonté, & qui suis, à ce qu'il me semble, la cause principale de toute sorte de malheurs. Il vaut mieux que vous tiriez de moy toutes les peines qui doiuent satisfaire vostre Iustice, & que vous punissiez sur ma personne les crimes de ceux pour qui j'implore, pleine de desolation, vostre Misericorde. Cependant ils s'épancheront en loüanges de vostre infinie & amoureuse Bonté, qui les aura de son propre motif, retiré des tenebres épaisses du peché pour leur faire sauourer les douceurs puissantes de vos enrrailles paternelles. Exaucez-moy, mon Dieu! pardonnez à voſtre peuple, tandis que ie ſeray toute ſeule la butte de vos vengeances: Ie ſuis ſi conſtante en cette reſolution, que ie ſuis parfaitement diſpoſée, ou de mourir à la peine, ou de ne pas quitter voſtre agreable preſence, auparauant que vous ayez faict la miſericorde pour laquelle ie me rends obſtinée à vos pieds. De vray, comment pourrois-ie viure, tandis que ie ſçauray que voſtre peuple eſt malheureuſement mort. & que ie verray les laideurs & les rides de voſtre chere Eſpouſe en ſes ſujets & en ſes miniſtres.

Les armes que i'employe contre vous, ſont celles-là meſme de voſtre plus qu'exceſſiue Charité, qui a prouoqué voſtre Bonté de faire l'homme à voſtre image & à voſtre reſſemblance, afin qu'il fuſt participant de voſtre tres-Auguſte & tres-adorable Trinité. De vous, ô Pere viuant! par la communication de voſtre puiſſance à la Memoire, pour ſe ſouuenir continuellement de vos bien-faits: vous l'auez pourueu en l'Entendement du don de la ſageſſe propre à voſtre Fils bien-aymé, à ce qu'il pûſt paruenir à la connoiſſance de vos grandeurs; & parce qu'il n'euſt eſté que trop malheureux de vous cōnoiſtre ſans vous aymer, vous l'auez honnoré d'vne Volonté capable de la Charité, laquelle eſt vne excellente imitation de l'Amour perſonnel qui eſt le ſainct Eſprit. Si l'on demande le motif de toutes ces grandeurs? l'on dira qu'il n'y en a pas d'autre que voſtre Amour ſans

*Benefice de la creation.*

D iiij

prix, qui vous a rendu comme passionné pour la Creature; vous l'auez regardée depuis l'eternité dans vostre sein, & vous l'auez mise au monde afin qu'elle pût ioüir du Bien souuerain & de toute la gloire qui vous est propre. Il sembloit à vostre Bonté que c'estoit encore trop peu pour nous; il falloit que nous perdissions cette éminente dignité où vous nous auiez creé; il falloit apres tant de graces auantageuses que nous nous rendissions des rebelles à vos Loix, & qu'armez de haïne & de rage contre vostre grãdeur, nous nous declarassions ses ennemis en luy menant vne cruelle guerre.

*Benefice de la recreation.* Mais quoy! ce mesme Amour prenoit des forces dans les froideurs de nos malices contre luy, & se laissant aller aux douces contraintes de ses premieres saillies en nostre creation, il a trouué le moyen de nous reconcilier en nous donnant vostre Verbe le Fils vnique de vostre sein : Il s'est mis entre vous & nous en qualité d'Arbitre & de Mediateur, il s'est faict nostre Iustice pour faire en nous quelque sorte d'égalité qui nous peut rendre dignes de reconciliation auec la pureté infinie d'vn Dieu. Il a porté la punition des iniquitez qui nous rendoient criminels, Il s'est assuietty à cette malheureuse condition par l'obeïssance que vous luy auez imposée, & par le zele de la gloire de vostre sainct Nom, dés le moment que vous eustes agreable de former le Decret, qu'il se reuestiroit dans le temps de nostre miserable mortalité.

O abyſme de Charité plus qu'exceſſiue que nul entendement peut cōprendre! quel eſt le cœur dõt la dureté pl⁹ obſtinée ne s'amoliſſe au milieu de la grãdeur de tes flammes? Quelle ſera l'intelligence, quel eſprit pourra ſuffire pour admirer qu'vne telle grandeur ſe ſoit raualée à vne telle extremité de baſſeſſe & d'indignité, comme eſt celle de noſtre humanité auec ſes defauts, & de la Croix auec ſes circonſtances d'horreur? Voicy ce qui eſt rauiſſant! Nous ſommes voſtre Image depuis le moment de noſtre creation, & vous auez commencé d'eſtre la noſtre, depuis l'heure heureuſe, où vous iettez les fondements de noſtre recreation dans le ſein de la tres-Auguſte Marie voſtre Mere. C'eſt par le moyen de l'vnion que vous auez faite en la perſonne de voſtre Fils, de voſtre Diuinité auec noſtre humanité, que vous auez caché la beauté de celle-là ſous le voile hideux de la chair d'Adam. De maniere qu'il eſt vray que Dieu eſt homme, & l'homme eſt Dieu. Laiſſez-vous donc gagner encore cette fois aux adorables contraintes de cét Amour auquel vous ne ſçauriez reſiſter pour faire miſericorde aux hommes, qui demeurent en vne perſeuerance obſtinée de s'en rendre tout à fait indignes.

## CHAPITRE X.

*Plaintes de Dieu contre les hommes, & l'ordre qu'il a tenu pour leur salut.*

*Douces cōtraintes des prieres de saincte Catherine enuers Dieu.*

ALors ce Dieu sainct & debonnaire touché de compassion, m'en donna bié-tost des asseurances en me regardant amoureusement : Ie voyois qu'il auoit consenty que mes larmes & la douleur de mon cœur humilié eussent vsé de sainte violence sur sa volonté ? & comme s'il eust esté desia gagné par les estraintes affectueuses de mes desirs, il me respondit ainsi en se plaignant à moy ; Ma tres-douce & tres-aymable Fille, il est vray, & ie ne sçaurois plus me contenir à te le dissimuler, tes pleurs & tes gemissemens forcét mon cœur, parce qu'ils sont liez à mon excessiue Charité, en consideration de laquelle tu les verse en abondance, ie me sens comme lié par les chaisnes embrazées & toutes de feu de tes desirs, pour me laisser aller où m'éporte leur douce violence.

*Abus des Sacremens & du Sang de Iesus.*

Mais auec quel cœur veux-tu que ie voye l'estat miserable où est reduite ma chere Espouse l'Eglise saincte ? helas ! regarde commét elle est hideuse à voir en ses Ministres & en ses mébres mystiques, ses rides & ses laideurs sont accreuës par les infections de la lepre, dont elle est presque toute couuerte, i'entends de l'amour propre ; vn chacun y cherche son interest : Ne prends-tu pas garde comme elle est toute boufie d'orgueil & enflée de presomption, & que l'auarice la jette dans d'estranges langueurs. Elle est pourtant saincte en elle mesme; tout son mal vient de dehors du costé de ceux qui sont glorieusement attachez à ses agreables mammelles, qui les tiennent & les pressent pour nourir de son laict delicieux, le reste du Corps mystique en ses membres vnis auec leur adorable Chef, & les autres encore qui enfoncez dans les tenebres de l'infidelité, desireront d'estre inserez comme parties viuantes, à ce tout plein de gloire, par le moyen de la grace au sacré Baptesme. Iette les yeux sur l'ingratitude criminelle & sur l'aueuglement épouuantable auec quoy l'on dispense ce laict delicieux de ma chere Espouse, & le Sang precieux de mon aimable Fils son Espoux; Celuylà, par la predication de ma parole ; & celuycy, en l'administration des Sacremens. Si l'vn & l'autre sont traittez indignement par les mains souillées de ceux qui en sont les dispensateurs, ils ne sont pas prophanez auec moins de sacrilege par ceux-là qui se doiuent disposer à les receuoir de leurs mains. Quelle honte de voir, que ce qui contenoit la veritable vie en sa source, soit principe de mort, de iugement & de damnation; & que ce qui est en la diuine Eucharistie cause du salut en ceux qui s'en approchent auec tout le respect, & toute la deuotion que merite vne action de telle consequence, serue d'occasion de malheur, & de pierre de scandale aux autres, qui negligent d'y apporter les preparations necessaires.

*Effets du Sang de Iesus.* Ce Sang precieux vous doit estre d'autant plus cher, que c'est par son moyen, que les tenebres de l'ignorance de mon Amour & de vostre salut ont esté chassées du monde; c'est, dis-je, par sa vertu efficacement puissante, que les lumieres des veritez celestes & eternelles ont commencé à paroistre dãs le cœur des hommes par tout l'Vniuers. Il n'a rien laissé en arriere de ce qui estoit necessaire à vostre salut qu'il n'aye procuré; de maniere qu'il aura tousiours son effect infaillible, s'il rencontre des cœurs sainctement disposez pour en receuoir les fruits & les effects. De vray, comme il communique la vie de grace auec plus ou moins d'abondãce selon la preparation d'vn chacun : de mesme il nuit dangereusement à l'ame quand elle s'est par sa negligence, ou par sa malice, renduë indigne d'y participer. Cela ne prouiẽt pas du defaut d'efficace au Sang venerable de mon Fils, ny du costé des imperfections de ceux qui en font les dispensateurs, quoy qu'elles fussent autant ou plus grandes que celles de ceux qui reçoiuent le Sacrement; puis qu'il n'y a pas de pechez assez enormes en mes Ministres, qui puissent imprimer aucune soüillure ou qualité maligne capable de diminuer la grace, ou décroistre la vertu de ce precieux Sang en l'ame sainte, ils ne sçauroiẽt nuire qu'à eux seulement. Ils pechent griefuement, & leur coulpe sera suiuie de châtiment tres-rigoureux, si ce n'est qu'ils tâchent de l'effacer par les fruicts d'vne veritable douleur & par vne penitence tres-amere.

Pour ce qui regarde la personne de celuy qui reçoit indignement le Sacrement, il en deuient pire apres la reception; puis qu'auec autant de temerité comme d'effronterie, il a ozé de s'en approcher, nonobstant les souïllures tant de son Ame que de son corps: & peut-on voir vne plus barbare cruauté que celle de se priuer soy-mesme de ma grace, & de fouler aus pieds le Sang precieux de mon Fils, duquel l'on auoit tiré les douceurs du fruit au sainct Baptesme auec la remission du peché originel contracté en la conception?

C'est pour cette fin que i'ay enuoyé mon Fils au monde; Toute la masse de vostre nature auoit esté gastée de corruption en la desobeïssance du premier homme; vous auez tous pareillement contracté cette souïllure, puis que vous auez esté tirés de cette masse; Il est venu de là que vous auez esté rendus inhabiles à ioüir de la vie eternelle; I'ay donc caché mon Verbe dans cette masse pour en oster la malediction, & l'assaisonner de ma vertu Diuine; I'ay joint par vne vnion admirable, la suprême grandeur auec l'extrême bassesse de vostre humanité, pour par ce moyen remedier efficacement aux mal-heurs de tout le genre humain, & l'aider au recouuremét de la vie qu'il auoit perduë par l'horreur de la coulpe, apres l'auoir purgé du puissant poison qui luy auoit donné la mort. Il est

*Sagesse & Amour de Dieu en la reconciliation de l'homme.*

vray que la rigueur de ma Iustice auoit resolu de tirer satisfaction du peché de l'homme par la peine que mon propre Fils deuoit souffrir. Vn pur homme auoit trop d'indignité pour cette fin, la condition de sa naissance chetiue & de son estat déplorable, faisoit vne disproportion infiniment inégale auec ma souueraine Bonté. D'ailleurs mon Fils bien-aymé n'estoit pas capable de peine, ny vn sujet de souffrance en la nature qui nous est commune. Ce qui paroissoit impossible ie l'ay rendu facile, quand pressé des douces contraintes de mon Amour paternel, i'ay reuestu le Verbe qui estoit de mesme substance auec moy, de la robbe de vostre mortalité : afin qu'en cette masse maudite en laquelle Adã m'auoit offencé, ma Iustice tirast toutes les rigueurs necessaires pour sa satisfaction. C'est à quoy ce braue Redempteur a reüssi genereusement, en prenant sur ses espaules les peines tres-ameres qu'il a souffertes iusqu'à la mort tres-ignominieuse & tres-espouuentable de la Croix, pour l'Amour qu'il auoit de l'honneur de mon Nom. Ainsi se rendant complaisant à ma misericorde, il a auec autant de sagesse que d'efficace, disposé le cœur de l'homme pour atteindre le bon-heur eternel pour lequel ie l'auois creé.

*Satisfaction de Iesus pour l'homme.*

Cette satisfaction tres-suffisante pour tout le monde s'est accomplie, non pas en vertu de la peine soufferte en vostre chetiue nature, mais pour le pouuoir infiny de la Diuinité qui luy estoit vnie. C'est dans cette vnion incomparable que i'ay accepté le Sacrifice du Sang que mon Fils m'a presenté, & parce qu'il estoit bruslé & comme recuit dans les flammes excessiues de l'immense Charité qui l'a tenu attaché à la Croix, plus veritablemét que les clouds qui ont percé ces mains & ses pieds sacrez.

Par cette maniere l'ordure & le pus de la trâsgression d'Adam a esté lauée & nettoyée. *Cicatrices du peché gueries & non effacées.* Il n'est rien resté de la corruptió de ses playes que la cicatrice, c'est à dire, l'Amour de la concupiscence, ou l'inclination naturelle à la recheute, auec les autres defauts que le corps est contraint de souffrir, comme des marques qui restent à l'homme pour se souuenir du malheur dont il a esté deliuré par ma grande misericorde. Le souuerain Medecin est venu guerir le malade desesperé qui ne sçauoit s'ayder à raison de son extreme foiblesse. Il a fait ainsi que la nourrisse, laquelle plus forte prend le medicament que l'estomach de son petit nourrisson ne sçauroit souffrir. De vray communiquant la puissance de sa Diuinité à l'humanité que luy a donné sa Mere, il s'est faict nostre Mere & nostre nourrisse, il est venu nous porter entre ses bras, il a pris la medecine tres-amere des tourmens & de la Croix que nous refusions & que nous ne pouuions supporter, comme des enfans delicats, & affoiblis par la condition malheureuse où le peché nous auoit reduit; ce qu'il a fait afin de nous rendre la santé & la vie. Et quoy que la cicatrice des premieres playes ne laissent pas de demeurer, j'en efface pourtant les plus grandes laideurs par les eauës du Baptesme, lequel a le pouuoir de donner la vie par l'efficace du glorieux Sang de mon Fils. Ces sainctes eauës effacent entierement les soüillures du peché originel par l'infusion de la grace : Et quoy que l'inclination au peché actuel qui prouient de l'originel, demeure cóme vne cicatrice de cette premiere playe; elle est pourtant de beaucoup affoiblie, de maniere qu'auec peu de peine l'on peut, si l'on y applique la volonté, luy resister genereusement & auec beaucoup de merite.

*Pouuoir de l'Arbitre pour le bié, aidé de la grace.*

Alors l'Ame saincte se peut disposer d'accroistre en soy la grace, auec plus ou moins d'abondance, selon qu'il luy plaist de s'efforcer dans les desirs affectueux de me seruir & de m'aymer. Neantmoins elle se peut disposer au mal par autant de degrez, qu'elle peut s'auancer dans le bien, nonobstant l'infusion saincte de la grace qu'elle a receu au Baptesme. Cette grace ne priue pas l'homme de sa liberté pour se porter au bien ou au mal, elle la fortifie toutefois par la vertu de ce precieux Sang auec tant d'efficace, qu'il n'y a pas de creatures capables de l'incliner à la moindre lâcheté contre ma Bonté, si elle ne donne son consentement. Elle est renduë à sa franchise, elle a quitté les haillós de la seruitude; & d'Esclaue qu'elle estoit, elle deuient maistresse pour commander à sa propre sensualité & à toute la nature, & pour obtenir, par des actions qui luy sont propres, la gloire que

à saincte Catherine de Sienne. 65
le luy ay misericordieusement preparée.

O le miserable & le malheureux homme! qui prends plaisir à te veautrer dans les marres puantes des pechez, comme si tu estois du nombre de ces Animaux qui ne regardent iamais le Ciel, & qui font littiere de l'ordure; Iusqu'à quant payeras-tu d'ingratitude les bien-faits infinis dont tu es comptable à ma Bonté? Dits! que pourrois-tu esperer de plus grand de ma misericorde, au milieu des épouuantables tenebres de l'ignorance qui te rendent mon ennemy mortel, que ce que ie viens de te representer.

Sçachez, ma tres-bonne Fille! que ce seroit trop peu que les hommes prissent l'occasion de m'offencer plus griefuement, du costé de la grace que ie leur ay faict au benefice de la Creation; s'ils ne faisoient encore vn abus sacrilege de la grace incomparablement plus grande, qu'ils ont receuë en la reformation que ie leur ay preparée au Sang precieux de mon Fils, en les restablissant dans leurs premiers honneurs qu'ils auoient perdus par leurs lâchetez criminelles. Ne voyez vous pas qu'au milieu de l'aueuglement qu'ils se procurent, en ne voulans me rendre ny la reconnoissance de la dependance qu'ils ont de ma Prouidence, ny l'aueu des obligations infinies qu'ils me doiuent, leur volonté se peruertit par l'obstination; Ils marchent de precipice en precipice, ils tombent de malheur en malheur, ils s'enfoncent de plus en plus dans l'ordure des pechez abominables, ils

*Ingratitude de l'homme.*

E

payent mes faueurs d'iniures, & bien souuent de murmures, d'insultations & de blasphemes; Ils m'accusent d'iniustice en leur endroit, encore qu'en toute sorte de rencontres ie ne souhaitte autre chose que leur sanctification & leur gloire.

Certainement ils seront enfin punis d'autant plus griefuement, qu'on leur reprochera auec plus de raison, qu'ils ont esté racheptez par le Sang adorable de mon Fils. Leurs tourmens seront sans cōparaison plus grands apres le benefice de la Redemption, que s'ils n'eussent receu que le simple benefice de la Creation. De vray, y a-t'il rien de plus iuste, que de demander plus de deuoirs à celuy qui a plus receu qu'à quelqu'autre qui a moins receu? L'homme m'estoit desia beaucoup redeuable de ce que ie l'auois tiré du non-estre, & que n'estant pas auparauant, ie l'auois fait tout ce qu'il estoit & tout ce qu'il pouuoit. L'image & la ressemblance de mes grandeur dont ie l'auois honoré, côtenoit trop de motifs pour l'obliger en cette consideration, de me rédre tous les honneurs & toute la gloire que ie meritois & dont il estoit capable. C'est cela mesme qui m'appertenoit de droit qu'il m'a rauy, il m'en a frustré; Et ce qui est plus horrible à penser, il se l'est insolemment approprié, il s'est emancipé lâchement de l'obeïssance qu'il deuoit à mon Commandemēt, qu'il a mesprisé & foulé aux pieds par la transgression; & puis l'effronté qu'il est, il s'est ouuertement declaré mon ennemy.

Qu'ay-ie fait? nonobstant toutes ces indi-gnitez, i'ay voulu vaincre sa superbe par l'hu-milité; i'ay conjoint la grandeur de ma Na-ture en la personne de mon Fils, auec l'extre-me bassesse de vostre humanité: Par cette ma-niere, ie vous ay rendu à vostre franchise, en vous deliurant de la captiuité honteuse où vous auoit reduit vostre propre malheur. Ie ne me suis pas contenté de vous auoir remis en vostre premiere liberté, l'ay plus fait en-core; Puisque dans cette vnion adorable des deux Natures, Diuine & humaine, ces deux propositions sont également veritables que Dieu s'est fait homme, & que l'homme est fait Dieu. Cette grace toute seule surpasse auec tant d'excez toutes mes autres faueurs, & le tresor du Sang venerable contenu dans ce mystere a tant de prix; que l'hôme ne sçau-roit se deffendre contre l'obligation plus grande qu'il a de me seruir & de m'honorer, en l'imitation parfaite & en la suite genereu-se des exemples de la Vie de Iesus-Christ mon cher Enfant. Toutefois il faut que tout cecy soit fondé sur l'Amour que l'on me doit & au Prochain; autrement, il sera du tout impossi-ble de se rendre agreable à mes yeux, & de faire que ce que l'on m'offrira par le motif de la reconnoissance, ait toute la valeur neces-saire afin que ie l'accepte de bon cœur. l'ay donc grand sujet d'exercer de rigoureuses punitions sur ceux, qui au lieu de profiter de mes graces en deuiennent pires, & qui dans l'excez des dernieres faueurs que ie leur fais,

*Punition plus ri-goureuse apres de plus grandes graces.*

E ij

accroissent les circonstances qui les rendent plus coupables des châtimens eternels. Voila comment l'iniquité du Chrestien sera traittée auec plus de seuerité, dans le lieu où les tourmens sont en leur centre, que l'Infidele qui n'a eu aucune ou bien peu de connoissance de ma grandeur & de mes mysteres : Le feu a contre ceux-là vne action beaucoup plus affligeante, que contre ceux-cy ; les flammes vengeresses exercent sur eux plus de violéce, de rage, & de desespoir, sans pourtant les cósumer, selon qu'il plaira aux raisons de ma Iustice, pendant que le feu les brusle, & que le ver deuorant de leur Conscience les faict dessecher en les tourmentant. Ils souffrent de tous costez, sans que pour cela ils puissent mourir ; les mesmes braziers armez de ma Toute-puissance leur restablissent la vie qu'ils semblent leur rauir à châque moment: ce qui fait qu'ils souhaittent la mort naturelle, pour s'exempter de souffrir plus lõg temps les horreurs de la mort eternelle. Ils voudroient n'auoir non plus d'estre humain que d'estre surnaturel & diuin; la vie de la nature leur est en execration, quant ils se considerent priuez de la vie de grace, laquelle est vne participation de celle qui m'est propre.

*Moyé de gagner la misericorde de Dieu.*

Ne diras-tu pas, ma bonne Fille, que leur folie s'est changée en fureur contre moy, depuis que ie les ay auec tant de misericorde reconciliez à mon Amour par le Sang venerable de mon Fils, & que leur ingratitude s'est renduë digne de plus rigoureuses peines. Ie te veux pourtant apprendre l'vnique moyen capable de remedier à tant de malheurs, d'adoucir ma tres-iuste colere, d'arrester les feruers de mon indignatiō, & de lier les mains & d'enchainer les pieds de ma Iustice ; ce sera par les desirs ardants de mes Amis ; c'est par l'effort des prieres continuelles de mes bons Seruiteurs, si elles sont accompagnées de soûpirs, de douleurs & de larmes en abondance. Ie t'ay faict voir comme c'est par ce moyen que tu m'as gagné le cœur, & que ce sont là les chaisnes heureuses que tu as employé par ma grace, pour m'engager à faire misericorde à ceux de qui tu te faisois la caution & le plege. Les hommes pourtant se tromperoient lourdement, s'ils pensoient attribuer à leur merite vn ouurage de ma pure liberalité : si ma Bonté leur fait l'honneur qu'ils soient ses diuins Cooperateurs, c'est parce qu'elle mesme respand & qu'elle excite toutes les grandes feruers & les boüillans desirs qu'ils cōçoiuent & qu'ils produisent pour ma gloire au salut des ames. Il me plaist de m'en seruir moy-mesme pour adoucir ma Iustice, & pour faire relâcher à ma tres-iuste colere beaucoup de ses épouuentables rigueurs. Ie te dis ces choses, pour te prouoquer & mes autres fideles Seruiteurs, de puiser dans la Mer immense de ma diuine Charité les larmes qui vous sont necessaires, pour aider à lauer les soüillures de mon Espouse la saincte Eglise, & pour nettoyer les noirceurs de sa face. Ie te promets que par ce moyen elle reprendra sa premiere beauté, elle rentrera en la possession de cette agreable paix apres laquelle elle soûpire. C'est auec les douceurs de l'Amour sainct détrempé d'vne patience inuincible, en la tolerance des maux, que vous triompherez de moy & des pecheurs; & non pas auec le glaiue flamboyant du zele de ma Iustice, en desirant leur extermination. C'est auec les lumieres que vous prendrez au milieu de vos souffrances, que vous chasserez les tenebres des erreurs & des pechez du cœur de tout le monde, & que vous le rédrez soûmis à la verité. Continuez de vous monstrer asseurez & sans crainte, parmy ses iniques persecutions: Ie combattray pour vous, tandis que ma bonne Prouidence appliquera ses sollicitudes pour pouruoir à tous les besoins que vous aurez de son ayde.

## CHAPITRE XI.

*Excez & yuresse d'Amour en saincte Catherine. Douleur & Ioye, effets de cette yuresse en cette Saincte.*

<small>Transports d'Amour que causent les paroles de Dieu en sainte Catherine.</small>

LEs paroles de mon Maistre Diuin étoiét autant de sainctes montées & de saincts escaliers, par lesquels ie m'esleuois de plus en plus, en la conoissance sublime de sa Majesté incomprehensible: Elles faisoient, que ie tirois de sa presence, des consolations qui sont du nombre de celles que l'on ne sçauroit exprimer; là, ie me sentois fortifiée de la viue esperance qu'il accroissoit en mon cœur de sa Misericorde. Il me faisoit sauourer, par des goûts excessiuement doux, l'Amour incomparable qui le deuoit exciter à ce dessein, & qui l'obligeoit de se determiner infailliblement à ce bien tant desiré. Ie ne pouuois me lasser d'admirer auec des transports continuels de ioye, sa condescendance pleine de tendresse, de vouloir apprendre aux hômes, la maniere qu'ils deuoient garder pour apporter vne saincte violence à son Amour, & les voyes qu'ils deuoient tenir pour appaiser les rigueurs de sa Iustice. La seule pensée de ce que Dieu m'auoit dit, qu'il estoit auec moy, & qu'il combattroit pour moy; faisoit que mon Ame se baignoit d'aise, au milieu des plus violens effects des persecutions que le monde suscitoit pour me perdre. Les feux & les flammes de mes desirs affectueux, pour la gloire de sa Bonté & pour le salut des ames, venoient à se renforcer auec tant d'excez, que mon Esprit ne sçauoit plus en souffrir les violéces; mon Ame y perdoit son assiette ordinaire. I'entrois en vne saincte inquietude, laquelle toutefois n'estoit pas sans vne tres-particuliere confiance, de demander à Dieu humblement & puissamment, les épanchemens abondans de sa Misericorde.

Quoy qu'en la seconde demande que ie luy auois adressé, il semblât que i'eusse restraint son effect, pour l'vtilité seulement des Chrestiens & des Infideles, aux fins de la reformation de l'Eglise; neantmoins comme si à pre- *Priere pour tout le monde.*

E iiij

sent ma faim & ma soif eussent esté insatiables, ma priere enueloppoit tout le monde, ainsi que Dieu mesme m'y excitoit, d'où vient qu'auec des aspirations vehementes ie m'escriois: Dieu eternel! côuertissez les rigueurs de vos yeux, en des douceurs pitoyables & debonnaires sur vostre troupeau; Regardez-le comme son bon Pasteur, en lui faisant part des condescendances de vostre Misericorde; Ne tardez pas plus long temps de lui en faire ressentir les riches influences, puisque priué de l'Amour qu'il vous doit & au Prochain, il est reduit aux dernieres langueurs.

*Effects de l'Amour sainct & de l'Amour propre.*

Alors ce Seigneur debonnaire se môstroit à moy, comme s'il eust esté saisi de l'yuresse amoureuse, pour le salut des Ames: ce qui accroissoit auec plus d'extremité les douleurs amoureusement viues de mon Esprit. I'estudiois en la posture qu'il se manifestoit à moy, la grandeur de la dilection qui l'auoit incité de créer l'homme auec les auantages que i'ay desia dit. N'est-ce pas donc iniustement, me disoit-il, ma chere Fille! qu'il entreprend de m'offencer, apres tant de graces que ie luy ay faict, non par aucune necessité, ny par aucun deuoir; mais par ma franche & liberale volonté. Helas! quel nombre monstrueux d'iniquitez pullule de la racine de l'Amour propre, l'ennemy iuré de ma gloire? C'est de cette maudite source, qu'est sorty le venim, qui empoisonne tout l'Vniuers: Car comme toutes les vertus sont comprises admirablement en l'Amour que l'on me porte, où elles sont appuyées, & d'où elles tirent toute leur vertu & toute leur efficace: de mesme l'Amour propre, est la matrice peruerse, où tous les vices sont coçeus, & d'où tout le mal préd naissance. De vray celuy-cy est estably sur la superbe, tout ainsi que l'Amour que l'on a pour moy est fondé sur l'humble Charité. Les deux Amours, dont l'vn me regarde, & l'autre le Prochain; ont tant de liaison & de ressemblance, que les témoignages ou les effects de celuy-là, se deschargent par les œuures de celuy-cy: c'est donc auec raison, que ie t'ay dit cy-dessus, que tout le bié & tout le mal, estoit mis en exercice en la persóne du Prochain. I'aurois à te declarer tous les iustes sujets que i'ay de me plaindre de mes Creatures, qui payent d'iniures & de mépris les graces & les biens dōt ie parois prodigue en leur endroit; si ce n'estoit que ie suis resolu de te faire les mesmes protestations que cy-dessus en faueur de ma Misericorde, pourueu que toy & mes bōs Seruiteurs, perseueriez dās les exercices & en la posture que ie vous ay ordōné.

Ma chere Fille! profitez à mon escole. Croyez qu'il n'y a rien qui se puisse eschaper de mes mains, ny se soustraire de la vertu toute-puissante de mon bras. Ie suis l'Estre par essence. Ie suis celuy qui est necessairement. Vous n'estes pas de vous mesme: Ce peu que vous auez est yssu de moy; puis que ie suis le ouuerain Createur de toutes choses. Il n'y a ne le peché qui n'est pas mon ouurage, Il est spur neant & vne hideuse priuation. Il est

*Dependance des creatures de l'estre de Dieu,*

*Ego sum qui sum. Qui est misit me. Exod. 1. v. 3. 4.*

aussi entierement incapable d'estre aymé. Voicy la source malheureuse où la Creature a puisé son aueuglement qui la conduit au precipice. Elle ayme le peché, qui ne sçauroit & ne doit estre aymé. Elle conçoit de la haine contre moy, qui suis la Bonté souueraine, de laquelle elle a receu toutes les riches appartenances, tant naturelles que surnaturelles, qui accompagnent & qui suiuent l'Estre que ie luy ay doné, pressé par les douces forces de ma Charité de Pere. Pour te conuaincre que tout ce qui est, ne sçauroit s'émanciper de demeurer entre mes mains, Ie te commande de leuer les yeux. Ie veux qu'en ce rencontre, ta prudence cede à l'obeïssance; Ne vois-tu pas tout l'Vniuers enclos dans ma main, & que ce qui séble s'en retirer du costé qu'elle est pleine de misericorde, y retombe du costé qu'elle est armée de iustes vengeáces: & que les Creatures qui ne sont pas dás les estreintes amoureuses de ma Bonté, sont contraintes d'estre inseparables des rigoureuses prises de ma Iustice. Il est vrai qu'estant le Pere de toutes choses, Ie suis porté naturellemét d'auoir de l'Amour pour mes ouurages; De maniere que i'auray toûjours plus d'inclination de leur communiquer mes graces que les châtimens. Sois dóc perseuerante aux pieds de ma Misericorde, afin que ie produise les effects veritables de cette mienne amoureuse inclination, de laquelle ie t'ay donné tant de fois de si puissantes asseurances.

Il sembloit que cette amoureuse yuresse, dont Dieu viuant estoit saisi, s'estoit communiquée à mon Esprit, pour l'en rendre participât: les feux sacrez du sainct desir, auoit si puissamment gaigné ses puissances; qu'il ne se sentoit pas en soy-même: ie me trompe; il paroissoit comme s'il eust esté tout à la fois bien-heureux, & accablé de douleurs: l'vn à raison de l'vnion tres-accomplie qu'il auoit contractée dans Dieu, par les saueurs affectueusement delicieuses, dont il s'estoit imbu, lors que plongé en l'immense profondeur de sa diuine Bôté, il se sentoit côme opprimé sous le poids excessif de sa misericorde, sans pouuoir respirer; il estoit semblable aux persônes enfoncées en la mer, qui sont suffoquez par la trop grande abondance d'eau. L'autre, c'est à dire, que mon esprit estoit à même-temps abysmé de douleurs, sur la reflexion qu'il faisoit, qu'vne prodigieuse Bonté fust si lâchement offensée par la malice desnaturée des hommes. Ie rendois des actions de grace pleines de ferueurs continuelles à cette souueraine & delicieuse Bonté de ce qu'elle m'en auoit donné la connoissance, aussi bien que du mal-heur de ceux qui la traitoient de mespris; puis que par ce moyen l'ardeur de mes desirs pour sa gloire, & pour le salut de ceux-cy s'augmentoit incessamment auec des progrez autant auantageux, que les efforts pour y paruenir estoient infatigables.

*Excez de ioye & de douleur tout à la fois en sainte Catherine.*

Ie sentois que par cette maniere autant admirable qu'incomprehensible, les forces de

*Sueur excessiue de Sainte Catherine en la veuë du peché.*

mon Ame estoient renouuellées dans l'agreable Diuinité. Le feu sainctement amoureux qui sembloit deuorer mon interieur, prenoit des forces en mon Ame toute embrasée de la diuine Charité, auec tant de violence, qu'elle venoit à mespriser la sueur qui sortoit en abondance par toutes les parties & par tous les pores de mon Corps : Elle eust voulu que cette sueur qui n'estoit que d'eau, se fust changée en vne effusion de sang animé & plein de vie. Le progrez qu'elle auoit faict en l'vnion auec Dieu, estoit beaucoup plus excellent & plus intime que l'alliance qu'elle contractoit auec le Corps qu'elle occupe. Ce qui faisoit que tandis que mon Corps estoit abandonné à de plus rigoureuses destresses, elle souffroit des desolations plus remplies d'angoisses. Voicy comment elle se faisoit des reproches: Mal-heureuse que tu es ! pouroit-on s'imaginer vn ménagement plus brutal de la vie, comme tu as faict auec autant d'inconsideration que d'ingratitude de celle, que ie t'auois donné pour l'employer à mon seruice. C'est trop peu de dire que tu l'as inutilement employée; sans te flatter, tu l'as perduë entierement. Par ainsi, tu as esté la cause de tous les mal-heurs estranges & en si grand nombre, que souffre à present la saincte Eglise & le reste de l'Vniuers, tant en general qu'en particulier. Il faut donc que maintenant tu remedie à tant de maux par vne sueur de sang qui descoule de toutes les parties de ton Corps

Alors, la Doctrine que le Pere viuant m'a-uoit apprise, s'esueilloit viuement en ma memoire touchant la connoissance de sa diuine Bonté & de moy mesme, auec les moyens que ie deuois prendre pour appaiser sa justice, & me rendre vtile au salut du Prochain, en la reformation de l'Vniuers. Ce qui faisoit, que transportée d'vn desir plein de vehemence affectueuse, ie prenois de nouuelles forces en m'esleuant au dessus de moy-mesme, où j'ouurois l'œil de mon entendement, pour penetrer plus à fonds dans l'abysme immense de la diuine & increée Charité : là par les saueurs delicieuses dont mon Ame estoit toute imbuë & possedée, j'entendois l'obligation que j'auois de procurer, par des soins pleins de sollicitude infatigable, la gloire de son sainct Nom, dans le desir du salut des Creatures, sur lesquelles il a imprimé les traits à rauir de sa diuine ressemblance. C'est à ce tres-Auguste ministere, où ie voyois que l'on appeloit les seruiteurs fideles. Il m'estoit auis que la verité eternelle choisissoit entre tous les autres, le Pere Directeur de mon Ame, lequel j'offrois à la souueraine Majesté; la priant pressamment, qu'il luy plût de luy donner les lumieres & l'esprit de sa grace, pour en toutes choses se rendre digne d'acomplir auec perfection la volonté de son Pere viuant eternellement.

*Saincte Catherine fortifiée pour procurer le salut des Ames.*

Oüy, ma Fille! me respondit Dieu; Ie veux vous exaucer en ce que vous demandez de ma Bonté, pour vostre Pere spirituel : C'estoit le

*Marques du zele pour le salut du Prochain, & pour la gloire de Dieu.*

troisième chef de la Requeste que vous m'auez presenté dés le commencement; ie veux son salut, & qu'il trauaille auec beaucoup de sainte sollicitude à celuy des autres. Ne vous persuadez pas ny luy ny tout autre, que l'on puisse reüssir heureusement à vn dessein de si grande importance, si ce n'est que l'on soit exercé parmy plusieurs persecutions, & tenté par vn nombre excessif de tribulations, dont ie seray le tres-sage dispensateur; ainsi que ie le iugeray plus à propos & plus conuenable, pour la fin que ie pretends. S'il est vray que vous recherchez mon honneur, auec tant de desirs embrasez de zele, & que vous souhaitez que ma gloire se rende de plus en plus éclatante dans mon Eglise; pourquoy voudriez-vous refuser de souffrir auec vne genereuse patience, pour ce mesme sujet, & pour l'amour de moy tout ce que i'auray ménagé de rigoureux sur vostre vie.

Ce sera dans ce creuset, d'où l'on tirera des preuues qui ne pourront mentir, de vostre zele pour la recherche & l'auancement de ma gloire. Vostre Pere spirituel dans la terre sera par ce moyen mon veritable Enfant: i'honoreray de cette heureuse condition, tous les autres qui se rendront semblables à luy; ie le feray reposer doucement sur la poitrine delicieuse de mon Fils naturel, lequel i'ay voulu qu'il vous seruit comme d'vn Pont bien asseuré, afin que par luy, comblez de merites, vous pussiez paruenir à la fin pour laquelle vous ay mis au monde par ma tres-grande misericorde. Là vous moissonnerez les fruits rauissants des trauaux que vous aurez auec vne Charité bien patiente enduré à ma consideration. Ne vous rendez pas aux difficultez, perseuerez genereusement en pensant à ce que dit mon sainct Apostre: que les souffrances de cette vie sont trop legeres si on les compare à la recompense qui les attend pour les couronner.

*Non sunt condignæ passiones huius temporis ad futuram gloriam quæ reuelabitur in nobis. Rom. 8. v. 18.

## CHAPITRE XII.

*Iesus est le chemin du salut, & le Pont mystique qui conduit au Ciel.*

PVis que ie vous ay dit, ma bonne Fille, que ie m'estois seruy de mon Fils bien-aymé, pour faire de luy vn Pont au genre humain; il faut que vous entendiez que le chemin que tous les hommes deuoient tenir pour paruenir au Ciel, fust rompu desastreusement par la desobeïssance d'Adam leur premier Pere: De maniere qu'il estoit du tout impossible de passer plus auant pour atteindre la veritable vie, qui est l'eternelle. D'icy est prouenuë la negligence de l'homme de rendre à ma grandeur les honneurs qu'il estoit obligé d'apporter à ses pieds. Comment est-ce qu'il eust pû s'acquiter de ses deuoirs, sa vie n'estant pas conforme à la fin pour laquelle ie l'auois amoureusement mis au monde. Cette fin consiste en l'acomplissement de ma verité, qui par ce moyen demeuroit frustrée de sa perfe-

Fin de l'homme frustrée par le peché.

ction. Cette verité n'est autre chose, sinon que i'ay imprimé en l'homme les rayons viuants de mon Image; afin qu'estant incité par les honneurs que ie luy faisois en cette condition, il mît tous ses soins d'en acquerir les dernieres beautez dans la vie de gloire; & que là, par la participation plus pleine de ma Bonté il se gorgeât & se remplît de ses plus delicieuses saueurs, au de là de tout ce que l'on sçauroit comprendre. Il n'y auoit que le peché qui retardoit qu'il ne joüyt de ce bien incomparable, & qui par ce moyen, arrestoit l'acomplissement de ma verité. Ce monstre mal-heureux a fermé les portes du Ciel, il a intercepté toutes les anenuës de ma Misericorde; tandis que comme vn germe de malediction generale, il a peuplé le monde d'espines d'angoisses, de ronces de tribulations, & de chardons de toutes sortes de fâcheries. Il estoit iuste que celuy là sentit en soy-même les effects de la rebellion qu'il auoit voulu susciter contre moy. La chair incontinent prit les armes contre l'Esprit; & perdant entierement l'estat d'innocence où ie l'auois mis, il deuint semblable aux bestes les plus sales: Et par ce qu'auec autant de lacheté que d'imprudence, il s'estoit soustrait de l'ordre où ie l'auois establie par les effects de ma grace; toutes les Creatures pareillement luy dénierent la sousmission que ie leur auois commandé, s'il eust toûjours conserué la dignité où ie l'auois esleué auec trop de bon-heur.

*La vie humaine.* Le peu de soucy qu'il a eu de se maintenir, a fait

à saincte Catherine de Sienne.

a fait que mesprisant & mes commandemens & mes bons auis, il a merité la mort tant de l'Ame que du corps. D'icy a pris sa source vn fleuue continuellement agité de tempestes espouuentables, remply d'escueils & de precipices; l'homme miserable qui vogue au dessus, est à châque moment en danger de se briser, & de faire vn desastreux naufrage, au milieu des hules irritées de differentes afflictions, & parmy les vagues impetueuses des persecutions qui luy sont suscitées, & du côté du monde, & du côté des Demons, & du côté de soy-même. Ce sont là les trois branches qui contribuent de leurs eaux maudites pour composer le fleuue de la vie humaine, où tous les hommes estoient noyez sans esperance de salut; puis que personne n'estoit capable par sa propre justice de s'en retirer, & arriuer au Port desirable de l'eternité de la vie.

Ie n'ay eu que trop de bonté pour me comporter ainsi qu'vn pere enuers ses enfans: Ie me suis resolu d'apporter le remede conuenable à tant de mal-heurs: I'ay faict vn Pont de mon Fils que ie vous ay donné; afin qu'il vous seruit de chemin viuãt & nouueau; ainsi que parle mon Apôtre; par lequel à l'abry de tout peril ou danger de vous perdre, vous arriuiez à moy, trauersant heureusement la vie mortelle & perissable, sujette à tant de troubles, à tant d'agitations & de tempestes difficiles à vaincre. Le monde n'est-il pas bien obligé de m'aymer pour cette faueur incomparable, & ceux-là ne sont-ils pas mal-heu-

*comparée à vn fleuue perilleux.*

*Iesus est le Pont mystique pour le salut.*

*Habentes fiduciã in introitu sanctorum, in sanguine Christi, quam initiauit nobis viam nouam & viuentem per velamen id est carnem suam. Hebr. 10. v. 19.*

F

reux en leur aueuglement; qui ayment mieux de se noyer & d'estre suffoquez dans ce fleuue, que de se seruir d'vn moyen si puissant, que ie leur ay procuré par ma tres excessiue Misericorde. Ie veux te faire connoître le nombre de ces aueugles & leurs desastres: Mais aussi ie te commande d'ouurir les yeux de ton entendement, pour admirer les autres qui comme parfaits tâchent de suiure les lumieres de ma Verité; & si tu te dois laisser rauir à la conjoüissance pour le bon-heur de ceux-cy, tu dois ietter des larmes sans fin, pour la mal-heureuse condition des autres qui marchent parmy les tenebres.

*Structure du [...]stique [...]s.*

Ie ne veux pas, Catherine, te diuertir de la pensée de ce Pont glorieux dont ie viens de te parler; sa longueur tient depuis la terre jusqu'au Ciel, par l'vnion admirable de ma Diuinité auec vostre Humanité, en la personne de mon Fils vniquement engendré. Il falloit vn Pont de cette Structure, pour faciliter le passage & rendre le chemin du Paradis sans danger de s'y perdre. Il falloit, dis-je, que ma hauteur inaccessible à toute Creature, se vint joindre à la bassesse extrême des miseres qui vous sont propres, pour vous faciliter le passage au dessus de toutes les amertumes de la coulpe, en remettant le chemin qui auoit esté rompu pour arriuer à ma gloire. Vôtre terre estoit trop fragile, pour esleuer le Pont à la hauteur conuenable pour satisfaire ma justice, & pour oster la corruption qui auoit gasté toute la race des hommes. C'est donc auec grande sagesse que ma vertu toute-puissante est venuë pour donner à vôtre infirmité ce qui luy manquoit; afin que par cette maniere, la nature humaine se soûmettant aux peines en la personne de mon Fils qui me seroit offert, i'eusse agreable son sacrifice qui tiroit toute sa suffisance, pour m'obliger de le receuoir, du poids & du merite que luy donnoit ma Nature incrée inseparablement vnie à vôtre nature creée. Voila comment par l'abaissement de la Diuinité, voste humanité a esté esleuée. Voila la maniere que ce sacré & vaste Pont a esté bâty, & la façon que le chemin a esté restably, par lequel vous deuiez paruenir à la vie. C'est Iesus mon Fils qui s'est faict luy-même le Pont & la voye; il s'est humilié iusqu'aux horreurs de la Croix, afin que par sa mort, vous vinssiez vous rendre possesseurs de ma ioye en la compagnie des Anges saincts. Toutefois, prenez bien garde, que peu vous profiteroit ce glorieux Pont, si vous ne vous efforciez de suiure les exemples de ses vertus & de porter l'imitation de sa vie.

Ie fus contrainte de me rendre à ses admirables paroles, elles apporterent de nouuelles flammes pour accroître les feux amoureusement delicieux des premieres; les braziers qu'elles allumerent, faisoient que ie tachois d'en rafraischir les ardeurs par mes aspirations languissantes; & puis ie m'éfforçois de crier: O delicieux feu d'Amour! qui est-ce qui ne se rendra à l'effort de tes douces con-

*Extez & puissance d'amour en Dieu pour nous.*

F ij

traintes? y a-t'il cœur qui se puisse defendre de tes agreables violences, pour ne pas se brûler, se fondre & se resoudre en tes maistresses flammes. Quelle merueille! de voir que l'abysme immense de la Charité par essence, se laisse si facilement prendre de l'amour de ses cheriues creatures, & qu'elle les ayme auec tant d'estranges excez, qu'il semble qu'elle en deuienne comme folle; & qu'il luy soit impossible de viure sans elles; Quoy que vous soyez de vostre nature Dieu tout puissant, à la suffisance duquel l'on ne sçauroit apporter d'accroissement?

*La bonté seule de Dieu est cause de son amour.*

Si cela donc n'est que trop veritable, & que nos froideurs auec tous les dommages que nous encourons, ne peuuent rien contribuër pour diminuër les richesses de vostre Bonté, parce qu'elle est immuable; Il faut auoüer que l'inclinatiõ qu'elle a de nous faire vne si grande misericorde, ne sçauroit preuenir que du propre poids de l'Amour infini que vous ne deuez à personne: Au contraire, nous sommes vos miserables & sacrileges debiteurs. Neantmoins, qu'est-ce que ie vois deuant mes yeux, ô Souueraine & Eternelle Bonté! ie suis le voleur, & vous qui estes innocent, estes attaché à la potence pour mes crimes: Ie suis le coupable, & vous vous exposez aux tourmens pour l'expiation de mes forfaits; & en cette posture vous voulez fabriquer le Pont du salut des Hommes, ainsi qu'il vous a plû le declarer à vostre tres-indigne seruante? Cecy est capable de me fai-

refendre le cœur & le briser en mille pieces, ce seroit bien-tost; si la vertu dont vous le fortifiez surnaturellement, n'en empeschoit, non sans vne grande violence qu'il souffre, les effects veritables.

Il me souuient mon tres-adorable Seigneur! que vous auiez commencé de m'instruire touchant la structure admirable du Pont, & de la condition tant de ceux qui s'en seruent de passage, comme de ceux qui negligent de s'en seruir. Me voicy donc à vos pieds pour entendre ce qu'il vous plaira de me dire de l'vn & de l'autre.

---

### Chapitre XIII.

*Description de la structure du Pont mystique en Iesus-Christ & son vsage.*

Ie n'eus pas beaucoup de peine d'obtenir l'effet de ma priere : Dieu viuant auoit trop de volonté de me prendre par toute sorte de moyens, pour acroître en mon cœur de plus en plus les ferueurs embrasées de mon zele, pour le salut des Ames. Ie veux, me dit-il, que tu comprenne autant qu'il se peut, que ce Pont auec ce que ie t'ay déja monstré de son estenduë depuis la terre iusqu'au Ciel, & de sa structure en l'vnion des deux Natures humaine & diuine en la personne de mon Fils, contient trois degrez, par quelque sorte d'analogie & de rapport, aux trois estats que

*Trois degrez d'Amour representez en Iesus-Christ en Croix.*

l'Ame doit atteindre pour se perfectionner, ainsi que ie vay te l'expliquer. Le premier degré se tire des pieds de mon Fils attaché cruellement en Croix; parce que les affections portent l'esprit, & le font marcher, tout ainsi que les pieds sont le soûtien du Corps, & le font aller par tout où il a dessein. Ces adorables pieds que tu embrasse cherement, te preparent l'agreable montée, qui te doit esleuer iusqu'en la playe sacrée du côté du Cœur, qui est le second Escalier, où par l'œil de l'entendement purifié de toute affection pour la creature, l'on peut penetrer iusqués dans l'Amour excessif & parfaictement consommé de mon Fils. I'appelle son Amour parfaictement consommé; puis que sans feintise, il vous l'a donné sans nulle consideration de sa propre vtilité. De vray comment vous pouriez-vous rendre necessaires à son égard; s'il est vray qu'il est vne mesme chose auec moy qui suis la suffisance de toutes choses ? C'est donc en cette amoureuse playe, où l'Ame saincte y succe & s'y gorge de mō Amour, en y considerant ses feux en celuy qui m'estant consubstantiel, s'est faict moindre que moy pour en faire paroître les excez. De cette seconde montée l'on paruient à la troisiesme; C'est à cette Bouche de gloire laquelle est le siege heureux, où par vn baiser delicieusement affectueux, l'Ame saincte y attire tout ce qu'il y a de diuines saueurs; elle y prend la tranquillité de la paix qu'elle auoit perduë depuis le peché.

Au premier Estage, en leuant les pieds de l'affection de la terre, elle faict diuorce d'auec le vice par la vie Purgatiue: Au second, elle se remplit de vertus, dans la vie que l'on appelle Illuminatiue: Et au troisiesme, apres auoir passé par l'Amour des parfaicts, elle jouyt de l'agreable & tres douce tranquillité, où paruiennent les Ames plus priuilegiées en la perfection du sainct Amour.

Cét admirable Pont qui est l'ouurage de ma Toute-puissance en IESVS-CHRIST mon Fils, est esleué en haut; les eaües qui sont au dessous n'y sçauroient iamais atteindre, aussi est-il sans peché & auec vne glorieuse impuissance, qui luy est naturelle, de contracter aucune soüillure du vice. S'il est esleué au dessus des eaües de l'Iniquité, il ne laisse pas d'vn bout de toucher la terre, de laquelle iamais il ne se separe; lors mesme qu'il fust cruellement attaché sur le bois infame de la croix, au milieu de l'air, nud comme vn ver, tout couuert d'horribles playes; l'eminence de la Diuinité ne fit pas de diuorce d'auec la bassesse de l'humanité. Ce n'est pas aussi en cette maniere qu'il faut entendre les rauissantes paroles qu'il employe, quand il asseure: qu'il tirera toutes choses à soy lors qu'il sera esleué de terre.

Il faut ma bonne Fille! que i'aouë, qu'il estoit absolument impossible de passer sur cét adorable Pont de mon Fils, pour arriuer à moy, qu'il ne fust premierement esleué sur la Croix: Ie l'ay ainsi voulu pour cette fin, pres-

*Iesus esleué en Croix pour estre le Pont mystique.*

*Et ego si exaltatus fuero a terra, omnia traham ad meipsum. Ioan. 12. v. 32.*

*Iesus en Croix attire l'homme.*

sé par les entrailles de mon Amour de Pere pour vous; ne trouuant pas dans ma Sagesse, de plus puissant moyen pour vous tirer à moy. I'ay faict de son corps comme vne enclume, & dans son Ame comme vne forge, pour former le Genre humain à ma grace, destruisant la mort qui estoit en luy, & le faisant mon Enfant. En cette posture estrange, où IESVS est separé de la terre sur le bois maudit, il tire toutes choses à soy par les forces pressantes de l'excez de la Charité, qu'il témoigne à tout le monde. De vray il n'y a pas de vertu plus puissante pour rauir promptement le cœur de l'homme, que l'Amour : Et pourriez-vous treuuer vn Amour plus acompagné de circonstances, pour en faire voir la grandeur inconceuable, que celuy que mon Fils vous a faict voir, en donnant sa vie pour vous, par vne si estrange maniere ? Certainement l'homme ne sçauroit plus resister de se laisser aller, où le tire cét Amour, auec tant de delicieuses violences; si ce n'est que par vne épouuentable ignorance, & que par vne ingratitude plus que criminelle, il veuille se procurer à soy-mesme vne obstination de la nature de celle de satan, pour resister de gayeté de cœur à tant de charmes d'vne dilection toute-puissante.

*Comment est-ce que Iesus tire toutes choses à soy.*

C'est donc de bonne grace qu'il dit : Ie tireray toutes choses à moy, lors que ie seray esleué de la terre. L'on peut entendre ces paroles en deux façons : l'vne, que le cœur estant gagné pour se laisser tirer par l'inclination affectueuse, les autres puissances de l'Ame, sçauoir la memoire, l'entendement & la volonté, se laissent pareillement emporter : Et puis les trois Puissances estant vnies & assemblées en mon Nom ; alors tout ce que l'Ame saincte opere ou faict actuellement par leur ministere, est attiré, conjoint & transformé en moy par affection d'Amour : voila comment tout ce qui est en l'homme ; c'est à dire, tout luy, toutes ses puissances & toutes ses operations sont diuinement esleuées auec mon Fils en la Croix, & vnies à moy en l'amour immense qui nous est commun. Le second sens auquel l'on peut verifier ces adorables paroles, c'est que toutes les Creatures sont disposées par les ordres de ma bonne Prouidence pour le seruice de l'homme, tandis que ie l'ay reserué singulierement pour ma gloire. Ie l'ay exempté de toute autre seruitude, moindre que celle qu'il me doit auec trop de justice, si d'auanture il m'ayme ainsi que ie le cōmande, auec toutes les forces & auec toutes les tendresses de l'Amour de son cœur : Il y a donc vne necessité dans les Creatures qu'elles suiuent l'homme leur maistre, où il est amoureusement attiré. Partant, vous voyez Catherine l'importance de la structure de cét adorable Pont, la necessité qu'il y auoit qu'il fust esleué, & qu'il eust des saincts escaliers & des montées sacrées, des diuers degrez & des estages differents pour y monter

& auec moins de difficulté, & auec plus d'agilité & de promptitude.

*Iesus nous garantit de la Iustice Diuine.*

Ce n'est pas encore tout touchant la description naiue & totale de ce precieux Pont; Il est couuert de grosses pierres quarrées, afin que ceux qui passeront dessus, ne soient pas retardez de leur voyage par les pluyes qui peuuent arriuer. Vous me demanderez, ma chere Fille, quelles sont ces pierres ? ce sont les vertus reelles & veritables. Auant la Passion de mon Fils, elles n'estoient pas encore posées en forme de voûte, pour couurir les passans, & les exempter de la tempeste & de la pluye de ma Iustice : Il ne faut donc pas s'émerueiller, s'ils ne sçauoient paruenir iusqu'à leur fin derniere que ie leur auois preparé par ma Misericorde dés auparauant que ie les eusse mis au monde, quoy qu'ils employassent beaucoup de trauail pour pratiquer les vertus. Le Ciel estoit encore fermé, la vertu de la clef qui le deuoit ouurir estoit cachée dans le Sang adorable de mon Fils, qui ne l'auoit pas encore versé ; Et puis les pluyes rigoureuses de ma Iustice ne souffroiét pas que personne passast plus auant. Toutefois depuis que ces viues pierres de toutes les vertus ont esté mises en exercice, par Iesus-Christ mon Fils : elles ont esté taillées & polies par toutes les plus rudes espreuues que l'on sçauroit penser. Le ciment est composé de la chaux viue de son Amour immense, détrempé dans son precieux Sang auquel il cómunique ses feux, & du meslange de la vertu de sa Diuinité: Ce qui faict que ces pierres precieuses assemblées en luy par ma Toute-puissance, font vne voûte d'vne resistance inuincible; Elle est assez forte, pour s'opposer à tous les efforts les plus violés de ma colere; & l'homme estant au dessous à l'abry, (tandis que ie descharge les rigueurs épouuentables que meritent ses crimes sur mon propre Fils, par l'exercice que ie dône à toutes ses vertus) poursuit ioyeusement son voyage. Il marche en asseurance exempt de crainte seruile, remply de confiance de ma Misericorde sous la protection du merite de ce tout aymable Sauueur. Les vertus qu'il met en prattique sont aidées, prennent leur vie & leur vigueur parmy des consolations inexprimables, par la puissance de celles dont elles suiuent les traces, & elles portent l'imitation en la personne de mesme nature que moy. C'est par cette maniere que ie fais connoistre ma tres-abondante Misericorde, qui a trouué ce moyen pour preuenir toutes les auenues que ma Iustice voudroit occuper.

I'ay fondé sur la fermeté de ce diuin Pont, la maison de mes delices & de celles des hommes; C'est ma chere Eglise: Là, i'ay reserué vn celeste magazin, que i'ay pourueu de tout ce qui estoit à desirer, tant pour leur necessité que pour leur consolation. I'y ay mis vn Pain de vie, & l'on y reserue vn Sang precieux, qui doiuent seruir de nourriture à ceux qui auront faim, & de rafraischissement à ceux qui aurôt soif; de crainte que les voyageurs vien-

*Eucharistie cõsolation & vigueur des voyageurs.*

nent à manquer de force & de vie, pour poursuiure heureusement leur route. Voila comment i'ay tesmoigné que mon Amour embrassoit tous les deuoirs & toutes les tendresses de cœurs & d'vn bon Pere, & d'vne Mere également prudente & passionnée.

*Iesus est le chemin, la verité & la vie du salut.*

Ie vous auise encore, que vous n'aurez pas si tost passé le Pont, que vous trouuerez la porte de ma gloire : Resioüyssez-vous, le mesme Fils vnique de mon sein Dieu & homme, qui est le Pont, c'est à dire, le chemin est aussi la porte pour paruenir à moy, & si vous voulez, il est la verité mesme des biens que l'on possede en ma ioüissance, ainsi qu'il l'asseure luy-mesme dans l'Euangile : Ie suis, dit-il, la chemin, la vie, & la verité. Et puis : celuy qui marche en moy ne s'auance pas par les tenebres. Et ailleurs : Nul n'arriue à mon Pere que par moy. Tu as esté, ma douce Fille, suffisamment instruite iusqu'à present comment cét amoureux Sauueur estoit le chemin sous la description ou figure de ce Pont ; Et puis qu'il est vne mesme chose auec moy, il est sans doute la mesme verité eternelle : Quiconque la suit est asseuré de marcher & de s'auancer en la verité. Il est pareillement la veritable vie ; à laquelle on paruient, marchāt par les heureuses traces où il vous a monstré le chemin. Tandis que l'on retient cette Vie dans soy, il est impossible d'auoir faim ; puis que la verité mesme qui se donne en nouriture, remplit la capacité de l'Ame. Il sert aussi de Lumiere, dont les diuers rayons s'es-

*Ego sum via veritas & vita: Nemo venit ad Patrem nisi per me. Ioan. 14. v. 9.*

*Qui sequitur me non ambulat in tenebris sed habebit lumen vitæ. Ioan. 8. v. 12.*

à saincte Catherine de Sienne. 93

pandent sur les hommes, pour les empescher de choper parmy les tenebres espaisses du mensonge, que l'enuie maligne de l'ennemy auoit glissé dans le monde, lors qu'il seduisoit la premiere femme. La presence de cette adorable verité a chassé de la terre ce Monstre hideux du mensonge, duquel il a reparé les ruïnes au chemin du salut, par les diuines splendeurs de ses feux, en la maniere que i'ay desia dit parlant du merite du Sang precieux de mon Fils.

Tous ceux qui suiuent ce chemin sont asseurez qu'ils sont les chers nourrissons de la verité; Ils en portent l'imitation, ils entrent par sa porte pour arriuer à moy, qui suis vne Mer immense de paix amoureusement delicieuse, vnie à vne mesme chose en la Nature, auec la Verité eternelle qui est pareillemẽt la Porte & le Chemin. Au contraire ceux qui negligent cette glorieuse route, se laissent emporter par la rapidité des eaux du fleuue où ils sont enfin malheureusement engloutis & suffoquez. Ces eaues sont les volupté de la vie, les caresses & les mignardises du temps, les plaisirs & l'attachement aux honneurs, la complaisance peruerse aux vanitez & aux richesses. L'affection ne trouuant pas de fermeté sur leur inconstance, au lieu de s'appuyer sur la solidité inesbranlable de la Mystique Pierre angulaire Iesus mon Fils; se laisse entrainer, ou à regret assez souuent, elle s'est engagée auec trop d'inconsideratiõ. L'homme se prẽd aux Creatures plus fraisles

*Nauffrage de ceux qui ne suiuent pas Iesus.*

*Nemo venit ad Patrem nisi per me. Ioan. 14. 2. 6.*

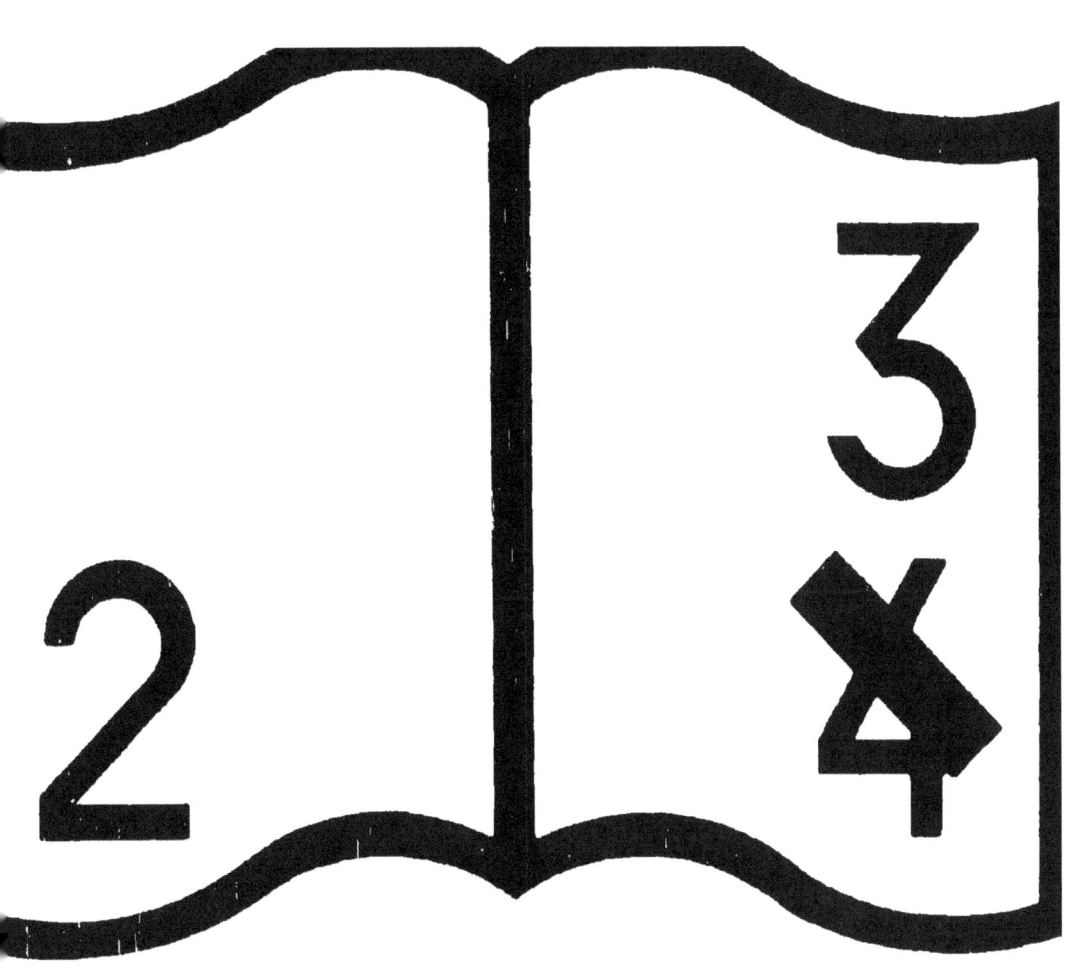

Pagination incorrecte — date incorrecte

**NF Z 43**-120-12

& plus coulantes que l'eauë, apres s'estre miserablement dépris de moy; Il les ayme sans mesure, il les possede auec iniustice; sans se prendre garde qu'il passe, & qu'il va de compagnie auec elles à la mort. Il a beau de ne le vouloir pas, il faut qu'il passe reglement ses iournées; Il n'y a pas d'appel de la Sentence generale qui condamne sans exception, tous les hommes de mourir, & en la mort de quitter toutes les choses qu'il auoit en son pouuoir; Quoy qu'assez souuent ie ne m'attache pas à cette heure-là pour les leur oster par les ordres de ma iuste & bonne Prouidence. Ceux-là portét les liurées du mensonge, aussi sont-ils les enfans de l'Ennemy duquel ils se monstrent les imitateurs; Il est menteur, & le pere de mensonge : Et parce qu'ils entrent par la porte du mensonge, ils tombent iustement en la mort eternelle. Voila tout ce que tu dois sçauoir des deux chemins, l'vn de la verité qui est le mien; & l'autre du mensonge, qui est celuy de l'Ange rebelle.

Quoy que l'on choisisse l'vn ou l'autre de ces chemins, il y aura tousiours beaucoup de peine à souffrir. Il est vray que la douceur enyurante de mes consolations gagne l'esprit de mes esleus auec tant d'effect; que ce qui estoit fascheux à porter, deuient extrememét leger, & que ce l'on asseuroit estre remply d'amertume, se change en sujet de delices rauissantes. Ils tiennent la lumiere agreable de ma gloire par auant-goust, quoy qu'ils soient enfermez tristement dans la tenebreuse pri-

*Statutum est hominibus semel meri.
Hebr. 9. v. 27.

Consolations diuines aydes du salut.

à saincte Catherine de Sienne. 93

son de leur chair au milieu de leur miserable mortalité. La sainte dilection leur faict dés ce monde sauourer la vie eternelle, & les splendeurs éclattantes de leur excellente foy, les fait desia à ce qu'il leur semble atteindre la verité en elle mesme. Ie me comporte auec trop de liberalité, d'agreément, & de circonspection à recompenser vn chacun, selon qu'il se sera fidelement employé en mon seruice; pour ne pas verser toutes les delices diuines dans le sein de mes amis, & pour ne pas recompenser au centuple le rafraichissemét qu'ils refusent de prendre dans la terre parmy les trauaux où ils se rendent infatigables.

Ma fille! comme ie ne laisse iamais aucun mal exempt de punition; Ie ne souffre pas pareillement qu'aucun bien demeure tost ou tard, sans recompése, laquelle est si comblée de ioye pour ceux qui marchent dás les routes de la verité, qu'il n'y a pas de langue qui les puisse dire, ny d'oreille qui suffise pour en entendre les grandeurs, ny d'yeux qui en en puisse voir les excellences. De vray ce que ie donne à gouster dés cette vie à mes fideles Seruiteurs, est vn eschantillon & vne imitation parfaicte de ce grand bien que ie leur prepare dans ma gloire. Celuy-là donc a perdu le iugement, qui dés ce monde, auec plus de mal-heur qu'on ne le sçauroit penser, embrasse les arrhes de l'Enfer parmy les voluptez du siecle, & qui auec des peines si pleines d'angoisses s'efforce de passer le dau-

*Amertumes de ceux qui ont de l'attachement au monde.*

gereux fleuue, priuez pour leurs pechez, de consolations de ma grace, & qui plus est de moy-mesme qui suis le souuerain & l'vnique bien que l'on doit chercher, & que l'on doit aymer souuerainement. J'auoüe qu'à cette occasion, vous auez toutes les iustes raisons auec mes autres amis, de vous rendre de vostre côté inconsolables aux afflictions sensibles où vous vous condamnez par la perte de ces mal-heureux ; & pour le retardement de l'auancement de ma gloire mesprisée auec tant de lâchetez. Aussi ce que ie desire auec plus de cœur, c'est que vous perseueriez à vous comporter en cette maniere.

---

## CHAPITRE XIV.

*Iesus monté dans le Ciel demeure vertuellement dans la terre par sa doctrine, pour nous seruir de chemin & de Pont.*

*Ascension de Iesus & enuoy du sainct Esprit.*

TV as Catherine ! assez compris de la necessité & de l'excellence de cét admirable Pont : Il reste que ie te dise, que quarante iours apres sa glorieuse Resurrection, ie l'ay retiré à moy, ie l'ay separé de la terre, c'est à dire, de la conuersation sensible des hommes: Il est luy-mesme monté au Ciel par la vertu diuine qui luy estoit naturellement propre, & s'est venu seoir à la droite tres-Auguste de moy qui suis son Pere. C'est ce que dirent les Anges au moment de son Ascension à ses Disciples, dont les cœurs estoient montez où

s'esleuoit

s'esleuoit le Corps adorable de leur Maistre, ainsi que le témoignoit le rauissement que leur admiration faisoit en eux. Il ne fust pas plutôt arriué au thrône de ma gloire; Il ne fust pas, dis-je, si tost retourné vers moy, ie dits quant à son Corps, & non quant à sa Diuinité qui ne s'est iamais separée de mon sein; que ie deputay promptement au monde vn excellent Maistre, c'est le sainct Esprit, qui prenant parmy les hommes la place de mon Fils, auec la sagesse qu'il auoit de luy, & auec ma puissance que ie luy auois donnée, commença à répandre les torrens delicieux de la Clemence qui luy est appropriée singulierement.

Ce diuin Esprit estant vne mesme chose auec moy & auec mon Fils, ne pouuoit desapprouuer la doctrine que la verité Eternelle auoit laissée pour l'establissement de tout le salut; il la confirma de nouueau, il ouurit les yeux au monde, & disposa les cœurs qui deuoient s'en rendre capables.

Partant ma douce Fille! vous voyez que nonobstant que mon Fils ait abandonné la terre par sa presence visible, sa doctrine salutaire y est toûjours demeurée : de mesme ses rauissantes vertus y sont restées comme des pierres viuantes, basties & cimentées sur le fondement solide de cette adorable Doctrine, laquelle vous sert de chemin asseuré pour arriuer au Ciel. I'ay dit le chemin asseuré, parce qu'il a voulu pour vous le rendre infallible en commencer luy-mesme la rou-

*Doctrine de Iesus confirmée par son exemple.*

*cœpit Iesus facere & docere, Act. 1. v. 1.*

G

te, & en frayer le passage par l'eéclat de ses vertus. Il ne vous a pas donné la doctrine toute nuë sans les riches robes de l'exemple. Il vous a instruit par les œuures aussi bié que par les paroles ; Que dis-ie ? il a plus faict par celles-là que par celles-cy : Et pour dire tout, il a commencé de faire auant que commencer de parler. La debonnaireté ou la clemence du sainct Esprit est venuë confirmer cette diuine Doctrine, fortifiant d'vne vigueur toute puissante les cœurs des Apostres, pour publier auec vne constance inuincible la Verité qu'ils auoient apprise, & pour en rendre vn tres fidele témoignage. Il a repris le monde de ses iniustices, il luy a reproché ses faux Iugements, dont ie te veux parler plus amplement en quelqu'autre rencontre.

*Accipietis virtutem superuenientis Spiritus sancti in vos. Act. 1. v. 8.*

*Tesmoins de la Doctrine de Iesus.*

I'ay voulu t'entretenir de toutes ces choses en particulier, pour preuenir l'erreur de quelques vns qui pouroient dire, que i'auois enseigné que vous auiez en mon Fils, vn passage pour arriuer au Ciel ; & que l'vnion de la Nature humaine auec la Nature Diuine, faisoit le Pont mystique qui vous rendoit le chemin aysé, & par l'Exéple & par l'Instructió, pour acquerir le salut : si dóc à preset il esteleué dans le Ciel, où pourra-on desormais en chercher la route ? Ils ne prennent pas garde, que la brillante Doctrine de mon Fils à receu sa confirmation du sainct Esprit, pour estre dispensée par le ministere des Apostres. La declaration en a esté faicte par le sang des Martyrs, dont le nombre n'est pas connu des hommes: Les Docteurs ont beaucoup contribué par leurs estudes & par leurs Predications, pour la rendre plus facile, plus claire & plus proportionnée à la capacité des peuples. N'est-ce pas assez que le sainct Esprit vous parle par les Escrits sacrez des Euangelistes, qui ont contribué de tout ce qui estoit necessaire pour par instrument public confirmer la Foy, & ayder la croyance que l'on devoit avoir de toutes les maximes Chrestiennes. Y a-il membre au coprs mystique de l'Eglise, s'il est animé de ma Grace & esclairé de la Lumiere de la Foy, qui ne contribuë quelque esclat de sa vertu, afin de monstrer comme au doigt le chemin de la veritable vie. De maniere qu'il n'y a personne si despourveu de jugement, si ce n'est qu'il se veuille aueugler en la propre complaisance de ses erreurs, qui ne puisse s'informer des moyens & des aydes du salut, & qui ne les puisse apprendre.

Voila comment i'ay laissé dans le monde, au lieu de la conuersation actuelle de mon Fils, la virtuelle par le moyen de la Doctrine, laquelle y est toûjours demeurée establie; c'est par la prattique de ce qu'elle enseigne, que l'on est deliuré des dangereux escueils de la vie passagere: Elle sert de Pont inesbranlable, asseuré sur ma toute-Puissance, sur la sagesse de mon Fils & sur la clemence du S. Esprit. Ma Puissance donne la force à ceux qui veulent entreprendre le voyage de l'Imitation des vertus & des prattiques de la do-

*Les personnes diuines contribuent à nostre salut.*

ctrine; la Sagesse de mon Fils contribuë de ses agreables Lumieres, pour esclairer ceux qui se sont engagez dans la lysse; & puis le sainct Esprit espanche son Amour en leur sein, afin d'en bannir entierement les déreglements de l'Amour propre, & y glisser en leur place les inclinations affectueuses pour les vertus.

*La Doctrine ne manquera jamais à l'Eglise pour seruir de chemin au Salut.*

Donc soit que mon Fils demeure actuellement au monde par sa conuersation reelle & sensible, soit qu'il y soit virtuellement par sa Doctrine, il sera toûjours vray, qu'il est le Chemin, la Verité & la Vie. C'est ce qu'il a voulu exprimer auec beaucoup d'amoureuses tendresses lors qu'il a dit: Ie suis sorty de mon Pere & venu au monde; Derechef ie quitte le monde & ie retourne à mon Pere: Ie ne vous lairay pas pourtant comme des orphelins abandonnez, ie ne vay que pour reuenir à vous, & m'acquitter de ma promesse. C'est comme s'il vouloit dire, mon Pere viuant m'a destiné vne fois vers vous, afin que ie vous seruisse de Pont, par lequel vous puissiez euiter le naufrage eternel, & paruenir à la vie souueraine du Salut; Apres quoy, ie retourne vers celuy qui m'a enuoyé. Ne craignez pas pourtant, que par ce moyen ie tire apres moy l'eschelle ou le Pont qui vous seruoit de passage: Non; ie ne vay trouuer mon Pere que pour vous enuoyer le sainct Esprit le diuin Côsolateur, qui par sa venuë vous declara que mon Fils est toûjours vostre Verité & vostre Voye, confirmant en vos cœurs les pa-

*Exiuia Patre & veni in mundū; iterum relinquo mundū & vado ad Patrem. Ioan. 16. v. 28.*

*Non relinquam vos orphanos veniam ad vos Ioan. 14. v. 19.*

*Cum venerit ille Spiritus veritatis, docebit vos omnē veritatē. Ille me clarificabit quia de me accipiet & annunciabit vobis. Ioan. 16. v. 13. 14.*

roles salutaires qu'il vous a enseigné. Quant il a dit, qu'il viendroit vne autre fois, il a parlé auec beaucoup de Verité; puis que le Sainct Esprit a esté enuoyé auec sa Sagesse & auec ma toute-Puissance. Il est donc retourné, ie ne dis pas actuellement & par vne presence reelle en son Humanité; c'est par sa vertu, en la personne du sainct Esprit confirmateur de sa diuine Doctrine, en la maniere que ie te l'ay expliqué. Cette voye de la Doctrine celeste ne máquera iamais, elle est eternelle; Nulle force creée ne la sçauroit arracher par violence du cœur de ceux qui marchent à ses Lumieres, qui suiuent auec vne exactitude rigoureuse les maximes qu'elle enseigne, & qui tâchent d'en porter l'imitation : Elle tire sa fermeté inuiolable de l'Immutabilité qui m'est propre. Ie suis Dieu & ie ne change pas. Vous deuez courageusement suiure ses diuines pistes, estans desuelopés des nuages tenebreux du mensonge, & reuestus de la Lumiere de la Foy viue que ie vous ay donné, comme vne riche Robe au Baptesme.

*Veniam ad vos. Ioan. 14. v. 19.*

*Portæ inferi nõ præualebunt aduersus eam. Math. 16. v. 18.*

*Ego enim Dominus & non mutor. Malach. 3. v. 6.*

Tu apprends par ce discours, ma chere Catherine ! que la Doctrine salutaire ne faict qu'vn seul Pont auec la presence visible de mon Fils dans la terre; Et que les dispensateurs de cette Doctrine, qui sont les Apostres, les Euangelistes & les Docteurs sont ceux qui trouuent les moyens pour cheminer par les Lumieres & les routes qu'elle enseigne. Ces personnes sont dans le Corps mystique de mon Eglise les Lumieres escla-

*Reception & auertissement.*

tantes qui brûlent & qui brillent pour sa gloire. Tu as aussi veu comment mon Fils a donné l'accomplissement de sa parole, par l'envoy du sainct Esprit sur les Apostres & sur les autres Fideles, lors qu'il disoit qu'il retourneroit les voir; ce qu'il ne fit que virtuellement: Car depuis que glorieux il est monté au Ciel, il ne faut point attendre d'autre venuë visible, que celle quand il viendra plein de Majesté & avec sa toute-Puissance pour juger l'Vniuers; Alors il rendra aux Corps rejoints aux l'Ames des Elus, la recompense de leurs travaux, tandis qu'il envoyera les meschants aux derniers supplices que meritent leurs crimes. Il est temps que ie te dis ce que ie t'ay promis touchant la condition de ceux qui marchent sur le Pont en l'imitation de mon Fils, avec plus ou moins de perfection, & des autres qui se laissent miserablement entraîner au malheur final, par les eauës impetueuses des delices & des vanitez du siecle. Cependant ie t'exhorte & ceux qui m'ont protesté de la fidelité, que vous ayez à prendre cette Divine route & de gagner le Pont, pour éviter le naufrage où les ennemis de ma grace se vont precipiter de gayeté de cœur, par leurs pechez & par leur propre malice. Continuez d'auoir de la compassion de leur estat deplorable, & de leur faciliter par l'ardeur de vos prieres & de vos larmes, les auenuës de ma Misericorde.

## CHAPITRE XV.

*Eloge par maniere d'admiration, de la la misericorde de Dieu.*

DVrant cét entretien, mon Ame estoit dans vn estonnement estrange; d'vn reste qu'elle estoit de ferueur de l'Amour sainct; elle deuint comme absorbée & engloutie dãs la profódeur immense de sa cause: Et puis estant reuenuë tant soit peu de son extase, ie disois: O diuine Misericorde! ô Bonté eternellement viuante! Ie ne m'estonne plus, si vous asseurez aux pecheurs qui retournert à vous par la penitence, que vous ne vous souuiendrez iamais de leurs iniquitez passées. O Misericorde d'autant plus incomprehensible qu'elle est sans nulle comparaison, & qu'elle est au dessus de tout ce que l'on sçauroit priser! Ie ne suis pas touchée de tant d'admiration, sur le sujet de ce que vous parlez de la sorte à ceux qui auec vn cœur humilié veritablement, reclament vostre Bonté souueraine; comme ie suis estonnée de ce que vous voulez que ie vous prie pour eux, afin que ie vous oblige de leur faire la Misericorde que vous desirez, & que vous auez resolu ainsi que ie le desire. O Misericorde! Misericorde incomprehensible! qui a tes yssuës & tes saillies du sein de la Diuinité, où tu es en ton lieu naturel! C'est par ta puissance que l'Vniuers est

*Les effets de la Misericorde de Dieu.*

regi, & qu'il a receu l'estre. Nous auons esté par ta vertu reconciliez & rachetez au sang venerable de Iesus Nostre Seigneur : C'est, dis-je, par ta grace, que nous commençons le bien, & que nous y perseuerons iusqu'à la fin auec les œuures. N'est-ce pas vous, ô prodigieuse Misericorde! qui auez disposé que le Fils vnique de vostre sein, entreprendroit le combat contre la mort pour la destruire sur le bois de la Croix, qui luy seruiroit de champ de bataille; afin que la mort de nos coulpes rauissant la vie du corps à l'Agneau sans tache demeurat heureusement vaincuë par la vie diuine.

*Estenduë de la Misericorde de Dieu.* Toutes vos œuures ô grand Dieu vous ressemblent, en ce qu'elles sont toutes remplies de vostre Misericorde. Elle espanche vie & lumiere de salut aux creatures qui en sont capables, c'est plustost par cét agreable Attribut que nous venons à la connoissance de vôtre Bonté, que par nulle autre perfection, soit que nous considerions les Ames iustes, soit que nous nous arrestions sur les pecheresses: Et où est-ce que la Misericorde brille auec plus d'esclat, que dedans l'eminence où les Saincts sont heureusement esleuez? si ie descends en la terre; C'est-là, où elle y est espanchée auec trop d'excez. Le lieu tenebreux remply d'espouuante, où les tourments sont en leur centre; Ie dits l'appartement confus des damnez, tant des hommes que des Anges, ne se peut cacher aux influences de cette immense Misericorde. Elle tempere de telle maniere, la punition rigoureuse des vns & des autres, que la peine n'est pas aussi grande comme demande le démerite ; tant est vray qu'elle a le pouuoir de regler par ses adoucissements, les rigueurs mesmes, où l'on ne sçauroit resister, de la Iustice diuine. L'Incarnation du Verbe, sa conuersation visible auec les hommes, quoy que soüillez d'iniquitez : & comme si c'estoit encore trop peu pour son amour, dont l'excez l'a faict voir comme s'il eust perdu le iugement à l'opinion des Sages du siecle; sa mort mesme honteuse & également cruelle, ne sont que des effects de cette grande Misericorde. Afin qu'il n'y eust aucun coin dans l'Vniuers, qui ne se ressentit des espanchemens de ses liberalitez ; Elle a faict descendre ce glorieux Sauueur iusques dans les Limbes, où les Peres attendoient la recompense tant desirée & si long-temps differée de leurs trauaux : afin de faire connoître de plus en plus qu'elle a tant de Bonté, qu'elle ne laisse aucun bien en arriere, qui ne reçoiue enfin la couronne de son merite, en ceux qui la seruent en verité & en esprit. Elle a plus faict que tout cela, en l'effort incomparable, ô Pere eternellement viuant ! qu'elle vous a faict faire, de nous donner le Corps adorable de vostre Fils vnique à manger, & son precieux Sang à boire, de crainte que les forces ne nous defaillissent durant le voyage, & que nous ne vinssions à mettre dans l'oubly vos bien-faits excessiuement grands, voulant qu'à cette-fin, l'ô en fit vn Sacrifice perpetuel dans le Corps mystique de la saincte Eglise.

*Misericorde de Dieu incomprehensible.*

Mon Dieu que deuiendray-ie, où iray-ie, dequel côté me tourneray-ie; ie ne rencontre par tout que l'immensité de vostre delicieuse Misericorde? O abysme sans fonds! ie te voudrois comprendre, & ie ne puis; ie te voudrois entendre & ie ne sçay par où te prendre; Ie souhaiterois, t'aymer, & tu surpasse tout mon pouuoir? Que feray-ie donc? Reçois-moy en ta profondeur; Ha! ie m'y perds & ie m'y meurs par la delicieuse suffocation d'Amour que me cause ta trop excessiue abondance. Pardon, Pere diuin! I'ay parlé, excusez mes pauuretez & mon ignorance; Ie confesse que i'ay apporté plus de presomption que de modestie aux pieds de vostre Majesté souueraine; Pour cela, i'appelle à mon secours cette Misericorde, de laquelle ie ne sçaurois mesurer l'estenduë.

CHAPITRE XVI.

*Des mal-heurs du peché; & que l'Amour propre est la source de tout mal.*

*Misericorde de Dieu, & malice de l'homme.*

QVand i'eus tant soit peu dilaté mon cœur par la vehemence de mes paroles, i'attendois humblement au milieu de mes pressantes prieres, l'effect de la promesse laquelle m'auoit esté faicte: i'entendis bientost le Pere eternellement viuant qui reprit son discours en cette sorte : Ma tres-chere Fille! me disoit-il, vous n'eussiez pû parler de ma Misericorde en ma presence auec tant d'auantages, si ie ne vous en auois faict auparauant sauourer les douceurs en cette agreable parole que ie vous disois, que les Pecheurs sont ceux pour qui ie vous exhorte de me prier affectueusement & incessamment. Ie veux pourtant que tu apprenne que tout ce que tu as pû comprendre de ma Misericorde, n'est rien en comparaison de sa grandeur en elle mesme, pour ce qui regarde les hommes; ta veuë est imparfaicte, ta connoissance est finie, ton intelligence est bornée ; au lieu que ma Misericorde est infinimét accomplie, son estenduë est immense, sa durée eternelle, ses effects tout-puissants. Vois donc qu'il n'y a nulle proportion entre toy & elle, la distance entre nous deux est infinie. I'ay eu agreable toutefois de te faire entendre par des faueurs delicieuses ie ne sçay quelle petite experience de ce qu'elle est, tout autant que ta condition le peut souffrir; afin que par là, tu apprisse l'hôneur que ie fais à l'hôme, que tu vinsse à faire vne reflexion plus iudicieuse sur la malice des hommes peruers, & sur la cruauté brutale qu'ils exercent contre eux-mesmes : Ils ayment mieux se perdre dans le fleuue des vanitez du siecle qui conduisent à la damnation, que de gagner le Pont adorable où ils trouueront le chemin asseuré du salut. Auec quels yeux de l'entendement pourras-tu voir ces mal-heureux qui se noyent volontairement; & auec quel cœur pourras-tu souffrir la déplorable condition où leur propre malice les precipite?

*Mort de l'Ame & insensibilité de ses puissances par le peché.*

Leurs playes sont mortelles, & leurs infirmitez les conduisent à l'enfer. C'est mieux de dire qu'ils sont déja morts, puis que leur Ame ne sçauroit se seruir de ses puissances; Elle est ainsi qu'vn Corps priué de vie, qui a perdu l'vsage entier de ses membres. De vray, par le peché mortel, elle a perdu la vie heureuse de ma grace, elle a conceu l'Iniquité qu'elle a faict passer de la pensée & du desir iusqu'à l'œuure: elle demeure de là, comme oppressée sous le poids intolerable des eauës de l'Amour desordonné des delices du siecle: la Memoire perd bien tost l'vsage de se souuenir souuent de mes bien-faits; l'œil de l'Entendement deuient inutile pour côtempler mes Grandeurs, pour mediter sur mes Iugemens & pour s'arrester sur mes autres adorables Veritez; il n'a plus d'autre objet que la recherche des moyens de satisfaire la sensualité propre. Que deuiédra la Volôté apres vn aueuglement si épouuentable; sinon de deuenir insensible aux touches de mon Amour, & de ne pouuoir aymer sinon les choses mortes comme elle? Ces trois Puissances estant ainsi deuenuës insensibles; que pourra-t'on attendre de bien de leurs operations tant actuelles que mentales? Certainement elles sont toutes mortes, & pas vne d'elles n'est digne d'estre approuuée ny d'estre recompensée de ma Bonté. La priuation de la vie de grace que l'homme s'est procuré auec tant de mal-heur, faict qu'il demeure sans force & sans industrie pour se defendre des Ennemis de son salut; & s'il s'est rendu entierement indigne des aydes agreables de ma grace, comment est-ce qu'il pourra resister à la plus legere des occasions qui tendent à sa ruine derniere? Ie promets pourtant que ie luy seray fauorable, si tandis qu'il est encore voyageur, il faict vn bon employ de son arbitre pour implorer mon ayde à se releuer; puis qu'il ne le sçauroit faire par sa propre vertu, tant il est rendu pesant, fâcheux & inutile à soy-mesme.

N'est-ce pas par les iustes raisons de ma Prouidence, que ie permets que celuy-là tombe dans la seruitude honteuse & cruelle du peché, qui vouloit tyranniquement, transporté d'ambition, commander dedans la terre. Quel esclauage plus infame sçauroit-t'on trouuer que celuy de la coulpe? Qui a-il de plus raualé que le Rien; & le Peché n'est-il pas vn veritable neant? Qu'est-ce que l'aueuglement; sinon la priuation de la lumiere pour voir? Qu'est la mort autre chose; si ce n'est vne absence de vie? Il est ainsi du peché; c'est vne priuation & vne absence de ma grace. Voila ce que deuient le Pecheur, sçauoir l'esclaue du neant, le serf du rien, le valet de la priuation. Ce qui n'est pas luy commande, & ce qui n'a pas d'estre luy donne des loix rigoureuses.

*Pecheur esclaue du Neant.*

Peut-t'on se persuader en la vie vne plus

*Pecheurs Arbres maudits & leurs fruits.*

mal-heureuse condition que celle des hommes pecheurs ; Ie les auois creé les heureuses plantes de mon Amour, pour porter & germer la vie qu'ils auoient receu de ma Bonté, par l'infusion de ma grace au sainct Baptesme ; Helas ! les voila fanées, dessechées & sans vigueur ; elles sont deuenuës des plantes qui produisent les fruits de damnation eternelle. Considere de prés où ces Arbres maudits ont leurs racines, & tu verras que c'est en la presomption de l'orgueil, que la malice de l'Amour propre fomente, nourrit & agrandit auec de pernicieux dommages qui en sont les suites : l'Impatience en est la moüelle & l'indiscretion est le jet qu'ils produisent ; De maniere que la Superbe, l'Amour propre, l'Impatience & l'Indiscretion, sont les quatre vices Cardinaux, de ces Arbres de mort, priuez de la verité de la vie qui m'est naturelle. Il naît au dedans vn ver deuorant c'est la Conscience qui ne les laisse iamais en repos, & quoy qu'il se fasse sentir ; l'Amour propre charme si fort l'attention de l'Esprit, qu'il luy en reste fort peu pour faire reflexion sur la peine qu'il souffre tandis qu'il perseuere dans le peché. Qu'attendrez-vous de ces Arbres ; sinon des fruits qui se ressentent de la nourriture enuenimée que les racines auront attiré, c'est à dire, des fruits de mort Eternelle. L'Ame miserable contracte de là son ingratitude criminelle, à laquelle suiuent tous les autres maux. De vray si elle eust pensé serieusement aux bien-faits sans nombre, dont i'ay voulu preuenir son Amour, afin qu'elle me le donnât sans reserue; Elle eust appris dans mes graces, que tout ce qu'elle est, & que tout ce qu'elle peut prouient de ma Misericorde, pour connoître ses propres foiblesses, & y apprendre l'humilité & la fidelité qu'elle me doit. Mais quoy! elle se plaît en son aueuglement digne de larmes, elle se precipite elle mesme dans les eauës du fleuue qui la conduisent à son dernier mal-heur.

Les fruits corrompus de cette Ame sont en aussi grand nombre comme il y a de differentes especes de pechez: Il en a quelques-vns qui seruent de nourriture aux animaux sales & puants, comme sont ceux qui se sont abandonnez aux voluptez de la chair, où ils se tournent, se veautrent & se delectent, remplissants par cette maniere leurs Corps & leurs Ames de vilainies. Ame miserable & des-honnorée? où est-ce que tu mets toutes ces grandeurs dont ie t'ay enrichy auec tant d'amoureuses liberalitez? Ie t'auois creée la sœur des Anges; & tu t'és renduë la plus laide & la plus sale au dessous de tous les animaux impurs? Ta deformité mal-heureuse est si grande, tes ordures sont si fort intolerables, que non seulement tu me fais horreur, à moy dis-je, qui suis la pureté immaculée par essence; Tu te rends encore, l'horreur & l'execration des Demons desquels tu t'es fait l'esclaue. Ne vous estonnez donc pas si entre tous les pechez celuy-cy me

*Les ordures de la Luxure.*

donne plus d'auersions, principalement quand il est accompagné de quelque circonstance contre la Nature. Les Philosophes mesmes priués de la lumiere de la Foy, ont connu par l'instinct de la raison, que les voluptez charnelles iettoient les tenebres dans l'entendement ; C'est pour cela qu'ils les ont fuy, & qu'ils ont abandonné les richesses comme les amorces & les couretiers des plaisirs, afin que leurs Esprits fussent plus libres pour vacquer à leurs speculations, quoy que remplies de vanité & de mensonges. Voila de vray vn pressant sujet de confusion pour le Chrestien, qui se procure à soy-mesme son aueuglement, & qui embrasse à deux mains & de cœur les aydes qui le conduisent à la mort par sa propre faute.

*Malheurs des Auares.*

Il y a d'autres fruits qui ne sont que de terre ; ce sont les Auares, les Vsuriers, & tous ceux qui en veulent auec vne auidité empressée à quel prix que ce soit : Ils sont semblables à ces petits Animaux sans yeux, qui s'engendrent de la corruption de la terre, qui ne viuent que sous la terre, & qui ne se nourrissent que de terre. De vray ces affamez de biens n'ont pas d'autre pensée ny d'autre Dieu iusqu'à la mort : Ce qui faict que tres-difficilement peuuent-ils trouuer de remede à leur maladie que ie tiens desesperée. Ils mesprisent mes graces par leur cupidité, ils les refusent pour se remplir de ce qui n'en a pas le pouuoir, ils abusent du temps que

l'on

l'on doit tenir si cher, ils le consument en choses inutiles pour le salut; & ce qui est plus, ils vendent à leurs pauures débiteurs à grāds interests celuy que ie leur ay donné liberalement & gratuitement. Ils deuiennent en cette maniere tres-cruels contre leurs Prochains, qu'ils dépoüillent de leurs biens pour s'en reuestir. Ils tombent en cette extremité brutale, pour auoir mis en oubly mes bienfaits excessifs & sans nombre, & pour auoir banny de leur souuenir, les œuures de Misericorde qui doiuent seruir de raisons à mes recompenses au dernier iour. Autrement ils n'auroient garde de se comporter ainsi enuers les autres, ils auroient plus de tendresses pour les miseres d'autruy, la pieté qu'ils exerceroient les rempliroit des riches consolations de ma Misericorde.

O que de mal-heurs, ma Fille! ô quelles meschancetez prouiennent de cette maudite iniquité! les Homicides, les Larrecins, les Rapines, les Concussions, les trahisons, les gains defendus par les Loix, les profits sordides, l'Impieté, l'endurcissement des cœurs, les injustices contre le Prochain, sont conceuës & sont sorties de ce monstre en la nature & en la grace. C'est par ces vices & par plusieurs semblables que l'Ame meurt à ma grace & qu'elle se rend esclaue du faux Mammon, auec le mespris de mes sainctes & diuines Ordonnances. Les personnes de cette

*Fruits de l'Auarice, & sa naissance.*

trempe n'ayment personne que pour leur propre profit : à vray dire, ils n'ayment rien que leur vtilité. La Superbe est la mere & la fille de ce detestable peché. L'estime de soymesme & le desir de la reputation porte à l'Auarice, & la cupidité engendre l'Orgueil; par celuy-cy on deuient Auare; la passion desordonnée d'auoir des richesses, est toûjours suiuie de la vanité de paroître plus grand que les autres. Ces deux vices s'aydent reciproquement pour s'acroître, chacun contribuë du sien pour aller de pis en pis, de precipice en precipice, & de mal-heur en mal-heur de l'vn à l'autre. Ce qui faict naître au milieu d'eux vn feu fumeux & obscur qui porte l'imitation de celuy des Enfers, c'est la vaine gloire ; laquelle assez souuent excite de la complaisance vaine pour des excellences que pourtant l'on ne possede pas : l'on s'estime plus qu'il ne faudroit, & le desir de commander & de se rendre éminent au dessus des autres, prend des accroissements sans fin dans le cœur. Delà vient que l'on perd tout à faict la simplicité naïue de l'Esprit; l'on se deguise à tout le monde, l'on ne traite plus qu'auec feintise, l'on ne marche plus qu'auec finesse; la parole & le cœur ne s'acordent iamais; l'intention & les œuures ne se ressemblent pas; les compliments, les deuoirs & les seruices ne portent iamais les veritables teintures de la Charité.

Ceux qui en sont là venus, ont tant d'atta-chement à leur propre vtilité, qu'ils ne font aucune conscience pour cacher la verité, & ne rougissent iamais d'estre trouuez menteurs auec autant d'impudence que d'iniustice. L'enuie suit qui enfante en leur cœur vn vilain ver qui les deuore incessamment, ils en sont comme consumez & dessechez, ne permettant pas seulement qu'ils tirent la moindre ioye ou complaisance du bon-heur qui arriue aux autres. Comment est-ce qu'ils se resioüiroient du bien de ceux-là, le leur propre n'excite pas mesme dans leur sein aucun plaisir? Ils sont donc bien esloignez, estans si remplis de malices & enuelopez en de si estranges malheurs, de vouloir soulager les besoins de leur Prochain par les charitez tirées de leur propre substance; puis qu'auec tant de cruelles desolations, ils rauissent celle d'autruy. Comment est-ce qu'ils pourroiét ayder les ames pour sortir de leur ordures, puis qu'auec vne volonté tellement obstinée, ils se plaisent de veautrer la leur propre, & la noyer dans le lac puant des voluptez charnelles. Leur brutalité passe les bornes de l'honnesteté ciuile, & assez souuent ne va que trop au delà du respect que l'on doit à la Nature. Ils ne pardonnent pas mesme aux propres enfans, ny aux autres parents, en quel degré que ce soit; Ils pratti-quent incestueusement & assouuissent sans horreur tout ce qui se sçauroit penser de detestable dans la luxure. Ie ne laisse pas par le

*Cruautez & iniustices des auaricieux & des luxurieux.*

motif de beaucoup de misericorde, de dissimuler toutes ces horribles iniquitez; I'attéds auec patience qu'ils viennent à se reconnoistre & à changer de vie, sans que ie commande à la terre de les engloutir tous viuans, ainsi que ie le puis, par les raisons de ma Iustice, & que ie le deurois par le motif de leur malice. Non; Ie ne sçaurois vouloir la mort de l'impie: I'ayme mieux absolument qu'il se conuertisse & qu'il viue puis que ie suis le Dieu viuant.

En fin, Catherine! telles personnes sont bié esloignées d'exposer la vie de leurs corps pour le salut des ames, qui refusent les petits lambeaux, & s'il faut ainsi dire, les miettes de leurs biens passagers: Ils n'auront garde d'aimer leur Prochain d'vn amour affectueux, puis qu'ils ne nourrissent pour eux que des enuies noires, auec lesquelles ils deschirent cruellement tout ce qu'ils ont gagné de reputation & d'honneur dans l'esprit des sages. Ces vices dignes d'execration s'estans saisis de l'ame, ils l'abaissent par autant de degrez, qu'il auoit plû à ma Bonté de l'esleuer. I'auois faict d'elle vn Ciel plus beau que le Ciel visible, & la voila deuenuë comme vn vaisseau de mépris & de reprobation: Ie l'appelle vn Ciel; puis que par ma grace, ie prenois plaisir de demeurer en elle, comme dans le thrône glorieux que i'auois trouué & rendu digne de mon Amour. Helas! celle qui estoit le siege heureux de ma Misericorde, est mise sous l'escabeau des pieds de ma Iustice.

* Viuo ego dicit Dominus Deus, nolo morté impij, sed vt conuertatur impius à via sua, & viuat. Ezech. 33. v. 11.

Cheute héteuse de l'ame de sa premiere dignité.

Que dis-ie, l'Espouse est deuenuë adultere; Elle a aymé la Creature plus que moy; Elle m'a quitté, comme si ie n'estois pas son Dieu; en ma place, elle s'est elle-mesme proposée pour estre l'Idole qu'elle adore & qu'elle cherit au dessus de ma Bonté; & comme si ce n'estoit pas assez, elle me faict la guerre par l'excez de ses iniquitez, & en toutes les manieres differentes des vices & des actions peruerses. Elle se laisse emporter à tous ces desordres, parce qu'elle resiste de penser serieusement au Benefice sans prix du Sang de mon Fils, qu'il a respandu pour elle auec vne charité inexprimable.

## Chapitre XVII.

*Continuation des malheureux effects du peché. De l'iniustice & des iugemens peruers du pecheur.*

IL y a vne autre espece de fruict d'iniustice qui se reconnoist en ceux qui possedent les dignitez & les grandeurs de la terre, qui sous pretexte qu'ils ont du commandement sur les autres, portent leur teste bien haut par la superbe, & ils esleuent le drapeau de l'iniustice iusqu'au sommet de l'insolence contre moy leur Dieu, contre leur Prochain, & allencontre d'eux-mesmes. Pour ce qui les regarde, ils ne se rendent pas les deuoirs de la vertu par les excellentes prattiques de leurs habitudes. Quant à ce qui m'appartient; ils

*Iniustice des superbes.*

me rauissent impudemment l'honneur & la gloire qu'ils doiuent incessamment à mon Nom, par les droicts de la Nature & de leur condition; de maniere que comme sacrileges Larrons, ils prennent de moy ce qui m'est propre, pour le donner à leur maudite sensualité, laquelle n'est que la chetiue chambriere de l'Ame qui porte ma ressemblance. Cette iniustice est doublement criminelle, elle me regarde & elle les regarde; De vray, ils sont dangereusement aueuglés par leur Amour propre, de maniere qu'ils ne connoissent pas que ie suis au dedans, au plus intime & au plus essentiel d'eux mesmes.

*Aueuglement des superbes comparé à celuy des Iuifs.*

Vous direz sans difficulté, ma tres-douce Fille! qu'ils sont semblables aux Iuifs malheureux & perfides. Mon Fils vnique Iesus conuersoit familierement auec eux; Il beuuoit & mangeoit au milieu d'eux, il rendoit les autres deuoirs de la vie en leur côpagnie: leur Enuie pourtant & leur Amour propre auoit tant gagné sur leur Esprit, qu'ils deuenoient aueugles dedans la lumiere, & la verité n'entroit pas dans leurs cœurs. D'où vient qu'ils ne rendirent pas leurs deuoirs à la vie eternelle qu'ils ne voyoient pas au milieu d'eux, & qu'il leur monstroit au doigt, en leur disant: le Royaume de Dieu est au milieu de vous. Par ainsi ils me refuserent pareillement l'honneur où leurs obligations trop iustes les pressoit; Et demeurans priuez de la veritable lumiere par leur propre malice, ils commirent l'iniustice pleine d'horreur de

*Regnum Dei intra vos est. Luc. 17. v. 22.*

à saincte Catherine de Sienne. 119

persecuter sans pitié mon Enfant bien-aimé, iusqu'aux cruelles détresses de la mort infame de la Croix. C'est en cette maniere que ceux dont ie viens de te parler me traittent auec aussi peu de discretion que de compassion enuers moy, enuers leur Prochain & enuers eux-mesme.

Toutes ces maudites engeances produisent en fin le Iugement temeraire, duquel ie t'ay desia promis de t'entretenir plus à loisir: Ce mal passe plus auāt auec de si pernicieux progrez, que mes œuures mesmes, quoy que produites auec sagesse & gouuernées auec Iustice, sont sujettes à leur censure; mes dispositions sur eux & les ordres adorables que ie donne à mes Creatures les scandalise; Ils regardent de mauuais œil, & ne prennent pas de bonne main ce qui a sa source dans mon cœur embrasé d'Amour de Pere. C'estoit auec ce iugement peruers infecté du venim de la superbe & du poison de l'enuie, que les impies trouuoient à redire aux actions sainctes de mon Fils en la terre, quand ils asseuroient faussement qu'il faisoit ses ouurages miraculeux au nom & par la vertu de Beelzebuth, quand il chassoit les Demons des corps des possedez: De mesme ceux dont ie t'entretiés estans remplis d'iniquité, appuyez & enracinez en leur Amour propre, souillez d'ordure, enflez de superbe, vilains par l'auarice, corrompus & pourris de la gāgrenne de l'enuie, deuenus à charge à eux-mesmes par l'impatience, & tres-indiscrets par l'a-

*Malheurs des iugemens peruers & temeraires.*

* Hic non eiicit Dæmones nisi Beelzebub principe dæmoniorum. Matth. 12. v. 24.

H iiij

ueuglement de leurs ignorances condamner tout ce qu'ils voyent de bien en mes œuures & en celles de mes seruiteurs. Tout ce que nous faisons leur sert de pierre de scandale, tant ils ont le iugement peruerty en la censure qu'ils font des ordres de ma Prouidéce, de laquelle ils sont les vsurpateurs tres-iniques & les tres-mauuais ménagers. Ils se coportent ainsi, parce qu'estans corrompus en toutes manieres, le goust aussi de leur Ame est gasté. Ils prennent les douceurs agreables de mon Amour pour des amertumes rigoureuses de ma colere: Et croyent que les prosperitez que ie donne à mes ennemis quand ie suis fâché, sont les épanchemens les plus delicieux qui puissent sortir de ma Bonté. Il y a tant de malice en leur vie, qu'ils appellent bien ce qu'on iuge estre mal absolument; au contraire ils condamnent pour mauuais, la Bonté que i'approuue & que ie recompense.

*Reproche de Dieu au pecheur.*

O aueuglement estrange ! pourquoy malheureux homme, fais-tu tant de mépris des grandeurs que ie t'ay donné ? N'es-tu pas honteux d'estre par tes fautes tombé de si haut en vn estat le plus raualé de tout ce que l'on sçauroit penser ? Ie t'auois faict grand Seigneur, & tu as mieux aimé prendre la condition la plus vile de tous les esclauages, que de demeurer dans l'honneur où ie t'auois mis auec des auantages, où il sembloit que l'on ne pouuoit plus rien adiouster ? dis moy ; y a-t'il rien de plus bas & de plus honteux que le peché ? Il ne se peut donc trouuer de seruitude plus sordide que celle que tu as contracté auec l'iniquité. Par ce moyen tu es deuenu, non tant semblable que la mesme chose auec celuy duquel tu t'es rendu l'esclaue. S'il est donc vray que le peché est vn neant, ne sera-t'il pas veritable de dire que tu es deuenu à rien, & que tu es tombé dans le neant, quant à l'estre & quant à la vie de grace ? Tu t'es à toy-mesme rauy la vie, tu t'es toy-mesme procuré la mort.

Helas! Ie t'auois donné la liberté, le commandement & la vie par le moyen de mon Fils bien-aymé; Vous estiez dés auparauant des miserables Esclaues de l'ennemy. Il vous a retiré de dessous sa tyrannie par la seruitude où il s'est soûmis. Ie luy ay donné vne obeïssance toute pleine de rigueur, pour détruire vostre desobeïssance criminelle. Il s'est humilié iusqu'à la mort honteuse de la Croix, afin que vostre superbe trouuast son aneantissement dans celuy qu'il s'estoit imposé, & que vos pechez prissent fin dans la mort sacrée qu'il auoit soufferte. Qu'il soit ainsi; Quel vice peut-il estre resté, pour lequel il n'ait plus qu'abondamment satisfait ? Tous les pechez donc ont esté punis, destruits & aneantis sur son corps, duquel ie t'ay dit que i'auois faict comme vne mysterieuse Enclume pour ce dessein. Enfin ma bonne Prouidéce n'a oublié aucun remede qu'elle ne l'ait employé pour les hommes; de maniere que bien facilement ils peuuent éuiter le dernier mal-

*Liberalité dē Dieu & ingratitude de l'homme.*

heur, si ce n'est qu'absolument ils ne veulent pas. Mais quoy! ils foulent aux pieds de leurs affections desreglées le sang precieux & adorable qui leur a esté le glorieux instrument de tous ces biens: Et voilà l'iniustice & le Iugement inique & faux qu'on leur reprochera au iour dernier, ainsi que ma Verité Incarnée l'asseure, quant il a dit: le Paraclet que mon Pere enuoyera en mon Nom, reprendra le monde de Peché, de Iustice & de Iugement: C'est ce qu'il a faict le iour de la Pentecoste.

*Cum venerit arguet mundum de peccato, de iustitia & de iudicio. Ioan.16.v.8.

## Chapitre XVIII.

### Les reproches de Dieu au Pecheur durant la Vie, & à l'heure de la mort.

Dieu reprend l'homme par le sainct Esprit, & comment.

APres ces reproches i'en ay encore disposé trois autres dont le premier est continuel: il est comme vne suite de celuy que ie viens de dire, & qui a esté faict en la venuë du sainct Esprit sur les Apostres, qui estans fortifiez de ma toute-Puissance, & esclairez de la Sagesse de mon Fils, comblez de la plenitude du sainct Esprit, qui est vne mesme chose auec mon Fils & moy, ont repris le monde par la Predication efficace de la Doctrine de ma Verité; c'est ce que font encore ceux qui tiennent leur place dans mon Eglise en cet employ.

C'est icy la reprehension iournaliere que ie faits aux hommes, par le ministere de ceux qui sont les organes viuans de l'éfficace de mes sainctes Escritures, desquelles ie leur ay confié la dispensation fidele. Leurs langues sont perfectionnées par le sainct Esprit, pour estre des éloquents & sçauans orateurs en la publication de ma verité & de mes ordres; & confondre les langues que l'ennemy a empoisonnées pour perdre ceux qui ne suiuent pas le chemin que mon Fils leur a frayé. I'ay estably comme bon Pere auec beaucoup de sagesse & d'Amour, ce doux & agreable reproche, qui ne tend qu'au salut des Ames : De maniere qu'il n'y a personne qui puisse iustement s'excuser qu'il n'a pas eu de Maistre qui l'ait enseigné, ny de Pedagogue qui l'ait repris; parce que i'ay déja assez suffisamment montré la Verité aux hommes, en leur faisant connoître le merite de la vertu & la laideur du vice. Ie ne leur ay donné que trop de Lumiere pour la recompense que ie prepare au bien, & pour les dommages pernicieux qui suiuent & qui acompagnent le mal; afin que faisans en eux-mesme vne belle alliance de la saincte Crainte & de l'Amour sacré, ils conçoiuent de puissantes auersions pour l'iniquité, & prennent de pressantes ardeurs pour la Iustice.

Toutes ces veritez du salut ne vous ont pas esté apportées par quelqu'vn du nombre des Anges seulement, vous eussiez pû dire qu'il estoit bien facile à l'Ange de parler de la sorte, il ne sçait que c'est de passion, sa nature l'exempte de sentiment & de souffrâce, il n'a

*La Doctrine de Dieu a esté pratiquée par ceux qui l'ont apportée.*

pas de Corps comme nous, qui le rende sujet aux defauts & aux miseres de la vie ; & puis son estat bien-heureux dans la gloire, le met à l'abry des rigueurs des loix qu'il vient nous publier. I'ay esté au deuant de ce que l'on pouuoit opposer allencontre ; quant i'ay enuoyé mon Fils vnique reuestu veritablement des haillons de vostre mortalité, pour vous dire mes ordres : ceux qu'il a laissé apres soy pour continüer d'en declarer les plus belles veritez ; à vostre auis, quelles personnes estoient-ils ? de quelle paste estoit composée leur complexion & leur nature ? d'où sont-ils sortis ? n'estoient-ils pas des hommes, Enfans d'Adam, Creatures passibles, passageres & perissables comme vous, & sujettes aux rudes combats de la chair contre l'Esprit ? Et ceux qui se sont rendus aux amoureuses contraintes de ce qu'ils ont presché, estoient-ils tant hommes que femmes, en nombre qui ne se peut conter, d'autre trempe que des Elemens & des humeurs sensibles qui sont la preuue de vos foiblesses ? Celuy d'entre mes Apostres que i'ay choisi pour estre mon Predicateur, n'a pas esté excepté dans les sentimens de la rebellion de la sensualité contre la raison ; & n'ay-je pas permis que mes meilleurs amis entre les Saincts ayent esté trauaillez en diuerses manieres, pour donner de l'exercice & de l'éclat à leurs vertus, & par ce moyen acquerir plus de gloire à leurs Couronnes ?

Nous n'auons  Le peché originel pourtant estoit de mesme âge qu'eux, ils n'auoient qu'vne mesme conception & qu'vne mesme naissance, ils n'auoient pas en cela plus d'auantages que vous; Et puis confessez que ie suis toûjours le mesme Dieu, le temps ne me change pas, ma main ne perd rien de ses forces dans le courant des siecles, elles demeureront à iamais auec leur premiere vigueur pour ayder ceux qui en auront besoin. Pource qui est de ma volonté, elle ne fust & ne sera iamais meilleure; ie n'attends sinon que l'on se dispose d'en receuoir les benedictions. Les tendresses & les forces de mon Amour de bon Pere, sont toutes prestes de se donner à ceux qui les demanderont; Que dis-je? ce sera assez pour me témoigner qu'on me les demande, si seulement l'on veut contribuër de son petit pouuoir, pour se retirer de la rapidité des eaües du siecle, & que l'on tâche de tenir le chemin que mon Fils enseigne par sa Doctrine.

*pas d'excuse pour nous suiure.*

L'on voit clairement par ce discours, que personne ne sçauroit s'excuser de suiure la verité qu'on luy monstre; & que ceux qui durant la vie presente negligent le reproche debonnaire qu'elle leur faict, ne pourront s'empescher de tóber dans la condemnation de la reprehension qui leur sera faicte en la mort: C'est en ce moment perilleux, que la voix épouuentable de ma Iustice crie : leuezvous Morts & venez comparoître au Iugement deuant moy; c'est-à-dire, vous mal-heureux & perdus, qui estes priuez de la vie de ma grace, & qui tombez desesperément dans

*Voix de Dieu à l'heure de la mort.*

le precipice de la mort du Corps, venez maintenant vous rendre en la presence de vostre Iuge souuerain, auec vos injustices, & jugemens faux & corrompus. Où est, mal-heureux que vous estes! la Lumiere ardente & éclatante de la Foy que vous auiez prise au sainct Baptesme, & que vous auez méchamment esteinte auec le vent impetueux de la Superbe & de la Vanité du cœur? C'est ce vent contraire à ma grace & à vostre salut, qui a enflé le voile de vôtre Amour propre, afin de vous faciliter auec plus de vitesse la route des delices du siecle & des prosperitez mondaines, vous laissant gouuerner aux desirs des-ordonnez de la chair, & aux tentations dangereuses de Sathan. C'est ainsi que cét ennemy de vostre bien auec le voile de vostre volonté propre vous fait faire voyage sur les eaües de ce fleuue mortifere, afin de vous precipiter auec soy dans le naufrage Eternel.

## CHAPITRE XIX.

*Du reproche de Dieu au Pecheur dans l'Enfer, & de sa rigueur.*

*Triste reproche que se faict le pecheur à l'heure de la mort.*

MA tres agreable Fille! ce second reproche n'est à present que dans l'intention; son execution se fera par effect & actuellement à l'heure de la mort, où il n'y aura plus de lieu d'en appeller. Ce vilain ver de la conscience que l'Amour propre auoit comme aueuglé durant le cours de la vie, commence d'ouurir les yeux; il se réueille du sommeil où il estoit assoupy. L'homme mal-heureux voit clairement en cette derniere extremité, qu'il ne sçauroit éuiter de tomber entre les mains seueres de ma Iustice; d'où vient que se sentant comme rongé & deuoré en ses entrailles, il se faict de tristes & angoisseus reproches, de ce qu'il s'est à soy-mesme procuré toutes les cruelles detresses où il est miserablement abandonné de toutes parts. Ie ne luy ferme pas pourtant encore la porte de ma Misericorde, elle luy sera tres-asseurement ouuerte, si durant ce triste moment il a assez de Lumiere pour reconnoître ses fautes, & les auoüer auec la verité de la Penitence & de la douleur; si tant est que l'vne & l'autre soient excitées par la seule & toute pure consideration de ma souueraine & Eternelle Bonté, & non pas pour raison de la peine qu'il ne sçauroit du tout éuiter. Autrement s'il venoit à mourir sans cette Lumiere, & sans l'esperance qu'il doit auoir au sang adorable de mon Fils bien-aymé, n'ayant d'autre douleur que celle que luy dône le ver tres cruel de sa côscience, ou qui prouient de sa propre passion; & son afflictiô faisant plus de reflexion sur la peine qu'il souffre & qu'il doit souffrir, que sur l'offense qu'il m'a lâchement faicte; certainement & sãs faute il ne sçauroit éuiter que ie ne le punisse des tourmens de la damnatiô Eternelle.

*Sujet de confiance à l'heure de la mort pour le pecheur.*

*Mal-heur du desespoir final.*

Alors il sera reduit en vn estat sans remede où ma justice luy reprochera à tout iamais l'iniustice & le mauuais Iugement qu'il a meslé en toutes les actions peruerses qui m'ont offensé. Ce ne sera pas seulement en general; le reproche tombera sur châque peché en particulier, & singulierement sur l'injustice qu'il aura commise, & sur le faux jugement qu'il aura faict à l'extremité de sa vie, quand par son desespoir il a creu que son iniquité estoit excessiuement plus grande que ma Misericorde. Voicy ce peché qui ne merite pas de pardon ny en ce monde ny en l'autre; aussi s'est-il obstiné de mespriser auec perseuerance les thresors immenses de ma Bonté. Ie t'asseure ma chere Catherine! que cette iniquité derniere a plus de laideurs que toutes les autres quoy que plus prodigieuses en nombre & en malice durant tout le cours de la Vie. D'où vient que le desespoir de Iudas donne plus de déplaisir à mon Fils & à moy, que la lâcheté & la cruauté de sa trahison.

*Iniustice du desespoir final.*

Par tant ceux qui auront estimé que leurs pechez sont plus grands que ma Misericorde, seront repris de faux Iugement, comme aussi d'iniustice au milieu des tourmens Eternels qu'ils ont iustement merité; parce qu'ils ont eu plus de douleur de leur propre peine, que des offences qu'ils ont commises contre ma Bonté. De vray sçauroit-on rencontrer vne plus grande iuiustice, que celle dont ils vsent en mon endroit, en donnant la

prefe-

preference à leurs interests au dessus des miens, en me rauissant cruellement ce qui m'est propre pour se l'attribuer auec vne indiscretion, qui ne merite pas de pardon? Ils me doiuent, sans doute, apres m'auoir offencé, vn amour tout remply de chaudes affections, détrempées dans les douces amertumes de la Contrition veritable du cœur: Ils font tout le contraire, Ils se reseruent l'Amour de la compassion charnelle & la douleur cuisante de la peine qu'ils attendét auec desespoir, & qu'ils ont merité par les horreurs de leurs crimes. Et puis que ma Misericorde a esté mesprisée auec tant d'insolence; Il y a trop de raison que ie les liure aux feux & aux tourmens pour y estre punis auec leur cruelle seruante leur propre Sensualité, & pour y estre faits les compagnons de Sathan, duquel ils ont aymé la tyrannie; par ce moyé, ils sont associez en la peine de ceux auec lesquels ils se sont rendus complices en la coulpe, & que i'ay condamné par les ordres de ma Prouidence pour estre les Executeurs de ma Iustice rigoureuse.

Que veux-tu, ma tres-douce Fille! que ie te dise dauantage; puis qu'il n'y a pas de langue humaine qui puisse raconter la grandeur des peines que ces ames maudites souffrent dans les Enfers ; Il n'y a pas aussi d'intelligence creée capable d'en comprendre les extremitez. Et comme il y a quatre sources principales d'où tous les pechez prennent naissance, dont la premiere est l'Amour propre, qui

*Quatre peines principales des Enfers.*

I

produit la vaine Reputation de soy-mesme, celle-cy n'est iamais sàs la Superbe, au sein de laquelle la cruauté de l'Iniustice est comme nourrie & agrandie: Il y a pareillement aux Enfers quatre sortes de peines, qui sont les sources matrices où toutes les autres sont contenuës. 

*Premiere peine.* La premiere, prouient de ce que les Demons se voyent priuez de ma veuë biéheureuse & bien-faisante par leur propre faute; l'affliction qu'ils conçoiuent de là est d'autant plus grande, qu'ils souffriroient volontiers tous les tourmens sensibles des Demons, pourueu qu'ils eussent le bien de me voir si cela estoit faisable, plustost que d'estre totalement affranchis de peine en ne me voyant pas. 

*2. Peine.* Cette peine tres-pesante au delà de tout ce que l'on peut penser, est accreuë par le Ver de leur Conscience qui les deuore sans pitié, en la consideration que cette detestable priuation & de celle des Anges Saincts, ne procede que de leur indiscretion, de ce qu'ils se sont de gayeté de cœur procuré cét excez de mal-heur, & qu'ils se sont rédus dignes de la compagnie des Demons & de la veuë de ces hostes cruels, desquels ils ont imité les conditions malignes durant leur vie. 

*3. Peine.* Cette veuë execrable & pleine d'horreur qui forme la Troisiesme peine des Enfers, rend sans comparaison les deux precedentes plus desesperées: Que cela soit ainsi la ioye des Bien-heureux ne reçoit-elle pas vne circonstance de consolation capable de l'agrandir, quant ils se considerent en la pre-

à saincte Catherine de Sienne. 131

sence des autres Saincts leurs compagnons qu'ils voyent moissonner auec tant de glorieux succez, les fruicts des penibles trauaux qu'ils auoient soufferts dans le monde pour l'Amour de moy, auec le mépris & la haine d'eux-mesmes? A proportion, la rage des meschans s'augmente, tant plus ils plongent leur esprit dans les desespoirs de ceux qu'ils experimentent estre les compagnons & les bourreaux des tourmens épouuantables qu'ils endurent en leurs propres personnes: Ceux-là leur seruent comme d'vn second miroir où ils reconnoissent auec les tristes desolations de leur Esprit, que le déreglement de leur volonté propre les a rendu dignes de cette tres-hideuse conuersatiõ. Le ver cruel & affamé de la Conscience en deuient plus importun, il ne met pas de fin à ses morsures, & ne donne aucun relâche à ses piqueures; Il ne repose ny nuict ny iour, il est exempt des Loix du temps, il ne vieillit pas auec luy, il tire au contraire l'immortalité du sujet où il est attaché, il durera autant que l'Ame durera.

Vne circonstance se rencontre icy, qui fait que cette peine est renduë plus fâcheuse en son extremité par l'aspect des Demons en leur propre figure, dont la deformité contient tant de laideurs épouuantables, que l'on n'en sçauroit comprendre vne plus grande. Ne te souuiens-tu pas, ma chere Fille! qu'vn iour dans vn rauissement d'esprit ie t'en fis voir vn en sa nature auec les horreurs de sa

*Vision qu'eust saincte Catherine d'vn Demon.*

I ij

condition; & quoy que ce ne fust que comme en passant, & en vn clin d'œil, tu eusse mieux aymé toutefois, apres que tu fus retournée à toy, de cheminer dans vn espace tout de feu pour y estre brûlée sans cesse iusqu'au iour du Iugement, que de voir encore vne fois vn Spectre si hideux & si remply d'épouuante. Neantmoins tout ce que tu as pû conceuoir en luy de terrible & de difforme en ce moment & à la legere, n'est du tout rien en comparaison de ce qu'il est en verité. Il faut que tu sçache que son visage si horrible à voir ne paroist iamais bien à découuert qu'aux Ames qui pour iamais & sans esperance sont priuées de ma grace. Ma Iustice par des voyes autant secrettes que puissantes, faict que ces Monstres d'Esprits paroissent plus ou moins effroyables aux vns qu'aux autres, selõ qu'vn chacun plus ou moins aura merité d'estre damné par ses excez.

*4. Peines. Feu d'Enfer brûle sans consumer.*

Le quatriesme tourment des Enfers est celuy du feu qui brûle incessamment, sans destruire le sujet où il s'attache auec obstination: l'Ame qui est condamnée pour y estre plongée durant l'Eternité, ne laisse pas, quoy qu'elle soit sans matiere d'estre tourmentée par cét Element esleué par ma Toute-puissance à cette operation merueilleuse qui est au dessus de sa vertu naturelle. Il altere l'Esprit, non pas pour le consumer, c'est pour l'affliger. L'extremité de la douleur qu'il imprime compatit auec la longueur infinie de sa durée, la peine qu'il donne auec plus ou

à saincte Catherine de Sienne. 133

moins de sentiment à proportion de ce que l'on a merité, & diuersemét, selõ les differentes manieres que l'on a peché; comme il ne prent pas de fin; son action sera pareillement perpetuelle, & son mouuement sera circulaire, tandis que l'estre de la Creature maudite demeurera tousiours en son integrité naturelle. Tout cela se passe auec le meslange & la succession des chaleurs & des froideurs excessiues, qui causeront les grincements de dents au corps, & qui décontenanceront les Ames iusqu'au desespoir & iusqu'à la rage. C'est ainsi que seront traittez auec seuerité ceux qui n'auront pas voulu profiter de la premiere reprehension, touchant l'Iniustice & le faux Iugement, lors qu'ils estoient pleins de santé & de vie, ny du second reproche à l'article de la mort, pour les raisons que ie t'ay cy-dessus expliqué assez amplement.

*Vox tonitrui tui in rota.*

## CHAPITRE XIX.

*Du reproche de Dieu au Pecheur au Iugement dernier, & de sa rigueur.*

IL ne reste plus que le troisiesme reproche lequel se fera au Iugement general, où la douleur de l'ame du Reprouué rencontrera vne circonstance de nouueau déplaisir, en la reünion qu'elle souffrira à regret auec son Corps infame, puant & hideux. Adioustez à cela la confusion qu'auront l'vn & l'autre en

Majesté du Fils de Dieu au Iugement final.

I iij

la reprehension seuere qui leur sera faicte en public, à la veuë de tous les hommes & de tous les Anges. Sçache donc, ma tres-douce Catherine! que mon Fils vnique viendra au dernier Iour, auec l'éclat des grandeurs de sa Majesté tres-Auguste, pour iuger le monde, & reprendre les hommes par sa puissance, de leurs iniustices criminelles. Il ne paroistra plus en cét équipage vil & abiect qu'il auoit pris lors qu'il voulut naistre d'vne Vierge immaculée dans vne estable, où il estoit couché entre les Animaux, afin de mourir apres quelques années sur le bois de la Croix, au milieu de deux renommez Larrons, comme s'il estoit le plus méchant homme de la terre. I'auois alors caché ma puissance en luy, permettant qu'il souffrist les peines & les iniures ainsi qu'vn autre du commun des hommes, encore que la Nature Diuine fust en luy, cóiointe inseparablement à la nature humaine, afin de tirer la satisfaction conuenable deuë à ma Iustice. Les choses seront bien changées; sa Majesté aura tant d'éclat, sa derniere venuë se fera auec tant de pouuoir, que les Reprouuez saisis de frayeurs horribles que l'on ne sçauroit vous faire comprendre, en redouteront les approches; Cependant les Iustes se resioüiront merueilleusement, & touchez des doux saisissemens de la crainte, qui est la fille du sainct Amour, ils viendront au deuant de luy auec des transports meslez de respect & de reuerence.

*D'où viendra que le mesme vi-*   Il ne faut pas vous persuader que sa Face reçoiue aucune alteration en elle-mesme, & qu'elle se transforme diuersement, pour se faire voir aux vns auec plus d'agréemens, & aux autres auec plus d'épouuante. Non, il est immuable en soy-mesme ; Il peut dire aussi bien que moy. Ie suis Dieu, & ie ne change pas. Pour ce qui est de l'Estre humain depuis qu'il est glorieusemét ressuscité, só Visage & tout le reste de son Humanité saincte est incapable de transmutation. Il ne lairra pas toutefois de paroistre aux Reprouuez terrible & en colere, parce que leurs yeux prendront cette disposition dans leur conscience criminelle. Vn mauuais Oeil ne comprend que des tenebres en la presence du Soleil, où vn bel œil est esclairé & réioüi de ses éclatantes lumieres : Ce qui vient, non par aucun défaut ou par aucun changement qui se fasse au Soleil; ces effects contraires d'vn mesme objet, ont leur cause dans les dispositions côtraires des organes qui le contemplent; & les yeux des Reprouuez en ayant de tresmalignes, ils ne liront que des horreurs où les Bien-heureux estudieront les transports delicieux & les ioyes rauissantes.

*Visage de Iesus paroistra agreable aux vns & épouuetable aux autres.*

*Ego enim Dominus & non mutor. Malach. 3. v. 5.*

Apres ces choses, ie te diray que ces malheureux ont conçeu contre moy vne rage desesperée, en laquelle ils sont confirmez pour y perseuerer eternellement. Elle faict qu'ils ne sçauroient iamais se complaire en aucun bien que ie possede, ny s'empescher vn seul moment de vomir des blasphemes execrables contre mon Nom. Leur Arbitre est lié & ga-

*Rage & desespoir du damné.*

I iiij

rotté par le defespoir volôtaire, où auec trop de mal-heurs ils se sont plongez à l'article de la mort; ce qui les empéche de produire quelque pensée ou quelque action qui ait de la bonté ou du merite: De maniere que celuy qui meurt en estat de peché mortel priué de ma grace, demeure à iamais obstiné dans l'estat d'iniquité où ie l'ay trouué lors qu'il a rendu l'Ame, il se ronge au dedans de soy-mesme, & se déchire incessamment auec de viues passions qui accroissent de plus en plus ses douleurs toutes détrempees d'angoisses; Principalement s'il a esté l'occasiô de la damnation de quelqu'vn, ou par l'exemple, ou par la persuasion, sollicitation & commandement, ou par conspiration, accord, & concours à commettre vn mesme peché.

*Complices au peché s'entreseruét de bourreaux dans l'Enfer.*

Vous pouuez voir clairement vn exemple de cecy en la personne du Riche gourmand, en l'Euangile de mon Fils, qui au milieu des flammes de l'Enfer, demandoit de grace, que l'on enuoyast à ses freres viuants encore au monde le Lazare, pour leur prescher les tourmens estranges qu'il souffroit en ce lieu de supplices: afin que les ayans appris d'vn homme qui retourneroit de l'autre vie ils pûssent en estre touchez, & se resoudre d'en euiter le mal-heur. Ce n'estoit pas l'Amour sacré qui le faisoit ainsi parler, la côpassiô charitable pour ses proches ne le touchoit en aucune façon en ce souhait, le principe en estoit mort en sô Ame. Quel biê eust-il pû côceuoir pour mô hôneur & pour ma gloire au salut de

*Rogo ergo te pater vt mittas eû in domum patris mei, habeo enim quinque fratres, vt testetur illis ne & ipsi veniant in hunc locû torméterû. Luc. 16. v. 27. 28.*

ses freres ; puis qu'il estoit sorty de la vie du siecle auec l'endurcissement & l'obstination confirmée de la haïne contre moy & contre toutes les vertus ? Il parloit pourtãt ainsi, parce qu'il auoit esté le principal & le plus insolent en leurs desbauches, & qu'il les auoit éleuez & nourris auec cét Esprit où il les auoit laissé en mourant. Il craignoit donc pour soy-mesme, il auoit d'estranges apprehensiõs, qu'estans deuenus ses compagnons en la peine, ainsi qu'ils auoient esté ses imitateurs au crime ; ils ne fussent de nouuelles occasions de l'accroissement de ses douleurs dans les Enfers, par autant de manieres qu'il leur auoit donné de matiere & de sujets d'estre deuenus des Impies, lors qu'ils viuoient ensemble au monde.

## CHAPITRE XX.

*De l'estat des Bien-heureux dans le Ciel, & de la communication mutuelle de leurs ioyes.*

L'Ame saincte prend ses progrez dans le bien, comme la mal-heureuse s'auance dans l'iniustice. La fin de la vie luy met la Couronne du merite sur la teste, tandis que la mauuaise y prend les liens & les fers obtinez de son esclauage perpetuel dans le vice : & comme celle-cy est confirmée dans l'endurcissement de la haïne contre moy ; celle-là au contraire est heureusement establie dãs

*Confirmatiõ au mal dans l'Enfer, & au bien dans le Paradis.*

la perfection de mon Amour, où elle ne sçauroit plus donner d'agrandissement par l'exercice des vertus. Elle demeure constamment auec le mesme degré de Charité qu'elle auoit lors qu'elle est venuë se rendre dans mon sein en la gloire pour m'aymer à iamais. C'est de ce dernier moment de sa vie que i'ay pris la mesure des recompenses eternelles que ie luy ay preparées.

*Desir & rassasiement compatibles en la gloire.*

Voicy, ma bonne Fille! en quoy consiste les rauissements delicieux de tout son bonheur: Elle desire continuellement de me posseder, & pourtant son desir est desia deuancé de la plenitude de ma ioüissance. Ses souhaits affectueux ne sont iamais vuides, ils sont tousiours remplis de ce qu'ils veulent de moy. Elle est rassasiée au milieu de sa faim, laquelle est pourtant tousiours égale au milieu de sa glorieuse suffisance; Sa faim, dis-ie, est autant exempte de peine & de soucy, comme sa repletiō est esloignée du dégoust; Elle est auide sans empressements, & elle est rassasiée sans nausée. De maniere que le plaisir est essentiellement inseparable de l'vn & de l'autre; puis que sa ioye ne sçauroit estre iamais interrompuë en la communion de tous les biens qui sont en moy: vn chacun y tient la mesure qu'il s'est faite à soy-mesme par la Charité qu'il a apporté quand il est sorty du monde pour venir se presenter à moy.

*La Charité est cause de cōioüissance mutuelle entre les Bien-heureux.*

La Charité estant le lien qui joint l'Ame saincte à ma Bonté & au Prochain, c'est vne

à saincte Catherine de Sienne. 139

necessité qu'elle prenne part à toutes les ioyes, comme aussi à tous les biens qui me sont propres, & qui appartiennent singulierement à vn chacun des Bien-heureux : De maniere qu'auec la Comoüissance qui naîtra de l'Amour Beatifique pour le bien general & commun à tous ; l'on produira encore plusieurs autres actes de complaisance, qui s'attacherōt au bien & au plaisir de chaque particulier. D'où vient que non seulement, l'on fera feste ioyeuse auec tout le chœur des Anges ensemble, l'on aura encore plus de complaisance mutuelle auec ceux des Hyerarchies où seront paruenus les merites de la vie, pour y auoir seance parmy ou proche d'eux, selon les differentes vertus que l'on aura prattiqué dans le monde, auec quelque sorte de sympathie aux perfections singulieres de ces Bien-heureux Esprits. Il faut dire de mesme des hommes qui auront esté compagnons de merite, & qui auront esté occasion ou auront seruy de causes d'auancement en ma grace : il n'y a que trop de iustice que ceux qui ont esté compagnons en la compassion mutuelle parmy les trauaux du siecle, demeurent associez dans la gloire en la complaisance reciproque qu'ils prendront au plaisir de la recompense de l'vn & de l'autre. Il faut que ie t'auoüe ma douce Fille! qu'il n'y a rien dans la terre parmy mes Creatures capable de rendre plus d'honneur & de gloire à ma Bonté souueraine, & de luy donner plus de ioye, que quand ceux qui s'entrayment d'vn

Amour singulier inseparable du mien, se prouoquent mutuellement aux exercices genereux & aux sainctes prattiques, pour profiter dãs ma grace & pour s'auancer dãs le bié. Cét Amour singulier ne perit pas dans la gloire, au contraire il se fortifie & prend des agrandissemens merueilleux dans leurs Esprits, sans faire tort à la ioye commune qu'ils participent du bon-heur de tout le general.

*Conjoüissance des Bien-heureux multipliée, & reflechie en Dieu.*

Ne te persuade pas pourtant, que cette joye particuliere soit si singulieremẽt propre à vn seul, qu'elle ne se communique pareillement à tous les autres, tant des Anges que des hommes bien-heureux. De vray quant vne Ame entre dans la vie Eternelle, toutes les autres commencent de participer de son bon-heur; & elle de son côté commence de prendre part à la gloire de toutes les autres, tant en general qu'en particulier. Ce n'est pas que la capacité de l'Ame soit accreuë de nouueau, ny que son sein soit dilaté dauantage, ny qu'elle ait besoin d'estre remplie de plus en plus; Non, elles sont toutes pleines iusqu'au comble, & elles sont incapables d'agrandissement; tout ce qui se fait en elles c'est vn excez de joye rauissante, multipliée & renouuellée tout autant de fois, & en autant de manieres, qu'elles considerent qu'il y a de sujets joüissans de l'Eternité de la gloire, apres auoir esté deliurées des dangers du siecle par ma tres-grande Misericorde, & estre entrées en la communication de la plenitude de ma grace châcune selõ sa mesure. Elles s'approprient par la Cõjoüissance le bien

à sainēte Catherine de Sienne. 141
que i'ay fait aux autres; & puis elles reflechisset cette cõjoüiſſance ſur ma tres-grande Liberalité, pour y ſauourer en la ſource toutes les beautez rauiſsãtes,& les amoureuſes douceurs de la Charité diuine, que ie faits regorger dans le bon-heur immortel ſur les hommes & ſur les Anges. Les vns & les autres ne ceſſent iour & nuit de m'offrir leurs deſirs remplis de ferueurs affectueuſes pour le ſalut de tout le monde. De maniere que les hommes qui auoient finy leur vie auec la Charité du Prochain inſeparable de la mienne, ne la pourront iamais ny perdre ny abandonner; Elle leur tiendra compagnie pour toûjours; ils paſſeront auec elle par la Porte de mon Fils vnique, en la façon que ie te l'enſeigneray cy-apres; Ils conſerueront durant l'Eternité le meſme bien qui les tenoit attachez auec les autres, lors qu'ils ont changé leur vie en vne meilleure; & ſeront inceſſamment incitez aux deuoirs que leur impoſe la grandeur de leur Charité.

Ce qui eſt admirable en cecy, c'eſt qu'ils portent vne ſi parfaite imitation de ma volonté, qu'ils ne ſçauent ny vouloir ny deſirer ſinon tout ce qui m'eſt agreable. Comment pourroient-ils faire le contraire, puis que leur Arbitre demeure lié par les puiſſantes & douces étraintes de mon Amour, qui luy font perdre non tant l'inclination mal-heureuſe, que le pouuoir, s'il faut ainſi dire, de tomber dans le peché. Leur volonté eſt plus vnie que conforme à la mienne; D'où vient que

*Conformité & complaiſance de la volonté des Bien-heureux à celle de Dieu.*

mesme les Peres & les Meres ne sont nullement touchez de compassion, quant ils voyết les vniques & les mieux aymez de leurs Enfans abandonnez par les rigueurs de ma Iustice aux flammes Eternelles, pour y brûler en qualité de mes ennemis. Que sçauroit-on esperer autre chose d'vn Esprit qui ne peut auoir de sentiments contraires aux miens, ny de complaisance dissemblable à celle que ie prends parmy les ouurages merueilleux de ma Prouidence ? Ils sont donc en tous euenemens tres-parfaictement satisfaicts; & parmy les plus rigoureuses touches dont ma Iustice frappe les autres, leurs desirs ont tout ce qui les doit assouuir, par ce que leur volonté est toûjours pleine de ce que ie veux. Les plus genereux souhaits qu'ont les Bien-heureux pour vostre bien, tandis que vous estes voyageurs dans le monde ; C'est qu'on lise en vostre vie mon honneur & ma gloire ; En ce souhait est contenu le desir qu'ils ont de vostre salut, pour lequel ils se rendent assidus à mes pieds, à vous en procurer les aydes. Leurs sainctes affections pour ce dessein, ont toûjours leur accomplissement, en ce qui est de ma part ; si vous n'en ressentez pas les effets à châque fois, il en faut accuser l'ignorance & l'ingratitude de l'homme, qui refuse par ce moyen de receuoir les épanchemens delicieux de ma Misericorde, & qui resiste auec beaucoup d'obstination par ses iniquitez de se rendre digne, & disposé à receuoir mes graces.

à saincte Catherine de Sienne. 143

Tandis que l'Ame separée de son Corps joüit de la gloire sans luy, elle conçoit vn desir bien puissant qu'il soit ioüissant aussi bien qu'elle des qualitez heureuses qui le doiuent rendre son compagnon en cette condition beatifique. Le retardement, non plus que l'absence de ce bien, ne l'afflige pas, ny le souhait que cette joüissance s'accomplisse ne luy donne pas de fâcherie: Au contraire elle se pasme d'aise & se noye de joye, de ce qu'elle est asseurée qu'vn iour son desir doit tirer vn parfaict assouuissement. De quel côté viendroit sa peine, puis que sa Beatitude n'a pas de pause, & que sa continuité ne sera iamais interrompuë. Quoy que ce desir soit pressant, il ne faut pas penser que le Corps glorieux apres la Resurrection apporte à l'Ame en sa reünion auec elle quelque nouueauté ou quelque agrandissement de ioye Beatifique qu'elle n'auoit pas auparauant: Autrement il faudroit dire, que tandis qu'elle est demeurée sans luy, sa Beatitude estoit imparfaite; C'est ce qui ne peut estre, puis que la Beatitude est vn estat où le defaut de quoy que ce soit de bon-heur, n'a pas de lieu. Le Corps ne contribüera rien de sa gloire & de sa ioye à l'Ame saincte; c'est plustost elle qui contribüera de son abondance pour donner au Corps les qualitez glorieuses qui le doiuent perfectionner, quand au iour du Iugement elle en sera reuestuë encore vne fois, en sa propre Nature.

Tout ainsi que l'Ame deuient bien-heu-

*L'Ame heureuse desire auec joye la reünion à son Corps.*

*Qualitez glo-*

*rieufes que l'A-me heureufe dō-nera à fon Corps.*

reufe par l'vnion qu'elle a auec ma Bonté, & qu'elle perfeuere conftâment immortelle par l'appuy que luy donne la participation de l'immutabilité qui m'eft propre : de mefme le Corps materiel, pefant & fujet à corruption, par l'vnion qu'il contracte auec l'Ame déja bien-heureufe, deuient immortel: les qualitez corruptibles qui luy font naturelles, font corrigées par les qualitez glorieufes qui font au deffus de tout l'ordre de la Nature; de maniere que de pefant qu'il eftoit il deuient leger, de groffier subtil, de tenebreux efclatant de Lumiere, & de mortel immortel. Tous les efforts de la Nature n'ont pas de prife fur luy, & toutes les forces que la Creature fçauroit oppofer, ont trop de foibleffe pour empefcher la puiffance de fes mouuemens. Ils prennent le deuant au deffus des vents, il n'y a pas de baftions qu'ils ne penetrent, ny de montagnes qu'ils ne tranfpercent. Les Elemens les plus actifs, & qui tirent apres eux plus de defolation, comme font le feu & l'eau, n'ont pas de prife fur luy; il eft à l'épreuue des vains effais de tout ce qui eft moindre que moy. Il n'a pas ces belles proprietez de foy-mefme; il les emprunte de l'Ame qui les luy communique par la vertu que ie luy donne, preffé par le mefme Amour qui a prouoqué ma fouueraine Bonté de la créer à mon Image.

*Ioye & reffem-blãce des Corps bien-heureux a ce celuy de Iefus.*

O ma chere Fille ! que tu ferois heureufe fi tu fçauois conceuoir quelle eft la ioye que l'on reffent de ma veuë & de la joüiffance de tous les biens immenses que je possede en ma propre Nature. Mais quoy! l'œil de l'Entendement creé a trop peu de suffisance pour cela, la capacité d'entendre de l'Esprit est trop rétrecie, sa faculté de s'exprimer est trop courte pour raconter, & sa volonté n'a pas assez d'estenduë pour contenir les grandeurs excessives des biens que j'ay preparé pour mes Amis, dans le bô-heur Eternel. Quels seront les transports de l'Ame & du Corps, quant ils se verront reünis ensemble pour estre à jamais associez, & pour estre compagnons inseparables en la participation de ma gloire? Qu'est-ce qu'il te semble de la contenance des Corps des Bien-heureux, & de la liesse inexprimable qu'ils ressentiront en la veuë de l'humanité pleine de gloire de mon Fils, laquelle leur auoit acquise l'esperance de leur Resurrection future? Ils tressailliront d'ayse en la presence des venerables Playes qu'il a reservé en sa Chair, dôt les ouuertures paroîtront tosjours toutes fraisches, pour incessamment implorer ma Misericorde en vostre faueur. Tous enséble vnis auec luy vo⁹ ne ferez qu'vn Corps; tant il est vray qu'il y aura vne parfaicte conformité des Corps des Bien-heureux auec celuy de mon Fils: De maniere que leurs yeux seront semblables aux siens, leurs mains, leurs visages, leurs poitrines & toutes les autres parties seront reformées sur cét excellent Exemplaire. Et quoi qu'ils soient glorieusement establis en moy & en luy, (qui ne faisons ensemble qu'vn

K

mesme Dieu) toutefois l'œil du Corps recevra vne delectation particuliere ainsi que j'ay dit, tirée de la veuë de l'humanité glorifiée de l'adorable Redempteur.

*Biens de la perseuerance finale.* Tout cecy arriuera aux Bien-heureux, parce qu'ils ont acheué leur vie mortelle auec mon Amour, lequel durera actuellement en leur cœur durant l'Eternité. Ce n'est plus pour meriter; puis que le merite & le demerite n'ont pas de lieu que durant la vie mortelle, selon qu'il plaît à la volonté par l'application de son libre Arbitre; c'est pour se recréer & se réjoüir en recompense des trauaux penibles qu'ils ont souffert par le passé, & dont ils reçoiuent les fruits plus qu'au delà du centuple. Ils n'attendent pas à present le Iugemét dernier de mó Fils, auec vne crainte seruile & mercenaire; ils le desirent auec dès alegresses incomparables, aussi son visage adorable leur paroîtra tout remply de delicieux agréemens de son Amour & de sa Misericorde, & non pas ainsi qu'aux Reprouuez, ausquels il se fera voir armé de courroux, de haine & de seuerité, selon les diuerses dispositions que les vns & les autres auront par leur merite ou par leur demerite; & parce que ceux-cy sont morts obstinez en ma haine, & ceux-là perseuerans en mon Amour & en celuy du Prochain en l'vnion auec mon Fils iusqu'à la fin.

## Chapitre XXII.

### Comparaison des Damnez auec les Bien-heureux.

*Douleurs des Damnez sur la gloire des Bien-heureux.*

CE que ie t'ay raconté du bon-heur de la gloire que ie verse abondamment dans le sein de mes Eleus, n'est qu'à dessein de te faire mieux comprendre quel est l'estat déplorable des mal-heureux Damnez. De vray, vne des plus horribles peines qu'ils souffrent dans les Enfers; c'est de connoître les delices heureuses où ceux-là viuet en ma joüissance, & comme les tourmens de ceux-cy seruent de sujet nouueau d'accroissement de joye en l'Ame des Iustes à qui i'en donne la connoissance: de mesme les peines des Damnez prennent de plus grandes detresses, dans les plaisirs de ceux qu'ils voient en vn estat de paix & de consolation dans le Paradis. Tant il est vray qu'il n'y a persóne ny parfaictemét miserable, ny parfaictement bien-heureux, que par comparaison; puis que les extremitez des contraires s'entraident mutuellement & conspirent à l'enuy, pour s'agrandir l'vn l'autre. De maniere que le Damné souffre vne peine intolerable en la veuë des Iustes, ce qui luy faict auoir horreur du dernier Iugement, où pour cette raison son tourment prendra matiere de plus cruelles angoisses.

A la voix épouuentable qui tonnera: leuez-

*Le Corps com-*

K ij

*pagnon à la peine & au reproche qui sera faict à l'Ame du Damné.*

vous Morts & venez au Iugement ; les Ames retourneront châcune dans son propre Corps, qui sera glorifié ou tourmenté durant l'Eternité, selon le merite ou le demerite de la vie. L'on ne sçauroit representer la grandeur de la confusion que celuy des Reprouuez souffrira en la presence Majestueuse de mon Fils en la compagnie des Bienheureux. Le ver de la conscience ne rongera pas seulement l'interieur & comme la moüelle de l'Ame ; il se prendra pareillement à l'écorce, c'est à dire, au Corps qu'il bourrellera sans pitié & sans relâche. Ils seront contrains d'oüyr à iamais les ameres & tristes reproches de mon Sang inutilement versé pour eux, & des effects de ma Misericorde que ie leur ay donné auec trop de liberalité par le moyen de mon Fils vnique, & pour le temporel & pour le spirituel ; comme aussi des œuures de Misericorde qu'ils deuoient prattiquer à mon imitation sur leur Prochain, pour me payer celles que i'ay employé à leur égard iusqu'au de là de l'excez. On leur remettra deuant les yeux, la honte de l'insolence de leur superbe & de la vanité de leur cœur, auec les lâchetez de leur Amour propre, de leurs ordures brutales & de leur auarice cruelle. En la mort, l'Ame seule auoit souffert tous ces reproches : au Iugement, elle les doit entendre en la compagnie de son Corps quand elle sera reiointe à luy ; puis qu'il a esté le complice du bien & du mal qu'elle a faict durant la vie, selon les differen-

à saincte Catherine de Sienne. 149

tes inclinations de sa volonté, & puis que hors de luy, elle n'a pû faire aucune action de merite ou de demerite. C'est donc auec beaucoup de raison qu'il doit entrer en societé de plaisir ou de peine, de gloire ou de damnation en l'autre monde, puis que comme instrument il a pris part au bien, ou au vice que l'Esprit a embrassé volontairement.

La maudite Sensualité croupissant en son ordure, sera reprise dans vn desordre confus qu'elle souffrira, en voyant que la Nature humaine en la personne de mon Fils bien-aymé, est vnie à la pureté de ma Diuinité : & tandis que par ce moyen elle est esleuée au dessus de tous les chœurs des Anges ; l'homme sensuel & brutal au contraire, se trouuera plongé au profond de l'abysme des Enfers par sa propre faute. Dauantage, les Damnez apperceuront reluire dans les Bien-heureux, les rayons éclatans de ma Bonté, que j'espancheray liberalement en leur sein, pour leur faire cueillir les heureux fruits du Sang de l'Agneau sans tache. Ils connoîtront alors que tous les trauaux & les peines de la vie que mes Elus ont porté pour l'amour de moy, seruiront d'ornement à leur Corps glorifié, comme vne riche broderie d'or greslée de perles & couuerte de pierreries sur vne belle estoffe. Ce qui se fera non par la propre vertu du Corps, c'est par celle de l'Ame qui luy fera part du fruict & de la recompense qui naîtra des trauaux où ils auront esté associez pour les endurer. Le Corps sera lors

*Les Corps apres la Resurrection seront les miroüers, des ioyes & des tourmens de l'Ame.*

K iij

comme vn Miroüer transparant de fine glace & parfaictement poly, où l'on verra la face de son Ame representée auec les beautez glorieuses & les heureuses delices qui la rendent tres-agreable & tres-aymable à mes yeux. Quand donc ces mal-heureux viennent à faire reflexion sur les laydeurs horribles de leurs Corps puans, dans lesquels ils lisent les diformitez épouuentables de leurs Ames, ils ne peuuent se souffrir eux-mesmes ; ils se desesperét auec vne hôte enragée, de ce qu'ils ont perdu tant de richesses auantageuses en leur propre Chair, en laquelle ils sont contrains de voir incessamment & eternellement, les laydes traces & les soüillures execrables de leurs Ames, au lieu des marques glorieuses de la dignité tres-éminente, delaquelle ils sont décheus miserablement.

*Les damnez ne perdront iamais les passions de leur vie.*

Helas! quelle misere, de voir le Corps & l'Ame en compagnie s'aller plonger eux-mêmes dans le lieu des tourmens, pour en estre les tristes & mal-heureux hostes auec les Demons à la voix épouuentable qui se fera retentir ; Allez maudits aux feux d'Enfer: Quel desastre d'estre contraints de demeurer-là, toute vne eternité, sans nulle esperance de remede ou de consolation, enfoncez dans les égouts puans des ordures de tous les siecles, vn chacun selon les circonstances & les differences de ses iniquitez ? l'Auaricieux sera enuironné des roüilles de sa cupidité criminelle, où il sera brûlé auec les vaines & perissables richesses qu'il auoit aymé desordonnément. L'homme cruel sera puny au milieu de sa cruauté qu'il couertira contre soy-mesme. Le Gourmand ne perdra rien de son appetit de boire & de manger parmy les flâmes vengeresses. Celuy qui s'est veautré dans l'assouuissement des sales passions de la Luxure, ne sera pas exempt de leur tyrannie, que les brasiers eternels qui leur seruiront de couche allumera de plus en plus, au lieu de les esteindre. L'enuieux sera toûjours rongé du bon-heur des autres. Et celuy qui dans le monde a commis des iniustices, en produira perpetuellement des actions, quoy qu'il soit sous la presse rigoureuse de ma Iustice tres-équitable. La haine simple se conuertira en rage contre le Prochain; & l'Amour propre auec lequel l'Impie s'est aymé sans ordre, d'où tous les autres maux sont yssus, se reueillant par les rudes touches des peines, fera qu'il sera plus sensible aux mouuemens de l'impatience & de l'inquietude. C'est dont ainsi qu'vn chacun en son ordre, sera tourmenté, & quant au Corps & quant à l'Ame, parmy des douleurs trop excessiuement fascheuses. Ie parle de ceux qui ayant negligé de suiure le chemin que mon Fils leur auoit frayé, & de marcher par le glorieux Pont que i'auois basty en luy, & s'estans laissé entrainer à la rapidité du fleuue des delices du siecle, sans auoir voulu se repentir de leurs iniquitez, & sans auoir voulu implorer mes Misericordes; sont enfin paruenus à la porte des mensonges qui leur a donné l'entrée à la mort eternelle.

*La doctrine de Dieu, enseignée*

Voila tout ce que l'on devoit attendre d'une Ame qui n'a pas tenu le chemin qui est aussi la Verité & la Vie : au contraire qui a voulu suiure les routes de celuy qui est le Pere du mensonge, & de toute meschanceté * Voicy la difference qu'il y a entre mes Eleus & les Reprouuez : ceux-cy paruiennent aux tourmens eternels dont Sathan est le portier & la porte ; & ceux-là se font passage par le mystique Pont de mon Fils, en portant l'imitation de la verité qu'il leur est venuë enseigner. Et comme le mensonge a esté la porte de la ruine & de la mort perpetuelle des vns, la Verité au contraire a esté la porte du Salut & de la vie Eternelle des autres. De vray cette mienne Verité incarnée disoit : * Personne ne sçauroit venir à mon Pere que par moy : c'est donc en luy que vous trouuerez la voye & l'issuë pour vous venir rendre en mon sein, & vous y plonger heureusement comme dans vne mer immense de Paix rauissante & amoureusement delicieuse ; tandis que les meschans couuerts des brouïllars espais du mensonge, ont treuué à la fin de leur voyage la cloaque infecte & puante de toutes les miseres, où ils demeurent eternellement enseuelis. C'est à ces caues maudites que l'Ennemy commun inuite ceux de sa bande ; & eux sont si aueuglez, apres auoir perdu la Lumiere de la Foy, qu'ils le suiuent de gayeté de cœur, sans se prendre garde du precipice horrible où ils vont desastreusement tomber.

*Marginalia:*

Le mensonge est la porte de l'Enfer, & la Verité est celle du Ciel.

* In veritate non stetit quia non est veritas in eo. Mendax est. *Ioan.* 8. v. 44.

* Nemo venit ad Patrem nisi per me. *Ioan.* 14. v. 6.

## Chapitre XXIII.

*Tentations & tromperies de Sathan, le profit qu'en tirent les Bons, & les malheurs qu'en tirent les Méchants.*

MA bonne Fille! il faut que ie vous auoüe qu'encore que l'Ennemy commun soit dans les Enfers, l'executeur que ma Diuine Iustice establit pour la punition de ceux qui m'ont lâchement offencé Ie souffre toutefois que dans le monde il fasse l'office de Tentateur, & qu'il sollicite les hommes, auec importunité, tantost par persuasions, tantost par d'autres moyens fâcheux & difficiles à supporter, qu'il employe diuersement: ce n'est pas que ie veüille que les hommes se rendent aux attaques du Combat, c'est plustost que ie leur procure les occasions de vaincre, pour donner de l'exercice & tirer l'épreuue de leur vertu, & pour auoir lieu de couronner leurs merites, & leur faire gagner l'honneur du Triomphe eternel. De vray personne ne receura la couróne de ma gloire; ainsi que dit mon Apostre, qu'apres auoir rendu combat en homme de cœur. Partant l'on ne doit craindre ny perdre courage pour aucune tentation qui puisse arriuer, ny pour quelque autre occasion de trouble & de fâcherie de quel costé qu'elle puisse estre suscitée. Ne vous ay-je pas rendu forts & courageux. Ne vous ay-je pas armez d'vne volon-

*Fin de Dieu, & ses aydes parmy les Tentations.*

\* *Nemo coronabitur nisi qui legitimè certauerit.* 2. ad Tim. 2. v. 5.

té détrempée dans la vertu inuincible & toute-puissante du Sang de mon Fils bien-aimé; de maniere qu'elle ne sçauroit estre, ny changée, ny forcée, ny vaincuë par tous les efforts des Demons, ny par toutes les atteintes violentes des Creatures. Ie vous l'ay donnée en propre pour en auoir l'vsage libre, en l'application de l'Arbitre, par le moyé duquel vous la pouuez laissez aller ou la retenir, l'incliner & la destourner en toutes les manieres & en toutes les occasions qu'il vous plaira.

*Pouuoir de l'Arbitre aydé de la grace.*

Tout ainsi qu'en vos mains aidées de ma grace il est vne Arme tres-puissante pour vaincre : Il est aussi vn glaiue bien dangereux, quand de gré vous le mettez par le consentement au peché, entre les mains de l'Ennemy auec lequel il vous frappe cruellemét, & vous couure de playes mortelles. Que si d'auanture l'on resiste à l'inspiration du vice, & que vous fassiez vn bon vsage de vos Armes pour en battre cét ennemy cruel, sans luy permettre qu'il mette la main dessus, ( ce qu'il ne sçauroit faire tandis que vous refuserez ses offres, & que vous méspriserez ses importunitez fâcheuses, ) Ie vous asseure, ma bonne Fille ! qu'il sera du tout impossible que l'hôme soit iamais offencé d'aucun coup qui fasse playe dangereuse par quelque circonstâce que ce soit de peché mortel. Au côtraire il demeure plus sçauant en l'espreuue des tentations, plus courageux dans la lysse des rudes combats , & plus fort parmy les persecutions & les fâcheries qu'on luy a ménagé pour penser la ruyner. Il apprendra de là d'ouurir les yeux de son Entendemét pour admirer les douces dispositions de mon Amour de Pere, qui ordonne ces moyens pour des desseins si pleins de gloire & d'honneur en l'acquisition & en la perfection des vertus dans les Ames.

Il faut sçauoir que l'on ne sçauroit acquerir ny perfectionner les vertus, que par la connoissance que l'on doit auoir de sa propre foiblesse & de ma grande Bonté: Cette double connoissance sert beaucoup plus au milieu des tentations qu'au milieu des consolations ; le temps de l'epreuue est bien plus fauorable que le temps du repos. Qu'il soit ainsi vray, l'Ame sainte ne connoist-elle pas alors plus clairement qu'elle n'est rien, & ne peut rien d'elle-mesme ; qu'elle ne sçauroit par sa propre vertu se deliurer entierement des tentations dont elle voudroit se faire quitte, pour l'auersion estrange qu'elles luy donnent. D'autre costé elle me regarde amoureusement dans sa volonté, laquelle se fortifie de la presence de ma Bonté ; Ce qui luy faict voir que tout ce qui luy arriue du dehors est moins puissant que moy. Elle iuge prudemment que toutes ces choses qui l'affligent auec importunité, sont sous les ordres de ma bonne Prouidence, & que tout le jeu est ménagé pour son profit & pour sa gloire par mon cœur amoureux de Pere.

*Les tentations font auancer l'ame en la conoissance de Dieu & de soy-mesme.*

Ma tres-douce fille ! l'Ennemy commun n'est que trop foible, il ne peut quoy que ce

*Sathan sert à nostre gloire.*

soit si ie ne luy permets ; Ce que ie ne faits iamais durant la vie du siecle, que pour l'auancement de vostre bien, comme bon Pere, & non pas comme Ennemy : Ie le ménage en cecy, non par la haïne que i'aye conçeu contre vous, mais pour l'Amour excessif que ie vous porte comme à mes Enfans bien-aimez. Ie veux par ce moyen vous perfectionner de plus en plus en la connoissance des grādeurs de ma Bonté, donner plus de lustre à vostre vertu en la presence de leurs contraires, & vous accorder les honneurs du Triomphe immortel auec des auantages plus pleins de gloire. I'auoüe que l'Ennemy n'a pas ce dessein, ny que les vertus prennent des agrandissements au milieu des efforts de son Enuie ; Il est priué de Charité : au contraire il employe toutes ses puissances pour les ruiner & les destruire, à quoy toutefois il ne sçauroit paruenir sans que vous veniez à luy donner vostre consentement.

*Confusion des Reprouuez, & ioye des sauuez à la fin de leur vie.*

Apres ces choses, ne serez-vous pas saisie d'estonnement touchant l'extreme folie de l'homme, qui volontairement embrasse la foiblesse, quoy que ie l'aye rendu fort & puissant, & qui se liure de gayeté de cœur entre les mains carnacieres de l'Ennemy cruel ; qui ne cherche que la mort eternelle de son Ame. Il arriue de là que depuis que les Reprouuez se sont soûmis à cét Esclauage tyrannique, ils n'attendent à l'article de la mort d'autre iugement de moy, que celuy qu'ils prononcent allencontre d'eux-mesmes, pressez de la seuerité de leur conscience, qui est vn Iuge qu'ils ne sçauroient reprocher. Ils n'attendent pas qu'on les traisne, ils courent d'eux-mesmes comme des furieux desesperez, aux supplices horribles de l'Enfer. Ils les ont embrassez à l'article de la mort auec la haïne de toutes les vertus. Ils ont choisi les Demons pour leurs Maistres execrables, & les tourmens pour le prix de leurs œuures maudites. Il n'est pas ainsi des Iustes & des Eleus, ils sont venus à la fin de la vie, apres auoir faict vne riche emplette de toutes les vertus, embrasez des viues flammes de mon Amour, ayans les yeux sainctement esclairez des agreables lumieres de la Foy, fortifiez de la ferme esperance aux fruicts salutaires du Sang immaculé de mon Fils: ce qui faict qu'en cette extremité ils regardent fixement la grande recompense que ie leur ay preparée dans ma gloire, & puis m'embrassans auec les douces & puissantes estreintes de l'Amour sainct, ils commencent desia de sauourer les auant-gousts delicieux de l'eternité, comme s'ils estoient entrez dans les faux-bourgs du Ciel, & arriuez iusqu'aux portes du Paradis.

* Ibunt in supplicium æternū. Matth. 25. v. 46.

Quoy qu'il y ait plusieurs Ames qui ne soient iamais paruenuës à la perfection souueraine de la Charité, s'estant contentées d'vne Charité commune; elles ne laissent pas toutefois d'auoir part à l'amour des parfaits. Il est veritable que ce n'est pas en vn degré sur-éminent, & neanmoins estans éclairées de la mesme lumiere de la Foy, & fortifiées

Consolation de l'Ame en la mort, quoy qu'elle ne soit pas parfaicte.

de la mesme esperance elles embrasseront auec eux ma diuine Misericorde à l'article de la mort, plus ou moins, selon qu'ils s'en seront rendus dignes durant leur vie. Ie veux qu'ils ayent esté plus lâches & moins feruéts que les autres en cette extremité ; Il n'importe, il suffit que par la confiance ils ayent adoré ma Misericorde infiniment plus grande que tous leurs pechez : Ce que les Reprouuez ont refusé de faire. D'où vient que, ny les Ames de ceux-cy, ny les Ames des predestinez n'attendent pas qu'on les iuge à la sortie de leurs Corps, puis qu'ayans embrassé desia, soit par la confiance, soit par le desespoir de ma Bonté, les lieux de leur appartement eternel ; chacune connoist auec certitude la demeure qu'elle a merité, & qu'elle doit auoir dans la gloire ou dans l'Enfer, où elle va d'elle-mesme. Il est vray que celles qui n'ont pas atteint l'Amour des parfaicts n'entrent pas si tost dans le Paradis, elles attendent qu'elles soient purgées de ce qui les rend indignes d'estre presentées deuant ma pureté, elles vont auec l'Amour, la Foy & l'Esperance dans le Purgatoire.

*Le Diable trópé sous la couleur du bien.*

Ie t'ay dit Catherine, que l'Ennemy inuitoit les hommes aux eauës relantes & maudites où il croupit miserablemét ; & que pour ce dessein, il aueugloit les Ames par les delices & par les vanitez trompeuses du siecle, qu'il les y attiroit cauteleusement auec l'hameçon & l'amorce des faux honneurs, sous l'apparence & le pretexte de quelque bien, sans quoy il luy seroit du tout impossible de paruenir à sa fin. De vray, comment est-ce que les hommes se laisseroient prendre à ce Monstre, s'ils n'apperceuoient l'ombre du bien, & la couleur de l'vtilité ou du plaisir sur les choses qu'il leur presente pour les gagner à soy? L'Ame naturellemét ne sçauroit auoir d'inclinations que pour le Bien qu'elle desire, & qui est sa fin: L'Amour propre toutefois iette tant de tenebres & de poussieres dans ses yeux, qu'elle tombe dans vn estat de ne pas voir le bien qui peut estre vtile, & pour soy & pour son corps. L'Ennemy connoissant l'aueuglement de l'Ame causé par l'Amour sensuel, ne manque pas de luy proposer auec autant de finesse que de malice, dont il est abondamment pourueu, diuerses sortes de delectations peintes au dehors des couleurs de la bonté & du profit? Il les ménage auec adresse à vn chacun, selon la condition ou l'estat où l'on peut estre, & selon les inclinations naturelles ou acquises que l'on peut auoir au vice. Il presente vne chose à vne personne Religieuse; il en presentera vne autre à vne personne du monde. Il tente le Prelat d'vne façon, & il applique quelqu'autre batterie pour ruïner les Princes & les Grands du siecle. Il n'a pas vne maniere seule de combattre, elles sont toutes differentes à mesure des qualitez des personnes qu'il veut vaincre.

## Chapitre XXIV.

*Toutes les peines de la vie viennent de l'Amour propre; & toutes les ioyes, de la conformité à la volonté de Dieu.*

<small>Les meschans tombent plus auant dans la peine.</small>

IE t'ay raconté ces choses, ma Fille! pour te donner lumiere de ceux qui se noyent dans le fleuue, & te faire voir dans leur imprudence criminelle la source de tout leur malheur. Ils veulent fuïr la peine en laquelle ils s'engagent de plus en plus quand ils pensent s'en esloigner dauantage; Ils craignent le trauail excessif qu'ils se persuadent au seruice de mon Fils, marchans sur le Pont que i'ay estably en luy pour seruir de chemin au salut. Ils s'exemptent des piqueures legeres pour receuoir des playes mortelles, & en pensans éuiter vne petite espine, ils se precipitent parmy les couteaux & les ronces. Voila comment les pauures aueuglez, priuez de la lumiere de ma verité se perdent miserablement.

<small>Vision & similitude à ce propos.</small>

I'auois desia commencé à t'enseigner cecy lors que tu estois encore fort Ieune, & que tu me priois auec feruer d'esprit, qu'il me plût de faire misericorde au monde, en retirant les pecheurs des enormes pechez qu'ils commettoient contre ma Bôté souueraine. Ne te souuiens-tu pas que sous la figure d'vn certain Arbre ie te monstray de grandes merueilles à ce sujet. Tu ne voyois pas la profondeur

deur des racines de cét Arbre mysterieux qui n'estoient pas attachées à la terre; ce qui signifioit l'vnion incomprehensible de ma nature Diuine auec la nature humaine. Le trõc de l'Arbre estoit ceint de petites épines fort legeres, qui donnoient de l'horreur de s'en approcher à ceux qui auoient de l'attachement à l'Amour de leur propre sensualité; Ils s'en retiroient saisis de crainte, & couroient de toutes leurs forces sur vne eminence cõposée d'escorces & de pailles de bled. Cela representoit toutes les voluptez de la terre. Il sembloit que les escorces & les pailles fussent du froment reel & veritable, ce qui n'estoit pas toutefois: d'où vient que tu voyois que les Ames qui alloient là y demeuroient languissantes, & là mouroient de faim. Ce que plusieurs ayans reconnu, elles retournoient promptement, passant au trauers des épines & des ronces, à l'Arbre chargé de toute sorte de fruicts qu'elles auoient abandonné. Ces épines sont en la deliberation de la volonté; Auant que se resoudre l'on ne trouue que des picqueures & des blessures prouenantes du combat qui se faict contre la Conscience & la sensualité. L'on n'a pas si tost d'vn cœur genereux, vaincu les difficultez par la haïne saincte de soy-mesme & par le mespris de la portion sensible, en disant: Ie veux resolument, quoy qu'il coûte, suiure mon Maistre IESVS-CHRIST en la Croix; que les ronces & les épines que l'on foule aux pieds se conuertissent en Roses, que dans

L

les sujets qui estoient cause de frayeur, l'on y prend les delicieuses saueurs de mes consolations, selon le peu ou le plus de courage & de sollicitude que l'on apporte en cette deliberation tres-heroïque.

*Les bons en cherchât la peine trouuent la consolation.*

* Ille fidelis permanet, seipsum negare non potest. 2. ad Tim. 2. v. 13.

Ie ne sçaurois me contenir que ie ne me donne; Ie suis Dieu, & ie ne change iamais. L'inalteration & l'Immutabilité sont les proprietez essentielles de ma Nature, Ie ne sçaurois me dénier à qui me veut, & ie ne puis me retirer de ceux qui cherchent ma verité. Ie la découure à tout le monde, en rendant visible la nature Diuine, laquelle auparauant demeuroit inuisible. Ie leur ay encore monstré la grandeur du mal qui arriue quãd l'on cherit quelque chose à mon exclusion. Neantmoins comme des aueuglez par le cataracte de l'Amour propre, ils ne se voyent, & ne me voyent plus. Voila ce qui les trompe, & ce qui leur faict pluftost aymer les pailles & les escorces auec lesquelles ils meurent de faim, que de franchir quelque peu de Rôces qu'ils rencontrent à l'entour de l'Arbre de la vie veritable. Que l'on ne se trompe pas; soit qu'on le veüille ou que l'on ne le veüille pas, c'est vne necessité pour les hommes de passer leur vie dans la peine, vn chacun y porte sa Croix. Il n'y a que ceux qui marchent par la voye sublime de la perfection qui trouuét le rafraichissement dedans la peine, l'onction dedans la Croix, & la consolation parmy les plus vertes secousses des desolations. Et parce que le peché d'Adam a germé dãs le monde toutes ces épines d'afflictions & ces chardons de douleurs, mon Fils seruira de Pont à ceux qui les voudront éuiter, aussi bien qu'à ceux qui fuyent de se noyer dans le courant rapide & violent des delices du siecle: Par ce moyen ils perdent la vaine & sotte crainte du trauail qu'il faut prendre pour paruenir à moy qui suis l'Arbre de vie eternelle. Ie ne me reserue pas. Ie suis Dieu, c'est assez; Ie ne suis à personne, & ie suis à tous: Ie me donne sans acceptation. Ie ne iuge pas de la face des hommes, & les qualitez de mes Creatures ne ménagent pas mes inclinations: La vertu seule & les saincts Desirs aidez de ma grace gagnent absolument mon Amour & mes volontez.

* Inueritate cóperi quia non est personarū acceptator Deus. Act. 10. v. 34.

Le peché, ma douce Fille! est vn mal-heureux germe qui a remply le monde de malediction, les sujets des peines qu'il a produit capables d'affliger l'esprit & la chair de l'hōme sont en plus grand nombre, que les épines & les chardons qui sont sortis de la terre comme des fruicts de malediction pour luy donner de l'exercice, & pour l'humilier en son trauail. Il n'y a que ceux que la propre sensualité a vaincu, ainsi que ie t'ay faict voir apres la veuë de ma Bonté, qui ressentent les viues piqueures des afflictions & des tourmens de la vie. Tu vas donc apprendre de moy l'infortune de ceux-cy, & le bō-heur des autres qui passent au trauers de tout ce que le mōde appelle malheur sans receuoir aucune blessure, si tu te souuiens que i'ay dit qu'il

Le peché & l'Amour propre sont cause des peines que l'on souffre en la vie.

L ij

n'y a personne qui puisse passer la vie, sans souffrir quelque peine, ou spirituelle, ou corporelle. Mes fideles seruiteurs & mes amis choisis ne sçauroient éuiter celle-cy ; Ils peuuent toutefois s'exempter de celle-là, leur esprit demeure entierement inalterable au milieu des trauaux, l'affliction n'entame pas leur resolution. Leur volonté a trop de soûmission à la mienne, elle est vnie auec tant de conformité à mon bon plaisir, & elle est si complaisante à mes ordres, qu'aucune douleur exterieure n'est capable de ietter la moindre aigreur dans la douce tranquillité de leur Ame. Persuadez-vous, Catherine! que la volonté propre est la source d'où procede toute la peine & toute l'affliction que l'on endure : De vray l'on est affligé, ou parce qu'on reçoit ce que l'on ne voudroit pas auoir, ou à cause que l'on est priué de ce que l'on desireroit auoir. Destruisez la propre volonté, & puis vous y mettrez la paix. Partant ceux-là seulemét souffrent & en la chair & en l'esprit, qui n'ont aucune conformité à ma volonté saincte ; Ils portent dés cette vie les arrhes des douleurs de l'Enfer, & boiuent à longs traicts les auant-gousts de ses amertumes. Au contraire mes bons Amis ont vn Paradis portatif au milieu de leur sein, ils en sauourent, quoy que de loin, les delicieuses voluptez, & en flairent les odeurs agreables.

*Ioye de l'Ame qui faict la volonté de Dieu.* Les Bien-heureux establissent leur souuerain bien en ce que leur volonté soit remplie de tout ce qu'elle sçauroit iamais desirer. Ils ne veulent que moy; & en me souhaittant, ils me tiennent, ils m'embrassent, ils me sauourent, & ils me possedent sans aucune resistance & sans aucun empeschement. Aussi ont-ils quitté à la mort du Corps toute la pesanteur, tous les chagrins, & toutes les vaines craintes, qu'ils estoient comme contraints de ressentir en la guerre de la sensualité contre l'esprit. La chair leur seruoit de voile obscur & espais qui les retenoit de connoistre à clair ma verité, & de me voir face à face. L'Ame saincte n'a pas pluitost laissé le corps, qu'elle demeure soulagée du fardeau qui luy estoit à charge, & que sa volonté est toute remplie & tres-suffisamment satisfaite: puis que le desir qu'elle a de me voir n'est iamais separé de ma veuë, en laquelle consiste toute sa beatitude. En me voyant elle m'ayme; en m'aymant elle me sauoure; en goustant les saueurs delicieuses qu'elle tire du souuerain Bien qu'elle possede en moy, sa volonté reste pleinement rassasiée, & le desir sans inquietude qu'elle auoit de me voir, & de m'aymer, est côtent iusqu'au comble; aussi a-t'elle sans nul degoust la fin de tous ses souhaits. C'est donc auec beaucoup de raison que ie t'ay dit, que la ioüissance sauoureuse de la vie eternelle s'accomplissoit, lors que la volonté est entierement remplie de tout ce qu'elle desire. Partant, tu as maintenant beaucoup de iour pour connoistre que ceux qui font ma volonté dans le monde possedent desia les preludes de la vie eternelle, qu'ils sont arriuez iusqu'aux fauxbourgs du Paradis, & qu'ils ont dans leur sein les arrhes delicieuses de la gloire immortelle, dont ils doiuent estre quelque iour abondamment rassasiez. Ces auants-gousts de l'autre vie dans le corps encore mortel, prouiennent de la connoissance que l'on a de ma Bonté, & de l'admiration en soy-mesme des effects qu'elle y produit, par les lumieres brillantes de sa verité qui éclairent l'Entendement d'vne maniere du tout rauissante. La Foy Chrestienne sert de paupiere à ce bel œil de l'Ame; c'est par son moyen qu'elle paruient à la connoissance de la doctrine & à l'imitation parfaite du chemin qu'a frayé dans la terre mon diuin Verbe faict homme. Sans cette saincte prunelle de la Foy, l'Hôme deuient semblable à celuy qui de vray auroit la forme d'vn œil, & duquel neantmoins la prunelle seroit couuerte d'vne taye ou d'vn cataracte. La taye de l'entendement c'est l'infidelité, qui a sa source de l'Amour propre: Si l'étendement est priué de la prunelle de la Foy, sans laquelle il ne sçauroit voir les veritez qui me sont propres, l'organe luy demeure, il porte la forme de l'œil de l'Ame, Il est pourtant sans lumiere surnaturelle, puis que de volonté deliberée il s'en est voulu priuer miserablement.

*L'esprit resigné à la volonté de Dieu ne souffre pas.*

Conçois maintenant, comment mes bons Amis, auec l'entendement esclairé de la lumiere surnaturelle de la Foy, viennent à me connoistre, & cóment en me connoissant ils font amoureux de moy, & comment ils perdent dans mon Amour la propriété de leur volonté. Elle n'est pas plustost aneantie qu'ils commencent de se reuestir de la mienne, laquelle n'a d'autre dessein que celuy de vostre sanctification. Il arriue de là, que sans dauantage marchander ils fuyent promptement le chemin d'embas pour prendre celuy du Pont mystique, Ils foulent aux pieds toutes les épines des vaines craintes, toutes les roces des apprehensions du trauail, & tous les chardons de l'horreur des difficultez. La grandeur de leur courage leur faict passage par tout sans estre blessez ou incommodez, aussi les pieds de leurs affections sont munis, chauffez & reuestus de ma diuine Volonté. C'est pour cela que ie t'ay asseuré que les tourments qui affligeoient leurs Corps ne passoient pas iusqu'à leur Esprit; La volonté sensuelle qui est seule capable de donner de la peine à l'Ame est en eux entieremét morte: C'est donc vne necessité que la peine prenne la fuite deuant celuy qui n'a plus de volonté propre; Il endure tout auec respect affectueux & auec soûmission amoureuse. Il croit que ie lui fais beaucoup d'hôneur de le faire souffrir pour ma gloire & pour mon Amour; tant il est parfaictement resigné & reduit à ne sçauoir vouloir autre chose que ce qui dépend de mon bon plaisir. Si d'auanture par les ordres secrets de ma bonne Prouidence, Ie permets qu'ils soient diuersemét vexez & tourmentez du costé des Demons & de l'En-

*Hæc est autem voluntas Dei sanctificatio vestra. 1. ad Thessal. 4. v. 3.

168 *La doctrine de Dieu, enseignée*
fer, pour donner de l'exercice & de l'approbation à leur vertu; Vous verrez que tandis qu'armez de ma force & munis de ma grace ils combattent genereusement; ils abysmét leur Esprit dans la profondeur de l'humilité, en se reputans indignes de toute consolatió, & au contraire coupables de toute sorte d'afflictions & de miseres. Par ainsi ils demeurent cois & paisibles auec vne ioye excessiue qu'ils possedent par la connoissance veritable d'eux-mesmes, en la suprême portion de l'Ame exempte de peine angoisseuse & affligeante.

*Patience heroïque de l'Ame resignée.*

S'il me plaist vne autrefois de les abandonner aux persecutions des hommes méchants; si ie leur ménage des maladies aux Corps, des pauuretez & des disettes quant aux biens de fortune. Si ie dispose des pertes dans les honneurs, dans les dignitez & dans l'Estat, ou en ce qui regarde les enfans, les proches & les autres Creatures que l'on ayme cherement; toutes ces priuations estant comme autant de ronces & d'épines yssuës du peché d'Adam; ils demeurent soûmis à mes ordres auec vne patience vraiment heroïque, éclairez de la lumiere de la raison & de la saincte Foy; Ils admirent la douceur de ma Bonté souueraine dans les desolations qui leur arriuent, Quoy que ie frappe, quoy que ie tuë, ils ne sçauroient iamais soupçonner que i'aye aucune mauuaise volonté, ny que ie sois capable de haïne pour eux. Ils se persuadent autant puissamment qu'amoureusement, que par tout ie suis bon Pere, qui auec vn cœur veritablement affectueux dispose de leurs personnes & de ce qui leur appartient, pour leur plus grand bien & pour leur gloire plus auantageuse.

Ils prennent encore vn autre puissant motif de se plaire en la peine, & quand apres la connoissance qu'ils ont de mon Amour, ils diuertissent leurs yeux sur leurs propres imperfections: alors esclairez de la Lumiere de la Foy, ils apprennent clairement qu'il n'y aura aucun bien qui demeure sans recompense ny aucun mal sans punition. D'ailleurs ils voient que le Peché pour si leger qu'il puisse estre, estant commis contre vne Bonté souueraine, merite des châtimens qui ne prennent pas de fin ny en leur excez, ny en leur durée. Ce qui faict qu'ils reçoiuent les maux que ie leur enuoye, comme des faueurs bien signalées de mon Amour, & pour des cheres caresses de ma Misericorde, qui leur impose vne penitence bien legere, & dans vn temps bien court, comme est celuy de la vie presente. Par cette maniere ils satisfont par la veritable contrition à leurs fautes, & par la patience genereuse ils donnent de l'accroissement & de la gloire à leurs merites; cependant que ie prepare les recompenses auantageuses qui doiuent couronner leurs penibles trauaux.

*L'Ame resignée comme à l'acert l'épreuue de Dieu.*

Courage ma Catherine! la peine est aussi courte que le temps qui n'est qu'vn moment, vous n'en possedez qu'vn point present,

*Consolation que les peines de la vie sont courtes.*

vous ne tenez plus le passé, & vous n'auez rien du tout du futur. La peine finira auec luy, & vous aurez la recōpense sās luy. Cette pensée a tant d'effect en l'esprit de mes fideles Seruiteurs, qu'ils passent au trauers de toutes les espines des difficultez qui se rencontrent, sans en estre offencez. Leur cœur est mort à l'Amour propre, & au desir de satisfaire la sensualité. Il est viuant & heureusement vny à mon Amour & transforme glorieusement en mon bon plaisir, où il sauoure comme par auant-goust les delicieuses saueurs de ma vie Eternelle; quoy qu'il soit encore dans vn Corps mortel. Ils treuuent là & embrassent là le bien souuerain où ils l'ont cherché auec tant de sollicitude & de détachement des Creatures & d'eux-mêmes.

## Chapitre XXV.

### Mal-heurs de ceux qui abusent de la Lumiere de grace.

*Infidelité cause de tout malheur en l'ame.*

Voila ce que i'ay pensé de te faire sçauoir, afin que tu conjecture qu'elle doit estre l'affliction de ceux qui ont esté dangereusement seduits, & qui portent déja les arrhes & ressentent les commencements des peines de l'Enfer. Il est temps que ie te fasse vne autre leçon touchant la source de l'erreur qui les a ainsi deceus, & touchant la qualité & la nature de la peine qu'ils souffrent en ce prelude du tourment Eternel

Pour le premier, aprenez ma Fille ! que cela leur arriue par ce qu'ils ont l'œil de leur entendement aueuglé par l'Infidelité qu'ils ont contractée dans la confusion de l'Amour desordonné d'eux-mesmes. Tout ainsi que l'on atteint la souueraine Verité par la Lumiere de la Foy & non autrement : de mesme le mensonge, la tromperie & l'erreur tirent leur source de l'infidelité. J'entends parler de l'Infidelité de ceux qui ont receu le sainct Baptesme, par la grace duquel la prunelle de la Foy a esté mise en l'œil de l'entendement. De maniere que si l'on vient au temps que l'on a l'vsage de discretion, à se porter aux pratiques des veritables vertus, l'on conseruera cette Lumiere de la Foy ; auec elle l'on continuera de mettre au iour toutes les belles & les riches productions necessaires pour ma gloire, & pour le profit du Prochain, que l'Ame me presente toutes pleines de vie comme à son Epoux legitime. Les meschants font le contraire ; ils n'ont pas plustost la raison, qu'au lieu de donner des œuures viuantes des vertus, conceuës & enfantées par la Lumiere de la Foy & animées de ma grace ; ils les produisent toutes mortes par le Peché mortel. Ils conseruent toûjours la forme & le caractere du Baptesme ; mais ils perdent la Lumiere de sa grace ; L'amour propre qui a couuert, par l'offense, la prunelle qui les faisoit voir, les en a priué ; l'on dit de ceux-là, que leur foy est morte, parce qu'elle est sans les œuures assorties de Bonté. Comme donc

L'homme ne void plus quant il est mort: ainsi quant il sera aueuglé en l'Ame, par la taye de son Amour propre, ainsi que ie t'ay dict, il sera du tout impossible qu'il puisse connoître ny soy-mesme, ny ses Pechez, ny ma Bonté en son endroit excessiue, de laquelle il a receu les perfections tant naturelles que surnaturelles qu'il possede: De maniere que priué de toutes ces veuës, au lieu d'estre capable de traicter sa sensualité de mespris & de haine, il l'ayme au contraire auec des déreglements qui tiennêt de la brutalité, il cherche tous les moyens imaginables de contenter son appetit des-ordonné & criminel. Par ainsi il produit vne infinité d'Enfans priuez de la vie de ma grace, des engeances maudites, & des œuures dignes de mort Eternelle.

*Dieu n'ayme nos œuures que pour nous faire du bien.*

Et puis qu'il ne m'ayme pas, comment pourroit-il auoir de l'Amour pour son Prochain? comment, dis-je, se pourroit-il rendre vtile en leur faisant seruice, quand il ne prend pas plaisir d'acomplir ce qui m'est agreable dans l'exercice des veritables vertus: Ce n'est pas que ie cherche mon interest en vos actions; vous estes incapables de vous rendre necessaires à mon profit, & vtiles à mon auantage. Ie suis vostre Dieu; ie n'ay que faire de vos biens, tout est à moy; il n'y a que le Peché où ie n'ay point touché; C'est vn neant digne de vos ouurages; & bien esloigné d'estre ma Creature, au contraire il priue de moy & de ma grace, ceux qui ont contracté de l'alliance auec luy. Si i'ayme en vous

* *Deus meus es tu quoniam bonorum meorum non eges.* Ps. 15. v. 1.

les vertus & que i'y prenne du plaisir, c'est par ce qu'elles me mettent en main les moyens de les recompenser en moy, qui suis la Vie perdurable, & de vous mettre pour l'Amour d'elle la couronne de gloire sur la teste.

Encore que toutes les œuures qu'ils produisent soiét toutes mortes en verité, & qu'elles n'ayent aucune valeur pour la vie Eternelle, puisqu'elles sont priuées de la Vie de ma grace; ils ne doiuent pas toutesfois demeurer sans bien faire en quel estat qu'ils puissent estre, soit de grace, soit de Peché mortel : car il n'y a pas de bien qui ne soit recompensé, comme il n'y a pas de mal qui ne reçoiue sa punition. I'accorde que le bien faict en estat de grace merite la vie Eternelle, & non pas celuy qui est faict en estat de Peché mortel : Celuy-cy toutesfois est recompensé en diuerses manieres dans le monde : quelque fois à cette consideration, ie prolonge le temps aux Pecheurs, afin qu'ils trouuent lieu de s'amender. Souuent ie iette leur souuenir dans le cœur de mes plus fideles Seruiteurs, pour exciter les ferueurs de leurs prieres, à me demander auec autant de perseuerance que d'humilité, leur conuersion & la detestation de leurs crimes & de leurs habitudes criminelles. Que s'ils ne tirent profit de ces deux sortes de recompenses, ou en negligeāt le temps que ie leur accorde par ma grāde Misericorde, ou en se confirmant en l'indisposition qu'ils apportent à ressentir les effects des humbles & ardentes prieres que

*Il ne faut desister de faire le bien, quoy que l'on soit en Peché mortel.*

l'on faict pour eux; i'ay encore tant de Bonté, que ne trouuant pas de place pour verser dans le sein de ces mal-heureux, les agreables influences de mes graces spirituelles & diuines, ie m'applique à les remplir abondammét des richesses, des honneurs & des biens de la terre; afin que l'on ne dise pas que i'aye laissé en arriere aucun bien que ie n'aye reconnu par mes liberalitez au delà de leur merite.

*Aueuglement de l'Ame & ses suites.*

I'auoüe qu'à la fin il leur arriue par les secrets resorts de ma Iustice, ainsi qu'aux bestes que l'on engraisse pour les conduire bientost à la tuerie; dautant qu'ils n'ont pas voulu se seruir de ces trois sortes de recompenses, pour admirer ma Bonté souueraine sur eux. Par ainsi tu vois comment ils se sont eux-mesmes seduits & trompez, qu'ils se sont deceus par leurs propres erreurs; puis que de gayeté de cœur & de volōté frāche, ils se sont priuez de cette belle Lumiere de la Foy viue. Apres ils vont à tatton, ils s'appressent & s'appuyent sur tout ce qu'ils rencontrent; ils ne voyent plus, que dis-je? ils voyent encore auec vn œil tenebreux & obscurci, qui leur sert d'instrument d'erreurs plus dangereuses, en mettant leurs affections, aux choses vaines & passageres. Ne direz-vous pas qu'ils ont perdu l'Esprit? Ils regardent l'or des plaisirs, des richesses & des honneurs, & ne s'apperçoiuent pas du poison pernicieux qui est caché dessous. Ils embrassent les voluptez, & ne comprennent pas qu'ils sont estoufez au milieu de leurs embrassemens; & parmy les dignitez où ils sont esleuez, ils ne voient pas les precipices pleins d'horreurs, qui les disposent à la cheute tout à faict irreparable. Sçachez-donc Catherine, que toutes ces vanitez du Monde, tous ces plaisirs & passetemps que l'on y sauoure, estans acquis & possedez sans ma crainte, par vn Amour des-ordonné de soy-mesme, portent la figure des scorpions que ie te monstray à ton commencement, apres la representation de l'Arbre mysterieux duquel ie t'ay parlé. Ie te disois qu'ils portoient l'or au deuant & le poison derriere; de telle maniere que le venin n'estoit non plus sans or, que l'or estoit sans le venin. Il est vray que l'or paroissoit & se presentoit d'abord; mais personne ne pouuoit se deffendre du venin, sinon ceux qui estoient esclairez de la lumiere agreable de la Foy viue.

## Chapitre XXVI.

*Belles leçons touchant l'obseruation des Commandemens & des Conseils.*

Ceux, ma douce Fille, qui se laissent conduire à ces agreables lumieres prennent en main le couteau à double tranchant de la haine du vice & de l'Amour de la vertu, pour faire mourir leur Sensualité, & pour retrancher la proprieté de leur volonté, afin d'acquerir & de posseder auec raison, les delices, les richesses & les honneurs du siecle,

*Obseruation actuelle des commandemens, & des conseils en affection.*

sans en contracter le poison mortel qui est caché au dessous. Du nombre de ceux qui sont morts à leur propre volonté & à leur Sensualité, il y en a quelques-vns, qui comme plus genereux que ceux dont ie viens t'entretenir, afin d'atteindre la plus haute perfection de mon Amour, ont autant d'auersion de l'or que du venin qu'il cache. Ils mesprisent toutes choses, & quant à la realité & quant à l'affection: Ceux-cy embrassent reellement les diuins Conseils que mon cher Fils establit dans son Euāgile; au lieu que les autres qui se reseruent les biens exterieurs que le monde propose, se rendent de vray à l'exactitude des Commandemens en ce qui regarde la realité, mais ils n'obseruent les Conseils qu'en Esprit seulement & non pas actuellement, ainsi qu'ils font les preceptes. Il y a vne alliance si estroite entre les Commandemens & les conseils, ils ont tant d'adherance & d'vnion l'vn auec l'autre, que l'on ne sçauroit se rendre bien fidele en l'obseruāce actuelle de ceux-là, que l'on ne soit pareillement entier en l'obeïssance que l'on doit mentalement & quant à l'Esprit, à ceux-cy : Ie ne dis pas actuellement, ie dis mentalement; ce qui se faict en possedant les richesses & les autres biens de la vie, auec beaucoup d'humilité & de simplicité, non pas auec vanité, superbe & mespris des autres. On les garde non comme choses propres, mais comme choses prestées par ma souueraine Bonté; non pour la ioüissance, mais pour l'vsage; non comme fin

où il

où il faille s'arrester, mais comme moyens pour le salut, ainsi qu'il est en verité. D'où vient que l'on a autant de ces choses qu'il me plaît d'en estre liberal, on les garde autant que ie veux, & l'on ne les sçauroit retenir vn moment plus que le temps que i'ay sagement reglé pour vostre bié. Vous deuez accommoder vostre Esprit à cette disposition, en laquelle quiconque m'ayme plus que toutes choses & son Prochain comme soy-mesme, vit dans vne grande liberté de cœur & d'Esprit : il mesprise par l'affection tout ce que le monde admire, il se desprend mentalement de tout ce qu'il possede actuellement, sans pourtant apporter aucune resistance à mes ordres diuins. D'où vient qu'encore qu'il ne prattique pas les Conseils quant à la realité des choses qu'il retient & qui sont compatibles auec l'obseruance des Commandemens, il en est pourtant amoureux, & il les suit fidellement par la volonté détrempée de sainctes affections, apres qu'elle a esté purgée du poison pernicieux de la proprieté de l'Amour. Celuy-cy se contente d'vne charité commune. Il n'y a que les autres qui paruiennent à l'estat parfaict du diuin Amour, lesquels & actuellement & mentalement, & quant à l'Esprit & quant à la realité, & quant à l'affection & quant au Corps se rendent dignes obseruateurs des Commandemens & des Conseils.

Ceux-là dis-je, auec vne sincere simplicité *Exemple de l'Euangile* suiuent le Conseil que ma Verité, le Verbe

*Matth. 19.v. 17. 18..9.10.11.22.*

faict homme mon Fils vnique, donna à ce Ieune homme qui luy demanda ce qu'il pourroit faire pour obtenir la vie. Il luy répondit qu'il falloit qu'il gardât les Commandemens A quoy ayant esté dit par le Ieune homme qu'il auoit esté tres exact dés-sa jeunesse en cette saincte pratrique. Iesus luy repliqua voila qui va bien mòn Fils ! si vous voulez dóc pretendre à vne perfection plus glorieuse que celle-là, allez & vendez tout ce que vous auez de richesses, & distribuez aux pauures l'argent que vous en retirerez. Ce qu'ayant entendu de la bouche qui ne sçauroit mentir, il deuint triste & affligé, parce qu'il auoit trop d'attachement affectueux & de tendresse pour les richesses que les Ames qui aspirent aux Conseils mesprisent auec tous les plaisirs & les honneurs de la vie, dont ils font littiere en affligeant leur chair par les abstinences, les veilles, les macerations, les humiliations & par les prieres continuelles.

Il faut estre Maistre des richesses & non pas leur Esclaue.

I'auoüe pourtant, que les hômes qui se contentent d'vne Charité cómune, & qui ne pretendent pas aux Conseils, quoy qu'actuellement ils ne se priuent pas de leurs commoditez ny de leurs satisfactions licites parmy les Creatures, ne laissent pas de gagner la vie Eternelle ; parce qu'ils ne sont pas obligez à ce renoncement reel par aucun precepte, pourueu qu'ils possedent ces biens selon les ordres & la maniere que ie t'ay dit ; s'ils se comportent ainsi, ils ne sçauroient m'offenfer. Les richesses sont bonnes de soy, elles ont esté creées par ma toute-Puissance pour vne bonne fin; Ma Prouidence les met entre les mains des hommes, afin qu'ils en ayent l'vsage en qualité de seruantes, & non pas en qualité de Maistresses & de souueraines, & par ce moyen que ceux qui n'auront pas de dessein d'atteindre la plus haute perfection du sainct Amour, les tiennent auec Empire & auec ma crainte, s'en seruant liberalement comme leurs Seigneurs & leurs Roys, & non pas comme leurs seruiteurs & leurs Esclaues. Ie seray assez satisfaict de leur desir, pourueu qu'ils veüillent me l'offrir & me le donner; Ie leur abandonne le reste, qu'ils en vsent auec liberté; qu'ils se souuiennent neātmoins que ce sont des biens que ie leur preste seulement, & qui ne sçauroient du tout leur appartenir en qualité de veritables proprietaires. Ie ne m'amuse pas aux conditions des hommes, ie n'arreste pas mon cœur sur les estats simplement des personnes, ie n'ay pas d'égard au partagé que l'on a receu dans les differentes conditions de mon Eglise ; Ie cherche la pureté des desirs pleins de ferueurs, ie demande des correspondances sainctemēt affectueuses. Toute sorte d'estat & de conditions que l'on voudra choisir me sera beaucoup agreable, si i'y reconnois vne volonté détachée où ma complaisance se puisse prendre.

Par ainsi ceux-là seront capables de posseder les richesses dans le monde, qui auront

*Dieu se contente de toutes sortes de conditions & d'estats.*

M ij

desseché la gangrene de l'Amour des-ordonné, auec le rasoir de la haine de soy-mesme, & auec le feu de l'Amour de la vertu. La volonté deuenant en suite bien reglée par les ordres que mon Amour sacré & ma diuine crainte y auront estably; elle pourra choisir auec vne confiance toute saincte, tel estat qu'elle trouuera luy estre le plus sortable, dans lequel l'on ne manquera moyennant ma grace d'y ménager la vie Eternelle. Encore que ce soit à la verité plus grande perfection, d'abandonner actuellement & en Esprit ensemble, tous les biens du siecle pour l'Amour de moy, & que cette double des-appropriation contribuë beaucoup plus pour gagner mon agréement; Ie ne desire pas neantmoins que celuy qui n'est pas touché d'aspirer à vne plus haute perfection, au contraire qui ne croit pas y pouuoir atteindre, eu égard à sa fragilité, conçoiue du desespoir. ie veux que l'on demeure paisiblement dans l'ordre de la Charité commune, chacun selon son estat & sa condition. Ma grande Bonté en dispose de la sorte auec beaucoup de douceur; c'est afin que personne de telle nature & de telle qualité qu'il puisse estre, n'ait sujet ou pretexte pour s'excuser. De vray auec quel front l'homme pourroit-il maintenant se iustifier dans le peché, depuis que ie me suis laissé aller à tant de condescendance à ses passions & à ses infirmitez. Voyez comme ie suis facile! Ie veux bien qu'il demeure dans le monde, qu'il y gagne & qu'il y possede des richesses, &

à sainɛte Catherine de Sienne. 181

qu'il les agrandisse, qu'il obtienne des dignitez, qu'il y gagne des faueurs, qu'il administre les Estats, qu'il gouuerne les Royaumes & les Prouinces, qu'il soit marié, qu'il ait des Enfans legitimes de son mariage, & qu'il trauaille pour les nourrir & pour les esleuer hônorablement. Ie souffre de luy tout ce qu'il veut, pourueu que l'Amour propre & la sensualité qui conduisent infailliblement à la mort Eternelle, soient entierement morts en sa volonté, & que mon Amour & la complaisance en mon Bon plaisir y prennent leur place.

C'est auec beaucoup de raison & de Verité, que i'appelle poison le propre Amour & l'affection sensuelle. Car comme le venin materiel tuë promptement les Corps, desquels il gaigne & corromp toutes les parties où il se glisse, si biē-tost l'on ne prend les remedes ou par le vomitoir, ou par la medecine purgatiue. De mesme le poison de la Concupiscence & du desir des voluptez sensuelles ne manque pas de gagner l'Esprit & ses Puissances, il y iette des qualitez d'autant plus dangereuses qu'elles tendent à la destruction de la Vie spirituelle & Diuine. Il n'y a que la Confession qui sert de vomitoir, & la Cōtrition & la Penitence qui font l'office de medecine purgatiue, capables de donner du soulagement & d'apporter la guerison à l'Ame, quoy que cela semble beaucoup amer à la sensualité & repugnant à l'Amour desreglé de soy-mesme.

*Remedes contre le venin de l'Amour propre.*

M iij

*Le mauuais vsage rend les Creatures mauuaises.*

L'on ne parle pas correctement quand l'on dict, que le venin est caché sous les Creatures qui sont toutes tres-bonnes, & qui participent de la Bonté souueraine de leur Createur, chacune selon son degré. A proprement parler, le venin consiste en la volonté peruerse & malicieuse de l'homme : il faict le mal-heureux qu'il est, l'abus criminel de leur vsage, appliquant pour sa ruine & pour sa mort ce que ie luy auois auec Amour accordé pour sa perfection, & pour sa vie. Sçauroit-on treuuer ma douce Fille! vne tromperie plus grande que celle, par laquelle il se laisse deceuoir & corrompre ; ne peut-il pas ( s'il veut) m'embrasser par la grace, & se réjoüir par le bannissement de toute sorte de tristesses, en la joye & en la consolation inexprimable du sainct Esprit. Neantmoins il ayme mieux de prendre le mal peint & coloré de l'apparence seulement du bien, duquel il hait la Verité. Son infidelité l'aueugle, & l'Amour desordonné qu'il se porte le iette dans ce mal-heur de negliger les remedes propres à sa guerisõ. Par ce moyen, au lieu de porter la Croix de mon Fils détrempée dans l'huile odorante des parfums du Paradis, il traîne au contraire celle de l'ennemy qui porte auec soy les auant-coureurs des amertumes Eternelles, sous lesquelles il gemit miserablement.

## CHAPITRE XXVII.

*Dieu est cause de plaisir à l'Ame, & la Creature cause de déplaisir.*

JE m'estois obligé de t'enseigner deux choses: l'vne touchant la tromperie de ceux qui se perdoient parmy les biens de la terre; l'autre touchant la nature de la peine qu'ils souffrent dés cette vie. I'ay satisfaict assez amplement au premier chef, & auparauant que d'accomplir le second, tu peux assez conjecturer l'excez de ce tourment, par les choses que ie t'ay racôté touchant l'allegresse de mes Seruiteurs en ce monde, au milieu des persecutions & des trauaux penibles qu'ils y endurent. Tu as ouy que toute l'affliction de l'Esprit prouenoit de la volonté, & que mes bons & fideles Seruiteurs auoient perdu la leur propre, pour se reuestir de la mienne: Ce qui faict, qu'ils ne sentent pas les peines affligeantes en la portion supreme de l'Ame, où remplis de consolations, ils joüissent de moy par la grace. Ceux qui ont esté assez mal-heureux de la perdre par leur propre faute, ne sçauroient du tout ny se satisfaire ny se réjoüir parfaictement, quand mesme ils se rendroient les Maistres de tout l'Vniuers ; puis que tout ce qui est moindre que moy est trop petit pour L'homme. Ie ne l'ay pas faict pour les Creatures, au contraire toutes choses sont ordonnées par ma Bonne Prouidence

*Il n'y a que Dieu qui puisse satisfaire l'homme.*

M iiij

*Le mauuais vsage rend les Creatures mauuaises.*

L'on ne parle pas correctement quand l'on dict, que le venin est caché sous les Creatures qui sont toutes tres-bonnes, & qui participent de la Bonté souueraine de leur Createur, chacune selon son degré. A proprement parler, le venin consiste en la volonté peruerse & malicieuse de l'homme : il faict le mal-heureux qu'il est, l'abus criminel de leur vsage, appliquant pour sa ruine & pour sa mort ce que ie luy auois auec Amour accordé pour sa perfection, & pour sa vie. Sçauroit-on treuuer ma douce Fille! vne tromperie plus grande que celle, par laquelle il se laisse deceuoir & corrompre ; ne peut-il pas ( s'il veut) m'embrasser par la grace, & se réjoüir par le bannissement de toute sorte de tristesses, en la joye & en la consolation inexprimable du sainct Esprit. Neantmoins il ayme mieux de prendre le mal peint & coloré de l'apparence seulement du bien, duquel il hait la Verité. Son infidelité l'aueugle, & l'Amour desordonné qu'il se porte le iette dans ce mal-heur de negliger les remedes propres à sa guerisõ. Par ce moyen, au lieu de porter la Croix de mon Fils détrempée dans l'huile odorante des parfums du Paradis, il traîne au contraire celle de l'ennemy qui porte auec soy les auant-coureurs des amertumes Eternelles, sous lesquelles il gemit miserablement.

## Chapitre XXVII.

### Dieu est cause de plaisir à l'Ame, & la Creature cause de déplaisir.

Ie m'estois obligé de t'enseigner deux choses : l'vne touchant la tromperie de ceux qui se perdoient parmy les biens de la terre; l'autre touchant la nature de la peine qu'ils souffrent dés cette vie. I'ay satisfaict assez amplement au premier chef, & auparauant que d'accomplir le second, tu peux assez conjecturer l'excez de ce tourment, par les choses que ie t'ay racôté touchant l'allegresse de mes Seruiteurs en ce monde, au milieu des persecutions & des trauaux penibles qu'ils y endurent. Tu as ouy que toute l'affliction de l'Esprit prouenoit de la volonté, & que mes bons & fideles Seruiteurs auoient perdu la leur propre, pour se reuestir de la mienne : Ce qui faict, qu'ils ne sentent pas les peines affligeantes en la portion supreme de l'Ame, où remplis de consolations, ils iouïssent de moy par la grace. Ceux qui ont esté assez mal-heureux de la perdre par leur propre faute, ne sçauroient du tout ny se satisfaire ny se réjoüir parfaictement, quand mesme ils se rendroient les Maistres de tout l'Vniuers; puis que tout ce qui est moindre que moy est trop petit pour L'homme. Ie ne l'ay pas faict pour les Creatures, au contraire toutes choses sont ordonnées par ma Bonne Prouidence

*Il n'y a que Dieu qui puisse satisfaire l'homme.*

M iiij

pour son service, & pour son vsage : Ce qui est cause qu'il n'y a rien hors de moy capable de le remplir & de le rassasier. C'est donc moy seul qui contient l'assouuissement incomprehensible, propre pour arrester ses desirs & leur donner repos dans vne paix inexprimable : Neantmoins sa misere est extreme iusqu'au point de l'aueugler entierement, pour le destourner de chercher dans mon sein ce qu'il ne sçauroit rencontrer apres toutes ses lassitudes, dans la disette des Creatures, apres lesquelles il se tuë de trauail.

*L'Amour que l'on porte aux Creatures est cause de douleur.*

Veux-tu voir la grandeur de ses angoisses, tu n'as qu'à considerer que l'Amour est cause d'affliction à l'Ame, lors qu'elle vient à perdre les choses ausquelles elle s'estoit renduë semblable. C'est le propre de l'Amour, de faire prendre à la volonté la forme ou la conformité des choses où elle s'attache par affection. Cela faict que ceux-cy se laissans transporter en diuerses manieres, par l'Amour des-ordonné pour la terre, deuiennent tous terrestres, & se transforment en autant de figures, comme il y a d'objets qui arrestét leur volonté par attachement. Les vns ayment éperduëment les richesses, les autres aspirent aux honneurs, aux charges & au commandemens. Il y en a qui font leur Dieu de leurs Enfans, plusieurs me tournent le dos pour deuenir Esclaues des Creatures, & il se treuue des hommes qui font de leurs Corps vne beste par leurs ordures brutales. Ainsi peut-on dire de ceux qui diuersement, selon les differentes pantes de leurs passions, se laissent gagner à l'Amour des choses de ce monde, pour penser s'en remplir & s'en rassasier. Ils voudroient bien qu'elles eussent plus de realité, de corps & de durée; Mais quoy! elles ne sont pas permanentes, elles passent auec le temps, & elles s'éuanoüissent comme le vent. Quand donc ils viennent à les perdre, ou par la mort, ou par quelqu'autre disposition de ma bonne Prouidence, ils endurent des peines que l'on ne sçauroit exprimer, ainsi que faict voir l'experience iournaliere; leur douleur est d'autant plus excessiue, que l'Amour qui les lioit à elles, & qui les auoit transformé en elles, auoit plus d'attachement, de ressemblance & de conformité, ne pouuans souffrir la separation des choses dont chacune estoit vn autre eux-mesme.

Helas! s'ils eussent tenu ces biens perissables sous la dependance de mon bon plaisir, comme des biens que ma Bonté souueraine leur auoit amoureusement presté, & non pas en qualité de proprietaires; vous eussiez veu leur grande resignation quãd ie leur en eusse ordonné la priuation, & n'eussent pas souffert la douleur angoisseuse qui les dispose au desespoir, au murmure, & assez souuent au blaspheme. D'ailleurs puisque toute leur esperance est ancrée dans le monde : ils sont contraints de demeurer perpetuellement vuides & affamez, & de souffrir sans cesse les rigueurs de leur faim & les impatiences de

*Douleurs du meschant en ce qu'il ayme desordonnement.*

leur soif, en attendant du monde, le rassasiment & le repos qu'il n'a pas le pouuoir de leur donner. Adioustez à cela les remords ou bourrellements de leurs consciences, auec la tyrannie qu'exercent les passiós dans leurs cœurs. Quelle langue pourra raconter la peine dont l'esprit de celuy qui cherche la vengeance est rongé. Il a desia tué son Ame, auāt qu'auoir esté homicide de son Ennemy. Outre le tourment qui mange l'Auaricieux à raison de son appetit insatiable, il est encore plus miserable, en se dérobant les propres besoins qu'il se doit à soy-mesme auec autant de Iustice que de Charité. L'Enuieux ne se desseche-t'il pas dans la veuë de l'abondance des autres? il est mal-heureux dans les prosperitez d'autruy, & la vertu de son Prochain luy sert d'occasion de ruïne. De maniere que ces personnes qui ont de l'attachement desordonné contre ma volonté aux choses perissables, sont contraints de receuoir vne infinité de peines, de frayeurs, de cruelles craintes, pour ne dire des rages criminelles, & des desespoirs accompagnez de blasphemes, & d'execrations. Ainsi sont-ils continuellement chargez de la Croix de l'Ennemy commun, sous le pesant joug duquel ils gemissent amerement, sauourans dés cette vie les auantgousts de l'abysme, qui viennent à croistre quelquefois auec tant d'extremité, que leurs angoisses font tomber ceux qui les ressentent en diuerses sortes d'infirmitez & de maladies; le plus souuent elles conduisent à la mort

*de saincte Catherine de Sienne.* 187

Eternelle, si d'auanture l'on ne vient à se reconnoistre & en tirer profit, pour s'amander au bien du salut.

Ceux-cy portent double peine, & du costé de la tribulation qui vient du dehors, & qui s'attache à leur sensualité; & du costé qu'ils affectionnent les Creatures contre mes ordres. La peine passe de la chair dans l'esprit sans aucun merite: puis que tout ce qui leur arriue de fâcheux leur sert de matiere de murmure & d'impatience. Ils deuiennent comme des Arbres infructueux, morts à ma grace, & déracinez de mon Amour; aussi ne produisent-ils que des œuures de mesme nature. Qu'attendroit-on autre chose de l'Amour qui est hors de mon ordre, lequel pour cela seulement, s'appelle Amour desordonné? c'est par luy qu'ils ont acquis & possedé les richesses & les delices du siecle, au milieu desquelles ils ont merité d'estre appellez du nom de Martyrs execrables de Sathan. Ils denoient faire comme mes bons Amis & mes fideles seruiteurs, ils ont pû estre blessez au corps, & non iamais quant à l'Esprit, dedans les persecutions & les tribulatiós que ie leur ay ménagé au dehors. Ils deuoient à leur exemple acquerir vne parfaite conformité à ma diuine Volonté; afin que mon Amour dans la tolerance des maux fust plus puissant pour les satisfaire, que la peine & la douleur pour les abattre. Cecy leur eust parfaitement reüssi dans la consideration que les éuenements fâcheux à la sensualité, sont tous dis-

*Les Saincts ne sont blessez qu'au Corps, & non en l'Esprit.*

posez par ma bonne & affectueuse Prouiden-ce pour leur salut & pour leur gloire Helas! ils ont fait le contraire: qui est cause qu'ils sont cruellement tourmentez au dehors & au dedans, au Corps & en l'Ame. La crainte de perdre ce qu'ils ont les fait dessecher; & l'Amour hors de l'ordre qu'il doit tirer de moy, estant à son propre sujet (c'est à dire, à l'esprit) sa Croix, son tourment & son Enfer; Il ne faut pas s'estonner, si en desirant le repos qu'il ne sçauroit trouuer parmy la Creature, il se tuë de déplaisir: puis qu'il n'est pas en moy, qui suis son Centre & comme son lieu naturel. Il y a plusieurs autres peines dont le nombre est inexprimable à toute langue humaine: ie les laisse-là. Les choses que ie t'ay dit, suffisent pour te donner à entendre, que les Iustes en cette vie sont mieux partagez parmy les Croix que ie leur enuoye, que les Reprouuez parmy les delices qu'ils se procurent eux-mesmes auec empressement.

### Caapitre XXVIII.

*Du bien qu'apporte au commencement la crainte seruile: & qu'elle n'est pas assez puissante, afin que l'on s'auance & que l'on perseuere dans le Bien.*

La peine faict ouurir les yeux à l'Ame pour sa conuersion.

MA bonne Fille! Tout ce que ie viens de dire est devray, digne de tres-grãde cõsideration: l'ay toutefois à vous declaret en secret fort particulier de ma Bonté, en la dispensation que ie fais des peines aux Ames qui disposent leur vie à mon seruice. Mon dessein tend à déprendre leurs affections des Creatures, desquelles ie me serts pour les affliger. Ie leur ouure les yeux, pour auoüer que les biens que le monde fournit sont passagers & perissables : Ie leur fais connoistre que leur derniere fin n'est pas en la terre, qu'ils ne sont pas naiz pour affectionner la vie presente; mais pour se rendre sainctemét passionnez d'Amour pour moy, qui suis le bon-heur eternel auquel tous leurs desirs doiuent tendre absolument. Les tourments qui accompagnent la coulpe & qui la suiuent en ce monde & en l'autre, font tomber de leurs yeux cette taye maudite qui empéchoit l'efficace de la lumiere de la Foy en leurs Ames. Ils conçoinét de là, vne Crainte seruile, de laquelle faisans vn bon ménagement, ils commencét par son ayde à leuer la teste hors du fleuue perilleux des delices charmantes du siecle où ils estoient comme enseuelis : ils en sortent peu à peu, ils vomissent par la Penitence le poison qu'ils y auoient beu, & tout le venin que le scorpion des vaines apparences auoit glissé en leur Ame, quand elle auoit receu les biens du monde sans l'ordre que i'ay voulu que l'on gardast en leur vsage. La connoissance qu'ils ont de ces choses, si elle est accompagnée de la Charité, sert comme de creuset pour les purifier des moindres soüillures qu'ils ont contracté dans le commerce des Creatures.

*La Crainte seruile n'est pas suffisante, elle dispose pour le bien & le salut.*

Il faut pourtant sçauoir que la Crainte seruile n'a pas assez de pouuoir de deliurer entierement l'ame du naufrage ; parce que si ma diuine charité ne met en exercice les vertus veritables, c'est trop peu de s'estre purgé de ce qui faisoit mal, & de ce qui estoit plein d'ordure à mes yeux : Il faut donc marcher auec deux pieds ensemble ; il faut que le déplaisir de m'auoir offencé, auec la crainte de la peine qui est deuë à la coulpe, vienne se ioindre à l'Amour & au desir affectueux des vertus. Ce sont-là les deux pieds, ou plustost les deux aisles qui éleuent de la terre l'Esprit de l'homme, & qui transportent son affection à l'adherence de mon Fils bien-aymé, que i'ay estably, & le Pont & le Port heureux du salut, inseparables de la vie immortelle. L'auersion seule du peché n'a pas assez de force, sans l'aide de l'Amour des vertus, pour paruenir au premier degré de l'Eschele mystique que i'ay faict en sa Chair, par les pieds adorables de laquelle l'on cômence de môter heureusemét à moy, qui suis la derniere fin des Creatures raisônables. Il est pourtât vray, que la premiere démarche que l'on fait pour se retirer du peché, est ordinairement excitée, plus par la crainte du châtiment que par l'Amour des vertus : Toutefois si l'on est bon ménager de cette crainte mercenaire, & qu'auec elle éclairée de la lumiere de la Foy, l'on deuienne comme à charge à soy-mesme parmy les tribulations que ie permets ; l'on commencera à mépriser le monde, & de passer plus auant iusqu'à l'Amour & au desir des vertus.

I'auoüe qu'il y a quelques Ames qui se comportent en cecy auec beaucoup de tiedeur; qui est cause qu'ils ne tardent pas de retomber incontinent en leur premier mal-heur. A grand peine ont-elles gagné le Pont, que sentans le vent des prosperitez du siecle qui les souffle par ses mignardises vaines & apparantes, elles se laissent retomber plus dangereusement qu'auparauant dans la mer orageuse de la vie. Leur negligence a esté cause qu'elles n'ont point atteint la premiere môtée du Pont, ou le premier estage de l'Eschelle mystique, c'est à dire, qu'ils ne sont pas arriuez iusqu'au desir veritable des vertus capables de les rendre puissants pour resister aux efforts des houles du plaisir desordonné, & des vents orageux des promesses trompeuses du monde. Si d'auanture le vent se change, & que celuy de l'aduersité commence à les entreprendre; Vous leur verrez tourner visage par l'impatience du trauail & de la peine: parce qu'ils n'ont eu de l'auersion du peché, qu'à cause qu'il les rendoit coupables de châtiments. Ce n'estoit pas pour l'amour de moy qu'ils portoient de la haïne au vice; c'estoit plustost pour l'amour d'eux-mesmes, ainsi qu'ils rémoignent en cette circonstáce, où ils font voir que la seule crainte commandoit en leur Esprit. Ils auoient bien commencé; Mais quoy! le mépris du monde, le

*La crainte seruile commence, mais ne fait pas la perseuerance.*

déplaisir de soy-mesme, & si vous voulez encore, le vomissement des pechez profitent de fort peu, sans perseuerance, laquelle ne sçauroit estre sans la prattique des vertus. Et cecy venant à manquer, il est impossible que l'on reçoiue l'effect de son desir, & que l'on obtienne la fin où l'on auoit donné de si heureux fondemens.

*Les diuers combats contre la perseuerance au Bien.*

Donc tout le secret de la veritable conuersion dépend de la perseuerance, laquelle est combattuë en diuerses manieres, pour faire retourner en arriere ceux qui auoient conçeu en leur cœur de genereuses resolutions pour le bien. Les contrarietez assez souuent naissent dans le sein de l'homme; la guerre qui le moleste est excitée par la rebellion de la portion sensuelle contre l'esprit & la raison. Quelquefois ce seront les Creatures du dehors qui susciteront les troubles de son Ame, par l'Amour déreglé qu'il leur porte hors de moy, ou par l'impatience qu'il prend des iniures ou du mépris qu'il se persuade qu'on luy a faict. Les Demons se mettent bien souuent de la partie par diuerses sortes de tentations, l'vne desquelles est celle du desespoir, il porte l'Esprit de l'homme par le mépris qu'il luy represente qu'il doit faire de ses propres œuures, de sa penitence & de ses resolutions, qui ont trop peu de proportion au nombre excessif des pechez. C'est ce qu'il tâche d'insinuer, afin qu'on les abandonne entierement. D'autrefois il prend vn chemin tout contraire pour
reüssir

reüssir à vne mesme fin : Il propose auec artifice tous les motifs apparents capables de faire naistre dans le cœur de celuy qui m'a griefuement offencé la presomption de ma Misericorde. Il luy met deuant les yeux que c'est trop s'affliger ; que ie ne suis, ny vn bourreau, ny vn tyran ; que ie ne sçaurois auoir de complaisance dans le sang ny dās le carnage ; que ie suis le bon Dieu de la Chair aussi bien que de l'Esprit ; que le temps est long, que la santé n'a que trop de bonne habitude pour promettre vne vie qui doit remplir tout son siecle ; Que i'ay mis les delices dans la terre, sans porter enuie à ceux qui en prendront la ioüissance ; Que c'est estre dénaturé de n'oser s'en approcher : Au reste, s'il y a du mal de s'en seruir ; vn moment de penitence, vn élans, & vn simple soûpir de repentir n'ont que trop de suffisance, pour gagner asseurément vne Misericorde infinie comme est la mienne.

Voila comment cét Ennemy commun pretend de faire auorter cette premiere crainte; Voila, dis-ie, les moyens qu'il employe pour empescher que le Sainct propos ne se fortifie par la perseuerance, dans le cœur de ceux qui ont resolu de se conuertir. Ils se laissent facilement aller à ses persuasions, quand d'abord ils n'ont pas voulu prendre la peine de se déprendre de leur Amour propre, ainsi qu'il est necessaire. Ils donnent trop à ma Misericorde, poussez de plus de presomption que de confiance en ma Bonté

*Abus de la Misericorde dé Dieu.*

qu'ils offencent incessamment, leur aueuglement n'est pas moindre que leur temerité; qui est cause qu'ils ne voyent pas que ma Misericorde n'est pas donnée à l'homme afin qu'il en fasse vn abus sacrilege : Il n'est pas iuste que cette grace incomparable que ie leur presente auec tant d'Amour, pour se preualoir contre leurs Ennemis & contre l'Enfer, & pour chasser de leur esprit la confusion & le desordre; soit employée contre elle-mesme pour l'offencer plus griefuemét, & pour la traitter de plus de mépris. Ils prénét le Bras tout-puissant que ie leur estends, pour m'en battre & m'en souffleter : & au lieu de s'en laisser embrasser amoureusement, ils le veulent armer côtre moy ne, se prenans pas garde que tout ce qu'ils preparent, doit se décharger sur leur teste criminelle.

*Perte de l'Ame pour ne pas estre sortie de la Crainte seruile.*

Voila les mal-heurs où tombent ceux qui ont voulu faire le changement de leur vie tiedement & paresseusement, & qui ont negligé de mettre en exercice les vertus, sans lesquelles il faut que les meilleurs desseins pour le bien, trouuent leur tombeau presqu'aussi-tost que leur naissance. Ils se sont contentez de la simple crainte mercenaire, honteuse & seruile. Iamais ils n'eussent eu de dessein de se retirer du peché mortel, s'ils ne se fussent senty picquez de l'horreur de la peine de l'autre vie, & si les tribulations de celle-cy ne les eust fortement pressé : De maniere que n'ayans pas faict de plus grands progrez, ils sont demeurez en arriere. Il arriue à l'Ame au faict de son salut, comme à vne Nasselle abandonnée au courant violent & rapide d'vn fleuue ; si elle ne monte en haut, il faut de necessité qu'elle se laisse entraîner à la descente des eaux qui l'emportent. Ce n'est donc pas assez d'auoir commencé: ne point s'auancer au bien c'est reculer en arriere. La Crainte doit perdre sa qualité honteuse pour en prendre vne autre plus auantageuse, qui est la filiale, fondée en mon Amour, sans lequel il est impossible de me plaire, & auec lequel l'on met en exercice toutes les vertus necessaires pour l'auancement à la perfection d'vne conuersion & d'vne penitence bien asseurée.

---

### CHAPITRE XXIX.

*Les moyens que l'Ame doit prendre pour quitter la Crainte seruile, & s'auancer en l'Amour & en la practique des vertus.*

APres que i'eus entendu ces choses de mon Dieu, Ie ne sçauois plus me contenir, ie restois toute pensiue en l'esprit, où i'estois tourmentée par l'affliction excessiue que i'auois conceu, en entendant & voyant parmy les hommes vn aueuglement si estrange. Ce qui m'estoit cause de plus grand estonnement en cecy, c'estoit que la diuine Bonté auoit osté tous les empeschements qui pouuoient retarder leur salut: De maniere qu'en

*Vision de sainte Catherine touchant ceux qui se perdoiét: Elle prie pour eux.*

N ij

toute sorte d'estats, de conditions, & de rencontres, auoient tousiours le pouuoir de se maintenir dans le bien par les aides de ma grace qui leur est presentée s'ils veulent s'en seruir auec fidelité, en l'exercice, en l'espreuue & en l'accroissemét des vertus. Nonobstant ces choses, i'apperceuois que plusieurs abandónoient le bon chemin que Dieu auoit frayé en son Fils; ils fuyoient le Pont ou l'eschelle par laquelle l'on paruient à luy; ils se laissoient emporter à l'Amour desordonné d'eux-mesmes & des Creatures, qui les conduisoit enfin dans le dernier precipice quand ils refusoient de s'amender. Il est vray, que ie voyois quelques-vns touchez des raisons qu'il auoit plû à la diuine Bonté de me declarer : Neantmoins la perte des autres m'affligeoit, sans donner lieu à la consolation dans mon cœur. En fin ne sçachant que faire, i'arrestay fixement la veuë de mon Esprit sur la personne du Pere eternellement viuant, ie luy fis ainsi ma plainte : ô Amour inexprimable, & que l'on ne sçauroit iamais priser? helas ! se peut-il voir vn plus grand aueuglement que celuy auec lequel l'homme malheureux se deçoit soy-mesme ? Toutefois ie supplie vostre souueraine Bonté de me donner vne plus ample connoissance des degrez de la perfection Chrestienne, representez au Corps adorable de vostre Fils bien-aimé sur la Croix, & des moyens qu'il faut tenir pour sortir entierement du fleuue mal-heureux du siecle; & si vous l'auez agreable, vous me di-

à sainte Catherine de Sienne. 197
siez les proprietez de ceux qui montent courageusement par le Pont ou par l'eschelle que vous auez dressé en IESVS-CHRIST pour nous faire arriuer à vous.

Le desir affectueusement affamé de mon Ame receut bien-tost son approbation des yeux amoureux de la Bonté diuine, ils s'arresterent doucement sur moy; & puis i'entendis intellectuellement: Ma tres-chere & tres-aimée Fille! Ie ne sçaurois dépriser tes desirs, ils me sont tousiours fort agreables: Comment pourrois-ie leur refuser ce qu'ils me demandent? quoy que desia i'aye satisfait en quelque façon aux fins qu'ils pretendent. Tu n'es pas ignorante, que l'Amour hors de son ordre est la source primitiue de tout peché, qu'il est sur l'œil de l'Entendement comme vn cataracte pernicieux qui priue l'homme de la claire lumiere de la raison, dont la viuacité en la Foy demeure comme morte. Cependant i'ay creé l'Ame à mon Image, l'ay graué en son essence ma ressemblance, en luy donnant la Memoire, l'Entendement, & la Volonté. L'Entendement est la plus noble de ces trois puissances; Il tire son mouuement & son application de la Volonté, laquelle il entretient, il nourrit, & il accroist en recompense. La Volonté affectueuse sert de main pour remplir la Memoire du nombre innombrable de mes bien-faits, pour prendre plaisir au souuenir qu'elle en doit exciter incessammét. La Memoire remplie d'vne si amoureuse fecondité, rend l'homme tout remply

*L'ordre que Dieu a establyé dans les puissances de l'ame pour se faire aymer.*

N iij

de saincte sollicitude à mon seruice, & en la gratitude qu'il me doit. Par cette maniere vne puissance contribuë à l'autre, & elles cōspirent ensemble pour la conseruation & pour l'accroissement de la grace en l'Ame fidele, laquelle ne sçauroit viure sans aymer. Elle a pris l'inclination naturelle qu'elle a d'aymer quelque chose de l'Amour qui m'a pressé de luy donner l'Estre: De vray c'est par Amour que ie l'ay creée: Voicy donc l'ordre merueilleux que i'ay estably. La Volonté n'a pas si tost dit qu'elle veut aymer, que l'Entendement se sentant, non tant commandé, que comme excité par l'affection, s'esleue admirablement au dessus, de soy-mesme, il se dispose de la satisfaire en luy presentant le plus digne sujet d'vn Amour accomply. Il s'arreste d'abord sur ce qu'il rencontre dans soy-mesme, il admire les beautez de l'Ame en sa creation; & puis il se reflechit à mesme temps sur les laideurs épouuentables qu'elle a contracté par son peché. Il se repaist de la consideration de ma Bonté souueraine, & de ma Charité sacrée dans les grādeurs qui perfectionnent l'essence & la nature de l'homme: tandis que d'autre-part dans ses propres miseres qui le rendent coupable, il sauoure les delicieuses douceurs de la Misericorde paternelle dont i'ay vsé en son endroit, en luy donnant du temps pour faire penitence: & en luy faisant la grace de se retirer des tenebres où il estoit enuelopé.

*L'Amour est* Alors la Volonté ne se nourrit que de l'A-

mour sainct; & par la bouche des desirs affe-  *cause de tout le*
ctueux, attirant auec auidité la haine que l'on  *bien & de tout*
se doit porter, & le mépris dont l'on est obli-  *le mal.*
gé de traitter l'appetit sensuel, transmet heureusement l'vn & l'autre dans les viues chaleurs de ce diuin Amour, accompagné d'vne
humilité tres-profonde, fortifiée d'vne patience heroïque qui naissent de la haine de
soy-mesme. C'est icy où sont conceuës les
veritables Vertus pour estre bien-tost enfantées aux occasions qui se presenteront, plus
ou moins parfaitement, selon la disposition
que l'Ame apportera pour leur prattique,
ainsi que ie te monstreray ailleurs auec plus
de lumiere. Il faut dire le mesme en vn autre
sens toutefois; sçauoir, que si l'affection sensitiue s'emeut à vouloir aymer quelque objet
de son ordre, l'Entendement ne manquera
pas de s'y appliquer pareillement, & de luy
proposer des choses perissables de la vie qui
seruiront d'entretien à l'Amour propre, non
sans le mépris des vertus, & non sans l'attachement peruers au vice, d'où l'on contracte
la Superbe & l'Impatiéce. Cependant la Memoire ne s'emplit d'autres especes que de
celles que luy fournit le déreglement de
l'affection.

Or ce maudit Amour a imprudemment  *Déreglement*
fermé l'œil de l'Entendement; de maniere  *d'Amour déçoit*
qu'il ne discerne qu'auec vne certaine lu-  *les puissances de*
miere tenebreuse: & tout ce qu'il sçauroit  *l'Ame sous l'ap-*
proposer à la Volonté pour aymer, ne con-  *parence du bien.*

N iiij

tient en soy que l'apparéce & la simple couleur, & non la verité du bien & la solidité du plaisir. Ce masque trompeur est toute l'occasion du peché, puis que l'homme naturellement ne sçauroit auoir de l'inclinatió que pour le bien ; & s'il a de l'affection pour le vice, ne croyez pas qu'il ayme le vice, il n'est pas aymable, il est de soy-mesme haïssable ; c'est le bien duquel il est reuestu a l'écorce qui arreste son cœur, & gagne son Amour pour le faire tomber dans le peché. Vous voyez par là, ma chere Fille ! comment l'esprit estant obscurcy, cherche les delices où elles ne sont qu'en peinture & non pas en realité ; il embrasse ce qui est faux pour ce qui est veritable ; son Entendement demeure trompé en sa veuë, sa volonté en son Amour, & sa memoire en la conseruation des choses qu'il ne doit pas aymer legitimement. Ces trois Puissances ainsi déreglées, sont comme trois Larrons qui dérobent le bien d'autruy ; l'Entendement sollicite en le découurant, la Volonté le prend, & la Memoire en est la receleuse ; par ce moyen l'Ame par sa faute se priue de ma grace. En fin ces trois facultez ont tant d'vnion ensemble, que ie ne sçaurois estre offencé de l'vne, que les deux autres ne conspirent auec elle contre moy, ils se donnent comme de main en main le bien & le mal, selon qu'il plaist à la liberté de l'Arbitre.

*Le bon vsage du libre Arbitre.* Le libre arbitre est inseparablement lié à la volonté ; il ne sçauroit s'incliner qu'auec l'affection laquelle il regle, il ménage & il applique ainsi qu'il le veut, ou auec ou sans la Lumiere de la raison. Vostre raison peut demeurer toûjours vnie à moy par l'affection, pourueu que le Libre arbitre ne vous en retire pas par l'Amour des-ordonné, dans lequel reside la Loy peruerse qui faict continuellement la guerre à l'Esprit. Vous voyez donc comment il y a deux partis contraires en vous, la Sensualité & la Raison. Celle-là est née seruante de celle-cy. Non seulement pour luy obeïr, mais aussi pour luy estre par le moyen du Corps, instrument d'espreuue & occasion d'exercice de toutes les Vertus. Vostre Ame est libre, elle participe de ma liberté Souueraine & de ma franchise naturelle, par le Sãg adorable de mon Fils bien-aymé, qui vous a deliuré du Peché; elle ne sçauroit plus estre maistresse, si elle ne veut de gayeté de cœur donner son consentement auec la volonté qui est vne mesme chose auec le libre arbitre, ils ne se diuisent iamais l'vn de l'autre, ils sont entre la Sensualité & la Raison pour pancher de quel côté qu'il leur plaira.

Si pourtant auec la bonne main du sainct vsage de la liberté, l'Ame veut assembler & recüeillir ses puissances en mon Nom, ainsi que déja i'ay dict, l'on verra bien-tost le reglement bien ordonné de toutes ses œuures, tant spirituelles que corporelles. C'est par ce moyen que le libre Arbitre abandonne le party reuolté de la Sensualité, pour se lier à celuy de la Raison, & que ie commence à me

*Matth.* 18. v. 10.

reposer au milieu, ainsi que ma Verité a presché. Quant ils seront deux ou trois assemblez en mon Nom, ie seray au milieu d'eux.

## Chapitre XXX.

*Les puissances de l'Ame vnies en Iesus-Christ, auec l'Amour de Dieu & du Prochain, est vne marque que l'Ame est sortie de la crainte seruile.*

L'vnion des trois puissances de l'Ame par conformité auec Iesus-Christ.

\* Nemo venit ad Patrem nisi per me. *Ioan.* 14. v. 6.

TV as bonne memoire ma douce Catherine! de ce que mon Fils a enseigné dans l'Euangile : * Que personne ne pouuoit paruenir à moy que par son moyen. C'est pour cela qu'il faict de soy-même vn Pont ou vne Eschelle mystique à trois montées ou à trois Estages, qui representent les trois Estats de l'Ame saincte. I'ay expliqué, que ces trois Escaliers estoient en l'entendement, en la volonté & en la memoire. Il est impossible de s'auancer & de perseuerer au bien, que ces trois puissances ne soient parfaictemét vnies ensemble ; C'est en cette vnion que consiste toute la perseuerance en laquelle l'Ame saincte treuue l'vnique accomplissement & la seule fin de ses desirs. Il y a deux fins de la tendance de l'homme en cette vie. Le Vice & la Vertu : le bon-heur Eternel ne se treuue qu'en la perseuerance en la vertu, de mesme que la mort derniere des Enfers, ne se donne qu'à ceux qui perseuerent constamment au vice : Celuy donc qui veut acquerir l'vn ou l'autre de ces fins dernieres, n'a qu'à continuër iusqu'au bout en l'vn des chemins qui y conduisent infailliblement.

Vous n'estes pas appelez à la mort ainsi que vous estes inuités à la vie, par ma Verité Incarnée tant en general qu'en particulier, lors que dans le Temple auec vn desir affectueusement angoisseux il crioit disant: Quiconque à soif n'a qu'à s'approcher de moy, & qu'il boiue à son aise, ie suis la fontaine d'eau viuante. Il ne dit pas qu'il aille vers mon Pere, par ce que ie ne me suis pas assujety à la peine comme luy: Et les hommes estants cõdamnez à la peine tandis qu'ils seront voyageurs, depuis que le peché d'Adam ne leur a produit que des espines de douleurs, ils ont besoin de porter en la tolerance de leurs afflictions l'imitation de mon Fils, qui s'est faict en cela semblable à eux: C'est pourquoy il dit que l'on aille à luy & que l'on boiue. De vray ceux qui suiuent sa Doctrine soit en cheminant par les degrez de la Charité commune, obseruant les Commandemens actuellement & les Conseils spirituellement; soit par la voye de la parfaicte Charité, en gardant tellement les Commandemens & les Conseils ensemble, en la maniere que ie l'ay expliqué cy-dessus, l'on treuuera en luy vne abondance capable de rassasier ceux qui boiront. Ils y gousteront les saueurs delicieuses du fruit de son precieux Sang, qui tire sa vertu amoureusement enyurante de l'vnion de la Nature humaine auec la nature Diuine;

*Iesus fontaine de vie aux parfaits & aux imparfaits.*

*Ioan 7. v. 37.*

Par cette maniere vous vous trouuerez en luy: & comme il est inseparable de mon sein, vous vous reconnoistrez estre pareillement en moy qui suis vne mer immense de tranquillité d'Estre, & de perfections pacifiques, puis que luy & moy ne sommes qu'vne mesme chose.

*Perseuerance en la suite de Iesus.* Allez donc à la Fontaine où vous appelle mon Fils, puisez-y pleinement l'eau viuante de ma grace. Courage! celuy qui est la fontaine, est aussi le chemin qu'il faut tenir pour y arriuer: C'est par luy necessairement qu'il faut que vous passiez, accompagnez d'vne genereuse perseuerance. Tellement que nulle espine de tribulations de la vie, ny aucun vent des prosperitez & des aduersitez du siecle, ny aucune peine que vous puissiez endurer durant le voyage, ne doit estre capable de vous faire tourner le visage, pour abandóner le chemin que vous aurez heureusement commencé. Il faut poursuiure iusqu'à ce que vous m'ayez rencontré, & que ie me sois donné à la recherche infatigable de vos desirs; & que vous beuuiez à longs traits dans mon Sein les eauës viues de l'Eternité, que le doux & amoureux Verbe mon Fils, vous a procuré en l'imitation & en l'vnion que vous deuez auoir auec luy. Il s'appelle luy-mème la Fótaine: n'est-il pas aussi veritable qu'il me comprend en soy, & que ma Diuinité, qui est source de vie à tous, est vnie en sa personne à la Nature humaine qu'il a prise dans le sein de Marie. Il a donc parlé auec beaucoup de erité, quand il a dit: personne ne peut monter à mon Pere si ce n'est que ie luy serue de passage & de moyen pour y atteindre. Voila ma chere Fille! le chemin pour venir à moy, il n'y a que la perseuerance qui puisse te mettre en possession de ce que les Diuines paroles de mon Fils t'ont promis auec fidelité.

Ie reprends maintenant le discours des trois montées qu'il faut passer, pour éuiter de se noyer dans le fleuue maudit des delices du siecle, & pour paruenir à la fontaine de la vie Diuine, afin que par ma grace ie prenne mon repos au milieu de vous. Remarquez ma Fille! que l'on n'inuite pour boire que ceux seulement qui sont alterez. * Qui a soif, dit-il, qu'il vienne & qu'il boiue. De vray il est impossible que celuy qui n'a pas de soif puisse perseuerer long-temps à poursuiure le chemin; le trauail ou le plaisir desbaucheront bien-tost son courage d'aller plus auant; & ne s'estant pas épuisé de son Amour propre, il aura toûjours de l'attachement à le satisfaire, & beaucoup d'horreur des souffrances. Et puis comment est-ce qu'il auroit l'asseurance de passer outre? Il est seul; s'il auoit monté les trois eschelons, il seroit en compagnie qui le gueriroit de toute crainte. Mon Fils a dit: que lors que deux ou trois, ou plusieurs seroient assemblez en son Nom qu'il se trouueroit à mesme-temps auec eux. Il dict deux ou trois; parce que deux ne sont iamais sans trois, ny trois sans deux, ny deux ou trois ne sont iamais sans plus grand nombre.

*Soif de la perfection necessaire pour perseuerer.*

* *Si quis sitit, veniat ad me & bibat. Ioan. 7. v. 37.*

*Iesus au milieu des trois puissances de l'Ame assemblées en son Nom.*

* *Vbi enim sunt duo vel tres congregati in nomine meo; ibi sum in medio eorum. Matth. 18. v. 20.*

Par cette maniere vous vous trouuerez en luy: & comme il est inseparable de mon sein, vous vous reconnoistrez estre pareillement en moy qui suis vne mer immense de tranquillité d'Estre, & de perfections pacifiques, puis que luy & moy ne sommes qu'vne mesme chose.

*Perseuerance en la suite de Iesus.*    Allez donc à la Fontaine où vous appelle mon Fils, puisez-y pleinement l'eau viuante de ma grace. Courage! celuy qui est la fontaine, est aussi le chemin qu'il faut tenir pour y arriuer: C'est par luy necessairement qu'il faut que vous passiez, accompagnez d'vne genereuse perseuerance. Tellement que nulle espine de tribulations de la vie, ny aucun vent des prosperitez & des aduersitez du siecle, ny aucune peine que vous puissiez endurer durant le voyage, ne doit estre capable de vous faire tourner le visage, pour abandonner le chemin que vous aurez heureusement commencé. Il faut poursuiure iusqu'à ce que vous m'ayez rencontré, & que ie me sois donné à la recherche infatigable de vos desirs; & que vous beuuiez à longs traits dans mon Sein les eaues viues de l'Eternité, que le doux & amoureux Verbe mon Fils, vous a procuré en l'imitation & en l'vnion que vous deuez auoir auec luy. Il s'appelle luy-même la Fōtaine: n'est-il pas aussi veritable qu'il me comprend en soy, & que ma Diuinité, qui est source de vie à tous, est vnie en sa personne à la Nature humaine qu'il a prise dans le sein de Marie. Il a donc parlé auec beaucoup de verité, quand il a dit: personne ne peut monter à mon Pere si ce n'est que ie luy serue de passage & de moyen pour y atteindre. Voila ma chere Fille! le chemin pour venir à moy, il n'y a que la perseuerance qui puisse te mettre en possession de ce que les Diuines paroles de mon Fils t'ont promis auec fidelité.

Ie reprends maintenant le discours des trois montées qu'il faut passer, pour éuiter de se noyer dans le fleuue maudit des delices du siecle, & pour paruenir à la fontaine de la vie Diuine, afin que par ma grace ie prenne mon repos au milieu de vous. Remarquez ma Fille! que l'on n'inuite pour boire que ceux seulement qui sont alterez. * Qui a soif, dit-il, qu'il vienne & qu'il boiue. De vray il est impossible que celuy qui n'a pas de soif puisse perseuerer long-temps à poursuiure le chemin; le trauail ou le plaisir desbaucheront bien-tost son courage d'aller plus auant; & ne s'estant pas épuisé de son Amour propre, il aura toûjours de l'attachement à le satisfaire, & beaucoup d'horreur des souffrances. Et puis comment est-ce qu'il auroit l'asseurance de passer outre? Il est seul; s'il auoit monté les trois eschelons, il seroit en compagnie qui le gueriroit de toute crainte. Mon Fils a dit: que lors que deux ou trois, ou plusieurs seroient assemblez en son Nom qu'il se trouueroit à mesme-temps auec eux. Il dict deux ou trois; parce que deux ne sont iamais sans trois, ny trois sans deux, ny deux ou trois ne sont iamais sans plus grand nombre.

*marginalia:*
Soif de la perfection necessaire pour perseuerer.

* Si quis sitit, veniat ad me & bibat. *Ioan.* 7. v. 37.

Iesus au milieu des trois puissances de l'Ame assemblées en son Nom.

* Vbi enim sunt duo vel tres congregati in nomine meo; ibi sum in medio eorum. *Matth.*18.v.20.

La solitude ou l'vnité, c'est à dire, celuy qui est seul est exclus de cette faueur de m'auoir au milieu de soy; & ne m'ayant pas, il est reduit à rien. Ce seul ma Fille! est celuy-là qui demeure encore en l'Amour desordonné de soymême: Il est bien appellé seul, aussi le peché l'a separé de ma grace & de la Charité de son Prochain. Cét esloignement qui le priue de moy le reduit au neant quant à l'estre surnaturel. Ie suis celuy qui suis; ie me nomme celuy qui est. Quand donc l'Ame demeure seule, c'est à dire, à l'Amour de soy-même hors de mon ordre, elle tombe dans le rien, au sens que l'asseure l'Apostre de mon Fils, lors qu'il parle de celle qui est priuée de la Charité. Elle n'entre pas en compte parmy mes fidelles & mes bonnes Amies; ie luy dis ainsi qu'aux folles Vierges : ie ne vous connois pas, ie ne sçay qui vous estes.

*Amen dico vobis, nescio vos. Matth. 25.v. 12.*

Assemblée des trois puissances de l'Ame auec l'Amour de Dieu & du Prochain.

Les deux qui sont inseparables de trois, ce sont les Commandemens de m'aymer d'vn Amour de preference sur toutes choses, le Prochain comme soy-même. Les autres Commandemens ont leur dependance de ces deux premiers, qui ne sçauroient estre assemblez en mon Nom, sans le concours des operations surnaturelles des trois Puissances de l'Ame, l'entendement, la volonté & la memoire. Celle-cy par le souuenir continuel de mes bien-faits; l'entendement en s'esleuât à la recherche & à l'admiration de leur source primitiue qui reside en ma Bonté souueraine : Ie vous ay faict connoître plus que suffisamment cette Bonté par le moyen de mon Fils vnique, que i'ay proposé à vos yeux comme vn prodigieux spectacle de l'Amour que ie vous porte; c'est afin que la Volonté s'en treuue éperduëment touchée, & par ce moyé qu'elle excite les ferueurs diuinement affectueuses de ses desirs, pour treuuer en moy leur repos, leur centre & leur accomplissement.

C'est moy qui faict cét heureux assemblage, ie suis le nœud de cét admirable concours; ie suis le ciment de cette vnion delicieuse; & par ma grace ie commence de viure & de regner dans l'homme remply de mon Amour & de celuy du Prochain, que la troupe glorieuse des belles Vertus viennent joindre. C'est alors que l'appetit de l'Ame s'esueille, & que la soif de l'Esprit s'excite parmy les chaleurs Diuines qui l'embrasent; il est excessiuement alteré de procurer ma gloire & l'exaltation de mon Nom en toutes choses. La faim du salut des Ames le faict languir, ses desirs deuiennent insatiables de rencontrer les occasions pour donner de l'exercice aux vertus qu'il cultiue en son interieur. Le zele feruent qui le brûle au dedans, appaise toutes les autres soifs des biens, des honneurs & des voluptez du siecle : De maniere qu'il est parfaictement disposé pour boire à l'aise, & en abondance des eauës viuantes qui participent de ma vie Diuine : Il ne peut manquer qu'il ne soit estrangement alteré; puis que la capacité de son cœur est vuide de l'Amour

*Exercice de l'Ame en l'vnion de ses puissances auec l'Amour de Dieu & du Prochain.*

desordonné de tout ce qui pouuoit empescher qu'il ne se remplit des Amoureuses liqueurs desquelles on le prie, & s'il faut dire ainsi, on le force de se gorger en l'Abysme pacifique de la Vie immense qui m'est propre.

*Resignation & paix de l'Ame, la perfection de ses puissances.*

L'Ame saincte estant arriuée à cét estat, a toutes les dispositions necessaires pour gagner le second Estage & le second Escalier du Pont ou de l'Eschelle de la Perfection Chrestienne, qui conduit à moy. De vray elle chemine sans aucune Crainte seruile qu'elle a quité; & s'estant desprise de l'attachement à son propre Amour, elle s'esleue admirablement au dessus de soy-même. Elle desdaigne de tenir quoy que ce soit hors de mon ordre; Elle ne veut rien auoir des choses de la terre contre ma volonté; Elle possede tout ce qu'elle a auec la complaisance en mon Bon plaisir; Elle en vse auec vne saincte crainte de mon Nom & auec l'Amour des Vertus. Ce qui faict qu'elle est introduite en ce second degré, c'est à dire, à vne parfaicte Lumiere de l'entendement, auec lequel elle contemple l'Amour excessif que i'ay témoigné aux hommes en mō Fils Crucifié pour eux dās la terre. C'est ici qu'elle se repose en la douce trāquillité de ma paix; Aussi la memoire n'est pas vuide, elle est remplie de mon souuenir & de ma presence: Ce qu'elle retient en elle, est plus puissant que toutes les Creatures; rien n'y peut entrer à mon exclusion. Les compagnes par leur importunité n'ont garde de l'esueiller, sa ioye ne sçauroit estre aigrie par aucun accident facheux du dehors, elle est trop bien fermée; Elle dict à toute autre chose, que le Lict est trop estroit. L'on a beau la frapper par les persecutions, par les iniures, par les maladies, elle ne faict non plus de bruit que les Vases, qui ne resonnent pas lors qu'ils sont pleins iusqu'au comble. Elle n'esclatte pas ny par l'allegresse & l'immodestie, au milieu des delices & des prosperitez du siecle; ny par l'impatience & le desespoir, parmy les amertumes & les aduersitez de la terre. Elle est trop bien remplie de moy qui suis son parfaict & son souuerain Bien, à l'entour duquel la Raisō assemble en vn les trois Puissances de l'Ame, pour les y tenir attentiues auec perseuerance : la Memoire en me retenant par le souuenir, ainsi que t'ay déja dit ; l'Entendement en me connoissant ; & la Volonté en m'aymant. Alors l'on verifie que nous nous trouuons mon Fils & moy & le sainct Esprit au milieu de deux assemblez, c'est à dire, de mon Amour & de celuy du Prochain. Et encore au milieu des trois Puissances accordées parfaictement auec les deux Commandemens principaux de la Loy, Sçauoir celuy de ma Charité & celuy du Prochain. Alors ie commence d'estre sa force & son asseurance ; Ie faits au milieu d'elle vne source viuante de toutes les Vertus, auec lesquelles elle peut marcher seurement, sans crainte de se desbaucher du vray chemin.

*Personne n'a sujet d'excuse pour le salut.*

Ie t'ay enseigné ces veritez, ma tres-Bonne

Fille! afin que tu deuins plus sçauante de l'excez de mon Amour, & de l'aueuglement de ceux qui courent à la mort, encore qu'on les inuite à la vie, ainsi que ie te l'ay expliqué aux paroles de mon Fils vnique, qui crie que l'on vienne à luy pour boire. I'ay satisfaict touchant le moyen qu'il falloit tenir pour ne se pas noyer dans les eauës maudites du siecle, quand tu as entendu que c'estoit en gagnant le chemin du mystique Pont, par l'application des trois puissances de l'Ame accordées auec les deux principaux Commandemens de ma Loy, qui sont de m'aymer sur toutes choses, & le Prochain comme soy-mesme. C'est icy le chemin frayé que tous les hommes doiuent tenir en toute sorte de conditions, d'estats & de vacations durant le cours de la vie. De maniere que personne n'a lieu d'excuse, disant que l'estat où il est appellé a vne incompatibilité entiere auec cette prattique: que le mary, la femme, les enfans, & que certaines circonstances de prosperité ou d'aduersité de la vie, l'empeschét de se ranger à cette Diuine regle que ie propose à tous. Ie n'ay pas tant d'égard à l'estat comme à la bonne & fidele volonté que l'on apporte pour se rendre agreable, & conforme à mon bon plaisir. Toutes les conditions & les Estats de la vie ont leur source dans ma Bonté, ils releuent de sa conduite, & sont ménagez par sa prouidence; afin que vous y treuuiez le salut & la vie, & non pas afin que vous y gagniez la mort & le dernier malheur.

Au reste ie demande bien peu de chose, *Dieu demande*
que vous me pouuez donner sans beaucoup *fort peu de cho-*
de peine : c'est l'Amour. Y a-il rien au monde *se pour le salut.*
de plus facile, de plus prompt, & qui soit accompagné de plus de consolation & de plus
de plaisir ? Ie suis donc satisfaict, & vous
vous estes acquitté de tous vos deuoirs enuers moy, quant vous auez vne amoureuse
inclination pour moy & pour vostre Prochain pareillement. Vous pouuez faire cela
à l'aise, en tout temps, en tous lieux, en toute
sorte d'emplois & de rencontres. Ie suis si
bon, que ie permets qu'auec moy, vous aymiez quelque autre chose ; & que tandis que
vous me reseruez la force de l'Amour, que
vous donniez la tendresse à la Creature. Ie
n'empesche pas que l'on ne cherisse les biens
que l'on possede ; & que l'on ne nourrisse
de l'affection pour les choses desquelles l'on
se garde l'vsage dans la terre; pourueu que ce
soit à ma plus grande gloire, & que la volonté soit sainctement disposée de s'en seruir selon mes ordres. Autrement tu ne sçay, que
trop ce qui arriue aux amoureux de leur propre sensualité, en la joüissance des biens du
siecle ; Ils deuiennent à charge à eux-mesmes
pour les continuelles douleurs desquelles ils
sont mal-heureusement tourmentez.

O ij

## Chapitre XXXI.

*La Crainte seruile est perfectionnée par la crainte ou Amour filial. La difference entre l'vn & l'autre.*

*Difference entre les Estats de la perfection.*

MA douce Catherine! voila le chemin que tous les hommes en commun doiuent prendre pour se sauuer; il est à propos, qu'apres auoir parlé de ceux qui obseruent les Commandemens en realité & actuellement, & les Conseils seulement en Esprit & en affection, ie t'instruise de ceux qui entreprennent l'estat de la plus sublime perfectió, en faisant vœu, c'est à dire, prenant resolution d'estre rigoureux obseruateurs de tous les Commandemens, & de tous les Conseils en verité, en realité & actuellement. L'on peut considerer l'Ame saincte en trois degrez ou en trois estats; dont l'vn est imparfaict, l'autre plus accomply, & le troisiéme est tres-parfait & tres-accomply. Ceux qui n'ont atteint que le premier, sont seruiteurs mercenaires; Les autres qui ont faict du progrez iusqu'au second, sont de vrays Seruiteurs, mais ils sont fideles & amis : Il n'y a que les derniers, qui sont paruenus iusqu'au troisiéme degré, qui ont perdu la condition de seruiteurs, ils prennent la qualité & la nature de mes veritables Enfans. Ils ont vn Amour pour moy desinteressé d'eux-mesmes, dans les deuoirs affectueux qu'ils me rendent.

### à sainɛte Catherine de Sienne. 213

Ces trois estats se retreuuent separement en diuerses personnes, & quelques fois ils peuuét estre successiuemét en vne seule persône, si dauanture elle vient à faire vn bon employ du temps, & qu'elle s'auance en sa course par le chemin de la perfection, quittant la condition de mercenaire, & l'estat de la crainte seruile, pour passer à l'estat de la liberté veritable, & de la à la filiation Diuine. Esleue toy donc Catherine! au dessus de toy-mesme; iette les yeux sur ce nombre de Pelerins que ie te monstre, dont les vns gardent mes Commandemens imparfaictement & auec tiedeur, les autres les obseruent auec ferueur & perfection; ie desire que tu remarque principalement ceux qui non contens de l'exactitude rigoureuse, qu'ils emploient à la garde de mes Commandemens, se rendent encore eminens en l'obseruation acccomplie de mes Conseils.

Tu peux assez connoître en la maniere qu'vn chacun tient en sa desmarche & en sa posture la cause d'où prouient la perfection ou l'imperfection en la tendance durant le voyage. Ne prend tu pas garde que l'on s'auance à mesure que l'Amour propre a esté plus ou moins desraciné du cœur, & que ceux qui ne sont pas encore arriuez à l'estat de la tres-haute & tres-sublime marche de l'Amour sainɛt retiennent beaucoup de ce mal-heureux germe plus, ou moins chacun selon son degré. Il est donc absolument necessaire qu'en toute sorte de vocations, l'on

*L'Amour propre empesche que l'on n'arriue à la perfection.*

O iij

s'efforce de faire mourir l'Amour de soy mesme, & que l'on apporte plus de sollicitude que de soin d'en esteindre les moindres sentimens.

*Saincte Catherine voit les Estats des hommes dans le bien.*

Il faut que i'auoüe que ie fus transportée d'vn desir doucement impetueux, toutesfois ie n'estois pas sans soucy de voir ce que le Pere viuant & debonnaire me commandoit; ie m'approchay de son Sein diuin, dans lequel comme dans vne agreable & delicieuse glace, ie me regardois & les autres Creatures raisonables, qui tâchoient d'atteindre leur derniere fin par diuers chemins, par differentes manieres d'entreprises & d'emplois, & par vn nombre innōbrable d'exercices qui sembloient n'auoir aucun rapport les vns auec les autres, & qui pourtant conduisoient à vne seule beatitude souueraine. Il y en auoit plusieurs qui commençoient à sortir de leurs Pechez, par le motif de ie ne sçay quelle crainte accompagnée de l'horreur des peines qu'ils connoissoient auoir merité auec trop de Iustice. Quelques autres en moindre nombre que les premiers, faisans vn bon ménagement de cette crainte sordide, mercenaire, & qui est seulement propre aux Esclaues, paruenoient à la seconde crainte des Seruiteurs fideles & des bon Amis. Mais le nombre estoit bien petit de ceux qui arriuoient au sur-éminent estage de la sublime perfection.

*Differences entre la Loy an-*

Parmy tout cecy; la Bonté Eternelle de Dieu s'accommodoit à la curiosité sainctement desireuse de mon Ame. Ma Fille! me dict-il, ces personnes que vous voyez poussez d'vne crainte seruile, pour auoir en execration la laideur du Peché mortel, ne sont pas encore paruenus où ie les attéds; sçachez que si l'Amour des veritables vertus ne cótribuë pour éleuer de la terre cette sorte de crainte, elle ne profitera iamais efficacement pour acquerir la vie Eternelle. I'auoüe neantmoins qu'elle a de la suffisance pour cela, si elle se joint à l'Amour sainct : puis que l'Amour & la Crainte sont les deux poles, qui soustiennent & qui seruent de base au mouuement de l'exacte & tres-estroite obseruance de ma Loy. Celle que i'auois donnée à Moyse estoit toute de rigueur; la crainte seule luy seruoit de raison pour son establissement : parce que la peine suiuoit la coulpe, & la punition estoit attachée au demerite. La Loy nouuelle est esleuée au dessus de l'Ancienne, par autát de degrez que l'Amour a de perfection au dessus de la Crainte; & que Iesus qui est le legislateur de celle-là, est plus parfaict que Moyse, le ministre de la promulgation de l'autre. Voyez, Catherine! la distance qu'il y a entre le Maistre & le Seruiteur, entre Dieu & la Creature, entre le Verbe Fils vnique de mon sein, & entre l'estranger releuant de ma Prouidence : c'est le mesme esloignement à proportion, qui est entre l'Amour filial & la Crainte seruile, entre l'affection des-interessée & l'horreur de la peine, entre la recherche de ma gloire & entre l'attachement à

*sienne & la nouuelle, & de la crainte seruile & de la filiale.*

la propre satisfaction de ma Creature.

*La crainte de Dieu n'est pas contraire à l'Amour.*

Ie ne veux pas dire toutesfois, que la Loy nouuelle soit cause de ruine à la premiere; ny que l'Amour soit l'ennemy de la crainte, ny que l'horreur du châtiment destruise la complaisance & la conjoüissance que l'on peut prendre en mes perfections infinies : non! l'vn n'est pas l'ennemy de l'autre : la Loy nouuelle met la derniere main à l'ancienne, l'Amour perfectionne la Crainte, la conjoüissance & la complaisance que l'on a en moy, sont amies, de l'horreur du châtiment, quoy qu'elles en portent vn visage beaucoup dissemblable. C'est ainsi que parle ma Diuine Verité? * Ie ne suis pas venu, dict-il, rompre la Loy; Ie suis venu au contraire pour l'esleuer au plus éminent degré de la perfection qu'elle peut atteindre. Cette perfection qu'il est venu apporter du Ciel, consiste en l'vnion qu'il a faicte de la Loy de l'Amour auec celle de la crainte. Comment est-ce qu'il s'est comporté en cela? C'est sans doute quant il luy a plû de retrancher de la Loy de rigueur la crainte de la peine, à laquelle il n'a laissé que le seul Amour sainct & fidele. C'est auec cet Amour que l'on vient à fuïr le Peché non pour l'apprehension du supplice que l'on a merité : Au contraire, c'est pour la seule consideration & le seul Amour de ma Bonté, qui a esté lâchement & insolemment offensée.

* *Non veni soluere legem sed adimplere.* Matth. 5. v. 17.

*Iesus-Christ a osté la seruitude de la Crainte pour la rendre filiale.*

Cette circonstance de l'Amour sainct qui a pris la place de la Crainte seruile en la Loy qui demeure toûjours, fust apportée de mon

Fils vnique & bien-aymé, quant il parut au monde comme au milieu d'vn Chariot, brûlant des flammes de ma diuine Charité, pour mettre en feu tout l'Vniuers: De maniere que par les effects adorables de ma Misericorde, les punitions qui estoient deuës à la qualité des coulpes ont esté, ou totalement abolies, ou en quelque façon differées. A present, les pechez que l'on ne commet que trop ordinairement, ne sont pas chastiez au moment ou à l'heure que la Loy que i'auois confié à Moyse l'auoit ordonné. Pour cela la suspension de la peine n'est pas iniurieuse à ma Iustice; son execution reseruée en l'autre monde ne blesse en aucune façon les adorables secrets de ma Prouidence: au contraire ils paroistront auec beaucoup de gloire pour leur iustification, si ce n'est qu'auparauant que l'Ame se sepáre de son corps elle se soit efforcée de ruïner le corps du peché, auec la veritable Contrition, auec la Confession entiere, & auec la Satisfaction raisonnable. Le temps est vôtre durant la vie presente, la durée de l'autre monde est toute reseruée pour ma Iustice. Partant il ne vous reste autre chose que de changer la seruitude de la Crainte en la liberté d'Amour, de vous déprendre de votre propre interest pour vous trãsformer tout en inclination d'Amour pour ma gloire. Cependant gardez-vous de rien perdre de la solicitude, & de l'essétiel de la Crainte, qui au lieu de mercenaire est denenuë saincte. Autrement l'on tombe sans remede dãs ce mal-heureux fleuue tant de fois reiteré, en se laissant vaincre par les vents orageux des aduersitez, ou par les épines picquantes des consolations humaines, lesquelles meritent le nom d'épines auec beaucoup de raison; puis qu'elles picquent & qu'elles déchirent cruellement ceux qui les ayment d'vn Amour desordonné.

*Application des trois puissances de l'Ame, selon les trois degrez de la perfection.* Ce que i'ay enseigné, ma Fille! que les trois Puissances deuoient contribuer de leur application, se doit entendre de tous les trois Etats dont ie viens de te parler: De maniere que leurs operations seront moins ou plus parfaictes, à proportió de l'estat auquel l'on sera paruenu. L'Ame qui n'a pas encore quitté la Crainte seruile excite sa Memoire afin qu'elle fournisse les tristes pensées & le souuenir amer des pechez dont elle est criminelle, & puis elle prouoque l'Entendement pour peser la grandeur de la peine qui doit correspondre à l'enormité de la coulpe, d'où la Volonté puisse côceuoir de l'horreur & de la haïne allencôtre de l'vne & de l'autre. Ce n'est pas assez que ces trois Operations s'arrestent simplement à la peine, il faut qu'elles employent leur attention, auec l'aide de la lumiere surnaturelle de la Foy, sur le fruict des vertus, & sur les inclinations affectueuses de ma Charité pour les hommes; afin que l'Ame s'éleue par le propre poids des sainctes ferueurs de ses desirs, de la seruitude à la liberté, de l'estat imparfaict de la Crainte, à l'estat parfaict de l'Amour; & que les seruices qu'elle me rend n'ayent pas de reflexion sur le propre interest en l'auersion de la peine, au contraire qu'ils enuisagent d'vn regard colombin & tres-simple mon honneur & ma plus grande gloire. Si apres cela elle perseuere comme fidele & bonne Amie, d'arracher les restes des racines de l'Amour propre, & qu'en cela, elle se monstre courageuse, prudente, vertueuse, constante & perseuerante; elle ne manquera pas d'arriuer au sommet de la perfection du sainct Amour qu'elle pretend. Il est vray, que plusieurs, helas ! en trop grand nombre, commencent auec tant de tiedeur, de paresse & d'ignorance, qu'ils perdent incontinét courage; de maniere qu'ils se laissent gagner au moindre vent contraire, pour faire voile en arriere & tourner visage. Voila que c'est d'apporter de la lâcheté dés le premier degré de la cóuersion, qui empesche que l'on n'atteint iamais iusqu'au cœur de mon Fils crucifié, pour y admirer & y embrasser mon Amour.

## Chapitre XXXII.

### Marques de l'imperfection de l'Amour sainct en l'Ame.

I'Aoüie, Catherine! que i'ay quelques Amis fideles qui me seruent auec beaucoup de pureté de cœur, de droite intention, & de ferueur d'esprit! que l'Amour qu'ils ont pour *seurement dés consolations spirituelles & temporelles éprouuent la fidelité de l'Ame.*

la Iustice, a comme abſorbé & détruit l'appreheſion de la peine dans les deuoirs affectueuſement reſpectueux qu'ils croyoient eſtre obligez de me rendre : Ie veux toutefois que tu apprenne que l'Amour qu'ils me portent demeurera touſiours imparfaict, s'il eſt prouoqué par le motif de quelque propre conſolation ou de quelque vtilité particuliere, quant elle ſeroit meſme ſpirituelle & diuine. En veux-tu voir ouuertement l'experience? tu n'as qu'à conſiderer que l'Amour en ces perſonnes, commence à ſe refroidir, quand par quelque ſecrette diſpoſition ie ſuſpends le cours des épanchements delicieux de mes graces ſenſibles, elles deuiennent triſtes & melancholiques, fâcheuſes & chagrines : Leurs affections ſe refroidiſſent, & bien ſouuent s'éuanoüiſſent, en perdant le merite de la perſeuerance, ſi ie permets, ſelon qu'il me plaiſt, & que ie le iuge plus expedient, que beaucoup de tribulations & de guerres, tant interieures qu'exterieures leur ſuruiennent; Si, dis-je, pour leur plus grand profit ſpirituel, pour donner de l'exercice, du merite, de la force & de la gloire à leur vertu, & pour les retirer de l'enfance & de l'imperfection, ie les ſevre de la mammelle, & qu'au lieu du laict de mes ſauoureuſes cómunications ie les abandonne à la deſolatió & à la ſechereſſe. Outre les raiſons que ie viens de te donner de ce ſevrement, duquel toutefois ie ne retire pas ma grace; Ie me cóporte de la ſorte enuers l'Ame ſaincte, pour la faire rentrer en soy-mesme, & pour y reconnoistre la necessité qu'elle a d'auoir recours incessamment à ma Bonté, de laquelle elle est dependante, & sans laquelle elle ne peut que le neant & le peché; & que par ce moyen elle est obligée de s'humilier, de se déprendre de soy-mesme par la défiance; & au contraire qu'elle doit acquerir vne genereuse confiance en ma Misericorde & en ma grace.

L'esprit mercenaire est bien esloigné de s'accommoder à ses prattiques, & de suiure ces diuines dispositions; puis qu'au temps de la tempeste & de la tribulation, il deuient lâche & poltron, quant à l'affection qu'il me doit; il tourne le dos à la vertu, il abandonne le tout, saisi d'impatience & de despit. Il commence de se relâcher en ses exercices accoûtumez; enfin il les quitte entierement; c'est assez souuent, sous ie ne sçay quel pretexte ou couleur apparente de vertu, en se persuadant que les œuures qu'il produit sans estre détrempées dans les tendresses de l'Amour affectueux, ou qui ne se rendent pas vtiles à l'Ame par la consolation sensible, sont de nulle valeur deuant moy. Il n'appartient qu'à vn Esprit qui n'est pas sorty de l'enfance, & qui est encore enfoncé bien auant dans l'imperfection, de faire vn iugement si desauantageux: Il faut, dis-ie, qu'il n'ait pas trauaillé, de retirer de dessus sõ Oeil interieur le voile du propre interest, ou de la sensualité qui obscurcissent la prunelle de la Foy sainte,

*Mal-heurs où tombe l'Ame qui n'a qu'vn Amour ou qu'vne Crainte seruile.*

pour ne pas asseurer que tous les éuenements de cette nature sont ménagez par ma bonne Prouidence. Les fueilles des arbres ne sont point emancipées de se rendre à mes dispositions, vne seule ne tombe à terre que par mes ordres. La principale fin que ie pretends en cette maniere rigoureuse d'agir enuers les hommes, n'est ordonnée que pour leur sanctification, & pour les faire arriuer par vn entier dépoüillement à la perfection pour laquelle ie les ay misericordieusement creées. Comment pourrois-ie auoir d'autres pésées que celles qui peuuent auancer leur bien? N'est-ce pas moy qui à dessein de les rendre participants de la vie qui m'est propre, leur ay donné cette vaste capacité de me posseder, en laquelle consiste mon Image & ma ressemblance. Et comme si ce n'estoit pas assez, ne les ay-ie pas faits mes Enfans adoptifs par la grace, au Sang de Iesus mon Fils vnique, dans lequel i'ay laué toutes les soüillures qu'ils auoient contracté parmy le mal-heur des pechez? Les gourmands Spirituels au lieu de profiter à l'eschole de mes épreuues, pour y apporter toute la fidelité qu'ils y doiuent estudier; ont au contraire leur attention cõtinuellement attachée au gain & au plaisir, sans quoy ils refusent de me seruir auec deuotion. A mesure qu'ils se refroidissent en mon Amour, ils s'attiedissent par autant de degrez en leurs deuoirs enuers le Prochain.

*L'importãce de se dépoüiller de son interest en toutes choses.*

Il y a cette difference entre les Suppostsde la Crainte seruile, & entre ces Ames mercenaires & interessées à leur profit; que ceux-là se débauchent du bien commencé par l'horreur du travail; au lieu que celles-cy se retirent de la prattique des Vertus, & de leur vsage enuers le Prochain, lors qu'elles se sentent priuées des douceurs qu'elles auoient accoustumé. Leur Amour n'estoit pas parfaitement pur; il n'estoit pas veritable enuers moy: Il ne faut pas s'estonner s'il contracte cette impureté à l'endroit des autres, qu'il est obligé d'aymer par les ordres de la Charité? & comme la propre vtilité est l'amorce de leur cœur à me protester : de mesme l'interest particulier est toute la raison qui les porte de se donner au Prochain. Vous voyez donc, ma chere Catherine ! combien il est important de se dépoüiller de son interest en toutes les choses qui regardent ma gloire & les bonnes œuures; & que c'est comme vne obligatiõ à l'Ame de retourner en arriere; si auec vne extréme auidité de tendre à la perfection du sainct Amour, elle ne vient à reconnoistre le grand defaut qu'elle commet en la recherche de soy-mesme.

Ce n'est donc pas assez de fuïr par le seul motif de la Crainte du châtiment, le peché, & de se destourner des occasions qui y donnent de la disposition ; ny encore de se rédre amoureux des vertus, pour la consideration qu'elles seruent de moyés pour auoir l'eternité de la vie : Il faut se déprendre de la Coulpe, parce qu'elle m'est infiniment desagreable, & il faut embrasser le bien, parce que

*Maniere de laquelle l'Ame se sert pour s'auancer à la perfection.*

l'on a vn Amour bien destaché pour moy. Voila la maniere generale auec laquelle les Pecheurs correspondent à leur vocation par penitence. Toutefois ils n'en doiuent pas demeurer là seulement; cét Estat imparfaict est la porte pour faire du progrez à vn estat plus accomply, soit durant la vie, tandis que l'on en a le temps, par l'exercice de toutes les vertus, s'vnissant à moy auec vn cœur sincere, tres-pur & tres-circonspect, & m'aymant d'vn Amour entierement des-interessé & destaché du profit & de la recompense; soit en la mort, en reconnoissant son imperfectiō auec vn ferme propos de me seruir auec toutes les circonstances que ie viens de te dire presentement, si d'auanture l'on reuenoit en conualescence.

*S. Pierre tableau de la cheute de l'Ame.*
*Et si omnes scādalizati fuerint, sed non ego. Marc. 14. v. 29.*
*Et si oportuerit me commori tibi, sed non ego. Marc. 14. v. 30.*
*Domine tecum paratus sum & in carcerem & in mortem ire. Luc. 22. v. 33.*
*Negauit cum iuramento quia nō noui hominē.*
*Tunc cœpit detestari & iurare quia non nouisset hominem. Matth. 26. v. 71. 74.*

Pierre aymoit Iesus mon Fils vnique auec cette imperfection d'Amour, tandis qu'il ioüissoit pleinemét des delicieuses douceurs de la conuersation rauissante de son Maistre. L'heure de la tribulation estant arriuée, le voila qu'il manque de courage & de fidelité, & bien loin de donner sa vie pour luy, ainsi qu'il l'auoit promis, il fust reduit à cette extremité pleine d'épouuante, qu'il le renia, asseurant auec serment d'execration, qu'il ne l'auoit iamais connu, pressé seulement de la Crainte de la peine. Il arriue le mesme à l'Ame qui ne chemine pas plus haut que le degré de la Crainte seruile ou de l'Amour mercenaire; l'ō ne peut dire les mal-heurs qui luy arriuent de là, les fuites en sont honteuses & les

à sainéte Catherine de Sienne. 225
les cheutes épouuantables. Qu'est-il donc
besoin de faire, sinon s'efforcer à se faire
quitte de toutes ces imperfections, & pretendre
auec vn courage magnanime à l'Amour
des parfaits; &, s'il se peut faire, prendre
vn cœur de Fils pour me seruir, auec la
liberté de la dilection qui se ressente d'vne
naissance diuine.

Ma douce Fille! Ie suis le bon & le Iuste Arbitre
de tous les exercices spirituels & corporels,
où l'ō se porte pour l'Amour de moy,
Ie recompense auec beaucoup d'equité vn
chacun selon son merite & selon le degré de
la perfectiō qu'il a gagné. S'il se trouue quelqu'vn
qui par la prattique tres-exacte de l'oraison,
& de toutes les bonnes œuures, s'applique
incessamment d'accroistre en soy les
vertus; son Amour perdra peu à peu son imperfection
à mesure qu'il s'auancera; en fin
il se changera tout en Amour filial. Ie commenceray
à mesme temps d'aymer cette bōne
Ame auec toutes les forces & les tendresses
de Pere: Mon Amour pour elle, sera vn Amour
d'excellence. C'est ainsi que ie prends
plaisir de me comporter enuers l'homme;
Ie l'ayme en la maniere qu'il me veut
aymer: S'il se contente d'auoir simplement
vne inclination pour moy, telle à proportion
qu'vn valet en a pour son Maistre; Ie le
tiens aussi à gage, ie le paye, & ie le traitte ainsi
qu'vn Maistre liberal faict vn bon seruiteur.
Ie me garde toutefois de luy confier mes secrets;
& de me découurir à luy, ainsi que ie

*Dieu se comporte enuers l'Ame suiuant ses dispositions & son estat.*

P

me côfie & que ie me découuure à mon Amy fidele, qui est deuenu vne mesme chose auec moy par la pureté, & la sincerité de l'Amour.

*Moyens pour arriuer à l'Amour des parfaits.*

Il est vray qu'il ne tiendra qu'à ceux-là de changer leur condition en vne meilleure, & de seruiteurs deuenir mes Amis, & si vous voulez mes Enfans, pour auoir communication de mes secrets, & pour entrer en partage de tous mes biens: Ce sera s'ils apportent beaucoup de sollicitude pour déraciner de leur cœur les moindres brins du maudit poison de leur Amour propre, aux choses mesmes les plus spirituelles & les plus diuines; s'ils excitent en eux-mesmes vn déplaisir extréme de leurs imperfections, & vn desir affectueusement insatiable d'atteindre l'eminence des prattiques de toutes les vertus. Apres cela, la Raison, comme Iuge incorruptible, ou comme Roy tres-iuste tient le siege de la Conscience, elle prononce contre les plus petits & les plus legers mouuements de la Crainte seruile, & contre les moindres sentiments de l'Amour mercenaire; qu'elle ne lles laisse pas sans punitiõ tres-rigoureuse, se seruant en son procedé des loix infaillibles & certaines que la lumiere de la Foy luy découure.

* *Vos autem dixi amicos, quia omnia quæcumque audiui à Patre meo nota feci vobis. Ioan. 15. v. 15.*

*Ioan. 14. v. 21. 22.*

Pour lors ie me manifesteray à eux, pour parler aux termes de ma Verité incarnée: Quiconque m'ayme, disoit-il, il sera aymé de mon Pere, ie l'aymeray pareillemét, & ie me declareray à luy: par ce moyen nous viendrons en luy, pour y faire ensemble nostre demeure.

Ne t'eſtonne pas de cecy, ma chere Fille! c'eſt la condition des Amis, c'eſt vne proprieté inſeparable de leur amitié, ſi d'auāture elle eſt veritable & reelle, que demeurants ſeparez en leurs Corps, ils deuiennent pourtant vn meſme cœur, vne meſme Volonté, & vne meſme Ame en l'affectiō. C'eſt là la transformation heureuſe qui ſuit l'extaſe ou le tranſport de la dilection parfaicte en la choſe que l'on ayme. Si donc il n'y a qu'vn Eſprit, qu'vn cœur, & qu'vne penſée en deux Amis ſinceres & veritables; ne tireras-tu pas la conſequence neceſſaire, qu'il n'y a pas de ſecret que l'vn ſe puiſſe reſeruer ſans le communiquer à l'autre? Voila la grande verité que mō Fils enſeigne, quand il dit: Ie me manifeſteray à celuy qui m'aymera; nous viendrons & nous ferons noſtre demeure en luy.

*Il n'y a rien de ſecret entre Dieu & l'Ame vnie à luy.*

\* Qui autem diligit me diligam eum, & manifeſtabo ei meipſū. Ioan. 14. v. 21.

---

## CHAPITRE XXXIII.

### Dieu ſe manifeſte à l'Ame ſelon les degrez de ſa perfection

IE me ſers de diuers moyens, ma Fille! pour me découurir à l'Ame ſaincte, laquelle ſuit courageuſement les diuines lumieres & les ſacrées démarches du Verbe incarné mon Fils bien-aymé. Ie m'accommode en me manifeſtant à elle, le plus ſouuent, ſelon le gouſt & ſelon qu'elle le deſire, & touſiours conformément à ſa diſpoſition. Ie me contente à

*Trois façons dōt Dieu ſe ſert pour ſe manifeſter à l'Ame.*

présent de te dôner la connoissance de trois manieres principales que i'employe à cette fin: Donc la premiere est, quand ie luy donne à connoistre la sincerité de ma Charité infinie en mon Fils bien-aymé, qu'elle côiecture dans son Sang adorable répandu par les pressantes & puissantes ardeurs de sa dilection excessiue. Cette Charité se manifeste en deux façons; Premierement en general, c'est à dire, par vn moyen qui est commun à tous ceux qui se contentent d'vne perfection commune, en considerant & faisant épreuue de mõ Amour enuers eux dans les bien-faits nombreux & differents qu'ils reçoiuent de ma Bonté souueraine. L'autre façon est particuliere, elle n'est propre qu'aux bons & qu'aux fideles Amis, qui ne connoissent pas seulement mon Amour par la façon generale que ie viens de dire, ils le sauourent encore, ils en ont des sentiments, & en font l'espreuue en eux-mesmes. C'est icy le second moyen principal que i'employe pour me declarer, à sçauoir, par le goust & par le sentiment de l'affectiõ de l'Amour. Si ie ne me cõmunique pas à toutes les Ames en cette maniere, ce n'est pas que ie sois acceptateur des personnes; Ie ne suis amoureux que des saincts desirs; Ie me proportionne à leur capacité, Ie me restraint & ie me dilate, Ie me reserue & ie m'épanche selon la grandeur, la petitesse ou la mediocrité de leur estéduë en ma recherche. En ce degré ie me découure quelquefois par l'esprit de Prophetie, pour dôner à cõnoistre les éuenements futurs diuersement, selon qu'il est meilleur pour l'Ame qui reçoit cette grace, & plus profitable pour l'auantage des autres. La troisiesme manifestation se faict quelquefois quant il me plaist de former l'idée ou l'espece de la presence de ma verité incarnée differemment, selon la disposition, le sentiment, ou le souhait de l'Esprit : Car tantost il soûpire apres moy en l'oraison, afin que ie lui fasse cōnoistre ma puissance; à quoy ie donne facilement ma condescendance, en luy faisant sentir les delicieuses saueurs de l'efficace de ma vertu. Vne autrefois il me cherche en la sagesse de mon Fils; I'ay tant de Bōté, que ie ne sçaurois l'écōduire; il faut que ie le produise pour estre l'objet heureux de son entendement. Tātost il me veut trouuer dans la debonnaireté du S. Esprit; alors ma Bonté allume les brasiers & les diuines flammes de la Charité, pour luy en faire gouster les agreables rauissements, au milieu desquels il conçoit la diuersité des vertus reelles & veritables establies sur l'Amour tres-pur & tres des-interessé du Prochain.

Entēdez-vous bien maintenāt, Catherine! la verité des paroles sacrées de I E S V S : Quiconque, dit-il, aura de l'Amour pour moy, sera aymé de moy & de mon Pere; Ie me mōstreray à luy, nous viendrons ensemble, & nous prendrons logis au milieu de son Sein. De vray, quand vous suiuez auec simplicité de cœur & auec sincerité d'esprit ses diuines lumieres contenuës en sa Doctrine, ne de-

*Vnion de l'Ame auec le Pere par le moyen de Iesus son Fils.*

\* Ego in Patre meo & vos in me & ego in vobis. Qui autem diligit me, & diligetur à Patre meo, *Ioan.*14. v. 18. 21.

uriez-vous pas estre vnis admirablement en luy par l'efficace affectueuse de l'Amour Sainct? & si nous sommes, luy & moy, vne mesme chose; ne deuez-vous pas estre pareillement vnis à moy? Il ne sçauroit donc se mõstrer qu'il ne me décoeure à mesme têps, & si i'ay la Volonté de me faire voir, ie ne sçaurois du tout le tenir caché. Veux-tu sçauoir pourquoy il ne dit pas en l'Euangile, Ie manifesteray mon Pere: C'est sans doute, ma Fille! pour des raisons fort considerables. La premiere, c'est pour apprédre qu'il n'y sçauroit auoir de separation entre luy & moy; D'où vient que mon Apostre Philippe luy disant qu'il seroit pleinement satisfait, & les autres Apostres ses compagnons, s'il lui plaisoit de me monstrer; il luy respondit, que c'estoit assez qu'ils le vissent, parce qu'en saueüe ils me voyoient conjointement. Il tire de moi tout ce qu'il possede, il n'a rien que ie ne luy aye donné; tandis que ie suis de moy-mesme, & que ie ne sçaurois rien receuoir de luy. A

*Mea doctrina nõ est mea, sed eius qui misit me. Ioan.7. v.16.*

ce sujet il disoit aux Iuifs que sa doctrine n'estoit pas sienne, qu'elle estoit de moy son Pere qui l'auoit enuoyé dans la terre, ainsi que ie l'auois engendré dans l'eternité, cependãt que ie ne reconnois aucun principe de mon Estre. D'où ie tire la seconde explication de cette façon de parler, Ie me manifesteray, sans dire qu'il manifesteroit son Pere; c'est comme s'il vouloit dire, Ie ne sçaurois vous découurir que ce que mon Pere m'a declaré. Tout ce que vous receuez de moy, mon Pere me l'a premierement donné: Comme donc il s'est ouuertement manifesté à moy, parce que ie suis vne mesme chose auec luy; Ie ne sçaurois aussi me contenir que ie ne me montre à vous, & que par mon moyen & en moy ie ne vous fasse voir mon Pere; puis que par affection & par vne imitation parfaicte d'Amour, vous estes vne mesme chose auec nous deux.

Ie viens au troisiéme sens de cét auguste oracle. C'est, ma douce Catherine! que ie suis inuisible, & que ie ne sçaurois du tout estre veu de vous, qu'apres que vous aurez quitté vos Corps. Alors vous me pourrez voir face à face, comme aussi mon diuin Verbe qui sera l'heureux objet de vos entendements. Au temps de la Resurrection vostre corps aura vne parfaite conformité auec celuy de mon Fils, dans lequel il commencera de se complaire & de se réioüir. Quant au temps present de la vie mortelle, ie ne sçaurois estre apperceu clairement en mon Essence souueraine. C'est ce qui m'a obligé, par vn secret d'Amour, de la cacher sous le voile obscur de vostre humanité; afin que vous la puissiez voir ainsi en la presence de mon Verbe fait homme. Ne vous dit-il pas qu'il se manifestera à vous, c'est à dire, sous ce diuin Voile, en la maniere que ie l'ay voulu pour m'accommoder à vostre infirmité : & c'est pour cette raison qu'il ne dit pas ie manifesteray mon Pere.

*Dieu ne sçauroit estre veu en cette vie.*

P iiij

## CHAPITRE XXXIV.
### Moyens que Dieu tient pour conduire l'Ame à l'Amour des parfaits.

*Perfection de l'Ame qui est paruenuë à l'Amour d'amitié.*

DE toutes ces belles leçõs, ma chere Fille, vous auez pû cõprendre l'excelléce de l'Ame, qui a faict du progrez iusqu'à l'Amour d'amitié, les démarches de ses desirs & les aisles de ses affectiõs l'ont détachée des pieds adorables de mõ Fils, pour gagner son cœur, dans la profondeur duquel elle est heureusement abysmée : Elle est paruenuë iusqu'au deuxiéme Escalier des trois estages de la perfection, que r'ay representés mystiquemét au Corps de vostre tres-aymable Redempteur. l'auois auparauant estably ces trois degrez en la perfection des operatiõs des trois Puissances de l'Ame : maintenant ie les propose pour faire le fondement des trois Estats de cette Ame, au progrez de la diuine Charité en elle. Mais auparauant que ie te conduise à la connoissance du troisiéme degré, ie te veux faire vne naïue description des moyens que l'on doit tenir pour y arriuer. Ce dernier degré s'appelle l'Amour filial, auquel consiste la plus eminente perfection de la dilection sacrée, puis qu'en luy on reçoit l'heritage singulierement propre à mes Enfans, & que ie leur donne en qualité de tres-bon Pere. Apprenez donc, Catherine ! que la Charité est la source primitiue de toutes les vertus & de toute perfection surnaturelle; que l'humilité est la nourrice qui entretient & qui donne de l'accroissemét à la Charité; tandis que l'humilité est elle-mesme nourrie & augmentée par la connoissance que l'on a de soy-mesme, & par la haïne ou l'horreur de sa propre sensualité. Celuy qui est arrivé iusques-là y doit demeurer avec perseverance, pour y reconnoistre dans le Sang precieux de mon Fils ma tres-excessive Misericorde, attirant à soy, par vn desir avidement affectif, les douces flammes de ma Charité, à mesure qu'incessamment il travaille à l'extirpation & à l'anneantissement de toute volonté propre, pour si petite qu'elle sçauroit estre, soit pour les graces temporelles, soit pour les faueurs spirituelles.

Cette prattique a esté tenuë par Pierre mon Apostre; Il se retira dans la connoissance de soy-mesme, y perseverant avec beaucoup d'humilité, incontinent apres avoir faict le reniement de mon Fils: il y pleuroit, sans vouloir se rendre capable de consolation, en la veuë de son mal-heur; quoy que pourtant ses larmes demeurassent toûjours imparfaictes iusqu'au iour de la Pentecoste, où le sainct Esprit luy fut donné & aux autres Disciples, qui s'estoient disposez de le receuoir, en la maison où ils s'estoient retirez par le commandement de leur Maistre Diuin ma Verité Incarnée. La Crainte les tenoit plus serrez que les portes de ce sainct Lieu: De vray il faut que l'Ame craigne toû-

*Les trois degrez de la perfection representez en S. Pierre.*

jours, tandis qu'elle ne possede pas encore la verité de l'Amour accomply. C'estoit dóc auec bien de la raison, que les Apôtres & mes autres bons Amys qui estoient en leur compagnie, se rendoient assidus en l'exercice de l'humilité & de la continuité qui doiuent assortir l'Oraison que ie veux exaucer: Apres quoy, ils furent remplis de l'abondance du Diuin Paraclet, qui les rendit courageux pour prescher sans nulle crainte IESVS-CHRIST Crucifié, duquel ils portoient l'Imitation parfaicte en leur vie, aussi-bien que la Verité toute-Puissante en leurs paroles. Voicy ce que faict l'Ame qui desire gagner le sublime & souuerain Estage de la Perfection : depuis qu'elle s'est releuée du Peché où elle s'estoit laissée lâchement aller; Elle imite cét Apostre, elle est saisie de l'apprehension de la peine, & puis elle pleure auec vne amertume de cœur excessiue; de là elle s'esleue à la côfiance de ma Misericorde.

*Difference entre l'abséce de Dieu par la grace, & par sentiment.*

Et afin que ie contribuë de mon côté, de tout ce qui est necessaire pour la perfectionner, ie m'absente d'elle de temps en temps, non par la priuation de ma grace, ainsi qu'auparauant qu'elle m'auoit offensé ; c'est par le sentiment ou par le mouuement sensible de cette grace. Ie demeure inseparablement en elle, sans pourtant luy laisser les marques sensibles de ma presence. N'est-ce pas ce que mon Diuin Verbe vous vouloit enseigner, lors qu'il disoit aux siens : Ie m'en vay, & ie retourneray encore à vous. Ce qu'il disoit à ceux là, il le disoit pareillement aux absents qui viendroint apres eux : l'vn & l'autre est veritable ; Il se retire, & il reuient apres. De vray, n'est-il pas retourné auec le sainct Esprit qu'il enuoye. Et ne t'ay-ie pas appris cy-deuant, que ce Diuin Paraclet produit de moy & de mon Fils, ne vient pas seul, qu'il estoit toûjours accompagné de ma Puissance & de la sagesse de ce Verbe increé qui est vne même chose auec moy, quant il épandoit les riches profusions de sa debonnaireté. Ie faits ordinairement le semblable à l'endroit de l'Ame, que ie desire faire quitte de son imperfection ; quant au sentiment, ie suspend le courant des consolations où elle nageoit auparauant, sans toutesfois l'abandonner de ma presence par la grace, ainsi que i'auois fait lors que par le Peché, elle s'estoit separée de moy, & par consequent ie m'estois retiré d'elle. Elle auoit fermé la porte de son cœur, par la coulpe, au Soleil de ma grace pour n'en ressentir les sainctes productions, non pour aucun defaut du côté de ce Soleil mystique, oüy bien du côté de l'indignité du Pecheur qui auoit bouché l'entrée de sa volonté. Il n'a pas plustost reconnu sa misere & ses tenebres, en faisant bréche à son cœur par la contrition veritable, & vomissant tout le pus de ses desordres, par vne confession aussi pleine d'humilité que d'exactitude, que sans tarder ie me rends à luy quoy qu'il m'eust mis dehors honteusement.

*Perseuerance en l'exercice de l'Oraison.*

Ce n'est pas en cette maniere que ie m'absente de mes Amys, ie ne les quitte pas pour leur perte; c'est seulement pour leur bien & pour l'Amour extreme que ie leur porte. I'en vse ainsi en leur endroit, pour les rendre plus humbles, pour leur faire acquerir plus de pureté & de sainteté en leurs exercices, & pour leur ménager plus de prudence au milieu de l'espreuue, où ie veux tirer des asseurances veritables de leur Foy. Si nonobstant leurs desolations, ils conseruent l'Amour qu'ils sont obligez de me témoigner exempt de la contagion de tout interest, & de tout autre respect que celuy de ma gloire; & qu'ils marchent en verité en la Lumiere viue de la Foy qu'ils m'ót iurée, auec vne sainte haine d'eux-mêmes; Ils se conjoüiront au milieu de leur plus grand abandonnement, en s'estimans entieremét indignes de paix & de la tráquillité d'Esprit. C'est icy le second moyen des trois que ie t'ay dit, qui contribüent beaucoup à l'auancement de l'Ame, iusqu'au souuerain degré de l'Amour Diuin. De vray celle qui est venuë iusques-là, se garde bien de retourner en arriere; encore que ie m'absente d'elle par l'ayde de la deuotion sensible: au contraire, elle perseuere incessamment auec humilité, sans rien relâcher de l'assiduité & de l'attachement à son saint Exercice. Elle demeure coïe, couuerte & renfermée dans le secret de la connoissance de soy-mesme; Elle y attend auec vne confiance amoureuse que la viuacité de sa foy produit, la venuë du sainct Esprit, qui faict auec moy vne flamme de feu immense de Charité plus qu'ardante.

Son attente n'est pas oisiue, elle est occupée dãs les veilles & corporelles & spirituelles, propres de faire vne continuité d'oraison tres-accomplie en toutes ses parties. L'œil de l'entendement demeure toûjours ouuert & circonspect, il est esclairé par la Lumiere surnaturelle, il est esueillé pour chasser du cœur toutes les moindres pensées inutiles & badines, sans destourner tant soit peu son attention de ma Diuine Charité, dans laquelle elle connoît auec trop d'euidence, que ie ne cherche autre chose dans mes espreuues que la sanctification de ma Creature. C'est dequoy elle tire des asseurances en l'épanchement du Sang precieux de mon Fils. Durant que l'œil de l'Ame veille à la consideration de ses propres miseres, & à la contemplation des grandeurs de ma Bonté, l'on peut asseurer que son Oraison est continuelle, quant à l'inclination ou disposition de son Esprit, & qu'elle prie auec perseuerance par la bonne & sainte Volonté : Elle ne quitte pas pour cela l'Oraison actuelle que l'on doit faire en temps & lieu, selon les ordres & sainctes constitutions de l'Eglise.

*Occupation de l'Ame recueillie.*

Que veux-tu que ie te dise dauantage, ma Bonne Fille ! n'est tu pas assez sçauante touchant ce que l'Ame fidelle doit faire pour se purifier de l'imperfection qui met empeschement qu'elle ne paruienne à l'Amour des parfaits : Ie n'ay donc plus autre chose à te

*L'Ame se purifie par la desolation sensible.*

faire sçauoir sur cette matiere, sinon que le principal moyen que ma bonne Prouidence employe pour aneantir tous les restes des impuretez de l'Amour propre, c'est celuy de me separer, par ma grace sensible, de l'Ame fidele : parce que sentant en soy-mesme vne douleur affligeante, qui naist de ce qu'elle est priuée des consolations de ma Presence, elle auoüe sa faute dans les foiblesses naturelles & acquises qu'elle experimente ; & au milieu de son delaissement, elle connoist sensiblement qu'elle ne sçauroit par sa propre vertu perseuerer auec vne fermeté inuiolable. Elle apperçoit en cela, qu'il y a encore quelque racine de l'Amour de soy-mesme, quoy que spirituel, subtil & caché; Elle en deuient si confuse, que s'animant excessiuement du zele de la Iustice, elle commande à la Raison de prendre le siege de la conscience ; & là, apres vne rigoureuse enqueste des moindres sentimens, ou des plus legers mouuemens, elle se soûmet à l'execution rigoureuse de ce qu'on luy impose pour sa correction. Auec le cousteau à deux tranchants de la haine de cét Amour imparfaict, & du desir de l'autre Amour tres-parfaict, elle coupe les restes plus cachez de cette mal-heureuse racine.

*Le deuoir d'aymer Dieu, se paie par l'Amour du prochain, celuy-cy tire sa perfection de celuy-là.*

Toute l'imperfection & toute la perfection de l'Amour que l'on a pour moy se manifeste en la maniere qu'on luy donne de l'exercice par le moyen du Prochain; Il n'est pas iusques aux plus simples & aux moins courageux en cette lisse, qui experimentent qu'ils affectionnent plus particulierement certaines personnes d'vn Amour spirituel. Remarque donc, que tel que sera mon Amour dans l'Ame fidele, tel sera pareillement en elle l'Amour enuers le Prochain. Si celuy-là est tres-pur & sans interest, celuy-cy par consequent sera de même nature. N'auez-vous iamais veu, ma tres-douce Fille! vn vaisseau propre à boire dedans vne fontaine, n'est-il pas veritable, que si vous venez à l'en retirer, vous l'aurez bien-tost espuisé en beuuant: il ne sera pas ainsi si vous le laissez dans la source, ou quoy que vous beuuiez il demeurera toûjours remply de la même abondance qu'il auoit auparauant, & de laquelle il ne s'épuise pas. C'est ainsi que l'Amour soit temporel, soit spirituel du Prochain, doit estre pris dans ma Charité: & comme celle-cy, doit estre sans interest; celuy-là doit aussi estre sans la recherche de la propre vtilité, dans les seruices que l'on rend à autruy. Ne sçauez-vous pas que ie demande de vous vn Amour semblable à celuy que ie vous porte? Ne vous ay-ie pas premierement aymé auant que vous eussiez aucun Amour pour moy? Donc la dilection saincte, de laquelle vous m'estes redeuable, est purement de deuoir & d'obligation, & nō pas gratuite ou de grace, comme est celle dont ie vous preuiens de mon bon gré, sans y estre tenu par aucun autre motif.

Vous voyez en cecy qu'il n'est pas en vo- *Dieu s'approprie le bien que nous faisons au Prochain.*

ſtre pouuoir de me rendre le ſemblable en cet Amour gratuit que ie vous impoſe. Neatmoins pour vous en aquitter dignement ſelon voſtre portée; Ie vous propoſe deuant les yeux vos Prochains, afin que vous pratiquiez ſur eux ce que vous ne ſçauriez du tout faire en moy; Ie m'approprie le bien que vous luy faictes, comme ſi vous l'auiez faict à moy-meſme, qui ay la ſuffiſance de toutes choſes. Si Ieſus mon Fils, s'approprioit les perſecutions contre les Fideles de la primitiue Egliſe de celuy qui n'auoit pas encore merité le Nom de Paul; Pourquoy ne participera-il pas & moy auec luy, des biens que vous communiquerez à ceux qui ſont entrez en leur place. Partant il faut que l'Amour qui vous ſollicite aux deuoirs que vous leur rendez, ſoit auſſi pur comme celuy que ie reſerue pour moy-même.

*Crespelle pour reconnoistre l'imperfection de l'Amour ſainct.*

L'on connoît ma chere Catherine! que l'Amour ſurnaturel duquel l'on ayme n'eſt pas parfaict, quant l'on ſent vne peine douloureuſe de ce que la Creature à laquelle l'on veut du bien, ne rend pas ny le reciproque ny toute la conſolation & les deuoirs mutuels dont on l'auoit déja preuenuë, ou à cauſe que l'on eſt ſeparé de ſa preſence, priué de ſa conſolation, empeſché de ſa conuerſation; ou ſi vous voulez, parce que l'on ſe perſuade que cette perſonne ayme quelqu'autre dauantage. C'eſt à cette touche & à pluſieurs autres de cette nature que l'on épreuue que l'Amour, tant celuy qui me regarde, que celuy qui

qui s'estend sur le Prochain, retient encore beaucoup de l'imperfection: D'où vient que ceux qui mettent en exercice enuers le Prochain cét Amour spirituel, éloigné de la pureté de sa source où ils l'auoient puisé premierement, ont encore de l'attachement à leur Amour propre, quoy que spirituel; & parce qu'il n'est pas entieremét desraciné du cœur, l'imperfectió de l'amour que l'on porte à la Creature est toûjours deuancé de celle que l'on mesle en l'Amour que l'ó me doit.

Pour en donner la connoissance à l'Ame, ie permets qu'elle ayme son Prochain auec cette imperfection d'Amour, & assez souuent ie me separe d'elle, non point par ma grace, comme i'ay déja dit; mais par le sentiment & par l'experience, pour luy ouurir les moyens d'acquerir & de mettre d'vn courage heroïque en prattique toutes les vertus. Il est vray que ie retourne apres à elle enuironné de plus de Lumieres; ie les épanche en son sein, afin de luy donner plus de connoissance de mes grandeurs & de ma Verité: De maniere qu'elle estime auoir receu de ma Bonté vne faueur autant singuliere qu'incomparable, de ce qu'elle a le pouuoir auec mon Amour, de faire mourir tout à fait la proprieté du sien, quoy que tres-spirituel: Ainsi la voyez-vous appliquée auec sollicitude, comme vne vigneronne apres sa vigne, pour tailler & retrancher les moindres des desirs superflus; elle iette dehors les épines des plus legeres pensées inutiles; elle trauaille sans cesse à l'e-

*Sollicitude de l'Ame pour purifier son Amour & le rendre parfait.*

difice de la perfection, assemblant les vertus auec le ciment du Sang adorable de mon Fils, en la maniere qu'il a fait luy-méme, ainsi que ie t'ay dit, quand ie te parlois de la structure admirable du Pont mystique. De vray les vertus qui sont les pierres du bâtiment du salut, & que l'on treuue en la suite du Diuin Redempteur, n'auroient pas la vertu de vous faire acquerir la vie eternelle, si elles ne ti-roient toute leur efficace de ce Sang precieux répandu auec tant d'Amour.

## Chapitre XXXV.

*Conditions, aydes & empeschements de l'O-raison, tant vocale que mentale. Preference de celle-cy à celle-là.*

*Derniere disposition pour entrer en l'estat de l'Amour parfait.*

L'Ame saincte estant entrée dans le chemin qui conduit au degré souuerain du sainct Amour, elle passe par la Doctrine de IESVS en Croix, auec le desir affectueux des vertus, & auec la haïne du vice; Apres cela, si sa perseuerance est accompagnée d'vne tres-grande pureté de vie, elle merite d'estre introduite dans le secret de la connoissance, de sa bassesse & de sa fragilité, où elle s'enferme & demeure en retraite pour couler le temps en veilles & Oraisons continuelles, se separant de la conuersation des Creatures. Elle faict ainsi pour la crainte qu'elle conçoit de ses imperfections, & pour le desir extreme qu'elle a de paruenir à la pureté de l'Amour parfaict. Et parce qu'elle conçoit que tout autre moyen ne l'a sçauroit ayder à ce dessein; elle attend en cét estat auec vne viue Foy ma venuë, qui puisse faire en elle vn accroissement merueilleux de grace.

Cette Foy qui porte le germe de vie se reconnoit en la perseuerance de la prattique des vertus veritables, quand il n'y a pas d'accidens qui fasse retourner l'Esprit sur ses pas, ny d'occasions, qui porte à laisser l'Oraison au temps qui est reglé, si ce n'estoit en cas d'obeïssance ou de Charité pressante, qui sont les seules causes legitimes de cette dispense. Il n'arriue que trop souuent, que l'Ennemy commun s'efforce malicieusement de trauailler l'Ame saincte de fâcheries, de tentations & d'inquietudes aux approches de l'heure de l'Oraison, plutost qu'en quelqu'autre rencontre : C'est afin de luy en faire negliger tout à faict l'exercice, ou bien de le luy rendre remply d'ennuy & de confusion d'Esprit : Au milieu de quoy, il glisse des pensées que toutes ses prieres sont plus criminelles deuant Dieu, qu'elles ne luy sont agreables; puis qu'elles n'ont pas l'attention & la tranquillité du cœur qu'il seroit necessaire. Il s'éforce d'autant plus de la persuader ou delaisser là tout, ou de prendre du dégout; qu'il sçait que l'Oraison est vne des meilleures & des plus auantageuses Armes qu'elle ait, pour se deffendre côtre luy, & combattre ses autres Ennemis, pourueu qu'éclairée de la Lumiere de la Foy, elle s'en serue auec la main

*L'importance de l'Oraison que l'on ne doit interrompre ny abandonner.*

Q ij

de l'Amour, & le bras du franc Arbitre, il sçait encore qu'elle est le moyen le plus propre pour acquerir les Vertus & pour atteindre la perfection du sainct Amour. Partant ma chere Catherine! voyez l'importance & la necessité tout ensemble de l'Oraison quant elle est humble, continuelle, fidelle & perseuerante. On ne la doit iamais interrompre ou abandonner, soit pour les inspirations importunes de l'Ennemy, soit pour quelque autre mauuaise pensée ou mouuement desreglé de la Nature fragile, soit pour le dire ou pour le murmure des Creatures, dont la langue quelque fois est l'instrument de Sathan; pour gagner par la crainte & le vain respect, ce qu'il n'a peu obtenir par ses autres batteries malicieuses: vne Ame formée à la trempe de la perseuerance, ne laisse pas de continuer & de passer outre.

*Communion spirituelle du Sang de Iesus en l'Oraison.*

O combien ma douce Fille! cette Oraison m'est agreable! mais combien aussi est elle douce & profitable à l'Ame, quant elle est faicte dans la retraicte profonde de la connoissance de ses propres defauts, & que de là on s'esleue à la veuë & à la reconnoissance de ma Bonté, ouurant l'œil de l'entendement par la Lumiere de la Foy qui le fortifie, tandis que la volonté se remplit de la riche abondance des affections pleines d'ardeurs de ma Charité: Cette Charité excessiue s'est renduë visible à vos yeux, par le moyen de mon Enfant vnique lors qu'il s'est faict homme, vous en auez reconnu les brasiers & les flammes

à saincte Catherine de Sienne. 245

ardentes par l'épanchement de son Sang precieux & adorable, duquel l'Ame est enyurée tandis qu'elle se reuest, qu'elle s'embrase & se transforme toute en l'Amour qu'il contient, & qui est le motif & la cause de son effusion violente. N'est-ce pas pour produire en vous ces effects delicieux, que i'ay mis dans le Magazin sacré de mō Eglise, le Corps & le Sang precieux de mon Fils également vray Dieu & vray homme; l'ay ordonné que la dispensation vous en seroit faicte par les mains de mon Vicaire qui en a la clef, pour en repaître, fortifier, & réjoüir les Pelerins qui passent par la doctrine de ma Verité, afin qu'ils ne deperissent pas par le chemin, ou pour trop grande foiblesse, ou pour trop grande lassitude.

Il faut sçauoir que cette Diuine viande fortifie peu ou beaucoup, selon la disposition plus grande ou moindre de ceux qui la viennent prendre, soit sacramentalement & en realité, soit virtuellement ou en Esprit; l'appelle receuoir sacramentalement, lors qu'actuellement l'on communie, & que l'on préd de la main du Prestre l'hostie saincte qu'il a consacrée. Et quand ie dits prendre en sa vertu, i'entends, quand à faute de receuoir le Sacrement, l'on y participe par vn sainct desir de la Communion, & par la consideration deuote ou par la contemplation feruente de l'effusion sacrée du Sang de Iesus Crucifié. Quoy que cette maniere de Communier se puisse prattiquer en l'absence de la réelle; Cel-

*La Communion reelle ne profite pas sans la spirituelle. Et comment celle cy se faict.*

Q iij

le-cy pourtant ne se doit iamais faire sans celle-là; l'on peut bien communier virtuellemét sans communier sacramentalemét, mais l'on ne peut communier Sacramentalement auec profit & merite, si l'on ne communie aussi virtuellement & en Esprit, par vne affection de Charité que l'Ame doit sauourer & prendre en ce precieux Sang, qu'elle contemple ou qu'elle cósidere répandu pour elle. Elle l'embrasse par l'auidité affectueusement insatiable du desir qu'elle a de s'en rassasier; Elle s'en remplit & s'en gorge, elle s'y enyure & elle s'y perd, elle se treuue pleine de mon Amour & de celuy du Prochain. Voila pour ce qui regarde la Communion. Or cette double Charité vniuersellement parlát, ne s'acquiert que dans la cachette de la connoissance que l'Ame saincte a de ses propres defauts, auec l'Oraison saincte où elle quitte la roüille de son imperfection; Ainsi que les Apostres qui perseuerant dans la maison où ils s'estoient renfermez à prier & à veiller auec foy viue, entrerent en l'estat de perfection, apres s'estre dépoüillez des impuretez de l'Amour qui les empeschoit d'y arriuer.

*Imperfections de l'Oraison vocale.*

Ne pense pas que l'ardeur excessiue qui sert de nourriture & d'accroissement de Charité, se communique à celuy qui seulement prie vocalement & de bouche, ainsi que plusieurs prattiquent, desquels la priere consiste plustost en paroles qu'en affections & eslans du cœur, toute leur attention se porte d'accomplir certain nombre d'Oraisons & de Pseaumes, qu'ils se sont imposez sans penser à autre chose; d'où l'on conjecture assez euidemment, que tout leur cœur & toute leur intention ne sorte pas des bornes de la priere, qui n'est composée que de simples paroles. Ceux qui continuent de me prier en cette maniere, ne me contentent pas beaucoup, & tirent fort peu de profit pour eux-mêmes? Tu me diras peut estre, que tous les hommes n'ont pas le don de l'Oraison mentale, & que toutes les Ames ne sont pas appellées pour en faire l'exercice; & neantmoins qu'il semble que ie veuille conclure qu'il ne faut pas faire grande estime de l'Oraison vocale. Est-ce donc qu'on la doit ou negliger ou la laisser entierement. Ie ne veux pas dire cela, ie desire seulement qu'en cecy l'on procede auec ordre & prudence. Ie sçay que l'Ame est imparfaicte auant que de deuenir parfaicte; partant son Oraison doit prendre la nature de son Estat.

Quant donc elle est encore imparfaicte pour ne pas demeurer oysiue en ma presence, elle doit commencer par la priere vocale, en y adioustant la mentale autant qu'il luy sera possible; c'est à dire, que tandis qu'elle priera de bouche, il faut qu'elle fasse des essais de dresser sa pensée en l'Amour de mon excessiue Charité : Elle appliquera l'attention de son Esprit, à la consideration de ses pechez en general, & en la veuë du Sang adorable de mon Fils; où elle treuuera la remission de ses crimes, & la plenitude de ma grace. Elle fera

*Moyens de bien faire l'Oraison vocale pour acquerir la mentale.*

Q iiij

cecy, afin qu'elle y connoisse ma Bonté souueraine, & qu'elle y prenne la force de perseuerer auec humilité en son sainct Exercice qu'elle a commencé. I'ay dict qu'elle deuoit regarder ses defauts en general, & non pas en particulier durant sa priere; de crainte que l'Esprit contracte de la souillure, par le souuenir singulier des pechez sales & vilains. Ie donne encore auis, que la memoire des Pechez tant en general qu'en particulier, doit estre toûjours accompagnée de la consideration du Sang de mon Fils, & du souuenir de ma tres-grande Misericorde; afin que l'on ne tombe en trouble & confusion d'Esprit qui porte enfin au desespoir Eternel, où l'artifice de l'Ennemy conduit assez souuent sous couleur de contrition & de deplaisir de l'offence. L'on a donc besoin de garder en cecy l'ordre que i'establis, pour s'asseurer auec la Lumiere de la Foy, sur le bras tout-Puissant de ma Misericorde : De maniere qu'à mesme temps que le cœur s'est retrecy par la veuë de ses Pechez, il faut qu'il se dilate & s'elargisse en suite par la consideration affectiue de ma Bonté infinie, sans toutesfois que l'on perde rien de l'humilité que l'on auoit conceuë par la pensée precedente. Voila comment il est necessaire de se comporter, si d'auâture l'on veut que la priere me soit agreable, & si l'on desire se mettre à l'abry des tromperies artificieuses de l'Ennemy.

*Le Diable tente Sainte Catherine*

Ma douce Catherine ! vous ne sçauez que trop, que la Superbe de ce mal-heureux ne

sçauroit supporter du tout l'humilité de l'A-  de desespoir & 
me: l'horreur de la confusion dans laquelle  puis de presomp-
il experimente mes rigueurs, excite en son  tion. Il est
esprit vne haïne desesperée contre ma Bonté  vaincu.
souueraine, laquelle sert à mes Amis & aux
pecheurs conuertis de motif de confiance &
d'esperance. Ne te souuiens-tu pas quant ce
ce maudit entreprit de te vouloir abbattre,
par la confusiõ de ta vie passée, en pretendãt
te persuader qu'elle auoit esté réplie d'erreur
& pleine de trõperie, qu'il y auoit eu en tes
actions beaucoup de feinte & d'apparence
sans aucune verité, & que tu n'auois iamais
cheminé par les ordres & les dispositions de
ma volonté. Tu fis alors ce que tu deuois, &
ce que ma Bonté, qui ne sçauroit se dénier à
ceux qui me la demandent, t'auoit exactemẽt
appris. Tu dressa amoureusement ton Esprit
en ma misericorde, disant auec vne profonde
humilité. I'auouë à mon Createur, que ma
vie s'est toute passée en tenebres: Ie me ca-
cheray pourtant dans les playes de Iesvs crucifié; Ie me feray vn bain precieux de son Sãg
adorable, pour y lauer toutes les soüillures de
mes crimes: cependant ie me réioüiray continuellement par vn sainct desir en mon bon
Dieu. A grand peine auois-tu acheué de former ta resolution que le vilain s'enfuit. Il est
vray que retournant auec vne batterie qu'il
pẽsoit estre plus forte & toute contraire à la
premiere, il te disoit: Catherine! vous estes
en verité vne grande Saincte, vn prodige de
perfection, & sans que l'on en puisse douter,

tres-agreable à Dieu: De maniere qu'il n'est pas necessaire que vous vous affligiez dauantage. A quoy bon de pleurer incessamment des fautes legeres qui sont effacées il y a desia si long temps. Il vouloit gagner sur toy par la presomptiõ ce qu'il n'auoit pû obtenir par la confusion, il s'efforçoit d'emporter ton cœur par la vanité & l'orgueil, qu'il n'auoit sçeu abattre par le desespoir. Tu cõnus biẽ tost dãs la lumiere surnaturelle que ie te dõnay alors, le chemin qu'il te falloit prẽdre pour vaincre de nouueau auec beaucoup plus de gloire. Helas, disois-tu, miserable que ie suis! Sainct Iean Baptiste fust sanctifié dés le ventre de sa mere, pour jamais n'offencer Dieu; il s'est toutefois condamné à de si rudes & de si austeres penitences durant toute sa vie: Et moy qui ay commis des fautes si grandes, Ie n'ay pas encore commencé d'en recõnoître les horreurs, ainsi qu'il est necessaire, par les larmes & par la veritable contrition. Non, ie n'ay pas encore bien conçeu les grandeurs & le merite de ce bon Dieu lâchement offencé. Ie ne connois pas pareillement ainsi qu'il appartient, l'extréme indignité & bassesse qui est en moy. Hé! qui suis-ie mal-heureuse! qui a continué tous les iours d'offencer impudemment vne si excessiue Bõté. Ma fille! l'Ennemy estant confus de l'humilité de ta pensée qu'il ne sçauroit souffrir, non plus que la confiance que tu auois prise en ma Misericorde; te dit: maudite sois-tu, Catherine! Ie perds tous les moyens de te gagner; Si ie penfe t'abattre par le defefpoir, tu te dreffe en haut par l'efperance en l'Amour immenfe de Dieu: & fi ie m'efforce de te faire prendre l'effor par l'orgueil, tu te loge plus bas que l'Enfer, où mefme tu ne ceffe de me faire la guerre. Ie ne retourneray plus à toy, puis que tu me frappe trop rudement des flammes ardantes de ta Charité, qui me font plus infupportables que ceux qui me brûlent fans pitié.

Par ainfi, tu apprends que l'Ame doit dêtremper la connoiffance de ma Bonté dans la connoiffance de foy-mefme; afin que l'Oraifon Vocale luy apporte autant de profits qu'elle me donnera de contentement; & que par la perfeuerance en fon exercice prattiqué en cette maniere, elle puiffe paruenir à l'Oraifon Mentale, laquelle elle n'atteindra iamais, fi par fimplicité elle s'amufe d'accomplir fon nombre certain de chapelets, d'heures, d'oraifons, ou de Pfeaumes; ou fi pour l'Oraifon Vocale abfolument elle laiffoit la Mentale. De vray, affez fouuent ie feray preft de vifiter la penfée de mes agreables communications; quelquefois par vne lumiere qui porte à la connoiffance que l'Ame doit auoir de foy-mefme; d'autrefois ce fera pour la difpofer à la veritable contrition de fes fautes; Tantoft en épanchant les riches profufions de ma Charité; Et tantoft par les reprefentations differentes de ma verité que ie luy propofe, & de laquelle ie luy forme les Idées felon mon plaifir, & felon les diuerfes

*Empefchement d'acquerir l'Oraifon Vocale.*

dispositions de l'estat & des desirs de l'esprit. Si donc elle s'attache comme par maxime de Conscience ou de scrupule à ces sortes de prieres Vocales, dont elle ne veut rien ob-mettre du nombre qu'elle s'est proposée de dire, elle vient sans doute à refuser mes delicieuses visites selon les manieres que ie t'ay representé; Ce qui n'est pas vne des moindres tromperies de l'Ennemy.

*L'on doit laisser l'Oraison Vocale pour la Mentale.*

Partant dés que l'Ame saincte sent sa pensée disposée à receuoir mes diuins épanchements par l'Oraison Mentale, elle doit de laisser la priere qui n'a que des paroles, laquelle neantmoins elle pourra reprendre, quand l'operation de celle-là sera passée, si la commodité le permet; Autrement il ne s'en faudra pas mettre beaucoup en peine ny en soucy. L'on ne doit pas de là tirer sujet d'ennuy, de chagrin & d'inquietude; Il faut sur tout se prendre garde de ne perdre pas le repos de l'esprit, par le trouble que l'on pourroit conceuoir de cette obmission, laquelle n'est que trop legitime. I'excepte de cette regle les prieres qui appartiennent à l'Office Diuin, que les Ecclesiastiques & les Religieux sôt obligez de dire iusqu'à la mort. S'ils negligent de s'en acquitter auec toute la fidelité & toute l'integrité qu'ils me doiuent, ils se rendent coupables. Quand donc l'on sentira la touche Diuine qui excite le desir pour mediter à l'heure de l'Office Diuin, l'on fera en sorte que l'office qui est d'obligation

à saincte Catherine de Sienne. 253

soit remis en vn autre temps, ou qui deuancera, ou qui suiura celuy de l'Oraison métale, sans qu'il soit permis de l'obmettre vne seule fois. Mais pour ce qui est des autres prieres qui ne sont que de deuotion, elles doiuent seruir de moyens pour arriuer à la Meditation; & quant l'on en sçait le bon vsage, c'est prudence de quitter la priere Vocale pour s'exercer en celle-cy qui perfectionne la premiere. Ie ne veux pas dire pourtant qu'il faille absolument mepriser la priere Vocale, en quelle maniere elle puisse estre faicte, hors des circonstances que ie viens d'expliquer. Au contraire, ie desire qu'on la continuë, pourueu que l'on y garde les regles que i'ay estably, & qu'en cela l'on y marche auec circonspection & auec ordre; parce qu'infailliblement elle conduira à la perfection: de maniere que l'ame qui perseuerera en ce sainct exercice, ne manquera pas auec le téps de prendre goust à l'Oraison, & d'y sauourer le fruict delicieux du Sang de mon Fils bienaymé que i'y ay caché.

C'est en cela que i'ay dit, ma chere Fille! que la Communion estoit virtuelle, quoy qu'elle ne fust pas sacramentelle, quand par le moyé de l'Oraison l'on tiroit auec le sainct desir auidement affectueux, plus ou moins, selon la disposition de celuy qui prie, les agreables saueurs de la Charité inexprimable de IESVS, que l'on auoit connu par le mesme moyen en son Sang. Ceux qui procedent en cecy imprudemmét & sans ordre,

*Moyens de cómunier spirituellement en l'Oraison.*

tirent fort peu de profit : la Sagesse que l'on y doit apporter consiste principalement à déprendre son cœur de l'affection de toutes les choses terrestres. Tant plus que l'esprit s'efforcera à ce dessein, & que son vnion auec ma Bonté sera plus estroite, sa connoissance éclairée de la lumiere de l'entendement, sera pareillement d'autant plus grande : & plus il connoistra, plus aussi cœceura-t'il d'Amour, & en suite plus sera excessiue la saincte faueur qu'il prédra. Vous apprédrez donc d'icy que l'on n'acquiert pas le don de la parfaite Oraison auec multitude & grand nombre de paroles, c'est plustost auec le desir feruent qui se dresse en moy par la connoissance que l'homme a de soy-mesme & de ma Bonté en son endroit, sans separer ces deux connoissances l'vne de l'autre. C'est aussi là le moyen d'auoir ensemble les deux sortes d'Oraisons, la Mentale & la Verbale, & qu'on les pourra marier ensemble, ainsi que l'on faict la vie Contemplatiue auec la vie Actiue, encore que l'Oraison, tant Mentale que Vocale, se peuuent entendre en diuerses manieres.

*Diuerses manieres pour faire l'Oraison continuelle.*

Ne t'ay-ie pas dit, que le sainct desir de l'Ame, & la bonne volonté qu'elle nourrit pour moy, font vne priere continuelle & perseuerante, outre la disposition habituelle; l'vne & l'autre se dressent amoureusemét vers moy, quelquefois actuellement dans certains téps & certains lieux ordonnez pour prier; assez souuent, ce sera sans s'attacher, ny aux lieux, ny aux heures ; & d'autrefois ce sera incessamment, quand l'Ame saincte fidele ménagere de sa bonne volonté l'applique continuellement par les ordres de la Charité parfaite au salut du Prochain, selon la necessité qu'elle iuge qui est en luy, & selon la grandeur de la deuotion & du zele qu'elle sent en elle-mesme. Que les hommes ne se trompent pas; chacun d'eux est tenu selon son estat & sa condition, quant à la bonne & saincte volonté, de procurer le salut des Ames. Par ainsi, m'apprends que tout ce qui se fait vocalement & actuellement pour le salut du Prochain, est vne façon virtuelle de prier; quoy qu'il ne faille pas negliger l'Oraison qui se fait aux temps & aux lieux deputez pour ce faire, chacun selon son obligation ou sa deuotion. Ie dis encore plus, que toutes les actiõs faites en ma Charité & en celle du Prochain, quand ce seroient mesme celles de l'exercice actuel, de la charge, de l'estat, du mestier, ou de l'employ où l'on est appliqué parmy la diuersité des conditions de la vie, pourront estre toutes nommées vne Oraison continuelle : parce que celuy qui ne cesse iamais de bien faire, ne cesse aussi iamais de prier. Voila les fruicts qui arriuent quand l'Oraison Mentale se ioint à la Vocale, en la maniere que i'ay enseigné cy-deuant. Alors celle-cy faite actuellement est pleine d'vn desir affectueux & sincere de la diuine Charité; & cette affection d'Amour est prise pour vne Oraison continuelle.

Ces choses estant ainsi éclaircies touchant

Par l'Oraison

*l'on paruient à la perfection de l'Amour Diuin.*

l'exercice Sainct & perseuerant pour paruenir à l'Oraison Mentale, touchant la preference de celle-cy quãd l'on y est attiré à l'exclusion de l'autre touchant encore l'Oraison commune & particuliere au dedans & hors des temps & des lieux ordonnez, & celle de la bonne & saincte Volonté en toutes sortes d'exercices faits en Charité, tant pour soy que pour le Prochain; il ne reste plus, sinon que l'Ame se picque de sollicitude pour bien faire l'Oraison, laquelle comme vne mere pleine d'vne riche fecondité produit dans le sein de ceux qui ont de l'amour pour elle, toutes les vertus qu'elle nourrit, qu'elle agrandit, & qu'enfin elle perfectionne. Voila, ma chere Fille! les riches dispositions de l'Ame qui se tient en retraitte dans le secret de la connoissance de soy-mesme; elle fait du progrez iusqu'à la familiarité de l'Amour des Amis; de là elle paruient heureusement à l'Amour des Enfans, qui est celuy de la treshaute & tres-eminente perfection de la diuine Charité. Au contraire celle qui ne veut pas suiure ces diuerses leçons, se refroidit de plus en plus en mon affection, elle demeure toûjours croupissante en son imperfection, elle n'aymera qu'à la mesure du profit qu'elle esperera tirer, tant de moy que de son Prochain.

CHAP.

## CHAPITRE XXXVI.

*Comment il se faut comporter parmy les consolations & les desolations en l'Oraison.*

L'Imperfection de l'Amour est suiuy & accompagné de diuerses sortes de trom- peries & de mal-heurs; Ie toucheray seule- ment les principales, pour te faire connoi- stre la bassesse de ceux qui ne sçauroiét m'ay- mer, si dans mon Amour ils ne trouuent l'as- souuissement de leur propre delectation qu'ils recherchent plus que moy. Il leur est bien facile de reconnoistre que cela est ainsi; Ie n'ay pas plustost retiré mes consolations spirituelles, s'ils sont Religieux ou person- nes deuotes, ou mes faueurs temporelles, s'ils sont gens du monde qui font pourtant pro- fessió de vertu; qu'à mesme temps ils se trou- blent & s'affligent l'esprit à l'abord des tra- uaux & des peines que ie dispose pour leur profit, & ils ont de l'auersion de s'accommo- der à mes ordres. Si d'auanture vous venez à leur demander le sujet de leur inquietude, ils vous respondront froidement : helas ! voila vne belle demande ; l'ennuy qui me ronge pour vn tel accident qui m'est suruenu, me persuade assez que tout le bien que ie sçau- rois faire est fort inutile ; Ie ne sçaurois prier Dieu, cette action de Charité m'est desagrea- ble; & puis, ie ne sents pas l'allegresse & l'af-

*Marque d'im- perfection d'A- mour.*

R

fection qui me rédoit la priere douce & plaisante, & les œuures de Charité pleines de consolation ; cecy ne m'est arriué que depuis le mal-heur de la priuation que ie souffre, auparauant ie faisois toutes choses auec beaucoup de promptitude d'esprit, d'agréements & de ioye.

*Desolations ne diminuent pas ny l'Amour ny le merite.*

Ceux qui parlent en cette maniere sont sans doute vilainement trompés par la recherche de leur propre plaisir; Ils ont menty, leur accidét ne peut estre la cause que depuis ils ont moins d'Amour pour moi, & que leurs œuures & ses prieres ont moins de valeur & de merite; au côtraire non seulemét elles deuroient valoir tout autant, & leurs affections deuroient estre aussi grandes qu'auparauant; Elles seroiét encore beaucoup plus considerables & plus dignes de mon approbation, si dans le temps de la desolation on les accompagnoit de patience & de modestie d'esprit. Leur mal ne vient que de l'attachement trop grand qu'ils auoient en la complaisance de leur premiere prosperité, où ils me témoignoient de l'Amour auec quelque leger acte de vertu: Ils se satisfaisoient eux-mesmes, s'ils ioüissoient de ie ne sçay quelle paix interieure : Maintenant qu'ils souffrent la priuation rigoureuse de ce qui leur donnoit du repos en l'esprit, ils croyent que toutes leurs œuures & que toutes leurs prieres doiuent prédre cette nature & cette condition, & qu'elles sont incapables de leur procurer la douceur de la paix qu'ils ont perdu en eux-mesmes.

à sainte Catherine de Sienne. 259

Il arriue à ces personnes, comme à vn homme qui est au milieu d'vn Iardin assorty de toutes les raretez les plus diuertissantes & les plus belles de la terre; Il prend vn extréme plaisir en son trauail, il y experimente vne parfaite satisfaction & vn delicieux repos d'esprit. Ce n'est pas tant son trauail qui le contente, comme la beauté, l'émail & l'odeur des fleurs qui le rauissent; c'est ce que nous trouuons estre tres-veritable, si vous l'appliquez au mesme trauail hors de ce lieu delicieux, duquel se voyant priué, il perd à mesme temps cette paisible tranquillité qui mesloit le plaisir en son ouurage: Si au contraire, il eust mis sa delectation en son ouurage, plus que dans le iardin, il eust sans doute porté son plaisir quant & soy auec son trauail. Vous voyez, Catherine! par cette comparaison, que si ces personnes que ie vous ay dit, eussent mis principalement leur affection en la prattique des veritables vertus, au lieu de l'attacher à leur consolation, soit spirituelle, soit téporelle, ils ne l'eussent iamais perduë; leur facilité, leur aisance & leur satisfaction à bien faire eust esté égale par tout. La consolation & les saincts exercices, la prosperité & la prattique des vertus ne sont pas de la nature des choses qui sont inseparables & indiuisibles; Par ainsi, puis que l'Oraison & les bonnes œuures sont des biens qu'aucune autre puissance ne sçauroit oster à l'homme, contre le consentement de sa volonté, il faudra dire que l'vn & l'autre peuuent demeurer

*Il faut prendre plus de complaisance en la prattique des vertus qu'aux consolations.*

R ij

en leur entier au milieu des plus grandes aduersitez & des plus fâcheuses desolations; & que ceux qui font autrement sont aueuglez par leur propre passion.

*La Desolatiō est cause d'accroissemēt d'Amour.*

D'où vient qu'ils ont coustume de se persuader qu'ils faisoient mieux l'Oraison auparauant, que depuis la tribulation; que leurs exercices estoient conçeus & conduits auec plus de perfection, & que leurs œuures enuers le Prochain auoient beaucoup plus de merite, parce qu'ils sentoient alors plus de generosité en leur volonté, pour faire beaucoup plus de bien qu'ils n'en ont à present, qu'ils disent ne pouuoir prendre aucun plaisir pour s'y porter. Helas! les miserables parlent allencontre d'eux-mesmes quant ils parlent de la sorte; Ils n'eussent iamais perdu leur inclination affectueuse, si elle se fust attachée en l'Amour du bien & en la haine du vice premierement & principalement; au lieu de diminuer ou de perir entierement, elle se fust au contraire accreuë & fortifiée. Mais quoy? leurs œuures auoient tout leur fondement sur leur propre force, elle n'auoient d'autre solidité que celle du plaisir qu'ils prenoient au milieu de mes delicieux épanchemens.

*L'on ne doit pas regarder la consolation: mais Dieu dans sa visite.*

Il y a encore vn autre erreur dans l'esprit de ceux qui n'estoient pas entierement sortis de l'imperfectiō de l'Amour Sainct; ils me desirent & me cherchent auec reflexion sur les consolations que ie verse, dans leur sein en l'Oraison, plus ou moins, selon la mesure de

à saincte Catherine de Sienne. 261

la dilection cooperāte de ma Creature. Aussi suis-ie le Remunerateur infaillible de toute sorte de biens qu'elle peut produire. Ie me communique à elle, tantost par vne maniere, tātost par vne autre. Si ie me comporte ainsi, ce n'est pas afin que comme mal auisée & poussée de plus d'imprudence que de sagesse, elle aye plus d'égard sur le don que ie luy fais que sur moy qui suis le donateur: Ie desire au contraire, qu'elle ait plus de consideration pour l'ardeur de la Charité qui me sollicite à luy faire du bien, & plus d'attention pour le démerite & l'indignité de celle qui reçoit; qu'elle n'en a pour la delectation sensible qu'elle prend en mes consolations. Autremēt elle ne se sçauroit purger d'ingratitude; & en cette qualité, elle ne sçauroit éuiter d'encourir de grands & pernicieux dommages, & de tomber en d'estranges tromperies, ainsi que ie te feray voir assez clairement.

Quant l'Ame s'est donc laissée charmer par le plaisir sensible de la consolation en ma visite, principalement quant elle en sent les touches & les efforts plus grands qu'à l'ordinaire; elle s'y arreste & s'y repose auec attachement; Et comme le courant sauoureux n'en est que passager, lors qu'elle vient à ne le plus sauourer, elle voudra prēdre de nouueau pour la retrouuer le mesme moyen où elle l'auoit premierement receuë. Elle ne cōsidere pas la simplette, & l'ignorante qu'elle est, que ie n'ay pas vne seule maniere d'agir pour visiter & consoler mes Amis: les voyes

*Attachement à vne seule maniere pour receuoir la visite de Dieu dāgereuse.*

R iij

que ie prends pour ce dessein sont differentes & en nombre qui ne se peut dire, selon qu'il plaira à ma Bonté, & selon la necessité & la disposition de la Creature, qui apprendra de cecy, que ie suis Riche en biens, & que ie possede en mon Sein vne infinité de presents, pour luy faire paroistre ma liberalité & ma magnificence.

*Indifference de l'Ame à ce qu'il plaist au S. Esprit en l'Oraison.*

Qu'elle auise donc, de ne pas s'obstiner à vouloir recouurer ma consolation par le mesme moyen qu'auparauant, qu'elle accepte promptement celuy que le sainct Esprit luy fournira; de crainte qu'il ne semble pas qu'elle veüille temerairement donner des ordres à ce Diuin Paraclet, au lieu de les receuoir auec humilité de sa debonnaireté. Qu'elle ne presume pas, dis-ie, d'imposer des loix & des contraintes à celuy de qui elle les doit attendre auec respect. Ce n'est pas ainsi qu'elle doit faire, elle deuroit plustost, armée de courage vraiment magnanime trauerser le Pont mystique de la Doctrine de IESVS en Croix, & à attendre & receuoir auec autant d'aneantissement que d'indifference, ce qu'il plaira à ma Bonté de disposer d'elle en telle maniere, en tel lieu, en tel temps, & en telle circonstance de visite & de touche Diuine.

*Appuy sur la puissance de la grace, & non sur l'inconstance des consolations.*

Quand mesme ie luy refuserois les faueurs affectueuses de mes visites, il est necessaire qu'elle demeure égalemét satisfaite, & qu'elle pense que mon procedé est tout détrempé d'Amour, & qu'il ne contracte rien de la haine ou de la colere; Il est, dis-ie, necessaire qu'elle me cherche seul en verité, que sa dilection ne soit pas appuyée sur l'inconstance & l'incertitude de mes consolations, oüy bié sur la puissance de ma grace, & sur la consideration de ma Bonté souverainement aimable, & qu'elle apprenne à s'attacher plus à la source qu'aux ruisseaux, c'est à dire, qu'elle ne se plonge pas dans le plaisir, quoy que spirituel, mais dans l'Amour qui en est la cause, pour lequel elle aura plus de cóplaisance que pour ce qui n'en contient que le fruict. Autrement se comportant en cela selon sa volonté, & non selon la mienne, elle tombera en des confusions estranges, quant elle sera contrainte de souffrir la priuation de sa delectation qu'elle s'estoit proposée pour l'objet & pour la fin de son exercice.

Voila le mal-heur ou se disposent ceux qui donnent tout à leur goust & à leur volonté, au choix qu'ils font des motifs & des moyens pour auoir des consolations. Si quelqu'vn de ses moyens ou de ses motifs leur a vne fois reüssi heureusement, ils s'y attachent auec obstinatió, ils s'en veulét tousiours seruir, sãs vouloir du tout s'en déprendre & le chãger: De maniere que l'aueuglement se faisant de compagnie auec leur obstination, ils deuiennent à vn point d'imprudence & de lâcheté si estrange, qu'ils ont l'effronterie d'apporter de la resistance, quand ie veux leur faire part des rauissantes douceurs de mes visites, par quelque autre façon que celle qu'ils ont accoustumé. Ils se fortifient à ne me pas receuoir, si ce n'est que ie m'accommode à l'-

*Resistãce de l'Ame aux visites de Dieu.*

R iiij

dée de leur imagination. Ce defaut à deux sources; dont l'vne est innocente, & l'autre n'est pas exempte de reproche. L'Innocence est du côté de ma consolation, le reproche est attaché au déreglement de la propre passion de celuy, qui abuse d'vn ayde si excellent pour la perfectionner.

*Dieu se sert de diuerses manieres pour se communiquer à l'Ame en l'Oraisó.*

L'Ame de cette sorte n'est elle pas encore bien ignorante? ne sçait-elle pas, qu'il est impossible pour arriuer à l'estat souuerain de l'Amour, qu'elle perseuere toûjours en vn mesme train & en vne même maniere. Cóme c'est vne necessité qu'elle croisse ou décroisse en la tendance de la perfection, sans qu'elle puisse durer long-temps arrestée fixement en vn mesme degré; elle a besoin pareillement de plusieurs & differentes graces que ie luy communique proportionnées à sa dispositió, & à la fin que ie pretends en elle, tantost par vne façon, tantost par quelque autre. Quelque fois en excitant vne contrition extremement pressante auec vn tel déplaisir, qu'il semble que l'Ame en est comme troublée. Ie me contente par fois de demeurer dans le cœur, en suspendant tous les effects sensibles des rauissemens de ma presence : ou bien ie formeray en l'Entendement creé l'Idée de ma Verité Incarnée en differentes figures & diuerses representations, sans que ie veuille que l'Ame en conçoiue autant de joye, & autant de chaleurs embrasées d'amour qu'il faudroit, pour correspondre à vn si digne objet, à vne si belle veuë, & à vne si excellente operation. En vn autre rencontre, il luy arriuera le contraire ; elle aymera sans connoître, elle embrassera sans voir, elle sauourera sás Lumiere, & elle se treuuera cōblée de plaisir sans apparēce qu'elle en possede la source.

En tout cecy, ie me comporte auec toute la force d'Amour d'vn tres-bon & veritable Pere ; c'est auec cét Esprit que ie ménage les differētes manieres de me communiquer, pour conseruer & accroître en l'Ame saincte la vertu de l'humilité, & prouoquer le progrez en la perseuerance ; C'est aussi pour luy proposer autant de diuines leçons où elle pourra apprendre que ce n'est pas à la Creature de donner des Loix à son Createur au faict de sa conduite ; ny de proposer pour fin à ses exercices la satisfaction sensible des consolations en la place des veritables vertus establies admirablement en moy. C'est encore afin qu'elle reçoiue auec humilité & égalité de modestie, l'vn & l'autre des temps de la desolation & de la consolation, & qu'elle embrasse auec les bras d'vne Charité bien espurée tant en l'vn comme en l'autre de ses estats, la sincerité de ma dilection infiniment affectueuse qui luy sert non tant de motif que d'Esprit & d'Ame, en la dispensation que i'en fais auec autant d'équité que de sagesse ; cependant qu'elle se persuadera par les Lumieres viuantes de la Foy, que tout ce que ie dispose à l'entour d'elle, regarde ou la necessité importante de son salut, ou les aydes & les moyens pour luy faire atteindre la plus

*Fruicts admirables des desolations.*

sublime perfection de l'Amour sainct.

*Conformité à la conduite de Dieu en l'Oraison.*

Partant qu'elle se reduise constamment en l'ancantissement de soy-même, pour treuuer son principe & sa fin, dans le sein affectueux de ma Charité de Pere, en laquelle seulement elle prendra vn plaisir innocent suiuant les ordres de ma volonté, & non pas conformement au goust & au sentiment de la sienne propre. Cette prattique que ie te propose de prendre tout de ma bonne & amoureuse main, est la plus asseurée, pour s'exempter des tromperies de l'Ennemy. De vray ne suis ie pas la tres-desirable & la tres-heureuse fin de toutes choses? D'ailleurs, peut-on douter qu'il n'y a rien digne de porter le Nom de bien, s'il n'a son establissement & son reglement de ma volonté saincte & adorable?

## Chapitre XXXVII.

*Tromperie de ceux qui sous pretexte de ne rien perdre de leur recueillement en l'Oraison, refusent de seruir le Prochain.*

*Circonstances de l'erreur de ceux qui preferét leur recueillement au salut du Prochain.*

TRes agreable Fille! tu as veu l'erreur dágereux de ceux qui veulent receuoir les agréemens de mes visites sensibles à leur mode, & non selon mes ordres. Maintenant ie veux t'entretenir de quelques autres, qui sont éperduëment amoureux de la satisfaction de leur propre pensée, pour n'en perdre la consolation parmy les sauoureuses douceurs de mes espanchemens; ils y plon-

à saincte Catherine de Sienne. 267

gent leur Esprit si auant, qu'ils refusent de l'en seurer lors que la necessité & spirituelle & temporelle, demande leur assistance charitable. La tromperie est d'autant plus dangereuse en ce sujet, qu'elle se propose sous le manteau de la vertu, dont elle ne porte que la couleur. Ils ont apprehension, disent-ils, de perdre la paix de leur Ame, & le ropos de leur Esprit s'ils s'épanchent au dehors ; Ils croyét estre tombez dans ce mal-heur, dés le moment qu'ils ne sont plus d'experience de la tendresse de mon Amour. Le plaisir spirituel de leur pensée duquel ils sont priuez, leur faict mal iuger de leur estat, & ne voient pas que la priuatió du plaisir spirituel où nageoit leur pensée, n'est pas vn mal absolument : au contraire l'on m'offense beaucoup, quand pour n'y pas donner de condescendance, l'ō priue les autres des aydes necessaires qu'ils attendent.

La contemplation en cette vie n'est que pour l'action, & tout l'exercice vocal & mental de l'Oraison, n'est ordonné par ma bonne Prouidence, que pour seruir de lisse à la Charité, à dessein de l'accroître & de la perfectionner dans l'Ame saincte, laquelle y doit prendre sa conseruation. C'est en la Charité du Prochain que l'on me treuue, & c'est par la recherche de la propre delectation que ie m'absente. Ie ne me donne pas de nouueau sinon à mesure que l'Ame fidele reüssit en l'accroissement de la Charité qu'elle doit au Prochain. Si donc au lieu de prendre du pro-

*L'accroissement de la Charité se faict en celle que l'on rend au Prochain.*

grez elle vient à descroître, n'est-ce pas vne necessité que mon affection enuers elle deuienne moindre. Et si ma consolation suit le train de mon affection & qu'elle en est la Fille; ne faudra-il pas que celle-là s'amoindrisse, quand celle-cy receura du dommage en sa perfection? De maniere que l'on treuue du profit où l'on pensoit perdre; & où il sembloit que l'on couroit risque, l'on gagne auec de tres-grands auantages.

*Profits du renóncement à sa propre consolation pour seruir le Prochain.*  L'homme n'a pas plustost pris resolution de renoncer à sa consolation, pour se rendre aux besoins du Prochain; que ie me donne à luy sans reserue. La source de son plaisir qui est en moy, a d'autant plus d'intimité en l'Ame saincte, qu'elle a plus de desapropriation de l'effect sensible de ma presence. Elle gagne pareillement le cœur de ceux qu'elle soulage par les deuoirs de la Charité dans son ordre, de laquelle elle goûte les douceurs en tout temps. Au lieu que si l'on vient à se comporter autrement, l'on viura continuellement en peine, & l'inquietude sera sans cesse le tourment de l'Esprit. L'on a beau fuïr, si faudra-il encore ou que de bon gré par le motif d'Amour, ou que par contrainte par la raison de l'obeïssance, ou que par necessité tirée de la condition d'vn chacun, l'on rende du seruice au Prochain dans ses disettes & spirituelles & corporelles. Que si l'Esprit demeure constammét resolu de se satisfaire, pour penser ne pas perdre la saueur de sa pensée; N'est-il pas veritable qu'alors il sentira les remords de sa

Conscience, auec vne si grande fascherie & peine interieure, qu'elle en deuiendra à charge à soy-mesme, & insupportable à ceux de sa conuersation.

Si vous interrogez ces personnes du sujet de leurs angoisses interieures, elles vous répondrõt qu'elles ont perdu la paix de l'Ame & le repos de l'Esprit, qu'elles establissoient parmy la cõsolatiõ spirituelle; & que pour la crainte d'en venir là, elles ont obmis quantité de bõnes œuures qu'elles auoiẽt accoûtumé; ce qui leur persuade qu'elles m'ont beaucoup offensé. I'auoüe qu'elles souffrent ce qu'elles disent; cela n'empesche pas que leur jugement n'estant appuyé que sur l'inconstãce, & sur la legereté de leur delectation, il ne peut faire le discernement du sujet de mon offense. Il connoîtroit que le mal ne consiste pas d'estre priué des faueurs spirituelles & mentales, ny à laisser l'exercice de l'Oraison au temps precisément que la necessité du Prochain, presse qu'on aille le secourir: C'est pluftost, en ce que l'on est treuué sans la Charité du Prochain, que vous deuez aymer & seruir pour l'amour de moy: De maniere que tu apprens que tout l'erreur depend de l'Amour propre, quoy que spirituel que l'õ se porte à soy-mesme. D'où vient que quand ie veux me retirer par les consolations ou visiõs ordinaires; l'õ iuge faussement que l'Ame est priuée de ma grace, encore qu'elle n'en ayt perdu que le simple sentiment pour l'a mieux conduire à la perfection de l'Amour. Neant-

*Faux jugement de l'Ame qui prefere sa consolation au seruice du Prochain.*

moins, elle se laisse gagner à l'ennuy qui remplit le cœur d'amertume ; les fâcheries de plusieurs tentations qui sont entrées en la place de mes delicieux épanchemens, luy font croire qu'elle est déja perduë & enfoncée dans l'Enfer. Son Amour propre spirituel l'empéche de connoître qu'en Verité ie suis en elle; & qu'en qualité de bien Souuerain, ie conserue la bonté de sa volonté, afin qu'elle ne se laisse vaincre dans les efforts des tentations qui la combattent diuersement, à dessein de la gagner à la complaisance de sa propre delectation.

*Prattique asseu-rée pour n'estre pas trompé.*

Tout le secret en cecy consiste, en ce que l'Ame fidele se tienne constamment humiliée en s'estimant indigne de repos & de paix: C'est assez qu'elle me cherche & qu'elle m'embrasse dans la bonne volonté que ie luy conserue, au milieu des assauts les plus violents. Ma retraite sensible l'a doit de s'accoûtumer à desirer seulement la douceur du laict de mes consolations; ie veux mieux; c'est qu'elle se prenne à mon sein, qu'elle s'attache à ma poitrine pour y tirer la mamelle de ma tres-pure & tres-sincere Verité; qu'elle prenne le laict & la chair ensemble, c'est à dire, qu'elle attire à soy les douceurs sainctement embaumées de ma Charité affectueuse, par le moyen de la Chair crucifiée de IESVS mon Fils bien-aymé, & qu'elle suiue sa Doctrine salutaire en laquelle est le chemin asseuré pour arriuer à moy. Si donc l'on se gouuerne auec prudence durant les heures de mon absence, ie ne differeray pas long-temps mon retour, Ie me rendray bien-toſt à l'Ame fidele, auec des Lumieres beaucoup plus belles, auec vne vertu bien plus puiſſante, & auec des ardeurs de Charité incomparablement plus exceſſiues qu'auparauant; ſi elle faict autrement elle ſera accablée d'ennuy, de triſteſſe, & de trouble de l'Eſprit, & croupira dans la tiedeur auec vne fâcheuſe perſeuerance.

## Chapitre XXXVIII.

### Des tromperies de Sathan par les apparitions feintes.

L'Ennemi commun eſt le ſinge de mes œuures; il employe diuers moyens pour deceuoir les Ames, quelquefois meſme il prend l'habit de la condition qu'il a perduë, paroiſſant comme s'il eſtoit vn Ange de Lumiere. En cela il s'accommode au deſir trop curieux ou trop mignard, de ceux qui ont vne inclination preſſante pour les conſolations ou pour les viſions; Il prepare le laſſet pour les tromper dans les allechemens qui ont gagné leur Eſprit; il meſle le poiſon de ſa malice dans le laict s'auoureux des delectatiós ſpirituelles, qu'elles ſuccét en mon ſein bien aymable, où elles veut en auoir vn attachement non interrompu. Ce mal-heureux Ange prend diuerſes formes pour reüſſir à ſõ deſſein; Quelquefois il paroîtra en la poſture de mon Fils, & aſſez ſouuent il voudra ſe fai-

*Sathan trompe ceux qui recherchent les conſolations.*

re voir comme l'vn du nombre des Anges qui m'ont gardé la fidelité, ou comme l'vn des Sainćts bien-heureux en la participation de ma gloire; c'eſt afin d'enueloper l'Ame imprudente en ſes filets, en luy propoſant les amorces de la complaiſance au plaiſir ſpirituel ou la porte deſia la pante de ſon Amour, auec vne auidité comme precipitée.

*Moyen d'éuiter les ruſes de Sathan, contrefaiſant l'Ange de Lumiere.*

Le vray moyen d'éuiter le mal-heur qu'on luy prepare en cecy, c'eſt de ſe comporter auec beaucoup d'humilité pour fuïr courageuſement cet hameçon, par le meſpris de l'attachement reel & veritable à toutes ſortes de viſions & de conſolations. Si la Prudence eſt en cecy bonne ménagere de l'affection pour la ſouſtraire & tant qu'il eſt en elle, que pour la refuſer à ces choſes deſquelles elle ſe iuge entierement indigne, & pour l'appliquer au côtraire auec autant d'efficace que de douceur à l'Amour des vertus; l'aſſeure que cette affection ſe perdra heureuſement en la mienne, qui eſt la ſource de toutes ces riches & liberales profuſions, deſquelles ie ſuis l'autheur & le donateur qui luy doit eſtre plus conſiderable que ce qui n'eſt que l'effect & le ſimple don. Voila comment l'humilité demeure victorieuſe de la ſuperbe de Sathan; voila dis-ie comment l'on ſe ſauue de ſes mains par vn artifice où il ne ſçauroit reſiſter.

*Regles pour diſcerner la viſite de Dieu d'auec celle de l'Ennemy.*

Il ne reſte qu'à t'apprendre les marques veritables pour diſcerner la veritable viſion ſurnaturelle d'auec celle qui eſt fauſſe: Celle qui

qui vient de moy d'auec celle qui a l'Ennemy pour Autheur; Celle-cy se commence toûjours par la joye, laquelle peu à peu degenere en confusion d'Esprit: L'allegresse & la delectation se diminüent & tendent au neant, à mesure que l'Ame employe plus de temps & s'éforce dauantage d'apporter de l'attention pour s'y arrester & s'y complaire. Elle reüssit en cecy auec tant de mauuais succez, qu'il ne luy reste enfin que chagrin, ennuy, affliction & inquietude de cœur vlceré. Il n'est pas ainsi de mes visites; elles impriment d'abord vne saincte crainte; le tremoussemét en l'Ame & au corps qui precede, est bié tost suiuy de joye, de transports & d'asseurance accompagnée d'vne prudence sauoureuse. D'où viét que l'on ne doute pas de la verité, nonobstant le doute respectueux qui prouient de ce que l'Ame dans la connoissance de soy-mesme, ne treuue que de l'indignité pour estre participante d'vne faueur si singuliere.

Elle s'étonne, & au milieu de son rauissemet delicieux, elle dit humblement: Grand Dieu! ie ne suis pas digne de receuoir l'hóneur de vos visites. De quel côté donc me peut venir cette grace, que la Verité Eternellemét viuáte vienne à moy? Elle n'a point plustost produit ce sentiment, qu'elle se change toute en inclination excessiue de se rendre à l'étenduë immense de ma Charité inexprimable, dans laquelle elle voit clairement que mon pouuoir reçoit les ordres de ma volon-

*Estat & sentimens de l'Ame dans les visites de Dieu.*

S

té; que ie donne autāt qu'il me plaît, que la dignité qui m'est propre, est le correctif de l'indignité de ma Creature; & que sō merite n'est ny moindre ny plus grand que celuy que ma Bonté luy communique: En vn mot, elle est renduë digne par la participation de mes grandeurs que ie répands en son sein: C'est donc à moy, que ie regarde quand ie luy fais du bien, & ce mesme bien que ie luy fait, est toute la cause de la dignité & du merite que l'on admire en elle, afin qu'elle me reçoiue & par grace & par sentiment, & par ma presence, & par l'effect sensible de ma presence. De vray, ie ne sçaurois dissimuler le desir qu'elle employe pour me solliciter & pour m'appeller, en disant: Seigneur souuerain! Voila vostre tres-vile seruante preparée, accomplissez tout ce que vostre adorable volōté a disposé de moy, auec autant de sagesse que d'Amour. Par ainsi elle sort de l'Oraison, de ma conuersation & de ma visite remplie d'allegresse & de joye indicible d'Esprit, dans le mariage qu'elle faict de l'humilité tirée de son demerite, & de la Charité qu'elle puise de ma Bonté, comme de la source qui ne tarit iamais de toutes les faueurs que i'épands sur les Creatures.

*Abregé de ce Chapitre.*

Voila ma chere Fille! ce qu'il y a de considerable, pour former vn iugement bien asseuré des bonnes & des fausses visites spirituelles & diuines; Assauoir, que celles-là ne sont iamais sans crainte au commencement; & sās joye & sans vne faim excessiuement auide des vertus au milieu & à la fin ; au lieu que celles-cy, sont accompagnées d'vne certaine allegresse fade & vaine au commencement, qui s'éuanoüit peu à peu, & se termine en vn estrange desordre d'Esprit, que l'Ennemy laisse apres-soy. Ie promets toutesfois, que si l'Ame fidele veut marcher en cét estat auec vne prudence bien humble, elle éuitera toute sorte de tromperies qu'elle ne sçauroit du tout vaincre, tandis qu'elle se comportera auec l'Amour imparfaict, attaché aux consolations de mes visites, en negligeant de se prédre pluſtoſt à la pureté de mon Amour.

## CHAPITRE XXXIX.

*Eſtat de l'Ame qui s'approche du ſouuerain degré de la Perfection, auec les profits qu'elle tire de la deſolation interieure.*

IE ne t'ay pas voulu celer ma tres-chere & bonne Fille ! ny les tromperies où tombent ordinairement les hommes du monde, qui ne sortent pas de l'Amour sensitif en leurs bonnes œuures, quoy que petites, qu'ils produisent au temps de la prosperité ; ny les erreurs de ceux qui ne quittent par leur propre Amour spirituel en leur progrez au bien, parmy les douceurs delicieuses de mes consolations. Ie t'ay voulu encore instruire des moyens que l'Ennemy commun employe, quand il prend la forme d'Ange de Lumiere,

*Pourquoy Dieu permet que l'Ennemy se transforme en Ange de Lumiere.*

S ij

pour deceuoir ceux qui ne suiuront pas les regles que i'ay dressé. C'est ce que ie permets afin que vous & mes autres Seruiteurs, vous vous desgagiez de l'Amour de vostre propre delectation, qui vous desrobe la veuë de la Verité de mon affection, & le discernement du peché où vous estes. C'est encore afin que vous deueniez amoureux des vertus, pour les suiure par le seul motif de l'Amour que vous estes obligé d'auoir pour moy, sans meslange de nulle autre consideration. Il faut toutefois sçauoir, qu'il n'y a que ceux qui croupissent encore en l'imperfection de l'Amour, qui affectionnent moins le donateur, que le present; & qui ont plus d'attachement à la faueur & au bien-faict, qu'à celuy qui en est liberal bien-facteur.

*L'Amé parfai- te cherche Dieu dans ses Dons.*

Pour ce qui regarde l'Ame saincte qui demeure incessamment plongée dans la cônoissance humble de soy-même, elle perd toutes les imperfections qui rendoient & son Amour & ses Oraisons moins agreables à mes yeux ; au lieu du laict sauoureux de mes consolations, elle attire & se remplit de moy-même, par vne auidité sainctement affectueuse, qu'elle emprunte dans la Doctrine de Iesus Crucifié. Sa dilection deuient à mesme temps toute filiale; elle prend toutes les qualitez qui assortissent vne amitié accomplie en toutes ses parties. Il n'y a plus d'Amour mercenaire ny de Charité interessée ; l'on ne regarde pas tant auec l'œil de l'Entendement purifié, la main que le cœur du bien-aymé; ses faueurs font moins d'impression sur l'Eprit que sa volonté; & son affection prend beaucoup plus d'empire que ses dons, sur celuy qui a l'hôneur de les receuoir. Pour oster tout sujet d'excuse de ne se pas côporter ainsi en mô endroit, i'ay voulu rendre le Don inseparable du Donateur, quand auec autant de sagesse que de puissance & d'Amour, i'ay admirablement vni la nature Diuine & la nature humaine en la personne de mon Fils vnique, qui est vne mesme chose auec moy, & que ie vous ay donné au mystere adorable de l'Incarnation: De maniere qu'il vous est du tout impossible ny de prendre, ny de contempler, ny d'aymer le don, que vous ne m'embrassiez pareillement, puis que ie suis le bien-facteur que l'on doit vniquement aymer. Ceux qui en vsent de la sorte, sont sortis de l'Amour imparfaict; ils se sont vuidez des restes de l'Amour propre spirituel; ils sont paruenus iusqu'au dernier degré de la pureté & de la sincerité que l'on peut participer de ma diuine Charité; ils perseuerent constamment en cette excellente connoissãce d'eux-mesmes, de laquelle ils ne se retirent iamais, quant elle est accompagnée de la veuë de ma Bonté, pour s'empescher de tomber dans la confusion.

De vray, c'est en la connoissance de soy-mesme, que l'on conçoit vne haine mortelle cõtre la proprieté de toute sorte de passion sensible, & de toute delectation aux consolatiõs spirituelles. Cette saincte haine fondée en l'humilité profonde, est la mere de la patien-

*Rigueur & exactitude de la cõnoissance de soy-mesme.*

ce veritable, où elle prend de merueilleuses forces pour preualoir contre les assauts de l'Enfer, & contre les persecutions des hommes. Que si d'auanture il se rencontre quelque reuolte en la partie sensuelle, à raison des difficultez qu'il faut vaincre, il se faict vne justice si rigoureuse des moindres premiers mouuemés desreglez, & des plus legers pensées desordonnées, que rien ne demeure qui ne soit puny auec seuerité. Que dis-ie! l'Ame qui en est là venuë, est attentiue sans se distraire vn seul moment à se châtier & à se reprendre elle-même, non seulement en ce qui est côtraire, & en ce qui preuient la Raison; c'est encore assez souuent, en ce qui regarde les mouuemens, les touches & les pensées dont ie suis cause. De vray, c'est le propre des bônes Ames de soupçonner de la faute où il n'y a pas de peché, & de tenir pour suspectes & dans le doubte, les œuures les plus vertueuses & les plus remplies de merite, ainsi que l'a dict sagement l'vn de mes deuots & fideles Seruiteurs. Voila comment il faut attendre les ordres de ma Prouidence auec veille & perseuerance en l'Oraison, comme ont faict les Apostres pour se preparer à la venuë du sainct Esprit.

*Force & prudéce de l'Ame qui a demeuré cachée dans la connoissance de soy-mesme.*

Prends garde aussi ma douce Catherine! que ceux-cy estans sortis du lieu où ils auoiét demeuré enfermez, y ayans laissé la crainte qui les tenoit cachez, Prescherent courageusement la Diuine Doctrine de mon cher Enfant, en mesprisant toute sorte de peines; que dis-ie? ils en faisoient gloire. Les menaces des tyrans, & les tourmens que les puissances de la terre leur proposoient pour les épouuenter ne retardoit pas leur volonté d'annoncer la Verité. Ma gloire auoit plus de pouuoir sur leur Esprit, que tout ce que la rage des Enfers & l'enuie malicieuse des hommes, nourrissoit de fureur allencontre de leur innocence. Ainsi l'Ame saincte ayant attendu auec perseuerance en la tres-humble connoissance de soy-mesme, que ie retournasse apres vne rude absence, deuient en fin embrasée des feux tout purs de ma Diuine Charité, en l'exercice affectueux de laquelle, elle auoit déja durāt qu'elle demeuroit cachée en la retraicte interieure, conçeu les belles productions des vertus en participant de ma Puissance souueraine. C'est auec cette force escortée de la brigade des Vertus que ie viés de dire, qu'elle a glorieusement vaincu la proprieté de la passion sensitiue. Et comme si ce n'estoit point assez; i'ay voulu auec ma puissance, luy donner la participation de la sagesse de mon Fils vnique, afin que par ce moyen elle connût ma Verité, & qu'elle fist le discernement des tromperies de l'Amour propre spirituel, parmy les consolations. Elle luy a encore faict voir la malice de l'Ennemy commun, qui tâchoit de deceuoir l'Esprit qu'il tenoit comme lié par les attachemens des imperfections de cét Amour dont elle s'est heureusement desgagée, auec vne saincte haine,

S iiij

inseparable de ma Diuine Charité, qui n'est pas sans le sainct Esprit duquel elle est vne tres-excellente Imitation. C'est en sa vertu que ie fortifie la volonté qui a passé de la dilection des Amis à celle des Enfans, afin qu'elle souffre toute sorte de peine pour l'amour de moy, & qu'au dehors elle produise dans le sein des autres, les riches conceptions des vertus.

*L'Ame sort de la connoissance de soy-mesme sans la quitter.*

Ie ne veux pas dire que l'Ame quitte iamais la connoissance de ce qu'elle est; le veux seulement dire, que sa sortie se faict par vn certain transport de cœur ou d'affection pour mettre au dehors en plusieurs & differétes manieres, cette riche fecondité qu'elle a côceuë au milieu des Diuines flâmes de mon excessiue Charité. Aussi la crainte de perdre sa consolatió dans le seruice du Prochain en ses besoins est entierement morte; l'Amour des parfaicts est generalement despoüillé de toute sorte d'interest & de recherche de soy-même; il faict que l'homme se perd à sa propre pensée, & à la volonté de se satisfaire aux choses mesmes les plus innocentes, les plus spirituelles & les plus Diuines; Ce troisiême estat dispose à vn quatriesme qui est celuy de l'vnion, ainsi que ie feray voir plus à loisir cy-apres.

*Pourquoy l'Ame parfaicte prend le Fils pour regle de sa vie & non pas le Pere.*

Ma tres-bonne Fille! ouurez les yeux, & voyez que ceux qui ont atteint la perfection de l'Amour, s'auancent à grand pas par le Pont mystique de la Doctrine de Iesus mon Fils Crucifié, lequel est vostre vie, vostre regle & vostre verité. Ils n'ont pas d'autre objet que celuy-là; Il leur sert de guide sur le bois de la Croix; Ils ne me veulent pas prẽdre pour la regle, ny pour la loy de leur vie: ainsi que faisoient les imparfaits en mon Amour, lesquels estans ennemis des peines dont ils auoient auersion, cherchoient aussi vn objet séblable à moi, éloigné de toute peine, & de suiure les odeurs delicieusemét embaumées des consolations qui sont en leur source primitiue dans mon Sein. Ceux-là au contraire embrasez du feu Diuin de mon Amour, & comme s'ils en estoient yures, ont non tant assemblé que surpassé les trois degrez generaux de la perfection que ie t'ay representé aux trois puissances de l'Ame; Ils se sont esleuez au dessus des trois escaliers, ou montées actuelles que ie t'ay tracé au Corps adorable de Iesus crucifié mon Fils vnique. Ils ont quitté ses venerables pieds, ils ont passé par la playe amoureuse de son cœur, dont les secrets rauissants leur ont esté ouuerts; là ils ont trouué l'eaüe du sainct Baptesme, qui tire toute sa vertu de só Sãg precieux & Diuin, par le moyen duquel l'Ame parfaitement disposée, vnie, paistrie, & cimétée en lui reçoit la grace sanctifiante. C'est en cette playe du sacré costé, qu'elle découure les feux embrasez de sa Charité en vn degré excessif, en l'experience & en l'imitation de laquelle elle coniecture l'estat de perfection & de dignité où elle est heureusement éleuée.

## Chapitre XL.

*Les fruicts que l'ame tire du Cœur de Iesus, où diuerses manieres de Baptesme sons representez.*

*Pourquoy est-ce que le Fils de Dieu a permis qu'ō luy ouurist le costé sur la Croix.*

SOuuiens-toy, ma chere Fille! de ce que ma Verité incarnée te répondit vn iour, quād tu luy demādois ainsi : Tres-doux & tres-pur Agneau? pourquoy apres auoir desia rendu l'Esprit sur la Croix, auez vous voulu permettre que l'on vous ouurist le côté d'vn coup de lance, & que l'on vous frapast le cœur pour y faire vne playe si remplie de cruauté? Il te dit alors, ma chere amie! ie l'auois ainsi resolu depuis l'eternité pour plusieurs considerations importantes. Il t'en dit quelque raison à l'heure mesme, sçauoir, Que le desir affectueux qu'il auoit pour le salut de l'homme estoit infiny, & que tous les effects & les operations actuelles des peines & des tourments qu'il auoit souffert estoient quant à elles finies & temporelles, par consequēt qu'il ne pouuoit pas par vn effort de cette nature declarer vn Amour qui estoit infiny en soy-mesme : il voulut que l'on vous ouurist son cœur, afin qu'estant percé iusqu'au plus secret de son intimité, vous pussiez apperceuoir qu'il auoit sans comparaison & infinimēt plus d'Amour, qu'il n'a pû le témoigner au dehors par la souffrance d'vne peine qui estoit moindre que sa cause principale.

D'où vient qu'il fit sortir de cette heureuse playe, le Sang & l'eauë en abondance ; pour representer & sanctifier le Baptesme d'eauë, qui deuoit lauer le monde de ses iniquitez par l'efficace du Sang precieux qu'il espandoit coniointement, auec de si puissantes ardeurs de desirs diuinement embrasez. En cette action il voulut encore signifier deux autres sortes de Baptesmes ; l'vn de Sang pour ceux qui le verseroient pour l'amour de moy, sans auoir pû auparauant receuoir le Baptesme d'eauë. Ceux-cy sont baptisez dans leur sang, vny par la Charité au mien, duquel il tire sa vertu de regenerer à la vie eternelle. L'autre Baptesme est celuy de feu, reserué pour ceux qui n'ont pas pû obtenir le premier Baptesme, quoy qu'ils l'ayent desiré & recherché auec ardeur. Ce Baptesme de feu n'est non plus separé du Sang de mon Fils, que ce Sang precieux est separé du feu de sa diuine Charité : que dis-ie ? ce feu immense en est comme l'Ame & l'Esprit. Il y est meslé & infus dedans, il s'est répandu coniointement auec luy, apres l'auoir pressé de sortir pour de si glorieux succez.

*Baptesmes d'eauë, de sang, & de feu, representez au Cœur de Iesus.*

Outre ces trois Baptesmes, il y en a vn quatriéme, qui n'est pas pourtant Baptesme à proprement parler, cóme les autres, ce n'est seulement que par vne certaine conuenance ou rapport, entant que cét adorable Sang de mon Fils répandu pour la vie de l'homme, est ménagé par ma tres-bonne & tres-amoureuse Prouidence, pour aller au deuant de son

*Baptesme de penitence representé au Cœur de Iesus.*

infirmité & de son inconstāce qui le precipite au peché, sans toutefois aucune cōtrainte, car il n'en sçauroit receuoir s'il ne donne son cōsentement: Il est vray que sa foiblesse & naturelle & morale est l'occasion ordinaire de sa ruïne en perdant ma grace par la coulpe. Mō Amour donc a establi ce quatriesme Baptesme de Sang, dont la vertu se reçoit par la contrition veritable du cœur, & par la confession tres-fidele & tres-entiere de tous les pechez que l'on se souuient auoir commis contre ma Bonté. Cette Confession se doit faire à quelqu'vn de mes Ministres, ausquels i'ay donné les clefs de ce Sang venerable; afin qu'ils le versent par l'absolution, sur la face hideuse & enlaidie de l'Ame pecheresse, qui par ce moyé rentre dans les premieres beautez de ma grace qu'elle auoit perdu. Et afin qu'il ne semble pas que ma Prouidence Diuine ait manqué de preuenir tous les besoins de ma creature en toute sorte d'extremitez, Ie me rends moy-mesme le dispensateur de ce precieux Sang, quand, manque de Confesseur, l'on excite vne puissante contrition auec vne ferme resolution de se confesser à la premiere commodité. Ie veux neantmoins, & ie commande que l'on ayt à se confesser actuellement, quant l'on peut auoir la presence de quelqu'vn de ceux que i'ay commis à ce Diuin Ministere.

*Importāce de ne pas remettre la Confession à l'article de la mort.*

Ie dis encore plus que cela; si d'auanture quelqu'vn estant à l'extremité de la vie, vouloit de bon cœur, pressé d'vne douleur veritable se confesser, sans le pouuoir faire, Ie le receuray pareillement à ma grace par l'application reelle de la vertu de ce mesme Sang. I'auise toutefois que personne ne soit si sot de viure auec cette esperance, & de remettre à disposer de l'affaire de son salut à cette derniere heure; de crainte qu'armé du zele de ma Iustice!, ie ne luy reproche son endurcissement déplorable, & que ie ne luy dise: Malheureux! tu n'a pas voulu te souuenir de moy quand tu le pouuois faire durant la vie, & maintenant que tu le voudrois à l'article de la mort, Ie neglige à mon tour de me souuenir de toy. Voyez, Catherine! l'importance de ne pas vser de remise, & de prendre du delay pour s'amander. Quoy que ie dise, ce n'est pas qu'encore que l'on ait méprisé les occasions de recouurer ma grace durant tout le temps de la vie, ie veüille que l'on perde iamais l'esperance en ce Sang pour s'y baptiser en cette maniere: Ie veux au contraire que l'on y perseuere iusqu'à la fin.

De vray, cette sorte de Baptesme est ordonné par ma Bonté excessiuemét affectueuse, pour estre continuel à l'vsage du genre humain, dans lequel tu peux voir que l'ouurage de mon Fils parmy les peines cruelles de la Croix est finy & borné, & que le fruict au cótraire retient de l'infinité du desir amoureux qui excede infiniment au dessus de la peine. Cela se faict par la vertu de la Nature Diuine infinie conjointe à la nature humaine, laquelle estant finie, a souffert la peine en la per-

*La vertu du Sãg de Iesus est infinie.*

sonne de mon Fils faict homme. Et parce que les deux Natures sont cōme meslées & comme paistries l'vne auec l'autre, sans que toutefois la bassesse de la Nature de l'vne, oste rien de la grandeur de l'autre, ny que l'eminence de celle-cy, détruise ou diminuë la condition de celle-là; la Nature Diuine a attiré à soy la peine : ce n'est pas qu'il faille se persuader qu'elle en soit susceptible, c'estoit plustost pour luy communiquer la toute-puissance de sa vertu tandis que IESVS souffre sur la Croix.

*En quoy cōsiste l'infinité de la vertu du Sang de Iesus.*

L'on peut asseurer en cette maniere que les peines sont infinies, encore que de leur nature elles ne soient pas telles, ny actuellement quand au corps, ny effectiuement quand au desir que son Ame auoit de mettre la derniere main au rachapt du monde qui a pris fin à la Croix en la separation de l'Ame. Le fruict pourtant qui est yssu de cette peine & du desir absolument de vostre salut demeure infiny, aussi le receuez-vous d'vne façon infinie: autremēt tous les hommes, tant presens que passez, & qui doiuent venir apres, estās tombez miserablement dans le peché, ne pourroient se restablir à ma gloire, si ce Baptesme de sang ne vous eust esté liberalemēt donné auec vn fruict infiny. Entrez donc en l'ouuerture du sacré costé de mon Fils, sondez iusques dans la plus secrette profondeur de son cœur, & voyez que la Volonté qu'il a euë de vous aymer, a esté sans comparaison plus grande que le pouuoir de le vous témoigner par aucune peine ou tourment sensible. Apprenez-y que ce n'est pas le Sang precisémét, mais le Sang conioint au feu, & remply des flammes de ma Diuine Charité, qu'il a répandu dans le Baptesme general & commun à tous les Chrestiens! C'est dans l'eauë de ce sacré Baptesme où l'Ame est admirablement détrempée, penetrée & possedée de ce Sang diuinement embrasé, pour estre paistrie & formée comme vne paste sacrée, & deuenir auec tous les Chrestiens vn Pain & vn Corps mystique ensemble auec mon Fils, digne de m'estre presenté.

## Chapitre XLI.

*Continuité d'Oraison, ioye spirituelle, & la patience, marques que l'Ame parfaite est paruenuë à la bouche de Iesus.*

J'Ay voulu, ma douce Fille! te repeter ces choses que tu auois auparauant apprises de mon Fils; afin que tu connoisse de plus en plus l'eminence de la perfection de l'Ame qui est paruenuë au second escalier des montées de l'Amour Sainct, duquel elle attire vn merueilleux feu qui la rend bien-tost toute embrasée, pour la faire courir promptement iusqu'au troisiéme degré estably en la Bouche. Au second degré, elle est entrée au profond du Cœur, elle y trouue le souuenir côtinuel du Sãg precieux où elle a esté baptisée, elle s'y desfait de l'imperfection de sa Cha-

*L'ame saincte paruenuë à la bouche de Iesus.*

rité par le moyen de la connoissance qu'elle tire de l'Amour du cœur qu'elle voit quelle sauoure, & qu'elle épreuue comme dans vn Abysme de feu incomprehensible. Ceux qui en sont venus-là, ont toutes les dispositions necessaires pour s'approcher de la Bouche de laquelle mesme ils prennent l'office. De vray, si la Bouche parle auec la langue qu'elle tient enfermée; si elle sauoure par le goust, si elle masche la viande auec les dents auant que l'enuoyer dans l'estomach, qui autremét ne la sçauroit, ny aualer, ny digerer. De mesme, l'Ame saincte éleuée à cét auguste estat de perfectió d'Amour, parle à moy incessammét auec la langue de l'oraison continuelle reserrée dans la bouche du saint desir: ce qu'elle faict en deux manieres, actuellement & mentalement. J'appelle parler mental, quand l'Ame de cette éleuation me presente les doux & agreables desirs de son Amour; & le parler actuel, quand elle répand la Doctrine de ma verité sur le Prochain, qu'elle exhorte & qu'elle conseille pour le bien, & quand elle faict vne genereuse Confession de sa Foy, selon les maximes de ma Religion, sans aucune crainte des persecutions que le monde lui peut procurer; Quant, dis-ie, auec vne hardiesse toute Diuine, sans respect & sans consideration humaine, elle publie par tout mes veritez eternelles en differentes manieres, deuant toute sorte de puissances & de conditions d'hommes.

*Double parler de l'Ame parfaite.*

*Nourriture &*

Par ainsi elle se repaist auec plaisir du desir

du salut des Ames, comme d'vne viande sain- *rassasiement de*
ctement delicieuse qu'elle mange à ma plus *l'Ame parfaite.*
grande gloire, & qu'elle prend sur la table
magnifique de la glorieuse Croix de mõ Fils,
hors laquelle il luy seroit du tout impossible
de faire vn si bon & vn si excellent repas. Les
dents qui mâchent cette viande, & qui la
rendent disposée pour estre transmise en l'e-
stomach, & pour y estre digerée, sont la haine de soy-mesme & des vices de son Prochain, & l'Amour des vertus en soy & aux
autres. Par ce moyen l'on masche pareillement toute sorte d'iniures, d'opprobres, de
détractions, de blasmes, & vne infinité d'autres persecutiõs; l'on endure la faim, la soif, le
froid, le chaud, les angoisses d'esprit, les desirs penibles, les larmes & les sueurs qui naissent en la poursuite genereuse de la conqueste & du salut des Ames : L'on prend,
l'on masche, & l'on auale toutes ces choses & plusieurs autres pour l'amour de
moy auec vne patience d'vne trempe toute Diuine, en supportant les defauts person-
nels & les malices des autres. Apres que tout
est ainsi masché, le palais de l'Ame commence à gouster les delicieuses saueurs du fruict
des trauaux & des peines tant du Corps que
de l'esprit; l'on se noye dans le plaisir excessif
que l'on trouue dans l'auancement du salut
du Prochain : les douceurs que l'on en tire
sont d'autant plus excessiues, qu'elles sont
prises estant assaisonnées & confites au feu
de la Charité.

T

Par ce moyen cette viande est envoyée au desir qui en estoit estrangement affamé, de laquelle se remplissant, il la digere & la rumine auec plaisir par la chaleur viue & cordiale de l'Amour ; De sorte qu'il vient à perdre entierement la tendresse & l'affection à toute proprieté de la vie corporelle, pour se nourrir mieux à son aise en la table de la Croix & de la Doctrine de Iesus crucifié. Alors l'Ame fidele s'engraisse des vertus reelles & veritables; sa refection est si pleine, que le vestement exterieur (c'est le corps qui couure l'Ame) se déchire & se rompt quand à l'appetit sensitif, qui demeure mort entierement, tandis que la volonté bien ordonnée vit d'vne vie tres-heureuse en ma volonté, de laquelle elle s'est reuestuë depuis qu'elle a gousté, les douceurs enyurantes de ma Charité. C'est ce qui faict qu'en cette belle bouche de mon Fils elle trouue la paix & le repos, qui en découle par vn baiser amoureusement delicieux qu'elle prend. Cette paisible tranquillité a tant d'asseurance, qu'il n'y a pas de puissance qui la sçache interrompre.

*Paix, ioye, & promptitude que l'Ame a en la bouche de Iesus.*

De vray, de quel costé viendroit le trouble depuis qu'il n'y a plus de volonté propre, au renoncement de laquelle consiste la facilité de mettre les vertus en exercice, d'en produire les plus genereuses prattiques enuers le Prochain, sans peine, sans resistance, & sans douleur ? Ie ne veux pas dire que les peines ne soient tousiours peines à ceux qui les souffrent ; l'entends seulement qu'elles ne sont pas prises comme telles, par vn esprit qui est mort à sa propre complaisance, & qui volontairement & de gayeté de cœur les embrasse, leur faict l'amour & les caresse à ma seule consideration. Ceux qui sont en cét estat ne marchent pas, c'est encore trop peu de dire qu'ils courent, non; Ils volent auec vne impetuosité transportante par le chemin de la Doctrine salutaire de Iesus crucifié. Les iniures qui leur sont faites, les persecutions qu'on leur procure, les tribulations qu'on leur prepare ne sçauroient du tout intercepter leur chemin, ny retarder leur voyage. Les delices du monde ont encore moins de prise sur leur resolution pour pêser les amuser; Ils sont au dessus des aduersitez & des prosperitez tant spirituelles que corporelles, auec vne force inuincible, & auec vne perseuerance qui ne rebrousse iamais en arriere. Ils ne cherchent plus rien pour leur profit particulier en mon Amour & en celuy de leur Prochain, qui les puisse rendre impatients, pesants & negligents en la lysse genereuse des vertus. La patience & la promptitude sont inseparables d'vn cœur reuestu de l'affection de ma Charité; & eux m'aymâts pour l'amour de moy-mesme, & parce que ie merite d'estre souuerainement aimé en qualité de Bonté souueraine, & qu'ils ayment pareillement leur Prochain par ce mesme motif, c'est à dire, pour me rendre gloire, ils deuiennent patients, forts & perseuerants à souffrir toutes les choses fâcheuses & contraires à l'Amour propre.

## Chapitre XLII.

*La Conformité, la Force, & la Patience, marques que l'Ame est arrivée au souuerain degré de la perfection.*

*Grandeurs des Ames parfaites.*

Voicy, ma tres-agreable Fille! les trois Vertus, cóme les trois agreables fruits de la diuine Charité sur eminente où elles prennent tout leur fondement, leur merite, & leur beauté, assauoir, la Patience, la Force, & la Perseuerance; Elles sont couronnées en cette vie du diademe des sainctes lumieres de la Foy viue. C'est à la faueur de ces splédeurs que l'Ame parfaite s'auance auec vne vîtesse, laquelle imite celle des Seraphims, dans le chemin de la verité; & qu'elle s'éleue au dessus de toutes les hauteurs de l'Amour sacré, estant rauie par le transport de ses desirs: D'où vient qu'il n'y a rien dans l'Vniuers capable de l'offencer, les Demons mesme n'osent l'approcher par leurs tentations; les flammes sacrées de son Amour leur donne plus de crainte, que les feux desesperez qui les deuorent auec desespoir; les iniures des hommes & leurs detractions, ne l'alterent pas; les persecutions aussi malicieuses que pleines d'enuie & d'iniustice que le monde luy suscite, ne luy faict rien perdre de la douce tranquillité de son Esprit. C'est ainsi que ma Bonté dispose de mes bons Amis; afin de les fortifier & de les faire grands deuant moy

& deuant le monde, à mesure qu'ils se sont faits petits, & que leur humilité a esté plus profonde. Ne voit-t'on pas cette verité en la personne de mes Saincts ? ne les ay-ie pas honoré de la grandeur qui m'est propre, par la participatió de ma vie de gloire? Ne les ay-ie pas encore rédus eminents dãs le Corps mystique de l'Eglise, où il se fait iournellemét vne glorieuse memoire de leurs Noms, à l'imitation de ce qu'ils sont écrits en moy qui suis le liure de vie? si le monde les adore maintenant, c'est parce qu'ils l'ont eu en horreur.

*Proprietez des Ames parfaites.*

Ceux qui suiuent leur exemple, & la sainctété de leurs mœurs ne cachent pas leurs vertus par le motif de la Crainte, ouy bien par celuy de l'humilité ; ils ne se reseruent pas eux-mesme pour l'apprehensió d'aucune peine, où de perdre leur propre consolation : au contraire ils se portent courageusement & fidelement aux occasions ou leur Prochain a besoin de leur seruices, dans lesquels ils se negligent & ils s'oublient pour y pouuoir mieux reüssir. Il n'y a pas de condition de vie où ils ne prennent plaisir; Toute sorte de temps, de lieux, de circonstãces, d'emplois & d'exercices les réioüit, & par tout ils trouuent vne cótinuité de repos, comme s'ils nageoient incessamment dans vne mer immense de profonde paix. La raison de cecy, c'est qu'ils ne me veulent pas seruir à leur mode, ouy bié plustost à la mienne ; ils ne prennent pas la loy de leur propre volonté aux prattiques qu'ils employent pour se rendre agreables à mes yeux: au contraire ils suiuent en cela & en toutes choses les ordres de mon bon plaisir, auquel vniquement ils desirent d'apporter de l'agreément & de la complaisance.

*Indifference & conformité de l'Ame parfaite.*

D'où vient qu'ils acquierét vne tres-haute indifference pour la consolation & pour la desolation, pour l'aduersité & pour la prosperité; Ils conseruent vne égale modestie d'esprit pour l'vn & pour l'autre de ses Estats; & leur iugement tient la baláce iuste pour donner autant de prix & d'estime à tous les deux. De vray ils trouuent tout ce qu'ils desirent en ma volonté, sans laquelle rien ne leur sçauroit arriuer de nouueau. Ils n'ont pas d'autre idée en toutes choses, que de prendre vne parfaite conformité à mon bon plaisir en tous les lieux, en tous les temps, & en toutes les occasions où ils se rencontrent. Ils sçauent bien que ie fais tout auec mystere, par les ordres tres-sages & sainctement reglez de ma bonne Prouidence. Il n'y a que le peché qui n'entre pas au nombre de mes ouurages, aussi ie le desauoüe, comme estant hors du rang des choses; Il est vn pur & veritable neant: c'est pour cela que mes Eleus luy portent vne haine mortelle, & qu'à son exclusion ils ayment tout le reste, & cela mesme qui porte en l'opinion des hommes le titre de plus grand mal-heur. Vous ne sçauriez croire, Catherine! comment cecy donne de la fermeté, du courage, & de la perseuerance à la resolution que l'Ame de cette perfection

à saincte Catherine de Sienne. 295

a prise de s'auancer en cette tres-auguste & sureminente lisse ; afin qu'elle ne se soucie pas beaucoup, ny de l'ingratitude des vns, ny des reproches & des iniures des autres touchant les bonnes œuures, qu'elle met en pratique au seruice du Prochain. Les blasmes des hommes fortifiez en leur malice ne les empesche pas pour cela de crier incessamment pour eux deuant moy, par leurs Oraisons feruentes & par leurs soûpirs amoureusement affectueux ; Le dommage de leur Ame luy donne de l'affliction, tandis qu'elle se réjoüit des iniures dont on la charge ; & tandis qu'elle abysme sa complaisance dans le tort qu'on luy faict, elle se meurt de déplaisir, qu'en cela ma Bôté demeure griefuemét offencée. N'est-ce pas ce que le glorieux sainct Paul, ma trompette dans le monde, disoit de soy & de ses autres compagnons: L'on nous charge de maledictions, que nous payós de benedictions ; L'on nous persecute, & nous le supportons auec actions de graces. Au lieu de nous fâcher contre ceux qui nous haïssent comme des Anathemes execrables, & comme des balieures publiques que l'on iette auec mépris, nous prions auec d'autant plus de ferueur d'esprit pour leur amendement, qu'ils employent plus de malice pour se deffaire de nous.

*Maledicimur & benedicimus; persecutioné patimur, & sustinemus ; blasphemamur & obsecramus ; tanquã purgamenta huius mundi facti sumus, &c. 1. Cor. 4. v. 12. 13.*

Tu vois donc, ma tres-aimable Fille! qu'il y a plusieurs marques pour connoistre que l'Ame sainte est paruenuë au degré tres-eminent de la perfection. Ie t'asseure pourtant,

*La patience est la marque la plus asseurée que l'Ame est parfaite.*

T iiij

qu'entre toutes celles qui peuuent seruir de coniecture bien asseurée, il n'y en sçauroit auoir de plus certaine que celle de la patience heroïque, qui témoigne qu'elle est heureusement sortie de l'Amour imparfaict duquel elle ne retient plus rien ; Tout ce qui reste en elle d'Amour est tout pur, tout sincere, & tout sainctement détaché, tandis qu'elle demeure attentiue, non tant à la suite, qu'à l'imitatiō aussi exacte que genereuse du tres-doux Agneau sans tâche, mon Fils vnique, qui estant attaché sur l'Arbre de la Croix, moins par les clouds cruels de fer, que par les estreintes excessiuement affectueuses de sa Charité, ne voulut iamais en descédre nonobstant les insultations & les reproches des Iuifs, crians à luy, descends donc de la Croix, & puis nous croirons que tu es Fils de Dieu. La veuë de vos ingratitudes n'a pas refroidy son cœur de perseuerer iusqu'à la fin en l'obeissance que ie luy auois commandée; Il s'en est acquitté auec vne si grande modestie d'esprit & de corps, que l'on n'entendit iamais aucune parole qui ressentit le murmure contre mes ordres. Mes bons Enfans & mes plus fideles seruiteurs se comportent ainsi en la suite de sa Doctrine, & de l'imitation de ses exemples. Les caresses & les menaces du siecle ne leur font iamais destourner les yeux de dessus ma Verité, non pas mesme pour regarder les objets qui les veulent surprendre, ny les sujets qui pretendent de les espouuanter. Ils ne veulent pas quitter le champ de

Qui in agro hon-

bataille, non plus que l'occasion de combatre pour retourner en la maison à dessein de reprendre la robe de la propre complaisance qu'ils auoient oubliée, & qui leur donnoit vne tres-puissãte inclinatiõ de se faire agréer aux Creatures aussi bien qu'vne tres-pressante auersiõ pour leur déplaire plûtôt qu'à moy qui suis le souuerain bien la derniere fin de toutes choses; puis que ie suis leur Createur. Ils sont bien esloignez de ietter les armes par terre; ils prennent goust au combat, la meslée leur plaît, & ils embrassent l'occasion de gayeté de cœur.

De vray ils sont yures du Sang adorable de Iesus mon Fils Crucifié, i'ay mis ce Sang dans le celier sacré de mon Eglise saincte, pour dõner des forces & du courage à ceux qui desirent de se rendre habiles & vaillans soldats, contre les trois Ennemys communs, la chair fragile, le Monde pipeur & le Demon cruellement enuieux. Suffit qu'ils sçachent bien se seruir du glaiue à double tranchant de la haine du vice, & de l'Amour des vertus; & qu'ils soiét bié couuerts de ma Charité & de celle du Prochain, pour parer les coups du party contraire, qui attaque auec vne puissante armée de vices & de differentes passiõs. De maniere qu'ils ne pourront iamais estre blessez, si de gré ils ne veulent eux-mesmes se desarmer & mettre auec les mains de leur Arbitre leurs propres armes entre les mains de leurs Ennemys, & par ce moyen se rendre à leur discretion. C'est ce que n'auront garde

*reuertatur tollere tunicam suam. Matth. 24. v. 18.*

*L'Ame parfaite tire la force de sa patience, du Sang de Iesus.*

de faire ceux qui se sont gorgez de ce Sang adorable, duquel la puissance les fortifie pour perseuerer iusqu'à la fin a soûtenir les assauts, & à faire les riches & belles conquestes pleines de vertu où les Ennemis demeurent entierement gagnez.

*Loüanges de la vertu, & particulierement de la Patience.*

O vertu! que tu est genereuse, triomphante & pleine de gloire, non seulement par l'approbation que ie te donne en la complaisance que ie préds en toy; c'est encore parce que ton éclat brille mesme aux yeux aueuglez des meschans; De vray, ils ne sçauroient faire autrement qu'ils ne participent de ta belle Lumiere, qui possede l'Ame de mes bons & fideles Seruiteurs. Qu'il ne soit ainsi; n'est-il pas veritable que la debonnaireté de ceux-cy paroît dauantage en la haine de ceux-là; & que leur affection pressante pour desirer le salut de ceux qui les harrassent de persecutions, adjoûte vne beauté qui ne se fust iamais rencontrée sans cette circonstance? En l'enuie des vns, l'estenduë de la Charité des autres se prouoque de plus en plus; La pieté & la misericorde des Bons, éclatte dauantage en la presence de la cruauté des meschans, qui à mesure qu'ils deuiennent plus barbares & inhumains, ceux-là au contraire se font voir plus pitoyables, plus complaisans & plus misericordieux. Pour dire tout en vn mot, la patience deuient plus agreable au milieu des iniures où elle se monstre comme vne heroïne ou Reyne puissante, qui commande sur toutes les vertus, pour estre la defense & le

à saincte Catherine de Sienne. 299
corps de garde de la Charité. C'est à son épreuue que l'on iuge de la veritable ou de la fausse vertu en l'Ame, & que l'on asseure si son fondement est en verité estably en ma Bonté, ou s'il est appuyé sur la recherche du propre interest & de l'Amour desreglé de soy-même. La patience est toûjours victorieuse, & elle n'est iamais battuë; Aussi la force ne l'abandonne iamais; Elle retourne en tout temps saine & sauue en la maison, estant toute chargée & riche de triomphes, couuerte de Palmes de l'Auriers. En sortant du champ de bataille où elle a faict vaillammét, elle retourne à moy, pour ietter à mes pieds les victoires emportées par les aydes de ma grace. Et come ie suis le principal Autheur du bon-heur de mes fideles Seruiteurs, aux glorieux succez de leurs combats; Ie suis pareillement le Remunerateur de tous les trauaux qu'ils ont infatigablement enduré iusqu'à la fin pour ma plus grande gloire. Dont la couronne leur sera donnée de ma main liberale.

## Chapitre XLIII.

*Estat de l'Ame qui a faict du progrez dans la perfection du sainct Amour, iusqu'au degré sur eminent & extatique. C'est icy l'estat où estoit arriuée Saincte Catherine de Sienne, au rapport du R. Pere Raymond de Capoüe son Confesseur, & depuis General de l'Ordre de sainct Dominique.*

*Il y a vn quatriésme degré de perfection qui en la chose n'est pas different du troisiésme.*

IVsques icy Catherine! vous auez veu les marques de la perfection, tant de l'Amour fidele que de l'Amour filial; Ie ne sçaurois m'empescher de te descouurir le plaisir excessif que ceux-cy sauourent dés cette vie, quoy que l'Ame soit encore prisonniere dans le corps mortel. Il faut donc que tu sçache que l'Ame saincte ayant atteint le troisiéme estat, elle commence d'entrer dans vn quatriéme, qui ne faict pas pourtant vne montée separée de la troisiême : Ce sont deux Estats vnis ensemble auec des estreintes si puissantes, que l'vn ne sçauroit estre sans l'autre : de mê-me que la Charité du Prochain, laquelle ne sçauroit subsister sans la mienne ainsi que ie t'ay déja dit. Ce quatriéme n'est que comme le fruict qui est au sommet de l'arbre ; Aussi est-il la tres-riche production de ce troisié-me estat par vne parfaicte vnion qui se faict entre l'Esprit & moy, où il reçoit force sur force si auant, que comme si ce n'estoit pas assez d'endurer toutes choses auec vne patience qui ne flechit iamais, il sent de nouueau vn desir angoisseux & comme vne impatience amoureuse dans sa patience d'vne trempe diuine, de souffrir plus qu'il n'a encore faict, toute sorte de peines sans reserue pour ma plus grande gloire.

L'Ame qui est venuë iusques-là, est sans doute dans cét ordre de perfection, qui faisoit dire à ma diuine trompette sainct Paul: Ie mets le haut point de ma gloire parmy les infirmitez qu'il plaît à la diuine Misericorde de me ménager, afin que ie participe de la vertu de Iesus son Fils vnique. Ailleurs il dict: qu'il n'a garde de prendre de complaisance qu'en la Croix du même Redempteur. Et en vn autre rencontre, il asseure, qu'il porte en sa Chair les heureuses Cicatrices de ce même Dieu faict homme. Aussi ceux qui luy ressemblent & qui s'approchent de luy par l'Imitation de son estat, estans comme transportez de la douce fureur de mon Amour, & de la faim insatiablement auide du salut du Prochain; afin de pouuoir se rendre plus vtiles enuers luy, & pour plus facilement mettre les vertus en exercice, courét de toutes leurs forces à la table de la tres-saincte & tres-adorable Croix; ils s'y rassasiét des peines & des opprobres qu'ils desirent éperduëment, & sans quoy ils ne pensent pas pouuoir reüssir auec beaucoup de gloire à leur dessein. Et cô-

*Desir de transformation en Iesus Crucifié, marque de l'Ame extatique.*

*Libenter gloriabor in infirmitatibus meis, vt inhabitet in me virtus Christi.*

*Mihi absit gloriari nisi in Cruce Domini nostri Iesu Christi. Gal. 6. v. 14.*

*Ego enim stigmata Domini Iesu in corpore meo porto. ibid. v. 17.*

me si ce n'eſtoit pas encore aſſez de s'engorger interieurement, afin qu'il y aye vne parfaicte correſpondance entre leur Corps & leur Ame, & que l'Amour paſſionné de celle-cy, ſe deſcharge ſur la chair de celuy-là ; leur propre vie leur eſt enuieuſe ſi inceſſamment, ils ne portent exterieurement les ſtigmates, c'eſt à dire, les marques des playes de IESVS Crucifié. C'eſt pour cela qu'ils entreprennét de ſe traicter de meſpris en toute ſorte de rècontres; que les tourmens, les angoiſſes & les douleurs tiennent lieu en leur Eſprit de motif & d'occaſions de ſe ſatisfaire delicieuſement. Ils n'ont pas d'égard ſi ie ſuis la cauſe prochaine de leurs peines & de leurs conſolations, ou ſi c'eſt les Demons ou les autres Creatures; de quel côté que la choſe vienne, ils ſont en cette diſpoſition, que toute ſorte de peines leur eſt ſujet de plaiſir, & toute ſorte de plaiſir leur eſt matiere de deſplaiſir & de trauail.

*Deſaueu & renoncement à toute ſorte de conſolations, marque de l'Ame extatique.*

Ce ſeroit trop peu à l'ardeur preſſante de leur Amour, d'auoir du deſdain pour les delectations que le monde leur preſente, ils n'exceptent pas même celles qui leur ſont deuës legitimement par mes ordres, quand ie prouoque les cœurs des hommes à les traitter de reſpect, & de les aſſiſter conformemét à leur merite, aux occaſions où ils ſouffrent de la neceſſité. Ils ſont encore plus que cela ; ils ne pardonnent pas iuſqu'aux delicieux épanchemens que ie verſe comme Pere dans le vaſte ſein de leurs Ames : la ſaincte haine qu'ils ont conceu contre eux-mêmes, ioincte à l'humilité profonde, qui est sa Fille & la Mere nourrice de la Charité, les leur fait mespriser, s'estimans en estre tres-indignes. Ie ne veux pas dire qu'ils mesprisent ny ma grace ny le don de ma consolation, ils seroient des ingrats & des sacrileges execrables, non; ils refusent seulemét auec desdain & auec auersion, la delectation capable de satisfaire sensiblement le desir de l'Ame dans la consolation.

Tu vois donc, ma bonne Fille! comment ils portent glorieusement en leur pensée & en leur chair, en leur Esprit & en leurs Corps, les stigmates & les marques veritables de la passion & de la mort de mon Fils: ce qui faict que iamais ie ne me separe d'auec eux par sétiment experimétal, plus actuel qu'habituel. Ie ne me comporte plus à leur endroit, en la maniere que i'ay dict auparauant que ie me retirois, & puis que ie retournois non par ma grace mais par sentiment: & ceux-cy ont cōtinuellement l'vn & l'autre de ces admirables effects de ma presence surnaturelle en l'Ame du Iuste. C'est ainsi que ie traicte ces tres-Parfaicts, qui ont atteint le sureminent estage de la perfection, estans auparauant morts à toute proprieté de leur volonté. Ie prends vn delicieux repos en leur Esprit par grace & par sentiment: c'est à dire, que toutes les fois qu'ils veulent esleuer leur pensée pour s'vnir à ma Bonté souueraine, par inclinatió amoureusemét trāsportāte, ils le peuuét faire auec

*Estat souuerain de l'vnion de l'Ame auec Dieu.*

aisące. De vray leur desir affectueux est déja si parfaitemét preuenu & gagné par les estreintes puissantes de ma Charité, qu'ils ne sçauroient en estre retardez pour aucun accident qui puisse arriuer. Tout lieu leur est commode, tout temps leurs est propre, toute sorte de rencontres, voire même les occasionnelles & les non preueuës, leur seruét pour faire Oraison. Qu'il ne soit ainsi; leur conuersatió n'est-elle pas esleuée de la terre, depuis qu'ils se sót dépoüillez des affections desordonnées des Creatures, & qu'ils ont faict mourir leur propre Amour, & sensitif & spirituel ? ne se sont ils pas, dis-ie, esleués par ce moyen au dessus d'eux-mêmes, auec les pieds, ou si vous voulez auec les aisles des affections sainctes, par l'Eschelle de vertus, ayans passé par les trois montées que ie t'ay representé au Corps precieux de mon Fils vnique ? Au premier Estat, ils ont purgé les pieds de leurs affections non tant des soüillures comme de l'amour du Vice. Au second, ils ont conçeu vn Amour pour les vertus dans le secret du cœur, où ils ont goûté les sauoureuses douceurs de ma Charité en celle de IESVS Crucifié. Et au troisiéme qui contient la paix de l'Esprit, où ils ont faict l'épreuue veritable des vertus, s'estans esleuez de l'Amour imparfaict, pour atteindre celuy qui en possede la plus haute & la plus Auguste perfection, ils ont treuué le repos & la quietude tant de l'Oraison que de l'Esprit, du desir & de l'affection.

*Le sein du Pere*    Là ils ont treuué la table & la viande que l'on

l’on sert dessus auec le Seruiteur qui la pre- *est la table & le*
sente; on leur dit: beuuez, mangez, & eny- *lict de l’Ame ex-*
urez-vous, puis que vous estes entrez au nõ- *tatique où elle*
bre des meilleurs Amis: C’est ce qu’ils ne *mange & elle*
peuuent refuser; ils sauourent donc les mets *embrasse son E-*
delicieux qui leur sont presentez par le moyé *poux.*
de la Doctrine de mon Fils en Croix. Ma che-
re Catherine! c’est moy qui suis le lict nu- * *Comedite a-*
ptial où les tres-chastes Epouses embrassent *mici & bibite &*
leur Epoux mon Fils; c’est mon sein deli- *inebriamini*
cieux qui est la couche Royale de ce Roy pa- *Charissimi.*
cifique; c’est en l’immensité de ma diuine Poi- *Cant. 5.v.1.*
trine, où l’Ame sainte iouït des rauissemens
de ses estreintes amoureuses, & où tout à la
fois il prend le rassasiement sauoureux qu’il
contient en qualité qu’il est sa viande & sa
nourriture. Il est donc la viande, ie suis la table, & le S. Esprit qui procede de nous deux,
en est le Seruiteur, par le moyen des graces &
des faueurs qu’il vous donne par sa debonnaireté, pour la disposition necessaire. Oüy,
i’enuoye continuellement ce Diuin, ce doux
& cet adorable Paraclet égal à moy, pour porter de mes nouuelles à l’Ame sainte & pour
m’en rapporter de sa part; Il me presente ses
peines & ses œuures, il m’offre ses desirs affectueux, soit parmy les douceurs, soit parmy
les amertumes qui donnent de l’exercice à sa
modestie, tandis qu’il luy rend de mon costé
le fruict de la diuine Charité qu’elle a témoigné parmy les trauaux de sa vie.

Quand i’ay dit que le Verbe Diuin mon *Le sainct Esprit*
Fils estoit la viande de l’Ame de cette subli- *donne le Fils, &*

V

*comme viande & côme Epoux à cette Ame.*

me éleuation; ce n'est pas seulement par ce qu'en l'vnion qu'elle a auec luy, elle se repaist en luy du desir du salut des autres, ny encore parce que vous receuez veritablemét au Sacrement de la diuine Eucharistie sa Chair & son Sang, pour la fin que ie t'ay auparauant enseigné; ie veux encore dire autre chose; C'est que le sainct Esprit en l'estat de la souueraine vnion, applique la bouche de l'Ame à mon Sein tout aymable, pour là, luy faire sauourer les douceurs de mon Verbe, qui luy sert de continuel banquet & de delicieux repas; par ainsi elle me possede toûjours par sentiment, duquel les douceurs prennét accroissement, à mesure qu'elle a plus de dégoût de toute autre delectation, par le choix qu'elle a fait de porter l'Imitatiõ de la Croix: & à mesure qu'elle est deuenuë insensible à toute autre affection. Aussi est-elle embrasée des viues flammes de mon Amour, qui ont consumé la proprieté de la volonté; à raison dequoy l'Ennemy n'ozeroit s'en approcher de prés, tant il conçoit d'horreur de ce feu sacré continuellement ardant & brûlant dans sa poitrine, c'est de loing qu'il entreprend de l'attaquer. Pour ce qui est du monde, il trauaille inutilement & auec beaucoup de mauuais succez, quand il pense faire entamure en son Esprit, par les fleches enuenimées des iniures, des persecutiõs & des murmures; la place est trop bien fortifiée pour reüssir à son dessein.

*L'Ame arriuée* I'auoüe que le Corps demeure quelquefois

offensé, l'Ame toutefois ne sçauroit estre tant soit peu blessée; au contraire i'auoüe que les fléches de sa propre malice retournent desastreusement sur ceux-là qui les ont ietté, d'où ils reçoiuent des playes quelquefois desesperées, elle demeure de son côté satisfaite & contente, & tout à la fois bié-heureuse & accablée de douleurs. Ie l'appelle bien-heureuse, à raison de l'vnion qu'elle a auec moy, par l'affection tres-pure de mon Amour, qu'elle ressent en la suprème portion de son Esprit; Et puis détrempée de douleurs & affligée, à raison de la malice de son Prochain: Elle suit l'Agneau tres-pur mon Fils bien-aymé, dont elle porte l'Imitation, sur le bois infame de la Croix où il estoit enséble bié-heureux, & saisy de tristesse. Il estoit sans doute bien-heureux, parce que la Nature diuine vnie à la Nature humaine, estant incapable de peine, deuoit rendre necessairemét so ame sainte bien-heureuse, dés le moment que le Mystere de l'Incatnation fust accöply, en se faisant voir à elle face à face : Il estoit toutefois affligé de douleurs auec trop d'excez, pressé par le poids trop pesant de la Croix qu'il souffroit en sa Chair, tandis que son Esprit estoit tourmenté de la Croix du desir qu'il auoit, de satisfaire pour les pechez de tous les hommes. Il estoit donc ensemble bien-heureux & comblé de douleurs, puis que tandis que le Corps souffroit la peine, & que la partie inferieure de l'Ame ressentoit vne douleur extreme, la Diuinité demeuroit franche, & auec elle, la

*à l'vniö de l'Amour est tout à la fois heureuse & comblée de douleurs.*

V ij

portion souueraine de l'Esprit creé. C'est l'estat où sont reduis mes meilleurs & mes plus fideles Amys, arriuez au degré de l'Amour tres-parfaict qui est celuy de l'vnion, où est le troisiéme & le quatriéme Escalier des montées Diuines; ils souffrent double Croix actuelle & mentale; celle-là en leur Corps, selon les ordres de ma bonne Prouidence, tandis qu'ils pâtissent en l'Esprit du côté de la Croix du desir, dans le déplaisir tres-amer qu'ils conçoiuent de ce que ie suis lâchement & griéuement offensé, & de ce que tant d'Ames se perdent auec tant de mal-heurs. Ils ne laissent pas pourtant d'estre toûjours heureux & contens, parce qu'il n'y a rien assez puissant pour leur rauir ny l'vnion, ny le nœud de cette vnion, qui est la perfectió du sainct Amour, ny la delectation qui en est inseparable.

*Transformation d'Amour.*

Quoy que leur douleur soit affligeante, elle n'est pas toutefois dessechante l'humeur delicieuse qui faict l'embó-point, la graisse & la riche constitution de l'Ame: au contraire, c'est pour luy faire prendre plus de corps & de verité, en l'accroissement de la diuine Charité & de toutes les vertus, qui en deuiénent plus fortes, plus epreuuées & plus purifiées. Elle dict alors auec mon Apostre, que nulle puissance soit dans la terre, soit dans les Enfers, ne l'a pourra separer des braises viuates de l'Amour sainct, ausquelles elle est heureusement transformée: ne plus ne moins qu'vn tison dans vne fournaise, tout changé enflammes ardantes, sans qu'il reste rien de ce qu'il estoit auparauant, pour seruir de moyen & de prise de l'en retirer & de l'éteindre, parce qu'il est reduit en feu: Ainsi l'Ame qui en est là venuë, estant abysmée & approfondie dans la vaste fournaise de ma Charité, *Rom. 8, v. 38. 39.* elle y est penetrée, saisie & possedée de tant de diuines flammes; que tout ce qui n'est pas moy y est entierement consumé, esteint & aneanti: Il n'est pas même iusqu'à la propre volonté qui n'est plus; elle a pris les inclinations & la forme de la mienne; que dis-ie? elle est deuenuë vne même chose auec moy, non tant par vnion que par transformation d'Amour en la meilleure façon qu'il se puisse péser: De maniere qu'estant diuinement embrasée, elle ne sçauroit se persuader qu'elle puisse iamais sortir du milieu de ce feu sainct & sacré, qui l'a retient par des estreintes toutes puissantes.

De vray, de quel côté la pourroit-on prendre pour la retirer d'vn si beau lieu? Mais comment est-ce qu'elle pourroit s'y prendre elle même quand elle le voudroit? Helas! elle ne se connoit plus, elle s'est perduë à sa propre connoissance & à son propre Amour, pour ne se plus discerner d'auec ce qui l'a si amoureusement rauie, attirée & changée. Ce qui faict que ne me retirant pas d'elle, ny par sentimét ny par experience; Elle me possede toûjours, & elle est sans cesse possedée de moy; Elle s'approfondit en ma Bonté, & ie l'a penetre en toute sa capacité. Les operations de mon

*Connoissance de Dieu par la puissante operation de l'Amour.*

V iij

Amour sont si puissantes, qu'elle est contrainte de connoître par experience que c'est moy, & que continuellement ie demeure en elle, & par grace & par sentiment. Il y a bien difference entre elle & les autres desquels ie te disois, que ie me separois quelque fois par sentiment d'Amour, quoy que non par ma grace: Ce que ie faisois pour les conduire au plus haut estage de la perfection, où estant arriuées ie leur oste cét exercice alternatif de m'en aller & de retourner. I'appelle cela exercice d'Amour, parce que le même Amour qui me sollicite de donner des visites à mes Amis, me porte pareillement à m'absenter d'eux, & de me reseruer. Ce n'est pas proprement moy; Ie suis vostre Dieu Eternel, ie ne change pas; le sentiment & l'experience que l'on a de ma presence que faict l'operation de mon Amour en l'Ame saincte, c'est ce qui va & ce qui retourne.

## CHAPITRE XLIV.

### De l'extase & des qualitez de l'Ame extatique.

*Les degrez de l'Amour extatique.*

IL y a vne autre maniere par laquelle ie me separe de ceux de qui ie ne m'esloigne pas ny par grace ny par sentiment; c'est par la suspension de l'vnió actuelle, fondée sur ce que l'Ame qui est encore dans le Corps mortel, n'est pas capable de receuoir continuellemét l'vnion ny l'operatió que ie fais en elle, pour luy permettre de me voir en la meilleure façõ qu'elle peut selon sa condition presente. Il faut donc que tu sçache que venant à s'esleuer par les ferueurs transportantes de ses desirs, dans les routes de la Doctrine de IESVS Crucifié, qu'elle a couru impetueusement, elle arriue en fin à la porte de tout le bon-heur qui la peut satisfaire en cette vie: Elle n'est pas plustost entrée qu'abysmant sa pensée en mõ sein, apres s'estre gorgée & enyurée du Sang precieux de mon Fils, & s'estre embrasée du feu de l'Amour qu'il contient, elle commence de sauourer la presence de ma Diuinité, en laquelle elle se plonge & elle se precipite par affection comme dans vne mer immense de tranquillité amoureusement pacifique, elle y demeure si parfaictement vnie & engloutie, qu'elle vient à y perdre tout autre mouuemẽt hors de celuy qui la tient rauissamment occupée. De maniere que n'estant pas encore sortie de la condition des voyageurs, elle participe du bon-heur des comprehenseurs; Dans vn Corps mortel & pesant, elle y prend déja les proprietez d'vn Esprit destaché de la matiere.

Ce qui faict que le Corps est esleué de terre par la tres-parfaicte vnion que l'Ame a faict en moy, comme si le doüaire de l'agilité propre aux Saincts en la vie de gloire, auoit pris la place de la pesanteur qui luy est naturelle. Ie ne veux pas dire pourtãt, que le Corps perde rien de son poids, il demeure toûjours de même; parce que l'vnion de l'Ame auec moy, est plus puissante & plus parfaicte, que l'vnion

*Eleuation de Corps de la terre, & suspension des sens en l'extase.*

V iiij

qu'elle a auec sa propre Chair: d'où vient, que par le rauissement de l'Esprit qui s'esleue & qui se joint à moy, la pesanteur du Corps est pareillement esleuée en haut, il demeure insensible & sans force, comme s'il auoit esté froissé & rompu sous la violéce de l'operatió qu'il ne pourroit soûtenir long-temps, ainsi que tu l'as experimenté, sans perdre la vie, si ma Bonté ne luy fournissoit vne vertu surnaturelle. De vray c'est en quelque façon vn plus grand miracle de ce que l'Ame ne se separe pas de son Corps durant cette vnion rauissante, que de rédre la vie à plusieurs morts: C'est donc vne condescendance amoureuse que ie donne à l'infirmité de l'homme, quád il me plait de me retirer par l'operatió actuelle de l'vnion sur-eminente, afin que l'Ame retourne à ses fonctions naturelles, necessaires pour la conseruation de la vie de son Corps, qui par ce moyen est rendu à soy-méme & à ses sentimens ordinaires. Neantmoins il ne faut pas se persuader que l'Ame en cette abstraction abandonne le Corps, non; cela n'arriue qu'en la mort : Il n'y a que les puissances de l'Ame, qui se retirent & qui demeurent abstraites au dessus des sens par la violence de l'vnion tres-parfaicte d'Amour qu'elle faict en moy.

*Occupation libre des puissances de l'Ame durant l'extase.*

Alors la memoire ne se treuue remplie d'autre chose que de ma Presence; l'entendement se voit admirablement occupé de l'vnique objet de ma Verité qu'il contemple; & l'affection se treuue tres-vnie & faicte vne

à saincte Catherine de Sienne. 313

mesme chose auec le bien qui rauit l'entendement. De maniere que ces trois puissances assemblées estant heureusement englouties en moy, c'est vne suite necessaire que le corps perde tout sentiment. L'œil en regardant ne voit pas, l'oreille, quoy que saine, n'entend pas, la main perd l'vsage de l'attouchement, & la langue est renduë inutile pour parler, si ce n'est que ie permette qu'elle prononce quelques paroles à ma plus grande gloire, & comme pour faire reprendre l'haleine à son cœur par cette sorte de respiration qui semble la descharger de son abondance trop excessiue. Tous les membres & les organes du corps sont liez par les fortes estreintes de l'operation & du sentiment de l'Amour saint auec tant de puissance & d'empire, tandis que sa raison & l'affection demeurent absorbez en moy, que contre leur inclination naturelle ils crient d'vne voix que i'entends bien, qu'ils veulent estre separez de l'Ame, & l'Ame de son costé soûpire apres la separation d'auec le corps.

Paul mon Apostre estoit en cét estat, quand il se reprochoit à soy-mesme son propre malheur, en ce qu'il n'estoit pas delié du corps mortel dans lequel il experimentoit la loy fâcheuse de la chair contraire à celle de l'esprit. Il parloit ainsi, non pas pour se plaindre seulement de cette repugnance, contre laquelle ie l'auois asseuré en luy disant, que ma grace luy deuoit suffir : c'estoit principalement à cause que les liens

*Desirs languissants de l'Ame pour voir Dieu face à face.*

mortels de son ame auec le corps, retardoiét l'heure heureuse de ma ioüissance en la veuë euidente de ma Bonté. L'œil de son entendement capable de me voir face à face en ma propre Essence, estoit enfoncé dans la chair qui luy seruoit de voile obscur, & l'empéchoit de l'arrester fixement sur la plus que lumineuse & incomprehensible Trinité, à la façon des Bien-heureux, qui ne cessent iour & nuit de luy rendre loüange, honneur, & gloire. Et quoy que ie luy fisse part de la veuë de ma presence, ainsi que i'ay coustume en cette vie de me monstrer en diuerses & differentes manieres à mes meilleurs amis, nó pas en mon Essence, mais par les puissantes operatiós de mon Amour; toutefois rien n'estoit capable de le consoler sur ce retardement.

*L'incompatibilité de la vie presente auec la veuë de Dieu ; faict de langueurs à l'Ame.*

De vray, toutes les voyes que ie puisse prédre pour me donner à connoistre, tandis que vous estes encore mortels, sont tenebreuses en comparaison de celle que i'employe dans ma gloire. La plainte de S. Paul pouuoit aussi prouenir de ce que la veuë exterieure & sensible du corps estoit incompatible auec la veuë interieure & spirituelle de l'Ame; Il luy sembloit que sa Volonté estoit liée, parce qu'il ne pouuoit aymer tout autant qu'il eust desiré; sa correspondance estoit plus tardiue que sa Volonté, ses forces ne s'estendoient pas iusqu'à l'excellence de ses pretensions aux obligations qu'il sentoit auoir de m'aymer; il pleuroit inconsolablemét de ce que la perfectió de la Charité de l'autre vie ne s'actordoit pas auec l'imperfection qu'elle retenoit dans le chemin pour y arriuer.

Cette imperfection de l'Amour n'est pas du costé de son habitude qui est également parfaite dans le Ciel & dans la terre, c'est du costé du rassasiement; à faute dequoy l'Ame de S. Paul & de mes autres seruiteurs souffrent beaucoup : si leur desir eust esté remply de cela mesme qui les faisoit soûpirer, ils eussent à mesme temps esté deliurez de toutes sortes de peines. Leur affliction ne prouenoit pas de ce qu'ils n'aymoient pas parfaitement; mais de ce qu'ils estoient priuez de la iouïssance parfaite de l'obiet heureux de leur Amour. La iouïssance faict le rassasiement, & le rassasiement oste la peine & la douleur qui procede du desir affectueux : & quoy que tous les trois, sçauoir, la iouïssance, le rassasiement & le desir demeurent dans les Bien-heureux, toutefois tout ce qui forme la peine en est banny ; les deux premieres sont sans dégoust, & le dernier est sans empressement. Il n'y a rien qu'ils puissent desirer dont ils ne soient remplis à l'heure mesme d'vne plenitude iusqu'au comble, leur assouuissement est affermy sur l'immutabilité de la gloire qui m'est essentielle, de laquelle ie leur donne la participation parmy des ioyes que vous ne sçauriez comprendre. Le principal desir de l'Ame sainte durant l'estat de sa tendance estoit de me voir, & de voir pareillement ma gloire en toutes les Creatures qui sont, soit dans la terre, soit dans le Ciel, soit dans les Enfers; Elle a l'accomplissement de tout cela ensemble en l'estat de la ioüissance.

## Chapitre XLV.

### *Les sources des langueurs de l'Ame extatique & parfaite.*

*Douceur & estenduë de la Prouidence de Dieu, sur l'homme.*

MA bonne Fille! quoy que le monde le veüille, quoy qu'il ne le veüille pas, ce luy est vne necessité de trauailler pour mon honneur. I'auoüe que ce n'est pas comme il le deuroit, c'est à dire, en m'aymant plus que toutes choses; Ie ne laisse pas toutefois de tirer de luy tout ce qui peut suffire à ma plus grande gloire par des voyes qui me sont singulierement propres, & dont les ressorts ne sont connus que de moy seul. Ne fais-ie pas briller sur les hommes les rayons éclatans de ma Charité, & les épanchemens prodigieux de ma Misericorde, m'accommodant au téps pour les attendre à penitence, sans que ie veüille commander à l'Enfer de les enseuelir tous viuants, en punition de leurs crimes enormes? Au contraire ie commande à la terre qu'elle leur produise vne tres-riche abondance de toute sorte de fruits au dessus de la necessité, iusqu'aux delices & au diuertissemens. Ie veux que le Soleil les échauffe & les éclaire, & que le Ciel s'épanche tout en douces influences, tandis que son mouuement n'a pas de repos pour leur conseruatió. Ie dispose du reste des Creatures par les or-

à saincte Catherine de Sienne. 317

dres de ma bonne & amoureuse Prouidence, afin qu'elles soient toutes attentiues à leur seruice. Il n'y en a aucune qui ose se soustraire de mes mains, pour ne pas se rendre dans le sein aussi bien des pecheurs comme des Ames iustes ; & assez souuent auec plus d'auantage dans ceux-là que dans celles-cy.

La raison en est claire ; les bons ont beaucoup de disposition pour souffrir la disette des consolations & des besoins de la terre, auec autant d'humilité que de patience ; D'où vient que ie me plais de me rendre plus resferré en leur endroit, quant aux biens perissables, pour me monstrer apres plus liberal en la recompense des biens eternels que ie leur prepare. C'est par ce mesme motif que ie permets que les méchans se rendent fâcheux à ceux-cy par leurs iniures, par leurs calomnies & par leurs persecutions : Car au milieu de la patience d'vne trempe toute embrasée de ma diuine Charité, qu'ils témoignent en la tolerance des maux qu'on leur fait, ils m'offrent incessamment leurs humbles & feruentes prieres en faueur de leurs propres Ennemis ; d'où ie tire de tres-grands auantages pour rendre ma gloire d'autant plus éclatante, que les méchans auoient plus de dessein de leur nuire & de les traitter de mépris.

*Pourquoy Dieu traitte les Ames auec rigueur.*

L'Ennemy commun se ioint assez souuent aux hommes peruers, pour contribuer à l'accroissement de la vertu de mes Eleus, & tandis qu'il est le Ministre de ma Iustice dans

*La malice du Diable côtre les bons contribuë à la gloire de Dieu.*

les Enfers pour ma plus grande gloire; Ie souffre que dans la terre il se rende fâcheux à mes Amis fideles pour ce même dessein, quād il employe diuerses & differentes manieres de tentations par soy-mesme ; & quelquefois par le moyen des autres. Il prouoque l'vn à faire iniure à son Prochain, soit en l'honneur, soit au bien; afin de les priuer de la Charité fraternelle. Au lieu de reüssir en sa pretension il est luy-mesme deçeu, Il trauaille contre son propre dessein à l'épreuue de la vertu, & à l'establissement de la perseuerance qu'il pensoit ruïner. I'auois creé ce mal-heureux pour luy faire l'honneur de la participation souueraine de ma Bonté, sa superbe s'est renduë incompatible auec cette grace, il est tōbé de cette mesme hauteur qu'il auoit presumé en se rendāt rebelle à mes ordres, iusques dans la profondeur de l'abysme qui le priue égalemēt de ma veuë & de la charité en laquelle il ne sçauroit me rendre ny gloire, ny honneur. Quoy donc? demeurerai-ie frustré de la fin que i'attends en tous mes ouurages? Non, ie le contraints de payer ce qu'il me doit, quand il décharge sa malice sur les bons en cette vie, pour éprouuer leur vertu, & quant il vomit sa rage sur les perdus en l'autre monde pour les tourmenter. Partant il ne cesse de procurer incessamment ma gloire; si ce n'est en qualité d'heureux Citoyen du Paradis, c'est en qualité d'hoste épouuantable, & de cruel Officier de ma Iustice, de laquelle il declare & manifeste à tout iamais la puissance sur mes Ennemis dãs les Enfers, & quelquefois comme sur mes Amis dans le Purgatoire.

Apres donc que l'Ame s'est separée de son corps pour se venir ioindre à moy qui suis sa derniere fin, elle a la iouïssance de tout ce qu'elle desiroit. Ne vouloit-elle pas me voir, & en voyant la gloire qui m'est naturelle, ne souhaittoit-elle pas de voir pareillement la gloire & l'exaltation de mon Nom en toutes les Creatures bonnes & mauuaises, celestes & terrestres ? Puis donc qu'elle a l'accomplissement de tous les deux, n'est-elle pas contente auec trop de suffisance: son Amour est d'autant plus parfaict, qu'elle me voit auec plus de pureté, & son rassasiemét est accomply en la pureté de sa connoissance & de son Amour qui s'entr'aident mutuellemét, pour s'accroistre l'vn l'autre. En connoissant elle ayme, & tant plus elle ayme, tant plus sa cõnoissance deuient plus excellente; & en suite la volonté prend plus d'affermissement en ma verité, en laquelle elle demeure liée par de si puissantes estreintes, & establie auec tant de fermeté, qu'elle ne sçauroit plus receuoir de peine de quel costé qu'elle puisse arriuer. Car quant à ce qui regarde ma gloire parmy mes Creatures, qui estoit l'vn de ses desirs, elle en admire l'accomplissement aux Anges & aux hommes Bien-heureux. & puis aux bons & aux mauuais dedans la terre, & en toutes les autres Creatures, en la maniere que ie te l'ay declaré cy-dessus.

*L'Ame est contente en la veuë de Dieu.*

*La compassion des Bien-heureux est exempte de douleur.*

Quoy qu'elle ne laisse pas de voir les pechez des méchants, elle n'en conçoit pas pourtant de douleur, ainsi qu'elle faisoit auparauant; sa peine s'est conuertie en compassion amoureuse, laquelle au lieu de l'affliger, la prouoque au contraire à me prier que ie leur fasse misericorde, & que ie donne ma grace à tout le monde. Sa peine, & non pas sa Charité, a pris fin dans le lieu de toute sorte de bon-heur où elle demeure. Ie la rends conforme à ce qui est arriué à mon Fils faict homme, dont les desirs affectueux pour vostre bien n'ont point esté esteints en sa mort; Il n'y a eu que la seule peine angoisseuse qu'ils contenoient qui est finie: autrement s'il eust perdu l'Amour qu'il auoit auec moy pour vous, vous fussiez sans doute retombé mal-heureusement dans le premier neant d'où il vous auoit retiré. De vray, le mesme Amour qui vous a donné l'Estre, vous en donne continuellement aussi la conseruation. Partant les Saincts ne perdent pas dans le Ciel le desir du salut des Ames; ils quittent seulement ce qui estoit douloureux en ce desir tout transformé en la pureté de ma Diuine Charité. Ils ont passé par la porte tres-estroite, baignez, ou plustost enyurez du Sāg de Iesus crucifié; Ils se trouuent en moy comme dans vne mer immense de tranquillité & de profonde paix, & l'assouuissement entier les purge de l'imperfection de ce qui leur faisoit mal.

CHAP.

## CHAPITRE XLVI.

*Sainct Paul est le modele des Ames parfaites, extatiques & languissantes. Il quitte l'imitation du Pere Eternel en cét estat, pour se revestir de l'imitation de son Fils.*

NE t'estonne pas, ma Fille! si Paul mon Apostre, soûpiroit auec tant de desolation apres la separation de son ame d'auec son corps, en disant: Mal-heureux que ie suis! ne seray-ie iamais quitte de la pesanteur de cette masse de corruption. Il auoit appris toutes les choses que ie viens de te dire, lors qu'il fust rauy iusqu'au troisiesme Ciel, c'est à dire, iusqu'à la hauteur de la Tres-Auguste & tres-adorable Trinité. Là il auoit sauouré les douceurs agreables de ma Verité dans l'abondance du S. Esprit, qu'il y receut auec la sublime doctrine de mon Verbe incarné, tandis qu'il se reuestoit heureusement de moy, & par sentiment experimental & par vnion, auec quelque sorte de ressemblance aux Biénheureux, excepté que l'Ame n'estoit pas separée de son corps.

I'auois resolu en l'abysme impenetrable de mô Côseil, auec les deux Persónes adorables que ie produits eternellement de faire de cét hôme vn vaisseau choisi, pour porter ma gloire & le Nom de mon Fils par tout le monde: ce fust la cause que ie le dépoüillay de moy dont

*Grandeur du rauissement de S. Paul.*

\* Infelix ego homo, quis me liberabit de corpore mortis huius? *Rom 7. v. 24.*

*S. Paul quitte la conformité au Pere eternel pour se reuestir de l'imitation de IesusCrucifié.*

X

il s'estoit reuestu durant son rauissement; Ie luy fis prendre l'habit de mon Fils Crucifié, que ie proposay pour objet à son entendement; par ce moyen il se reuestit de sa Doctrine comme d'vn vestement glorieux, ceint de la diuine Charité, inseparable de la debonnaireté du S. Esprit qui en possede personnellement les feux & les brasiers diuins. Ie t'ay dit que ie l'auois dépouillé de moy, & que ie l'auois reuestu de Iesvs Crucifié, parce qu'ayât resolu qu'il souffrist beaucoup dans le ministere où ie luy donnois de l'employ, il deuoit porter l'imitation de mon Fils faict homme, & non pas de ma personne excepte de peines de toutes parts.

*Changement de S. Paul en sa conuersion.*

Cét Apostre incomparable n'apporta pas de resistance à mes ordres; Il estoit en trop bonne main pour auoir des sentiments qui leur fussent contraires: ma Bonté souueraine luy auoit donné vne meilleure forme que la premiere; ce qui fust cause que quand ie le voulus toucher, il rendit vne agreable harmonie en résonnant: Seigneur, que voulez vous que ie fasse? Ie condescédis bien-tost à la disposition de son cœur, Ie luy proposay deuant les yeux mon Fils en Croix, & toutes les admirables leçons qu'il y fait. Sa contrition fust éclairée d'vne lumiere si pleine d'efficace, qu'elle ruïna bien-tost le Royaume du peché dans son Ame, non tant touchée que trâsportée d'vn excez de mon Amour: De maniere qu'il prit incontinent la ressemblance & la forme de celuy que ie luy presétois pour

* *Act. 9.*

l'objet de sa vie & de son ministere. Il reüssit *Transformation de S. Paul en Iesus.* en cecy auec tant de gloire, qu'il paroissoit estre moins Paul, que Iesvs Crucifié, auec lequel il auoit plus d'vnion que de conformité. D'où vient qu'il ne se trouuoit rien qui fust capable de l'en separer, non pas mesme les tentations des Demons, ny les mouue- *Dessein de Dieu sur S. Paul par les tentations.* ments de la chair, qui ont esté au contraire ménagez par ma Bonté souueraine, pour le *✱ Ne magnitudo reuelationum ex te lac me, datus mihi stimulus carnis meæ Angelus satanæ qui me colaphisset. 1. Cor. 12. v. 7* faire croistre en ma grace, & pour le rēdre de plus en plus glorieux en merite. La grandeur où ie l'auois éleué en la veuë de la Trinité auoit besoin de ce contrepoids, pour le rendre en son sentiment aussi bas, que i'auois de dessein de le rendre plus grand. A mesure qu'il s'auançoit en perfection, il se rendoit plus rigoureux enuers soy-mesme, & plus exact imitateur de la Croix de Iesvs, de laquelle il s'estoit faict vn vestement qui le couuroit de toutes parts, & qui le serroit auec des estreintes assez pressantes pour n'en pouuoir plus supporter les violences. Il ne s'en est iamais dépoüillé qu'apres auoir perdu la vie, pour de nouueau se reuestir de moy dans la gloire qui ne finira iamais.

Son rauissement auoit laissé en son Esprit *Causes des langueurs de S. Paul pour le Ciel.* ie ne sçay quelle coniecture du bon-heur que l'Ame receuoit à me voir, estant separée de son Corps; Et quoy que sa veuë ne fust pas de cette nature, mais seulement par sentiment d'vnion; ce n'est pas de merueille si retournant apres à soy-mesme reuestu de la conformité de mon Fils Crucifié, il estimoit

X ij

son Amour imparfaict en comparaison de la perfection de celuy lequel est propre à tous les Bien-heureux, qu'il venoit d'experimenter dans mon Sein. D'où vient qu'il se plaignoit contre la pesanteur de son corps, comme contre l'Ennemi de son bien, qui retardoit l'assouuissement entier que l'Ame ne sçauroit auoir en son desir, qu'apres la mort. Il ne pleuroit pas moins pour la Misere de sa memoire, qui se trouuoit trop foiblette pour estre capable de me receuoir, de me retenir & de me sauourer auec la mesme continuité & perseuerance que les Saincts dãs ma gloire. Cela faisoit que tout luy estoit à charge, & qu'il luy sembloit qu'il n'y auoit rien en luy tandis qu'il estoit mortel, qui ne s'opposast au desir de son Esprit, dont le contentement parfaict consiste de me voir face à face. Cette opposition toutefois qu'il appelle vne Loy peruerse, liée en ses membres, contraire à la Loy de son Esprit, n'estoit pas criminelle; elle estoit plustost cause de plus grãd merite, à mesure qu'elle seruoit d'occasion de douleur plus penible, tant du costé de la Memoire que de l'Entendement & de la Volonté. Ces trois puissances estoient comme retenuës de force par la pesanteur, la foiblesse & l'obscurité du Corps, pour les empescher de s'assembler en l'vnion souueraine qui faict leur bon-heur eternel.

*Langueurs de voir Dieu forme de desir impetueux de mourir.*

Voila, Catherine! l'estat de ceux qui sont paruenus iusqu'au troisiéme & quatriéme degré de l'vnion parfaite de l'Amour qu'ils ont avec moy ; Ils soûpirent comme ce grand Homme apres le détachement de leurs Ames d'auec leurs Corps : Ce qui faict qu'ils n'ont pas d'apprehension de la mort, ses approches n'apportent pas d'amertume capable d'alterer leur Esprit ; ils la desirent au contraire auec d'autant plus d'ardeur, qu'ils ont conceu plus de haine saincte allencontre de leurs corps, & qu'ils l'ont continuellement traitté de mépris, pour faire mourir la tendresse naturelle de l'Amour qui estoit entre luy & son Ame. Cette affection naturelle pour la vie corporelle estant morte, mon Amour préd sa place dans leur cœur ; aussi leur fait-il dire : Qu'ils desirent de mourir pour venir entre les bras de mon Fils. Ils cherchent de tous costez les moyens legitimes pour en venir là ; & les auennües leur en estant fermées par l'opposition de ma volonté, ils passent le reste de leur vie en langueurs de desirs, fortifiez pourtant d'vne patience genereuse.

Depuis que l'Ame a esté tant de fois rauie dans cette vnion souueraine d'Amour, qui attiroit à soy & sembloit engloutir toutes les puissances & les sentiments ; elle ne sçauroit faire autrement quand elle retourne de son extase, qu'elle ne souhaite de me voir, & auec moy l'auancement de ma gloire de la part de toutes les Creatures : Ce qui forme en elle vne impatiéce amoureuse de viure, lors qu'elle se voit seurée de cette vnion transportante qu'elle auoit auec moy, & bannie de la conuersatiō delicieusement desirable des Esprits

*Saincte impatiēce de viure apres que l'Ame est reuenuë de son extase.*

X iij

Bien-heureux qui s'appliquent inceſſammée à chanter mes loüanges. Au contraire elle voit qu'elle eſt contrainte de demeurer en la compagnie haïſſable de ceux qui m'offencent tous les iours. Toutefois cette impatience affectueuſement douloureuſe n'eſt pas ſans patience heroïque, & ſans vne tres-haute reſignation, à raiſon que l'Ame ayant perdu la proprieté de ſa volonté, non tant conforme que transformée en la mienne par Amour, elle ne ſçauroit rien vouloir ny deſirer que tout ce que ie veux & tout ce que ie deſire.

*Complaiſance de l'Ame lan-guiſſante dans la peine de la ſainte impatience de viure.* Les ſouhaits impetueux qu'elle a de venir à moy n'empeſchent pas qu'elle ne ſoit contente de demeurer au monde ſi c'eſt mon bon plaiſir: & quoy qu'en cela elle ſouffre de la peine, elle ne laiſſe pas pour ma plus grande gloire & pour le ſalut des Ames, de prendre de la complaiſance en ce qui luy fait du mal. Elle marche à grand pas, tranſportée de deſirs diuinement paſſionnez, par le chemin de la Doctrine de mon Fils Crucifié, reueſtuë de ſon imitation, ſe réioüiſſant parmy les opprobres & les afflictions; à meſure qu'elles ſont plus exceſſiues & en plus grand nôbre.

*Complaiſance de l'Ame laguiſ-ſante dans les maux de la vie.* Aſſez ſouuent les perſecutions ſeruent de rafraichiſſemét à l'ardeur violéte qu'elle a de me voir, tandis que reciproquemét le ſouhait de mourir la flatte & l'amadoüe parmy les douleurs cuiſantes de mon abſence. C'eſt trop peu qu'elle ſouffre ces maux auec patiéce, les tribulations ſont meſme ſon Elemét. Là elle met toute ſa conioüiſſance & toute ſa gloire, seulement parce qu'elles luy servent d'exercice pour me témoigner son Amour. Si d'auanture ie viens à lui retrancher les occasions de souffrir, elle en conçoit vn extrême déplaisir sur le soupçon que ie ne veüille recompenser en cette vie le bien qu'elle a fait pour l'eternité, ou que ses œuures ne soient pas dignes de mon approbation.

L'Ame de cette condition prend tant de complaisance de se reuestir des opprobres de Iesus Crucifié, qu'elle auroit du dédain & du mépris pour la vertu, si elle se presentoit à elle pour se donner sans peine & sans trauail. Elle prefere l'imitation de la Croix de IESVS, & la vertu que l'on acquiert auec douleur, à la vie eternelle que l'on pourroit auoir par tout autre moyen que celuy-là. De vray, elle est comme enyurée, noyée & abysmée dans le Sang precieux de mon Fils, où elle trouue les flammes ardantes de mon excessiue Charité. Ie produits ce feu sacré dans son sein, afin de rauir son cœur & son Esprit, & d'en faire comme vn Sacrifice agreable par les diuins embrasemens de ces desirs. Par ce moyen l'œil de l'Entendement est éleué & contraint de s'arrester à la contemplation de ma Diuinité, en laquelle l'affection prend sa nourriture & son vnion, pour faire vne veuë infuse par ma grace singuliere, en l'Ame qui m'ayme & qui me sert en verité.

*Desir prodigieux de souffrir*

## Chapitre XLVII.

*Que la Lumiere surnaturelle de la grace propre aux Ames parfaictes, est necessaire pour auoir l'intelligence de la saincte Escriture: cette Lumiere se prend dans l'Amour vnitif.*

<small>Comment est-ce que les Saincts Docteurs de l'Eglise, ont penetré dans le sens des Escritures sainctes.</small>

C'Est par cette sorte de connoissance infuse, qui est à proprement parler le don d'Intelligence, que Hyerosme, Augustin, Thomas d'Aquin & les autres Docteurs de l'Eglise ont acquis la science sublime qui les rend les Truchemens de ma Diuinité. Ceux-cy & plusieurs autres de mes bons Seruiteurs & fideles Amis, éclairez de ma Verité, ont tiré des tenebres, les sens les plus profonds de mes sainctes Escritures qui sembloient obscures; non que l'obscurité fust de son côté, elle estoit pluftost du côté de la foiblesse de l'entendement humain qui ne l'a pouuoit comprendre. Pour ce dessein i'ay enuoyé dãs le monde ces belles Lumieres, pour éclairer ceux qui trempoient dans les tenebres de l'ignorance, & leur faire apperceuoir les veritez Eternelles où ils estoient aueuglez. Ces grands hommes leuoient vers moy, qui suis le Pere des Lumieres, les yeux de leur entendement, auec des ferueurs transportantes d'Amour, tandis que ie leur venois au deuant auec les feux diuins de ma Charité toute-Puissante, pour les rauir comme des Sacrifices, auſquels ie donnois mon approbation au deſſus de leur propre intelligence. Par ce moyen ie leur donnois la connoiſſance ſurnaturelle des myſteres les plus cachez que i'ay voulu reueler aux hommes. Par ainſi ce qui ſembloit obſcur en l'Eſcriture s'eſt diſſipé, le voile qui empeſchoit que l'on n'apperceût à l'aiſe les hautes Veritez a eſté tiré de deſſus; de maniere que les plus groſſiers & les plus ignorans, auſſi bien que les plus ſubtils & les plus ſçauans y peuuent profiter, vn chacun ſelon ſa portée, & ſelon qu'il voudra ſe diſpoſer à me connoître.

De vray, ie me donne facilement à voir à ceux qui tâchent de prendre les diſpoſitions neceſſaires, pour receuoir par deſſus la Lumiere naturelle, la Lumiere infuſe par ma grace. Les premiers à qui ie l'ay donnée ont eſté les Anciens Peres, Patriarches & Prophetes; afin qu'ils pûſſent preuoir & anóncer tout enſemble, tant l'Incarnation que la vie & la mort de mon Fils. Les Saincts Apôtres en receurent la plenitude en la venuë du S. Eſprit; les Euangeliſtes, & apres eux les Docteurs y ont participé, & en ſuite les Martyrs, les Confeſſeurs & les Vierges differemment ſelon la neceſſité de leur ſalut & de celuy des autres. Et comme les Docteurs ont par leurs écrits manifeſté les ſecrets adorables compris dans les Euangiles & dans la Predicatió des Apôtres; Les Martyrs ont de leur côté par leur propre ſang declaré les Lumieres brillãtes de la Foy, & les richeſſes & les fruits du Sãg

*Tous les Saincts chacun en ſa façon, ont eu la Lumiere ſurnaturelle.*

de l'Agneau mon Fils. Les Vierges pareillement, ont faict voir en l'Innocence de leur vie, l'excellence de la Charité & de la pureté tout ensemble. Il n'est pas iusqu'à eux qui se sousmettent volontairement à la direction d'vne Creature pour l'Amour de moy, qui ne monstrent en leur obeïssance la soûmission & l'aneantissement du tres-doux Redépteur duquel l'obeïssance fust si parfaicte qu'il courut promptement à la mort que ie luy auois commandé d'endurer.

*Iesus a osté de la Loy & de la Crainte, ce qui estoit imparfaict.*

Toutes ces Lumieres sont comprises dans les Escritures, tant de l'Ancien que du nouueau Testament: Il est vray que la Loy Euangelique a mis la derniere main à la Loy de Moyse, les verités sont entrées en la place des figures, les Prophetes ont cedé à IESVS-CHRIST, pour faire vn plein midy de Lumieres capables de rendre mon Eglise infaillible. Ie ne veux pas dire que les Diuines splendeurs de ces deux Loix soient contraires; non, elles sont tres-vnies, elles ont toutes deux vn même principe & vne même fin: Ce qu'il y a de difference entre elles, c'est que la seruitude qui estoit en la Crainte de l'ancienne Loy, a esté changée en l'Amour filial de la Loy nouuelle, par la vertu toute puissante du Sang adorable de mon Fils, sans toutefois ne destruire de l'essentiel de la crainte qui est toûjours demeurée. Voyez comment parle ce Diuin Redempteur; * Ie ne suis pas, dict-il, venu pour rompre la Loy; Ie suis venu au contraire pour luy donner sa derniere perfe-

*Nō veni soluere legem sed adimpleri iota vnum & vnus apex nō præteribit à lege*

ction. C'est à quoy il a heureusement reüssi, quand il a chassé ce qui estoit honteux en la crainte, pour la rendre saincte & chaste par l'introduction de l'Amour, sur lequel il a fondé la Loy nouuelle, afin que l'on me serue, nõ par le motif de l'apprehension de la peine, mais plustost par les inclinations affectueuses de la Charité.

*donec omnia fiant. Matth. 5. v. 18. 19.*

Si tu me demande ma bonne Fille ! d'où procedent ces admirables Lumieres comprises dans les Escritures tant du nouueau que de l'ancien Testament, ie te réponds, qu'elles ont leur source dans les Lumieres surnaturelles de la grace, communiquées aux hommes par ma Bonté souueraine. C'est moy qui suis le principe primitif, l'origine fontale, ou pour mieux dire le Pere de toutes Lumieres ; au milieu desquelles les Sçauants superbes & presomptueux deuiennent aueugles· leur orgueil joint à leur amour propre font vne nuée épaisse, qui leur rauit les splendeurs de mes rayons diuins: Ils entendent beaucoup de l'écorce de la lettre, ils sont habiles pour le sens exterieur des sainctes Lettres, sans penetrer dans l'intelligence interieure des veritez qu'elles contiennent ; Il s'arrestét plus au son qu'au goust: Et parce qu'ils sõt priuez de cette Lumiere souueraine de ma grace, par laquelle les diuines Escritures ont esté formées & declarées, ils ne peuuẽt sauourer la moüelle de l'Esprit qui donne vie, encore que sans relâche, ils emploient tout le temps de leur vie à feüilleter les meilleurs & les plus doctes liures.

*Les sçauans superbes, ne penetrent pas dans le sens profond des Escritures.*

*Ignorance sçauante.*

Ceux-cy ont de coustume de conceuoir autant d'estonnement que de scandale, autant d'auersion que de murmure, sur ce que certaines Ames deuotes quoy qu'ignorantes & sans estude, parlent hautement des choses diuines, & descouurent plusieurs profondes veritez autant & plus auantageusement, que si elles auoient employé de longues années pour se rendre sçauantes dans les matieres sublimes de la Theologie. Ils ne se prennent pas garde qu'estans eux-mesmes priuez de la cause principale de l'intelligence surnaturelle que celles-là ont trouué, ils ne la peuuent pareillement apperceuoir dans mes Amis: Ils ne voient pas les épanchemens de ma Bonté sur eux, ny les rauissantes beautez auec lesquelles par ma grace i'éclaire leurs entendemens d'vne maniere du tout admirable.

*Preference d'vn deuot humble à vn sçauant vicieux, pour la conduite & pour le conseil.*

Ie veux-donc ma Fille! vous enseigner, qu'il est beaucoup meilleur pour le salut de l'Ame & pour la cõduite spirituelle, de prendre cõseil d'vne personne hũble deuote, que d'vne personne sçauante & qui n'a pas de conscience. Le Docteur superbe n'ayant l'Ame remplie que du vent de la science, sans pureté de vie; Il est à craindre qu'il ne conuertisse les Lumieres des veritez du Salut, en tenebres de pernicieux conseil & de tres-mauuais exemple. Mes bons Amis au contraire communiquent auec vn Esprit de Charité qui les rend excessiuement affamez du salut de leur Prochain, les veritez Eternelles qu'ils ont puisé dans mon sein.

Ie t'ay voulu dire ces choses, afin que tu fusse sçauante touchant l'état de la perfection éminente de l'Amour vnitif, où l'œil de l'entendement est rauy, & comme absorbé par l'operation embrasée de la Charité. C'est-là où les Ames fideles prennent la Lumiere surnaturelle, auec laquelle elles m'ayment; Et quoy que leur Amour suiue leur connoissance, cela n'empesche pas qu'en m'aymant elles ne me cônoissent; leur Amour prend des forces dans les agrandissemens de leurs Lumieres; leurs Lumieres deuiennent plus éclatantes au milieu des plus grandes feruers de leurs affections. La connoissance & l'Amour en cét estat souuerain s'entreseruent de mere & de nourrisse tout ensemble, & l'vne deuient reciproquement la fille & le nourrisson de l'autre. C'est par cette Lumiere d'Amour vnitif, que l'Ame separée de son Corps sera esleuée à la veuë euidente de ma Bonté, pour la sauourer auec autant de delices que de verité; ainsi que ie t'ay montré cy-dessus, lors que ie te representois l'excez du bon-heur que les Saincts prennent en mon sein dans la gloire.

*Effects de la Lumiere de l'Amour vnitif.*

Cet estat d'excellence que possedent mes Amis dés cette vie mortelle les vnit si parfaitement à moy, qu'ils ne sçauent si ce qu'ils goûtent, se passe dehors ou au dedãs de leurs Corps, non seulement à raison de la grandeur de leur vnion; c'est encore par ce que leur volonté est entierement morte à soy-même; sans quoy il seroit impossible de parfaire l'v-

*Effect de la mort de la propre volonté, & de la transformation en celle de Dieu.*

nion souueraine. Par ce moyen, ils sortent l'Enfer de la volonté propre, pour joüir de paix du Paradis de la volonté transformée la mienne; Ils se sont quitte des auangoû du mal-heur Eternel, pour prendre les arrh du bon-heur qui ne prendra iamais de fin.

## Chapitre XLVIII.

### Fin & Epilogue de ce premier Liure.

*Par quels moyens Dieu promet la Reformation de l'Eglise.*

MA douce Catherine, tout ce que i'a enseigné iusqu'à present auec ordre, n' esté que pour donner de l'accroissement au brasiers de ton Amour, pour en prouoque de plus en plus les desirs, & rendre ta compassion plus excessiuemét affligeante. Ie voudrois que la consideration de la damnation de tant de milliers d'Ames, t'obligeât auec plusieurs autres qui entendront cecy par ton organe, de me contraindre par les armes des prieres, autant remplies de feruer que d'humilité, autant accompagnées de perseuerance que détrempées des larmes & des sueurs embrasées d'vn Amour tres-parfaict, que ie fasse Misericorde au môde & au Corps mystique de l'Eglise saincte. Ie l'ay ainsi resolu par l'établissement d'vne reformation generale, conceuë & conduite par vn bon nombre de tres-excellens & de tres-fideles Pasteurs, & par ton entremise auec celle de mes autres Seruiteurs affectionnez. I'en reserue plusieurs que ie mettray au monde, pour y faire l'office de Laboureurs & de Vignerons des Ames, tant par l'industrie de l'exemple, que par la vigilance de la Doctrine salutaire. Ils se rendront vtiles à tous en la prattique des vertus, qui doiuent auoir leurs exercices sur le Prochain (ainsi qu'ailleurs ie t'ay enseigné) & en l'assiduité de l'Oraison pour sa perfection & son salut. Priez donc sans vous lasser, & sçachez que ie me veux seruir de vos larmes & de vos sueurs, pour en lauer la face hydeuse de mon Eglise auant que la baigner dans mon Sang. Les soüilleures de cette tres-chere Epouse, que ie t'ay faict voir vne fois comme vne Princesse chargée de Lepre, ne regardent que les fautes seulement de ses Ministres, & des autres supoſts de la Religiõ Chrétienne, qui se nourrissent en son sein. C'est dequoy ie te parleray cy-apres plus amplement.

# DE L'ESTAT DE L'AMOVR VNITIF.

## OV IL EST TRAICTÉ DES LARMES, DE LEVRS differences, de leurs causes, & de leurs fruicts.

### ENSEMBLE DES LVMIERES ET DES MOYENS POVR SE PERFECTIONNER & ne pas estre trompé.

#### LIVRE SECOND.

---

### CHAPITRE PREMIER.
*Cinq sortes de Larmes, dont les quatre dernieres sont bonnes.*

Effect de l'entretien de Dieu en l'Ame de saincte Catherine.

MON Ame entendant ces choses, s'éleuoit excessiuemét au dessus de soy-même, pressée par vn desir tout transformé en feu d'Amour, non seulement à raison de l'vnion sureminente qu'elle auoit contractée auec Dieu

Tout-

Tout-puissant ; mais encore à cause de ce qu'elle venoit d'entendre de la bouche de sa Verité souueraine, dont les paroles estoient autant de fleches ardentes, & autant de charbons amoureusement enflammez. Ie n'estois pas pourtant entieremét affranchie du souci remply d'amertume touchant l'ignorance criminelle, dans laquelle la plufpart des hommes auoient de la complaisance, & qui leur faict méprifer leur bien-facteur, & le motif affectueux de sa tres-excessiue Charité, qui l'oblige incessamment à les combler de toute sorte de bien. La douleur interieure que ie conceuois de cecy, estoit compatible auec la joye saincte qui prouenoit de la viue esperance que i'auois prise dans la promesse de Dieu, qu'il vouloit faire Misericorde au móde par mon moyen & par l'entremise de ses autres Amis fideles, en la maniere qu'il luy auoit plû de me l'enseigner ouuertement & pleinement.

Ce fust la cause que touchée de confiance, i'éleuay l'œil de mon entendement sur la tres-douce & amoureuse verité du Tout-puissant, à laquelle ie me voyois vnie en ce degré sureminent qui a esté dit vn peu auparauant ; c'estoit afin d'apprendre quelque chose des estats & des degrez de perfection, où l'Ame paruient effectiuement par le moyen des larmes, & de quoy Dieu m'auoit parlé seulement comme en passant. Ie desirois donc sçauoir la difference des Larmes, leurs proprietez, leur nature, leur principe, leur fruict & leur

*Rauissement de saincte Catherine, où elle connoist la perfectió & le bien des larmes.*

Y

fin. Et par ce que la verité ne sçauroit estre apperceuë que par elle même; Ie la priois qu'il luy plût de me faire part de ses propres lumieres pour fortifier mon entendemét déja éclairé de la lumiere de la Foy, auec laquelle il ose arrester sa veuë sur vn objet si rauissät au dessus de toutes ses forces & de ses aptitudes. Ie fus bien-tôt secouruë en mon dessein; Ie me sentis rauie au dessus de moy-même, au delà de ce que ie sçaurois comprendre, & au dessus de ce que i'auois coûtume d'experimenter: là ie vis dans la verité Eternellement viuante, les veritez des choses que ie luy demandois par la ferueur de mes prieres, lesquelles il exauçoit incessamment par vne amoureuse condescendance.

*Toutes les larmes naissent d'Amour, sympathie de l'œil, & du cœur.*

Voicy comment il eust agreable de me répondre: Ma tres-douce & tres-agreable Fille! ie suis prest de vous satisfaire touchant ce que vous desirez apprendre des differentes sortes de Larmes, & de ce qui regarde le fruiçt qu'elles apportent dans l'Ame saincte: Vous sçaurez donc premierement, que toutes les larmes ont leur source dans le cœur de l'homme: De vray il n'y a aucune partie dans le Corps humain, qui ait plus de correspondance & de sympathie auec le cœur que l'œil, qui ne sçauroit dissimuler la douleur dont ce premier viuant & ce dernier mourant, est tristement alteré; Il faut qu'il manifeste par les larmes l'affliction dont il est saisi. D'où vient que les pleurs tirent leur qualité de la douleur; si elle est charnelle &

si elle est esmeuë par quelque motif d'Amour sensible, elles seront pareillement de cette nature, & partant elles seront causes de mort à l'Ame, puis qu'elles procedent d'vn Amour desordonné, & qu'elles sont propres aux reprouuez, dont la fin se termine à la damnation eternelle, plus ou moins selon la mesure de l'Amour mal reglé de soy-mesme & des Creatures.

Ie laisse-là les sortes de larmes des méchás, pour parler de celles qui contribuent à donner la vie Diuine. Les moindres de toutes appartiennent à ceux qui reconnoissans l'enormité de leurs pechez, sont excitez à pleurer amerement pour la crainte qu'ils ont d'en estre châtiez : Ils sont encore remplis de l'Amour d'eux-mêmes, lequel les empesche de conceuoir vne haine parfaite contre l'offence que l'on a commise contre moy. D'où viét que leur douleur, quoy que cordiale est plus sensitiue que raisonnable ; & que l'œil iettant des larmes, témoigne que l'ó a plus de crainte de son propre mal-heur que d'amour pour me satisfaire. Il est vray que si l'Ame est bonne ménagere en cecy, elle perdra bien-tost dans la prattique des veritables vertus cette sorte de crainte, laquelle n'est pas assez puissante pour luy donner la vie. {Larmes qui procedent de la crainte pour auoir offensé Dieu.}

A ce dessein, elle s'esleue de cét estat d'imperfection par la connoissance de soy-même à la connoissance de ma Bonté souueraine, d'où elle tire vne ferme esperance en ma misericorde. Et quoy que cette belle esperance {Larmes prouenantes de l'Amour spirituel que l'on se porte à soy-mesme.}

faſſe naiſtre en ſon cœur vne ſaincte joye. Neantmoins parce qu'elle eſt encore meſlée auec la douleur du propre intereſt, les larmes du cœur ſont aſſez ſouuent ſenſuelles. La raiſon de cecy, c'eſt que toute la racine de l'Amour propre n'eſt pas entierement arrachée. Ie ne parle pas de l'Amour des choſes ſenſibles, ie l'ay déja faict mourir par ma grace: I'entends d'vn certain Amour propre, quoy que ſpirituel, par lequel l'Ame deſire auec trop d'attachement les conſolations ſpirituelles ou mentales, ſoit interieures, ſoit exterieures. I'appelle conſolations interieures, celles que ma Bonté verſe doucement dans le ſein des Ames ſainctes, & les conſolations exterieures, celles que l'on peut tirer par le moyen de quelque Creature, encore qu'on l'affectionne d'vn Amour ſpirituel. D'où il arriue que quand par les ordres adorables de ma bonne Prouidence, ie ſuſpends le cours de ces deux ſources de conſolations, permettant au contraire les tentations de l'Ennemy, ou ſouffrant les perſecutions des méchans; le cœur qui n'eſt pas entieremét mort à l'Amour ou volonté propre ſpirituelle, cómence à reſſentir l'amertume de la peine, & l'œil qui eſt ſa montre aſſeurée & fidele, iette des larmes ſenſibles, preſſé par vne certaine tendreſſe de compaſſion ſpirituelle que l'on ſe porte à ſoy-même.

*Larmes excitées ſi ce que la gloire de Dieu ne le fait pas.* Toutefois l'Ame prenant de nouueaux accroiſſemens en l'exercice de la connoiſſance de ce qu'elle eſt, conçoit à meſure vn plus grand mépris de soy-même ; elle se déplait de son imperfection, contre laquelle elle fortifie de plus en plus vne haine qui est du tout incapable de reconciliation : Apres quoy elle tire la veritable & parfaicte connoissance de mes grandeurs souueraines; Elle les voit inseparables des flammes embrasées de l'Amour, auec lequel sa volonté deuient heureusement vnie & conforme à mon bon plaisir. A même-temps elle se sent remplie de joye iusqu'à vn excez que l'on ne sçauroit exprimer, suiuie ou plustost accompagnée de compassion touchant les miseres spirituelles du Prochain, ainsi que i'ay dit ailleurs. Alors l'œil, par vne correspondance naturelle qu'il a auec le cœur pleure abondamment; il est pressé à cela par ce double Amour, côme temoin de la douleur amoureuse qui prouient de ce que ie suis lâchement offensé, & du dommage Eternel que ma Creature reçoit quant elle se porte à cet excez de mal-heur. Cette afflictiõ du cœur s'épanchant en larmes, est vuide de l'apprehension de toute sorte de peine & de tourment que l'on pourroit auoir merité en son particulier: il ne reste rien en cet exercice à l'Ame saincte, que la veuë seule de procurer ma gloire qu'elle prefere absolument à la péséede soy-même, il ne luy demeure qu'vn desir remply de soucy de se rassasier des viandes precieuses, que ie propose sur la table de la Croix, en l'Imitation de l'humilité & de la patience de l'Agneau sans tache mõ Fils vniquement aymé, pour establir le comble de sõ

*de ce que le Prochain reçoit du dommage en son salut.*

Y iij

bon-heur à souffrir courageusemét & ioyeusement, non selon son choix, ny à sa mode, ny à son goust, mais selon les ordres de ma volóté saincte, tout ce que i'ay disposé de plus vtile & de plus necessaire, quoy que rigoureux pour son salut & pour ma gloire.

*Larmes qui procedent de l'excez de la ioye que l'Ame ressent dans les operations puissantes de l'Amour sacré.*

Icy elle rencontre des delices diuines accompagnées de tant de paix d'Esprit, qu'il est impossible d'en raconter les douceurs; sa veuë & son affection ont tant d'accord pour prendre leur perfection dans la tresdelicieuse & Eternelle Verité, que dans la vicissitude de la cónoissance & de l'Amour qui s'entraident mutuellement à s'accroître, elle s'enyure des agreables saueurs de ma Diuinité, qu'elle admire comme vne mer pacifique d'Amour, non tant vnie que comme infuse en vostre humanité. C'est dans cet ocean imméfe de tranquillité, où elle prend son plus agreable repos; puis que son cœur est à moy par les attaches d'vne dilection autant puissante que tres-pure. De là vient, que l'œil par cette sympathie d'Amour qu'il a auec le cœur, est contraint de verser des larmes conformes à la nature de cet estat de perfection; elles sont toutes détrempées de douceurs que la patience amoureuse reçoit & prepare ainsi qu'vn laict delicat pour seruir de nouriture à l'Ame deuote; ou comme vn Baume precieux, dont l'odeur suauement penetrante se faict ressentir iusqu'au plus esloignez auec rauissement.

## CHAPITRE II.

*Que l'Amour vnitif n'est iamais sans l'Amour du Prochain.*

MA tres-chere Catherine! A!quel bonheur pour l'Ame, qui a sçeu auec autant de sagesse que de verité sortir de la mer orageuse du siecle, pour venir se plonger dans la mer pacifique de ma Diuinité, de laquelle elle se remplit en toute sa capacité. L'œil estant comme la Pompe & le Canal du cœur, ce luy est vne necessité de rendre des larmes en abódance, nées de la ioye de sa conditió trop heureuse, en laquelle elle n'est pas toutefois sans douleur ainsi que i'ay expliqué cy-dessus. Elle rit auec moy qui suis la source primitiue de toute joye, & auec mes Amis fideles qui emploient les feux de leur Charité à procurer ma gloire; & elle pleure auec soy-même & auec le Prochain, sur le sujet des imperfectiós & des Pechez qui blessent ma Bóté, & qui pronoquent ma Iustice à la vengeance; i'empéche cependant que la perfection de l'Estat vnitif où elle est paruenuë ne soit tant soit peu alterée: au contraire i'auance par ce moyen son progrez de plus en plus. La raison de cecy se prend de ce que l'Amour que l'on a pour moy en cette vie pour si grád qu'il puisse estre, ne sçauroit estre sans celuy du Prochain; c'est de luy & par luy qu'il doit auoir son exercice, ainsi que i'ay amplement decla-

*La douleur de l'Ame pour les Pechez du Prochain, n'interromp pas la ioye de l'Estat vnitif.*

ré cy-deſſus. Partant, de crainte que le vent de la preſomption ne ſe gliſſe ſubtilement en l'Eſprit des plus parfaits, ils ont beſoin de conſeruer toûjours l'Amour du Prochain, auec vne veritable & tres-humble connoiſſance d'eux-mêmes ; afin qu'ils ne tombent mal-heureuſement du plus haut eſtage de la vertu, dans la ſentine ou la cloaque des vices les plus honteux & les plus ſcandaleux.

*L'Amour du Prochain eſt le témoin de celuy que nous auons pour Dieu.*

Par ce moyen l'Ame ſaincte nourrira dans ſon ſein le feu Diuin de ma Charité, puis que l'Amour que l'on porte au Prochain, eſt vne ſuite neceſſaire de celuy que l'on a pour moy; & que celuy-cy prouient de la connoiſſance que l'on a de ma Bonté & de ſoy-même. Or dans cette double connoiſſance l'on apprend ce que l'ô eſt, & quant à la nature, & quât à la grace ; l'on y admire l'Amour exceſſif, auec lequel ie preuiens ma Creature : A cette conſideration l'on eſſaye d'aimer les autres d'vn Amour qui ait de la ſympathie auec le mien. Voicy pourquoy au même-temps qu'vne Ame me connoît & qu'elle m'ayme, elle ne ſçauroit pareillement s'empécher d'auoir de l'affection pour ſon Prochain, & d'auoir de puiſſantes inclinations, pour ce qu'elle ſçait que ie cheris dauantage parmy mes ouurages.

*Nous ne pouuós payer l'Amour que Dieu a pour nous, que par celuy que nous deuons au Prochain.*

Ce qui m'oblige de plus en plus en cecy, c'eſt qu'elle conſidere qu'il luy eſt impoſſible de ſe rendre neceſſaire pour mon ſeruice, & de ne procurer aucun profit par ſes proteſtations ; & par ce moyen me payer la pureté de mon Amour pour elle. D'où vient qu'elle s'applique de me rendre le reciproque, par ce moyen que ie luy ay mis entre les mains qui est celuy du Prochain, auquel l'on peut se rendre vtile, encore qu'il ne l'aye pas merité, & non pas à moy. Ma Fille! ie te voulois dire cela, quand ie t'ay enseigné que le Prochain estoit le sujet de l'exercice & de la pratique des vertus. Il est donc veritable que vous me deuez vn Amour de preuention tres-pure: Ne vous ay-ie pas aymé auant que vo⁹ fussiez capables de cónoître, lors que vous nourrissiez les froideurs de malice contre moy, auant même que vous eussiez l'estre, & sans aucune esperance de consolation que ie puisse receuoir de vous? En vn mot, il n'y a que ma Charité qui a seruy de motif à ma bonne volonté, pour vous mettre au monde auec les caracteres viuants de ma ressemblance & de mon image. C'est sur ce modele que ie desire que vous appreniez la dilection que ie vous commande d'auoir pour vos semblables: aymez-les gratuitement de la mesme façon que moy, sans faire reflexion sur l'attente d'aucune commodité, soit spirituelle, soit temporelle: n'ayez égard en cela qu'à ma plus grande gloire, & qu'à vous rendre mes parfaits imitateurs. Voila comment vous accomplirez le commandement de ma loy, qui dit que vous m'aymerez pardessus toutes choses, & vostre Prochain comme vous-mesmes. Il n'est donc que trop veritable, que l'on ne sçauroit atteindre le degré sublime de l'Amour vnitif que par cette prattique, laquelle est semblable à celle du second estat de la perfection.

*Progrez continuel de l'Ame en l'estat de la perfection: Faueurs de l'Amour Vnitif.*

C'est ainsi que l'on faict du progrés en la perfection des vertus & en l'estat vnitif, non que l'Ame change d'estat quand vne fois elle y est arriuée; elle y prend seulement de nouuelles beautez dans les richesses de mes graces, & dans des éleuations plus hautes d'esprit. De maniere qu'elle séble auoir desia pris la condition & les qualitez des Creatures immortelles, encore qu'elle soit dedans vn corps mortel: parce que tout sétimét propre est entierement esteint, & la volonté est tout à fait morte à soy-mesme par l'adherence qu'elle a heureusement faict en moy. O que cette vnion est douce à l'Ame qui en fait l'experiéce, dâs laquelle elle est faite participāte de mes plus grands secrets, & où assez souuét elle puise l'esprit de prophetie, pour connoistre les choses absentes auec celles qui doiuent arriuer. Ie ne veux pas dire qu'elle doiue desirer ces faueurs singulieres de ma Bonté, au contraire ie desire qu'elle s'en estime tres-indigne, aussi bien que de toute sorte de consolations, de paix & de repos d'esprit; afin de donner de plus en plus de l'affermissement à sa vertu. Pour ce dessein elle descend bien-tost du sommet de cette montagne de perfection d'Amour Vnitif, afin que dans la valée de la connoissance profonde de sa propre insuffisance, où ie luy communique mes lumieres, elle puisse prendre des agrandissements nouueaux en son

Estat; puis que le temps de cette vie est vn estat de tendance, & qu'il n'y a pas d'Amour si accomply qui ne puisse deuenir plus parfaict. Il n'y a que IESVS mon Fils excepté de cette regle; Il est vne mesme chose auec moy, comme ie suis vne mesme chose auec luy; Il estoit bien-heureux dés le moment de sa conception à raison de l'vnion adorable de la nature diuine. C'est vous autres pelerins qui pouuez, que dis-ie, qui deuez vous auancer à la plus haute perfection de l'Amour Sainct, aspirant iusqu'au dernier estat, dans lequel, sans en sortir, vous tâcherez de vous rendre de plus en plus éminents par les aydes puissants de ma grace.

## CHAPITRE III.

*Des larmes criminelles des Mondains, & des fruicts mal-heureux qu'elles leur apportent.*

MA tres-bonne Fille! afin de te donner vne satisfaction entiere touchant les diuerses especes des larmes; Ie retourne cōmencer par celles des mal-heureux mōdains qui se forgent vn Dieu de leur propre sensualité, en aymant les Creatures contre mes ordres: d'où prouiennent les miseres qui tendent à la ruïne totale tant de l'ame que du corps. Ie t'ay desia dit, comme c'est aussi la verité, que les larmes prennent leur principe du cœur, puis que la douleur & les larmes se

*Les larmes suiuent la nature & la condition de l'Amour.*

mesurent à la grādeur de l'Amour; l'on pleure autant que l'on ayme. Les Esclaues du siecle gemissent, quand ils sont contraints de souffrir la priuation de ce qui retenoit leur affection par attachement : Il est vray que c'est en differentes manieres, selon la diuersité de leurs amours : Et parce que la racine de leur propre Amour est gastée, il faut pareillement que tout ce qui en procede se ressente de la corruption de sa cause.

*L'amour comparé à vn Arbre : Difference entre le bon & le mauuais Amour.*

Cét Amour propre sensuel est ainsi qu'vn Arbre, lequel ne sçauroit produire que des fruits de mort, des feüilles fannées, des fleurs puantes, des brāches & des rejettōs pourris, rampants en bas contre terre, battus continuellement par la violence des vents. Catherine! apprenez que toutes les Ames sont autant d'Arbres d'Amour, puis que c'est par le motif de mon Amour que ie vous ay creé, & que de vray vous ne sçauriez viure sans Amour. La difference qu'il y a entre celles qui ont de l'inclination pour la vertu, & entre celles qui courtisent le vice; c'est que celles-là ont ietté leurs racines dans les valées de l'humilité, & celles-cy sont plantées sur les montagnes de la Superbe; ce qui fait qu'au lieu de rapporter des fruicts de vie, elles ne rendent que des fruits de mort. Leurs fruicts sont leurs œuures criminelles, auec lesquelles elles m'offencent griefuement; elles sont toutes empoisonnées du venin qu'elles contractent en leur source primitiue, qui est en leur mauuaise volonté. D'où vient qu'encore qu'ils fassent aucunefois quelque actió loüable, elle ne laisse pas de se ressentir de cette corruption, entant que les œuures faites en estat de peché mortel ne sçauroient profiter pour la vie eternelle, puis qu'elles sont priuées de ma grace, qui est leur principe surnaturel.

L'on ne doit pas toutefois desister de faire tousiours le bien, encore que l'on soit miserablement tombé dedans le vice : puis que ie ne laisse aucun bien en arriere que ie ne recompense en son temps ; tout de mesme que ie ne sçaurois dissimuler aucun mal que pareillement ie ne punisse tost ou tard. Ma Iustice embrasse tout ; i'accorde, ainsi que i'ay desia dit, que les œuures produites hors de mon Amour sont imparfaites ; aussi ie ne les puis recompenser qu'imparfaitement : quelquefois ce sera par les faueurs temporelles, quelquefois par les faueurs spirituelles. I'attends à misericorde celuy qui m'offence en luy prolongeant le temps de la vie ; ie suscite quelqu'vn de mes bons Amis pour m'offrir des humbles & feruentes prieres, à ce que ie prepare mes graces pour leur conuersion. C'est ainsi que ie me suis comporté auec Paul mon Apostre ; il fust affranchy de la lepre de son infidelité, en desistant de la persecution qu'il excitoit contre les Chrestiens, par les oraisons d'Estienne premier Martyr de mon Fils. L'on ne doit donc iamais perdre courage de bien faire, quoy que l'on sente en soy-mésme des dispositions contraires à ma grace.

*Raisons pourquoy l'on ne doit iamais desister de bié faire, quoy que l'on soit en peché.*

*Iniustice temeraire & sacrilege du méchant qui se fait le censeur des œuures de Dieu.*

Les fleurs puantes de cét Arbre maudit duquel ie t'entretiens, sont les mauuaises pensées qui me déplaisent excessiuement, principalement quand elles sont iointes dans le cœur auec la haïne, auec l'auersion, & auec le mépris du Prochain. Celuy qui a ces malheureuses conditions est vn larron sacrilege, il me rauit l'honneur qui m'est naturellement deu, pour se l'approprier par vne iniustice plus que criminelle. C'est ce qu'il met en execution par les iugemens faux & pernicieux qu'il faict, & contre moy & contre les autres. Contre moy, en se faisant le censeur temeraire des secrets de mes ordres, l'Arbitre iniuste de mes mysteres, & le Iuge inique de mes ouurages qu'il prophane, en attribuant à la haïne ce que ie communique par vn Amour de tres-bon Pere, & tournant à mort tout ce que i'ordonne pour la vie. Il condamne toutes choses par les regles de son infirmité, & par les raisons prises dans les tenebres épaisses de son ignorance causée par l'amour propre, qui luy dérobe la veuë des veritez qu'il ne sçauroit entendre que par la lumiere surnaturelle de la Foy fondée en ma grace.

*Iniustice temeraire des iugemens precipitez de la conscience du Prochain.*

I'ay dit encore que les faux iugemens des peruers iettoient leur venin contre le Prochain ; ce qui donnoit l'entrée à plusieurs maux auec des suites tres-pernicieuses. Sçauroit-on trouuer vne presomption plus grande que celle de l'homme méchant, qui demeurant dans l'ignorance de ce qui se passe dans son propre cœur, entreprend pourtant de penetrer iusques dans les desseins & les affections des autres, pour en iuger sans consideration & criminellement les mouuements, les ressorts, & les intentions? & de vouloir establir vn prognostic asseuré de la volonté cachée de son Prochain, sur la moindre parole qu'il aura dit, ou sur vn clin d'œil, ou sur vn geste, ou vne posture de corps; & de prendre tousiours à mauuaise part ce que mes Eleus expliquent à tres-bonne fin?

C'est de ces iugements precipitez que naissent trop souuent les inimitiez, les homicides, les calomnies, les auersions & les mépris du Prochain: c'est de là, dis-ie, que l'on préd l'occasion de se retirer de la conuersation des bonnes Ames, & que l'on perd l'inclination que l'on auoit de cherir & de respecter leur vertu. Ces fleurs maudites ne sont pas sans les feuilles de cette nature, ce sont paroles mal couchées, scandaleuses & importunes, prononcées auec trop d'inconsideratiō contre la reuerence que l'on me doit & au Sang de mon Fils, & contre l'honneur de mes Saincts Bien-heureux, auec le scandale, le dommage & le mépris du Prochain, Ces malheureux ne semblent estre nais au mōde que pour s'employer à me maudire, à condamner mes ordres, & blasphemer contre mes ouurages, selon ce qui leur vient au deuant, & selon que leurs censures peruerses leur persuadent. Les miserables ne se prennent pas

*Les iugements temeraires sont cause de tous les vices de la ligue contre Dieu & contre le Prochain.*

garde que i'ay creé la langue, afin que l'homme chante mes loüanges & publie ma gloire, qu'il confesse ses pechez, & qu'il luy donne de l'exercice pour le profit & le salut du Prochain. Mais faut-il s'estonner si l'vsage en est si corrompu ; puis que le principe dót elle est l'organe qui est le cœur, est remply d'impureté, de dissimulation, de desordre & de miseres.

*Tous les plus grands malheurs du monde sont attribuez à la langue.*

Catherine! vous ne sçauriez dire les malheurs temporels qui arriuent de ces langues empestées, apres les dommages spirituels fondez en la priuation de ma grace ; De là viennent les haïnes, les inimitiez mortelles, les desolations des Villes, la ruïne des Prouinces, les guerres des Royaumes, les pertes des honneurs, des charges, des conditions & des dignitez, les chágemens de vie & d'estat, les combats, les assassinats, & toute sortes d'autres maux. De vray, vne parole prononcée inconsiderément ou malicieusement, penetre où le glaiue ne sçauroit trouuer d'entrée. Elle faict des playes mortelles au cœur de celuy qui les escoute & le rend desesperé au remede.

*L'affection du pecheur rampât contre terre ne sçauroit estre assasiée.*

Le mauuais Arbre duquel ie te parle a sept branches principales, abaissées & rampantes contre terre. Ce sont les sept pechez mortels qui produisent les reiettons de toutes les autres malices liées ensemble, & qui prennent leur nourriture & leur subsistance dans la racine de l'amour desordonné de soi-mesme, détrempé dans le poison de l'orgueil. De ces

branches

branches mal-heureuses naissent premierement les fleurs des mauuaises pensées, & puis les feüilles des paroles pernicieuses paroissent, & enfin les fruicts des œuures criminelles. Tout cela est deprimé contre terre: parce que les mouuements du pecheur se côtournent & se reflechissent vers les substances perissables de cette vie: ils ne pensent, ils ne regardent & ils ne veulét autre chose que de se satisfaire insatiablement de ce qui n'est pas capable de les rassasier. Ce qui fait qu'ils deuiennent à charge à eux-mesmes par vn iuste iugement de ma Prouidence, estant bien raisonnable qu'ils se nourrissent d'inquietudes, puis qu'ils appliquét leur cœur à desirer sans raisó & sans ordre ce qui n'a pas le pouuoir de leur donner du repos. Ils ont vne capacité infinie; n'est-ce pas estre insensé de la vouloir remplir des biés dót l'estre est finy & limité? I'ay creé l'homme auec vn estre qui ne prendra iamais de fin; encore que par le peché mortel il puisse perdre l'estre de la grace. Ie l'ay mis au dessus de toutes mes Creatures, afin qu'il n'y eust rien au dessous de luy suffisant de le remplir. Il n'y a que la chose qui soit plus grande que luy qui puisse reüssir à ce dessein. C'est moy seul Dieu eternel & viuāt, au dessus duquel il n'y a rien. Partant s'il viét à me perdre par sa propre faute, n'est-ce pas vne necessité qu'il viue continuellement parmy des tourmens tres-effroyables.

Z

## CHAPITRE IV.

*Quatre sources des larmes des Mondains.*

*La peine que souffre le mechant du costé des biens de cette vie.*

CE n'est pas encore tout; l'Arbre maudit de l'Amour de la propre sensualité en laquelle les Enfans du siecle ont estably leur dernier bon-heur, est battu & secoüé de quatre vents qui ne le laissent iamais en repos: ce sont, la prosperité, l'aduersité, la Crainte & la conscience. La prosperité nourrit en l'Ame de ces perdus la Superbe auec vne presomption intolerable, qui les faict esleuer au dessus des autres auec le mépris iniurieux de tous. Si d'auanture ils sont de condition pour auoir du commandement & du pouuoir sur le commun, ils se comportét en leur vie sans modestie, remplis qu'ils sont de vanité, d'ambition & de soüillure quant à l'Ame & quant au corps. Tout cela est suiui de consequences si pernicieuses, que tu ne sçaurois penser à les raconter sans horreur, & sans te mettre dans le desespoir de le pouuoir faire. Ie ne prerends pas dire que ce vent de la prosperité soit de sa nature contagieux & corrompu, non plus que ceux de la crainte & de la conscience; tout le mal vient de l'Amour propre auec lequel l'on s'ayme & l'on a de l'affection pour les autres choses desordonnémét. Ie ne sçaurois appeller du nom de mauuais le bien que ie donne, qui ne cótracte ce nom & cette qualité de bien que dedans ma Bonté qui en est la source primitiue. Cela n'empesche pas que ces peruers ne gemissent malheureusement au milieu des choses qu'ils ayment d'vn Amour dérèglé, & qu'ils croyent estre capables de leur bâtir en cette vie vn Paradis de plaisirs; Ce qui leur est impossible de rencontrer aux Creatures perissables de cette vie. Et parce que l'œil a de la complaisance sympathique pour le cœur, il iette des larmes de douleur de ce qu'il est priué du rassasiement qu'il cherchoit sans aucune prudence.

Le vent de la crainte seruile n'est pas des moins importuns, il cause au méchant des estranges épouuantes de son ombre seulement, tant il apprehende de perdre ce qu'il affectionne hors de ma dépendance & de mes ordres, comme sont, sa vie, sa santé, ses enfans, les personnes où il a de l'attachement, ses honneurs, ses charges, ses richesses, & les autres biens qu'il ne sçauroit (tandis qu'il est saisi de cette crainte) posseder auec la paix de l'ame, la tranquillité d'esprit, & la ioye du cœur comme ceux qui les tiennent de moy auec la conformité de volonté aux loix de mes adorables dispositions. Il deuient peureux, aussi s'est-il reduit au plus vil & abiect esclauage du monde comme est celuy du peché. *Terreur panyque du pecheur.*

Le vent de la Crainte est incontinent suiui de celuy de l'aduersité & de la tribulation, qui rauissent toute cette prosperité qu'il craignoit de perdre, soit en general, soit en particulier. Ie dis en general, comme quand il perd la vie auec laquelle il abandonne par *Extremité de peine que souffre le méchant dans l'aduersité.*

force tous les autres biens de la terre: I'ay dit en particulier, parce que quelquefois ie le priue, tantost d'vne chose, tantost d'vne autre, ainsi que ie le iuge estre plus necessaire pour son bien. Ces priuations sont sainctement disposées par les ordres sacrez de ma bonne Prouidence, laquelle ainsi qu'vn bon Medecin ordonne de tout, ou pour la consolation, ou pour le salut de son malade. Il est vray que la foiblesse de ma Creature est si malade, elle est si pauure de connoissance de la verité; qu'elle vient à perdre les richesses & les fruits de la patience heroïque par les murmures scandaleux, par les haines & par les auersions que l'on conçoit contre moy, & contre les choses que ie ménage amoureusement pour l'vtilité & pour la gloire de mes Eleus. Et parce que l'on regarde de mauuais œil ce que ie donne de la bonne main; l'on vient aussi à perdre les choses de la vie presente auec d'autant plus de douleur, qu'on les affectionnoit auec plus d'attachemét d'Amour. C'est ce qui faict, que l'on se condamne aux pleurs sans se vouloir disposer à la consolation, & que l'on se tuë de déplaisir qui portent l'esprit à l'impatience, & qui peu à peu dessechent l'Ame de l'humeur saincte de la deuotion, à faute dequoy elle meurt à la vie surnaturelle de ma grace. Le corps par vne certaine reflexion se ressent de l'estat desastreux de l'interieur, il deuient pareillement languissant, & gemit miserablement sous la desolation déplorable de l'esprit, priué des choses auquel il auoit mis l'establissement de ses esperances & l'affermissement de sa confiance,

Ie ne blasme pas les larmes, elles sont bónes de leur nature; aussi ne sont-elles pas causes de toutes ces maudites productions qui les accompagnent: tout le mal prouient de l'affection desordonnée, & de la douleur dereglée qui les ont excitez. Ce ne sont donc pas les larmes exterieures des yeux qui sont principes de mort & de peine: non, c'est leur racine qui procede du cœur empesté de l'amour propre: s'il estoit reglé par les regles, de mon Amour, il seroit sans doute remply de la vie de grace, le merite de laquelle il cómuniqueroit aux larmes des yeux pour gagner ma Misericorde. Quád dóc i'ay dit que ces sortes de larmes apportoient la mort à l'Ame, i'entendois qu'elles n'en estoiét que le signe & le témoin, & qu'elles estoient comme l'Ambassadeur fidele qui découuroit la verité de la vie & de la mort spirituelle dans le cœur de l'homme.

*Les larmes ne sont pas blasmables d'elles-mesmes, c'est du costé d'leur motif.*

Il ne reste plus qu'à te parler du quatriéme vent, qui est celuy du remords de la Conscience, que i'ay donné à l'homme comme vn precieux gage de ma Bóté en son endroit. Ce n'estoit pas assez que ie le misse dans l'espreuue de la prosperité, pour tâcher de gagner son cœur à mon seruice par les amorces de l'Amour. A faute de ce moyen i'ay tenté celuy de la crainte, pour l'obliger de se dégager des importunitez qu'elle donne, en

*Admirable & douce disposit̄ō de Dieu pour sauuer l'hóme.*

Z iij

embrassant la prattique des vertus, auec verité & auec perfection. Et afin qu'il n'y eust rien de creé dãs la terre qui le retardast de ce dessein, ie l'ay enuironné d'angoisses & de tribulations parmy les accidents de la vie presente, pour luy faire connoistre le peu de confiance que l'on doit prendre dans l'inconstance & l'infidelité de ce que le monde propose à ses protestants quand il croit les gagner à soy. En fin, comme i'apperçois que toutes ces voyes que i'employe n'ont pas tousiours tout l'effect que ie pretends; & que ie ne sçaurois m'empescher de vous aymer d'vn Amour de veritable & de bon Pere, qui ne se lasse iamais d'appliquer toute sorte de moyens pour se reconcilier l'Enfant qu'il a mis au monde ; l'ay disposé l'éguillon piquãt de la conscience, afin qu'il creue l'apostume du peché qui faisoit mal ; & qu'il ouure humblement la bouche pour en ietter dehors la pourriture & le pus en la Confession sacramentale.

*Resistance de l'homme aux douces dispositions de Dieu pour son salut.*

Helas ! que font ces obstinez, ou plustost ces miserables reprouuez par leur propre démerite; ils apportent de la resistance à mes graces, ils se rendent rebelles à mes faueurs, qu'ils refusent d'agréer & de receuoir ; Ils se fortifient contre les élancemens de leur synderese qu'ils méprisent iusqu'à l'horreur, en pensant en émousser les pointes auec les diuertissements voluptueux où ils s'abandonnent miserablement, en se rendans desagreables à ma Bonté, & scandaleux à leur Prochain. Que pourroit-on esperer de meilleur d'vn principe entierement gasté: aussi tout ce qui leur arriue ne tend qu'à la mort, & ne respire que tourment détrempé dans l'amertume d'excessiues douleurs, quoy que finies & temporelles. Celles-cy les disposent à des gemissements execrables qui ne finiront iamais, s'ils ne viennent à reconnoistre leurs fautes, & se rendre dignes d'amendement & de correction.

Quel mal-heur que des pleurs passageres & finies ayent vne étenduë qui soit eternelle. Ne vous en étonnez pas : elles ont esté répanduës dans le temps auec vne haïne, qui a pour son objet vn bien infiny & souuerain. D'où vient qu'encore que l'on soit tousiours libre durant la vie mortelle, de m'aymer, ou de me porter de la haïne ; neantmoins si l'on finit sa vie auec l'amour de la vertu, cét Amour sera sans fin en sa durée : au contraire la haïne que l'on me porte sera dans les Enfers eternelle, si l'on meurt hors de ma Charité, ainsi que ie t'ay autrefois raconté, lors que ie t'entretenois de ceux qui se noyoient dans le fleuue rapide du siecle peruers. D'ailleurs ces personnes estant priuées à iamais des douces influences de ma Misericorde, ils ne sçauroiét desirer ny vouloir aucun bien; & parce qu'ils sont sortis de ce monde sans la Charité fraternelle, ils ne peuuent prendre part aux delicieuses saueurs qui naist parmy les Bien-heureux de la ioye mutuelle qu'ils reçoiuent, estre secourus ny soulagement de leurs mi-

*Raisons pourquoy les larmes des Mondains ne finissent iamais, & qu'elles sont eternelles.*

feres par vous autres mes Amis qui estes encore pelerins en la terre, soit par vos aumosnes, soit par vos prieres, soit par toutes autres manieres de bonnes œuures; puis que leurs démerites les en ont rendu indignes. Ils sont retranchez du corps de ma Charité ainsi que des membres pourris: De vray ils ont refusé durant leur vie de se soûmettre à l'obeïssance de mes Commandements dans le Corps mystique de mon Eglise saincte, aux ordonnances de laquelle ils n'ont voulu se soûmettre, quoy qu'elle contienne le glorieux Canal où vous beuuez à l'aise le Sang de mon Fils vnique bien-aymé. C'est donc auec beaucoup de Iustice qu'ils reçoiuent le fruict maudit de la damnation eternelle parmy des gemissements horribles, & des grincements de dents pleins de rage & de desespoir. Ceux-cy ma chere Amie! sont les Martyrs de Sathan, aussi que pouuoient-ils attendre de luy, si ce n'est le même traittement où ma Iustice rigoureuse l'a condamné pour iamais? Voila où se terminent les larmes des méchants.

## Chapitre V.

*Des fruicts des larmes des commençants, des imparfaits & des parfaits en l'Amour de Dieu.*

*Les fruicts agreables qui naissent des larmes excitées par la crainte.*

Voicy le lieu, Catherine! pour te parler des fruicts des larmes qui sont versées par ceux qui commencent à se retirer du peché, estans émeus par le motif de la peine, afin de se disposer à receuoir ma grace. Cette maniere de quitter le vice, est celle de la vocatió presque generale de tous les Pecheurs, qui commencent d'abord pressez de la terreur de mes Iugemens, à nettoier leurs Ames des souïllures du Peché, & de recouurer la premiere liberté de leur franchise, qui estoit deuenüe esclaue de la coulpe & de Sathan. Elle n'a pas plustost reüssi en ce dessein qu'elle reçoit la paix agreable de sa conscience, auec laquelle elle deuient maistresse de ses affections; & ouurant l'œil de l'Esprit, elle commence à se reconnoître, & s'apperceuoir soymême; C'est ce qu'elle ne pouuoit faire tandis que tant de vices sales & horribles, couuroient la beauté de mon Image & de ma ressemblance; & qu'elle n'auoit pas encore pris la peine de la nettoyer & de la lauer par la penitence. Les consolations de ma grace prennent la place du ver de la synderese qu'elle a faict mourir, à même-temps elle conçoit vne saincte faim d'acquerir les vertus & de les mettre dans vne genereuse prattique. Il luy arriue comme quand l'estomach est déchargé des humeurs malignes qui le faisoient malade, dont l'appetit s'excite à souhaiter les viandes pour se satisfaire, qu'il rejettoit auparauant auec auersion.

C'est ainsi que l'Ame vuide de ce qui luy faisoit mal, attéd des mains de son libre Arbitre les vertus qui doiuét desormais estre sa nourriture, d'où dépend le fruict de la seconde es- *L'affection des vertus est vne marque que l'Ame est sortie de la crainte seruile.*

pece des larmes. En cet estat quoy qu'imparfaict, à cause qu'elle ne faict encore que sortir de la crainte ; elle trauaille de prendre de l'appuy du côté de ces mêmes vertus, qui ne máquent pas de luy fournir de matiere de côsolations sainctes, soit du côté de ma Bonté, soit du côté de mes Creatures pour l'Amour de moy. Par cet ayde delicieux elle s'excite à produire des actes d'Amour, en l'exercice desquels elle ressent incontinent les effects embrasez de ma Diuine Charité, accompagnez & suiuis d'autres diuerses richesses de douceurs enyurantes, en vn nombre que l'ô ne sçauroit exprimer. Si auec perseuerance elle est fidele & bonne ménagere de toutes ces diuines faueurs, elle est introduite à la table precieuse de mon Fils ; que dis-ie ? elle-même dresse la table de la Croix de cet Amoureux Redempteur en elle-même ; où il se sert & se propose, pour luy manifester l'Amour qu'il a pour ma gloire & pour le salut des hômes. A ce dessein il a voulu que son sacré côté fust ouuert, afin qu'il vous seruit de nourriture dans la contemplatiô de l'Amour qu'il a eu pour son Pere & pour ses Creatures. C'est de ce double Amour qu'elle se repaît, c'est de ma gloire & du salut des Ames dont elle s'entretient ; auec vn déplaisir extrême & vne haine mortelle qu'elle conçoit contre le Peché ; qui luy faict ietter des larmes d'Amour qui ne tarissent iamais.

*Les fruicts des larmes d'Amour.*

Veux-tu sçauoir quels sont les fruits qu'elle tire de ces sortes de pleurs ; c'est sans doute vne force inuincible côtre sa propre sésualité qu'elle haït plus que l'Enfer ; c'est vne humilité tres-profonde, auec laquelle elle se réd agreable à mon cœur, au delà de tout ce que l'on sçauroit penser auec vne patience heroïque, laquelle la rend victorieuse de toutes les malices creées, & superieure à toute sorte de peines, qui n'ont leur source que dans la volonté propre, qu'elle a faict mourir auec le couteau à double tranchant de mon Amour & de la haine de soy-même. De vray, il n'y a que la volonté sensuelle qui s'offense & qui tire matiere de scandale & d'impatience, soit des iniures & des persecutions, soit de la priuation des consolations spirituelles & temporelles. Si donc on l'a faict mourir auec vn desir tendrement larmoiant, elle comménce de sauourer incontinent les douceurs, qui ne se retrouuent que dans le sein glorieux de la patience heroïque. O que ces fruits sót desiderables, & remplis de suauitez amoureusement sainctes aux Esprits qui se rendent dignes d'en receuoir les épanchemens! Pourquoy ne seroient-ils pas delicieux aux autres, puisque ie ne leur sçaurois refuser ny mon agréement ny mon approbation?

Glorieuse patience! tu treuue la paix au milieu de la guerre, la douceur parmy les amertumes, & la serenité dedans le trouble & les tenebres; les iniures & les persecutions bâtissent ton repos ; les vents, les vagues & les tempestes irritées contribuënt à faire le calme, afin que l'Ame qu'ils battent orageusement demeure saine, sauue & entiere: Elle est

*Force inuincible de la patience.*

trop bien munie & enuironnée de ma tres-douce & amoureuse volonté, de laquelle elle est heureusement reuestuë par le moyen de la Charité, pour donner entrée à tout ce qui seroit capable de la perdre. Ma douce Catherine! la patience est comme vne Reyne genereuse dans vne forteresse imprenable; les efforts que l'ô applique pour l'a battre, les machines que l'on employe pour penser faire bréche, les combats & les assauts qu'on luy liure ne trauaillent que pour ses victoires, & pour preparer les matieres de ses triôphes, tandis qu'elle n'est iamais vaincuë: A quoy toutefois elle ne sçauroit reüssir, si elle n'estoit escortée d'vne perseuerance veritable.

*La patience est la marque infallible que l'on a la Charité & la veritable vertu.*

Ouy, ô patience inuincible! tu es comme la flamme la plus pure du feu de ma Diuine Charité, qui fais le discernement infallible de la veritable Robbe nuptiale, d'auec celle qui n'en a que l'apparence: l'on apperçoit bientost que cet habit est deschiré & mis en pieces, par la monstre que l'on faict des actes d'impatience. Les autres vertus se peuuent dissimuler, elles peuuent feindre de la perfection, encore qu'elles soient beaucoup defectueuses; Tu es seule ô Diuine Patience! aux yeux de laquelle elles ne sçauroiét se cacher. Si tu es veritablement en l'Ame saincte, tu les faits voir pleines de vie & de perfection; aussi es tu comme le cœur de la Charité. Ton absence au cõtraire manifeste qu'il n'y sçauroit auoir de vertus accomplies, & qu'elles ne sõt pas encore paruenuës iusqu'à la table de la

à saincte Catherine de Sienne. 365
Croix de Iesus mon Fils vnique. C'est-là où tu es conceuë en verité par la connoissance de la fragilité de l'homme, & de l'excez de ma Bonté en son endroit. C'est la haine saincte & salutaire qui t'a enfanté, & l'humilité qui a esté ta chere nourrice. C'est à toy que ie ne sçaurois refuser les viandes delicieuses de ma gloire & du salut des Ames dont tu te repais continuellement, auec vn appetit affectueusement insatiable.

Qu'il ne soit ainsi; considere ma tres-agreable Catherine! cette vertu heroïque dans les glorieux Martyrs; leur nourriture n'estoit elle pas de gagner des Ames à mon Fils, par vne amoureuse & paisible tolerance de plusieurs tourmens épouuentables & cruels, que l'on deschargeoit sur leurs personnes sacrées? Leur mort corporelle donnoit la vie spirituelle; les morts par l'infidelité & par la malice resuscitoient à la vie de ma grace, & aux Lumieres brillantes de la Foy : elle chassoit les tenebres épaisses de l'erreur, & la nuict obscure du crime, des Esprits qui se treuuoient conuaincus plus par l'exemple que par le raisonnement. Le monde auec toutes ses pompes, auec toutes ses grandeurs & auec toutes ses promesses se rendoit à la puissance souueraine de cette agreable heroïne. Ceux qui gouuernoient les Empires & les puissants Estats, auec toutes leurs tyránies & leur pouuoir n'ont pû resister aux amoureuses violentes de cette Amazone inuincible. Elle est cõme vne belle Lumiere posée sur le chãdelier,

*Les victoires de la patience des Martyrs.*

pour éclairer mon Eglise des splendeurs rauissantes de son exemple.

*La patience rend l'Ame joyeuse & satisfaicte au milieu de sa peine.*

La patience ma bonne Fille! est le fruict desirable des Larmes sainctes de l'Ame, qui est paruenuë iusqu'à la perfectió de l'Amour du Prochain, mangeant à la table de l'Agneau tres-innocent & tres-aymable, auec vn desir amoureusement cuisant & vne peine intolerable d'Esprit des offenses que l'on commet incessamment contre ma Bonté. Ie ne veux pas dire que cette peine soit affligeante, parce que la veritable dilection, laquelle est inseparable de la patience, a fait mourir l'esprit de l'homme à toutes les vaines craintes, & à tout Amour propre, en quoy seul consiste la peine que l'on souffre. La peine dont ie parle, n'a son motif que dedans le mespris que l'on faict de ma gloire, & dedans le dommage spirituel que le Prochain ressent. Ce motif est fondé en la pureté de ma Charité laquelle n'abat pas, mais releue l'Ame; elle ne la tuë pas, elle luy donne plus de vie; elle ne la desseche pas, elle luy donne au contraire plus de force, plus de vigueur & plus d'embonpoint. Sa tristesse ne la rend pas chagrine & mal-plaisante, elle se rend d'autāt plus ioyeuse & contente, qu'elle porte en soy-même les marques plus asseurées que ie demeure au milieu de son sein, par les efforts de ma grace priuilegiée & singuliere.

## CHAPITRE VI.

### Des fruicts des larmes propres de l'Amour vnitif.

DE cette troisiéme espece de larmes, l'on entre dans celles qui sont dans la quatriéme classe; elles sont vnitiues conformement à l'estat vnitif où l'Ame saincte est admirablement paruenuë. Elles ne sont pas plus separées de celles-là, que la Charité est separée de celle qui me regarde. Et comme l'Amour que l'on doit au Prochain, est inseparablement vni auec celuy que l'on est obligé de me rendre: de méme ces sortes de larmes de l'estat vnitif, ne sont pas détachées de celles de l'estat precedent; leurs courans se meslér, leurs eauës se temperent, elles se transmettét les vnes dans les autres pour deuenir plus vtiles & plus precieuses.

*Les larmes de l'estat precedent sont inseparables de celles de l'Amour vnitif.*

Pour donc m'arrester aux larmes vnitiues, il faut que ie t'auouë agreable Catherine! qu'apres que l'Ame a pris des agrandissemés dans la perfection sur-eminente de la dilectió sacrée, elle se sent genereusement animée de tant de forces, que ce n'est pas assez pour sa vertu qu'elle souffre auec vne patiéce heroique ce qu'il y a de plus fâcheux parmy les accidens penibles de la vie; elle va elle même au deuant, ses desirs preuiennent les rencótres, sa volonté a plus d'estenduë que les tourmés; les souhaits amoureusemét angoisseux qu'el-

*Ame genereuse qui va au deuant des occasions de souffrir.*

le a d'acquerir vne parfaicte conformité aux humeurs de mon Fils vnique IESVS Crucifié, luy donne vne puissante inclination, plustost pour la desolation que pour la consolation de quel côté qu'elle puisse arriuer; De maniere qu'elle conçoit d'autant plus d'auersion de celle-cy, qu'elle ressent de ioye aux rencontres de celle-là.

*Douceurs & repos de l'Ame arriuée à l'estat de l'Amour vnitif.*

Cette Ame reçoit en soy-même vne paix rauissante, & vn certain repos d'Esprit attaché à l'vnion parfaicte, qu'elle a auec ma toute Bône & toute douce Nature; où elle tire auec des goûts inexprimables le laict excessiuemét sauoureux de ma Verité. Elle est ainsi qu'vn Enfant serré aux mammelles de sa mere, où il colle sa petite bouche pour en tirer sa delicieuse nourriture presque sans mouuement & sans aucun effort; tandis que les vapeurs subtiles du laict gagnent son petit cerueau, pour le disposer au sommeil. De vray, cette belle Ame n'est pas plustost entrée en l'estat supréme de la perfection, que se perdant dans le sein de ma Bonté, elle applique la bouche de son sainct desir, aux mammelles de ma Diuine Charité, en se tenãt suspenduë à la Chair precieuse de IESVS en Croix, par vne Imitation tres-reelle & tres-veritable, tant de ses vertus que de sa Doctrine. Elle n'a que trop appris, que ce n'est pas moy qu'elle doit suiure, puis que ie suis la premiere Personne de la Diuinité, en laquelle la peine ne sçauroit auoir de prise; ainsi qu'en mon Fils.

*Iesus Crucifié est*

Afin donc que vous acqueriez les vertus fideles

à saincte Catherine de Sienne. 369

deles & épreuuées, il faut de necessité que vous passiez par les exercices penibles de diuerses rencontres qui manifestent vostre patience inuincible, par la tolerance genereuse que vous apporterez à les souffrir. Apres quoy vous commencez à succer le laict sucrin que les vertus contiennent auec la vie de la grace qu'elles donnent, si vous venez amoureusement vous appliquer à la chere Poitrine du Redempteur Crucifié. Les douceurs sainctement embaumées, que les vertus font sauourer aux Ames qui sont paruenuës iusques-là, ne prouiennent que de l'vnió qu'elles ont à moy, par cette maniere que ie viens de dire : Aussi n'en produisent-elles les actes que pour l'amour de moy, & pour le salut du Prochain, sans aucun respect ou reflexion sur leur propre interest, ou profit, ou consolatió. Tres-douce & tres-chere Catherine, arreste toy ie te prie à sauourer combien cet estat de perfection d'Amour contient de douceurs & de gloire, où l'Ame saincte colle la bouche sainctement desireuse de l'Esprit, à la Poitrine precieuse de Iesus, remplie du laict delicieux de toutes les vertus, où dis-ie en embrassant cet amoureux Sauueur attaché sur la Croix, elle m'estreint pareillement auec luy, puis que le Fils n'est pas sans son Pere Eternellement viuant, dans lequel elle faict experience des plaisirs propres de la Diuinité.

*la mammelle où l'Ame sauoure les douceurs des vertus & de la Diuinité.*

Ses puissances en sont penetrées & possedées en toute leur capacité ; De maniere, que la memoire toute pleine de mon souuenir, at-

*Puissances de l'Ame joüissantes de la Diuinité, en l'estat de l'vnion.*

A a

tire continuellement à soy par vn Amour affectueux, les bien-faicts sans nombre que i'ay répandu sur elle, & non tant encore le materiel de ces bien-faits, comme l'affection & les actes de ma Charité excessiue, laquelle seule en a esté la cause & le motif.

Apres donc qu'elle a recónu mes bien-faits, elle reçoit le sainct Esprit qui vient en elle, il l'éclaire d'vne Lumiere parfaicte qui luy ouure les yeux pour luy donner la connoissance de l'excez de mon Amour, quand ie l'ay destinée pour estre assez heureuse de participer de la vie Eternelle qui m'est propre. Elle n'a pas plustost cónu cette verité qui n'a esté que trop suffisamment manifestée par le Sang adorable de mon Fils Crucifié, qu'elle l'ayme ardamment; & en l'aymant de cette maniere, elle la faict paroître de plus en plus. Elle préd icy tant de conformité à mon bon plaisir, qu'elle est forcée d'aymer tout ce que i'ayme, & de porter de la haine à ce qui est digne de mon auersion. L'entendement perd icy toutes les tenebres qui auoiét leur source en l'Amour propre; il demeure les yeux ouuerts en la presence du veritable Soleil des Ames, Iesus Crucifié, où il s'est rauy en la veuë de l'vnion des deux Natures diuine & humaine.

*Cónoissance surnaturelle qui fait la transformation d'Amour.*

Au dessus de cette connoissance vnitiue, il y en a vne autre beaucoup plus parfaicte incomparablement, par laquelle l'Ame est esleuée à vne lumiere qui n'est pas naturelle; Elle n'est pas aussi acquise par l'industrie & par l'effort de ses puissances; Elle a sa cause dans la grace singuliere & priuilegiée de ma tres-suaue & tres-douce Bonté, laquelle ne mesprise iamais ny les feruers des desirs, ny la fidelité des trauaux de mes bons Amis. C'est alors que l'affection aussi prompte que l'entendement s'écoule en moy, pour s'y transformer par vn Amour d'autant plus parfaict, qu'il est incomprehensible à tout Esprit humain. Si l'on vient à me demander l'estat de cette Ame, ce qu'elle est deuenuë & ce qu'elle est? Ie répondis qu'elle est vn autre moy-méme; non tant par vnion que par écoulement & transformation d'Amour tres-espuré. Il n'y a pas de langue humaine qui puisse raconter ou nombrer les fruits diuers & delicieux, desquels les puissances de l'Ame iouïssent en toute leur estenduë, quand elles sont assemblées en la maniere que ie t'ay expliqué cy-dessus, lors que ie te parlois des trois degrez representez en la personne de mon Fils.

C'est icy où les Saincts Docteurs ont pris la Lumiere dont ils se sont seruis, pour donner iour aux diuines Escritures: D'où vient que le glorieux Docteur de ton Ordre Thomas d'Aquin, s'est rendu tres-éminent dans les sciences sacrées, plus par l'Oraison que par l'estude, son industrie y a moins fait que sa contemplation & les transports sainctement affectueux de son Esprit. En vn mot, il a plus appris par le don de la Lumiere surnaturelle de l'entendement, que par l'intelligence hu-

S. Thomas d'Aquin a puisé sa science dans cette Lumiere causante la transformation d'Amour.

manne. Ie l'ay mis sur le chandelier de mon Eglise, comme vn flambeau resplandissant de tres-pures Lumieres, capables de chasser les tenebres de l'erreur. C'est ainsi, que le tres-heureux Euangeliste sainct Iean, en reposant sur la Poitrine de son Maistre Iesus mon Fils, a puisé cette sublime Doctrine qu'il a donné au monde durant plusieurs années, en la publication de l'Euangile. Et si tu veux prendre la peine de t'estendre sur tous les autres, tu verras qu'ils ont éclairé l'Eglise par cette sorte de Lumiere; les vns en vne façon, les autres en vne autre maniere; tandis qu'ils tiroient le sens interieur couuert de l'écorce de la lettre, dedans la tres-parfaicte vnion, & au milieu des douceurs qui sont inexprimables, aussi retiennent-elles de l'infinité. C'est ce qu'il semble que l'incomparable entre tous mes Apostres, ait voulu asseurer lors qu'il a dit: que l'œil n'a iamais veu, ny l'oreille entendu, ny le cœur de l'homme compris rien de semblable à ce que Dieu auoit preparé pour ceux qu'il ayme tendrement.

Les rauissemens delicieux, dans lesquels l'Ame saincte se treuue plongée, & qui sont desormais sa tres-douce demeure, par cette adherance vnitiue qui la rend inseparable de ma volonté, surpassent excessiuement tout ce que l'on se sçauroit persuader de voluptueux. De vray il n'y a rien de milieu entre son Esprit & le mien; entre sa volonté & la mienne; il semble que veritablement elle soit deuenuë auec moy vne Ame, vn Esprit & vne même volonté. Desormais elle embrasse tout l'Vniuers par l'étenduë de sa Charité, & laisse par tout le monde les odeurs embaumées des fruicts de ses Oraisons & de ses saincts desirs, auec lesquels elle crie puissamment d'vne voix qui n'est pas simplement humaine deuāt ma Majesté souueraine, pour le salut du Prochain. Ce sont là les fruicts vnitifs qu'elle mange en ce dernier estat où elle est paruenuë par plusieurs trauaux, plusieurs larmes & plusieurs sueurs. Par ainsi elle passe auec vne veritable perseuerance de la vie de grace & de cette rauissante vnion, que i'ose appeller parfaicte ( quoy qu'elle soit encore imparfaicte ) iusqu'à l'vnion souueraine & Eternelle.

Ie l'appelle parfaicte quant au degré de la grace, & neantmoins ie dits, qu'elle est encore imparfaicte; par ce que l'Ame estant liée à vn Corps mortel, ne sçauroit se rassasier suffisamment de ce qu'elle desire; la loy peruerse de la Chair la faict quelque fois endormir, & relâcher de l'attention & de l'operation actuelle, quoy qu'elle ne l'a fasse pas mourir entierémét; puis qu'elle se reueille & qu'elle se remet facilemét. I'ay appelé cette vnió amoureuse imparfaicte, laquelle pourtant conduit à celle de la gloire que nul accident pourra iamais interrompre, ainsi que ie t'ay enseigné quand ie te parlois des Bien-heureux qui puisent la veritable Vie dans mon sein, à l'opposite de ceux qui sauourent les mal-heureux fruicts de leur larmes perissables en la damnation Eternelle.

*Vnion parfaicte auec Dieu imparfaicte, pourtant en comparaison de celle eu Ciel.*

*Le Diable craint de s'approcher des Ames vnies à Dieu.*

Les brasiers enflammez du feu de leur Charité a tant d'excez que l'Ennemy n'en sçauroit souffrir les approches pour penser l'attaquer, & luy causer de l'alteration soit par les iniures qu'il suscite contre elle, soit par les consolations spirituelles & temporelles: puis que la Charité du Prochain la rend inuulnerable contre la premiere batterie, & qu'elle mesprise la seconde auec beaucoup de gloire, par la veritable humilité, & par le mespris & la haine de soy-même. Il est vray que ce maudit veille incessamment à vostre perte; tandis que ie faits des leçons de ne pas s'endormir aux negligens qui s'abandonnét au sommeil, durant le temps qu'il y a beaucoup à gagner pour leurs Ames. Quoy qu'il entreprenne; ses veilles & ses industries, demeurent sans effect, parce que la grandeur de la Charité & la perfection de l'vnion où l'Ame est attirée & abysmée dans mon sein, come dans vne mer pacifique, empeschent qu'elle ne soit deceuë & trompée. Ce malheureux voltige à l'entour & n'oze s'approcher d'elle, non plus que la moûche de la chaudiere boüillante; tant il a peur des viues chaleurs de l'Amour sacré, lequel il n'apprehende pas si fort durant la tiedeur de l'estat qui n'est pas encore parfaict.

*Par la tentation l'Ame fait experience si Dieu est en elle, & ce qu'elle est en soy-même.*

Il ne laisse pas pourtant de se tromper assez souuent, car pensant auoir rencontré vne Ame tiede, il commence de l'aborder par diuerses sortes de tentations; Il ne se défie pas de la saincte prudence, accompagnée de la forueur des desirs qui commandent dans l'Esprit, & que la volonté demeure liée par les puissantes estreintes de l'Amour des vertus & de la haine du vice, pour ne pas donner son consentement. Partant Catherine! l'on se doit rejoüir quand ie dispose ainsi de mes Creatures, & que ie les abandonne à d'autres semblables tribulations; puis qu'elles seruent de sainctes montées, & de sacrez Escaliers pour paruenir à l'estat de l'vnion souueraine, que l'on peut auoir en cette vie. Ne vous souuenez-vous pas ma Fille! de ce que ie vous ay enseigné, que le moyen d'arriuer à la perfection c'estoit de vous exercer en la veritable connoissance & mespris de vous-même, par où vous veniez à la cōnoissance de la presence & des effects de ma Bonté en vous. Or il n'y a aucun temps plus propre que celuy des tentations, pour vous faire tirer experience si ie suis en vous veritablement: car c'est alors que vous voiez qu'il est impossible de vous exempter d'auoir ces assauts, & les ayant de vous en deliurer ou d'y resister pas vos propres forces; ce qui faict que vous auoüez humblement vostre neant. Autrement si vous estiez, ou si vous pouuiez quelque chose de vous-même, sans doute vous tâcheriez de vous affranchir des importunitez lesquelles vous ne voudriez-pas du tout ressentir. Et tirans par ce moyen matiere de vous humilier, & sujet de parfaicte connoissance de vous-même, éclairez des viues clartez de la foy, vous auriez recours à moy Dieu Eternel, pour reconnoître que vous tenez de ma Bonté la conseruation de vostre volonté, pour ne pas succomber aux tentations qui luy ont donné de l'exercice. C'est donc auec beaucoup de raison que ie vous exhorte qu'au temps des tribulations & des épreuues, vous vous teniez occupez en la Doctrine de mon Fils vnique, prenez y les forces necessaires pour en profiter, & pour paruenir à ce comble de merite & de perfection, que l'on ne sçauroit ménager par aucun autre moyen plus glorieusement, que par les occasions penibles qui exercent iournellement la vertu de mes Eleus.

## Chapitre VII.

### Des larmes de feu que Dieu ne dénie pas au cœur des parfaits, à faute des larmes des yeux.

*Quelles sont les larmes de feu.*

IL ne reste plus ma bonne Fille! qu'à satisfaire le desir de ton cœur, en ce qui regarde ceux qui voudroient bien auoir le don des larmes reelles, & semblent toutefois ne les pouuoir obtenir: si est-ce qu'ils n'en perdent pas le merite, qui prend des agrandissemens au contraire par le supplément auantageux des pleurs toutes de feu du cœur embrasé de mõ Amour. Ouy il y a des larmes & des gemissemés de cete nature, auec lesquels il sêble que l'Ame veuille se consumer par les langueurs du sainct desir, liquefier & dissoudre sa vie en

à sainéte Catherine de Sienne. 377

soûpirs & en pleurs, qui prouiennent de la haîne de soy-mesme de l'Amour de ma gloire & du zele pour le salut du Prochain, sans pourtant qu'elle puisse reüssir à ce dessein.

Vous diriez, & il est ainsi en verité; que le sainct Esprit a pris la place de son cœur pour y répandre pour elle deuant moy, des larmes de feu aussi reelles que celuy des langues, dōt il prit la forme quand il descendit visiblement sur les Apostres de mon Fils. Ouy, ce diuin Paraclet semble changer d'humeur & de condition, pour faire l'office de pleureux en son interieur. Il y allume les brasiers deuorants de ma diuine Charité, de laquelle estant éprise elle se laisse gagner à ses delicieuses flammes, pour s'éuaporer toute en desirs excessiuement affectueux, au lieu de larmes, de soûpirs & de sanglots sensibles. C'est ainsi qu'il faut entendre Paul mon heureux Apostre, quand il disoit que le S. Esprit mesme en sa propre Personne pleuroit pour vous, auec des gemissements inexprimables; parce qu'il faict que l'Ame qui ne sçauroit auoir des pleurs sensibles, m'offre le desir excessiuement affectueux qu'elle a de faire sortir de ses yeux des torrents de sang distilez en eaux, & se rendant le Maistre de la volonté de mes meilleurs Seruiteurs, il produit au milieu d'eux des larmes beaucoup plus efficaces, plus penetrantes & qui me sont plus agreables selon la mesure de l'Amour Sainct, que toutes celles que l'on sçauroit répandre par les yeux du Corps.

*Le S. Esprit fait office de pleureux en l'Ame.*

*Ipse spiritus postulat pro nobis gemitibus innarrabilibus.*
Rom. 8. v. 26.

*Consolation de l'Ame, & le dessein de Dieu quand il refuse le dõ des larmes des yeux.*

L'on ne doit donc s'estimer mal-heureux, ny se laisser gagner à la confusion ou trouble d'esprit, en pensant que l'on est privé de ma grace quand l'on ne sçauroit exciter les larmes sensibles, quoy que l'on s'efforce & qu'on le desire. Il suffit de les demander selon mes ordres, de les recevoir avec humilité si ie les donne, & d'en souffrir le sevremnt si ie le iuge ainsi raisonnable, avec vne conformité generale à mon bon plaisir. C'est souuent à dessein que ie les dénie; afin que l'Ame soit plus à moy, & que ie sois dauantage à elle par vne plus douce possession, de laquelle elle iouït en se rendant plus assiduë à mes pieds par la ferueur & par la continuité de ses prieres pleines de desirs ardens d'obtenir ce que ie differe, ou ce que ie refuse de luy donner. Que si ie les luy accordois facilement, elle ne feroit pas tant d'estime de cette grace qu'elle deuroit; le don luy seroit moins profitable que son refus ou sa suspension; en demeurât satisfaite, paisible & consolée en l'accord de sa demande, il seroit à craindre que la ferueur de son desir qu'elle employe à cét effect ne vint à s'attiedir & se rendre moindre? L'on voit dõc qu'en cela ie trauaille plustost pour l'accroissemét de la vertu & du sainct Amour, que pour l'empécher, quand il plaist à ma douce Prouidence de dénier les larmes des yeux pour lesquelles on me prie. C'est assez que ie donne au cœur celles de feu embrasé de ma Diuine Charité. Ce sont celles-cy ausquelles ie ne refuseray iamais mon agreémét;

à saincte Catherine de Sienne. 379

pourueu que l'Entendement ne perde pas la presence de l'objet de ma Verité eternelle, & que la lumiere de la Foy qui le doit éclairer soit inseparable de l'inclination affectueuse de mon Amour. Il faut que comme des malades vous vous laissiez traitter selon mes ordonnances, puis que ie suis vostre bon & tres-sage Medecin, l'administre à tous selon leurs besoins, Ie dispose d'vn chacun selon ce que ie iuge estre plus profitable pour son salut & pour son progrez à la perfection.

Tous ces Estats dont i'ay parlé cy-dessus, sont autant de sacrez canaux d'où deriuent diuerses sortes de larmes qui participent de l'infinité, & qui donnent toutes la vie, si on les sçait ménager par principe de vertu. L'infinité que ie leur attribuë ne consiste qu'au desir affectueux de l'Ame qui ne finira iamais ; c'est pourquoy il ne dira iamais c'est assez, quoy que les pleurs qu'il excite soient finies en elles-mesmes. Tu as conçeu comment elles venoient du cœur, qui apres en auoir amassé la matiere par la vehemence de l'affection la fournit aux yeux. Il est vray qu'aux quatre premiers Estats, l'homme est comme le bois vert lequel mis au feu éuapore l'eauë qu'il contient, pressé par la chaleur qui s'introduit peu à peu. Ce qu'il ne faict pas quand il est entierement sec : ainsi l'Ame étāt renouuellée de l'agreable verdure de la sainteté, & penetrée de l'humidité sacrée de la grace, iette des larmes poussées par les chaleurs viuantes de l'Amour Diuin auquel elles

*Comment est-ce que le desir de pleurer ne se perd pas dans la gloire.*

sont vnies ; au lieu que si elle estoit encore remplie de l'Amour propre qui desseche le cœur, & qui le priue entieremét de la vigueur surnaturelle, il luy seroit impossible de témoigner par les pleurs, ny l'ardeur de son affection pour ma gloire, ny la ferueur de son zele pour le salut du Prochain. Il est dóc vray que tant plus l'on m'ayme, tant plus l'on desire de m'aymer ; & ce desir est cause que l'on iette plus de larmes. Et parce que ces larmes ne sont pas separées du desir embrasé qui en est comme l'Ame & la vie, & que ce desir ne sçauroit estre rassasié en cette vie, & qu'il s'augmente de plus en plus à mesure que l'esprit faict de plus grands progrez en la perfection de l'Amour ; Il ne se perd pas dans la iouïssance apres mesme que l'Ame a esté séparée du Corps, & qu'elle est heureusement vnie à moy qui suis sa fin souueraine & eternelle. La Charité entre seule dans la sale des nopces de la gloire, comme vne Dame qui conduit apres elle la troupe triomphante de toutes les vertus. Ie t'ay faict connoistre cy-dessus que le desir estoit compatible auec la iouïssance, & que priué de la peine il s'accordoit parfaitement auec la possession sans dégoût. Sa perfection se trouue vnie auec l'accomplissement de la ioye dans la beatitude, où le defaut n'a pas de lieu. La Crainte de perdre ce que l'on auoit souhaité durant tát de temps est bannie de cette tres-Auguste Cour, pour ne pas mettre d'empeschement au rassasiement de la faim de l'Ame.

Par ainsi, ma douce Fille! vous apprenez comment vos desirs ont vne estenduë infinie, sans quoy toutes vos œuures vertueuses ne me pourroient estre agreables. Ne suis-ie pas vn bien infiny & vostre Dieu: pourquoy ne me seruirez-vous pas par vn moyen qui me proteste vn culte, vne reuerence & vn Amour infiny? Et puis que vous n'auez rien à vous de cette nature que le desir qui ne prend pas de fin; n'ay-ie pas raison de dire que les larmes qui luy sont vnies & qui sont excitées par ses chaleurs excessiues contractent son infinité.

*Comment est-ce que les larmes participent de l'infinité.*

Il arriue pourtant que l'Ame entrant dans ma gloire laisse ses larmes à la porte; elle n'emporte auec soy que les fruicts qu'elles ont produit durant la vie pour l'eternité; l'affection de la Charité consommée en attire tout le suc & le merite, cependant qu'elles sont essuyées, ou plustost dessechées par les feux embrasés de l'Amour beatifique, ainsi que l'eauë que l'on iette dans vne fournaise toute de feu: Ce n'est pas que l'eauë soit hors de la fournaise, c'est que la chaleur des flammes l'a attirée & transformée en soy. C'est par cét exemple que tu dois entendre la nature des larmes de feu en l'estat de la gloire; elles sont produites par le sainct Esprit, qui excite continuellement les saincts desirs que les Ames bien-heureuses me presenteront eternellement.

*Larmes transformées en feu d'Amour.*

Voila tout ce que i'ay pensé de necessaire pour t'instruire des diuerses especes des larmes, selon ce que tu me demandois par tes prieres. Il ne reste plus sinon te plonger profondement dans le Sang du tres-humble & du tres-innocent Agneau mon Fils Crucifié; en l'exercice des vertus dont le progrez continuel doit nourrir en ton sein les brasiers enflammez de ma diuine Charité.

## Chapitre VIII.

*Demandes que saincte Catherine fait à Dieu pour se maintenir & s'accroistre en la perfection. Condescendance de Dieu en son endroit.*

Dieu Tout-puissant auoit auec trop de Bonté condescendu aux vœux de mon cœur touchant les differences des larmes, pour ne pas estre toute esperduë d'Amour pour luy témoigner mes humbles & affectueuses reconnoissances. Oüy, Pere eternellement viuant! ie vous remercie autant que ie puis, de ce qu'il vous a plû d'exaucer & de satisfaire les desirs feruéts de vos Amis; en quoy vous témoignez auec trop d'éuidéce que vous ne souhaitez rien tant que nostre salut. Ouy, vous qui pressé des douces & violentes affections de Pere, auez témoigné de l'Amour pour nous lors que nous estions encore vos Ennemis, & que nous portions les armes contre vostre Bonté souueraine. C'est par cét Amour tout de feu incomprehensible que ie vous coniure, de me donner la grace d'arriuer à vous tenant le chemin droit de voſtre Doctrine ſalutaire, & éclairée des lumieres diuines, dans leſquelles i'ay appris vos veritez eternelles ; afin que ie puiſſe éuiter les tenebres de l'erreur, principalement en deux circonſtances que ie preuois pouuoir arriuer quelquefois. La premiere conſiſte, en ce que ſi d'auanture quelqu'vn venoit prendre conſeil de moy, touchant le moyen qu'il doit tenir pour vous ſeruir auec fidelité, comment eſt-ce que ie luy dois reſpondre? que luy dois-ie dire? Ce n'eſt pas qu'il ne me ſouuienne de ce qu'autrefois vous m'auez enſeigné, aſſauoir, que vous preniez plaiſir à peu de paroles & à beaucoup d'œuures. Neantmoins agréez, ie vous prie, d'adiouſter quelqu'autre inſtruction plus en particulier. La ſeconde circonſtance eſt fondée ſur le iugement que ie dois faire de deux perſonnes, dont l'vne a toutes les diſpoſitions neceſſaires pour l'oraiſon en laquelle il me ſemble de la voir tranſportée de ioye pour voſtre Amour; & l'autre au contraire ayant l'eſprit offuſqué de tenebres. Diray-ie que celle-là appartient à la grace, & que celle-cy en eſt priuée? Diray-ie encore que l'Ame qui faict beaucoup de penitence a plus de perfection, que celle qui a apporté plus de moderation dans les œuures penibles. Ie deſirerois encore ſçauoir, s'il vous plaiſoit, ô mon Dieu! de l'auoir agreable. Quelle marque puis-ie prendre pour faire non tant le diſcernement de vos adorables viſites d'auec celles de l'En-

nemy ; que pour sçauoir si la ioye saincte &
courageuse pour la vertu que vous m'auez
dit estre le fruict de vos visites à la fin, peut
estre vn effet de la passion humaine, & non
pas vn ouurage de vostre grace ? Voila ce que
ie desire d'apprendre de vostre Bonté, afin
que ie puisse vous seruir auec verité, & me
rendre vtile au Prochain, en éuitāt les moindres faux iugements sur les actions de vos
Creatures, & singulierement de vos fideles
seruiteurs. De vray, il me semble que cette
maniere de iugements est cause de l'éloignement de l'Ame de vostre Amour. C'est ce qui
faict que sur toutes choses, ie souhaite d'éuiter vn empéchement si important du salut.

*Sublime eleua-tion d'esprit de saincte Cathe-rine.*

Ie n'eus pas plustost acheué ma priere, que
Dieu eternellement viuant, prenant de la
complaisance en mes desirs, me témoigna
qu'il en approuuoit les ardeurs & la faim: sur
tout il prenoit vn merueilleux plaisir dans la
pureté & dans la simplicité de cœur auec laquelle ie souhaitois de luy rendre seruice : Et
tournant agreablement ses yeux vers moy, il
luy plût de me parler ainsi : Ma tres-douce
Fille, & tres-fidele Espouse ! approchez-vous
de moy en vous éleuant au dessus de vous-
mesme ; ouurez les yeux de l'Esprit pour les
arrester sur les richesses infinies de ma Bonté
en moy-mesme, & de mon Amour inexpli-
mable pour mes Creatures. Ie veux auiour-
d'huy que tu t'éleue au dessus de tout sentiment & de toute operation sensible, que tu
n'apporte auec toy que l'Entendement seul,

aussi

aussi n'y a-t'il que luy capable de l'objet de ma Verité increée pour y apprendre toute verité. J'auoüe que ie ne sçaurois dénier ma conioüissance, ny à ta priere, ny à ton desir de me seruir; le plaisir que ie tire de l'vn & de l'autre m'oblige à les satisfaire plainement tous deux. Ie ne veux pas dire toutefois que ie sois capable de receuoir aucune delectatiõ nouuelle: non, Ie suis celuy qui suis, Ie suis immutable; & n'estant pas capable d'accroissement, ie le donne aux autres; le plaisir que ie prends en ma Creature n'est pas separé de celuy que ie tire en moy-mesme de mes propres perfections.

## Chapitre IX.
*Trois lumieres necessaires à l'homme pour arriuer à la perfection.*

Mon obeïssance suiuit le commandement, & me trouuant subitement au dessus de toute experience de moy-mesme & de toutes choses, J'entendis Dieu Tout-puissant qui me disoit, qu'auparauant me répondre il vouloit prédre le discours de plus haut, & me parler de trois lumieres admirables, qui ont leur source dans luy; puis qu'il est le Pere de toute lumiere. La premiere, me disoit-il, est celle qui est propre à ceux qui se contentent de demeurer dans vn estat de Charité commune & generale; les deux autres appartiennent à ceux seulement qui s'estans separez du monde dressent toutes leurs

*La lumiere de la Raison fortifiée par la Lumiere de la Foy au Baptesme.*

forces pour tédre à la perfectiō du Chrstiai-
nisme. Et quoy que desia i'aye dit beaucoup
de choses touchant ces trois sortes de Lumieres, l'ay pésé toutefois qu'il falloit en r'a-
fraischir ta memoire, pour donner cét aide
à la foiblesse de ton entendement ; afin qu'il
soit mieux disposé de comprendre les veritez
que tu veux oüir. Apres quoy ie traitteray
plus en particulier ce que i'auray dit en general. Ne te souuiens-tu pas que ie disois
qu'il estoit impossible d'entrer & de marcher
par le chemin de la Verité, sans la lumiere de
la raison deriuée de moy, qui suis la veritable
lumiere, auec l'œil de l'Entendement ouuert
& fortifié par les viuantes clartez de la Foy
surnaturelle. C'est ce que ie vous ay donné
par ma grande Misericorde au sacré Baptesme ; & que vous pouuez tousiours conseruer, si ce n'est que par l'excés de vos crimes vous veniez, ou à la perdre tout à fait,
ou à en empescher l'efficace. C'est, dis-ie,
par le Baptesme en vertu du Sang precieux
de mon adorable Fils, que vos Ames ont esté
informées de la vertu de la Foy, laquelle estāt
assistée de l'exercice de toutes les vertus vnies
à la Charité, donne la vie, & conduit par le
chemin qui détourne des routes des tenebres, & qui conduit en fin à la Lumiere primitiue.

*La Lumiere de la Raison auec la Foy apprend à dompter la concupiscence.*

Les premiers rayons de cette sorte de Lumiere de la raison, en la maniere que ie viens
de l'expliquer, se déchargent en l'Ame pour
luy faire connoistre l'inconstance & la vanité

des biens periſſables de la terre, qui paſſent plus viſte que le vent; elle ne ſçauroit auoir cette connoiſſance qu'elle n'ait auparauant reconnu ſa propre foibleſſe, & la facilité de ſa pante qui l'incline d'obeïr à la Loy peruerſe liée aux membres de la chair, laquelle ſuſcite tous les deſordres & les rebellions qui me font la guerre. Ie ne veux pas dire que la Cõcupiſcence apporte de la violence à l'Eſprit pour obtenir ſon conſentemét; elle a le pouuoir de le combattre, mais non pas de l'abattre; elle le ſollicite, elle ne le precipite pas; il eſt touſiours libre, quoy qu'elle entreprenne de luy refuſer ou de luy donner ſon agreément. Quand i'ay permis cette fâcheuſe Loy à l'homme; Ie n'ay pas eu de deſſein qu'il ſe laiſſaſt vaincre, c'eſtoit pluſtoſt afin qu'il ſe rendiſt victorieux, & qu'il emportaſt ſur ſoy-meſme, ſur l'Enfer & ſur le môde de glorieux triomphes. C'eſtoit, dis-ie, afin de mettre ſa vertu dans l'épreuue, afin d'accroiſtre ſa gloire & ſon merite, & de luy faire prendre des agrandiſſements incomparables par l'oppoſition de ſon contraire, en l'abſence duquel elle demeure en langueur. La Senſualité contredit tous les iours l'eſprit, lequel pourtant auec beaucoup d'adreſſe tire des auantages de ſon Ennemie; & par ſon moyen, il tire des preuues de l'Amour veritable qu'il a pour moy ſon Createur. C'eſt lors qu'il s'anime contre elle, en la traittant de haïne & de mépris, tandis qu'il s'abyſme dans vne humilité profonde, en laquelle il ſe cache pour ſe

Bb ij

388 *La doctrine de Dieu*, enseignée mieux conseruer en la fidelité qu'il m'a promise.

*Dieu a donné vne chair à l'hôme, pour luy oster suiet d'orgueil à raison des beautez de son Ame.*

Sçachez donc, ma douce Catherine! qu'apres qu'il m'a plû de creér l'Ame de l'homme sur le modele de mes grandeurs, desquelles i'ay voulu qu'elle portast la ressemblance, & qu'elle en fust l'Image; apres, dis-ie, l'auoir honorée de tant de rauissantes beautez qui deuoient assortir la dignité sublime où ie l'éleuois par ma Misericorde; Ie pensay qu'il falloit que ie luy donnasse vn contrepoids, en l'associant auec vne chose si vile & si chetiue comme est le corps que i'ay petry & formé de boüe, auquel cette Loy peruerse demeure liée; de crainte que l'Ame venant à voir ses propres beautez n'en deuint amoureuse, & que touchée d'orgueil pour ses richesses elle ne commençast à leuer la teste contre moy & me traitter de mépris. La Lumiere donc de la Raison sert en cette occasion pour porter l'homme à l'humilité sur la consideration de la foiblesse de son Corps, destournant sa veuë des sujets d'orgueil pour l'arrester fixement à ce qui luy donne matiere de mansuetude & d'abaissement. Par où l'on voit euidemment que la Loy qui conduit l'Esprit n'est pas cause de ruïne à personne; au contraire elle presente les occasions, & faict naistre les rencontres de se mieux connoistre en verité, & la condition fragile des choses de la vie presente.

*Necessité de la Lumiere de la Foy.*

Il n'y a que l'œil de l'Entendement éclairé de la Lumiere de la Foy, qui en est comme la prunelle, lequel soit capable de connoistre ces choses bien à clair. Cette Lumiere est si absolument necessaire à ceux qui ayans l'vsage de la raison veulent s'efforcer de participer de la vie de ma grace en toute sorte d'Estats, & de se rendre dignes des fruits du Sang adorable de l'Agneau tres-pur mon Fils bié-aymé, que sans elles, l'on est en estat de damnation eternelle. La raison en est peremptoire, puis que quiconque est priué de cette Lumiere, ne sçauroit discerner le mal; & qui ne connoist pas le vice, ne sçauroit du tout l'éuiter ny en haïr la cause; & celuy qui tombe dans le mal, a sans doute perdu ma grace. Pareillement quand l'on vit dans l'ignorance du bien & de sa cause, comment seroit-il possible à l'homme d'auoir de l'Amour pour moy & pour la vertu, & de me chercher, moy qui suis le bien souuerain, par le moyen de la vertu que ie vous ay donné comme vn instrument propre pour obtenir ma grace, en laquelle consiste tout vostre bon heur. Par ainsi tu vois que i'ay beaucoup de raison d'establir la necessité de cette Lumiere, puis que tout vostre mal viét de ce que vous haïssez ce que i'ayme, & que vous auez de l'Amour pour les choses dignes de mon inimitié. I'ayme la vertu, & ie porte de la haine au vice: Quiconque donc ayme celuy-cy & a de l'auersion pour celle-là, tombe sans doute dans l'offence criminelle, & y croupit priué de ma grace. Il marche dans l'aueuglement de la cause de son peché, laquelle n'est autre que l'Amour

390 *La doctrine de Dieu, enseignée*
propre sensible qu'il se porte à soy-mesme. Et comme il est ignorāt de la cause du peché, il n'en connoît aussi non plus la nature que ses suites pernicieuses. Il ne sçait que c'est de vertu, ou de moy qui suis le principe & le donateur des vertus, dont l'exercice faict vne source de vie saincte dans le sein de ceux qui sont touchez d'Amour pour elles. Enfin il tombe entierement dans l'oubly de sa premiere dignité, & perd la veuë des moyens propres pour le faire retourner & rentrer en ma grace. Voila cōment la priuation de cette Lumiere est la cause de tous ses mal-heurs.

*L'Ame s'auance en la perfection à mesure qu'elle croist en la Lumiere de la Foy.*

L'Ame saincte ne se doit pas contenter d'auoir acquis cette lumiere commune à tous les Chrestiens qui viuent en ma grace; puis que tandis qu'elle est encore pelerine dans la terre, elle doit incessamment s'efforcer de croistre en la vertu : à faute dequoy, ce luy est vne necessité de reculer en arriere. Il faut donc qu'elle tâche de faire du progrez dans cette Lumiere generale laquelle elle a receuë par les aydes de mō Amour, & qu'elle s'étudie auec sollicitude de sortir de cette veuë imparfaicte, pour meriter d'entrer en la seconde espece de Lumiere incomparablement plus parfaicte que la premiere. De vray l'on ne sçauroit tenir le chemin de la perfection sans Lumiere.

*Les conditiōs & les proprietez des Ames qui n'ont pas encore atteint la perfeċtiō de la Lumiere de la Foy.*

Ie veux pourtant te monstrer qu'il y a deux sortes d'hommes parfaicts, qui se laissent conduire aux Lumieres sainctes de ce second Estat ; I'appelle parfaits, ceux qui ayans renoncé à la façon commune de viure des seculiers, font du progrez dans les routes éminentes de la verité. Les vns entreprennent selon la mesure de leurs forces, de mortifier leurs corps par les rigoureuses Loix des austeritez; & afin que leur sensualité demeure soûmise à la raison, ils ont mis plus de peine d'abattre la chair qu'à faire mourir leur volonté propre. Ils ne laissent pas pour cela d'auoir assez de bonté pour se faire agréer à mon cœur; pourueu que leurs mortifications exterieures soient conduites de la Lumiere de discretion, c'est à dire, de la veritable connoissance qu'ils doiuent auoir de moy & d'eux-mesmes, plongez dans la profondeur de l'humilité; pourueu qu'ils regardent principalement à satisfaire ma volonté plus qu'à contenter celle des hommes; & qu'ils appliquét moins d'attention à porter iugement de celle-cy que de la mienne, de laquelle ils se doiuent reuestir auec beaucoup de simplicité & d'humilité : autrement ils ne sçauroient éuiter de blesser souuent la perfection des autres, en faisant des iugements temeraires de ce qu'ils ne gardent pas la façon de viure qu'ils tiennét eux-mesmes en mon seruice. Il est vray qu'ils ayment également les consolations & les desolatiós, ma paix & les tentatiós de l'Ennemi; mais le téps, les lieux & les autres circonstances qui accompagnent ces Estats differents sont reglez par les inclinations de l'amour qu'ils se portét, & non par les ordres de mon bon plaisir. Leur propre volonté,

Bb iiij

quoy que ie l'aye appellé spirituelle les tropes; Elle leur fait dire, helas! ne serions-nous pas heureux d'auoir telle & telle consolatiõ, & ne sommes-nous pas mal-heureux au contraire d'estre tombez en cette desolation, ou en quelqu'autre tribulation ou tentation de l'Ennemi. Ce n'est pas que nous cherchions en cecy nostre contentement, c'est plustost pour ménager les moyens d'estre plus auantageusement agrées de Dieu, pour auoir vne possession plus entiere de sa presence, & parce qu'il nous semble que nous serons par ce moyen, plustost que par tout autre, mieux disposez de le seruir auec toute la fidelité que nous luy deuons.

*Auis de ce que l'Ame doit faire durant la desolation.*

Sçachez, ma chere Fille! que ceux qui ont ces sentimens ne sçauroient manquer qu'ils ne soient souuent saisis d'ennuys, & sujets à plusieurs autres peines d'esprit, iusqu'au point de deuenir à charge à eux-mesmes: par où ils peuuent reconnnistre le peu de progrez qu'ils ont fait au chemin de la perfectiõ. L'Ame de cét estat ne prend pas garde qu'elle croupit dans l'ordure de la superbe, parce que si elle estoit veritablement humble, elle ne demanderoit autre chose que de faire ma volonté ; elle verroit clairement par la la Lumiere surnaturelle, que ie dispose des temps, des lieux & des consolations, selon que ie iuge plus necessaire & plus vtile pour vostre salut, pour vous faire profiter en ma grace, & pour donner les derniers agrandissements à la vertu pour laquelle ie vous ay choisi : Et auoüant que tout ce qui vient de moy a son motif & sa cause en mon Amour ; elle receuroit reciproquement auec Amour & auec reuerence ce qui luy arriue, ainsi que font mes fideles Seruiteurs qui cheminent sous la faueur des viues splendeurs de la Lumiere diuine, de laquelle ie te parle.

## Chapitre X.

*De la beauté & des effects de la Lumiere propre à l'Amour vnitif.*

OR apres que l'Ame s'auançât de Lumiere en Lumiere, est paruenuë à la troisiéme & plus parfaicte Lumiere qui perfectionne la Raison, elle commence à se voir dans vn estat qui est accomply en toutes ses parties; elle reçoit tous les glorieux auantages inseparables de la perfection vnitiue; elle s'estime coupable de toute sorte de peines, la cause de tous les scandales du monde, & tres-indigne des consolations que i'ay coûtume de donner à la fin de mes épreuues ; les saueurs voluptueuses de son vnion auec ma Verité, luy ont faict connoître plus à clair ma volonté, de laquelle dériue tout son bien & toute sa saincteté. Elle lit dans mon cœur la Charité de Pere, que ie nourris pour elle; & que tout ce qui luy arriue soit par ma disposition, soit par ma permission, est vn traictemēt que ie luy dois, comme si elle estoit mon Enfant vnique. C'est aussi ce qu'elle auoüe auec

*Proprietez des Ames qui ont receu la perfectiō de la Lumiere de la Foy.*

vn Amour respectueux qu'elle participe de ma Charité immense, de laquelle elle se reuest apres qu'elle l'a connuë pour ne plus auoir d'autre attention ny d'autre mouuement desormais, que pour accroître cet estat de perfection où elle est heureusement paruenuë pour ma plus grande gloire. Elle contemple icy que l'aymable Agneau mon Fils est tout appliqué à luy faire des demonstrations, touchant les plus excellentes maximes de la perfection, de laquelle elle deuient éperduëment amoureuse.

*Iesus Crucifié l'Idée des Ames qui ont la perfection de la Lumiere de la Foy.*

Ce qui faict qu'elle tient l'œil de son entendement incessamment bandé sur cet adorable objet de Iesus Crucifié, qu'elle cherit plus que l'on ne sçauroit penser, en se portant courageusement à la prattique des plus belles veritez comprises en sa Doctrine, laquelle est la regle & le chemin asseuré de la vertu propre, tant aux parfaicts qu'aux imparfaicts. Elle se propose dans la lysse où elle s'est engagée cette Idée de toute perfection creée & increée, qui dans la terre se nourrissoit des plus feruens desir d'auancer ma gloire & vôtre salut, qui l'obligerent auec de si puissantes ardeurs, & des sollicitudes si extrêmes de courir à la mort tres-honteuse de la Croix. C'est ainsi qu'il s'est acquitté parfaictement de l'obeïssance que ie luy auois imposée, sans se soucier des trauaux & des opprobres que ie voulois qu'il endurast, ny sans en auoir auersion sur la pensée des ingratitudes desquelles l'homme compenseroit cet immense

à sainéte Catherine de Sienne. 395

bien-faict. Les murmures des Iuifs, les persecutions & les clameurs du peuple, n'ont pas eu le pouuoir de luy donner le moindre refroidissement en son dessein; Il s'est comporté en toutes sortes de fâcheuses rencontres en Capitaine de cœur qui faict littiere de tout ce qui pense s'opposer à ces entreprises. Aussi l'auois-ie mis au monde comme dans vn champ de bataille pour y combattre les Demons mal-heureux, & les vaincre honteusement, & vous deliurer par ce moyen de leur captiuité trop cruellement tyrannique. La liberté qu'il vous a donné facilite l'instruction que vous deuez receuoir de luy touchant le chemin, la Doctrine & les Regles qui vous sont necessaires pour venir iusqu'à la porte de l'Eternité de vie, laquelle vous a esté ouuerte par la vertu de son Sang precieux embrasé des flammes excessiues de son Amour, auec vn deplaisir extrême, & vne haine infinie qu'il auoit de vos crimes.

N'entendez-vous pas ma chere Fille! cet aymable Enfant qui vous dit cecy interieurement; Pourquoy differez-vous d'entreprendre la course vers vn si beau lieu, auec toute la diligence & tout le courage qu'il est necessaire? Ne meritez-vous pas que l'on vous reproche la lâcheté de vos paresses, pour ne pas vouloir sortir de l'Amour de vous même, où vous estes dangereusement enfoncez. Ce qui faict que l'Ame demeure ignorante des routes lumineuses qui conduisent à moy, & qu'elle deuient presomptueuse en voulant me ser-

*Exhortation de Dieu & de son Fils en Croix, pour tirer l'Ame à la sublime perfection.*

uir à sa mode, & non à la maniere & selon les regles que i'ay mises deuant vos yeux. Que ne vous leuez-vous pauures Ames, pour suiure cét excellent Mediateur de vostre salut ; Puis qu'il est du tout impossible de vous joindre à moy, s'il n'est le milieu de nostre vnion ? C'est par le Fils viuant qu'il faut venir à son Pere. Il est luy seul le chemin & la porte toute ensemble, par laquelle l'on entre dans la mer pacifique de ma Bonté.

*Transports de l'Ame auec la Lumiere vnitiue. La mort à la volonté propre, à ses interests, & à tout ce qui la peut consoler.*

Apres donc que l'Esprit sainct a commencé de sauourer cette rauissante Lumiere, dont le goust consiste en sa veuë; & la veuë en ses saueurs delicieuses; elle prend promptement la course pour se rendre à moy; Elle est éprise de l'Amour de ma Bonté auec tant d'excez & de transports, qu'elle ne se nourrit & ne s'entretient plus, que de desirs ardemment affectueux. Elle ne se voit plus dans soy-même pour l'amour de soy-même; ce qui faict qu'elle ne se met pas en peine de chercher des cōsolations spirituelles ou temporelles, comme vne personne laquelle a totalement aneanti sa propre volonté, dans les splendeurs agreables de la Lumiere qui la penetre. Il n'y a pas de trauaux qu'elle refuse, elle se rejoüit au cōtraire auec la peine ; elle a de merueilleuses complaisances, non seulement pour les mépris & les murmures des hommes, mais encore pour les fâcheries que la malice des Enfers luy produit, se persuadant que le comble de ses délices, c'est de demeurer assise à la table de la Croix saincte & sacrée, pour s'y repaître du zele de ma gloire & du salut des Ames. Elle ne cherche pas de recompense en ses actions ny de moy, ny d'aucune de mes Creatures; Aussi s'est-elle faicte quitte de l'Amour mercenaire; son Amour est tout pur amour qu'elle a prise dans cette Lumiere parfaicte, de laquelle elle s'est revestuë en verité. D'où vient que ces services ne regardent plus que ma gloire, sans mélange du propre interest ou de recherche de sa propre consolation: de maniere que tout ce qu'elle faict pour le Prochain, a son motif dans la pureté de la Charité.

Ceux qui en sont là venus, se sont heureusement perdus pour treuuer en la place du vieil homme le nouueau, duquel ils sont deuenus les Images accomplies par vne genereuse imitation de sa vie. A son exemple & en sa compagnie ils ne nourrissent leur Esprit que de saincts desirs: De vray apres qu'ils ont mis tout leur soin, plus pour faire mourir leur propre volonté que pour mortifier leurs Corps, ils ne sçauroient plus chercher ny vouloir autre chose que suiure Iesus Crucifié, l'honneur & la gloire de mon Nom, & le salut des Ames. Quand i'ay dit qu'ils appliquoient plus de sollicitude à mortifier l'Esprit que le Corps; Ie ne pretends pas qu'ils laissent le Corps sans l'humilier par l'abnegation & l'austerité, qui leur seruent au contraire comme d'instrumens & d'aydes, & non comme de moyens principaux pour donner la mort au propre Amour, ainsi que i'ay en-

*Ceux qui suiuent Iesus Crucifié, mettent plus de peine à mortifier l'Esprit que le Corps.*

tendu ailleurs quant ie disois, que ie prenois plaisir à peu de paroles quant elles estoient suiuies de beaucoup de bons effects.

*L'Ame auec la Lumiere vnitiue s'édifie de toutes sortes de degrez, de perfections aux autres, & ne se scandalise pas du mal.*

Ne vous estonnez donc-pas si vous les voyez toûjours paisibles, sans que rien les puisse scandalizer; ils n'ont plus de volonté propre qui est la source du scandale passif; Ils sont au dessus des persecutions des hommes, & des tentations de l'Ennemy qu'ils foulent aux pieds, ils nagent au milieu des eaües rapides des tribulations. Mais quoy? ils demeurét victorieux des tempêtes, ils sont soûtenus admirablement par les effects rigoureusement embrasez de leurs desirs, tout ce qui leur arriue de fâcheux leur sert de riche occasion de joye. Ils sont desormais en vn estat qui les met comme dans l'impossible de faire de mauuais jugemens ny de mes bons Seruiteurs, ny des autres Creatures raisonnables. Toute maniere de me seruir qu'ils apperçoiuent, & toute sorte d'estat de perfectió qu'ils considerent les contente; & de toutes leurs forces, transportez par les élans de leur amour, ils me remercient de ce que ma maisó est composée de diuerses demeures. Que dis-ie, cette diuersité de façons de me seruir en mes Amis, les satisfaict dauantage que si tous ensemble marchoient dans vn train égal, & dans vne même posture en la lysse de la perfection. Pourquoy non? puis que ma Bonté qui est le seul sujet de leur conioüissance, faict en cela plus de monstre de ses richesses, d'où ils tirent les agreables odeurs de l'edification de toutes sortes de degrez de vertu qu'ils admirent en leur Prochain. Ils se comportent en toutes choses auec tant de simplicité, que non seulement le bien les edifie toûjours: Mais encore ils resistent absolument de porter leur jugement sur les Pechez manifestes des plus scandaleux. Leur cœur touché d'vne veritable compassion toute détrempée de Charité, se porte à me prier auec vne humilité parfaicte, pour ces mal-heureux; en disant en eux-mêmes: Aujourd'huy à vous & demain à nous, si ce n'est que la Toute-puissance de la grace de Dieu veuille nous conseruer.

### Chapitre XI.

*L'Ame parfaicte ne iuge iamais mal de son Prochain. Les moyens de conseruer la netteté de cœur.*

MA tres-chere Fille! appliquez toutes les forces de vostre cœur, pour auoir de la complaisance de ce glorieux estat; reioüissez-vous que ceux qui y sont paruenus ont les Ames sainctes pour auoir l'honneur d'estre assises à la table des desirs tres-purs, où elles se rassasient de la nourriture du salut du Prochain pour ma plus grande gloire, estant reuestuës de Iesus-Christ mon Fils l'Agneau sans tache, c'est à dire, de sa Doctrine salutaire conjointe aux viues flammes de la Charité. Ceux-cy ne perdent pas le temps

*Comment est ce que l'Ame parfaicte se comporte enuers ceux qui l'offencent, & enuers ceux qui sont offentez par les méchâs.*

inutilement à iuger mal ny de mes Seruiteurs ny de ceux du monde; Ils ne se scandalisent iamais des murmures que l'on faict contre eux & contre leur Prochain; ils endurent ceux-là pour l'amour de moy, & souffrent ceux-cy pour la compassion qu'ils portent & à ceux qui les font, & à ceux contre lesquels ils sont faits; ils ne s'offensent ny des vns ny des autres; ils ne les accusent pas quoy qu'ils voient leurs fautes, tant leur amour qu'ils ont pour moy & pour leur Prochain, est parfaictement reglé par ma volonté qu'ils considerent perpetuellement en toute sorte d'euenemens.

*Leçon pour viure dans vne grande pureté, faicte par Iesus à saincte Catherine.*

Ils prattiquent auec exactitude la Doctrine que mon Fils vnique te donna dés ta tendre ieunesse, lors que tu luy demandois auec feruer, qu'il t'enseignast les moyens necessaires pour te faire acquerir vne pureté tres-entiere: Il te fit réponse, que si tu desirois d'en venir là, & viure sans t'offenser ou tirer scandale des actions d'autruy, tu deuois estre continuellement vnie à luy par affection d'Amour, parce qu'il estoit la veritable pureté & la saincteté originaire, qu'il estoit ce feu immense, dans lequel les Esprits se purifioient de leurs ordures, & participoient de la netteté qui luy estoit propre, à mesure qu'ils en ont plus d'approche: Au contraire les soüillures qu'ils contractent sont moindres ou plus grandes, selon qu'ils ont plus d'éloignement de cette source radicale & efficiente de toute netteté. Il te dit cecy d'vn ton & d'vne voix

qui

qui estoit non seulement intelligible à ton Esprit, elle se faisoit entendre aux oreilles de de ton Corps, après que tu fus renduë à toy-même en suite de ton rauissement.

Il y a encore vne autre chose qui doit contribuër à faire cette pureté tres-éminente que tu desire, c'est qu'en tous euenemens de paroles ou d'actions d'autruy, tu ne porte iamais ton iugement, non pas même le soupçõ de ta pensée sur la volonté de l'homme ; attache doucement ton Esprit sur ma volonté, soit en eux soit en toy-même. Si d'auanture tu reconnois quelque Peché en ton Prochain, ne manque pas de cueillir promptement la rose de cette épine & le lys du milieu de cette ronce, éleuant ton cœur en ma Bonté par vne compassion amoureuse de ce mal-heur, & par vne tendre condoleance de l'iniure que l'on me faict. Pense que ma volonté permet le mal pour donner de l'exercice à la vertu de mes bons Amis, & que le méchant n'est que l'instrument de ma bonne Prouidence, qu'elle emploie auec autant d'Amour que de sagesse pour la fin de cette épreuue. Il est vray qu'assez souuent celuy que l'on croid Ennemy, n'a pas de mauuais dessein en son procedé ; Partant comme il n'y a personne qui connoisse le cœur de l'homme que moy, c'est vn attentat iniurieux à ma gloire, de vouloir entreprendre de porter son iugement sur vne affaire, de laquelle la connoissance m'est reseruée ; & d'attribuër à d'autre cause qu'à ma volonté les actions, les paroles & les accidés

*S'abstenir de faire des jugemens d'autruy, contribuë à faire la pureté de l'Ame.*

Cc

qui ne portent pas évidemment le caractere veritable du Peché. Si tu te comporte en cette maniere, tu ne t'offenseras iamais des deportemens de ton Prochain ; ton Esprit deuiendra tout à faict incapable de receuoir du scandale, soit de mes dispositions, soit de leurs executions, par le moyen de mes Creatures ; tu ne conceuras pas d'auersion ny de haine contre personne, en ayant coupé la racine qui est le jugement temeraire sur la mauuaise volonté d'autruy.

Le dédain & l'inimitié faict que l'Ame se separe de moy par la perte ou diminution de ma grace, plus ou moins selon la mesure du ressentiment desreglé que l'on a conceu contre le Prochain. Il n'est pas ainsi de l'Ame qui a continuellement la veuë arrestée sur ma volonté, qui ne desire en toutes choses que l'auancement de vostre bien, & dont les ordres n'ont d'autre effect que le ménagement des moyens propres à vostre auancement, vers la fin à laquelle ie vous ay destiné quand ie vous ay creés. Cette Ame ne se separe iamais de l'Amour du Prochain, tandis que ma dilection est inseparable de la sienne : par ainsi elle demeure constamment vnie à moy par affection d'Amour que la memoire continuelle de mes bien-faits excite en sa volonté ; & se perdant en la contemplation de l'excessiue Charité que i'ay pour elle, elle n'a plus d'autre raison de son iugement que ma tres-simple & tres-pure volonté, sans penetrer dans celle

*Regarder en toutes choses la volonté de Dieu empesche de faire des iugemens temeraires.*

des creatures, de laquelle me suis vniquement reserué la connoissance.

Par ce moyen, elle reçoit dés ce monde les arrhes de la vie Eternelle, attendāt qu'elle en reçoiue le payement entier dans le Ciel où il y a vne vie sans mort, vn rassasiement sans ennuy & vne faim sans peine. De vray elle a tout ce qu'elle desire, & le degoût est separé de la repletion; Ie suis moy-même la viande viuante qui luy sert de nourriture perpetuelle: dans la terre elle ne prend que les auantgousts qu'elle sauoure par le desir sainctement affamé de ma gloire & du salut des Ames, où elle deuient insatiable: Ce qui faict que se rassasiant de la Charité du Prochain, elle demeure toûjours de plus en plus affamée. Or comme les arrhes sont vn commencement d'asseurance que l'on donne, pour attendre le payement de la somme principale, de laquelle elles ne sont qu'vne moindre partie; & la personne qui les reçoit, prend de celuy qui les luy offre vne foy & vne promesse de pretendre à l'accomplissement du total qui est stipulé. De méme l'Ame qui a receu les arrhes de ma Charité & celle du Prochain en la vie mortelle, n'a pas encore atteint la perfection de la Charité de l'Eternité; d'où vient qu'elle n'est pas entierement exempte de peine. La loy peruerse qui est liée en ses membres, luy en fournit assez de matiere, par la resistance qu'elle apporte à l'Esprit; & les Pechez d'autruy ne contribuēnt que trop de sujets d'afflictions

*Douceurs de l'Ame vnie à Dieu, & qui ne faict pas de mauuais iugemens.*

*En quoy consistent les arrhes du Paradis, donnez en cette vie à l'Ame parfaite.*

Cc ij

pour la tourmonter. Il n'est pas ainsi des Bien-heureux dont les desirs sont sans peine, au lieu que les voiageurs (i'entends de ceux qui cheminent sous les splendeurs de cette tres-éminente lumiere de laquelle ie te parle) ressemblent à mon Fils vnique attaché sur le bois infame de la Croix, où sa chair estoit tourmentée tandis que son Ame estoit bien-heureuse : Ainsi ces Ames participent de ce bon-heur par l'vnion tres-intime de leur desir, ou plustost par la transformation de leur volonté en la mienne de laquelle elles se sont reuestuës, pendant qu'elles sont saisies de douleur par la compassion des miseres spirituelles & temporelles du Prochain, & par le seurement des satisfactions sensuelles où elles se condamnent auec autant d'exactitude que de rigueur.

*L'Ame parfaicte en cette vie, ressemble à Iesus sur la Croix.*

## Chapitre XII.

*Trois maximes pour empécher que l'Ame soit retardée de sa perfection.*

*Moyen d'empescher la presomption en l'Ame parfaicte.*

MA tres-chere Fille! vous auez receu assez d'eclaircissement en general, touchant les diuers degrez des trois Lumieres necessaires à toutes sortes de personnes pour paruenir à la perfection : Maintenant ie desire vous donner des instructions plus particulieres, qui pourront neantmoins seruir aux autres. Sur tout ie demande trois choses de toy, de crainte que l'ignorance

à sainéte Catherine de Sienne.

n'apporte du retardement à la perfection sureminente, à laquelle ie t'appelle & ie te prouoque auec des touches doucement efficaces; & que l'ennemy sous l'apparence du bien & sous pretexte de vertu, & principalement de la Charité du Prochain, ne fomente en ton Ame la maudite racine de la Presomption, pour te precipiter dans le malheur des iugemens temeraires que ie t'ay defendu absolument. Ce seroit par ce moyen qu'adherant à ton opinion, tu croirois bien iuger lors que tu ferois tout le contraire; & Sathan se meslant à la trauerse, ietteroit en ton imagination plusieurs vray-semblances pour te faire tomber en la fausseté & dans le mensonge; par ce moyen il gagneroit sur ton Esprit de le faire l'Arbitre des intentions, des pensées & des volontez des Creatures raisonnables, ce qui ne peut appartenir qu'à moy seul priuatiuement à tout autre.

Voicy donc la premiere chose que ie desire que tu obserue exactement; c'est que tu ne fasse iamais de iugement de ton Prochain, qu'auec moderation; Cette moderation que ie te commande, consiste en ce que iamais tu ne dois entreprendre de reprendre en particulier la personne qui te semble auoir manqué, qu'apres que ie te l'auray reuelé manifestement, non vne ou deux mais plusieurs fois. Tu te contenteras de faire la reprimande en general, à ceux qui viendront receuoir de l'édification de tes entretiens, insinüant l'affection des vertus en leur cœur, auec vne dou-

*Comment il faut se comporter à faire la correctiõ fraternelle, apres mêmē auoir receu la reuelation du Peché du Prochain.*

C c iij

cœur aimable que tu pourras aucune fois détréper de quelque rigueur, aux occasiõs que tu verras qu'ils en auront besoin. Remarque attentiuement ce que ie dis: Encore qu'il te semble que ie te découure en l'Oraison les manquemens d'autruy, si toutesfois tu n'es pas éuidemmét assurée de la verité de ma reuelation, prends le chemin le plus certain pour reüssir en la correction fraternelle: de crainte qu'au lieu de profiter à ton Prochain par l'aduertissement faict plus en general, tu ne vienne au contraire à le scandaliser par le reproche particulier; & qu'à même-temps tu ne tombe dans les filets que l'Ennemy cauteleux auoit tendu pour te surprendre: parce qu'auec l'amorce du desir de l'amendement des autres, il tâcheroit d'incliner ton iugement pour l'asseurer sur ce qui seroit tout à faict esloigné de la verité.

*Adresse à gagner l'Esprit du Pecheur.*

Partant il vaut mieux que tu garde vn profond silence en compagnie, ou que ton entretien ne soit composé que de sainctes paroles capables de persuader l'Amour pour les vertus, & de donner de l'auersion du vice. Si d'auanture tu es conuaincuë suffisamment que quelqu'vn est tombé dans le Peché, tu ne dois pas encore luy faire la reprimande si particuliere, que tu ne te compenne pareillement auec luy, en la maniere qu'il faut que tu te comporte. C'est icy le moyen de gagner l'Esprit de ton Prochain, & de le disposer à la conuersion, touché de l'adresse pleine de saincte affabilité, de laquelle tu auras vsé en son endroit: sans doute luy-même te dira le premier, ce que tu pensois estre obligée de luy dire. Cependant tu demeureras asseurée ayant coupé le chemin à l'Ennemy par où il te vouloit surprendre, pour empécher ton progrez à la perfection sureminente.

Ma douce Catherine! Ie te veux apprendre vn traict excellent de prudence singuliere; ne te fie pas à toute sorte de visions & de reuelations; s'il t'en arriue quelques vnes, n'y prends pas de complaisance, pense que toute ta perfection ne consiste pas à cela; mais plustost à te voir & te connoître, & dans toy-même connoistre & voir les richesses abondantes de ma Bonté. C'est ainsi que prattiquent ceux qui sont arriuez au souuerain & dernier estat de perfection, qui retournent toûjours en la valée de la connoissance d'eux-même; sans rien perdre toutefois de l'éminence de leur vnion auec ma Bonté. Voila quant à ce qui regarde la premiere des trois choses que ie voulois de toy, afin que tu me seruisse en verité.

*Il ne faut pas desirer des reuelations ny des visions, mais de se connoître soy-même.*

La seconde regarde ce que tu dois iuger de deux de mes Seruiteurs pour qui tu fais Oraison, en laquelle tu vois l'vn remply de lumiere sensible de grace, & l'autre tout au contraire ayant l'esprit plein de confusiō & remply de tenebres. Ie t'auertis de ne pas soupçonner en celuy-cy aucun peché qui ait pû donner lieu à sa desolation: autremēt il n'arriueroit que trop souuent que ton iugement seroit conuaincu de faussete. Il se pourra

*L'Ame parfaite ne doit faire de iugements desauantageux de ceux qui sont dans les tenebres des desolations.*

C c iiij

faire, que me priant pour vne personne, tu la verras vne fois embrasée de la feruueur des saincts desirs, & éclairée de splendeurs diuines; dequoy ton ame par vne conioüissance charitable tirera des satisfactions que l'on ne sçauroit exprimer: Et vne autrefois il te semblera que la mesme personne a sa pensée bien éloignée de moy, accablée de fâcheries & d'ennuy, & enuironnée de tenebres, d'où tu conceuras ie ne sçay quelle auersion, accompagnée de trauail & de pesanteur pour me prier pour elle; cela pourroit bien arriuer quelquefois en punition de ses fautes: neantmoins ordinairement ce changemét de ioye en desolation n'a pas d'autre principe que ma seule Bonté, qui m'oblige à me retirer par mes graces experimentales des Ames fideles, pour y ménager l'auancement de leur perfection auec plus d'auantages, que par le moyé de mes liberales & riches profusions. Ie m'absente donc quand il me plaist par sentiment de douceurs & de consolations, & non pas par la realité & par la presence de ma grace.

*L'Ame saincte quelquefois participe de la desolation de son Prochain, quand elle veut prier pour luy.*

C'est ce qui fait l'Esprit desolé, la volonté seche & aride, l'Ame toute sterile & tourmétée de peine, laquelle ie fais rejaillir comme par vne certaine sympathie amoureuse, sur celuy qui prie pour cette personne; afin qu'il soit excité de l'aider à dissiper les fâcheux broüillars qui empéchent la pureté de sa veuë. Tu connois par là, que ce seroit auoir vne presomption temeraire de faire aucun iugement peruers sur cét Estat, qui est seulement privé de l'effect sensible de ma grace & non de sa realité. Ce sera donc assez que vous teniez vostre esprit arresté en la veuë de ma Bonté en vostre endroit, & que vous me deferiez auec soûmission tout autre iugement lequel m'appartiét en proprieté. Il suffit que vous vous reseruiez la compassion auec la faim de ma gloire & du salut des Ames, & qu'auec vn zele reply de sollicitude vous corrigiez le vice en vous & aux autres, par les moyés que ie vous ay desia dit; & que vous annonciez la beauté & la necessité tout à la fois de la verité des vertus. Par ainsi tu viendra vers moy en verité, suiuant la regle qui t'a esté donnée de iuger des actions & des paroles des hommes par ma volonté, & non par celle de la creature. Et tu demeurera constamment establie en l'estat souuerain des lumieres surnaturelles, assise à la table où l'on ne se nourrit d'autre viande que de celle de ma gloire & du salut des Ames.

*Regle infaillible pour ne pas mal iuger de la vertu de son Prochain.*

La troisiéme chose que ie desire de toy, & où ie veux que tu apporte beaucoup de circonspection; c'est que tu te reprenne aigrement, si ou tentée de l'Ennemi ou excitée par ta presomption, tu souhaitois que tous mes bons Seruiteurs marchassent en la perfection par les mesmes veritez que tu as entrepris, comme si ta façon de viure deuoit estre la regle infaillible de la vertu de toutes les Ames. Ce seroit faire directement contre la Doctrine que ma Verité incarnée t'a en-

*Erreur de ceux qui blasment les autres qui ne suiuent pas la mesme façon de vie qu'eux.*

seigné. De vray, il y en a quelques-vns qui ayment l'abstinence, & qui ont des inclinations extremément pressantes pour les austeritez & les penitences: ceux-cy voudroiét que tout le monde imitast leur maniere de viure, à faute dequoy ils se chagrinent en eux-mesmes, en se scãdalisant de ce que l'on ne tient le chemin salutaire qu'ils se sont persuadez. Prends garde, ie te prie, ma douce Fille! que ces personnes se trompent dangereusement; parce qu'il n'arriue que trop souuent que celuy duquel ils forment des iugements desauantageux, est plus priuilegié dans les degrez de ma grace pour laquelle il a plus de merite & de disposition, quoy qu'il ne prattique pas de si grandes penitences, que celuy qui se scandalise à ce sujet.

*La perfection ne consiste pas à ruiner le corps, mais à mortifier la propre volõté.*

D'où vient que ie t'ay desia appris, que si ceux qui embrassent les mortifications ne se comportent auec vne humilité veritable, & s'ils ne se seruent des austeritez & des penitences seulement en qualité d'instruments & d'aides, & non pas pour fondement principal de la perfection; ils ne sçauroient éuiter de se nuire notablement en leur dessein par leurs murmures. L'Ame saincte ne doit pas trauailler en cecy auec precipitatiõ; elle doit penser que la perfection ne consiste pas, ny à tuer, ny à penser abattre le corps; oüy bien à mortifier, ou pour mieux dire, à faire mourir la propre volonté. Tous les hommes deuroient pour arriuer à moy prendre à cœur cette prattique, pour se resoudre à la soumission generale de toute l'estéduë de ma volonté souueraine. C'est là l'abregé de toute la Doctrine du salut qui s'aprend dans l'Apogée de la Lumiere spirituelle cōmuniquée aux Ames, qui amoureuses & reuestuës de ma verité, aspirent au dernier & au souuerain degré de ma grace.

Ce que ie viens de dire n'est pas à dessein de mépriser les penitences & les mortifications du Corps: au contraire, ie les appuye de mon autorité & de mon approbation, lors que la chair pretend de s'éleuer contre l'Esprit. Ie ne veux pas toutefois que la maceration du corps soit vne regle de perfectiō à toute sorte de personnes. Tous les corps n'ont pas vn semblable temperamét, ny vne cōplexion également forte; l'vn est plus puissant que l'autre. Et quád cela ne seroit pas, il arriue assez ordinairement que l'on est obligé de quitter la mortificatiō de la chair pour diuers accidents qui peuuent suruenir, ainsi que ie t'ay dit ailleurs. Si donc l'edifice que l'on se feroit proposé de la perfection estoit appuyé sur ce fondement, & que tu en voulusse establir les principes aux autres: Il arriueroit que souuent ils perdroient courage de s'auancer, & toy & eux ne trouueriez pas la consolation de l'Ame que vous cherchiez, estans priuez de la chose que vous aymez le plus, comme le principe infaillible que vous pensiez de tout le bien que i'attends de vous. Ce qui seroit capable d'accabler l'Esprit d'ennuy, de le ietter dans la confusion le

*Inconuenients dangereux d'establir les austeritez de la chair pour principe de perfection.*

troubler, & le rendre incapable de l'exercice de l'Oraison, où il auoit de la facilité & de la ferueur par la prattique de la penitence.

*Ioye & perfection de l'Ame qui approuue toutes les diuerses façons de tendre au bien.*

Ce n'est donc pas l'affection pour la mortification qui doit estre le fondement de l'exercice de la vie spirituelle, c'est l'vnique desir de l'exercice des veritables vertus : autrement vous tomberiez dans vne ignorance criminelle qui se termineroit en murmure contre mes Seruiteurs, & en tristesse dangereuse contre vous-mesmes. Tous vos soins ne trauailleroient qu'à me donner des œuures finies, & non des desirs & des affections infinies proportionnées au bien & au merite infiny que ie possede. Partant vous deuez vous proposer pour principe du progrez spirituel, l'abnegation & la mort de vostre propre volonté, pour suiure desormais les inclinations amoureuses de la mienne. Par ce moyen vous me donnerez vn desir infiny, doucement affamé de ma gloire & du salut des Ames, qui sera incontinent rassasié selon toute l'estenduë dont il est capable en cette vie, sans tirer occasion de scandale ny de vous mesmes ny des autres. Au contraire vous vous resioüirez de toutes choses, & vous sauourerez les fruicts delicieux des adorables dispositions de ma bonne Prouidence, qui ménage diuers moyens à l'Ame pour la faire auancer à sa derniere fin. Ceux qui negligent de se rendre aux maximes de cette Doctrine, & qui aiment mieux abandonner le soin de leur conduite à la foiblesse, pour ne dire à l'aaveuglement de leur veuë, auec laquelle ils iugent & de leur vie & de celle d'autruy, marchent dans le monde comme des frenetiques & des desesperez; ils se priuent de la rosée du Ciel & de la graisse de la terre pour aller au deuant des auant-gousts de l'Enfer; ainsi que ie t'ay dit ailleurs.

## Chapitre XIII.

*Sommaire repetition des deux Chapitres precedents. Auis touchant la correction fraternelle.*

TV es, chere Fille! suffisamment instruite de tout ce que i'ay iugé necessaire pour satisfaire ton desir touchant la correction fraternelle, de crainte que tu ne sois trompée par les ruses de l'Ennemi, ou deceuë par la debilité de la veuë de ton Esprit. Ie t'ay enseigné que tu dois reprendre ton Prochain en general, si ce n'est qu'auparauant tu l'aye appris par reuelation expresse, que tu le dois aduertir en particulier, & encore le faudroit-il faire auec beaucoup d'humilité & d'adresse. Ie t'ay dit de plus, & ie te le repete; qu'il ne t'est iamais permis sur les actions & les paroles de mes Creatures de iuger, soit en commun, soit en particulier, de pensées de leur Cœur, & des intentions de leur Esprit, soit qu'on les trouue disposées, soit non disposées, de crainte que l'on ne se trouue trompé en son iugement, ainsi qu'il n'arriue que trop ordinaire-

*Regles de perfection, & pour soi & pour les autres.*

414 *La doctrine de Dieu, enseignée*
ment. Il suffit que l'on me defere & l'arbitrage & le iugement, & que l'on se reserue pour soy-mesme la compassion. Ie t'ay d'abondant renduë sçauante, que la Doctrine & le principal fondement que tu dois donner à ceux qui te demandent conseil pour sortir du peché & se conuertir parfaitement à moy, consiste en l'affection des vertus reelles auec la connoissance d'eux-mesmes, & de ma Bonté en eux, & au renoncement, ou pour mieux dire en la mort de leur propre volôté; afin que rien ne soit rebelle à mes adorables dispositions. Il faut qu'ils prennent la penitence pour instrument, & pour ayde, & non pour dessein principal. Ie ne veux pas que l'on s'en serue également; c'est assez qu'on la mesure à l'aptitude, aux forces, à l'estat & à la condition d'vn chacun, aux vns plus, aux autres moins.

*L'ordre qu'il faut garder pour faire la correctiõ fraternelle des pechez manifestes.*

Quand i'ay parlé de la correction, qu'elle se deuoit faire en general & non en particulier, en gardant la maniere & la forme que i'ay prescript; Ie ne pretends pas de te deffendre quand tu vois actuellement vne faute manifeste, que tu n'en fasse la correction entre toy & celuy qui l'a commise: au contraire tu le peux, & tu le dois faire: & si d'auanture il demeuroit obstiné en son peché sans amendement, tu le peux manifester à deux ou à trois, & si cela ne seruoit de rien, il t'est permis de le denoncer à l'Eglise. I'ay seulement voulu dire qu'en cela tu ne dois faire poids sur tout ce que ta pensée te propose, ny mesme sur tout ce que ton Esprit se represente. Ie n'excepte pas tout ce que tu vois de tes yeux, si ce n'est que la chose fust si euidente au dehors, ou que ma reuelation fust si expresse qu'il n'y eust plus lieu de douter. En ce cas tu dois vser de la correction auec la moderation que i'ay dit. C'est la maniere la plus seure, pour empescher que l'Ennemi ne te puisse iamais deceuoir sous l'apparence de la Charité du Prochain. Voila sommairement, ma chere Catherine! tout ce qui doit seruir d'éclaircissement en ce que tu as desiré pour conseruer & pour accroistre la perfection de ton Ame.

## CHAPITRE XIV.

*La ioye spirituelle toute seule n'est pas vne marque que la reuelation ou la vision vient de Dieu.*

ME voicy au lieu pour te répondre à ce que tu m'as demandé, touchant les marques veritables pour discerner mes visites d'auec les fausses: Ie t'ay desia dit que l'allegresse spirituelle qui demeuroit en l'Ame, & la faim des vertus accōpagnée de l'humilité profonde & excitée par la chaleur de ma diuine Charité, estoit le signe infallible que l'operation surnaturelle prouenoit de moy. Mais par ce que tu me priois instamment que ie te fisse connoître, si en cette ioye il y pouuoit auoir quelque tróperie cachée; afin que

*L'Amour excessif que l'on a pour vn bié, empesche de discerner la qualité de la ioye que l'on reçoit en sa iouïssance.*

la connoissant tu te rengeasse au parti la plus asseuré, qui est celuy de la vertu, laquelle est exempte de deception, si d'auanture elle est veritable. Ie te diray que l'homme apres auoir auec beaucoup d'ardeur desiré quelque grand bien, commence de receuoir de la ioye en la iouïssance qu'il en obtient: Et tant plus que l'Amour qu'il a eu, pour ce qu'il possede est plus puissant, tant moins aussi apporte-t'il de prudence & de circonspection, pour connoître & discerner en particulier d'où luy peut prouenir son bon-heur, à raison du contentement & de la delectation desordonnée qui transporte tous ses sens, & qui luy dérobe sa connoissance.

*Ceux qui desirét auec ardeur les consolations & les visites de Dieu sont facilement trompez.*

C'est ce qui a coûtume d'arriuer à ceux qui desirent les consolations spirituelles & les visions mentales, & qui se delectent excessiuement en leur vsage où ils ont mis toutes leurs affections plustost qu'en moy directement & principalement, ainsi que ie t'ay raconté de ceux qui estoient encore imparfaicts, qui auoient plus d'attachement au don des graces sensibles que ie leur donnois, qu'à l'Amour qui me portoit à leur faire ce bien. Voicy d'où prouient que ces personnes peuuent estre facilement trompez par leur allegresse spirituelle, outre les autres malheurs où ils tombent auec beaucoup de pernicieux dommages que tu as entendu de moy en vn autre lieu. De vray apres qu'elles ont conçeu vn puissant Amour accompagné d'vne auidité violente de receuoir mes visites.

d'où

d'où par apres elles tirent des consolations, elles se laissent aller au transport de la ioye, quand elles voyent qu'elles possedent ce qu'elles auoient desiré éperduëment.

Or ie te donne auis, qu'encores que ie t'aye enseigné ailleurs que les visions de l'Ennemy donnent d'abord de la ioye, & à la fin laissent de la peine & du trouble; qu'il arrive aussi quelquefois que l'Ame sortira de l'Oraison auec cette ioye, & neantmoins cela n'empeschera pas qu'elle ne soit asseurément deceuë de Sathan, si l'allegresse se trouue sans ce desir embrasé des vertus, si l'Ame n'en est restée plus humble qu'auparauant, & si la vision n'a esté comme brûlée & consommée dans les viues flammes de mon Amour. Partant la ioye spirituelle doit estre tousiours suspecte quand elle n'est pas vnie à l'Amour des vertus; & c'est vn signe que le motif qui l'a causé n'est pas en moy, mais en l'affection déreglée de la propre consolation mentale; lors que l'ame se réioüit de posseder ce qu'elle souhaitoit. De vray, c'est vne des conditions qui accompagnent l'Amour que l'on porte à quelque chose telle qu'elle soit de sentir de la satisfaction en receuant le bien que l'on cherit. De maniere que par cette regle tu n'a pas sujet de t'asseurer sur la ioye spirituelle toute seule & toute nuë, auec laquelle tu sorte de receuoir ce que tu pense estre ma visite.

*La ioye spirituelle que l'on ressent à la fin de la reuelation ou de la vision n'est pas tousiours vn signe que la visite vient de Dieu.*

Il faut en cecy que tu te comporte auec beaucoup de saincte prudence pour éuiter la

*Marques infaillibles pour connoistre si la ioye*

*spirituelle que l'on resseut à la fin de la visite vient de Dieu ou non.*

tromperie, où ceux qui sont aueuglez par le trop grand amour de leur propre satisfactio tombent miserablement, & que tu sois circonspecte à prendre garde si l'allegresse interieure est accompagnée de l'Amour efficace des vertus ou non. Par cette maniere tu connoistras euidemment si l'ouurage vient de moy ou de l'Ennemy. C'est là le signe demonstratif des vrayes & des fausses visites, de ce qui est tromperie & de ce qui ne l'est pas; c'est, dis-ie, ce qui fait la difference de l'allegresse que l'on reçoit de l'amour des-interessé & tout pur que l'on a pour moy, & de l'allegresse que l'on reçoit par l'amour que l'on se porte à soy-mesme, c'est à dire, de l'affection déreglée que la Creature a pour sa propre consolation. En la visite donc de laquelle ie suis l'Auteur, la ioye est conionte auec l'affection de la vertu. Il n'y a que celle du Demon qui a l'allegresse toute cruë, parce que l'Ame qui est ainsi trompée, estonnée de la grauité austere de la vertu, demeure comme auparauant sans produire aucun effort pour s'auancer.

*Les imparfaits qui s'attachent plus au dô qu'au donateur sont facilemét trompez aux visites spirituelles.*

Il est pourtant vray qu'il n'y a que les imparfaits qui se laissent deceuoir en cecy; parce qu'ils s'arrestent plus à considerer le don que le donateur. Ceux au contraire qui purement & sans aucun respect d'eux-mesmes & de leurs propres satisfactions, m'ont donné toutes les tendresses & toutes les forces de leurs affections, sont au dessus de toutes sortes de tromperies; ils dissimulent ordinairement le bien-fait & la grace pour se ioindre à leur source qui est ma Bonté souveraine. Voila ce qui leur sert de pierre de touche, quand mesme l'Ennemy les voudroit surprendre en causant en leur Esprit vne ioye excessiue, apres s'estre transformé en Ange de lumieres: d'où vient que s'ils ne sont étragement passionnez de l'Amour des consolations, ils découuriront auec prudence la ruse qu'il employe, & estant euentée elle se passera bien-tost.

L'Ame adroite apperceuant cela, & qu'il ne luy reste que des secheresses & des tenebres s'humiliera profondément, & abysmant sa pensée dans la connoissance de soi-mesme, elle produira des actes feruents de desappropriation de toute sorte de consolations, & se iettant du party de ma Verité, elle en embrassera la Doctrine, dequoy le Diable demeurera confus auec tant de desespoir, qu'il n'osera iamais, ou fort peu rarement, se seruir de semblables finesses, qu'il employera pourtant en les reiterant souuent à ceux qui sont passionnez des consolations. Ils se trouueront remplis de ioyes & vuides des vertus; Ie veux dire de l'humilité iointe à la charité auec vne faim excessiue de ma gloire & du salut des Ames. Ma bonne Fille! ne deuez-vous pas admirer ma Bonté qui a pourueu aux parfaits & aux imparfaits des Lumieres necessaires pour éuiter toute sorte de tromperies en tel estat qu'ils se trouuent, leur ouurant les moyens de conseruer la lumiere de l'Enten-

*Auantages que l'Ame parfaicte tire des fausses visites de Satan, qui se transforme en Ange de lumieres.*

Dd ij

dement auec la prunelle de la Foy, afin qu'ils ne se laissent aueugler par l'Ennemy commun, ny se rendre esclaues de leur Amour propre.

## Chapitre XV.

*Dieu exhorte saincte Catherine à la perseuerance de la priere, dans laquelle elle se laisse aller auec des ferueurs rauissantes pour le remercier, & pour obtenir de nouuelles faueurs où elle est exaucée.*

*Dieu prend vn singulier plaisir à nos prieres.*

ET bien Catherine! tu vois auec quelle condescendance, Ie me suis accommodé aux desirs de ton cœur; Tu vois, que ie ne méprise pas les prieres iustes & raisonnables de personne; Ie donne à qui me demande; que dis-ie, Ie vous ay desia preuenu en vous prouoquant à me demander. Il faut que ie te confesse qu'il n'y a rien qui me déplaise tant que lors que i'apperçois que les hommes se rendent paresseux de frapper à la porte de la Sagesse increée mon Fils vnique; suiure sa Doctrine est vne maniere bien puissante de crier à luy, les Saincts desirs ont leurs voix aussi bien que l'Oraison autant humble que continuelle. I'ay dit qu'il falloit s'adresser à mon Fils, d'autant qu'il est la porte par laquelle ie distribuë le pain de la grace à ceux qui en sont affamez Il est vray que quelquefois pour donner de l'exercice à vostre perseuerance, & de nouuelles ardeurs à vos defirs, Ie diſſimule de vous entendre frapper, quoy que pourtant que ie ſçache ce que vous me demandez ; puis que c'eſt moy qui forme en vous la penſée & le deſir, l'affection & la voix. Ie n'attends de voſtre part que la conſtance, pour vous accorder ce que ie vois eſtre ſoûmis à mes ordres, & conçeu auec pureté & droiture d'intention.

C'eſt mon Fils qui vous apprend de m'appeller, quand il dit : Demandez & vous receurez, cherchez & vous trouuerez, frappez & on vous ouurira la porte. Partant ie veux que tu prattique cette leçon continuellement. Garde-toy de relaſcher de la ferueur de tes deſirs à ce ſujet, n'abaiſſe iamais ta voix; au contraire tâche de la rendre forte de plus en plus, pour m'obliger à faire miſericorde au monde, ſois importune à la porte myſtique, c'eſt mon Fils, en te rendant eminente en l'imitation de ſa vie, & amoureuſement auide de ſa Croix. Nourris-toy auec luy de la gloire de mon Nom au ſalut des Ames; pleure amerement, & que tes larmes accompagnées de ſoûpirs, témoignent la douleur exceſſiue de ton cœur ſur la mort épouuantable de la plus grande partie du monde, dont la deſolation & la miſere extréme ne ſe peuuent raconter. Par ce moyen tu pourras appaiſer ma Iuſtice, & gagner ma Bonté en faueur des pecheurs. Les Ames ſainctes qui feront le ſemblable donneront des preuues aſſeurées de l'amour qu'ils ont pour moy, tandis que de mon coſté i'exauceray les deſirs de leur volonté.

*Dieu prouoque ſaincte Catherine à prier pour le monde.*

*Petite & dabitur vobis; quærite & inuenietis; pulſate & aperietur vobis. Luc. 11. v. 9.*

D d iij

*Transport d'A-*
*mour de saincte*
*Catherine pour*
*remercier Dieu*
*de ce qui luy a*
*seruy de Maistre*
*pour l'enseigner.*

Durant ce discours de Dieu viuant, i'estois sãs sentimét; mes puissances animales estoiét alienées, & leurs operations interdites par la conionction sureminente de l'Amour qu'il faisoit en mon Esprit dans vne éleuation souueraine, où mon entendement estoit profondement occupé en la veuë de la verité eternelle; de laquelle ie me voyois penetrée auec tãt de brasiers & de flammes diuines de sa Charité, qu'elles me pressoient de crier, en luy disant : O souueraine & eternelle Bonté de mon Dieu ! Pere sainct ! ha miserable qui suis-ie ! qui auez bien voulu me manifester vos veritez & les secrettes tromperies de l'Ennemy, auec celles qu'apporte le propre iugement ou sentiment que moy & les autres pouuons auoir sur la vie & les actions du Prochain ? Continuez d'épandre les rayons de vos lumieres en mon Esprit, à ce qu'il ne se perde dans les tenebres de l'erreur, soit prouenantes de moy, soit de Satan. Mais dites-moy, Pere debonnaire ! qui a pû prouoquer vostre Bonté pour me preuenir ainsi de vos benedictions ? c'est sans doute vostre Amour ; puis qu'auparauant qu'estre capable de vous aymer, vous m'auez aymé premierement. O feu ! ô Amour ! qui me pressent de vous en rendre tres-humbles actions de grace. I'auouë que ie suis imparfaite & remplie de tenebres, & que vous estes la perfection souueraine & le Pere des Lumieres : Vous auez toutefois eu tant de condescendance, que vous vous estes abaissé iusqu'à cette extremité de faire l'office de Maistre & de Pedagogue pour m'enseigner la science de vostre Fils faict homme.

J'estois morte, & vous m'auez rendu la vie; depuis, i'ay esté malade, & vous m'auez procuré la santé, en m'appliquant non seulement la Medecine generale du Sang du diuin Redempteur preparé pour tous les hommes: Vous auez encore donné le remede à vne maladie secrette que ie ne connoissois pas, m'apprenāt la maniere que ie dois tenir pour ne pas faire de iugement au desauantage de mon Prochain, & singulierement de mes bōs & fideles Seruiteurs, contre lesquels sous le pretexte de vostre gloire, de leur salut & de leur perfection, i'auois des sentiments qui n'estoient pas tousiours à leur faueur. N'ay-ie pas grand sujet en cecy de multiplier les actes affectueux de mes reconnoissances; puis que parmy les lumieres que vous auez déployé sur mon Esprit pour luy seruir de conduite, vous luy auez pareillement ouuert les yeux pour luy faire reconnoistre le danger de son propre mal. Ce qui m'oblige de solliciter vostre bonne Misericorde; afin qu'elle mesme m'enuironne de ses graces, de maniere que ie ne puisse iamais sortir des lignes de la doctrine que vous m'auez donné & à tous les autres qui voudront s'en rendre capables, puis que sans vostre grace nos essais n'auront iamais d'effect.

*Saincte Catherine remercie Dieu de ce qu'il luy a appris touchant les iugements, comme d'vn point tres-important.*

C'est donc à vous seul, O Pere Diuin & tout aymable! que ie me confie. J'engage

*Saincte Catherine prie pour l'Eglise,*

dans l'enterinement de mes prieres tout le monde en general & en particulier, singulierement le Corps mystique de vostre chere Espouse l'Eglise, à ce que ses principaux mébres qui sont les Prelats & les autres Ministres se rendent eminents en la prattique de la diuine science que vous luy auez enseigné.

*Elle prie pour ses enfans spirituels.*

Ie ne sçaurois faire autrement que ie ne vous recommande, auec des tendresses qui suiuent l'ordre de la Charité ceux que vous m'auez confié pour m'appartenir, & estre vne mesme chose auec moy par l'amour que vous m'auez commandé que ie leur porte. Il faut que i'auoüe que ie receuray vne consolation d'autant plus agreable qu'elle est inexprimable, si ie les vois s'auancer auec ferueur par les routes diuines & infaillibles que vous auez enseigné. Ha! ne seray-ie pas heureuse, si leur course venoit à imiter le vol precipité des Seraphins, apres qu'ils seroient parfaitement morts à toute proprieté de volonté, exempts de iugements temeraires & incapables de s'offencer & de murmurer contre leur Prochain. Tres-doux & tres-chaste Amour! ne souffrez pas, ie vous prie, que quelque effort de l'Enfer en rauisse aucun de mon sein, afin que tout ensemble nous puissions au dernier iour nous abysmer en vos diuines flammes.

*Elle prie pour deux de ses Peres Spirituels, & elle demande à Dieu les moyens de se comporter en-*

Sur tout, accordez la Requeste que ie presente humblement aux pieds de vostre Auguste Majesté pour les deux Peres Spirituels que vous m'auez faict voir dans vn rauisse-

ment, sous la figure de deux colomnes desti- uers eux pour
nées dés le commencement de ma conuer- leur plus grand
sion, par les dispositions adorables de vostre repos.
bonne Prouidence, pour la conduite, l'instruction & le reglement de mon Ame, pour ayder & fortifier son infirmité. Ie demande
qu'il vous plaise de les vnir entr'eux auec
vous d'vne vnion si parfaicte, qu'il ne paroissent qu'vne Ame & qu'vn Esprit; qu'ils n'ayét
qu'vn même vouloir & qu'vn même sentimét
qu'aucun d'eux n'ayt d'autre veuë ny d'autre
apprehension que de rechercher en eux
mêmes, & dans les ministeres que vous auez
deposé entre leurs mains, vostre plus grande
gloire & le salut des Ames. Et quant à moy qui
suis la plus miserable & la plus indigne de
vos Seruantes; Ie vous demande que ie me
comporte enuers eux, en la maniere que vous
iugerez plus propre pour vostre honneur,
pour la paix & la tranquillité de leur Esprit,
& pour la plus grande édification du Prochain. I'ay presumé grand Dieu! de vous faire toutes ces prieres, sur la confiance pleine
d'asseurance que vous m'auez donné & que
i'ay appris par experience, que vous ne condamnez pas les desirs affectueux de mon
cœur, ny le contenu en la Requeste que i'ay
presenté à vostre Majesté souueraine; comme
ie promets de ma part d'employer toutes les
forces tant de mon Ame que de mon Corps,
selon toute l'étenduë de vostre grace, de suiure auec autant d'exactitude que de rigueur,
tous les points & les maximes de vostre Doctrine.

*Saincte Catherine prie Dieu de luy descouvrir ce qu'il luy a promis des defauts des Ecclesiastiques, pour avoir plus de motifs de pleurer.*

Mais ô Pere Eternellemét vivant, il me souvient d'vne parole que vous m'avez dit vne fois que vous me descouuririez quelques defauts des Officiers de vostre Eglise. Ie proteste toutefois que ie n'en veux rien connoistre que selon vos ordres, pour en tirer sujet de douleur & de compassion, & pour seruir de motif à mes desirs de s'employer deuant vous pour leur salut. Ne m'auez-vous pas asseuré de la reformation de l'Eglise que vous accorderez à l'instance des prieres continuelles, des larmes, des sueurs, des douleurs & de la tolerance de vos bons Seruiteurs ; & que par leur moyen vous nous donneriez la consolation que nous esperons en la personne des Pasteurs eminens en saincteté de vie?

*Saincte Catherine est exaucée sous quelques conditiós qu'elle doit accomplir fidelement.*

Ie n'eus pas plustost acheué mes prieres, que ce Dieu debonnaire me témoigna par vn regard fauorable qu'il approuuoit les desirs de mon cœur, principalement la derniere de mes demandes. Mais auparauant que d'y satisfaire il m'auertit que de mon côté ie me tinsse incessamment sur mes gardes, de crainte de me rédre plus coupable & moins digne d'excuse qu'auparauant, depuis qu'il m'a donné vne plus claire connoissance de ses Veritez. Il fortifioit mon courage de perseuerer en l'Oraison, en faueur de ceux pour qui ie venois de le prier ; il m'exhortoit de me proposer à tous les hómes pour vn exéple accóply de toutes les vertus, desquelles il vouloit que ie Préchasse par tout les loüanges, & qu'au contraire ie publiasse la laideur enorme du Vice. Quant à ce qui regarde mes deux Peres spirituels, il m'asseura qu'il m'assisteroit de sa grace singuliere, sur laquelle il me faisoit manifestement connoître que ie ne pouuois rien du tout, qu'il m'enseigneroit luy-même les moyens pour m'accommoder aux dispositions de leur conduite. Sur tout il me donnoit auis d'esperer pour ce sujet & eux aussi en sa Bonté, laquelle ne vous manqueroit iamais aux besoins; & qu'vn chacun de nous se disposast de receuoir auec humilité, les Lumieres & les graces dont nous sommes capables; comme aussi de dispenser aux autres ce qui nous aura esté donné à cette fin par sa Bonté diuine, en la maniere & selon les formes qu'elle nous aura manifesté.

## Chapitre XVI.

*Dieu a vne prouidence particuliere des Officiers Ecclesiastiques. Grandeurs du Sacrement de l'Eucharistie, duquel ils sont les dispensateurs.*

IL est temps que tu entende ce que tu m'as demandé touchant les personnes Ecclesiastiques, desquels ie te veux premierement faire voir combien est excellente la dignité où ie les ay appellez, & combien sont considerables ceux qui se rendent fideles depositaires & prudens en la dispensation du thresor que ie leur ay confié. Par cette contrarieté tu pourras mieux connoître la miserable

*La condition des mauuais Ecclesiastiques, est d'autant plus déplorable que leur dignité est plus grande.*

condition de ceux qui n'ont pas d'autre deſſein dans leurs miniſteres, que de ſe gorger & ſe remplir des mammelles exterieures & temporelles de mon Epouſe. Ouure donc les yeux de ton Eſprit pour admirer les beautez éclatantes de la Vertu, que ceux-là prennent en la contemplation de ma Verité.

*L'Amour de Dieu enuers les Preſtres ſurpaſſe l'Amour qu'il a pour le reſte des hommes.*

Tu ſçais ma tres-chere Fille que i'ay creé tous les hommes à mon Image, qu'il n'y en a aucun qui ne porte en ſon Ame les caracteres veritables de ma reſſemblance. Et par ce que par mal-heur vous auiez perdu les traits de ma grace, que i'auois imprimé en voſtre Eſprit, ie me ſuis reſolu de vous rendre par le Sang precieux de mon Fils des nouuelles Creatures, auec tant d'auantages d'honneur que vous contractez en l'alliance de ma Nature diuine auec la voſtre, qu'en cela vous deuancez les Anges qui ont eſté priuez de cette faueur qui n'a pas de pareille, parmy toutes les ouurages de la Toute-puiſſance de ma Bonté, & ou l'on verifie que Dieu eſt vray homme, & l'homme eſt faict Dieu Eternel en Verité. L'honneur qui arriue à l'homme à ce ſujet eſt commun à tous; Mon Amour en cela s'eſt également partagé. Il eſt pourtant vray qu'outre cet Amour general, ie me ſuis reſerué plus particulierement pour ceux que i'ay choiſi pour mes officiers au ménagement de voſtre ſalut, par la diſpenſation du Sang de mon Fils que ie leur ay commandé de faire. Ie les ay étably au deſſus des autres comme des Soleils qui doiuent répandre ſur le

Corps mystique de mon Eglise, les Lumieres éclatantes de la science sacrée, & départir les chaleurs viuantes de ma diuine Charité, vnies au Corps & au Sang de mon Fils adorable.

Ce Corps du diuin Redempteur est comme vn Soleil vny à ma Diuinité, laquelle est le Soleil immense des Natures intelligibles. Il est incapable de receuoir en soy aucune diuision, à raison de sa tres-souueraine perfection. Tout ainsi qu'au Soleil visible la chaleur & la Lumiere sont indiuisibles entre elles, & ne sçauroient estre retranchées de sa substance à raison de l'excellence de leur vnion, & que sans sortir de sa rouë & sans s'élogner de soy-même il épanche les rayons de sa Lumiere & les feux agreables de sa chaleur dans l'Vniuers, pour les communiquer à toutes choses tandis qu'il ne contracte aucune des souillures des natures, sur lesquelles il enuoie ses influences : Ainsi le Verbe diuin mon Fils Dieu & homme tout ensemble, le veritable Soleil des Ames, est vne même chose auec moy : Ma puissance n'est pas separée de sa Sagesse, ny la chaleur de l'Amour personnel, le sainct Esprit ne se retranche pas ny de moy ny de luy; puis qu'il est vn seul Dieu auec nous deux, qui ne faisons qu'vn principe vnique de sa production : de maniere que nous ne faisons tous ensemble qu'vn seul Soleil immense, infiny & eternellement viuant. C'est moy qui en qualité de Pere & de premiere personne de la Trinité, suis le Soleil

*Iesus comparé au Soleil, & pourquoy.*

primitif & fontal de mon Fils, & du sainct Esprit. Le feu de l'Amour incréé est approprié à celuy-cy, & la Lumiere de la Sagesse à celuy-là. C'est de cette diuine Sagesse d'où mes sacrez Officiers ont tiré la Lumiere de grace, pour en éclairer les autres, tandis qu'eux-mêmes en estoient diuinement éclairez, & qu'ils emploioient leurs reconnoissances pour auoüer qu'ils tenoient cette faueur de ma Bonté.

*Iesus en l'Incarnatió & en l'Eucharistie, est vn Soleil confié aux Prestres pour en faire la dispensation.*

La Lumiere donc de ma Diuinité, pour se rendre sensible aux hommes, s'est jointe en la personne de mon Fils à la couleur de vostre humanité, en laquelle elle a esté meslée & pétrie, s'il faut ainsi dire, par l'operation plus que merueilleuse de la chaleur du feu de l'Amour personnel, le sainct Esprit, où elle reside d'vne maniere du tout incomprehensible. Voila ma Fille! la nature de cette Lumiere Incarnée, que i'ay confié aux sacrez Officiers de mon Eglise, par le moyen de laquelle les Fideles prennent la vie quand ils reçoiuent des mains des Prestres le Corps de cet aymable Redempteur pour viande, & son Sang precieux pour breuuage au Sacrement de l'Auguste Eucharistie.

*Iesus-Christ n'est pas diuisé en l'Eucharistie ny quant à soy-même, ny quant aux accidens du Sacrement.*

I'ay dit qu'il y estoit vn admirable Soleil où le Sang, le Corps, l'Ame & la Diuinité ne se separent iamais, pour vous estre donnez depuis qu'il est resuscité Glorieux: De maniere que vous receuez en la Communion toute l'immensité de l'essence Diuine, sous les accidens exterieurs qui paroissent au Sacrement, duquel la Diuinité ne se separe non plus qu'elle ne s'est iamais diuisée, non pas même en la mort, ny du Corps ny de l'Ame de ce Verbe faict homme pour vostre Amour & pour ma gloire Par ainsi la blancheur & les autres signes sensibles, tandis qu'ils demeurét en leur entier, sont inseparablement attachez à celuy qui est tout Dieu & tout homme: tout de même qu'au Soleil la chaleur & la couleur sont indiuisibles de sa Lumiere. Tellement que quád l'on mettroit l'Hostie saincte en mille & en millions de morceaux, si cela se pouuoit faire, mon cher Enfant s'y treuueroit present en sa Diuinité & en son Humanité tout entier, comme sous toute l'étenduë de l'Hostie auparauant qu'elle fust partagée. C'est comme si l'on cassoit vn Miroir, l'image qu'il represéte ne reçoit pas de dommage, elle se multiplie au contraire dans la multitude des pieces, sans rien perdre de ce qu'elle est.

## Chapitre XVII.

*Les biens de ceux qui Communient dignement, & les mal-heurs de ceux qui Communient indignement.*

I'Auouë que tous ceux qui s'approchent de la Diuine Eucharistie ne participent pas également de la Lumiere de vie qu'elle communique; vn chacun en prend à mesure de sa disposition: C'est comme si plusieurs person-

*Vn chacun participe du fruict de l'Eucharistie à mesure de la disposition que l'on y apporte.*

nes apportoient nombre de chandelles pour prendre du feu de quelque grand flambeau alluiné; sans doute tous ceux qui s'en approcheroient emporteroient tout ce qui appartient à la perfection essentielle de la Lumiere; l'on pourroit asseurer que toutes les chandelles seroient semblables en la chaleur, en la couleur & en la splendeur; sans que par cette communication la Lumiere qu'il a doné aux autres, reçoiue en soy-même aucune diminution ou aucun dommage. Neantmoins il sera vray que la chandelle qui aura de la matiere du poids de dix liures sera bien plus éclatante, plus embrasée & plus viue que celle qui n'auroit de cire que la pesanteur d'vne liure ou d'vne once seulement. Cette comparaison est naïue pour te faire comprendre, comment encore que tous les Fideles prennent le même Dieu & homme tout ensemble au Sacrement Auguste de son Corps & de son sang, ils ne communiquent pas également aux fruicts qu'il desire y produire; châcun n'a pas vne semblable preparation; Tous les cœurs n'ont pas vn même poids ny vne même deuotion. La matiere propre pour receuoir le feu, la vie & la Lumiere que l'on participe en ces Mysteres est ou moindre ou plus grande; les saincts desirs, & si vous voulez l'Amour sacré sera & la matiere & le poids.

*L'Amour de Dieu est venu preuenir le nostre pour nous seruir de disposition à receuoir ses graces.*

C'est l'Amour que ie vous ay donné pour conseruer la Lumiere Diuine que vous auez receu au sainct Baptéme. Celuy que ie vous porte depuis l'Eternité qui ma prouoqué de vous

vous mettre au monde, a servy de dispositió pour vous rendre dignes de la grace de la regeneration, en vertu du Sang de mon Fils, sans lequel vous fussiez restés comme des chandelles sans méche privez de la Lumiere de la Foy vnie à la grace de l'adoption. Puis qu'il vous est impossible de viure sans Amour, & que l'Amour est la veritable nourriture de l'Ame, ne pensez pas que l'aptitude naturelle que vous auez pour aymer, quoy que puissante & comme necessaire, ait esté capable de s'esprendre elle méme du feu de ma dilectió; il a fallu qu'elle ait esté embrasée d'ailleurs, & que ma Charité soit venuë preuenir ses efforts, & fortifier son aptitude de ses flammes doucement efficaces; afin qu'elle pût m'aymer & me craindre, & suiure les maximes viuantes de ma Verité.

A la verité toutes les Ames ne font pas vn progrez égal en la perfectió du sainct Amour. I'auouë qu'elles sont toutes de méme nature & de méme condition creées auec le caractere viuant de ma ressemblance, & qu'elles portent les riches traits de mon Image. Ie confesse encore que tous les Chrétiens n'ont qu'vn méme Baptéme, qu'vne méme Foy & qu'vne méme Loy qui est celle de l'Amour: toutefois les diuers & differents vsages du libre Arbitre, plus ou moins, font que les vns participent plus de mon Amour que les autres; qu'ils s'auancent de mieux en mieux en la prattique veritable des vertus durant la vie presente, apres laquelle il n'y a plus lieu de

*C'est l'Amour sacré qui fait la disposition pour bien s'animer il fait la mesure du fruict que l'on en doit tirer.*

E e

s'accroître. Cet accroiſſement de Charité & des vertus, faict en eux vn changement admirable que la Nature ne connoît pas, & que la grace toutefois adore. C'eſt en quoy conſiſte la diſpoſition neceſſaire pour s'approcher du Sacrement auec fruict : la Lumiere qui ſe communique en la Communion du Corps & du Sang de mon Fils en forme de viande & de breuuage, par le miniſtere de mes Officiers Eccleſiaſtiques, ne ſe diſtribuë qu'à la meſure de l'Amour ſainct, & du deſir des vertus que l'on y apporte ; conformement à l'exemple que ie t'ay donné des chandelles d'vn poids inégal, quoy que tous reçoiuent entierement ce qui faict la perfection eſſentielle de la verité cachée ſous les ſymboles ſenſibles.

*L'Ame en Peché mortel, quoy qu'elle reçoiue la verité du Sacrement, ne tire que tenebres & deuient pire.*

Ceux-là méme qui ſont en eſtat de Peché mortel ne ſont pas priuez de cette realité, encore qu'ils n'en contractent ny Lumiere ny feu : leurs cœurs ſont ſemblables aux chandelles détrépées d'eauë qui reſiſtét au feu, elles petillent à ſes approches, enfin il eſt contraint de ceder & s'eſteindre, il ne laiſſe apres ſoy que de la fumée & de la puanteur pour marque qu'il y a eſté. De vray la foy qu'ils ont receu au ſainct Baptéme, qui eſt comme la méche, laquelle doit prendre feu, n'eſtant pas deſſechée par la contrition & la Confeſſion ne ſçauroit ſeruir de diſpoſition pour receuoir la vertu, la vie & l'Eſprit du Sacrement en l'Ame, quoy qu'elle en reçoiue la realité. Par ainſi au lieu de prendre & d'accroître la Lumiere & les autres effets de la grace qu'il donne, elle en retire tout au contraire plus de confusion & de tenebres; son Peché deuient pire; elle est chargée d'vne nouuelle circonstance qui rend son crime moins digne de pardon; le fruict qu'elle tire de cét Auguste moyen du Salut, est le ver deuorant de la conscience & le reproche perpetuel accompagné des symptomes de la rage & du desespoir final, de ne s'estre pas renduë digne des efforts excessifs des Mysteres diuins, qui contiennent de si puissantes aydes du salut. La faute ne reside pas au bié que l'on reçoit, elle prouient de la negligence & de l'incompatibilité que l'Ame se procure qui presume temerairement de s'approcher du Corps & du Sang de celuy qui est la pureté primitiue & fontale. Le peché qui est en elle, produit le méme effect que l'eau mélée auec la cire d'vne chandelle, il empéche que l'affection ne prenne feu & ne s'allume.

Cependant la Lumiere de ce beau Soleil Eucharistique ne reçoit pas d'alteration en soy-méme; il demeure toûjours entier & parfaict, sans iamais quitter mon sein: vn chacun le prend tout entier & tout entier il me demeure, l'vnion excellente des qualitez mystiques de sa Lumiere, de sa chaleur & de sa couleur en la maniere que ie te l'ay expliqué, sont incapables de diuision & de souillure. Et cóme ny le peu d'affection, ny l'opposition contraire à la grace qu'apporte le Peché, ny l'in-

*Iesus demeure toûjours entier & inalterable en l'Eucharistie.*

E e ij

dignité du Ministre ne sçauroient luy nuire; de mesme le nombre multiplié iusqu'à l'infiny de ceux qui desirent d'y participer, ne peuuent luy apporter de diminution, non plus qu'il ne contracte rien des impuretez des mauuais communians. Il ressemble le Soleil visible : celuy-cy en éclairant ne quitte iamais sa roüe & son cétre, il ne relâche pas de la vigueur de ses rayons par la continuité d'éclairer ; il ne perd rien de son vnion pour la diuersité des sujets qu'il visite, & ne côtracte rien de l'ordure ou des qualitez vicieuses des choses sur lesquelles il enuoye les douces influences de ses rayons.

## Chapitre XVIII.

*Le Sacrement de l'Eucharistie se doit toucher auec les sentimens & les affections de l'Ame, & non pas auec les organes & les sentimens du corps.*

Les sentimens du Corps sont trompez au Sacrement de l'Eucharistie, & non pas le sentiment de l'Ame.

C'Est icy ma tres-chere Fille ! que tu dois perdre ton entendement dans l'abysme incomprehensible de ma Charité. Le bienfaict que vous receuez de moy en cet Auguste Sacrement, contient trop d'excez au dessus de toutes mes autres faueurs pour en pouuoir comprendre les merueilles, sans que le cœur humain ne se brise en mille pieces par vn effort d'Amour violent. Tu te tromperois Catherine ! si tu pensois regarder ce Mystere & le toucher auec l'experience & auec la veuë du Corps, puis que tous ses sentimens & toutes ses puissances defaillent icy; le goust, l'œil & la main y sont deceus, en la saueur, en la blancheur & en la figure; tout ce que l'on y treuue de sensible est propre à la nature du pain commun. Il n'y a que le sentiment de l'Ame qui est capable d'embrasser le bien contenu sous ses symboles exterieurs, si ce n'est qu'elle se veüille volontairement rauir à soy-même la Lumiere de la Foy sainte par l'infidelité.

C'est donc l'entendement humain éclairé de la Lumiere surnaturelle, qui auec la prunelle de la Foy penetre dans le signe visible, pour y adorer ce qui est inuisible, c'est à dire, celuy qui est Dieu & homme, l'vnion & la presence de la Nature diuine auec la Nature humaine en la personne de mon Fils; en vn mot le Corps, le sang & l'Ame dont il s'est reuestu en l'Incarnation, sans que pour cela il demeure iamais separé de mon sein Auguste. Ie te fis connoître cecy au commencement de ta conuersion; non seulement par la veuë de ton entendement, mais même par celle de tó Corps; Celle-cy pourtát demeurant incontinent interdite. Tu auois besoin alors de consolatió & déclaircissement cótre vn rude combat que t'auoit liuré l'Ennemy touchant les grandeurs de ce magnifique Sacrement.

*La Foy seule capable de penetrer dans la verité du Sacrement de l'Eucharistie.*

Tu vins à l'aube du iour à l'Eglise pour y entendre la Messe, tu te plaça vis à vis de l'Autel du Crucifix, & le Prestre qui offroit

*Vision de sainte Catherine pour luy faire connoitre la presence de*

*La doctrine de Dieu, enseignée*

*la Trinité & les productions des personnes Diuines en l'Eucharistie.*

le Sacrifice estoit à l'Autel de la Mere de mon Fils : ton Esprit noyé de douleurs s'abysmoit en la consideration de la faute que tu craignois auoir commise durant les importunitez de la tentation, & toutefois il se releuoit par la confiance sur l'admiration de ma Bonté qui te faisoit la grace d'assister au diuin Sacrifice, nonobstant l'indignité que tu pensois auoir pour entrer seulement dans mon Temple sacré. Tu commença à leuer les yeux pour les arrester auec deuotion sur le Prestre, au point qu'il alloit prononcer les paroles de la consecration, où ie voulus me declarer à toy d'vne maniere du tout admirable. Tu veis sortir de ma Poitrine heureuse, vne Lumiere ou plustost comme vn Soleil d'vn autre Soleil, comme si celuy-cy eust esté le rayon de celuy-là, il sembloit sortir de sa roüe & de son cercle tout brillant de splendeurs, d'où il prenoit naissance, & neantmoins il y estoit tres-vny & concentré ; De maniere qu'il en estoit inseparable actuellement. Tu apperceuois au milieu de ces deux Lumieres vne troisiême en forme de Colombe, laquelle ne leur cedoit pas en éclat & en beauté. La representation de tout cecy, qu'il te sembloit arriuer en vertu des paroles Toutes-puissantes de la consecration, se voyoit au dessus de l'Hostie & du Calice.

*Saincte Catherine void la compatibilité de la presence de Iesus-Christ & de la Trinité, auec les*

L'excez de la Lumiere qui paroissoit t'interdit bien tost l'vsage des yeux de ton Corps ; il ne te resta que la vigueur de ton Entendement qui penetroit au dedans, &

à Saincte Catherine de Sienne.

se plongeoit en l'abysme immense de la tres-Auguste Trinité, où par des saueurs qui ne se peuuent dire, tu me voiois auec le sainct Esprit dans ce Dieu & cet homme tout ensemble, où nous estions cachez auec luy sous les accidens qui paroissent au dehors. Ny ma Lumiere ny la presence de mō Verbe que tu apperceuois actuellement, n'ostoit pas l'apparence de la blancheur & de la forme de l'Hostie; l'vn n'empeschoit par la veuë de l'autre; le Sacrement & la verité, le signe & la realité estoient également apperceus; la presence Auguste de l'homme-Dieu, ne diminuoit en rien les qualitez externes où il estoit contenu. C'est ainsi qu'il pluit à ma Bonté de te réjoüir. *figures visibles du Sacrement.*

Apprenez-donc Catherine! que l'entendement seul éclairé des Lumieres de la foy viue, est capable de regarder ce Sacrement; il n'y a que l'Amour sacré qui soit digne de le toucher; la seule ferueur des desirs, & non la langue & le palais de l'homme ont le bien d'en sauourer les fruits delicieux qu'il reserue en son sein; la grace & la Charité auec la Foy dont l'Ame est preuenuë, & qu'elle apporte pour disposition à la Communion, font tous les sentimens propres pour atteindre & pour posseder vn si grand bien. Il est donc necessaire de preparer l'interieur en excitant la Foy, en prouoquant les affections d'Amour, & en excitant les Saincts desirs. *Qu'est-ce qui faict les sentimēs capables pour bien Communier.*

O que l'Ame est heureuse! qui s'appro- *Comparaison*

E e iiij

*Comparaison excellente tirée du cachet pour representer le fruict & les impressions divines qui restent en l'Ame apres le Sacrement.*

che du pain de Vie, qui est la viande des Anges, auec cette haute preparation, elle demeure en moy, & moy en elle, en la maniere que le poisson demeure en la Mer, tandis que la Mer l'enuironne, le nourrit & le penetre de ses eaues. De vray ne suis ie pas vne Mer immense de paix Eternelle, que ie laisse auec la grace apres la consumption des especes du Sacrement, en l'Esprit de celuy qui Communie. L'Impression de cette grace se faict par l'application du Corps & du Sang de mon Fils; ainsi qu'vn cachet dessus de la cire que la chaleur amollit, qui laisse sa figure apres même qu'il est leué. Ie veux dire que la vertu du Sacrement ne s'en va pas auec le Sacrement; la force, le feu & la Lumiere qu'il contenoit restent toûjours dans l'Ame, les viues chaleurs de la Charité, & de la debônaireté du sainct Esprit y sont conseruées; les splendeurs Diuines de la Sagesse de mon Fils pour en faire connoître la Doctrine ne se retirent pas; la participation de ma Toutepuissance y reside pour la fortifier contre les assauts & les mouuemens de la partie sensitiue & de ses passions, & contre Sathan & contre le monde. Tu vois-donc comment ce sainct & sacré Sceau estant leué, que l'impression qu'il y a faicte ne se leue pas pareillement; & quoy que ce mystique Soleil s'en retourne à son principe dans mon sein, qu'il n'a pourtant iamais quitté & qu'il ne sçauroit abandonner, il ne retire pas auec sa presence reelle l'efficace & la puissance de la vertu communiquée par le Sacrement où il demeure conjointement auec moy.

Il y est comme vn monument insigne, tandis que vous serez pelerins dans la terre, de l'Amour qu'il a pour ma gloire au dessein de vostre salut, & pour seruir de réueil à vostre memoire du benefice de son Sang. Il se donne à vous en qualité de viande delicieuse pour estre le rafraichissement de vostre vie, l'entretien, la matiere & l'accroissement de vostre Amour. C'est ainsi que ma bonne Prouidence a voulu pouruoir à vos necessitez, afin que vous fussiez pressez par la toute-puissance du bien-fait de me rendre vn Amour selon vostre portée, correspondant à l'excez du mien & à la grandeur de ma Bonté souueraine, digne d'estre aymée au dessus de tout ce qui merite d'estre aymé.

*Iesus en l'Eucharistie est auec le Pere vn monumét d'Amour pour prouoquer le nostre.*

## Chapitre XIX.

*De la dignité des Prestres à raison de leurs emplois en la dispensation des Sacrements qu'ils doiuent faire gratuitement. Quelle doit estre leur pureté.*

Toutes ces choses ne t'ont esté dites que pour te faire mieux connoistre les grandeurs dont i'ay voulu honorer les sacrez officiers de mon Eglise, à ce que tu conçoiue plus de douleur au cœur des miseres où ils s'abandonnent. Helas! s'ils s'arrestoient eux-

*Les malheurs où tombent les Prestres, vient de ce qu'ils ne considerent pas leur dignité.*

mesmes en la consideration de leur dignité, ils se garderoient d'en prophaner le ministere auec le détriment de leur Ame par le peché mortel ; Ils fuyeroient sans doute les tenebres mal-heureuses qu'apporte la mauuaise vie. Que dis-ie, bien éloignez de m'offencer & d'auilir la gloire que ie leur ay donnée auec des auantages qui n'ont rien d'égal ny de semblable dans la terre, ils en estimeroient la grace qu'ils ont receu de moy si excessiue, qu'ils ne croiroient pas y pouuoir jamais satisfaire par la reconnoissance quand mesme ils liureroient leurs Corps aux flammes pour y brûler & y estre reduits en cendre.

*Les Prestres sont des Christs destinez pour les besoins spirituels & temporels des Chrestiens.*

Ie les appelle mes Christs du Nom de mon Fils, aussi sont-ils oints de sa grace sacerdotale pour vous dispenser le pain des Anges. Ils sont la meilleure portion de mon Eglise, de laquelle i'ay recueilly, s'il faut ainsi dire, toute la fleur de ce qu'il y auoit de plus parfaict, pour en assortir leur dignité que ie n'ay pas voulu donner à l'Ange : De vray ie les destinois pour estre eux-mesmes des Anges terrestres qui deuoient imiter les Anges celestes en la pureté & en la Charité necessaires pour m'aymer auec le Prochain. Ie dits le Prochain, parce qu'ils sont destinez par ma Bonté, pour estre le soûtien en ce qu'ils pourront, de ceux qui souffrent des besoins temporels & spirituels, soit par les assistances exterieures, soit par les Oraisons feruentes de leur cœur establies en mon

Amour, ainsi que ie t'ay raconté ailleurs.

Si cette obligation exige d'eux vne si grande netteté; la sainéteté que i'attends de leur vie, à raison de l'employ sacré que ie leur ay donné de dispenser aux autres le Corps de mon Fils, doit estre sans comparaison plus destachée de tout ce qui n'est pas Dieu. Leur amour enuers moy & leur dilection enuers le Prochain, auec la faim de son salut pour la gloire de mon Nom en l'exercice de cét office tres-Auguste, demandent sans comparaison beaucoup plus de perfection. Si les Prestres recherchent la netteté des calices pour y consacrer le Sang adorable du diuin Redempteur, dites-moy, Ne dois-ie pas auec plus de raison & de iustice estre ialoux de la pureté de leur Ame, de leur pensée, & de leur Corps entant qu'il est l'instrument de l'Esprit? Ie hays en leurs personnes tout autant que ie puis la soüillure & l'iniquité; Ie ne sçaurois voir qu'ils croupissent dans la fange de l'impureté, & qu'ils se nourrissent parmy les ordures de la chair. I'ay en execration l'enflure de leur orgueil en la recherche presomptueuse des benefices, & en l'intrusion temeraire aux grandes Prelatures. C'est par le moyé de tous ces mal-heurs qu'estans cruels enuers eux-mesmes, ils se rendét pareillement cruels enuers les autres; puis que les pechez qui les accuse comme des criminels coupables de l'Enfer, & indignes des épanchements de ma grace, font qu'ils sont incapables de donner à leur Prochain l'e-

*Sainteté des Prestres a raison de leur employ à la dispensation du Corps & du Sang de Iesus.*

xemple de la vie qu'ils luy doivent, de contribuer de leurs assistances pour les aider à les retirer des mains & du party de l'Ennemy, & de leur dispenser avec fidelité le Corps & le Sang de mon Fils.

*Liberalité des Prestres, leur obligation d'administrer les Sacrements & les choses spirituelles gratuitement.*

Ie veux avoir des Officiers dans les sacrez Ministeres de mon Eglise qui soient portez à la liberalité; Ie ne desire pas qu'ils soient avares, de crainte que la cupidité de posseder des richesses ne les porte à vendre & de mettre à prix la grace du S. Esprit, laquelle ils ont receu de ma tres-grande Bonté gratuitement. Ils sont donc obligez de la distribuer sans acceptation de personne avec vn grand cœur, de pure & de franche volonté, sans aucun autre interest que celuy de ma gloire & du salut des Ames, à tous ceux qui viendront la leur demander avec humilité, sans exiger d'eux aucune taxe pour cette faveur. De vray, puis qu'ils ne l'ont pas acheptée pour vous la distribuer, pourquoy faudra-t'il qu'ils vous obligent de la venir achepter de leurs mains.

*Les peuples doivent assister les Prestres de leurs biens temporels.*

Toutefois ie ne pretends pas de dire qu'ils ne puissent recevoir de quelques peuples qui leur sont soûmis, quelque profit comme par aumosne. Il est raisonnable que ceux qui reçoivent les Sacrements s'efforcent selõ leurs moyens, d'assister les Prelats & les Prestres en tous leurs besoins. Il y a de la Iustice, que tandis qu'ils s'occupent de vous administrer en temps & lieu les biens spirituels que i'ay déposez en mon Eglise, qu'ils retirét de vous les biens temporels, qui sont moindres sans comparaison, que les graces que vous emportez par leurs Ministeres sacrez. C'est par leur moyen que vous participez de ma Bonté souueraine, & que ie viens à vous, moy qui suis vn bien infiny. Quelle proportion donc y peut-il auoir entre des choses perissables que vous leur rendez, auec la faueur immense qu'ils vous communiquent par les ordres de ma Charité paternelle en vostre endroit? Ce que ie dis de l'administratiō des Sacrements, i'y comprends pareillement toutes les autres faueurs spirituelles que vous pouuez receuoir de toute sorte de personnes, soit par leurs prieres, soit par toute autre maniere. Tellement que ce que vous leur presenterez de vos biens temporels pour recōnoissance, ne pourra iamais atteindre le prix de ce qu'ils auront employé pour vostre salut. Ie demande en leur esprit tant de détachement des choses de la terre, que si les Aumosnes que vous contribuez pour leur subsistance excede leurs besoins dans la bien-seance, Ie les oblige de ne se reseruer que la troisiesme partie, qu'ils employent également les deux autres au soulagement des pauures, & aux reparations & aux embellissements des Eglises.

*L'on doit reconnoistre les assistances spirituelles.*

*Employ des biés Ecclesiastiques.*

## Chapitre XX.

*Sainct Pierre chef de l'Eglise a les clefs du Sang de Iesus: Il luy appartient de choisir & de chastier les Ecclesiastiques.*

*Les Saincts Papes se sont rendus dignes de leur Onction.*

Regarde, ma bonne Fille! ces grands hommes que i'ay choisis pour estre les Ministres sacrez de mon Eglise, comme Gregoire, Silueftre, & vn grand nombre d'autres qui les ont deuancez & qui les ont suiuis pour estre les heureux successeurs de S. Pierre, le principal & le premier Pontife entre les Vicaires de mon Fils ma verité incarnée, qui luy a commis les clefs des Cieux pour en ouurir les portes, & les fermer selon sa disposition : De maniere que ce qu'il establiroit dedans la terre en liant & déliant les Ames, seroit à mesme temps confirmé dans le Ciel par mon approbation. Voy, dis-ie, comment ces Saincts Personnages ont maintenu le lustre sacré de leur auguste dignité par la sainteté de la vie & des mœurs irreprochables en la prattique de toutes les vertus, par le moyen desquelles ils se sont rendus dignes de l'Onction Diuine que i'ay versé sur leurs testes : Ie veux dire qu'ils ne se sont pas contentez du nom de Christs que l'Onction, tant l'interieure que l'exterieure leur donne, ils se sont rendus des Christs en verité, en se reuestants eux-mesmes de l'agreable & de l'amoureux Soleil que ie leur ay confié pour en departir les lumieres, & la presence aux autres.

Or cette clef qui consiste en la vertu du Sang de mon Fils, que i'ay donné à S. Pierre, a passé de main en main à ses successeurs. C'est elle qui a ouuert la porte de l'eternité de vie que la desobeïssance d'Adam auoit fermée, iusqu'à ce que i'eusse enuoyé mon Verbe pour prendre vne nature passible en laquelle il est mort, pour destruire la mort qui vous estoit naturelle, & pour faire vn bain de son Sang où vous pussiez deuenir de nouuelles Creatures en ma grace. Par cette maniere, ce sacré Sang & cette heureuse mort en vertu de ma substance Diuine vnie à la nature humaine, a faict l'ouuerture des Cieux: l'application qu'en font ces Hommes diuins fait l'vsage de l'autorité des clefs; Il n'y a pas de crime en eux qui en amoindrisse ny la puissance, ny l'efficace, ainsi que ie t'ay dit des Sacrements, que ceux qui les administrent ne sçauroient rien oster de leur perfection, non plus que l'indignité des autres qui la reçoiuent: De mesme que le Soleil qui ne contracte pas de corruption ou de souillure des sujets qu'il éclaire de ses rayons. Il est vray que le peché du receuant empesche l'effect de la grace du Sacrement, & la coulpe de l'administrant se rend plus griefuement criminelle.

*La clef du Sang de Iesus donnée à S. Pierre a passé à ses successeurs.*

*L'indignité du Ministre & du receuant ne diminuent pas la vertu des Sacrements.*

Ne te souuiens-tu pas qu'vn certain iour voulant te faire connoistre la satisfactiō que ie prenois à la reuerence que les personnes

*Le Pape est seul le Chef de l'ordre Ecclesiastique.*

Laïques rendoient aux Prestres & aux Prelats de l'Eglise, soit qu'ils fussent bons, soit qu'ils fussent mauuais, & au contraire l'extreme mécontentement que ie retire lors qu'on les traitte de mépris & de peu de respect; Ie te monstray mon Eglise sous la figure d'vn sacré Celier, qui conseruoit le Sang adorable de mon Fils vnique, duquel découle toute la grace & la vie des Sacrements. Tu voyois que le Pape mon Vicaire en la terre estoit debout à la porte de ce delicieux Celier où ie l'auois cômis pour la dispensatiô du thresor resserré dedans. C'estoit son deuoir de choisir à son ayde des officiers, qui suppleassent par leur Ministere en toutes les parties du Corps Mystique de la Religion Chrestienne où sa presence ne pouuoit atteindre. Il n'y auoit que ceux qu'il trouuoit dignes de son approbation & de son Onctiô, qui estoient reconnus pour veritables Ministres. De vray l'ordre vniuersel de la sacrée Clericature dépend de luy, & pour le choix des personnes & pour la puissance de leurs emplois: c'est à luy d'establir vn chacun dans son ordre, à la fin de l'administration de ce diuin Sang.

*Les Ecclesiastiques exempts de la iurisdiction Laïque pour estre chastiez.*

Et comme il les a pris pour ses aides en cecy; Il semble qu'il est iuste que luy seul ayt le pouuoir de les corriger de leurs fautes. C'est ce que ie veux que l'ô obserue inuiolablemét, parce que l'excellence de la dignité delaquelle ie les honore, les exépte absolumét de toute iurisdiction & assujettissement seruile des Seigneu-

à saincte Catherine de Sienne. 449

Seigneurs temporels. La Loy ciuile ne doit pas s'ingerer en leur punition; celuy-là seulement qui a la Iurisdiction par la Loy Canonique & Diuine doit entreprendre de les chastier lors qu'ils l'auront merité. De vray ils sont mes Christs, ie les ay oincts d'vne huile diuine: Aussi ay-ie expressement defendu dans l'Escriture de les toucher. D'où vient que celuy-là tombera dans le mal-heur, qui presumera auec temerité de faire en cecy contre mes ordres.

*Nolite tangere Christos meos. Psal. 104. v. 15.*

## CHAPITRE XXI.

*Enormité du peché de ceux qui mesprisent les Prestres & qui persecutent les Prelats de l'Eglise, sous pretexte qu'ils sont de mauuaise vie.*

SI tu me demande, ma chere Fille! pourquoy ie t'ay monstré autrefois que les pechez de ceux qui persecutoient mon Eglise en ses sacrez officiers, estoient plus griefs que tous les autres que l'on pouuoit commettre; & pourquoy ie ne voulois pas que l'on diminuast en rien l'honneur & le respect qu'on leur doit, encore qu'ils ayent auec autant de lâcheté que de sacrilege mal-heureusement prophané leur dignité par leurs crimes: Ie te répondray que toute la reuerence que vous estes tenus de leur rendre, prend la vertu de son motif dans le Sang Diuin que ie leur ay confié: autrement vous n'estes pas

*L'honneur que l'on rend aux Prestres a son motif & sa fin dans le Sang de Iesus, duquel ils sont les dispensateurs par les Sacrements.*

F f

obligez d'vſer en leur endroit de deference plus grande & plus particuliere qu'au reſte des hommes. Si donc vous vous comportez d'vne autre façon en ce qui les regarde, c'eſt parce qu'il eſt neceſſaire que vous veniez à eux, non pour l'amour preciſémẽt d'eux-meſmes, mais pour la vertu & pour l'amour des Sacremẽts que i'ay depoſé entre leurs mains deſquelles vous deuez les receuoir quand vous en auez le moyen & le pouuoir, ſur peine de damnation eternelle. Catherine! la Reuerence que vous leur témoignez ne s'arreſte pas à leurs perſonnes, elle eſt à moy, & à ce glorieux Sang vny à ma Diuinité en l'vnité de la perſonne de mon Fils, à preſent l'iniure qui leur eſt faicte ſuit la condition de l'honneur qu'on leur défere : ſi ie m'approprie celuy-cy, celle-là pareillement ſera directement contre ma gloire. De vray, n'as-tu pas deſia entendu ce que i'ay dit, que la Reuerence plus grande qu'on leur faict ne leur eſt deuë, qu'à raiſon de l'autorité que ie leur ay donné au deſſus de toutes les Puiſſances. De maniere que c'eſt la meſme autorité qui demeure offencée, lors qu'on les mépriſe & qu'on les perſecute.

*Abus des Laïques qui perſecutent les Preſtres, ſous pretexte qu'ils ſont mauuais.*

Puis que i'ay defendu que l'on ſe gardaſt bien de toucher mes Chriſts, deſquels ie me ſuis reſerué la punition, celuy-là ſera ſans excuſe, qui dira qu'il n'eſt ny rebelle, ny ennemy de l'Egliſe; qu'il n'en veut ſeulement qu'aux fautes des mauuais Paſteurs : En cecy il parle contre ſa propre conſcience, il porte

Sentence contre soy-mesme, il dément son iugement aueuglé par l'amour propre, il voit & ne voit pas, & encore qu'il voye tout le contraire de ce qu'il dit, & qu'il connoisse que c'est le sang de mon Fils auquel il faict la guerre, il le dissimule, pour penser adoucir le remords cruel de sa synderese. C'est donc moy seul qui m'interesse en tous les dommages, les mocqueries, les hontes, les opprobres & les iniures dont on les traitte; Ie m'approprie tout le mal qu'on leur fait, comme ie m'applique tout le bien duquel on les honore.

Il faut croire que le méchant ne faict pas grand estime du Sang de mon Fils, qu'il le méprise auec beaucoup d'irreuerence, & qu'il tient fort peu cher le riche tresor que i'ay preparé pour le salut & la vie de son Ame. Que pourrois-ie faire dauantage pour luy que de luy donner ma Diuinité pour viande sous le Sacrement du Corps & du Sang du Redempteur tant aymable! Pour recompense il se comporte malicieusement en qualité d'Ennemy, contre des hommes que i'ay honoré auec des auantages diuins; Il me priue des honneurs & des respects que i'attendois en leurs personnes, & qu'il leur refuse sur la consideration des pechez, à ce qu'il dit, qu'ils ont commis. C'est donc vn signe que l'on n'a iamais pretendu de les respecter pour l'amour de moy, quand pour quelqu'vne de leurs fautes, l'on perd l'affectiõ de continuer les deuoirs enuers eux que l'on auoit accoû-

*L'on ne doit pas moins respecter les Prestres apres qu'ils sont tombez en faute qu'auparauant.*

tumé de leur rendre. J'auoüe que ces personnes sont criminelles ; mais aussi elles sont sacrées. Cette derniere qualité les doit plus faire considerer pour les honorer, que l'autre pour les mal-traitter. En vn mot ce qui les doit rendre tousiours considerables également, pour ne rien diminuer de l'honneur que l'on est obligé de leur deferer, ce sont les beautez éclatantes du Sacremét, qui ne sçauroient estre, ny obscurcies, ny diminuées, ny alterées par les plus horribles fautes où ils se laissent miserablement precipiter.

*Le mépris que l'on faict des Prestres est directement contre Dieu & contre sa defence expresse qui est transgressée.*

Tu apprends de cecy l'enormité de l'offence qu'on leur fait, pour trois raisons ; dont la premiere c'est qu'elle est directement contre moy. La seconde c'est, pour la transgression de la deffence tres-expresse que i'ay faicte de ne les pas entreprendre : Ne touchez pas mes Christs, ay-ie dit par mon Prophete : & au lieu de se contenir dans la modestie, l'on foule aux pieds insolemment la vertu du Sang precieux que l'on a pris au sacré Baptesme. Que dis-ie ? l'on faict iniure à ce mesme Sang ; c'est contre luy-mesme que l'on s'obstine & que l'on se rend rebelle, par l'irreuerence iointe à la desobeïssance. Ce qui faict qu'ils deuiennent comme des membres pouris retranchez du reste du Corps tres-sain de l'Eglise saincte, en danger d'estre à iamais separez de l'Eglise triomphante, par la damnatio finale : si ce n'est qu'à l'heure de la mort ils produisent des fruicts veritables d'vne penitence bien exacte : si ce n'est, dis-ie, qu'ils s'humilient beaucoup, & qu'ils se reconciliēt actuellemēt auec ces personnes d'vne si eminente dignité. Par ce moyen ils pourront se disposer de receuoir les épanchements fauorables de ma Misericorde, quoy qu'ils feroient beaucoup mieux de ne pas attendre vn temps si plein d'incertitude.

La troisiesme circonstance qui adjouste vne nouuelle laideur à ce peché au dessus de toutes les autres, c'est qu'ordinairement il se faict auec deliberation & auec malice premeditée. Ceux qui en viennent iusques-là, ne sont pas ignorants que leur conscience se trouue auec danger engagée en leur procedé. Les autres fautes peuuent auoir pour fin & pour motif quelque plaisir sensuel qui ne se rencontre pas en celle-cy; il n'y a que l'orgueil qui l'enfante; Ses yssuës sont la ruïne totale de l'Ame & du Corps. I'ay dit l'Ame, parce qu'elle se priue volontairement de la grace qui est sa vie; sans dire qu'elle est sans point ou fort peu de relâche rongée par le ver importun de la synderese. Les Corps se perdent en cette entreprise, & les biens de fortune s'y cōsument assez inutilemēt. Voila les mal-heurs de ce peché qui n'est iamais sans Amour propre. Aussi est-il excité par vne crainte semblable à celle de Pilate; d'apprehension qu'il eust de perdre sa charge, il fit mourir IESVS mon Fils vnique.

*Malice premeditée de ceux qui persecutent, & les Prelats & les autres persōnes Ecclesiastiques.*

L'on rencontre parmy les autres pechez assez souuent beaucoup de simplicité, d'ignorance & de foiblesse; Ie veux dire

*Differēces entre les autres pechez & celuy de persecuter les Ec-*

Ff iij

*clesiastiques, pour faire voir son enormité.*

que c'est, ou parce que la raison se trouve surprise & preoccupée, ou pource que le jugement ne connoist pas assez l'enormité de la faute; ou si l'on en connoist les circonstances criminelles, le plaisir qui se presente produit de puissantes pantes sur l'esprit; la concupiscence ne contient que trop d'amorces en soy-mesme pour incliner du costé de la satisfaction sensuelle. Toutefois i'auoüe qu'il s'y peut mêler quelquefois beaucoup de malice, lors que par la volonté dereglée que l'on a au peché, l'on faict le mal que l'on sçait, & que l'on connoist auec les circonstances qui le rendent haïssable. Or ces circonstances peuuent estre diuerses, ou soit parce que l'on me priue de l'honneur & des loüanges qui me sont deuës; soit à cause que l'on apporte du dommage au Prochain, en le frustrant de l'affection que i'ay commandé que l'on ait pour luy, soit pource que celuy qui tombe dans le crime, se nuit à soy-mesme notablement & au delà de tout ce que l'on sçauroit penser. Remarquez neantmoins qu'en toutes ces circonstances ie ne suis pas offencé immediatement; & ie ne suis pas directement & de premiere intention l'objet de la malice de l'homme, pour estre traitté de mépris de luy, ainsi qu'il arriue au sujet des moyens qu'il employe pour persecuter les personnes Ecclesiastiques, & pour se rendre insolent, desobeïssant & sans respect en leur endroit.

*Dieu est offencé*

Les autres pechez, ainsi que i'ay dit ailleurs, ont ordinairement vn pretexte apparant, ils se produisent sous quelque couleur de bien, & par l'entremise du Prochain, sans lequel iamais, ny le vice, ny la vertu, n'auroient d'exercice. Encore; le peché se commet par le defaut de Charité pour moy & pour autruy; la vertu au contraire se produit par ce que l'Ame est remplie de l'Amour de l'vn & de l'autre: ce qui faict que quand l'on offence le Prochain ie suis offencé pareillement, non directement, mais comme par reflexion & par le moyen d'autruy. Et parce qu'entre toutes mes Creatures douées d'intelligence, I'ay choisi ces personnes oinctes & sacrées, pour estre les dispensateurs venerables du Corps & du Sang de mon Fils en vostre humanité vnie à ma nature Diuine, & pour representer en la consecration la Personne Adorable de ce glorieux Redempteur, le grand Prestre & l'vnique Pasteur des Ames, auec lequel ils ne font qu'vn Prestre & qu'vn Pasteur; il arriue de là que le mépris & l'offence se terminent au Verbe Diuin, & à mesme temps par concomitance & par suite naturelle à moy; puis que nous ne sommes qu'vn mesme Dieu en l'Estre & en la substance. C'est ce qui rend ce peché plus enorme que tous les autres ensemble.

*directement & de premiere intention au peché d'irreuerence, & du mépris des Prestres.*

Ie t'ay dit ces raisons, afin que tant pour ce qui me regarde, tant pour ce qui concerne la damnation execrable de ces mal-heureux, tu conçoiue vne douleur si excessiue-

*Douleur que Dieu demande à saincte Catherine, à raison des mépris que l'on fait des Prestres.*

ment amere; qu'elle ait assez de force pour solliciter ma Bonté, qu'il luy plaise par sa grande Misericorde de retirer ces mauuaises Creatures du milieu des tenebres, qui les empeschent de reconnoistre la dignité des personnes qu'ils entreprennent par leur malice; & de voir qu'ils sont eux-mesmes des membres pourris retranchez du Corps mystique de mon Fils. Helas! où trouueray-ie quelqu'vn parmy les hommes, qui pleure amerement le mépris iniurieux tant de fois reïteré faict à ce Sang venerable. Ie n'en rencontre que trop, qui au contraire me battent incessamment des flèches enueninées de leur Amour propre. Ceux-cy saisis de crainte seruile & mercenaire, enflez demesurément du vent de leur reputation estiment à honneur ce qui tourne en verité à leur tres-grande honte, & croyent perdre beaucoup de leur excellence quand ils s'humilient à leur Chef duquel ils doiuent prendre le salut & la gloire.

---

## CHAPITRE XXII.

### Mal-heur de ceux qui se rendent rebelles aux Prelats de l'Eglise.

*Les Pecheurs au lieu de nuire à Dieu se nuisent à eux-mêmes.*

QVant i'ay dit qu'il y auoit vn grand nombre de mal-heureux, qui faisoient de moy comme d'vn blanc de but contre lequel ils lâchoient les fléches de leur malice

à saincte Catherine de Sienne.

pour me frapper; Ie n'entends pas qu'encore qu'ils ayent l'intention peruerse de le faire, qu'ils le puissent pourtant executer : Ie suis incapable de blessure en mon estre & en ma personne. Tous les efforts des Creatures, sont des effets de foiblesse qui n'ont pas de prise sur moy ; Les flèches de leur malice au lieu de faire entameure treuuent de si fortes resistances, qu'elles retournent auec desolation sur ceux-là mêmes qui auoiét pensé me nuire; comme si i'estois de la nature des rochers & des marbres. Ils y perdent la vie de grace & le fruict du Sang adorable qui les a racheptez, & s'ils perseuerent sans amandement de vie, ils ne sçauroient éuiter d'étre priuez à iamais de ma veuë & separez de ma presence, pour estre mis auec les Demons à la chaîne qu'ils ont forgée auec eux de la haine de la vertu, & de l'Amour du vice, durant qu'ils ont vécu sur la terre.

De vray cette haine & cet Amour prennent en l'Ame la place de la grace, au même moment qu'elle l'a perduë auec autant de lâcheté que d'impudence. C'est de gayeté de cœur & auec le consentement de l'Arbitre que tous ces persecuteurs de l'Eglise saincte, se sont abandonnez à la discretion de Sathan pour prendre parti, au dessein duquel il est le principal autheur & le chef, & eux sont tous ensemble ses associez. Cóme des membres qui ne fót qu'vn corps auec luy, ils s'ingerent dans son Office, & ils exercent sa charge de faire la guerre au Sang adorable de mon

*Les Persecuteurs de l'Eglise en la personne des Prelats & des Prétres sont mébres de Sathan & ses cooperateurs.*

Fils, par les essais qu'ils font de pervertir mes Creatures en les retirant de ma grace, pour les precipiter dans la coulpe, & par ce moyen les rendre compagnes de leur mal-heur. Ils s'efforcent de tout leur pouuoir, de rompre le nœud de la Charité qui lie les Ames fideles entre elles auec moy, pour les en separer à iamais ; Ils les obligent de se rendre aux rigoureuses estreintes du Peché, auec lequel ils ne sçauroient du tout participer des fruicts delicieux de ce precieux Sang ; tandis qu'eux-mêmes demeurent esclaues, chargés des chaînes pesantes que l'orgueil & l'Amour de leur propre reputation, auec la crainte de decheoir de leur dignité & de perdre leur domaine temporel fortifient de plus en plus, pour rendre leur amandement desesperé.

*Aueuglement & endurcissement de ceux qui persecutent les Prétres & les Prelats.*

Ce peut-il rien voir de plus déplorable que la confusion de ces Hômes, qui sous pretexte de se maintenir dans la terre, se priuent volontairement de ma grace & du merite du Sang du Redempteur, sans reconnoître ny leurs propres miseres, ny celles qu'ils procurent aux autres ; comme si les liens qui les tiennent serrez estoient seellés du sçeau des tenebres & de l'aueuglement final. Comment est-ce qu'ils auroient du sentiment de l'endurcissement de leur estat déplorable ? Ils font gloire au contraire d'estre méchans ; ils tirent de leurs impietez des sujets de loüanges ; ils se baignent d'aise dans la ruine entiere de leurs Ames & de leurs Corps.

*Peux celles des*

Helas ma chere Fille ! quelle douleur dois-

à saincte Catherine de Sienne. 459

tu ressentir en la veuë du mal-heur de ceux qui ont esté auec toy nourris du Sang adorable du diuin Redempteur, & esleuez à la mamelle de l'Eglise saincte; ils s'en sont volontairement sevrez par leur rebellion, sous pretexte de vouloir corriger les fautes de mes Ministres sacrez, quoy que ie leur eusse deffédu de l'entreprendre. Ils font encore pis; ils pretendent que les Pechez de ceux-là doiuét couurir leurs propres crimes, & que le mal d'autruy qu'ils soupçonnent ou qu'ils presument, puisse seruir de raison pour iustifier en eux des sacrileges euidens. Ils trauaillét pour faire passer pour zele ce qui est manifestemét vn attentat execrable; s'ils trompent les hómes en cecy, ils ne sçauroient cacher leur cœur à ma connoissance. Mes yeux penetrét dans les replis des consciences pour y veoir des Veritez que la veuë même des Cherubins n'apperçoit pas. *Persecuteurs de l'Eglise, pour penser couurir leurs crimes & leurs sacrileges.*

Vne des principales raisons de leur endurcissement, c'est que leur foy n'est pas assez viue, & qu'ils ne croient pas qu'en verité ie voye tout, auparauát méme que vous eussiez l'estre auec le reste des choses: Autrement ils témoigneroient de l'amendement, l'on admireroit en leur vie du changement de la correction en mieux. De vray s'ils auoient la croiance que ie les vois, ne penseroient-ils pas à méme-temps que ie ne laisse aucun mal sans punition, ny aucun bien sans recompense, pour les obliger à se desister du Peché, & à implorer incessamment ma Misericorde; qui *La cause de l'aueuglement, & de l'obstination de ces Pecheurs.*

leur est acquise par le Sang adorable de mon Fils. Helas! ils se confirment en leur obstination; & commes des mal-heureux, reprouuez de ma Bonté & de ma Lumiere, ils marchent de precipice en precipice, de tenebres en tenebres iusqu'à la desolation derniere; ils continüent comme des aueugles desesperez, de persecuter le Sang de mon Fils en la personne de mes sacrez Officiers, sous le pretexte qu'ils sont Pecheurs infirmes & malicieux comme eux. Ce que ie viens de dire touchant la profanation de ce Sang, tu le peux pareillement appliquer à tous les Chrétiens qui s'abandonnent au Peché; encore que les fautes de ceux dont ie t'ay entretenu, soient sans comparaison les plus grieues.

## Chapitre XXIII.

*Que les Saincts Prelats ont esté dans l'Eglise des Soleils mystiques, & comment.*

*Dieu console saincte Catherine de Sienne, par l'entretien de la vertu des Saincts Prelats.*

MA tres-aimable Catherine! ie veux soulager ton cœur, en adoucissant les amertumes dont il est affligé, par l'entretien de la saincte vie des bons Prétres & des bons Prelats. Ie t'ay dit qu'ils auoient les proprietez & les conditions du Soleil, afin que l'odeur agreable de leurs vertus fust plus puissante sur ton Esprit pour le consoler, que l'horreur des vices des méchans pour l'accabler de douleur; & que les viues Lumieres qu'ils épandent dans le ciel de mon Eglise dissipent les tenebres, que les mœurs scandaleuses des autres y faisoient descendre. Ie veux, dis-ie, que l'odeur de l'exemple & que les Lumieres de la bonne vie qu'ils laissent par tout, soient le correctif de la puanteur, & le bannissement de l'obscurité criminelle où les scandaleux prennent de la complaisance: Les qualitez brillātes des splendeurs diuines que tu admireras en ceux-là, te feront de plus en plus conceuoir de l'auersion des conditiōs pernicieuses de ceux-cy.

Ouurez-donc les yeux de vostre Esprit ma Fille! arrestez-les doucement sur moy; vous verrez que ie suis le Soleil immense de toute Iustice, duquel & de ses proprietez se sont reuestus les glorieux & Saincts Ministres de mō Eglise, pour en departir la vertu aux autres, principalement par la dispensation du Corps & du Sang de mon Fils, qui est vn Soleil dont les rayons sont inseparables de sa roüe, ie veux dire de mon sein. Sainct Pierre a esté le premier de ce nombre; les clefs de mes Thresors luy ont esté données pour les ouurir, & pour en faire la distribution non seulement par le Sacremēt de l'Eucharistie: c'est aussi par tous les autres Sacremens qui sont comme les Canaux & les sacrez cōduits d'où découle la vertu, l'efficace & le merite du Sang adorable du Diuin Redempteur, & les graces sanctifiantes du sainct Esprit. Le pouuoir que i'ay donné à sainct Pierre & aux autres Apostres, ie l'ay par proportion donné pareillement à leurs disciples, & aux autres

*Dieu est vn Soleil qui communique ses proprietez aux Saints Prelats, pour les departir au reste des hommes.*

qui entreront après en l'exercice de leurs charges iusqu'à la fin du monde; Vn chacun d'eux accomplissant son Ministere selon les degrez où ils ont esté establis, & selon les graces & les dons du diuin Paraclet qu'ils auroit receu, sans la Lumiere duquel ils n'eussent pû s'acquitter dignement de leur deuoir: C'est dõc auec la Lumiere de la grace, qu'ils se sont rendus fideles œconomes des biens que ie leur ay confié, le fruict qu'ils en ont tiré pour eux-mémes, a esté de faire des progrez merueilleux dans cette Lumiere qu'ils communiquoient aux autres; puis qu'elle est inseparable de la grace, ainsi que les tenebres sont indiuisibles du Peché.

*Comment est-ce que les Saincts Prelats se sont disposez pour deuenir des Soleils mystiques dans le monde.*

Partant ils ne sçauroient s'auancer en la grace, qu'ils n'acroissent à méme-temps en leur entendement ces Lumieres, auec lesquelles ils entendent que tout ce qui se passe en eux vient de moy, que ie leur dõne la vertu de perseuerer en mon Amour & d'en conseruer les feux en leur cœur. Ils apperçoiuent incontinent la misere du Peché, auec la laideur de sa cause qui est l'Amour propre; ils commencent d'en conceuoir tant de haine & d'horreur, que l'auersion veritable qu'ils en ont, amene bien-tost le feu de ma Charité, pour en allumer les viues flammes en leurs affections, qui reçoiuent à méme-temps la couleur de cette heureuse Lumiere, par l'Imitation de la vie & de la Doctrine de ma douce Verité. Cepédant la Memoire est toute remplie du souuenir de tant de biens, qui découlent en leurs Ames de son Sang adorable. Voicy trois choses inseparables de la grace, sçauoir la Lumiere de la Doctrine, la chaleur de l'Amour sainct, & la couleur de l'Imitation de ce que celle-là enseigne & de ce que celle-cy affectionne. L'on ne doit dôc pas penser posseder l'vn de ces biens sans posseder les autres; puis qu'ils ne se diuisent iamais. Ils sont vne même chose en la grace; quoy qu'ils ayent diuerses proprietez & differents effets en l'Ame du juste.

Par ainsi, les trois puissances intellectuelles sont vnies entre elles pour me receuoir, moy, qui suis le veritable Soleil des Esprits : L'vne ne sçauroit estre disposée à ma visite, que les deux autres pareillement ne soient preparées pour s'assembler en mon Nom, c'est à dire, à ne conspirer selon leur portée & selon leur aptitude qu'à vne même fin. La grace n'a pas plustost embelly l'essence de l'Ame, que l'entendement s'esleue par la Lumiere de la Foy au dessus de toute cônoissance sensible, pour se contempler & s'admirer en moy. L'affection se prouoque incôtinent, pour embrasser ce qu'elle possede & que l'entendement luy a faict voir; dequoy la memoire se remplit par vne auidité du tout admirable. C'est en l'vnion des operations de ces trois Puissances ainsi disposées actuellement, que consiste la joüissance de l'Ame en la participation du Soleil immense de ma Diuinité incomprehésible. C'est moy, dis-je, qui suis le Soleil intelligible des Esprits Saincts. Ie les éclaire

*Comment est-ce que les Saincts Prelats ont esté faicts des Soleils dans l'Eglise.*

par ma puissance en la Sagesse de mon Fils vnique, & en l'ardeur douce & debonnaire du Feu increé le sainct Esprit.

*Comment est-ce que les Saincts Prelats ont faict l'office de Soleils dans le monde.*

De maniere que tu vois ma Catherine que pour la sympathie des trois Puissances de l'Ame disposées ainsi que i'ay dit, & par l'imitation excellente qu'elles ont aux proprietez personnelles de la Trinité, mes sacrez Ministres deuiennent eux-mêmes des Soleils veritables, puis que leurs puissances sont imbües, remplies & possedées de ma Diuinité, de laquelle ils ont pris les conditions. Et comme le Soleil visible enuoie ses rayons en bas pour éclairer, échauffer & faire germer la terre en toute sorte de biens: Ainsi ces heureux Soleils de mon Eglise saincte, ne brillent sur elle que pour departir à ses membres les éclatantes Lumieres du Soleil increé, duquel ils sont moins reuestus que possedez & penetrez. Ils en communiquent les chaleurs & les influences, non seulement en l'administration du Corps & du Sang de mon Fils au Sacrement de l'Eucharistie, d'où decoule la vie des Ames: C'est aussi spirituellement par les Lumieres efficaces de la Doctrine du Salut, & par l'exemple d'vne saincte vie; l'vne & l'autre estant accompagées d'vne Charité plus ardente que feruente, capable de faire germer dãs les cœurs steriles les fruits agreables de toutes les bonnes œuures. C'est ainsi qu'ils ont chassé les tenebres du Peché & de l'infidelité dans le monde; qu'ils ont reformé les mœurs desreglées, qu'ils ont faict reuiure

les

les douces flammes de la Charité en la volonté de ceux où elle estoit morte. Pourquoy non ? Ils sont tous autant de Soleils, deuenus par affection d'Amour transformant vne même chose, ou pour mieux dire vn même Soleil auec moy, me communiquant à vn chacun à mesure de l'état & du ministere auquel ie l'ay appellé.

Ie me suis donné d'vne maniere à sainct Pierre, à sainct Gregoire & à sainct Sylvestre d'vne autre façon; S. Augustin, sainct Hierosme & sainct Thomas d'Aquin, ont diversement participé de ma vertu. I'ay donné au Prince des Apostres la Lumiere, afin qu'il l'a départit par la Predication de ma Doctrine, & par le Martyre, répandant son Sang pour l'Amour de moy. Auec cette Lumiere, sainct Silvestre a pris de la force contre les infideles par la dispute, & par les preuues qu'il a employées pour côfirmer la Foy tant en ses œuures qu'en ses paroles. Tu verras comme les autres ainsi que des flambeaux embrasez ont seruy de Lumiere à toute l'Eglise, en donnant la chasse aux mensonges auec vne feruer admirable jointe à vne humilité tres-profonde. La faim qu'ils auoient de mon honneur & du Salut de leur Prochain, faisoit qu'ils ne quittoient jamais la table de la Croix, sur laquelle cette delicieuse viande est seruie.

*Dieu a communiqué aux Saints la Lumiere de sa grace diuersement pour le profit des hommes.*

Tu verras encore comme le sang des Martyrs auoit plus de persuasion sur les cœurs endurcis des hommes, que la Predicatiô vocale des hommes Apostoliques; & qu'auec la

*Le sang des Martyrs plus puissant que la Predication vocale.*

science qui leur estoit infuse auec l'odeur de leurs vertus detrempées dans leur propre sang, ils faisoient de puissantes impressions dans les Esprits, en dilatant de plus en plus la Foy saincte, dont les Lumieres dissipoient peu à peu les tenebres du monde.

## Chapitre XXIV.

### *De la Iustice, de la magnanimité, de la Charité, & des autres grandes vertus des Saincts Prelats.*

*La Iustice, la Charité & l'humilité, l'ornement des bons Prelats.*

POur ce qui est des Prelats qui estoient appellez dans le Ministere par le Lieutenant de Iesus-Christ en terre, ils m'offroient alors vn sacrifice continuel de Iustice & de saincte vie. Quoy que cette Iustice vniuerselle embellit leur Ame de l'ornemét de toutes les vertus; toutefois l'humilité tres-profonde auec la Charité tres-ardente faisoit en eux le plus beau lustre. Ce qui leur seruoit d'embelissement se rencontroit aussi en leurs sujets, sur lesquels ils éclairoient, & faisoient passer auec beaucoup de discretion, les agreables Lumieres des perfections qu'ils auoient en vn degré plus eminent. Par ainsi ils rendoient à ma gloire l'honneur qui luy estoit deuë, Ils retenoient pour eux-méme le mépris de leur propre sensualité, la haine des vices d'vn côté; & de l'autre, l'inclination efficace aux vertus & à la double Charité de moy & du Prochain,

Par l'humilité ils faisoient littiere de l'orgueil, ce qui nourrissoit en eux vne pureté d'Ame & de Corps, & vne simplicité d'Esprit, auec laquelle ils alloient comme des agneaux innocents à la table de l'Autel. Ils disoient la Messe auec vne sincerité de pensée, qui allumoit bien-tost vne fournaise d'Amour sacré dans leur volonté pour la mettre tout en feu.

*Pureté & ferueur des Saincts Prelats à l'Autel.*

Et par ce qu'ils auoient commencé de faire premierement Iustice par eux-mêmes, ils entreprenoient auec bien plus de courage & d'exactitude de la continuer sur leurs sujets, dans lesquels ils desiroient les mêmes vertus qu'ils souhaitoient pour eux-mêmes: D'où vient qu'ils les corrigeoient pour leur salut sans aucune crainte seruile; parce qu'ils n'auoient pas d'autre veuë ny d'autre consideration que de mon Amour. Le respect des puissances auoit moins de pouuoir sur leurs resolutions, que l'interest du salut des Ames, ainsi que bons Pasteurs imitateurs du grand Euéque mon Fils, lequel ie vous ay donné, afin qu'il exposât sa vie pour vous qui estes mes brebis. Ceux-cy suiuent ses vestiges, prenans bien garde de ne laisser deperir les Ames de mon troupeau à faute de correction charitable, adoucissans la rigueur du feu qu'ils sont contraincts d'appliquer à la playe auec la douceur onctueuse de la consolation, ils découpent & détranchent la partie malade auec le glaiue mordant de la reprimande, pour faire place au medicament picquant de

*Zele de leur Iustice sans crainte.*

Gg ij

la penitence qu'ils imposent, mediocre, ou plus grande, ou plus petite selon la grauité ou la legereté de l'offense.

*Courage & diligence des Saincts Prelats, comparez aux jardiniers, prouient de la crainte de Dieu.*

Ce desir de la correction leur faisoit mépriser leur vie, & l'exposer auec beaucoup de cœur pour dire & ne point dissimuler ou flatter la verité. Leurs soins estoient semblables à ceux d'vn diligent & curieux jardinier: auec vne saincte crainte prouenante de l'importance de leurs charges, ils arrachoient les épines & les mauuaises herbes du Peché, pour planter en leur place les simples odoriferantes des belles vertus dans l'Ame de leurs sujets, qu'ils entretenoient de la même crainte dont ils estoient eux-mêmes saisis: c'estoit afin de les faire croître par ce moyen comme des fleurs agreables au parterre de l'Eglise.

*La crainte du monde & le Peché, sont les deux empéchements de la correction que doiuét faire les Prelats.*

Les deux empéchemens qui s'opposent à la correction que l'on est obligé de faire à autruy, estoient bien eslognez d'eux; sçauoir la crainte seruile & mercenaire, & puis le Peché. Ils ne craignoient que moy & nõ pas les hommes: Et parce qu'ils n'estoient pas imbus du venin de la coulpe, pour ne pas rougir en la reprimande qu'ils faisoiét aux autres de leurs vices; Ils tenoiét la main ferme à la Iustice, reprenãs courageusemét ceux qui se rendoient coupables. Ce zele de la Iustice estoit entre leurs mains côme vne pierre precieuse doüée de proprietez admirables; elle procuroit la paix de l'Esprit à celuy qui la portoit sur soy; elle penetroit iusques dans l'Ame

*Proprietez & effets de la Iustice.*

à saincte Catherine de Sienne. 469
des autres sur qui elle enuoioit son éclat, pour y produire la même tranquillité, suiuie d'vne crainte sacrée qu'elle y laissoit auec vne vnion rauissante des cœurs.

Voicy ma chere Fille, la cause d'où procede cette mauuaise intelligence pleine de tenebres, de diuisions & de debats scandaleux que l'on voit auiourd'huy au monde entre les seculiers & les Reguliers, entre les Clercs & entre les Pasteurs: la Iustice qui est la mere des Lumieres & de l'vnion a manqué dans l'Eglise, l'iniustice y a pris sa place. De vray il n'y a pas d'estat soit en la Loy ciuile, soit en la Loy diuine, qui se puisse maintenir sans la rigueur de la Iustice. Si celuy qui a le pouuoir manque d'exercer la correction qu'elle commande sur celuy qui en a besoin, il arriuera comme à vn membre mangé de gangrene & qui a commencé de pourrir, il iette la corruption dans le reste du Corps, si le Medecin par sa trop grande condescendance deuient cruel, se contentant de couurir la plaie de medicament sans la nettoyer de l'ordure croupissante au dedans. Ainsi le Prelat ou autre qui a commandement, ne guerira iamais son sujet infecté de la corruption du Peché, & n'empêchera pas qu'il ne gaste ceux qui luy seront proches, s'il se comporte en son endroit auec la douceur de la dissimulatió, ou auec la lâcheté flatteuse de la condescendance à la foiblesse humaine. Il faut qu'il prenne le tranchant de la reprimande, qu'il emploie le feu de la rigueur: Et si le membre se treu-

*Le manquement de Iustice aux Prelats en la correction des sujets, est cause des ruines de l'Eglise.*

Gg iij

uoir obstiné en son vice, il est necessaire absolumét de le retrancher du Corps, de crainte que sa malice ne se glisse dans la simplicité & dans la vie des autres.

*Les causes de l'injustice des mauuais Prelats.*

Helas! ceux qui ne portent que l'Idole & non la verité de bons Pasteurs, dissimulent de voir ce qu'ils ne sçauroient ignorer; parce que l'Amour propre a encore toute sa vie en eux, qui leur cause cette pernicieuse crainte seruile. L'apprehension qu'ils ont de déchoir de leur estat, de receuoir du dommage en leurs biens temporels, de perdre leurs charges, leurs Offices, leurs dignitez & leurs Prelatures est cause qu'ils n'osent faire la correction à ceux qui le meritent; Ils ne se prennent pas garde que c'est la Iustice qui maintient tous les estats, que l'iniustice au contraire destruit. Ce qui faict qu'ils marchent par les maximes de celle-cy, & negligent de se conduire par les regles de celle-là; tant est grand leur aueuglement procuré par leur passion extrême de commander. Et parce que d'ailleurs ils sont coupables de semblables crimes, qu'ils ne deuroient pas souffrir aux autres; ils ont honte d'en entreprendre la correction en ceux-cy; ils font semblant de n'en rien voir; ou s'ils sont si notoirement scandaleux, ils les pardonnent à la legere; ils ne font que passer par dessus; ils se rendent susceptibles de toutes sortes d'artifices, & de paroles pleines de surprises pour iustifier, ou pour excuser ce qui est notoirement criminel. Assez souuent ils se laissent lier les mains par les presens, qui leur seruent de toute raison pour les enuoyer absous & les declarer gens de bien. Il s'accóplit en ces mal-heureux ce que ma verité Incarnée IESVS-CHRIST a dit; ils sont aueugles meneurs d'aueugles; qu'attendrez-vous d'vn aueugle qui conduit vn autre aueugle, si ce n'est que tous deux ensemble tombent dans vn même precipice?

Cœcus autem, si cœcu ducatū præstet; ambo in foueam cadent. Matth. 15. v. 14.

Leurs predecesseurs, ie veux dire les Saints Prelats & les vertueux Ministres de mon Eglise, que ie t'ay dit auoir les conditions du Soleil, ne faisoient pas ainsi: les tenebres du Peché & de l'ignorance estoient absolument bannies de leur Esprit; par ce qu'ils suiuoient les Lumieres de la Doctrine de mon Verbe par le mépris des grādeurs, des dignitez, & des delices de la terre. Ce qui est cause qu'ils n'auoiēt pas de retenuë pour corriger les coupables. De vray que pourroit craindre de perdre celuy qui a de l'indiference pour les choses qu'on luy peut rauir par force; comme sont les Prelatures, les Benefices & leur vsage? Et comment seroit lâche & froid en la reprimande, celuy dont le cœur est tout épris de ma diuine Charité, dont les feux & les flammes font vne fournaise d'Amour qui ne dit iamais c'est assez, & qui ayans consommé les moindres restes du peché laissent vne hardiesse genereuse d'aborder toutes sortes de puissances, quant il est besoin d'vser du glaiue du zele sainct de ma gloire pour leur salut & pour leur amandement?

Le mépris du monde & de la vie, rend le Prelat courageux & sans crainte, en la correction de ses sujets.

G g iiij

Par ce moyen, ce riche diamant de la Iustice ne perdoit iamais son éclat en ces personnes, rien n'estoit capable de l'obscurcir ; les moqueries, les confusions, les calomnies, les iniures, les opprobres, les tourmens & les peines dont ont les chargeoit n'apportoient pas de trouble à leur Esprit, nageant dans vn calme de paix rauissante, tandis que la pauureté volontaire estoit leur bonne amie, & l'humilité leur tres-fidele compagne, pour les ayder auec plus de liberté de procurer vniquement le salut de leurs sujets.

*Les saincts Prelats sont des Anges, & pourquoy.*

Vous eussiez dit de voir des Anges, tant leur modestie estoit grande, en rendant des benedictions pour les maledictions qu'l'on vomissoit contre leur innocence. De vray ils estoient des Anges non par nature, c'est par grace ; ce n'est pas seulement à raison du Ministere que ie leur ay donné au dessus des Anges, de dispenser le Corps & le Sang de mon Fils : Ouy encore, ils sont des Anges visibles, puis que sensiblement ils exercent en vostre endroit tous les saincts deuoirs, que les Anges du Ciel pratiquent, par leurs inspiratiōs directions, & par leur garde & leur prouidence. C'est pour cela que iamais ils ne retiroient leurs yeux de dessus le troupeau que ma Bonté leur auoit confié pour en estre les gardiens tres-fideles, pour leur procurer de bonnes & sainctes inspirations, soit par l'exemple d'vne vie innocente, soit par les Lumieres de la Doctrine salutaire, soit encore par la feruer de leurs desirs qu'ils m'offroient pour eux à ce dessein dans la continuité de leurs prieres. C'estoit à ces Anges terrestres que le reste des hommes venoient s'adresser, pour recevoir visiblement les aides necessaires de leur salut; Ils vinoient au milieu d'eux pour les gouverner auec beaucoup d'humilité & de confusion d'eux-mêmes; la confiance qu'ils auoient en ma bonne Prouidéce faisoit qu'ils ne desesperoient iamais de receuoir les besoins de la vie, & qu'ils ne craignoient pas que la terre leur manquast, ny à leurs peuples, tandis qu'ensemble ils feroient l'Amour au Ciel.

Ce qui estoit cause qu'ils vsoient de liberalité enuers tous, & qu'ils estoient magnifiques en la distribution des biens temporels de l'Eglise; le tiers estoit destiné pour les reparations des Eglises & pour les embellissements des Autels. L'autre ils le distribuoient aux pauures, ne se reseruants que la troisiesme partie, de laquelle mesme assez souuent ils se seuroient, pour la donner à ceux qu'ils croyoient en auoir plus de besoin qu'eux. De maniere qu'apres leur mort l'on ne trouuoit ny tresor, ny riche meuble. Que dis-ie, leur Charité & la confiance qu'ils auoient en ma Prouidence auoit anticipé sur l'esperance des années suiuantes; ce qui faisoit qu'ils laissoient leurs Eglises endebtées. Ils estoient si parfaitement depoüillez de toute crainte mercenaire, qu'ils n'en auoient pas mesme que les besoins de la vie leur vinssent à man-

*Liberalité des sainās Prelats enuers les autres, leur paunreté & leur confiance.*

quer dans l'extreme necessité, ny ceux de l'Ame aux besoins des affaires de leur salut.

## CHAPITRE XXV.

*La confiance en Dieu des bons Prelats. De leur zele & de leur compassion dans la terre pour leur troupeau, en s'accommodant à tous.*

*Motif de confiance tiré de la Providence de Dieu.*

CEux qui ont mis leur esperance en leur propre prudence, craignent tousiours; Ils ont peur de leur ombre, & que le Ciel & la terre viennent à leur manquer. De cette source prouient qu'ils se tuent de soins penibles qui les rendent miserables en l'acquisition & en la conseruation des biens de la terre; c'est quelquefois auec vn tel attachement, que vous diriez qu'ils ont mis toutes les choses spirituelles derriere les épaules pour ne s'en souuenir iamais non plus que de moy. Ils ne daignent pas de penser que ie suis celuy-là seul qui pouruoit entierement aux besoins de mes Creatures, principalement à ceux des hommes, selon la mesure de l'esperance pleine de confiance auec laquelle ils les auront demandé & attendu de ma Bonté. Leur presomption est sans Foy, aussi ne veulent-ils pas considerer que ie suis celuy qui suis, & qu'eux ne sont du tout rien d'eux-mesmes. Ils ont receu de moy leur Estre & tout ce qui le doit perfectionner, tant en la nature qu'en la grace ; Ne doiuent-ils pas donc se conuaincre qu'ils trauailleront en vain, si moy-mesme ie n'entreprends le soin de la garde de leur maison. Ie ne veux pas establir l'oisiueté par ce discours ; I'en demande au contraire la destruction. Ie veux qu'vn chacun s'employe de toutes ses forces pour le fidele ménagement de l'Estre & de ses accompagnements. Ie demande que l'on fasse vn bon vsage du libre Arbitre que ie vous ay donné auec la Lumiere de la raison. Si ie vous ay creez sans vous, ie ne vous sauueray pas sans vous : faites vostre possible, & puis laissez-moy faire le reste.

*Nisi Dominus custodierit ciuitatem, in vanum laborauerunt qui ædificant eam. Psal. 126. v. 1.*

Ne vous ay-ie pas aymé auant que vous fussiez. Ce que mes bons & fideles officiers ayans bien connu, ils ont tâché de seconder mon Amour par leur correspondance reciproque, c'est de là qu'ils tiroient la grandeur de leur confiance en ma Prouidence ; de maniere qu'il n'y auoit rien dans le monde capable de les épouuanter. Sainct Sylueftre n'eust pas de peur de se presenter deuant l'Empereur Constantin, pour disputer en vne grande assemblée contre douze Iuifs, qu'il conuainquit de fausseté. Il tiroit asseurance de la verité de sa Foy, qu'aucune puissance ne luy seroit contraire quand ie serois de son costé. Les autres Saincts ont fait ainsi, sçachants qu'ils n'estoient pas seuls ; Ils estoient trop bien accompagnez, puis qu'auec la dilection de ma Charité ils demeuroient en moy & ie demeurois en eux. Ie leur faisois part de ma

*La presence de Dieu par la grace fait que l'Ame n'a pas de peur. Elle n'est pas seule, elle est accompagnée du Pere, du Fils, & du S. Esprit.*

force, pour les rendre courageux contre les puissances de la terre. Ils tiroient de mon Fils la lumiere de sa Sagesse, Ils prenoient encore dans mon sein glorieux le feu du sainct Esprit, afin de participer de sa debonnaireté & s'embraser des viues flammes de son Amour: Cette adorable Personne n'abandône iamais, ny de sa protection, ny de sa presence, ceux qui auec foy, auec force & patience perseuererent iusqu'à la fin. Celuy qui marche seul a suiet d'estre craintif: le seul estant priué de la Charité & remply de l'Amour propre, n'a plus d'esperance qu'en soy-mesme. Aussi tout ce qui se presente luy faict peur, les plus legeres occasions ou soupçons le iettent dans le desespoir; parce qu'il est esloigné de moy qui suis l'asseurance souueraine de l'Ame qui me possede par affection d'amour sacré.

*L'autorité que les saincts Prelats ont acquis dans le monde.*

Ces grands hommes dont ie parle en diront des nouuelles, tandis que rien n'estoit capable de leur nuire ils pouuoient pourtant ietter la terreur dans l'esprit des hommes les plus puissants de la terre. Les Demons mésmes estoient épouuantez de leur autorité, sous laquelle ils demeuroient liez comme des Esclaues viles & méprisables. Ma chere Fille! c'est ainsi que ie correspondois à l'Amour, à la Foy & à l'esperãce de ces personnes eminentes en mon Eglise. Il n'y a pas de langue qui sçache exprimer les grandeurs de leurs vertus, ny le credit de leur merite; ton Entendement est trop rétrecy en sa veuë pour comprendre le fruict de la recompense abondante qu'ils sauourent delicieusement dans la vie qui n'a pas de fin, auec ceux qui se rendront leurs parfaits imitateurs.

Ils sont en ma presence comme des pierres de grand prix: Ie dits de grand prix; puis que i'ay donné de l'approbation à leurs trauaux, & que i'ay agreé la Lumiere & l'odeur que leur vie a laissé dans le Corps mystique de l'Eglise, pour l'éclairer de leur Doctrine, & l'ébaumer de leur sainteté. I'ay mesuré la gloire que ie leur ay donné dans le Ciel, à celle où ie les auois éleué dans la terre, puis qu'auec l'exemple de toutes les vertus & auec la Lumiere de grace ils y ont administré le Corps & le Sang de mon Fils & tous les autres Sacrements. Ie les ayme singulierement dans ce haut estat de la beatitude où ils me voyent face à face, parce qu'ils ont esté diligents & fideles depositaires du tresor que ie leur ay mis en main, duquel ils ont reconnu le prix & l'importance en le faisant profiter auec sollicitude amoureuse, auec humilité profonde & auec prattique rigoureuse des veritables vertus. Ils ont crû que leur dignité regardant le seruice des Ames pour leur salut, ils ne deuoient iamais se lasser comme bons Pasteurs, de remettre les brebis égarées ou insolentes dans la bergerie de mon Eglise; De maniere que transportez du zele feruent de mon Amour, & pressez de la faim auide du Prochain, ils exposoient leur vie pour retirer les Ames perduës des mains de l'Ennemy; ils se rendoient malades auec les malades, foibles auec les foibles, ils se disoient pecheurs

*Gloire & recompense des saints Prelats dans le Ciel.*

*Zele des saincts Prelats, leur compassion, leur condescendance en se rendant accommodants & semblables à tous.*

auec les pecheurs, miserables auec ceux qui souffroient des miseres. Ce qu'ils faisoient souuent auec adresse charitable, ou pour ne les pas troubler, ou pour empescher qu'ils ne tombassent en côfusion & desespoir, ou pour leur donner plus de confiance de décou[urir] leur mal: ils ne trouuoient pas de meilleur moyen de reüssir en cecy, que de leur persuader qu'ils estoient malades d'vne infirmité spirituelle pareille à celle qu'ils vouloient guerir dans les autres. Ainsi ils iettoient des larmes auec les affligez & les pleureurs; Ils se réioüissoient auec les ioyeux; ils se rendoient accommodants à toute sorte de personnes; ils donnoient à vn chacun la viande qui luy estoit la plus propre. Ils conseruoient les bós par la conioüissance de leur vertu, sans en conceuoir de l'enuie qui pût empécher leur cœur de s'élargir par l'abondance de la Cha-

*Les bons Prelats font penitence auec les penitéts.*

rité principalement pour leurs sujets: Et quand aux pecheurs, ils tâchoient de les gagner par vne sainte & veritable compassion, auec laquelle ils corrigeoient leurs fautes, en leur imposant des penitences salutaires qu'ils ne refusoient pas de faire auec eux. La tendresse d'Amour qu'ils auoient pour ces miserables faisoit tant d'effect en leur cœur, qu'ils souffroient plus de peine en ordonnant les penitences que ceux qui estoient obligez de les receuoir. Leur Charité deuenoit parfois excessiue iusqu'à ce point, que l'on en voyoit plusieurs qui accomplissoient eux-mesmes les penitences, principalement

à saincte Catherine de Sienne. 479

lors qu'elles sembloient trop pesantes à leurs sujets qu'ils embrassoient amoureusement comme leurs propres Enfans.

Par ce moyen, la rigueur de la penitence se conuertissoit en douceur, & ses épines se changeoient en roses. De vray, que n'eust souffert vn penitent quand il apperceuoit que son Prelat deuenoit sujet, de Maistre se faisoit seruiteur, qu'estant sainct Personnage exempt de la lepre du peché mortel, il se feignoit malade comme luy, estant fort & courageux il se disoit remply d'infirmitez, & qu'auec les ignorants & les simples il paroissoit auec la mesme simplicité & auec la mesme petitesse de iugement & d'esprit. La Charité & l'humilité s'accordoient dans ces grands cœurs auec tant de grace, que leur condescendance embrassoit toute sorte de conditions de personnes, auec lesquelles ils se proportionnoient, & ou vn chacun trouuoit dequoy s'édifier & de prendre des resolutions pour le mieux. Le desir de ma gloire & du salut des Ames leur faisoit prendre toutes ces diuerses postures pour se rassasier de l'vn & de l'autre, sur la table de la Croix saincte de mon Fils, où ils faisoient pacte auec beaucoup de generosité, de ne refuser iamais aucun trauail pour le dessein de cette belle conqueste. Ils en estoient si ialoux aussi bien que du progrez spirituel de l'Eglise saincte & de la propagation de la Foy, qu'il n'y auoit pas d'épines, d'angoisses, & de Persecutions, où ils ne fussent disposez de

*Le zele du salut des Ames faict prendre au saint Prelat diuerses postures.*

s'expoſer auec beaucoup de patience ; tandis qu'au milieu de leurs plus violétes douleurs, les deſirs angoiſſeux de leur cœur iettoit dehors les vapeurs des parfums delicieux de leurs humbles & continuelles Oraiſons qu'ils me preſentoient, tandis qu'auec les larmes de leurs yeux ils lauoient les playes mortelles de leur Prochain, pour les diſpoſer à la ſanté, pourueu qu'ils le vouluſſent auec humilité d'eſprit & componction de cœur.

### CHAPITRE XXVI.

*Du motif que l'on doit auoir pour honorer le mauuais Preſtre, & que le bon merite double honneur.*

*Le bon Prelat digne de double honneur au deſſus du méchant.*

C'Eſt aſſez parlé de la dignité excellente de mes ſacrez officiers, & de la fin auguſte de leurs Miniſtres, de la reuerence & du reſpect qu'on leur doit, de la temerité iniuſte de ceux qui entreprennent de perſecuter les bons & de chaſtier les mauuais. I'ay dit que ceux-là auoient les conditions du Soleil, & qu'ils faiſoiét l'office des Anges, & que ceux-cy conſeruoient touſiours la dignité & l'autorité que leur donnoit le Sang adorable & precieux de mon Fils, afin que l'honneur qui leur eſtoit deu ne fuſt pas diminué par la veuë de leur mauuaiſe vie. Ie deſire aux vns & aux autres les embelliſſements de toutes les vertus : Ie pretends que puis que tout homme vertueux eſt digne d'Amour, que le

Preſtre

des ordures d'vne vie desbauchée. Au contraire ie demande d'eux l'innocence de l'Ange & la pureté du Soleil. Que dis-ie? Ie veux qu'ils soient des Anges & des Soleils veritables. Autrement que doiuent-ils attendre de moy sinon leur confusion & leur ruïne dans les flammes eternelles d'autant plus desastreuse, que leur dignité aura esté plus eminente dans la terre.

## Chapitre XXVII.

*De l'iniustice que commettent les mauuais Prelats enuers Dieu & enuers leurs suiets.*

Afin donc, ma tres-chere Fille! que vous ayez plus de motifs de me prier pour ces personnes, qui sans auoir égard à la grandeur de leur Ministere, prophanent leur vie & mes Mysteres par l'enormité des vices; Ie vous veux monstrer en particulier le grand nombre de leurs pechez, & l'horreur de leurs offences. Il faut toutefois que vous accordiez, que de quel costé vous vous puissiez tourner, soit aux seculiers, soit aux Religieux, soit aux inferieurs du Clergé, soit aux Prelats, soit aux petits, soit aux grands, soit aux ieunes, soit aux vieux, en toute sorte de conditions; Vous ne verrez autre chose qu'iniquité, qu'ordure & qu'iniustice, dont la puanteur infecte l'Vniuers, & monte iusqu'à moy, quoy qu'elle ne me puisse apporter

*L'odeur de la vertu des bons Prelats, preseruatif contre la puanteur des vices des méchans Pasteurs.*

Hh ij

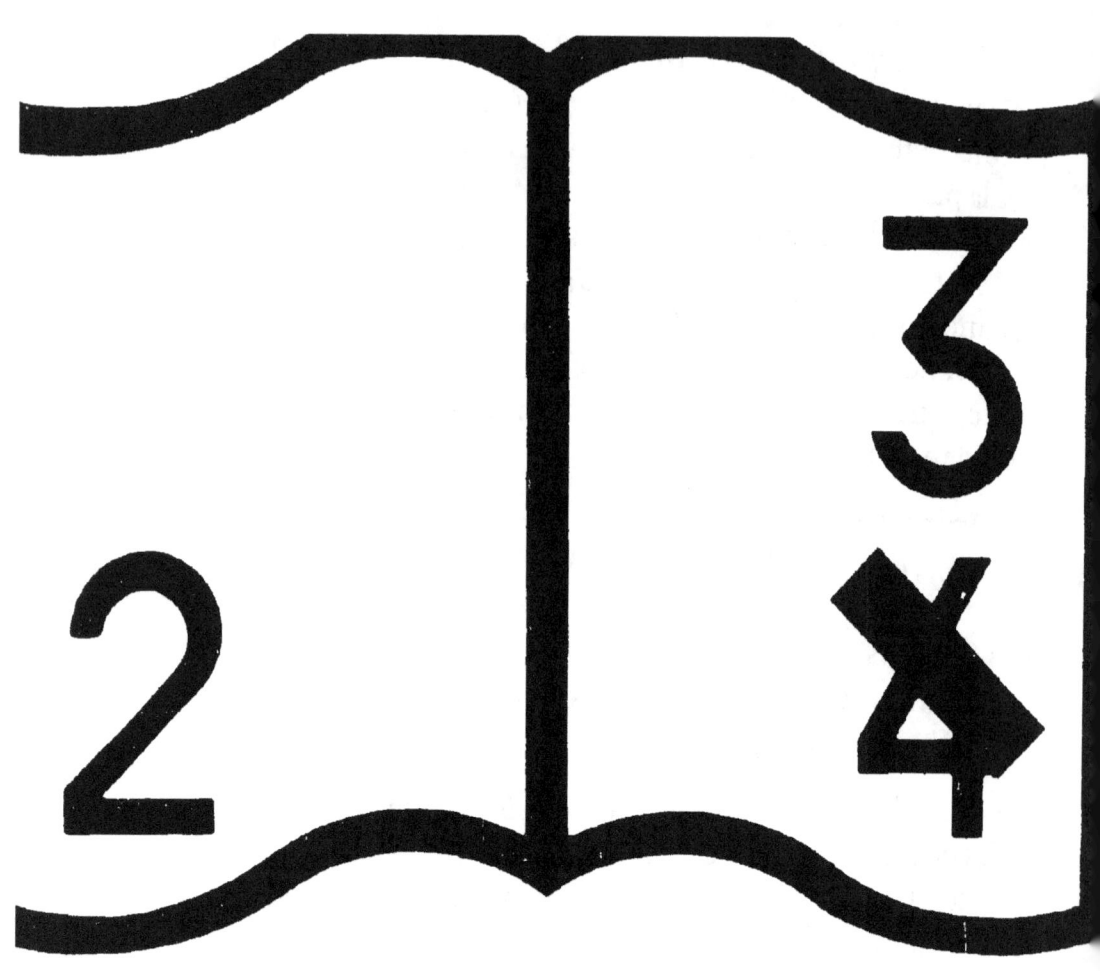

Pagination incorrecte — date incorrecte

**NF Z 43**-120-12

dure, qu'ils ont perdu la Robe nuptiale, & qu'ils sont revestus des pauuretés du vice. Ie ne veux pas toutefois que pour cela vous ayez moins d'amour & de respect pour eux, puis que de la part de ma Bonté ils vous presentẽt les riches tresors de mes Sacrements, qui sont les heureux canaux par où vous tirez la vie de ma grace en vous en approchant dignement.

*Il faut regarder les mauuais Prestres comme personnes enuoyées de Dieu pour nous donner la vie de la grace.*

N'est-ce pas assez que c'est Dieu le Pere Eternel qui vous les enuoye, pour vous porter celuy qui est vray Dieu auec luy & vray Homme auec vous? Leur mauuais estat, (il est vray) vous doit déplaire excessiuement; la haine que vous estes obligez de porter à leurs crimes est trop raisonnable : Mais vous ne pouuez vous dispenser auec iustice de les reuestir par la compassion née des affections feruentes de la Charité, qui ne sçauroit souffrir la nudité du pecheur, sans en couurir & en cacher les crimes, quoy que prodigieux en nombre; de lauer & nettoyer leurs ordures autant qu'il est en vostre pouuoir, répandant vn deluge de larmes excitées par le desir excessiuement affectueux de vostre cœur, à ce qu'il me plaise par ma Bonté de leur rendre le riche vestement de ma grace. Ie ne seray que trop disposé d'exaucer vos vœux, si vous perseuerez de me les offrir, & si de leur costé ils tâchent de se rendre dignes de ma Misericorde; puis que c'est contre ma volonté qu'ils vous presentent le soleil adorable de vos ames, tandis qu'ils seront enuironnez de tenebres, dépoüillez des vertus, & soüillez

aucun dommage, si ce n'est celuy que ie souffre au mal que les pecheurs se procurẽt pour eux-mesmes. I'ay voulu fortifier tõ cœur par la consolation que tu as prise dans l'odeur de la vertu des bons contre l'infection des pechez des mauuais; Ie t'ay déplié les beautez de ceux-là, pour mieux faire paroistre les laideurs de ceux-cy, & pour te faire voir que les vns sont d'autant plus dignes de plus griefues peines, que les autres se sont rendus plus considerables, par leur merite, de plus riche recompense, & pour seruir d'ornemẽt, comme des pierres precieûses choisies, au bastiment de ma Hierusalem celeste.

*Indiscretion, temerité & iniustice contre Dieu des Prelats qui ont de la vanité pour leur dignité.*

Ces mal-heureux desquels i'entreprends de te dire les imperfections, que tu ne sçaurois oüir qu'auec horreur & qu'auec douleur excessiue de ton cœur, ont estably l'Amour propre pour fondement principal de leur vie. Voila la racine maudite de l'orgueil & de la vanité de leur Esprit, qui deuient en suite indiscrette & temeraire. Dites-moy, Catherine! se peut-il trouuer vne plus sotte indiscretion & vne temerité plus criminelle, que de s'attribuer l'honneur des charges & la gloire des Prelatures sacrées, pour paroistre auec les pompes du monde, & viure honteusement auec les delices du corps, en s'appropriant par ce moyen ce qui m'appartient, & me donnant ce qui est à eux? la loüange & la gloire m'est deuë, la haine & la honte est leur partage: ils font tout le contraire, ils me traittent de confusion, de mépris & d'offence, tandis qu'au lieu d'accomplir leur Ministere, auec l'humble connoissance d'eux-mesmes pour se condamner indignes de s'approcher des Mysteres que ie leur ay confié; ils se complaisent en la dignité simplement & en l'honneur qui leur en reuient, quoy que l'vn & l'autre m'appartiennent en souueraineté. Ils se grossissent de vanité; l'orgueil les rend insolents; leur cœur a vn attachement épouuantable aux richesses & aux delices de la chair, pour s'en saouler au delà de toute mesure, tandis qu'ils se monstrent tenants & tres-auares, iniurieux & tres-cruels enuers les pauures.

La vanité & l'auarice qui naissent de l'Amour desordonné qu'ils se portent, leur font abandónerle soin des Ames Le temps qu'ils employent, les sollicitudes qui ne les laissent iamais en repos, qui occupent leur cœur & possedent leurs pensées d'amasser des biés de la terre, & de se gorger de plaisirs, leur rauit toute leur attention, & il ne leur en reste plus à veiller sur mon troupeau, pour empêcher que les Ames que i'ay mis sous leur prouidence demeurent comme des brebis delaissées de leur Berger legitime; puis qu'ils negligent de les repaistre, soit pour le spirituel, soit pour le temporel. I'auoüe qu'ils vous dispensent les Sacrements, dont la vertu ne sçauroit estre amoindrie par la vie scandaleuse, ny alterée par les pechez cachez des mauuais Prestres: Ils vous priuent toutefois iniustement des oraisons feruentes de leur cœur qu'ils

*Iniustice des mauuais Prelats contre leurs suiets au fait de leur salut.*

Hh iij

deuoient exciter par la faim insatiable de vôtre salut, ils vous rauissent l'exemple d'vne saincte & honneste conuersation qu'ils vous doiuent.

*Iniustice des mauuais Prelats enuers les pauures pour le temporel.*

Les pauures pareillement perdent beaucoup; puis que ces entrailles de fer ne sçauroient fléchir à la compassion, pour départir les biens de l'Eglise à ceux qui ont droit d'y pretendre la troisiesme partie, par la voye de l'Aumosne charitable. Ils ne se contentent pas seulement de retenir le bien des pauures, souuent ils volent celuy d'autruy, par des traitez vsuraires, & par des conniuences sacrileges, iusqu'à vendre la grace du S. Esprit à prix d'argent, & mettre les Sacrements à l'enchere. Ils refusent comme des méchants & des ingrats de donner gratuitement aux autres, ce qu'ils ont receu de moy à cette condition; & de distribuer ce qu'ils tiennent de ma pure liberalité sans qu'il ne leur en ayt rien cousté, à ceux qui reclament leur assistance en leurs besoins, si ce n'est qu'on remplisse leurs mains de presents & leurs esperances de promesses.

*Mauuais vsage des biens de l'Eglise, la vanité, le luxe, l'immodestie & les excez des mauuais Prelats.*

Le profit qu'ils tirent de leurs sujets est le motif, la mesure & la regle de l'amour qu'ils ont pour eux; & tout le bien temporel de l'Eglise, duquel ils ne sont que les Administrateurs, se dissipe à faire la despence des delices de leurs habits, de leurs emmeublemets & de leurs voluptez; pour grossir leur suite, & la rendre pompeuse; pour marcher en public & viure en particulier, non comme le-

à saincte Catherine de Sienne. 487

clesiastiques modestes, ny comme Religieux amoureux de la pauureté; mais comme des mignons de Cour & des Seigneurs du monde. La curiosité est de la partie auec leur vanité. Ils se passionnent d'auoir nombre de cheuaux de prix, quantité de vaisselle & de meubles d'or & d'argent, & d'autres ornemens, où la superfluité n'est pas moins grande que la dépense; Ils les possedent contre la modestie de leur estat auec trop de vanité de cœur : ce qui les fait parler auec audace, auec mépris & auec beaucoup de legereté d'esprit. Adioustez à cela, qu'ils font vn Dieu de leur vêtre, qu'ils se nourrissent de viādes delicates, dans vn excez qui ne reçoit pas de reglement. Il ne faut pas s'estonner s'ils prennent par ce moyen toutes les dispositions de l'impureté & de la vie lassiue.

Mal-heur! Mal-heur encore vne fois sur ces miserables: helas; faloit-il perdre ainsi & dissiper en dissolution, ce que le Verbe incarné vous auoit acquis auec tant de peine parmy les horreurs de la Croix, & deuorer auec tant de cruauté & en tant de manieres, les Ames racheptées du Sang adorable de mon Fils. Au moins deuiez-vous pardonner aux biens des paures, pour ne les pas appliquer à nourrir quelquefois des Creatures qui ne sont pas legitimes, & qui sont des productiōs du sacrilege de leurs peres. O Temples, non du Sainct, mais du mauuais Esprit! Ie vous auois choisi pour estre des Anges en la terre, & vous portez au contraire des visages de

*Reproche de cruauté que Dieu faict aux mauuais Prelats.*

H h iiij

488 *La doctrine de Dieu, enseignée*
Demons? vous vous ingerez en leurs charges, & vous faites vous mesme leur office?

*Les mauuais Prestres & les mauuais Prelats font l'office des Demons dans la terre.*

De vray quel est l'employ de ce monstre de l'Enfer ; si ce n'est d'épandre les tenebres dont il est remply dans les Ames, pour les rendre en fin compagnes de ses tourments? Quelles fâcheries, quelles tentations, quels artifices n'employe-t'il pas, pour essayer de les faire tomber dans le peché & les retirer par ce moyen de ma grace ; quoy que pourtant tous leurs efforts soient inutiles & des marques de foiblesse, pour penser tirer leur consentement au mal, si ce n'est qu'elles le veuillent de leur bon gré? Ainsi ces mal heureux indignes de leur dignité Auguste, & d'en porter le nom sacré, vrais Demons en la chair, communiquent la lumiere aux autres auec les tenebres du peché mortel, qu'ils insinuent par le mauuais exemple du desordre de leur vie, & de la malice de leur Esprit. Ils iettent le trouble auec le scandale en la conscience de leurs peuples, soit pour l'affliction qu'ils leur donnent de ce que ie suis offencé, & de ce qu'ils sont en estat de damnation, soit pource que plusieurs se retirent du bien, se persuadants qu'ils doiuent l'imitation à ceux qui exigent d'eux le respect & la reuerence; qu'il n'y a pas beaucoup de mal que les sujets fassent les mesmes œuures, que les Prelats & les Prestres ne veulent pas éuiter.

*Malheur des sujets qui se laissent scandaliser des mauuaises*

C'est ainsi qu'ils desbauchent les Ames simples du train de la grace & de la verité, pour les porter au party du peché & du mensonge,

quoy que pourtant ceux qui se laissent en- *actions des Prê-*
traîner ne sont pas excusez deuant moy; *tres pour les*
puis que personne ne sçauroit receuoir de *imiter.*
contrainte au mal, ny par les Demons inuisibles, ny par les visibles. L'on ne doit donc
pas regarder à leur vie, l'on ne doit pas,
dis-ie, imiter leurs actions ; faites seulement ce qu'ils vous disent conformement
à l'Euangile que ma Verité vous a laissé;
suiuez la Doctrine de l'Escriture saincte an- *Omnia ergo*
noncée au Corps mystique de l'Eglise par *quæcumque di-*
mes trompettes, ie veux dire les Predica- *xerint vobis, ser-*
teurs de ma parole, les organes de ma vo- *uate & facite: se-*
lonté. Ce n'est donc pas à vous de regarder *cundùm opera*
leur vie pour la suiure lors qu'elle est con- *vero eorum noli-*
traire à la Doctrine ; prenez celle-cy & lais- *te facere. Matth.*
sez celle-là ; en me deferant la punition qui *23. v. 3.*
sera d'autant plus rigoureuse s'ils ne se cor-
rigent, que ma Bonté s'est monstrée plus liberale sur eux. Ie suis Dieu Eternellement
viuant, tres-iuste en la la recompense des
bons, & tres-équitable au châtiment des
méchans.

## CHAPITRE XXVIII.

*Dieu reuele à saincte Catherine les occupa-*
*tions scandaleuses des mauuais Eccle-*
*siastiques de son temps.*

QV'attendrez-vous autre chose ma Ca- *Les mal-heurs*
therine! de ces personnes que ie viens *qui arriuent de*
de dire, que l'injustice, ils l'a portent liée en *ce que les Prelats*
leur sein par les attaches de l'amour propre, *ne font pas la correction.*

sans lequel la Iustice commanderoit en leur cœur, comme elle fait dans ces grandes hommes qui ont toutes les parties de Prelats accomplis. Cette maudite racine de l'affection de soy-même est la mere de l'injustice, qu'ils exercent enuers moy & à l'endroit des Ames, auec les tenebres de l'indiscretion. Ie suis priué de la gloire & de l'honneur qu'ils sont obligez de me procurer; ils se rendent cruels enuers eux-mêmes, quand leur vie est contraire à la saincteté de laquelle ils font profession: ce qui faict que le Prochain non seulement ne demeure pas edifié, il ne reçoit pas même la correction sans laquelle il croupit dans le mal-heur du vice. La crainte demesurée qu'ils ont de déplaire aux Creatures les priue du jugement commun, pour ne pas voir les conséquences pernicieuses qui naissent de ce qu'ils laissent dormir leurs sujets en leurs infirmitez mortellement criminelles, ils ne considerent pas que le desir passionné d'auoir de la complaisance pour les hommes, forme en eux la raison de l'auersion que i'ay de leur façon d'agir.

Il est vray que quelquefois ils feront semblant d'entreprendre la correction & la reformation de quelqu'vn en particulier, pour paroître zelés sous le manteau de cette telle quelle Iustice. Ils ne s'adresseront pas toutefois aux plus grands soit en dignité soit en malice, tant ils ont d'apprehension de receuoir de l'opposition de tomber en la peine, ou dans le danger de perdre de leur credit,

*[Iniustice] des Prelats en la correction des plus petits, laissans par crainte les plus grands incorrigibles.*

à sainte Catherine de Sienne. 491

ou de déchoir de leurs charges & de leurs Benefices. Ils choisiront ceux dont la naissance & la condition est si basse qu'elle n'oseroit resister à leurs jugemens, ny donner des reproches à leur vie autant ou plus scandaleuse. Voila où les porte l'injustice produite & nourrie par l'amour propre, qui ne s'est pas contenté de jetter son venin sur le reste de l'Vniuers; il a encore empoisonné le Corps mystique de mon Eglise ma chere Epouse, il a mis en friche son jardin & son heritage heureusement cultiué durant qu'il y auoit de bons œconomes & de saincts Laboureurs.

La vie des sujets n'estoit pas alors peruertie par le mauuais exemple des Pasteurs ainsi qu'à present; au côtraire les mœurs de ceux-li estoient sanctifiez par l'edification de la vertu de ceux-cy. Aussi n'y auoit-il pas dans mon parterre ny de plantes pourries ny de fleurs fannées, tout y estoit riant, odoriferant & fleuri; au lieu qu'aujourd'huy il est remply de ronces & d'épines de diuers Pechez en grand nombre desquels la puanteur infecte tout le Corps. Ce n'est pas que l'Eglise en soy ne soit saincte & belle, & qu'elle n'exhale toutes les agreables odeurs des vertus. Les Sacremens ne sçauroient receuoir de dommage; La dignité & l'authorité des Pasteurs y est toûjours Auguste & sacrée: Il n'y a que les membres mystiques susceptibles de toutes les mauuaises qualitez dont ie te represente les laideurs & la corruption, & qui profanent en eux-mêmes le caractere & la puissan-

*L'estat heureux de l'Eglise durât qu'elle a de bons Pasteurs & au contraire.*

ce, laquelle pourtant demeure inuiolable absolument, sans qu'il soit permis à ceux de sa dependance de la mépriser en ceux que leurs crimes d'ailleurs rendent méprisables.

*La saincteté de la dignité n'empesche pas le scandale que donnent les mauuais Ecclesiastiques.*

Cela n'empéche pas que le scandale ne face effect dans l'Esprit des foibles, dans lesquels ils perdent la reuerence de l'honneur que i'auois commandé qu'on leur rendit, pour l'amour & en la cósideratió du Sang precieusement adorable qu'ils distribuent aux autres en qualité de dispensateurs & de Ministres. Cependant le Peché des sujets qui manquét à leur deuoir, est d'autant plus grief que ce manquement faict directement injure à ce Sang du Diuin Redempteur, qu'ils estoient tenus d'honorer en eux, comme la forme primitiue & la raison principale de l'excelléce dont ie les ay premierement honorés. Voila comment ces miserables au lieu de rendre les odeurs agreables de l'exemple de toutes les Vertus ainsi que c'estoit mon dessein, font des mœurs & des deportemens de leur vie, vne Eschole execrable d'iniquité & de miseres.

*Dieu a separé les Ecclesiastiques du reste du monde, & les a rendus exempts afin qu'ils fussent à luy.*

Ie les ay rendus libres en les dégageant de l'esclauage de leur sensualité par la vertu du Sang de mon Fils; Non seulement ie les ay compris en la deliurance generale & commune de tous les hommes; I'ay plus faict, ie les ay choisis entre plusieurs, pour les separer de la seruitude du monde & les consacrer auec vne huile inuisible & diuine à mon seruice, pour l'administration des Sacremens, &

pour les rendre plus considerables & plus disposez en l'vn & en l'autre de ses emplois. Ie les ay émancipé de la iurisdiction temporelle des Seigneurs laïques. Neantmoins pour recompense de tant de glorieux auantages, ils me persecutent par vn nombre de Pechés énormes que tu ne sçaurois raconter, & que tu ne peux ouïr sans mourir de douleur. Ie t'en diray toutefois encore quelques-vns, pour accroître de plus en plus les motifs de l'Amour compatissant de ton cœur, & les sujets tristes & amers de tes larmes.

Ils ont plus d'obligation que tous les fideles de perseuerer en la table de la Croix de mon Fils, pour s'y nourrir du desir de ma gloire & du Salut des Ames. La necessité de leur condition les engage à vous donner l'exemple de la saincteté en la vie, & d'employer leurs soins & leurs diligences pour procurer par les ferueurs de leurs desirs, en l'imitatiō exacte de ma Verité, tout ce qui appartiēt à mon seruice, à leur auancemēt & à celuy du Prochain. Au lieu de se rendre éminents en cecy; Quelques-vns ne fuient pas les lieux de débauches & des beuuettes; les iuremens & les pariures ne sont pas excōmuniez de leurs compagnies, ils se laissent gagner à plusieurs autres insolences qu'ils produisent publiquement & en particulier: De maniere qu'étans priuez de la viuacité de la Lumiere de la raison, ils ne se prennent pas garde que les actions & les paroles lassiues où ils se laissent aller, retiennent plus de

*Oubly des Ecclesiastiques, de leur vacation. Vsag scãdaleux de leur vie, & des reuenus de leurs Benefices.*

la brutalité que de la raison. Le jeu & les autres diuertissemens occupent le temps qu'ils sont obligez d'employer pour assister aux Offices diuins ou le dire en particulier; & apres auoir vendu leur Ame à l'Ennemy, ils exposent encore au hazard le bié de l'Eglise qu'ils ioüent insolemment au lieu de le distribuer aux pauures, ou de le donner pour l'embellissement ou pour le seruice des Autels. Comment seroient-ils zelés pour l'honneur de mō Temple materiel; n'ont-il pas prophané celui de leur Ame en le dediant à Sathan? Tu dois rougir de honte ma Fille! d'entendre non seulement que l'on ioüe les reuenus de l'Eglise; & que ce qui deuroit estre conuerti en meubles & ornements sacrés, est conuerti au contraire en superfluitez & en profanations de maisons. Le mal ne seroit pas encore si grand, s'il n'arriuoit quelquefois que des femmes sans honneur tireront de là, le luxe de leur entretien & la vanité de leurs parures, dont elles feront gloire en public aussi bien que de leurs Enfans de naissance suspecte. Elles serōt assez effrōtées de se trouuer en leur presence dās les actions les plus celebres de l'Eglise, sans se soucier ny du scādale qu'elles donnent au peuple ny du des-honneur qu'elles procurent à ceux qui actuellement sont appliquez à mes Mysteres.

*Mauuais & scandaleux emplois du temps des méchants Ecclesiastiques.*

Mal-heureux! mal-heureux encore vne fois! au moins deuriez-vous apporter de la moderation à vos desordres, pour rendre vos offeces moins scandaleuses & criminelles, en les

à sainte Catherine de Sienne. 495

cachant aux yeux de vostre peuple. Faut-il que le dommage que vous procurez passe jusques dans l'Ame de vos sujets, mettant en euidence & proposant à leurs yeux vostre méchante vie? Faut-il dis-ie, que vôtre exemple les sollicite à faire le méme, & le plus souuent le pis que vous; & qu'au lieu de leur étre cause de conuersiõ & d'engagement au bien, vous les precipitiez au contraire dans des Pechez, ie ne dis pas semblables, mais quelquefois comme ie viens de dire plus grands que ceux qui sont en vous? Est-ce la pureté que j'attends de mon Ministre, pour la disposition qu'il doit apporter à dire la Messe, que de se leuer le matin auec la pensée & le Corps, soüillez d'impuretez mortelles? Allez méchãs! vous n'estes plus mon Temple, vous estes le tabernacle de Sathan. De vray où sont les heures de la nuict, où sont les veilles que vous deuiez auoir passé pour dire vôtre seruice pour perseuerer en l'Oraison, & pour apprendre à connoître vôtre indignité d'vn côté & ma Bonté de l'autre, qui vous a faict la grace de vous approcher si prés de mes Mysteres. Ie n'oseray dire qui est-ce qui a pris la place de vôtre Breuiaire que vous traittez comme vne adultere & non comme vôtre bõne Epouse, ny qui est-ce qui tiét le lieu des liures sacrez dõt la lecture deuoit seruir d'entretien continuel à vos Esprits. Il est hõteux de nõmer les personnes qui frequentét & rẽplissent vos maisons, lesquelles sont pourtãt destinées pour estre les aziles des pauures, &

*Les Ecclesiastiques blâmez qui ne s'occupẽt pas à la Meditation, à la Priere'& à la lecture des bons Liures.*

les retraictes de consolations spirituelles & temporelles pour les miserables. Vous ne respectez-pas seulement les iours des Festes sollemnelles où i'attends de vous plus de recueillement; cependant au lieu de vous tenir proches de moy, soit aux loüanges publiques que l'on me donne, soit aux prieres particulieres que vous auez à me presenter, comme vn Encens amoureusement delicieux pour vostre salut & pour le salut des autres. Vous cherchez les compagnies Laïques; Vous ne fuyez-pas même celles qui sõt suspectes d'vn autre sexe; & comme si vous estiez vn Gentilhomme de cour, vous faites des parties d'aller à la chasse, où vous perdez le temps inutilement pour vous, & scandaleusement pour vostre Prochain. Vous auez auersion de prendre vostre plaisir dans le parterre de mon Eglise; ce qui faict que toute vostre complaisance se porte à demeurer parmy les taillis & les bois, le Peché vous a reduit à l'estat des bestes; que dis-ie? autant de qualitez vicieuses qui sont en vous, sont autant de bestes farouches que vous nourrissez en vostre Ame? Faut-il s'étoner si vous auez vne passion si puissante de chasser apres les animaux, au lieu de chasser à la conqueste des Ames; & si les Landes & les Campagnes sont vos plaisirs; puis que le jardin de vostre Ame est deuenu en friche couuert de ronces & d'épines de crimes execrables.

*La Chasse blâmée aux Prelats & aux autres Ecclesiastiques.*

O homme peruers! quoy ne mourras-tu pas
de

*Vanité & vante-*

de honte, en regardant tes propres miseres? *rie orgueilleuse*
Mais quoy; comme tu as perdu ma crainte, tu *des mauuais Be-*
ne sçais plus que c'est de rougir. Ton effron- *neficiers.*
terie au contraire plus insolente que celle des
prostituées publiques, passe iusqu'à cet excez
de te vanter toy-même de ce que tu es puissant dans le monde, que ta famille est grossie,
que ton train est grãd, que tu as des heritiers
pour les enrichir contre ta conscience des
biens des pauures, qui sont les Enfans legitimes de l'Eglise. Demon en la chair, priué de
toute Lumiere ! tu tire gloire de ce qui te deuoit rendre confus deuant moy, qui vois le
dedans de ton cœur. Si ton orgueil te dérobe la veuë pour ne pas apperceuoir ta honte,
apprends qu'il n'y a rien de caché à mes yeux,
& que le desorde de ta vie donne trop de
preuues au Prochain que tu es digne de confusion.

## Chapitre XXIX.
*Dieu manifeste les laideurs de la lubricité,*
*principalement parmy les personnes*
*Ecclesiastiques.*

Q Voy que ie t'aye enseigné que la Lubri- *L'Auarice, l'Or-*
cité, l'Orgueil & l'Auarice soiét le trois *gueil & la Lubri-*
vices qui font plus de mal à mon Eglise ; ie te *cité, causes de la*
feray encore souuenir qu'auparauant ie te les *ruine de l'Eglise.*
auois representé dãs vne vision comme trois
Colomnes fermes & solides en apparence,
lesquelles n'ayants pour pied d'estal & pour
baze que l'Amour propre demeuroient debout, & n'estans ruinées par la force de l'A-

mour des Vertus, confirmoient l'Ame en l'obstination de tous les autres Pechez. Tu as appris ma tres-chere Fille! par les discours precedents, les souillures des Corps & des Esprits des personnes Ecclesiastiques; toutefois ie veux t'en representer quelques circonstances plus enormes, afin d'appliquer ta cónoissance à la consideration de l'abysme immése de ma Misericorde, & d'exciter de plus en plus ta compassion sur le mal-heureux état de ceux qui tombent dans ces miseres, qui nó contens de ne pas traiter les Sacremens auec reuerence, & de ne pas respecter en eux-méme leur dignité; vous diriez encore qu'ils sót possedez de l'Ennemy.

*Manieres diaboliques que l'on emploie pour corrompre la Chasteté.*

Pour paruenir à l'assouuissement de leur brutalité, quelques vns d'entr'eux entreprédront des moyens que l'Enfer seul peut enfāter. S'ils ne viennent à bout de leur dessein par les voies que le monde prattique pour corrompre la Chasteté des plus sages parmy les femmes & les filles, ils prattiqueront des enchantemés diaboliques; ils iront à l'école des sorciers pour y treuuer les armes propres pour essaier de perdre celles que l'honnesteté, la pudeur & ma crainte retiennent dans les regles de la modestie. C'est ainsi que ces petites brebis de mon troupeau sont affligées par ces Monstres de l'abysme. Ie ne te veux pas dire le reste pour ne pas rendre ta peine excessiue; il suffit que tu sçache que le trauail que souffrent ces personnes sollicitées par ces manieres execrables, perdent le

à Sainéte Catherine de Sienne. 499

souuenir de ce qu'elles font, tant leur volonté est secoüée par les mouuemens dereglez de la concupiscence. La resistance qu'elles font à ne pas vouloir consentir en ces occasions est quelquefois si violente, que leur Corps en demeure estrangement trauaillé. C'est assez que tu sçache auec moy celuy qui a commis cette méchanceté auec plusieurs autres crimes enormes, sans qu'il soit besoin que tu apprenne dauantage de la malice de sa vie.

Catherine! voila comment la chair que i'ay esleuée au dessus de tous les chœurs des Anges par l'vnion de ma Nature diuine auec la Nature humaine est auilie & souillée d'irreuerence. Miserable! qui merite mieux le nom de beste que celuy d'homme raisonnable! que fais tu? tu donne à la perduë ta chair ointe & consacrée pour ma gloire, & honorée en celle de mon Fils qui a esté blessée dessus la Croix, pour guerir la plaie que tous les hommes auoient receuë en la personne d'Adam. Il t'a donc honoré au delà de tout ce que l'on sçauroit attendre, & tu le des-honore selon toute l'étenduë de ton pouuoir. Il a gueri ta playe par l'épanchement de son Sang adorable; il a plus faict encore, il t'en a faict le dispensateur & le Ministre; & pour toute recompense tu le frappe, & tu l'outrage par les insolences des Pechez des-honnestes? Ce bon Pasteur auoit laué ses brebis en la precieuse liqueur qu'il auoit faict sortir de toutes les parties de son Corps iusqu'à la derniere goutte; Et toy que fais-tu autre chose sinon

*La lubricité est d'autant plus haïssable que la chair de l'homme a esté honorée en l'Incarnation, & lauée en la Passion du Fils de Dieu.*

I i ij

corrompre celles qui font profession de conserver leur netteté, & employer toutes tes industries & toutes tes forces pour les precipiter auec toy dans l'ordure? Tu dois estre vn Miroir de Chasteté & de pudeur, tu es au contraire vn monstre horrible de dissolution.

*Opposition ou contradiction des membres du Corps des Ecclesiastiques lascifs auec ceux de Iesus en Croix.*

Tu disposes de tous les membres de ton Corps, pour s'opposer à ceux de mon Fils. n'ay-ie pas souffert que ses yeux fussent bandés pour t'éclairer des Lumieres diuines? Tes yeux au contraire sont armés de fléches empoisonnées qui donnent la mort à ton Ame, & seruent d'occasion de ruine & de scandale à ceux que tu regarde auec des effronteries lasciues. Sa bouche & sa langue ont esté abreuuées de fiel & de vinaigre, tandis que comme si ta vie n'estoit pas d'autre condition que de celle des bestes, tu fais vn Dieu de ton ventre, & vn Paradis des viandes delicates, en la saueur & au goust desquelles tu establis le plaisir de ta joüissance. Et ta langue le digne instrument de mes loüanges, le truchement de mes volontez, & l'organe de mon Esprit & de ma Verité, au lieu de se joindre auec vn cœur plein de sainctes affections, à reciter deuotement le seruice Diuin, d'annoncer ma parole, d'edifier le Prochain & luy faire les corrections charitables aux occasions qu'il en a besoin; ne profere au contraire que juremens, que blasphemes & qu'insolences. Dits que sort-il de ta bouche, que la mauuaise odeur d'vne infinité de paroles sales, de vanité, & quelquefois d'impieté. J'ay bien voulu que les mains delicates de cet aimable Redempteur fussent liées, afin de briser les chaînes qui tenoient les hommes captifs sous la tyrannie du Peché; Cependant tu applique tes mains ointes & consacrées pour toucher le Corps de mon Fils, à faire des attouchemens des honnestes & vilains. Et n'est-il pas veritable, que toutes tes œuures qui sont entenduës par tes mains, au lieu d'estre destinées pour ma gloire ainsi que ie le desire, sont au contraire emploiées pour le seruice de mon Ennemy? Helas i'ay permis que l'on perça les pieds au Sauueur mon Fils, pour te faire de son Corps vne échele Mystique de toute perfection; & ie me suis accordé à ce que son côté fust ouuert afin que tu peusse penetrer dans le secret de son cœur.

Ie l'ay proposé à tes yeux & aux yeux de tout le monde comme vn Theatre ouuert, où vous eussiez le moyen de voir & de sauourer l'Amour excessif qui se treuue en luy par l'vnion de ma Nature diuine auec la Nature humaine. Enfin considere que i'ay faict comme vn sacré Reseruoir ou vn amas de son Sang; afin qu'il te seruit de Bain pour t'y lauer premierement, & puis pour y plonger les autres & les nettoyer; Et mal-heureux qu'as tu faict de ton cœur, sinon vn Temple sale & vilain, propre pour y loger l'Ennemy? Tes pieds qui representent les affections de ton Ame ne s'arrestent pas à moy; aussi ne

*Continuation de cette opposition ou contradiction.*

I i iij

portent elles pas les caracteres viuans de ma volonté: elles ne se guident pas par cette regle infallible du salut, elles se laissent transporter aux vouloirs du malin Esprit qui ne cherche que la perte de ton Ame. C'est ainsi que tous les membres de ton Corps contredisent ceux de mon Fils bien-aymé, qu'ils les offencent & qu'ils les blessent par des applications & des emplois opposez à ce que ceux-cy ont faict pour l'Amour de toy, & contraires à ce que tu estois obligé. Voilà la mauuaise correspondance qu'il y a eu entre IESVS-CHRIST & toy.

*Desordres des Puissances de l'Ame du lascif, ses impatiences.*

Devray que pouuoit-on attédre des organes de ta chair, puis que les trois puissances de tô Ame au lieu d'estre assemblées pour ma gloire se sont vnies au contraire pour contribuer à seruir le Demon? Les ordures des pensées, & les representations insolentes, occupent en ta memoire la place de mes graces & de mes bien-faits. Les richesses, les delices & la vanité du monde ont seruy de nuage obscurà ton entendement, pour luy dérober la veuë de Iesus Crucifié l'vnique objet de ta vie & de ton Ministere. Tu me dois vn Amour sans pareil; Toutefois, tu as preferé la Creature à moy: Ton propre Corps, & quelquefois les bestes ont emporté ton cœur au lieu de me le dôner. Ne le fais tu pas connoître par tes impatiéces qui deuiennét desesperées, lors que par les ordres de ma bonne Prouidence ie dispose de toy & des choses desquelles tu as l'vsage, contre ta volonté? Fais reflexion sur les desirs de vengeances, & sur les déplaisirs que tu conçois contre ton Prochain aux occasions où il te semble que tu as receu du dómage; N'es-tu pas mal-heureux de te priuer par ce moyen du feu de ma diuine Charité, que tu dois allumer dans le cœur des autres en vertu de ton Ministere?

---

### CHAPITRE XXX.

*Dieu blasme les excez de la Lubricité en toutes sortes de personnes, principalement aux Ecclesiastiques du siecle de saincte Catherine.*

MA tres chere Fille ! ie demanderois volontiers au cœur de l'homme pour s'approcher du Sacrement de l'Eucharistie, vne pureté la plus grande de toutes celles qu'il est possible d'acquerir en cette vie. C'est de quoy vous deuriez continuellement vous mettre en peine, vous persuadant que les Seraphins mêmes auroient besoin de se purifier pour s'en rendre dignes. Ie dits cela, afin que tu voie quelle preparation ie demande de vous, principalement des Prêtres pour ces Mysteres Augustes.

La grande pureté que Dieu demande pour cómunier, principalement aux Prestres.

Il y en a plusieurs de cet Ordre, qui osent dire la Messe, & distribuer le Sacrement auec des soüillures tant de l'Ame que du Corps qui ne sont pas croyables, le mal n'iroit pas iusqu'au delà de tout excez, s'il se contenoit

Les horreurs du Peché detestable de la Chair.

Ii iiij

504 *La doctrine de Dieu, enseignée*
dans les regles où l'inclination de la fragilité
de la nature corrompuë porte les hommes, il
passe iusqu'à ce que l'on ne sçauroit penser
sans horreur, & à ce que l'on ne peut nommer
sans mourir de confusion. C'est où ils s'abandonnent comme des aueugles & des frenetiques, & comme s'ils auoient perdu tout sentiment. Ils ne se prennent pas seulement
garde de la puanteur de ce crime detestable
que ie n'ay pû souffrir en cinq villes que i'ay
faict abysmer par la puissance de ma Iustice.

*Les Demons ont horreur du Peché que l'on ne nomme pas.*

Comment ne seroit-il pas Ennemy de la
pureté tres-entiere & immense qui m'est naturelle; puis que même les Demons l'ont en
execration? Ce n'est pas que ces monstres de
l'Enfer ayent de la complaisance pour le bié;
Ie veux seulemét dire que se souuenás de la pureté de leur Nature lors qu'elle estoit encore
entiere, ils euitent de voir commettre actuellement ces horribles abominations, ausquelles ils ont coopéré pour en faire la sollicitation en la concupiscence; apres quoy ils se
retirent auparauant que l'on en vienne à
l'effect.

*Rauissement où saincte Catherine void combien estoit grande l'infection & l'ordure du Peché de la Chair.*

Ie te fis voir cecy dans vn rauissement, où
t'esleuant au dessus de toy-même pressée par
les touches de ma bonté, tu connûs mon déplaisir, de ce que le monde en estoit corrompu: l'affliction de ton Ame deuint si extrême
qu'elle te mettoit iusqu'au point de mourir,
sans treuuer presque aucune place dans le
monde exempte de cette maudite Lepre,
pour te retirer auec mes autres Seruiteurs &

se preseruer de sa contagion. Du nombre de toute sorte de conditions, soit des petits & des grands, soit des ieunes & des vieillards, soit des Religieux & des Ecclesiastiques seculiers, soit des Prelats & des sujets, soit des Maistres & des valets; Il y en auoit tousiours quelques-vns qui auoient, si ce n'est leurs corps, au moins leurs pensées comprises en cette malediction. Tu veis cecy seulement en general, & ie te monstray à mesme temps plusieurs en particulier que i'auois reserué chastes & purs par la prattique continuelle des vertus. Les bonnes actions de ces personnes retiennent ma Iustice, qu'elle ne commande aux Rochers qu'ils se détachent de leurs lieux pour sauter sur ces mal-heureux, & les écraser, ou à la terre qu'elle ne les engloutisse, ou aux tygres & aux ours pour en faire curée, ou aux matins de l'Enfer pour les deuorer. C'est moy-mesme qui dans les moyens que ie cherche de leur faire misericorde, excite les cœurs des bons à me prier que ie la leur accorde auec l'amendement de leur vie. *Dieu conserue les Ames pures pour contenir sa Iustice à ne pas punir les lasciues.*

Assez souuent ie represente l'enormité de ces impuretez detestables aux Ames qui en sont Ennemies mortelles, à ce qu'elles conçoiuent plus de compassion de celles qui en sont coupables, & que de là elles prennent occasion de plus grand progrez au faict de leur salut. Ie me suis comporté enuers toy sur ce sujet en la maniere que tu sçais, & que ie t'ay raconté. Alors ie te fis sentir vne puan- *Dieu faict connoistre aux Ames pures les impuretez des autres pour les exciter à la compassion & à la priere. Veuë de sainte Catherine à ce propos.*

teur épouuantable, qui te ietta incontinent en vn estat où tu estois sans force & presque sans aucun mouuement de vie. Toutefois tu me disois: Pere Diuin! ou que ie meure promptement, ou ayez pitié de moy en faisant misericorde à vos Creatures, la peine que ie souffre m'oste les moyens de viure; Il faut donc, ou que vous donniez du soulagement aux afflictions de mon Esprit, ou que vous me monstriez vn lieu où moy & vos autres fideles Seruiteurs nous puissions demeurer en asseurance contre la contagion de cette maudite peste, afin qu'elle ne puisse nuire tant à la pureté de nos Ames qu'à celles de nos Corps.

*Dieu enseigne à sainte Catherine le lieu où elle & les Ames pures se doiuent retirer pour estre en asseurance contre les ordures du Siecle.*

Ie te fis réponse, ainsi que ie te dis à present, ayant pitié de ton cœur: Tres-agreable Fille! vostre repos consiste à me rendre beaucoup de gloire & beaucoup d'honneur, à me presenter continuellement les odeurs embaûmées de vos desirs embrasez en l'Oraison pour ces miserables, dont les pechés enormes attirét sur eux les plus grādes rigueurs de ma Iustice. Pour ce qui regarde le lieu de vostre seureté; Il faut que vous le preniez en IESVS-CHRIST Crucifié mon Fils vnique, c'est dans le sacré cellier de son costé, où vous cachant, vous sauourerez par affection d'Amour les douceurs excessiues de ma Diuinité en la nature humaine. Vous puiserez en la profondeur immense de ce cœur l'abondance de ma Charité & de celle du Prochain. De vray, si vous venez à considerer que cét amoureux

à saincte Catherine de Sienne. 507

Redempteur poussé par le seul motif de mon honneur, en l'accomplissement exact de l'obeissance que ie luy ay imposée pour vostre salut, s'est volontairement & de grand cœur deuoüé aux tourments estranges de la Croix; pourquoy refuserez-vous en goustant l'Amour qui l'a obligé à cette extremité, de vous accommoder & à sa doctrine & à son exemple, pour souffrir auec vne patience veritable toute détrempée de charité, les fautes de vostre Prochain, quoy que criminelles? Que vous importe de quel costé viennent les peines & les trauaux dont vostre esprit est affligé? Ie ne sçay pas d'autre meilleur preseruatif que celuy-cy, pour vous en seruir contre l'infection de cette maudite lepre.

I'auoüe que toutes ces regles n'osterent pas parfaitement à ton Ame le sentiment de l'odeur puante de cette corruption; & que ton entendement demeura tousiours offencé des tenebres de l'aueuglement que cause ce detestable peché en l'ame de ces perdus. Ie t'asseure toutefois que ma bonne & douce Prouidence a pourueu, que la verité du Corps & du Sang de mon Fils que tu reçois en la diuine Eucharistie seroit le remede de l'vn & de l'autre. L'odeur delicieuse qu'il exhale en ton Esprit auec des rauissements que l'on ne sçauroit expliquer, auec les agreables lumieres qu'il insinuë en ton entendement, sont plus puissantes pour te consoler, que les qualitez malignes que les pechez des hommes impies fournissent ne sont violétes pour

*L'Eucharistie preseruatif contre la mauuaise odeur de la lubricité: Accidét à ce suiet en saincte Catherine.*

t'affliger. N'est-ce pas assez, ma douce Catherine ! que les saueurs & les odeurs diuinement embaûmées du precieux Sang de mon Fils par vne maniere du tout admirable, se sont mesme conseruées sensiblement durant plusieurs iours aux puissances de ton corps, qui en sont demeurées imbuës, penetrées & comme détrempées.

*Degrez où le peché de la chair est plus enorme.*

Par cecy, vous apprenez les laideurs execrables de ce vice beaucoup plus grandes en ceux qui ont voüé le celibat, principalement en ceux qui se sont retirez du móde, & beaucoup plus encore en ceux qui doiuent seruir d'exemple, soit par l'eminence de leur dignité, soit par la sainćteté de leur Ministere. Ces derniers tombent en fin dans l'aueuglement qui les empesche de penetrer dans le sens profond de l'Escriture sainćte, de laquelle ils ne connoissent que l'écorce & la superficie, en la maniere que ie t'ay expliqué cy-dessus.

## Chapitre XXXI.
### Dieu blasme l'auarice sordide des Prelats & des autres Ecclesiastiques.

*Liberalité du Fils de Dieu sur la Croix profanée par l'auarice des mauuais Ecclesiastiques.*

LE second mal-heur qui tend à la ruïne de mon Eglise, c'est l'auarice des mauuais Ministres, qui retiennent par iniustice ce que mon Fils a donné auec vne liberalité qui n'a pas d'exemple. Contemple cét amoureux Sauueur sur la Croix; y a-t'il partie en son Corps qui n'ayt esté ouuerte pour verser son

Sang en abondance iufqu'à la derniere goute? C'eſt auec cette liqueur precieuſe qu'il a
faict le rachapt du monde; l'or & l'argent
n'auoient pas aſſez de prix pour ce deſſein; il
falloit vn Sang remply du feu de la Charité
vnie à la nature Diuine en la perſonne de mō
Fils faict homme. Voila dequoy i'ay eſtably Miniſtre & difpenſateur le Preſtre,
& dont il eſt chiche & retenu iuſqu'à vn
tel point d'auarice ſacrilege, qu'il deuient
marchand de la grace du ſainct Eſprit, & qu'il
trafique de ce qu'il a en pur don & gratuitement de ma Bonté. Il monſtre par là qu'il ne
s'eſt pas ietté dans l'Egliſe pour la fin d'y procurer ma gloire & d'y auancer le ſalut des
ames; c'eſtoit pluſtoſt pour y amaſſer des richeſſes periſſables, de l'amour defquelles il
remplit ſon cœur vuide de celuy de ſon Prochain, qu'il ne conſidere que du coſté qu'il
en peut tirer de l'vtilité & du gain, tandis
que ie ſuis eſloigné de luy par la preſence de
ma grace.

O miſerable! où ſont les veritables vertus *Les ſainctes qua-*
qui te doiuent ſeruir de compagnie? où ſont *litez que Dieu*
les feux embraſez de la Charité, qui *deſire aux Eccle-*
*ſiaſtiques auares*
te doiuent rendre dignes de l'vſage de ton *qu'il compare*
Caractere ſacré? Où ſont les deſirs amoureu- *aux Demons.*
ſement paſſionnez de ma gloire? Où eſt l'affliction de ton cœur ſur le degaſt que le loup
infernal faict dans mon troupeau, duquel ie
t'ay commis la garde? Tu n'as rien de tout
cela; parce que l'Amour propre eſt la regle
de ta vie, auec lequel tu empoiſonne preſque

tout le reste auec toy. Ce maudit germe te rend vn veritable Demon, autant ou plus méchant que celuy de l'Enfer; vous partagez tous deux ensemble le fruict de vos detestables conquestes; Tu emporte les biens dont tu es affamé, & luy, les ames ausquelles il ne pouuoit apporter du dommage, si tu ne luy seruois d'aide & d'instrument en son dessein pernicieux; de maniere que tu es le Demon visible, & luy l'inuisible.

*Les deuoirs d'vn bon Ecclesiastique.*

Quelle honte! d'appliquer tous les soins de ton cœur aux choses de la terre; & ne pense iamais qu'à te gorger des biens exterieurs de l'Eglise, d'en nourrir les bestes pour ton plaisir & non pour ta necessité. Ce sont-là les diuertissements des hommes du monde. Les sollicitudes empressées aussi bien que les deuoirs d'vn bon Ecclesiastique, consistent à secourir les pauures en leurs besoins, visiter les malades, les assister spirituellemét & temporellement: mais quoy? cóme aueugle tu ne vois pas cela, ny les punitions dernieres que ie te prepare, si tu ne dispose ton esprit à l'amendement du passé.

*L'auarice des Prelats est cause de mauuais conseil, & que l'Eglise se remplit de mauuais Prestres & de mauuais Prelats.*

Catherine! n'ais-ie pas la raison de mon costé pour me plaindre de la retenuë trop auare de ceux que i'ay preuenu de tant de largesses magnifiques. Plusieurs de ce nombre prestent secrettement à vsure, en vendant le temps que ie leur accorde pour faire leur salut; quoy que i'aye defendu à toute sorte de personnes d'en vser de la sorte. Helas! ie les auois establis pour empescher les autres de tomber en ce mal-heur: Et parce qu'ils le prattiquent eux-mesmes ; le conseil qu'ils donnent sur cette matiere à ceux qui le demandent est confus & tend à la ruine des ames. On peut leur dire ce que mon Fils reprochoit aux vendeurs & aux achepteurs qu'il chassa du Temple auec vn foüet de cordes; de ma maison, qui est vne maison d'Oraison, ils en ont faict vne retraite de voleurs. Ils ne se contentent pas de vendre les Benefices à prix d'argent, assez souuent le plus grand merite a moins de pouuoir sur leur esprit que plus de recompense. La cupidité extreme d'amasser les priue du iugement commun, pour discerner les bons d'auec les mauuais: la complaisance qu'ils donnent aux recommandations des puissances & l'amour des presents font toute la raison de leurs choix, pour preferer des plantes pourries qu'ils mettront au iardin de l'Eglise auec le mespris de la vertu. Cependant tant le collateur que le Promeu trompent le Vicaire de IESVS-CHRIST mon Fils. Celuy-cy par son intrusion en l'Eglise sans les qualitez requises; & celuy-là en donant des témoignages de probité & de suffisance côtre sa propre conscience. C'est ainsi qu'ils vsent de tromperie & de fausseté, au lieu que l'on ne sçauroit en cette matiere marcher auec trop de verité, de simplicité & de candeur.

Je pretends toutefois que le Pape s'apperceuant du mauuais procedé de l'vn & de l'autre, ne manque pas d'en faire vne punition

*Domus mea Domus orationis vocabitur : vos autem fecistis illam speluncam latronum. Matth 20. v. 13.*

*L'abus en l'enqueste de la vie & des mœurs est cause des desor-*

*dres de l'Eglise.* exemplaire; priuant l'vn de son office s'il ne
*Punition que le* change sa vie, & l'autre de son Benefice. Au-
*Pape en doit* tremēt il rendra vn compte rigoureux de-
*faire.* uant ma Iustice, de sa dissimulation, en vne
affaire de si grande importance. Il faut que ie
t'auoüe, ma Fille! que la negligence en l'enqueste exacte de la vie & des mœurs de ceux
qui reçoiuent les Prelatures est la cause de
tous les desordres qui cōposent auiourd'huy
l'estat déplorable de la desolation de l'Eglise.
Et quoy que quelquefois l'on garde quelque
sorte de formalité en la perquisition; l'on s'a-
dresse neantmoins ordinairement à des personnes aussi vicieuses que celles pour qui on
trauaille, afin de prendre en leur faueur des
témoignages de probité qu'ils n'ont garde
de refuser.

*Conditions ridi-* La grande naissance, l'estat releué, la No-
*cules pour les* blesse, la puissance, les richesses, la parole
*Prelatures.* agreable, le don de s'expliquer heureusemēt
auec mignardise & en bons termes, ainsi que
l'on dit, sont les parties que l'on considere
en ceux que l'ō appelle principales aux charges Ecclesiastiques. Assez souuent l'on alle-
guera au Consistoire que le proposé est de riche taille, qu'il est homme bien fait, & belle
personne; comme si la beauté du corps, la
Noblesse & les autres biens, tant de la nature
que de la fortune, estoient les qualitez que ie
demande en vn Prelat, & non pas les vertus,
la sainteté de la vie, & l'humilité.

*L'humilité & la* Ie ne rebutte pas les pauures quand ils ont
*bonne consciēce* toutes ces parties. I'ayme ceux qui s'estimans
*preferées à la*
indignes

indignes de tout honneur & incapables de toutes charges, fuyent celles qu'on leur veut donner: au contraire i'ay en horreur les autres qui enflez d'orgueil, les recherchét auec empressement. Ie faicts plus d'estime d'vne bonne conscience que d'vne grande science: Celle-cy profite de fort peu sans celle-là, elle sert de poison mortel assez souuent à celuy qui en tire de la gloire. Ceux donc à qui l'on a confié la prouision aux Benefices & aux charges des Ames, doiuent plustost auoir égard à la bonne vie en ceux qu'ils choisissent, qu'à la grande suffisance & à la doctrine eminente. Ce n'est pas que ie blasme la science, elle est absolumét necessaire à mon Eglise, elle est bonne de soy, quoy qu'elle soit mauuaise en celuy qui n'a pas la pureté de l'ame, sans laquelle il ne pechera iamais dans le sens profond des Escritures sainctes & sacrées, quoy qu'il en comprenne la lettre. De vray il est priué de cette lumiere surnaturelle de la grace dont ie t'ay parlé ailleurs, que i'ay donné à ceux à qui premieremét les veritez eternelles ont esté inspirées, & qui ne sçauroient estre entédués que par cette mesme lumiere. Partant les Collateurs des Benefices & des Prelatures se rendent extremement coupables, quand ils donnent l'exclusion aux paures, quoy que bons & vertueux, qu'ils méprisent, & pour leur pauureté & pour leur probité, condamnée par eux de folie ; & qu'ils admettent les riches & les plus sçauãts, encore que leur vie soit souïllée de crimes.

*science & à la Noblesse pour le choix aux Prelatures.*

K k

Mon Eglise est vne maison d'Oraison; la Iustice y doit regner; la Science y doit reluire conjointement auec la sainteté de la vie neantmoins l'iniquité & le mensonge y ont pris la place de la verité & de la vertu.

*Quel est le tresor des Ecclesiastiques, ils doiuent laisser aux Laiques l'administration du temporel pour s'employer au spirituel.*

La pauureté volontaire, auec la sollicitude côtinuelle de retirer & de preseruer les Ames du peché & de les maintenir en ma grace, deuroit estre le tresor des Ecclesiastiques; N'est-ce pas vne honte de voir le desir excessif qu'ils ont d'amasser des richesses, le soin empressé qu'ils témoignent d'accroistre sans fin les choses temporelles, en abandonnant entierement la pensée des spirituelles & des eternelles, où pourtant ils deuroient se rendre assidus? c'est le moyen de ne pas reüssir en leur dessein; parce que rien ne manque des biens de la terre à celuy qui par les emplois sacrez que ie luy ay donné, cherche premierement la dilatation de mon Royaume dans les Ames. Que ne laissent-ils les morts

*Application de ces paroles: Dimitte mortuos sepelire mortuos. Matth. 8. v. 22.*

enseuelir leurs morts, ainsi que dit ma volonté? Ie veux dire qu'ils laissent aux personnes Laïques le ménagement & l'œconomie de leurs biens perissables, pour s'employer sans reserue aux affaires de ma gloire, en tâchant de se rendre agreables à mes yeux & complaisants à ma volonté? Il faut qu'vn mort enseuelisse l'autre. Ce qui regarde le corps, est chose mortelle & perissable auec le corps mortel de sa nature. Ie veux que les Ecclesiastiques abandonnent le soin de cela aux personnes du monde; tandis que viuants comme des Anges ils s'appliquent au gouuernement des choses viues telles que sont les Ames qui ne meurent iamais, leur administrant des graces viuantes, comme sont les Sacrements, les dons du sainct Esprit, la bonne doctrine & l'exemple de la saincte vie. Si cela estoit ainsi ; ma maison seroit vn temple d'Oraison, vn magazin de vertus, & vn celier abondant en toutes graces ; & non pas vne estable à bestes par l'impudicité, & vne cauerne de larrons par l'auarice.

## Chapitre XXXII.

### Dieu reproche l'orgueil aux mauuais Prelats.

J'Ay reserué à te parler de l'orgueil des Prelats de l'Eglise, apres leur auarice & leur impureté. Il est pourtant vray qu'il est le fondement & la racine de tous les autres pechez. Que dis-ie ? il en est comme l'assaisonnement; il tient parmy les vices le mesme lieu que la Charité parmy les vertus ; aussi est-il nourry de l'Amour propre. Et comme la Charité met toutes les vertus en exercice, & applique l'Ame à l'obseruance de mes Commandements : Aussi la Superbe met en train tous les vices, & estant enflée de l'Amour sensitif qui priue de mon Amour; elle cause le mépris de la Loy & la transgression de mes ordres compris dans le precepte qui dit : qu'il faut

*La Superbe tient le mesme lieu parmy les vices que la Charité parmy les vertus.*

m'aymer sur toutes choses, & le Prochain comme soy-mesme.

*L'Amour de Dieu qui engendre l'humilité & l'amour de soy-mesme qui engendre la Superbe sont incompatibles.*

L'amour du monde & mon Amour sont deux contraires qui ne s'accorderont iamais. De vray personne ne sçauroit seruir à deux Maistres incomparables; en rendant les deuoirs à l'vn, il faudroit traitter l'autre de mépris & de haïne. Tu vois par là, que l'amour sensuel est l'ennemy de mon Amour; pourtát ils seront incompatibles en vn mesme sujet, & que peut faire vne Ame priuée de mon Amour, si ce n'est me mépriser & mes Commandements? cela estant, sçauroit-on se persuader vne superbe plus insolente. C'est ainsi que l'Amour propre enfante & nourrit l'orgueil que i'hais autát qu'il se peut en l'homme & en l'Ange, mais principalement en mes

*Raisons pour quoy Dieu hait la Superbe, & ayme l'humilité des Ecclesiastiques.*

Ministres oincts & sacrez. L'humilité profonde leur est bien seante pour plusieurs cósiderations; c'est parce qu'ils doiuent estre eminents en Charité, que la vertu d'humilité nourrit en l'Ame ; c'est encore parce qu'ils doiuent auoir vne excellente cóformité auec l'humble Agneau innocent mon Fils vnique, duquel ils sont les Ministres.

*Antitheses de l'humilité de Iesus, & de la Superbe de l'Ecclesiastique.*

Helas! quel sujet auez vous, ô hommes, de vous éleuer? n'auez-vous pas de honte d'auoir des pensées de vanité & de Superbe, en la presence de ce Verbe faict homme dans vostre chair mortelle, que vous voyez courir auec tant de cœur à l'aneantissement de la mort honteuse de la Croix, pour vous deliurer de la mort eternelle? Il a la teste baissée pour vous saluër & pour vous baiser; Il porte la Couronne herissée d'épines en teste, pour vous enrichir; ses bras sont estendus pour vous embrasser, & ses pieds cloüez afin que vous le teniez & qu'il s'areste auec vous. Regardez toutefois vostre misere, quoy que vous soyez les dispensateurs de si grandes graces qu'il vous a confié, au lieu de mettre tout vostre cœur pour contempler & n'aymer rien que la Croix, vous la fuyez & vous en auez horreur; vous faites l'amour aux Creatures impures & méchantes qui tiennent sa place dans vostre Esprit. Vostre inconstáce imite celle du temps; vos ioyes sont sans retenuë dans la prosperité, & vos tristesses deuiennent desesperées en l'aduersité; l'insolence accompagne vostre bon-heur, & l'impatience est inseparable de vos disgraces; de maniere que comme la patience & la modestie sont les fruits de la presence de la Charité dans l'ame des bons, aussi l'impatience & le desespoir sont les productions de l'orgueil en l'ame des peruers. Ceux-cy sont si delicats que tout les blesse & les offence; les plus legeres occasions leur font prendre feu promptement; ils sont tres-faciles à se mettre en cholere, à se mutiner & se troubler. Aussi l'orgueil a tant de laideurs que ie n'ay pû le souffrir au plus parfait de tous les Anges. Le centre de ce vice est l'Enfer, le Ciel ne le sçauroit souffrir, * celuy qui s'humiliera sera exalté, & celuy qui s'éleuera sera humilié.

*Impatience & insolence, fruits de la superbe.*

*L'Enfer est le centre de la superbe.*

* Luc.18. v.14.

*Bien-séance de l'humilité à l'Ecclesiastique.*

Qui est-ce donc qui doit estre plus amoureux de l'humilité que celuy que i'ay establi pour viure dans vn estat & dans vne Cour toute d'humilité, au seruice & en l'administration de l'Agneau tres-pur mon Fils, qui en sa vie, en sa mort, & au Sacrement, a pratiqué l'humilité en vn degré souuerain. Le Prestre sans doute sera vn Monstre en mon Eglise, qu'il s'éleuera contre le Prochain, tandis que son Chef mystique & glorieux s'abaisse par Amour sous les rigueurs des épines desquelles sa Couronne trop cruelle est tissuë. Il est vn Agneau sans defence, & eux sont des Belliers, ou pour mieux exprimer, des Taureaux furieux armez des Cornes de l'orgueil & de l'insolence qui offencent ceux qui s'approchent d'eux, sans penser qu'ils n'ont pas assez de force pour s'échaper de mes mains.

*Le Prelat superbe fuit la compagnie des gens de bien & des pauures.*

Mal-heureux Prestres! faut-il que tu paye l'honneur que ie t'ay faict par l'iniure & le mépris que tu me rends. La douceur, la paix, deuoient estre tes riches dispositions pour t'approcher dignement de mes Mysteres au Sacrifice du Corps & du Sang de mon Fils; au contraire tu es diuisé d'auec les gens de bien, ausquels par vne iniustice criminelle tu prefere ceux qui te rendent du seruice, qui t'apportent du profit, qui te flattent dans tes vices, & qui par leurs artifices gagnent ta complaisance, parce qu'ils sont autant ou plus méchants que toy. La mauuaise odeur de ta vie est ennemie de l'odeur des vertus c'est ce qui fait que tu n'aime pas ny les humbles ny les pauures; tu refuse leur seruice, tu ne veux pas leur donner des visites, tu as de l'auersion d'apporter par tes soins & par tes aumosnes, soit spirituelles, soit corporelles, du soulagement en leurs necessitez extremes & dernieres.

Vous, ma chere Fille! où est-ce que l'amour de soy-mesme precipite les hommes qui le conuertissent en cruauté. En pensants se cherir, ils se trahissent; en croyants gagner beaucoup, ils font des pertes irreparables; & se persuadants qu'ils viuent dans les delices & comblez d'honneur, Ils se rendent miserables, par la perte qu'ils se procurent des richesses de la grace & de ses suites glorieuses, & se reduisent iusqu'à la bassesse du peché mortel. Ce qui cause l'aueuglement déplorable de leurs Ames. Encore qu'il leur semble qu'ils voyent bien clair, ils ne me cõnoissent pas; Ils ont perdu la veuë d'eux-mesmes, les miseres où ils se sont condamnez, L'honneur que ie leur ay faict, la dignité que ie leur ay donnée, l'inconstance du monde, l'infidelité des Creatures, la briéueté de la vie ne font pas d'impression sur leurs Esprits. Apres cela pourra-t'on s'estonner si ces Anges humains, tombent du plus haut des Cieux comme Lucifer, iusqu'au plus profond des tenebres, qui se sont quelquefois multipliées iusqu'à tel excez que l'on a veu ces personnes eminentes deuenus des heresiarques & les Chefs d'impieté & de mécreã-

*Pertes irreparables & aueuglement épouuantable auec les suites des Prelats & des Ecclesiastiques superbes.*

K k iiij

ce qu'il y a vn Dieu. Si ce n'estoit que ma Misericorde apporte de la violence à ma Iustice, Ie ne pourrois pas me contenir que ie ne commandasse à la terre de les engloutir, ou à ma toute-puissance de les conuertir en statuës immobiles, pour les remplir de confusion à la veuë de tout le monde. Voila les issuës de l'orgueil ; Voila où viennent enfin ces Esprits qui presument que mes graces leur sont deuës, & que mes faueurs sont des recompenses de ce qu'ils se persuadent auoir merité.

## Chapitre XXXIII.
*Les mauuais Prelats & Ecclesiastiques sont cause de la perte des Ames manque de faire la correction par crainte.*

*Les prieres des gens de bien & la correction des vices faire par les Prelats, sont moyens pour la reformation de l'Eglise.*

Toutes ces choses ne sont esté representees, que pour exciter de plus en plus ta confiance en ma Misericorde, & prouoquer ta compassion enuers les chefs & les membres de mon Eglise. Tu ne sçaurois mieux me faire paroistre ton Amour pour ma Bonté, qu'en me presentant les feruueurs de tes desirs pour toy, & en faueur des autres, qui ont besoin que i'aye pitié d'eux. C'est là l'vnique moyen de gagner mō cœur, pour accorder la reformation des Pasteurs, par l'exemple desquels les suiets se resoudrōt à la correction de leurs mœurs. Sans doute les mauuais Prelats sont en partie coupables de la vie déreglée de leur troupeau ; s'ils aymoient la Iustice, & qu'ils entreprissent la correction auec vn zele accompagné d'innocence de vie, l'on ne verroit pas vne chaîne d'iniquitez qui passe des chefs aux membres, & qui rompt l'ordre qu'établit ma disposition en la grace par l'obeïssance de ceux-cy aux Commandemens & aux Directions de ceux-là.

I'auouë que ie permets auec beaucoup de Iustice, qu'ordinairement ceux qui ont refusé de rendre la soûmission lors qu'ils estoient encore inferieurs, ne la reçoiuent par apres des autres lors qu'ils sont en authorité; & qu'ils sont aussi mauuais Pasteurs, qu'ils ont esté mauuais sujets. L'ignorance & la superbe qu'ils auoient durant leur premiere condition demeure dans la seconde : Ce qui faict qu'ils choisissent des personnes aussi ignorantes qu'eux pour les charges Ecclesiastiques, sans même auoir d'égard ny à la maturité de l'aage, ny aux autres parties necessaires ; De maniere que le Benefice, la Prêtrise ou la Dignité tombent entre les mains d'vn homme incapable d'en connoître ou l'importance ou les obligations. Ils confient la conduite des Ames à des personnes qui ne sçauent pas seulement se conduire eux-mêmes: par ainsi estāt aueugles ils en multiplient le nombre dans mon Eglise. De vray comment celuy qui n'a pas assez de Lumiere pour se connoître soy-même, pourra-il discerner le Peché d'autruy pour le prouoquer à l'amandement? Qu'esperez-vous du troupeau sous vn tel Pasteur?

*Punition des Pasteurs qui n'ont pas esté bons sujets.*

*Mauuais Prelat choisit mauuais Ecclesiastique.*

Faut-il s'émerueiller s'il se diuise, s'il se perd & s'il demeure exposé à la rage du Loup infernal.

*La mauuaise conscience des Prelats les empêche de faire la correction.*

Tout le mal des mauuais Pasteurs prouient de ce qu'estans dégarnis du chien fidele de leur conscience qui les reprenne & qui les morde, & dégarnis du bâton de la Iustice rigoureuse pour se châtier eux-mêmes; ils ne sçauent pareillemét exercer ces deux Offices sur les autres. Ie veux que la conscience ne meure iamais durant la vie; neátmoins quelquefois elle deuient si fort affoiblie, qu'elle n'a pas de force pour faire efficacement son deuoir, manque de la nourrir de la viande precieuse du Corps & du breuuage delicieux du Sãg de l'Agneau mõ Fils, dõt le seul souuenir est suffisant pour embraser l'Esprit de l'Amour de la vertu. La cõscience nette de tout Peché prend tant de saincte vigueur en cet Auguste Sacrement; que dès lors que l'ombre du mal semble choquer ie ne dis pas l'affection, mais la pensée; elle se met à crier pour réueiller la raison à se tenir sur ses gardes, & de ne se laisser pas surprendre auec inconsideration: par ce moyen l'on s'exempte de commettre l'injustice. De maniere que tu vois, ma chere Fille! que la Iustice est vn fruict de la bonne conscience auec laquelle elle fait vn merueilleux accord.

*La mauuaise conscience des Ecclesiastiques, les rend craintifs à faire la correction, & fa-*

Ceux donc desquels ie te décrits les qualitez mauuaises, n'ayans pas de conscience, sont pareillement sans Iustice. La crainte seruile les rend esclaues de leur ombre; Vne seule parole faict peur à ces mal-heureux qui sont toutefois obligez d'exposer leur vie pour le salut de leurs brebis. L'affection desreglée qu'ils ont pour l'interest de quelque famille, les retient de commander la restitution du bien d'autruy;ce qui cause du scandale:parce que le larcin & la retention injuste sont connûs publiquement. Si d'auanture pressez par le murmure ou par la honte, ils entreprennent de donner des aduertissemés salutaires pour ce sujet ; la moindre iniure qu'on leur aura dit ou vn regard de trauers, leur imposeront le silence. Assez souuent les presens seruiront de clef pour leur fermer la bouche, & les promesses de chaînes pour leur lier la langue touchant cette matiere. Cependant le desir de se rendre autant complaisans que reconnoissans, fera qu'ils donneront les Sacremens à ceux qui ont des dispositions contraires,& qu'ils rendront les derniers hōneurs aux personnes qui comme membres corrompus sont retranchez du Corps mystique de l'Eglise. Ce qu'ils n'eussent iamais faict si l'Amour qu'ils estoient obligez d'auoir pour moy, eust eu plus de pouuoir sur leurs Esprits que celuy de toute autre chose; & si auec humilité & sans crainte ils se fussent employez à ne chercher que ma gloire & le salut des Ames.

*ciles à donner les Sacremens aux indignes.*

## Chapitre XXXIV.

*Dangereux estat des mauvais Ecclesiastiques pour eux mêmes & pour les autres.*

<small>Peril proche de damnation aux mauvais Ecclesiastiques.</small>

CAtherine ! ton Esprit ne sçauroit souffrir d'entendre tous les maux que produisent ces mal-heureux. Ils ne s'apperçoivent pas que la coignée est déja attachée à la racine de l'arbre pour estre abbatu, mis au feu & payer vn iour auec vsure les peines qui sont deuës à leurs iniquitez. Alors ie n'auray pas d'égard que ie les ay honorez de la dignité Sacerdotale: Au contraire ils seront dautāt plus griêuement châtiez, qu'ils ont plus receu de biens de moy, & qu'ils ont merité de porter double peine & pour eux, & pour les Ames qu'ils auront sollicité au Peché aulieu de les en preseruer ou de les en guerir. Ie t'ay faict cónoître cela en la personne d'vne certaine femme mal-heureuse deuenuë pire apres sa confession quelle n'estoit auparauant. Quelquefois la concupiscence a tant de pouuoir sur leur Esprit, qu'ils recherchent par art magique de luy donner de la satisfaction, laquelle ordinairement n'est que phantastique & trompeuse. Enfin leur vie ne retient rien de l'estat Angelique, si ce n'est en l'imitation des Ames des tenebres, pour estre priuez auec eux de ma jouïssance dans la gloire ; tandis qu'ils seront les compagnons de leurs tourmens dans les Enfers. Voila en quoi consiste la recompense des seruices que l'on rend à ces Monstres de reprobation, mettant en execution leur mauuaise volonté.

De vray que pouuez vous attendre de ces maudits, si ce n'est les mêmes fruits d'angoisses, de rage & de desespoir qu'ils ont herité pour leur partage? Regardez-donc le precipice où vous allez cheoir infailliblement; si ce n'est qu'esperans en ma Misericorde par le Sang adorable de mon Fils, duquel ie vous ay constitué les sacrez Ministres, vous veniez à faire vne rigoureuse penitence. N'attendez pas aux dernieres approches de la mort, pour vous resoudre à la correction de vostre vie, où les Demons, le mōde & la fragilité de la chair trauaillent à tromper l'homme inconsideré; Ils ne luy font plus voir les tenebres pour la Lumiere, le mal pour le bié, l'amertume pour le plaisir, le mensonge pour la verité: Toutes choses paroissent à leur Esprit selon qu'elles sont en elles-mêmes. Ils luy disent qu'ils ne veulent pas aller rendre compte pour luy; qu'il est juste qu'il demeure remply de confusion deuant moy & deuant toutes les Creatures, abandonné de tout secours, qu'ils refusent & qu'ils ne peuuent luy donner. Le chien fidele de la conscience qui estoit endormy & sans force, commence à se réueiller, d'aboyer & de mordre auec tant de precipitation & de vigueur, qu'il conduit l'Ame iusqu'au dernier desespoir; si ce n'est qu'elle soit secourue par vne confiance heroïque en ma Bonté, par la vertu du sang du Diuin Redempteur.

*Exhortation à la penitence. Description de l'état d'vn mauuais Ecclesiastique à l'article de la mort.*

*Occupations & sainctes parties de la vie des bons Ecclesiastiques.*

Voila où l'inconsideration porte ces malheureux; Ils deuoient estre mieux auisez à l'exemple de ceux qui ont esté des Lumieres de vertu, & qui eussent plustost choisi la mort que de souiller la sainteté de leur caractere, ou de diminuer par l'impureté de la vie, le respect & l'éclat attaché à leur dignité; ils mettoient tous leurs soins de perfectionner la beauté de leurs Ames; par les embellissemens de mes graces & de toutes les vertus, ils auoient toûjours leur attention bandée sur ma Bonté & sur l'honneur de leur Ministere: Aussi l'Amour propre n'a iamais eu le pouuoir de mettre la taye sur leur raison, ny de ietter les tenebres en leur Esprit, pour estre capables d'y offenser la prunelle de la Foy. L'orgueil & la sensualité n'ont pas eu de part en leur cœur tout embrasé de mon Amour, & possedé du zele du salut des Ames.

*Le Prelat negligent à corriger, & l'inferieur à se corriger est cause de la corruption irremediable qui se void en toutes sortes de personnes.*

Toutes ces mauuaises qualitez qui iettent la corruption dans la vie des Prelats vicieux, rendent la correction inutile dans leurs sujets: car ou ils ne l'osent entreprendre, ou s'ils la font, elle demeure sans fruit; ou ils perdent le zele de la Iustice qui les doit rendre courageux & hardis; ou bien on leur dit: Medecin commencez la guerison par vous-même; Quand vous aurez pris la Medecine ie m'en seruiray pareillement, si d'auanture ie vois quelle vous a faict du bien. Celuy-là donc qui se contente de la reprimande de parole seulement, & ne l'accompagne pas d'vne vie irreprochable, auance fort peu. Ie n'excuse pas toutefois l'inferieur qui ne profite pas de l'auertissement lequel il est obligé de receuoir auec humilité & auec le desir de s'amender. Que si le superieur n'accommode pas ses mœurs à ses paroles, il en portera luy seul la peine. Helas! la corruption s'est mise par tout sans aucune esperance de changement en mieux; de maniere que l'Amour propre a pris tant d'empire dans le monde, que ny les Pasteurs ny les peuples, ny les reguliers ny les seculiers, n'ont plus d'autre application que de se gorger de delices & se noyer dans les plaisirs.

## Chapitre XXXV.
### Des desordres des Religieux.

JE me plains principalement des Religieux. Helas ma chere Fille! au lieu de viure en leurs Ordres comme des Anges par la pratique continuelle de l'Obedience, ils se comportent au contraire comme des petits Demons renoltez. Leurs Predications sont enflées de paroles ajancées auec politesse, vuides de la Doctrine salutaire & de l'exemple de la bonne vie. Ils cherchent les oreilles & non le cœur des Auditeurs. La complaisance d'eux-mêmes, au lieu du desir de ma gloire & du salut des Ames, est le motif de leurs discours : Aussi ne iettent-il pas la semence heureuse de ma Verité, c'est plustost les fleurs de leur propre recommendation. D'où

*Vices des Predications sans fruit des Religieux.*

vient qu'ils ne reüssissent pas pour arracher les vices & planter la Vertu. Comment est-ce qu'ils le pourroient faire dans le jardin des autres; tandis que le leur est remply de ronces & couuert d'espines?

*Religieux blâmez qui hantent le monde; & les Superieurs taxés de ce qu'ils le permettent.*

Leurs soins sont tendus à la mignardise de leurs habits, à l'ornement de leur chambres, à courir çà & là par la ville au lieu de cherir leur cellule, la retraite & le silence, sans quoy ils deuiennent comme le poisson qui meurt bié-tost estât hors de l'eau. Leurs Superieurs se rendent coupables, en leur souffrant & leur permettant ces courses ordinaires, sans auoir compassion de la perte qu'ils procurent à leurs propres Freres qu'ils deuoient retenir de court, afin qu'ils ne tombassent pas dans les filets de l'Ennemy qu'ils auoient heureusement éuité en quittant le monde, & qu'ils vont retreuuer dans les maisons de leurs parents & des autres seculiers.

*Mal-heurs qui arriuent de la hantise frequente des Religieux au Monastere de Filles.*

Ils font encore pis que cela : car quoy qu'ils connoissent les inclinations malignes que leurs sujets ont au libertinage & à la dissolution; ils ne lairont pas toutefois de les enuoier aux Monasteres des Religieuses qui ne seront pas plus retenuës qu'eux d'où il arriue plusieurs grands mal-heurs par des artifices ausquelles le diable donne commencement, sous pretexte de deuotion qui ne tend en fin qu'à la ruine totale du salut de l'vn & de l'autre. C'est pourquoy cette couleur apparente de bien s'éuanoüit incontinent; la vie de tous les deux estant lasciue, elle ne sçauroit

demeurer

demeurer cachée long-temps; les pésées deshonnestes se produisent par les paroles corrompuës. En fin l'on ménage les moyés pour conduire les desirs mutuels à l'assouuissemét sacrilege auec tant d'artifice, que l'on en produit bien-tôt les fruits qui assez souuent ne demeurent pas cachez. Tu ne sçaurois ignorer cecy puis qu'il y en a quelques-vns de ce nombre qui ont esté depuis tes Enfans spirituels. Au reste le mal vient quelquefois à cette extremité déplorable, que l'vn & l'autre apostasient; celuy-cy pour estre vn monstre en débauche, & celle-là en deuenant vne Loue de lubricité.

Ce mal-heur & plusieurs autres, prouiennent de la complaisance criminelle qu'apportent les Prelats aux volontez & aux humeurs de leurs Religieux; ils n'osent, disent-ils, les choquer en les retenant dedans l'obseruance & la retraite. De maniere que leur dissimulation deuient cruelle; puis qu'elle a pour yssue la mort de ceux desquels ils sont obligez de procurer la vie. Enfin, Catherine, il t'est impossible d'exprimer les moyens qu'ils emploient pour m'offenser; le nombre de leurs Pechez ne se peut pas conter; ils ne se sôt mis entre les mains de l'Ennemy que pour luy seruir d'armes à dilater son Empire & racourcir le mien. De vray estans priuez de la Charité fraternelle, ils iettent le poison & la mauuaise odeur de leur vie dedans & dehors le Monastere, pour y perdre & leurs propres freres & les personnes seculieres; tandis que

*Condescendance des Superieurs cruelle enuers les inferieurs.*

L l

l'ambition les rend insolents par la contestation & l'émulation entr'eux à qui sera le plus grand pour commander sur leurs Compagnons. Ils ne se contentent pas de faire gloire d'estre transgresseurs des Statuts de leurs Ordres, ils se comportent comme des loups acharnez contre des Agneaux innocés, i'entends les bons Religieux, qui se rendent exacts en l'obseruance de leurs Regles. Ils les méprisent, ils en font des risées, ils les font passer pour des fables & pour des personnes priuées de iugement; pensans par cet artifice couurir leurs dissolutions qu'ils font paroitre au conttraire plus honteuses & plus dignes d'execration.

*Mauuaise edification des Religieux, leurs dissolutions, enuies, emulations; mépris & persecutions des bons.*

Voila vne des principales sources de tous les mal-heurs des Religions. Elles ne laissent pas de demeurer toûjours sainctes en elles-mêmes; la profanation qu'y apportent tant les Superieurs que les inferieurs, ne sçauroit rien alterer de la saincteté que le sainct Esprit Autheur des Ordres y a mis en leur fondation. Ceux donc qui desirent se faire Religieux, ne doiuent pas prendre garde au déreglement des mœurs de ceux-là, pour perdre leur vocation; ils doiuent plustost s'attacher au gros de l'arbre qui ne peut estre affoibly; afin d'y perseuerer auec exactitude iusqu'à la mort.

*La Religion est toûjours bonne, quoy que les Religieux ne valent rien.*

Par ainsi, ma chere Fille! tu apprends les grands desordres qu'apportent dans les Ordres & les mauuais Reformateurs & les mauuais sujets, qui ne gardent pas la pureté de

*Fantôme de Religion.*

leur premiere inſtitution; qui ſe rendent tráſ-
greſſeurs de leurs Regles, mépriſeurs de leurs
cerimonies qu'ils n'obſeruent qu'en la preſence des perſonnes ſeculieres, pluſtoſt pour
leur complaire, & pour ne ſe pas rendre dignes de mépris, que pour aucun bon motif tiré du côté de ma gloire & de ce que ie merite; D'où vient que l'obeïſſance n'a pas de
lieu parmy eux.

Pour ce qui regarde la pauureté volontai- *Les mal-heurs*
re elle eſt bannie de leur compagnie auec in- *qu'apporte la*
iure: Tu n'as qu'à regarder les grands de- *propriété dans*
niers qu'ils amaſſent & qu'ils poſſedent en *les Religions.*
particulier, ſe ſeparans de la Charité commu-
ne, pour ne faire participans leurs Freres de
tous leurs biés ſoit ſpirituels ſoit temporels,
comme ils en ont faict profeſſion, & comme
ie l'ay ordonné. Ils ne ſont que pour eux-mêmes; & leurs ſoins ne vont pas plus auant que
de ſe nourrir & s'engraiſſer; tandis que les autres ſouffrét les beſoins de la vie par le froid,
par la faim & par la nudité. C'eſt pour cela
qu'ils deuiennét inſolés en faiſás table à part,
comme s'ils eſtoient honteux de ſe treuuer
au lieu deſtiné pour la refection commune.
Il ne faut pas s'étonner en ſuite s'il leur eſt *Religieux con-*
impoſſible à ce qu'ils diſent, de garder le vœu *duits à la Lubri-*
de Chaſteté, que peut-on eſperer autre cho- *cité.*
ſe d'vne panſſe farcie de viande & de vin, que
des fumées embraſées de l'impudicité, qui les
iette de mal en mal, de precipice en precipice? L'argent qu'ils retiennent en particulier
contribuë aux deſordres de leurs impuretez,

Ll ij

pour prattiquer des amitiez suspectes, lesquelles ne se commencent & ne se conseruent qu'à force de presens ou par l'esperance du plaisir.

*Indeuotions des mauuais Religieux.*

Miserables! pourquoy auilliffez vous si fort voſtre condition? Ne deuriez-vous pas en maintenir les grandeurs par des actions dignes de ma gloire? n'eſtes-vous pas destinés pour chanter mes loüanges; Neantmoins le chœur où vous deuez vous acquitter de cette obligation, vous paroît vn Enfer: si quelque fois l'on vous y voit par rencontre, voſtre cœur est bien eſloigné de voſtre voix; les cris de voſtre bouche & les penſées de voſtre Eſprit ne s'accordent pas. Encore si le mal s'arreſtoit là; Il va iusqu'à cet excez, que l'accoûtumance vous porte à mes Autels pluſtoſt que la deuotion. Cette table adorable ne gagne pas plus de respect & de retenuë sur vos Eſprits, que la table prophane de vos débauches.

*Indulgence & iniuſtice des Superieurs, cauſe de deſordre dans les Monaſteres.*

Tout cecy prouient de la negligence des Paſteurs indulgens pour ceux qui se rendent imitateurs de leurs vie; tandis qu'ils paroiſſent de veritables tyrans enuers les plus innocens, sur la teſte deſquels ils impoſent des fardeaux qui ſurpaſſent leurs forces; ils les chargent de peniteces rigoureuſes, pour des fautes dont ils ignorent les noms, & que iamais ils n'ont connuës par experience. L'iniuſtice commande auec tant d'Empire en leur Eſprit, que celuy qui merite grace eſt traité comme criminel; celui qui merite de l'amour ne reçoit que de la haine: & au cõtraire le supôt de Sathan est honoré, le vicieux est constitué en dignité, & le tison d'Enfer est le depositaire tres-fidele de leurs affections, ils les esleuent aux premieres charges de leur ordre; par ce moyen ils font vn Royaume où les aueugles commandent à des sujets aueugles, pour arriuer à l'aueuglement final compatible auec les tenebres Eternelles.

### Chapitre XXXVI.

*Le bon-heur qui accompagne la mort des Iustes, principalement des Prestres & des Prelats de l'Eglise.*

MA bonne Fille,le monde, la Chair & le Demon qui contribuent à la perte des méchans, s'accordent au contraire pour accomplir le bon-heur des Iustes. La fin des vns & des autres est bien differente, leur mort n'a pas de ressemblance en leurs circonstances: celle des bons est accompagnée de paix que l'Ame sauoure, plus ou moins selon la mesure de sa perfection; & celle des méchans est remplie de confusion & de desespoir. Il faut que tu te souuienne de ce qu'autrefois ie t'ay enseigné, sçauoir que la peine que souffrent les Creatures raisonnables est en la volonté, laquelle n'est pas encore parfaictement soûmise à la mienne. Ie ne veux pas dire que celuy qui a acquis de la complaisance pour mon bon plaisir, soit absolument exempt de trauaux; Ce seroit contre la condition de la

*L'Ame qui faict la volonté de Dieu est exempte de peine.*

L l iij

vie presente : Ie veux seulement faire entendre que l'Ame reçoit beaucoup de consolation & de rafraichissement, quand armée de mon Amour & de la haine de soy-même, en la tolerance des peines qu'elle reçoit de bon cœur pour faire ma volonté, elle demeure victorieuse du mōde, de la Chair & du Diable; Ce qui est cause qu'à l'heure de la mort elle joüit d'vne paix de laquelle l'on ne sçauroit exprimer la grandeur.

*L'Ame qui a donné la sensualité, n'a pas de peine de separer de son Corps.*

De vray le monde n'a rien à luy reprocher, elle a trop bien connu ses tromperies pour n'auoir pas méprisé ses delices. La sensualité n'a rien à dire contre elle, puis qu'elle l'a tenuë toûjours dans la seruitude sous les loix de la raison, par la penitence, par les veilles & l'Oraison continuelle. La tendresse naturelle pour le Corps a esté parfaictement esteinte ; La volonté sensuelle s'est perduë; la haine du vice & l'Amour de la vertu l'ōt faict mourir. Le desir extrême qu'elle a de retourner à Dieu est plus puissant que l'Amour naturel qui est entre l'Ame & le Corps ; de maniere qu'elle n'en apprehende pas la des-vnion, laquelle semble si difficile aux hommes de la terre. En l'homme Iuste la grace surpasse la Nature, la Vertu est victorieuse de la crainte; il ne faut donc pas s'étonner si la tendresse d'affection pour le Corps, ne suscite pas de guerre ny de rebellion contre l'Esprit soûpirant apres sa derniere fin?

*La conscience qui a faict seure garde durant la*

Par ainsi la conscience demeure en repos: aussi a elle toûjours faict bonne garde durant

la vie. Elle n'a cessé comme vn chien fidele, *vie, ne crie & ne mord pas à l'article de la mort.*
de crier apres les Ennemis pour tenir toûjours la raison sur ses gardes, afin qu'auec le libre arbitre & auec la Lumiere de l'entendement elle receût ce qui estoit amy & refusât ce qui estoit contraire. Cecy s'est faict auec tant de circonspectió, que la vertu & les sainctes pensées du cœur ont esté toûjours les bien-venuës: Mais le vice & les pensées mauuaises ont esté rejettées auec beaucoup de mépris. Le bras du libre Arbitre armé du glaiue de la haine contre l'appetit sensuel, & esclairé des Lumieres surnaturelles, s'est rendu Maître de ses Ennemis; de maniere que la conscience ne crie plus; & ayant faict seure garde elle ne mord ny ronge pas l'Esprit. Elle joüit d'vne douce tranquillité, laquelle n'est pas pourtant sans quelque reproche qu'elle se faict à soy-même, de n'auoir pas assez fidelement employé le temps, pour correspondre à mes graces, & pour prattiquer les vertus. Toutefois ce reproche n'est pas affligeant, il est plustost suiuy de consolation; il côtribuë non à dessecher l'Ame, ouy bien à faire son embonpoint & l'engraisser s'il faut ainsi dire, l'estime qu'elle faict du temps, de ma grace & des vertus comme de trois riches tresors, jointe à l'humilité tres-profóde où elle se tient abysmée, attire toute son attention, pour la recueillir en soy-méme, & puis la tourner amoureusement sur le Sang innocent de l'Agneau mon Fils l'vnique esperance de ses desirs, auquel elle treuue ma Mi-

L l iiij

séricorde. Comme elle s'est toûjours nourrie dans ce Sang precieux, elle desire aussi à la mort de s'y noyer & de s'en remplir; Elle pert la memoire de ses œuures passées, elle se défie de ses propres vertus, elle ne daigne pas de regarder derriere pour prendre de la complaisance en la fidelité qu'elle m'a gardée iusqu'à la fin.

*Vains efforts du Demon en la mort des Iustes.*

Les Anges de tenebres n'ozeroient approcher d'vne Ame ainsi abysmée dans ce Sang adorable; ils tâchent de la battre de loing, quoy que leurs fléches & leurs cris ne fassent aucune atteinte sur elle. D'ailleurs ils n'ont rien à luy reprocher, elle a surmonté leur malice par sa prudence. Ils témoignent assez leurs foiblesses, quand ils empruntent des postures & des visages difformes, à l'exemple de ceux qui veulét faire peur aux petits Enfans, pour penser la troubler au moment de la mort, comme celle dont toute la vie auroit esté vicieuse. Le venin du Peché n'a pas d'entrée en son cœur, pour se laisser gaigner à la crainte.

*L'esperance des bons à la mort, cause de joye.*

L'attente de joüir au pluftôt du souuerain bien non par ses merites, mais par la vertu de Iesus-Christ, faict que toutes ses puissances sont là bandées. L'esperance luy faict estendre les bras & dilater le sein, pour embrasser auec des estreintes doucement affectueuses, l'objet immense de tout son bonheur. Elle sort du Bain glorieux où elle s'est noyée, afin de passer par la porte estroite du Verbe & paruenir à moy, où elle treuue vne mer immense de paix. La nature est trop foible pour pouuoir exprimer l'excez de la joye de l'Esprit paruenu à cét estat, où auec les Anges & les Ames heureuses il participe du bien d'vn chacun que la Charité fraternelle communique de l'vn à l'autre.

En cecy mes Ministres sacrez reçoiuent beaucoup plus d'auantage au dessus des autres: aussi ont-ils eu plus de lumieres & plus d'amour pour ma gloire & pour le salut des Ames. Ils ont receu le don de la sagesse & de la science auec plus de plenitude, pour mieux connoistre mes veritez, & en les connoissant pour m'aymer plus parfaitement. I'auoüe qu'vn autre qui aura moins de science peut paruenir à l'eminence de cét Amour, ce n'est pas pourtant ordinairement: Vn seul exemple n'establit pas vne loy generale; & puis ils ont tâché d'acquerir la Charité proportionnée à leur dignité, & conforme au Ministere de traitter les Ames pour le salut, & de dispenser le Sang adorable de mon Fils par les Sacrements. C'est dequoy ils se sont acquittez auec des prattiques heroïques de toutes les vertus: pourquoy donc ne receuront-ils pas vne recompense d'autant plus grande, qu'ils auront surpassé les autres qui n'ont eu durãt leur vie qu'vne Charité commune? Ha Catherine! que leur mort est heureuse? que la satisfaction qu'ils ressentent aux dernieres heures de leur mort est excessiue, quand ils pensent qu'ils ont esté fideles Predicateurs & defenseurs magnanimes de la Foy, de laquelle la vigueur s'est renduë absolument la

*Raisons pour quoy les bons Prestres & les bons Prelats sõt plus consolez que les autres Chrestiés à l'article de la mort.*

Maiſtreſſe de leur eſprit. Auec les diuines ſplendeurs de cette viue Foy dont ils ſont fortifiez, ils percent iuſques dedans mō ſein pour y reconnoiſtre leur place ; tandis qu'ils perdent la veuë d'eux-meſmes & l'eſperance de toute autre choſe. Leur propre ſuffiſance ne faiſoit pas d'impreſſion de complaiſance ny de confiance en leur cœur, où toute ſorte d'affections, à l'exception de la mienne, eſtoit eſteinte : la pauureté volontaire qu'ils ont embraſſée contribuë à l'agrandiſſement de leur eſperance qui forme dans leur ſein vne ſource viuante de delices diuines, & vn vaſte vaiſſeau de dilection ſacrée, pour porter mon Nom dans les Ames par la doctrine & par l'exemple, par la parole & par l'effect.

*Fruicts de la Iuſtice en la mort des bons.*

L'Ame donc qui a toutes ces conditions s'éleue par tranſport d'Amour pour m'embraſſer en fin, puiſque ie ſuis tout le bien qu'elle eſpere. Elle porte auec ſoy le precieux ioyau de la Iuſtice qu'elle a conſerué inuiolable durant ſa vie. La diſcretion luy a faict rendre ce qui eſtoit deu à vn chacun ; & maintenant qu'elle eſt ſur le point de ſe ſeparer d'auec ſon Corps, elle s'efforce de me faire Iuſtice, rendant gloire & honneur à mon Nom. De vray elle auoüe auec beaucoup d'humilité que ie ſuis l'heureuſe ſource d'où découle toutes les graces de ſa vie. Elle confeſſe qu'elle n'a pû couler le temps auec pureté de conſcience, que par les aides de ma Miſericorde ; elle s'eſtime tres-indigne d'en auoir iamais reſſenty les agreables épanchements. Tandis que la syndérèse porte bon témoignage de soy-mesme ie l'honore de la couronne de l'immortalité enrichie des pierres precieuses de toutes les vertus, & brillante du fruit que la Charité a tiré de leurs pratiques.

Ô Ange terrestre que tu es heureux! de ce que tu n'a pas payé d'ingratitude mes bienfaits incomparables, & que tu n'a pas meslé ny l'ignorance ny la negligence dans les seruices que tu estois obligé de me rendre? au contraire ton esprit tout remply de sollicitude, a tousiours eu l'œil ouuert, pour le tenir bandé sur ton troupeau en l'imitation de la vie & de la doctrine du grãd Pasteur des Anges IESVS-CHRIST. C'est ainsi que tu passe baigné & laué dans son Sang, auec ses cheres brebis que tu conduits à la fontaine de la vie eternelle auec toy; tandis que tu en laisse encore plusieurs autres en estat de grace pour y pouuoir arriuer. Catherine! l'aspect des Demons ne sçauroit nuire à ceux-cy; leurs tenebres & leurs deformitez horribles à voir, ne font pas d'impression d'ennuy, ny de crainte en leur cœur. La Foy a trop de vigueur, & l'Amour sainct trop de force pour penser les diuertir de ce qu'ils voyent, & de les déprendre de ce qu'ils tiennent. Ils sont exempts du peché, cause de la crainte seruile: Et puis, ils sont éclairez des Lumieres sacrées des Escritures & de ma grace, pour discerner les tromperies de l'Ennemy capables de troubler leurs pensées & d'alterer leur

*Les bons Prelats ont à l'article de la mort toutes les qualitez pour ne pas craindre.*

tranquillité pacifique, auec laquelle ils arriuent à moy, pour estre mis au rang que merite dans ma gloire le degré de Charité qu'ils apportent de la terre.

## Chapitre XXXVII.

*Des mal-heurs qui accompagnent les méchants en la mort, principalement des Prestres & des Prelats de l'Eglise.*

*L'aueuglement du méchant est cause de sa peine & de son desespoir en la mort.*

A Mesure que la ioye des bons est excessiue à l'article de la mort, la tristesse des méchants est au contraire d'autant plus desesperée. Ceux-cy ont donné durant qu'ils ont vescu, vn nombre prodigieux de memoires de la dissolution de leur vie aux malins Esprits, qui ne manquent pas de les en accuser auec d'estranges épouuantes, qu'ils accompagnent de spectres & de representations de formes horribles, dont la veuë est capable de faire mourir les plus asseurez. La conscience se réueille & conspire auec ces Monstres de l'autre monde, pour leur rafraischir le souuenir de ce qui leur est cause de tourment effroyable. Les delices de la vie prises auec déreglement, laissent la sensualité vuide de ce qui auoit iusqu'à lors charmé la raison pour la mettre en seruitude : ce qui faict que commençant à ouurir les yeux pour reconnoistre son propre mal-heur, elle commence pareillement d'en déplorer les consequences pernicieuses. Tout l'homme tombe dans la confusion de son erreur, pour detester son aueuglement en la lumiere naturelle & surnaturelle. Celle de la raison leur a manqué, ils ont resisté à celle de ma grace: celle mesme qu'ils pouuoient tirer de la science des Escritures leur a profité de fort peu, parce qu'ils n'ont iamais penetré iusqu'à la moüelle de la diuine doctrine pour en sauourer les douceurs. Aussi leur vie destituée de toute lumiere a croupy dans l'infidelité, sur laquelle les Demons font instance pour precipiter l'Ame dans le desespoir final.

Cét assaut est le plus rude de tous ceux que l'homme puisse receuoir, & qui estonne plus qu'on ne le sçauroit dire vn Esprit dégarny d'armes pour se deffendre. Que fera-t'il sans Charité, sans Lumiere & sans esperance, ny du costé de ma Bonté qu'ils ont lâchement offencée, ny du costé du Sang de mon Fils, qu'ils ont prophané sacrilegement, ny du costé des Creatures qui les ont abandonnez? Il se trouue alors tout nud le miserable, sans vertu & sans merite pour acquitter le cópte qu'il va rendre au bureau rigoureux de ma Iustice incorruptible. De maniere que de tel costé qu'il se tourne il n'entend que blasme, & il ne void que confusion qui l'accable. Ses iniustices luy sont si sensibles, elles conuainquent sa conscience auec de si pressantes persuasions, qu'il est contraint de crier contre soy-mesme, Iustice? Iustice? sans pouuoir penser ny dire, ny crier autre chose. L'vsage mesme qui estoit passé en accoustumance d'espe-

*Le méchant en la mort a perdu tous les motifs en soy-mesme de l'esperance.*

rer présomptueusement en ma Miséricorde
lors qu'il m'offençoit, est interdite, par la
honte qu'il souffre ; l'ay dit présomptueusement, parce que cette manière d'espérance
est fausse, c'est vne illusion véritable. I'auoüe toutefois que si auec beaucoup de simplicité sans presumer, l'on iette les yeux sur
ma Miséricorde pour en demander les assistances à l'article de la mort, l'on pourra
conceuoir de l'espérance en elle si l'on veut.

*Laideurs du desespoir de la misericorde de Dieu.*

Voyez, Catherine ! l'excez de ma Bonté
enuers les hommes qui m'offencent, sous
l'espérance que ie leur feray miséricorde : &
quoy que cette circonstance mette vne laideur nouuelle en leur peché ; Ie suis si Bon,
que ie les conserue iusqu'à la fin auec cette
pensée, afin qu'elle leur puisse seruir au dernier iour pour s'y attacher, lors que toutes
choses viendront à leur manquer, de crainte
qu'ils ne tombent dans le desespoir. Ce dernier mal-heur est le plus dommageable pour
l'Ame, & le plus iniurieux pour ma Bonté. Les
autres pechez ont la fragilité pour motif, &
le repentir pour issuë : mais le desespoir n'a
pas de plaisir pour amorce, & la peine execrable est son payement. Et qu'elle repentance pourroit auoir celuy qui donne la preference à son peché auec le mépris de ma Miséricorde, laquelle il se persuade faussement
beaucoup inferieure & moins puissante que
sa malice. Il n'y a pas de crime qui ne trouue
son abolition en ma Bonté, pourueu que la
confiance en elle soit assortie des conditions
qui la rendent digne d'approbation. Ceux

qui forment des resolutions contraires & qui les mettent en execution, tombent dans l'horreur du peché lequel ne merite pas de pardon ny en ce monde ny en l'autre.

Partant ie souhaitterois qu'il n'y eust personne pour si méchant qu'il puisse estre qui ne prist esperance en ma Misericorde à l'article de la mort. C'est pour cela que i'entretiens cette vertu Diuine dedans leur cœur durant le cours de la vie, à ce qu'estans arriuez à la fin ils se seruent de l'inclination que son vsage a laissé comme par accoustumance, pour s'opposer à toutes les violéces qui font la pante precipitée au desespoir final. Mais quoy? ils abusent de la faueur que ie leur ay accordé, ils cachent sous les tenebres de leur amour propre ce riche talent duquel ils ne connoissent pas l'importance. Ne deuoient-ils pas se seruir du temps pour ménager mes graces, pour dilater leur cœur par la Charité, & pour en faire vn bon employ en la prattique des vertus : au contraire ils prennent occasion de là d'estre de plus en plus iniurieux à ma Bonté.

*Abus que les méchants font de la pensée que Dieu leur fera misericorde.*

Toutes ces choses se representent sensiblement à leur Esprit ; la conscience & les Demons se lient de partie à ce dessein ; celle-là en les deuorant interieurement, & ceux-cy en les iettant dans la confusion. L'abus qu'ils ont faict de leur dignité à leur confusion, le mauuais vsage des biens de l'Eglise, les negligences criminelles en ce qui regarde l'office Diuin, se saisiront de leur memoire

*Les causes & les circonstances des peines, & du desespoir des mauuais Prelats à l'heure de la mort.*

pour leur seruir de Croix & de tourment. Les iniustices en la collation des charges, en l'administration des Sacrements, en la dispensation de ma parole & au mauuais exemple de leur vie seront alors leur Enfer. Enfin le bien qu'ils deuoient faire & les maux qu'ils estoient obligez de fuïr, les enuironneront de toutes parts pour estre les bourreaux cruels de leur conscience criminelle. L'opposition de la laideur du vice qu'il falloit fuir, de la vertu qu'il falloit embrasser, conspirera à leur plus grande ruïne, principalement quand ils verront que toute leur vie passée a esté l'ennemie mortelle de la vertu, & la bonne amie du peché. Ils liront dans l'éclat de celle-là, les biens que ie prepare pour estre sa recompense, & dans les tenebres de celuy-cy les peines qui suiuet son demerite. Ces deux extremitez approchées l'vne de l'autre font le mesme effect que le blanc & le noir; ils s'entr'aident mutuellement à se faire mieux paroistre: i'insinuë la connoissance de l'vne & de l'autre dás l'Ame, pour luy donner occasion d'auoir de la honte de son peché & de l'esperance en ma Misericorde, afin qu'elle prenne resolution d'amendement & sujet d'appaiser ma Iustice.

*Antitheses des peines des bons & des mauuais Prestres en la mort sur la difference de leur vie.*

Tandis que ceux-là tirent occasion de plus grand desespoir; les iustes d'vn autre costé par la regle des contraires, ressentent plus de ioye & de confiance en ma Misericorde : Ils auoüent en la veuë du mal-heur des impies, qu'ils sont redeuables à ma grace de ce qu'ils ont

ont prattiqué la vertu, & de ce qu'ils ont cheminé par les routes que ma Verité leur a frayé. De maniere, que l'vn se réioüit de ce que sa vie a esté embrasée du sainct Amour, & l'autre se desespere de ce que la sienne a esté tousiours remplie de tenebres. Les premiers estans exempts de peché mortel, ne craignent pas les Demons; les seconds pâment de frayeur en leur presence, à cause que leur conscience les condamne d'auoir merité les tourments, dont ces Monstres execrables sont les executeurs. Ce que ie viens de te dire de la grande difference qu'il y a entre la mort des vns & des autres, n'est rien en comparaison de ce qu'elle est : tout ce que tu as entendu des peines des mauuais & de la paix des bons, n'est qu'vn crayon assez grossier de la verité.

La dignité, le ministere, & le bon employ qui contribuë à la plus grande gloire des iustes, conspirent pareillemēt à la damnatiō plus rigoureuse des impies. La science de ceux-cy produit leur cōfusiō, elle prōnōce leur Arrest de mort, quand elle n'a pas esté secondée de la pureté digne de l'Autheur des lettres sacrées. Comme celuy qui n'a porté que le simple nom de Chrestien sans en produire les actiōs, merite plus de punition que le Payen, qui n'a iamais eu les lumieres que celuy-là méprise : De mesme les Ecclesiastiques qui se contentent du Caractere, de la dignité & du Benefice, sans penser d'acquerir les per-

*Ecclesiastiques plus rigoureusement damnez que les Laïques.*

M m

fections nécessaires pour se maintenir sans reproche en la Charité, receuront vne punition d'autant plus fâcheuse à supporter, que leurs pechez se sont trouuez en des sujets éleuez en honneur sans comparaison au dessus des personnes Laïques. Mes Mysteres sacrez & ma diuine Doctrine les deuoit obliger à se rendre eminents en sainéteté, & ne pas faire passer la corruption de leurs mœurs sur le reste du corps de leurs sujets par vne contagion pernicieuse; tandis qu'ils succent le sang de mon Epouse l'Eglise saincte, qu'ils se resentent l'affection qu'ils sont obligez d'auoir pour elle ; & tandis qu'ils s'appliquent de la piller dans les grands reuenus qu'ils tirent de leurs Prelatures, au lieu d'y rechercher le salut des Ames. Voicy la source de toutes les desobeïssances & de toutes les insolences des personnes Laïques, contre mon autorité, que i'ay mise dans les Pasteurs.

*La source de la desobeïssance des personnes Laïques à l'Eglise.*

Apprenez de tout cecy, ma tres-douce Fille! de pleurer, & mes autres Seruiteurs auec vous sur ces morts, auec des larmes de sang s'il se peut: Demeurez ensemble comme vn petit troupeau dans le parc sacré de mon Eglise ; paissez vos Ames dans l'Oraison continuelle ; Presentez-moy les desirs affectueux de vos cœurs pour la conuersion de ces miserables, à qui ie souhaite de faire misericorde. Prenez garde de ne pas vous éleuer par l'impatience, ny par le dé-

*Instruction que Dieu donne à sainte Catherine, comment elle doit se contenir.*

reglement de la ioye ; que ny les iniures, ny la prosperité ne vous retirent pas de votre exercice. Entendez humblement à ma gloire, au salut des Ames, & à la reformation de l'Eglise. Endurcissez-vous au trauail iusqu'à la fin ; par ce moyen ie donneray vn accomplissement entier à vos desirs.

# DE LA PROVIDENCE DE DIEV.

OV IL EST TRAITTE' DE celle qu'il exerce sur les pecheurs, sur les imparfaits & sur les parfaits.

ENSEMBLE DE L'OBEISSANCE: Des vices & des vertus des Religieux, & de la volonté de Dieu.

## LIVRE TROISIESME.

---

CHAPITRE PREMIER.
*Eleuation d'esprit de saincte Catherine, où elle remercie Dieu de ses lumieres, & des fruits qu'elle en tire, & où elle implore la Misericorde pour le monde.*

LE recit de toutes ces choses rendit mon cœur affligé au dessus de tout ce que l'on sçauroit penser; l'amertume de mon Esprit estoit excessiue au milieu des embrasements diuins

*Admiration extatique de saincte Catherine sur ce que Dieu est la Lumiere.*

dont il estoit passionnément transporté; il se tournoit amoureusement vers la Bonté souueraine de Dieu Eternel, il luy parloit ainsi; O Dieu! O Lumiere pardessus toute lumiere, & source primitiue de toute Lumiere! Lumiere, dis-ie, qui es tout feu, dont les flammes immenses surpassent tout ce que l'on peut comprendre du feu. Tu brûle & tu ne consomme pas le sujet où il te plaist de t'attacher; tu le purifie au contraire, & tu deuore ce qui est en luy d'esträger & de dissemblable, comme sont le peché & l'amour propre. Tu ne desseche pas l'ame par l'afflictió, tu l'engraisse d'amour insatiable où le desir & le rassasiement se compatissent, pour former en elle vne ioye dont l'excez n'a pas de moderation pour s'exprimer. Plus elle te possede plus elle te cherche & plus elle te desire; ô feu abysme de Charité! plus elle te treuue; & à mesure qu'elle te tient de nouueau, plus elle participe de tes embrassements delicieux qu'elle sauoure à mesure de son progrez en ta ioüissance. Ie ne vous demande pas le motif qui vous a prouoqué, ô Dieu infiny & souuerain bien! de vouloir prendre la peine de m'éclairer des Lumieres brillantes de vostre verité, & de vous declarer ainsi à vne si chetiue creature? n'estes-vous pas vous mesme le feu amoureusement viuant, qui seul peut estre la raison & la cause de vos adorables épanchements en mon endroit & enuers toutes les creatures.

L'Amour de    Vous n'auez pas eu d'autre occasió de danper voſtre image & voſtre reſſemblance à l'homme, & de luy faire part de voſtre Miſericorde. O Bonté qui excede toute bonté! Il n'y a rien de bon abſolument que vous, & neantmoins vous auez donné voſtre Verbe pour demeurer parmy nos tenebres, & pour conuerſer au milieu de nos malices. O Grandeur eternelle! vous vous eſtes faite petite, pour nous éleuer iuſqu'à la hauteur qui vous eſt ſouuerainement propre. Il n'y a que voſtre Amour capable de ioindre ces contrarietez, & de faire toutes les autres merueilles que vous produiſez en la nature & en la grace. De maniere que de quel coſté que ie me tourne ie retombe inceſſamment en l'abyſme immenſe des feux de voſtre Charité, dans laquelle i'emprunte les flammes embraſées qui me ſont neceſſaires, pour vous remercier de ce qu'elle s'eſt auec tant d'abondance épanduë en mon ſein plus en particulier, au deſſus de ce que ie participe en commun auec les autres Creatures.

*Dieu eſt la ſeule cauſe des graces de Dieu.*

Oüy, i'auoüe que ie demeureray à iamais ingrate, ſi le meſme Amour, ô Pere diuin! qui vous a prouoqué à me donner vos graces, ne s'employe pareillement pour vous en rendre les dignes reconnoiſſances. Comment oſerois-ie preſumer de m'en acquitter? Ie ſuis celle qui ne ſuis rien: ſi ie penſois eſtre quelque choſe, ie me conuaincrois moy-meſme de menſonge, & ie m'auoüerois d'eſtre la fille de Satan, duquel i'exercerois l'office pour me ſeduire à la damnation. Vous eſtes ſeul

*Sainéte Catherine a recours au meſme Amour de Dieu qui luy faiét du bien pour le remercier.*

M m iiij

celuy qui est : Ce que ie suis vient de vous, mon Estre, ses accompagnemens & ses suites releuent de vostre Amour, par lequel ils subsistent sans aucun appuy sur mes propres merites.

*Connoissances que saincte Catherine a appris en l'entretien de Dieu.*

O Pere tres-debonnaire! i'estois malade, & vous auez bien voulu estre vous-mesme mon Medecin, m'appliquant les remedes meslez de douceur & d'amertume, pour me guerir de la negligence & de l'ignorance qui me rendoient infirme. Vous auez vne fois enuoyé vostre Fils en la terre pour toute la race des hommes infectée de la contagion du peché d'Adam, & pour chasser les tenebres qui remplissoient le monde. Mais vous, ô Pere viuant, doux enuers moy au dessus de tout ce que l'on sçauroit conceuoir de doux, vous vous estes manifesté en personne à moy, pour me faire connoistre & sauourer vostre mesme douceur, vostre mesme debonnaireté & vostre mesme Charité ; Vous auez éclairé l'œil de mon entendement par vos Lumieres agreables, dans lesquelles i'ay connu & l'excellence de la grace que vous auez faict au monde, en luy donnant vostre Fils vnique vray Dieu & vray homme, & la dignité de vos Ministres sacrez, que vous auez estably au Corps Mystique de l'Eglise, pour vous communiquer à nous conjointement auec luy par leur moyen.

*Dieu donne tousiours plus qu'on ne luy demande.*

O largesse immense ! vous donnez tousiours au delà des demandes de ceux qui vous prient. Ie demandois seulement qu'il vous

à saincte Catherine de Sienne. 553

plût d'accomplir vostre promesse, & vous m'auez accordé ce que ie ne sçauois pas pour le desirer. En cela i'apprends que ie ne suis rien de moy-mesme, & que vous estes seul la Bonté infinie & souueraine ; puis que mes desirs ne sçauroient iamais atteindre à la grandeur de ce que vous sçauez, que vous pouuez, & que vous voulez pour mon bien. Si ie suis ignorante du nombre des faueurs que vous auez disposé pour m'honorer ; Ie ne suis pas plus sçauante touchant les douceurs que vous employez en la maniere de me les communiquer.

C'est ainsi qu'il vous a plû de me faire connoistre les bontez que vous auez euës pour toute la race des hommes, & singulierement pour ceux que vous auez honorés de vostre Onction Diuine, que vous appellez du Nom de vostre Fils, les nommant des Christs comme luy. I'ay veu la vertu, les perfections & la gloire des bons, & comme en l'Eglise militante & en la triomphante ils luisent comme des soleils brillants de lumieres ; par où i'ay mieux appris les laideurs effroyables de ceux dont la vie n'a pas de conformité auec la sainteté de leur caractere. La douleur que i'ay conceu du mal-heur de ceux-cy est d'autant plus affligeante, que l'iniure qu'ils vous font est plus enorme, & que le dommage qui en arriue à tout le monde vniuersellement est plus pernicieux. La ioye que i'ay receuë de la Iustice des bons Ecclesiastiques, & l'amertume que i'ay ressenty de l'iniquité des peruers

*Les profits que saincte Catherine a tiré de la connoissance de la vertu & des vices des Ecclesiastiques.*

ont composé la Medecine qui m'a gueri de l'ignorance & de la negligence. Ie me suis veuë criminelle dans les miseres de ceux-cy, puis que ie me reconnois estre la cause de tous les Pechez du monde : Cette connoissance de moy-même jointe auec celle de ta bonté sacrilegement offensée, ont excité en mon cœur vn desir excessiuement pressant d'auoir recours à vous pour gagner vostre Misericorde. Ie vous demande Pere diuin ! vn fleuue de larmes qui ne tarisse pas vostre Bonté souueraine, & la malice des hommes serót les motifs de mes sanglots, les flammes immenses de vostre Amour en seront la cause, & s'il vous plaît, Pere diuin ! mon desir ne se relâchera iamais de procurer l'auancement de vostre gloire & le salut des Ames, pour lesquelles & pour l'Eglise saincte ie vous demande Misericorde.

*Saincte Catherine pressé par ses prieres la Misericorde de Dieu.*

Mais aussi ie vous remercie de ce que vous auez esté meilleur en mon endroit, que ie ne l'osois & que ie ne le sçauois esperer; & de ce que vous m'auez donné abondamment des matieres de larmes, & des sujets d'exciter les ardeurs de mes desirs amoureusemét angoisseux pour vous dire incessammét en mes prieres cótinuelles, que vous accóplissiez ce que ie vous demáde. Consentez ô Pere debónaire ! aux souhaits de vos bons Seruiteurs. Car c'est vous-même qui les faites crier apres vo°. Vostre Verbe n'a-il pas dit : que nous appellións & que nous auriós répóce, que nous frappions à la porte & que l'on nous ouuriroit que nous demandions & que l'on nous donneroit. Vos Seruiteurs appellent vostre Misericorde, accordez leur donc ce qu'ils demandent; que vostre réponse soit la Misericorde. C'est en la personne de vostre Fils qu'ils prennent confiance; puis que c'est en luy que vous auez faict monstre de l'Amour excessif que vous auiez pour nous. Ce diuin Sauueur est la porte de vostre Bonté, vostre Charité ne sçauroit refuser de se donner à ceux qui perseuerent de frapper à cette Porte Mystique. Faites en sortir le Sang precieux dans lequel l'iniquité d'Adam a esté lauée; qu'il attendrisse les cœurs endurcis des Creatures, mettez-en le prix en la balance de vostre Iustice, pour faire le contre-poids de leurs crimes; & qu'ils ne tombent pas auec le reste du troupeau à la merci des Loups de l'abysme. C'est ce Sang precieux que comme affamez nous vous demandons; c'est auec sa vertu que nous pretendons de vous faire vne amoureuse violence, & que nous esperons que l'on verra dans l'Eglise les brillantes Lumieres des Saincts Pasteurs, & les fleurs embaûmées des bons Ecclesiastiques, dont l'odeur corrigera la puanteur des plantes pourries & corrompuës.

Vous nous auez promis tres-doux Pere! cette consolation pour l'Amour que vous portez aux hommes; & d'auoir égard aux Oraisons de vos bons Seruiteurs, & au nombre des trauaux qu'ils endurent à ce dessein. Tournez donc les yeux de vostre Bonté vers

*Dieu demande nos prieres de sa bonne volonté pour nous les accorder.*

nous, répondez-nous próptement puis que voſtre bonne volonté a deuancé nos demandes, & que voſtre réponſe fauorable eſt plûtôt preſte que nos deſirs ne ſont propres à la ſouhaiter. Que diſ-je? la porte eſt ouuerte auparauant même que nous venions pour y frapper; puis que l'affection que vous auez de nous faire du bien, vous fait ſortir hors de vous-même, pour prouoquer nos cœurs à vous prier au deſſein de voſtre gloire & du ſalut des Ames. Ne refuſez-donc pas le fruit de ce Sang, il y a plus d'honneur pour voſtre Bonté en la conuerſion du Pecheur & en l'amandement de ſa vie, qu'en ſa perte & en ſa damnation finale. Et puis que la toute-Puiſſance eſt en voſtre diſpoſition, employez-là pour forcer les volontez rebelles; diſpoſez-les à vouloir ce qu'elles refuſent, puis que vous ne voulez-pas nous ſauuer ſans nous, ainſi que vous nous auez creé ſans nous. Il vous eſt auſſi facile de reformer & refaire par voſtre Miſericorde, ce que vous auez vne fois formé & creé de rien. C'eſt dequoy ie vous prie par le Sang du tres-doux & tres-aimable IESVS voſtre Fils vnique.

## CHAPITRE II.

*La prouidence de Dieu ſur l'homme en ſa creation & en ſa recreation.*

MA priere fût incontinent exaucée, le regard amoureux du Pere viuant qu'il arreſta ſur moy, me fit incontinent connoître

*entre les raiſons qui peuuent...*

que sa bonne Prouidence ne manquoit iamais à l'homme qui se dispose d'en receuoir les épanchemens fauorables, ainsi qu'il me faisoit voir en mon endroit, apres luy auoir adressé ma plainte remplie d'vne douce confiance. Il me répondit: Ma tres-chere Fille! ie te confirme de nouueau la promesse que ie t'ay faicte d'accorder ma Misericorde, & de pouruoir aux besoins de mes Creatures capables de raison, quoy qu'elles tirent sujet de mort de ce que ie donne pour leur estre occasion de vie. Elles prennent de la main gauche ce que ie leur presente de la droite; elles se rendent cruelles enuers elles mêmes, tandis que ie suis bon en leur endroit. Ie me cõtemplois moy-même depuis l'Eternité; & en cette veuë ie deuins amoureux de ma Creature; Ie luy donnay mon Image & ma ressemblance; Ie l'a rendis participante de ma Puissance; Ie la pourueus d'vne memoire vaste & capable pour contenir le souuenir de mes bien-faits & m'en remercier. Ie luy fis preset d'vn entendement afin que par la Lumiere de mon Fils vnique qui est la Sagesse increée, elle pût auoir la connoissance du donateur de toutes les graces. Ie mis en sa volonté tant de viues flammes d'amour sainct, qu'elle sembloit vn portrait tres-accomply du sainct Esprit, afin qu'elle aymat souuerainement ce que l'entendement luy faisoit voir digne de tout Amour. Ma douce Prouidence ménageoit cecy auec autant de sagesse que de bonté, pour rendre l'homme digne de me

sericorde de Dieu sont esloignez de luy.

voir, de me sauourer & de joüir de moy dans ma gloire.

*La Prouidence de Dieu a remedié au Peché d'Adam par Iesus-Christ.*

Toutefois, au lieu de reconnoître l'honneur que ie luy auois faict, & se ressentir de sa dignité pour se regarder en moy qui suis la source de tout son bon-heur; il eust plus de complaisance pour sa propre sensualité & pour sa femme, que pour ma Bonté; il prefera sa volonté à la mienne, de laquelle il transgressa le Commandement auec vn orgueil intolerable. Cette desobeïssance a ietté le venim dans toute la Nature; vous en auez tous tiré le suc mortel. Quoy vous ay-ie pour cela abandonné de mes soins ? N'ay-ie pas promptement pourueu d'vn remede pour ietter dehors ce poison maudit de la mort, qui empéchoit que vous n'arriuassiez à la fin heureuse pour laquelle ie vous auois mis au monde ? Ma bonne Prouidence se treuua prête pour vous donner mon Fils vnique, son obeïssance vous rendit la vie au lieu de la mort que vostre transgression auoit introduit. I'ay conjoint la Nature diuine en sa personne à la Nature humaine pour donner le merite à sa soûmission. C'est par le moien de cette Diuine ligature que le Demon est démeuré garroté, & que i'ay tiré vne satisfaction infinie proportionnée à l'objet infini qui auoit esté lâchement offensé: De maniere qu'il n'y a personne qui voulant se reconcilier à moy, ne puisse pretendre à cette satisfaction, & s'en preualoir auec Iustice. Vous estiez dépoüillez & nuds de toutes les vertus; vous mouriez de froid & de faim ayants perdu la Charité ; La porte du Ciel vous eſtoit fermée, ſans eſperance de la voir vn iour ouuerte, ny de penſer au recouurement de tant de biens, dont la priuation vous iettoit dans des miſeres inexprimables.

C'eſt ce qui faiſoit que voſtre affliction eſtoit deſeſperée; n'euſt-eſté que cette agreable Mere, ma bonne Prouidence, vint à temps pour vous ſecourir en voſtre extréme neceſſité. Vos Iuſtices n'ont rien contribué à cette grace; ma ſeule Bonté m'a contraint de vous rendre la Robe de l'Innocence par le moien de mon Fils, qui s'eſt depoüillé de ſa propre vie pour vous reuétir de ſa grace au ſainct Baptéme, apres y auoir laué les tâches honteuſes du Peché originel auec lequel vous auez eſté conceus. Cette maniere de vous remettre au premier eſtat, contient beaucoup plus d'honneur & de douceur que la Circonciſion en l'Ancien Teſtament. Et par ce que vous eſtiez ſans chaleur, ie vous ay échauffé auec le feu de ma Diuine Charité cachée en mon Fils ſous la cendre de voſtre humanité, dont le Corps a eſté déchiré & ouuert de toutes parts, pour en faire paroître les flâmes & les braſiers. De vray où ſera le cœur ſi refroidi par l'obſtination, & ſi gelé par l'amour propre, qui ne ſe rende aux contraintes embraſées de cette fournaiſe d'Amour. Il falloit encore ſoulager voſtre faim; c'eſt ce qui m'a obligé de vous donner le Sacrement de l'Eucariſtie, lequel nourrit, fortifie & raſſaſie l'Ame qui s'en approche auec les ſaincts de-

*Douceur de la Prouidence de Dieu en la reparation de l'homme.*

firs, & qui la fauoure auec Amour. Apres tout, ie vous ay affranchi de la tyrannie de vos Ennemis; de maniere que si vous ne voulez ils ne sçauroient vous nuire dangereusement durant le voiage, dôt le chemin est fraié par ma Verité incarnée, que vous deuez suiure pour arriuer à vostre derniere fin.

## Chapitre III.

### De l'esperance saincte des hommes en la prouidence de Dieu.

*Le Sang de Iesus est le motif de nostre esperance.*

TOut cecy neantmoins ne vous eust pas esté beaucoup profitable, si auec la Lumiere de la foy viue, vous n'eussiez ietté les yeux sur le prix du Sang que le diuin Redempteur a donné pour vous en faire tirer la ferme esperance de vostre salut par ma Misericorde. Ce Sauueur adorable exposa sa Chair aux peines pour détruire le Corps du Peché; ses membres ont satisfaict pour la rebellion de toutes les parties de vostre Corps qui l'ont offensé. Son obeïssance a couuert vostre transgression; celle-là vous a rendu la grace, que celle-cy vous auroit rauy. Ie n'ay que trop de bonté pour pouruoir à tous les besoins de vostre salut ; Ie suis le fidele & le sçauant Medecin des Ames; Ie ne neglige aucun remede pour vous rendre la santé, ny aucun preseruatif pour empécher que vous ne tombiez en maladie mortelle. Ma douce & puissante Prouidéce embrasse tous les temps,

tous

tous les lieux & toutes les Creatures; elle continuera iusqu'à la fin ce qu'elle a entrepris depuis le commencement, en ceux qui voudrõt auec humilité se soûmettre à ses ordres; elle ne manquera iamais de faire reüssir les esperances des cœurs qui se confient amoureusement à son pouuoir, & qui marient leur pensée auec leur parole en leurs prieres.

Tous ceux qui me disent: Seigneur! Seigneur! ne seront pas tousiours exaucez, ie leur feray réponse que ie ne les connois pas: Ie demande vne Ame qui desespere de soy-même & des Creatures. Esperer en moy & aux moiens humains sont deux contrarietez incompatibles; ces deux esperances ne sçauroient se souffrir dedans vn même cœur. S'il est impossible qu'vn homme serue deux Maîtres, ainsi que dit ma Verité en l'Euangile, par ce que s'il rend du seruice à l'vn, il faudra qu'il méprise celuy de l'autre; il sera pareillement impossible d'auoir deux esperances; puis que l'esperance est appuyée sur le seruice que l'on rend à quelqu'vn duquel l'on tache de se faire agréer pour attendre de luy la recompense. C'est ce qui ne pourroit pas reüssir, si l'on venoit à seruir l'Ennemy du Maître à qui l'on est obligé; il se verroit traitté de mépris, d'où il conceuroit de l'indignation, & perdroit la volonté de faire du bien à cet homme, qui à même-temps changeroit son esperance en crainte du châtiment plein de Iustice qu'il auroit merité. Ma chere Fille! voila ce qui arriue à l'Ame laquelle met son

*L'esperance en Dieu & l'esperance au monde ou en soy-même sont incompatibles.*

*Nemo potest duobus Dominis seruire, aut enim vnum odio habebit & alterum diliget aut vnum sustinebit & alterum contemnet. Mathe. 6. v. 24.*

esperance au monde ou en soy-même, pour en tirer du plaisir & de la consolation sensuelle contre mes ordres. Le monde est mon Ennemy ; ses plaisirs & ses pompes me donnent de l'auersion iusqu'à ce point, qu'elles m'ont obligé d'abandonner mon Fils à la mort honteuse & cruelle de la Croix. Partant l'on voit que l'esperance au monde ne sçauroit s'accorder auec l'esperance, pour attendre de ma bonne Prouidence ce qu'elle ne dénie iamais à vn Esprit qui m'ayme vniquement, auec toutes les forces & toutes les tendresses de ses affections. Il faut de necessité qu'il retire son cœur des choses perissables, qui ne sont propres que pour tromper & seduire ses attentes s'il veut que ie luy donne l'accomplissement de ses desirs.

*Difference entre l'esperance des parfaits & des imparfaits, l'vne & l'autre ne sont pas sans fruict.*

La saincte Esperance tire sa perfection de celle de l'Amour sacré ; Elle sera plus ou moins parfaicte, à proportion du degré & de l'estat de la Charité en laquelle l'on aura faict du progrez. Quoy qu'elle soit parfaicte ou imparfaicte, il n'importe, elle ne laisse pas de sauourer les fruits delicieux de ma douce Prouidence. I'auoüe que c'est auec beaucoup plus d'auantages en ceux qui me seruent sans interest, & qui n'ont pas d'autre veuë que de se rendre agreables à ma Bonté, auec toutes les complaisances que l'on sçauroit penser ; qu'en ceux qui attendent de leurs seruices la recompense, soit en ce monde soit en l'autre. Ceux-cy ne sont à moy que pour l'esperance du fruit, ou du plaisir qu'ils pensent treuuer : aussi demeurent-ils dans les basses classes de la perfection, de laquelle ie t'ay faict voir les degrez. Il n'y a que les premiers, qui plus genereux que les autres montent iusqu'au dernier estat de la perfection de l'Amour sacré. Toutefois ie ne laisse pas d'étendre ma bonne main sur les vns & sur les autres, pourueu que l'esperance soit autant vuide de presomption que nuë de confiance en soy-même, puis que l'vne & l'autre procede de l'Amour propre, lequel iette les tenebres dans l'entendement pour empêcher l'effect des Lumieres viuantes de la Foy.

L'homme qui est tombé dans cette misere, perd la cõnoissance de ma Prouidence, quoy qu'il ne subsiste & qu'il ne viue que par elle. Ie suis celuy qui suis : aucune chose n'a esté faicte sans moy, si ce n'est le Peché; aussi est-il vn pur neant : De maniere que i'épands sur les bons & sur les mauuais les rayons de ma Bonté ; Il n'y a personne qui ait sujet de se plaindre, que ie luy dénie le bien dont il est capable. Mais quoy? le Pecheur n'entend pas cecy, par ce qu'il ne le connoît pas: d'où vient qu'il n'é tire aucun fruit de grace. Il a mis ses esperances où tendent ses seruices ; les tenebres sont son objet. Que pouuez-vous donc esperer de luy, sinon qu'il regarde de trauers la droicture de mes dispositions ; & qu'il rencontre de l'obscurité & de la nuit dans mes ordres, où il n'y a que beauté & qu'éclat de

*Les mal-heurs de l'esperance des méchants.*

Lumieres? D'icy naissent les murmures, pour ne dire les blasphemes, auec lesquels ils fait paroître son impatience. Dits-moy Catherine! les personnes de cette sorte n'ont elles pas perdu le iugement? Quel raison y a il, pour leur persuader qu'il puisse sortir d'vne souueraine Bonté comme est la mienne, autre chose que tout ce qui est bon? Si donc ie permets qu'il leur arriue quelque leger accident, ne doiuent-ils pas croire que c'est pour y ménager leur salut. Ie ne demanderois d'eux qu'vne seule chose; c'est qu'auec ce peu de Lumiere qui leur reste, ils jettassent les yeux sur le benefice de la Regeneration spirituelle, pour conuaincre leur Esprit, que mon Amour ne trauaille que pour leur gloire, que ma Prouidence s'accommode à tous en general & en particulier, & qu'elle dispose du temps, afin qu'vn chacun par succession prenne les perfections de son Estat.

## CHAPITRE IV.

*Tout ce qui est au monde dépend de la Prouidence de Dieu qui ordonne toute sorte d'accidents pour nôtre salut. L'aueuglement de ceux qui pensent le contraire.*

Les Saincts tant de l'ancienne que de la nouuelle Loy, sont des effects de la Prouidence de Dieu.

I'Ay pourueu en general au môde par la Foy que ie donnay à Moyse en l'Ancien Testament. I'ay enuoyé les Prophetes de siecle en siecle, pour entretenir le peuple dans l'esperāce que mon Fils qui est l'accomplissement des Propheties, le tireroit de l'esclauage pour le mettre en liberté, & qu'il ouuriroit auec la vertu de sō Sang adorable, la porte du Ciel qui estoit depuis long-temps fermée: ils se sont teus à la venuë de cette Verité, & aucun de leur ordre n'a plus paru depuis, pour annoncer le thresor que le monde possedoit auec tant de bon-heur. Il est vray que le Iuif est toûjours resté dans son aueuglement, qui le priue de l'honneur de participer du bien commun de l'Vniuers. Si ce Diuin Redempteur a esté deuancé de tant de fideles Trompettes inspirées du sainct Esprit, il a esté pareillement suiuy des Apostres & d'vn nombre que l'on ne sçauroit nombrer de Martyrs, de Docteurs & de Confesseurs, qui ont rendu témoignage de sa Verité, ou auec leur Sang, ou auec leurs Predications, ou auec leurs écrits, ou auec l'exemple irreprochable de leur vie.

Il n'y a rien ny dans la nature ny dans la grace, qui ne soit l'ouurage de ma douce Prouidence, laquelle ie ménageray iusqu'à la fin pour la gloire de mes Elus. Elle est pour tous les hommes; c'est leur faute s'ils n'en moissonnent les agreables fruits. La vie & la mort, les circonstances de l'vne & de l'autre, la faim & la soif, les pertes & la nudité, le chaud & le froid, les iniures, les hontes & les persecutions sont des effects de cette Cause vniuerselle. Ie permets que toutes ces choses

*Les miseres de la vie sont des effets de la Prouidence de Dieu. Moien de profiter de la mauuaise volonté de l'homme.*

arriuent; ie dis dauantage; Ie les veux absolument, encore que ie ne contribuë pas à la malice de la volonté de ma Creature, quand elle se mesle dans ces accidents qui exercent la vertu des bons. Ie n'ay donné ny l'étre, ny la vie, ny le pouuoir au méchant pour en faire vn mauuais employ, soit contre moy, soit contre le Prochain : Il a receu toutes ces faueurs & plusieurs autres dont ie l'ay honoré, pour le dresser à mon seruice, & pour prouoquer de plus en plus son cœur à m'aymer parfaictement. Que si i'ay assez d'adresse de me seruir de sa volonté qu'il a renduë mauuaise, c'est afin d'éprouuer la vertu des bons & de donner lieu à leur patience, & assez souuent afin que luy-même tire sujet de se reconnoitre en la modestie de ceux-cy.

*Pourquoy Dieu permet que l'hôme Iuste meure quelquefois par accident subit & épouuentable.*

Quelquefois ie permets que tout le monde soit contraire à l'homme Iuste; & qu'il perisse de quelque genre de mort qui cause l'étonnement; comme d'étre noyé, d'étre frappé du tonnerre, d'étre deuoré des animaux, ou d'étre accablé sous la ruine d'vn bâtiment, tandis que l'Impie se scandalise de ces euenemens : L'ame bien fidele en tire au contraire sujet d'edification ; elle apprend en toutes choses de sauourer par affection d'Amour, les douces dispositions de ma Bonté, qui tendent à procurer le salut de l'homme. Elle reuere mes Iugemens, elle adore ce qu'elle ne sçauroit comprendre ; elle prend occasion en son Prochain & en toutes mes œuures, de me remercier & de chanter mes loüanges auec vne patience rauissante. De quel côté qu'elle regarde, elle void que ma Prouidence est l'agreable assaisonnement de toutes choses qu'elle penetre, & qu'elle embrasse. Ce que les autres pensent estre vn effect de cruauté que i'exerce enuers ma Creature, elle iuge que c'est plustost vn témoignage de mon Amour qui pouruoit par cette sorte de rigueur apparente que celuy qui en profite pour sa conuersion ou pour son exercice, ne tombe en fin dans le mal-heur Eternel.

Catherine! tu ne pourras iamais comprendre l'excez de la patience qu'il me faut auoir, pour supporter les hommes que i'ay creés à ma ressemblance auec tant d'Amour. Considere en passant dans ma Bonté, l'accident suruenu à vne certaine personne en faueur de laquelle tu me priois, afin que i'y apportasse le remede. C'est assez que tu sçais que sans perdre la vie contre toute esperance humaine, elle rentra dans son estat. Ce qui s'est passé en ce cas particulier, arriue ordinairement en toutes choses en general. Alors chetiue Creature que ie suis! ie côçeus dans cette parole beaucoup plus de la verité de sa bonne Prouidence; ie me contemplois dans l'abysme immense de sa Charité comme dans vn Miroir où ie voiois qu'il est vne Bôté souueraine & Eternelle, que son Amour est le motif vnique de nôtre estre & la seule cause de nôtre Redemption, par le Sang precieux de son Fils; que les graces & les disgraces, la tribulation & la consolation auoiét

*Profits que tire saincte Catherine de Sienne dãs vne occasion où Dieu fit reüssir vne affaire desesperée de moiens humains.*

N n iiij

vn même principe; que sa dilection se partageoit également par ces deux canaux de l'aduersité & de la prosperité, & que c'estoit luy qui donnoit toute chose pour seruir au salut de l'homme & non pour aucune autre fin. Ce Sang adorable répandu par de si pressantes flammes de Charité, me faisoit connoître plus à clair cette Verité.

*Aueuglement de l'Impie par son amour propre qui iuge mal des dispositions de la Prouidence de Dieu.*

Le Pere diuin reprit son discours il disoit, l'Amour propre aueugle la plus grande partie des hommes, qui se scandalisent auec impatience des effects de ma Prouidence. Ils ménagent pour leur mal, ce qu'elle dispose pour leur bien; mes graces tiennent lieu de cruauté dans leur Esprit, & mon Amour est condamné de haine par leur jugement peruers; ce que ie leur donne pour leur faire gagner le Ciel, & pour les deliurer des peines Eternelles est receu auec murmure, & le plus souuent auec blaspheme, qui ressentent l'impieté execrable. S'ils auoient mis leur confiance en moy, si leur esperance n'auoit pas d'autre appuy que celuy de ma Bonté, ils ne traiteroient de mépris ce qu'ils deuroient prendre auec reuerence, & leur superbe ne les rendroit pas temeraires, pour se rendre comme ils font, les arbitres iniques de mes Iugemens tres-iustes & remplis de droicture.

*Méchans qui iugeot mal des œuures de la Prouidence, comparés aux Aueugles.*

Telles personnes sont semblables à l'aueugle, qui manquant de lumiere, voudroit discerner les couleurs auec l'attouchement de la main, où il se trompe; il sauoure la viande, sans voir l'ordure qui est cachée dedans ; il entend le son de la voix, sans se prendre garde de la main armée du coûteau qui le va égorger: ainsi ces mal-heureux qui ont perdu la lumiere surnaturelle, & assez souuent celle de la raison, touchent de vray par les sens exterieurs & charnels les delices du siecle, qu'ils ne voyent pas enuironnées d'épines & de ronces picquantes de repentirs amers, & de cruelles inquietudes. Ce qui est cause que le plus souuent, ils ne sçauroient se souffrir eux-mesmes; ils n'apperçoiuent pas les Monstres & les horreurs d'vn grand nombre de pechez mortels, qui se rendent maistres de leurs Ames, qui les priuent de ma grace & de la participation de ma vie, qui effacent la beauté de mon image en eux, & qui en fin s'ils ne se conuertissent les conduiront aux derniers tourments. C'est ainsi que l'Amour d'eux-mesmes & la confiance en leur propre suffisance les trompe mal-heureusement, au lieu de s'attacher à moy par l'esperance, & prendre le chemin pour me trouuer. Ce chemin est mon Fils IESVS; Il a dit, qu'il estoit la voye, la verité & la vie, & que c'estoit par luy que l'on arriuoit à moy, ainsi que ie t'ay expliqué ailleurs, lors que i'ay traitté du Pont Mystique.

*Ego sum via veritas & vita; nemo venit ad Patrem nisi per me. Ioan. 14. v. 9.*

Ma tres-agreable Fille! ouure les yeux de ton entendement, regarde dans ma Prouidence; laisse-toy aller où te transporte les desirs affectueux de ton ame, pour voir l'accident que ma Bonté a faict reüssir en faueur

*Vne personne en estat de damnation est sauuée par la deuotion enuers Nostre-Dame. Accident de mort violente à ce suiet : effect de la Prouidence.*

d'vne certaine personne, de laquelle la damnation estoit infaillible pour la punitiō tres-equitable que ses crimes auoient merité: l'ay donc permis que cét accident luy arriuât, afin qu'auec son Sang il recouurist la vie de la grace qu'il auoit perduë, & la vie de la gloire de laquelle il s'estoit rendu indigne. La vertu du Sang de mon Fils le vint secourir au besoin, parce qu'il auoit au milieu de ses crimes conserué la Deuotion & la Reuerence enuers la Mere tres-douce de mon Fils. * De vray i'ay laissé aux hommes cette tres-auguste Reine, pour estre l'azyle des pecheurs & des hommes iustes, par le moyen de laquelle i'empesche, ayant égard au merite du diuin Redempteur son Enfant & le mien, que l'Enfer ne demeure le victorieux des vns & des autres. Elle est vne diuine amorce, vn hameçon delicieux & vn charme amoureusement puissant, duquel ie me serts pour gagner à moy & engager les hommes à mon seruice. De maniere que cét accident, quoy qu'estrange, est vn effect de ma Misericorde. I'auoüe que ie ne l'ay pas voulu, ie l'ay permis; Ie ne l'ay pas commandé, aussi ne l'ay-ie pas empesché; Ie l'ay souffert, afin qu'il seruist à l'accomplissement de ma volonté pour le salut de cette personne. Par ainsi tu vois de la douceur en ma conduite, où les méchants n'apperçoiuét que de la cruauté. Ceux-cy deuroient se purger de l'amour propre, & se guerir du cataracte qu'ils ont mis sur leurs yeux ils verroiét les riches dispositions de mon Amour; Ils

* N. D. est vn moyen dōt Dieu se sert pour gagner les Ames à son seruice.

aymeroient les ruses agreables de ma Sagesse, ils en adoreroient la Verité en toute sorte d'euenements, & se prepareroient de moissonner à la fin de la grãde iournée, les fruicts de leur patience en la tolerance des penibles trauaux. Courage, ma chere Catherine ! Ie suis la riche recompense de mes fideles Seruiteurs, la fin & l'accomplissement de leurs desirs. Il ne tiendra qu'à vous de perseuerer à frapper à la porte de ma Misericorde, de suiure la lumiere de mon Fils, & de faire que vostre esperance soit constamment arrestée en moy, afin que vous experimentiez que mes promesses sont veritables.

## Chapitre VI.

*La Prouidence de Dieu aux mouuements & aux dispositions naturelles de l'Esprit & du Corps : sa Fidelité & ses autres proprietez pour nous exciter à la Confiance.*

DE ce faict particulier que ie t'ay raconté, Ie reuiens au general, où l'ó ne sçauroit assez admirer l'aueuglemét que les hommes contractent par la trop grande confiance qu'ils ont en leur propre suffisance ; ils se promettent trop d'eux-mesme, & attendent de leur industrie ce qu'ils n'obtiendront iamais que par les ordres de ma volonté. Ne sont-ils pas insensez de ne pas connoistre que cette suffisance, s'il y en a quelqu'vne en

*Dispositions inconstantes du corps & de l'esprit de l'homme & du temps sont effects de la Prouidence de Dieu : Comment il en faut tirer profit.*

572 La doctrine de Dieu, enseignée
eux, est vn fruict de ma Bonté? n'en font-ils pas l'épreuue tous les iours? Combien de fois s'appliquent-ils à telle heure pour faire vne chose, où le pouuoir & le sçauoir de la conduire à sa fin leur manque? Quelquefois ils auront le pouuoir & n'auront pas le sçauoir, ou au contraire, ils sçauront, & toutefois ils ne pourront pas faire reüssir vn ouurage ou vne affaire. Le temps sera assez souuent ingrat pour cela, où si l'on n'a que trop de téps, la volonté ne commandera pas l'execution; elle changera d'inclination, ou bien elle se comportera indifferemment. Ie dispose de tout cela, afin de leur donner matiere continuelle de s'humilier, & qu'ils tirent des occasions de se connoistre eux-mesmes, & par cette connoissance & cette humilité trauailler serieusement à leur salut. L'inconstance où ils se trouuent, le changement qu'ils ressentent en leurs affections, en leurs puissances, en leurs occupations & en leurs desseins leur ouure les yeux pour leur apprendre, que le tout dépend de ma grace, laquelle seule est capable de donner la veritable fermeté à l'Ame: c'est par son moyen qu'elle demeure inflexible au bien, rien n'est capable de la luy oster, si ce n'est qu'elle mesme se veüille procurer la priuation d'vn si grand tresor par le peché.

*Dieu reproche à l'homme son infidelité à reconnoistre sa Prouidence en laquelle il s'est môstré tres fidele.*

L'Ame sera donc sans raison comme vne beste, si elle pense auoir, sçauoir, ou pouuoir quelque chose hors de la dépendance de ma Bonté pour prendre de la confiance en soy-mesme. Tout est sujet au changement, il n'y a que ma grace qui donne la perseuerance. Ie suis fidele, & Dieu: l'ay donc trop de sujet de reprocher aux hommes leur peu de foy en ma bonne Prouidence, encore qu'ils fassent de continuelles épreuues de sa fidelité. Tu sçais, ma chere Catherine! que le premier homme fust vn tres-mauuais ménager d'vne si belle perfection, & si necessaire en moy pour son bien; il la paya de désloyauté, il me fust infidele transgressant le Commandement que ie luy auois fait: c'est ce qui luy fit prendre la route de la mort. Ie ne changeay pas neantmoins apres cette inconstance; Ie ne perdis rien de la resolution que i'auois prise depuis l'eternité, de le rendre heureux en la iouïssance de ma gloire. Pour ce dessein ie trouuay le moyen de ioindre la grandeur de ma Diuinité auec la bassesse de vostre humanité, pour suppléer à l'indignité qui estoit en l'homme d'estre restably en ma grace: le Sang de mon Fils a esté l'heureux moyé duquel ie me suis seruy pour faire reüssir le salut qu'Adam auoit ruïné par sa desobeïssance.

Cet ingrat a frayé le chemin de l'infidelité aux autres, pour se comporter en mon endroit, comme si mon sein ne contenoit pas toutes les riches sources des biens qu'ils doiuent esperer; ils se comportent auec moy par leurs œuures, comme si ie manquois de pouuoir pour les ayder, ou pour les deffendre, comme si ie n'auois pas de Sagesse pour les

*Ceux qui n'esperent pas en la Prouidence rauissent à Dieu ses perfections.*

instruire, de prudence pour les conduire, de Misericorde pour leur salut, de Bonté & de suffisance pour leur donner tout ce qui est necessaire aux vsages de la vie tant spirituelle que corporelle. Ils ne témoignent que trop la disposition qu'a leur cœur, à la deffiance & à la mécreance de ma Prouidence par leur conduite ; quoy qu'ils fassent vne continuelle épreuue qu'ils n'ont, ny bonté, ny beauté, ny biens, ny sagesse, ny prudence, ny force, qu'entant & autant que ie l'ay agreable, & que rien ne sçauroit s'opposer aux desseins de celuy que i'ay pris en ma protection: ils dissimulent pourtant ce qu'ils ne peuuent du tout ignorer.

*La Prouidence de Dieu a pour- ueu à l'homme, soit au dedans soit au dehors de tout ce qui luy estoit necessaire.*

De vray ils voyent que ma Sagesse reluit en toutes mes œuures, que le gouuernement de l'Vniuers est compassé auec tant d'ordre, que rien ne manque, ny au total, ny aux parties des perfections qui le font admirer. Ç'à qui a-t'il qu'il ne conserue pour vostre bien? Considerez de pres vostre corps & vostre ame, se peut-il rien adiouster à l'vn & à l'autre, de ce qui est necessaire pour les rendre estans vnis ensemble, vn chef-d'œuure parmi mes Creatures? vous ne pouuiez pas m'obliger que ie vous tirasse du neant ; ma seule Bonté a esté toute la raison que ie vous ay donné l'Estre. C'est de moy-mesme que i'ay pris la resolution de créer le Ciel, afin que son mouuement seruist à vostre côseruation, & que ses influences vous fussent fauorables, auec l'air qui contribuë à vostre respiration, avec le feu qui vous échauffe, avec l'eaüe qui tempere vos ardeurs, & avec le Soleil qui vous éclaire afin que vous ne demeuriez enseuelis dans les tenebres. Autant d'oyseaux qui remplissent l'air, de poissons qui peuplét la mer, & d'animaux qui couurent la terre avec toutes les autres parties du monde, contribuent en se maintenant dans l'ordre que j'ay establi à rendre ma Prouidence admirable, & à faire connoistre que toutes mes œuures sont parfaitement accomplies.

Le peché de l'homme a luy seul mis le desordre dans le móde; d'vn iardin delicieux ou il n'y auoit que toute sorte de fleurs odorantes de vertu & d'innocence, il en a faict vn heritage plein de desolation. Et l'homme qui estoit le sujet de mes ioyes est devenu vn desert affreux couuert d'épines & de ronces du peché. I'ay enuoyé mon Fils dans la terre pour le desfricher, il en a arraché la coulpe; en sa place, il a mis les sept dós du S. Esprit, tandis qu'il l'arrouse continuellement de son Sang diuin. Moyse que j'auois enuoyé auparauant luy n'eust pas le pouuoir de rendre la vie à l'Ame, il estoit comme Giezi venu voir le mort avec le baston de la Loy qui ne contenoit pas la vie: Il fallut que le Mystique Helisée IESVS-CHRIST vint luy-mesme, pour se proportionner à la petitesse de l'Enfant au Mystere de l'Incarnation. Toute la Diuinité en la personne du Verbe se rétrecit en la nature humaine par l'vnion incomprehensible des deux natures. L'abysme immen-

*Histoire d'Helisée appliquée à Iesus-Christ pour n'expliquer la fidelité de la Prouidence.*

se de la Charité increée viuante en la Trinité tres-Auguste s'est vnie à vostre humanité, sans que le mort ressuscitast encore : il fallut le second rétrecissement en la Croix, où cét aymable Fils ajusta son Corps à la peine du peché pour destruire le corps de la coulpe du peché. Il accomplit en soy-mesme la figure du Prophete, lequel voyāt qu'à la premiere fois l'Enfant n'auoit pas repris la vie, se pourmena dedans la chambre en faisant plusieurs tours, iusqu'à ce que de nouueau il se remist comme auparauant sur le petit, & soufflant sept fois en sa bouche, il luy remit la vie, ce qu'il remarqua incontinent en baaillant autant de fois que le Prophete auoit soufflé : Ainsi IESVS depuis sa naissance s'est pourmené dans le monde durant plusieurs années, Il ne s'est pas reposé iusqu'à ce qu'il soit luy-mesme mort sur la Croix où il s'humilia. C'est en ce secōd aneantissement où le pecheur a repris la vie, a receu les sept dons du S. Esprit, & a mis dehors les sept pechez, que l'Amour propre auoit faict glisser, au lieu des graces surnaturelles que ie luy auois donné.

*Estat miserable où le peché a rendait l'homme.* Le libre arbitre auoit consenty à tous ces desordres ; de maniere qu'il auoit perdu sa premiere vigueur. La temperance & la prudence luy auoient manqué auec la lumiere surnaturelle : l'on ne voyoit plus en luy, ny de Foy, ny d'esperance, ny de Iustice. S'il y auoit encore de la Foy, elle estoit donc morte ; son esperance estoit vne confiance fraisle qu'il auoit

auoit en soy-mesme & aux Creatures ; l'iniquité rempliſſoit ſa vie de deſordres. En fin il eſtoit demeuré ſans Charité & ſans deuotion; mon Amour & celuy du Prochain n'auoient pas de priſe ſur ſon Eſprit. Ne vous eſtonnez donc pas ſi eſtant deuenu cruel enuers ſon Ame, il reſtoit ſans compaſſion pour les autres ? & ſi s'eſtant mal-heureuſement priué de tout bien, il eſtoit tombé dans l'horreur de tout mal? Il a donc eu beſoin du diuin Heliſée mon Fils vnique, en la maniere que ie viens de dire. Il eſt vray que l'Enfant mort ne contribua rien de ſa part, pour receuoir la vie : au lieu que l'homme doit apporter les actes de ſa liberté, pour recouurer la vie de la grace, & reprendre les perfections qu'il auoit perduës ; Il faut donc, que l'arbitre arrache le peché de l'ame auec la haine extréme qu'il leur doit porter, que remply d'Amour il forme ſa vie ſur la doctrine de ma Verité, & que ioignant la contrition de ſon cœur, la ſatisfaction & le ferme propos de ne plus m'offenſer à la confeſſion exacte de tous ſes pechez, il reçoiue le fruict du Sang de mon Fils que le Preſtre luy verſera ſur la teſte par l'abſolution de ſes crimes.

## CHAPITRE VI.

*Prouidence amoureuse de Dieu parmi les afflictions & les besoins de la vie au milieu desquels il faut auoir esperance en elle. Indifference de l'Ame saincte.*

Raisons de la Prouidence en l'enuoy des tribulations & des besoins de la vie aux hommes.

VOus voyez par là, ma tres-chere Fille, que la recreation de l'homme est vn effect admirable de ma bonne Prouidence; elle luy a de vray rendu la vie de grace, sans toutefois l'auoir voulu rédre franche des peines & des tribulations qui sont nées de son peché; elle en a disposé pour vostre plus grand bien & pour ma plus grande gloire. De vray y a-t'il rien qui déprenne dauantage son cœur de l'esperance du monde, pour l'arrester fixement en moy qui suis sa derniere fin, que quand il s'apperçoit de l'inconstance infidele des Creatures, & que la terre luy est vn lieu de fâcheux tourments qui l'affligent auec importunité? S'il est si mal-heureux de trouuer encore parmy les épines du siecle des plaisirs qui l'arrestent icy bas, sans se soucier beaucoup d'arriuer au Ciel, quel seroit le mépris qu'il eust faict du Paradis & de moy, si le monde eust esté entierement exempt de peine, d'occasions de fâcheries & de matieres de douleurs? Ie dispose donc des Creatures, à ce qu'elles luy produisent ce qui est capable de l'affliger en diuerses & differentes façons, pour donner de l'exercice & de l'approbation à sa vertu, & afin que dans la violence qu'il se faict à soy-mesme, ie prenne sujet de le recompenser en l'eternité. Ma toute-puissance conduite par ma Sagesse infinie a faict toutes choses auec vn ordre admirable, mêlant les biens & les maux dans le cours de la vie de l'homme.

Si quelquefois ie permets qu'il soit affligé, ce n'est pas que ie ne sois vne Source immense de toute sorte de biens: il n'a rien & ne sçauroit rien pretendre que par ma grace; c'est moy qui luy ay donné tout ce qu'il a, parce que ie suis riche: & ce qu'il a receu, est encore infiniment moins que ce que ie puis luy donner; Aussi mes richesses sont sans mesure. Rien ne peut estre si ie ne le veux. Mon bon plaisir est la seule raison de l'Estre, & la cause vnique de la vie de toutes choses. De maniere que l'homme ne sçauroit deuenir bon que par les épanchements de ma Bonté souueraine. Ie suis seul & absolument Bon. Ie suis la veritable Sagesse, la douceur & la debonnaireté mesme, la pitié, la Iustice & la Misericorde logent dans mon sein, comme dans leur centre: ny l'Auarice, ny l'enuie, n'ont pas de place dans mon cœur, pour le rendre retenu à faire part de ces diuines perfections à ceux qui desirent d'y participer, ou qui se disposent d'en receuoir les effects. Ma liberalité est immense, elle s'estend sur tout ce que l'on me demande. I'ouure la porte de mes tresors à ceux qui frappent en verité, & ie ne suis pas paresseux de répondre

*Dieu est tout pour sa Prouidence: motif puissant pour la confiance.*

Oo ij

à l'Ame qui m'appelle. L'ingratitude est bannie de mon Esprit; Ie n'ay que trop d'inclination de recompenser au delà du merite, la bonne volonté de celuy qui s'efforce de me rendre quelque seruice à ma plus grande gloire. Mon Royaume est vn estat de ioye & de paix souueraine pour faire viure auec plaisir l'Ame fidele, & la rendre accommodante à tous mes diuins vouloirs. En fin ie suis cette immense Prouidence qui embrasse vniuersellement tous les cœurs de mes bós Seruiteurs qui ont mis leurs esperances en elle. Elle les pouruoit aussi abondamment de ce qu'il faut pour soulager leurs besoins, tant en l'ame qu'au corps, tant aux biens temporels qu'aux biens spirituels.

*Dieu pouruoit tout le reste des Creatures, quoy que moindres, que l'homme, motif de confiance.*

Comment sera-t'il possible que l'homme manque de confiance, & que sa Foy chancelle lors qu'il souffre les necessitez de la vie, pour les attendre de moy; puis qu'il voit que ie nourris le ver dedans le bois sec, & que les animaux de la terre, les poissons de la mer & les oyseaux de l'air sont mes pensionnaires & viuent à mes dépens; Il n'y a pas iusqu'aux plantes & aux simples que ie n'entretienne, leur enuoyant les douces influences du Soleil, les rosées du Ciel & les pluyes en leur temps pour engraisser la terre. Quoy i'auray soin des valets, tandis que i'abandonnerois l'enfant de ma maison? n'est-ce pas pour vostre seruice que i'ay creé & que ie conserue toutes choses; pourquoy donc negligerois-ie le Maistre, sur le frót duquel i'ay graué les caracteres viuants de ma Majesté, qu'il represente visiblement dedans la terre?

Ma Catherine! de quel costé que tu te tourne, soit quant au spirituel, soit quant au temporel, tu ne trouueras par tout qu'vn abysme de Charité, dont les feux & les flammes embrazent tout l'Vniuers auec vne tres-douce, tres-puissante, tres-veritable & tres-parfaite Prouidence. Il n'y a que les amoureux du siecle qui n'en ressentent pas les feux, & qui n'en apperçoiuent pas les conduites : aussi sont-ils priuez de la lumiere surnaturelle de ma grace, & ne veulent pas s'appliquer à contempler la sagesse de mes dispositions. Ce qui est cause qu'ils y trouuent à redire, & qu'ils se tiennent resserrez par l'auarice, pour n'exercer la Charité & les œuures de Misericorde enuers le Prochain, en sa necessité. Ils pensent n'auoir iamais assez de biens pour eux-mesmes : ils amassent continuellement comme s'ils croyoient ne pas mourir bien-tost; quoy que ma bonne Verité leur ait dit qu'il ne falloit pas penser au lendemain, c'est à dire, au temps qui ne sera plus en leur disposition, & qu'ils ne sont pas asseurez d'auoir : Il suffit, disoit-il, d'auoir du soucy du iour present. Par ainsi il reprenoit les hommes de leur imprudence & de leur infidelité : de celle-cy, en leur proposant le discours de ma Prouidence; & puis de celle-là, leur remettant deuant les yeux la brieueté de la vie. Il vous apprend de chercher premierement mon Royaume, & de le demander tous les

*Aueuglemét des hômes mõdains en l'Amour des richesses de la terre au lieu de chercher le Royaume de Dieu.*

*Nolite ergo soliciti esse in crastinum : Crastinus enim dies solicitus erit sibi ipsi, sufficit diei malitia sua. Matth. 6. v. 34.*

*Quærite ergo primum Regnû Dei. Ibid. Adueniat regnum tuum.*

Oo iij

iours, c'est à dire, vne bonne & saincte vie. Pour le reste ie me reserue le soin de ces petites choses que i'ay faites pour vostre necessité: Ie commande à toute la Nature qu'elle trauaille incessamment à ce dessein.

*Mal-heureuses suites de la confiance que les méchants ont en eux-mesmes & en leurs richesses.*

Neātmoins les Méchants ne laissent pas de s'asseurer en leur prouidence particuliere, laquelle donne de la retenuë à leur cœur d'estre liberal aux occasions qu'il faut exercer la Charité. Aussi n'ont-ils pas voulu se rendre capables de la Doctrine de mon Fils, ny de se rendre imitateurs de sa vie. Qu'arriue-t'il de là, sinon la suite de toute sorte de mal-heurs? Cette confiance maudite qu'ils ont en eux-mesme, & la défiance qu'ils ont de ma Bonté, fait qu'ils ne se sçauroient souffrir tant ils se trouuent à charge. S'ils apperçoiuent quelque miserable, ils iugẽt mal de son interieur, au lieu d'adorer dans sa misere ma volonté, de laquelle ils ne conçoiuent iamais de bonnes pensées, si ce n'est quand ils se voyent en grande prosperité, parmy les consolations & les plaisirs du siecle. Aux moindres disgraces qu'ils reçoiuent en ces choses ausquelles ils auoient mis leur cœur & leur asseurance, ils ne pensent plus auoir d'obligation à ma Prouidence, qu'ils payent lâchement de beaucoup de haïne & de mépris; Ils ne sçauroient conuaincre leur esprit, qu'elle continuë d'épandre ses graces & ses faueurs sur leur teste, & ils iureront qu'ils sont priuez du bien de ses soins, tant ils sont aueuglez par leur propre passion. Ils n'ont pas d'yeux pour apperceuoir les riches tresors qu'ils peuuent auoir au dedans, s'ils apprenoiét de ménager auec beaucoup de patience & de modestie, les priuations des biens que ie veux qu'ils enduréret. Au lieu de tirer la vie de ces accidents, ils y succent la mort; dés ce monde ils sauourent les fruits de l'Enfer, & prennent les arrhes du tourment eternel.

Ie ne me lasse pas encore apres cela de continuer d'estre tousiours bon en leur endroit; Ie commande à la terre qu'elle soit égalemét bonne mere au pecheur & au iuste; Ie répāds les agreables influences du Soleil, & i'enuoye la pluye en mesme mesure sur le champ de l'vn & de l'autre. Assez souuent ie feray tomber ma benediction plus largement sur l'heritage du méchant que sur la terre de l'homme sainct. Ie me comporte ainsi pour mieux disposer le cœur de celuy-cy, à receuoir les richesses de mes graces auec plus d'abondance. Ie suis d'autāt plus liberal en son endroit des biens spirituels, qu'il s'est plus parfaictement dépouillé pour l'amour de moy, des plaisirs du monde, & qu'il a faict vn renoncement plus entier de sa propre volonté. Ha! que de bon-heur pour l'esprit qui est paruenu à cette perfection; l'Ame se dilate, en se dilatant elle se remplit en l'abysme de ma Charité, de laquelle elle se nourrit & elle s'égraisse, s'il faut ainsi dire. Ce qui fait qu'elle perd le soin de soy-mesme, le souuenir du monde & l'attente de ne prendre iamais de plaisir aux richesses de la terre.

*Prouidence de Dieu sur les bons & sur les mauuais.*

Oo iiij

*Prouidēce pleine de caresses de Dieu sur l'hōme qui a renōcé à soy-mesme pour se confier en luy.*

Cela estant ainsi, Ie me rēds le gouuerneur & le tuteur de cet homme; I'entreprends sa conduite tant pour le spirituel que pour le temporel; I'applique vne Prouidence particuliere par dessus la generale pour sa garde, ma Bonté enuoye promptement le diuin Paraclet le sainct Esprit en son sein, pour l'éclairer & le conduire. Ne te souuiens-tu pas de ce que tu as autrefois entendu en la vie des saincts Peres du desert d'vn certain solitaire, qui s'estant abandonné pour ma plus grande gloire à la misericorde de ma Prouidence, receut de ma part vn Ange que ie luy enuoiay, lequel visiblement pouruoyoit à toutes les necessitez de son corps, & consoloit son Ame auec les douceurs rauissantes de sa conuersation. C'est trop peu de l'Ange;

*Le S. Esprit est protecteur & le tuteur de l'Ame qui s'est dépoüillée d'elle-mesme.*

Quelquefois ie recommande au S. Esprit l'Ame qui n'a plus esperance qu'en mon Amour, non seulemēt pour exercer enuers elle l'office de Pedagogue, mais encore le deuoir d'vne bonne Mere; il l'applique au delicieux & Auguste sein de ma Charité immense pour y prendre toute sa nourriture & tout son entretien: là il l'enyure de ses douceurs. C'est de luy qu'elle tire ses richesses, c'est en luy qu'elle trouue tout; puis qu'il s'est mis en la place de tout ce qu'elle auoit quitté pour l'amour de moy.

*Estat de l'Ame qui s'est abādonnée à la Prouidence de Dieu.*

Par ainsi celle qui s'estoit depoüillée d'elle-mesme se voit reuestuë de mes grandeurs; ie la rends Maistresse & Dame de l'Vniuers & de soy-mesme, parce qu'elle a faict mourir l'Amour propre qui la faisoit esclaue. Elle commande auec authorité sur sa sensualité, par ce qu'elle s'est abaissée par humilité au dessous de toutes les Creatures. Ie la rends jouïssante de mes Lumieres Diuines à mesure qu'elle a recōnu les tenebres de la nature; mes forces luy sont accreuës aussi bié que le reste de mes graces, auec d'autāt plus d'auātage qu'elle a eu plus de desespoir de soy-même & de toute autre chose hors de moy. La foy viue auec l'esperance de même, font en son Esprit vn Paradis de delices & vn commencement de la vie Eternelle, auec vn banissement entier d'amertumes affligeantes. Ma volonté est la seule regle de sa raison, & toute la iustice de ses Iugemens, elle connoit par la Lumiere de la Foy, qu'en toutes choses ie ne cherche que la sanctification des hommes; ce qui faict qu'elle se conserue dans vne patience tout à faict admirable. O que cette Ame est heureuse! qui n'estant pas encore desliée des chaisnes de la Chair, ne laisse pas pourtant de sauourer déja les rauissemens de la vie immortelle. En tout ce qu'elle void, ce qu'elle entend, ce qu'elle reçoit elle y adore ma volonté. Il n'y a rien qu'elle ne respecte & à qui elle ne porte de la reuerence: à cette occasiō, ma main gauche ne luy semble pas plus pesante que ma droite ; la tribulation luy est aussi agreable que la consolation, elle treuue autant de bien en la faim & en la soif, comme au boire & au manger ; le froid & la nudité ne luy donnent pas plus d'auersion que le chaud & les vestemens ; Elle met à même-

*Sa force.*

*Sa joye.*

*Son indifference*

prix la vie & la mort, l'honneur & l'infamie, la ioye & l'affliction. En tous euenements el-

*Son égalité.*

le est également ferme : aussi a-elle son appuy sur la solidité de la pierre viue, où elle a mis toute son esperance, & où elle prend les Lumieres pour connoître que tout ce que ie donne de bien & de mal, procede d'vn même Amour que i'ay pour son salut.

*La Prouidence de Dieu condescendante & liberale.*

C'est pour cette fin que ma Prouidence s'étend sur toutes choses. Ie n'impose pas plus de fardeau que l'on en sçauroit porter; Aux grandes charges ie communique plus de force, à proportion que le trauail est plus grand. Mes consolations & mes aides se mesurent à la nature des tentatiõs & des épreuues; pourueu qu'auez beaucoup de fidelité l'ô se dispose de porter pour l'amour de moy ce qu'il me plaît. En fin ma douce Fille! tu n'es que trop instruite que l'épanchement du Sang de mon Fils, est vn témoignage bien clair qui manifeste que ie n'ay pas d'autre volonté en tout ce que ie dispose, sinon que le Pecheur se conuertisse & qu'il viue. I'ordonne pour son salut tout ce qu'il reçoit de douceur ou de rigueur. Donnez-moy vn Esprit parfaictement dépoüillé de soy-même, il connoîtra cette verité. Il se réjoüira en toute sorte d'éuenements qu'il sentira en soy-même, & qu'il verra en son Prochain: Il n'a garde de craindre que les petites choses luy manquent, puis que la Lumiere surnaturelle le persuade que ma Prouidence s'est monstrée si liberale enuers luy aux grandes.

O que cette Lumiere de la Foy est glorieu- *Saint Esprit.*
se! De vray c'est par elle que l'homme entre
en la connoissance de ma Verité. Diuine
Lumiere! émanée du sainct Esprit qui se dône conjointement auec elle en qualité de
Maistre & de Gouuerneur, & si vous voulez
de Ministre. L'on pourra s'en rendre digne,
si l'on veut prendre la peine auec les aides de
ma Bonté de faire vn bon employ de la Lumiere naturelle.

## CHAPITRE VII.

*De la Prouidence de Dieu en l'vsage de la diuine Eucharistie sur les Ames qui en sont amoureusement affamées.*

Les deux parties de ma Prouidence sur *Diuers moyens*
l'homme qui a mis toute son esperãce en *de la Prouidence*
elle, s'estendét sur son Ame & sur son Corps; *de Dieu pour*
ce qu'elle exerce sur celuy-cy, est tout pour *nourrir l'Ame*
le seruice de celle-là : C'est afin que l'Ame *de l'homme.*
croissant en la connoissance surnaturelle,
auoüe que ie suis celuy qui suis, que ie
suis seul qui a le pouuoir de pouruoir à tous
ses besoins; & que par ce moien elle perde
l'esperance de toute autre chose, pour attendre amoureusement & patiemment ce que
i'auray resolu pour la soulager. I'ay assés parlé de ce qui regarde le Corps; puis que l'A-
me est viuante, elle a besoin aussi bien que
luy de sa nourriture : le pain materiel ne
çauroit la repaistre, il faut qu'elle se nourrisse

588 *La doctrine de Dieu, enseignée* d'vne viande qui soit conforme à la nature spirituelle. I'y ay pourueu par la Doctrine que les Saincts vous distribuent ; afin que vous y preniez la vie en vertu du Sang precieux de mon Fils, qui a dit : que l'homme ne viuoit pas seulemét de pain; mais que la parole qui est produite de ma bouche, auoit aussi le pouuoir d'entretenir sa vie. Ie ne me suis pas contenté de cela, ie luy ay preparé vne plus excellente nourriture par le moien des Sacremens, qui estant appliquez au Corps, produisent les effets veritables de ce qu'ils signifient, en l'Ame de ceux qui les reçoiuent auec les dispositions necessaires, sans lesquelles ils demeureroient sans efficace.

*Non in solo pane viuit homo, sed in omni verbo quod procedit de ore Dei. Matth. 4. v. 4.*

La preparation que l'on y doit apporter ne consiste pas en la faim du Corps, ony bien au desir affectueux de l'Ame, principalement en celuy de la Diuine Charité. Il est vray que quelquefois ie differeray de donner cette satisfaction à la faim spirituelle que l'on a de le receuoir; afin de l'augmenter, & pour faire que les desirs de l'Ame s'excitent de plus en plus en leur attente. C'est où ie reüssis parfaitement; tant plus elle s'humilie en s'estimant indigne d'vne faueur si grande, tant plus elle se rend digne d'y participer. Pour cette fin i'emploie diuers moiens : Quelquefois i'enuoieray dans le cœur du Directeur tant de viues flammes d'Amour excitées par la vertu du sainct Esprit, que ie luy auray donné, que pressé par les efforts de sa conscience, il sera contraint d'accorder la Communion qu'il

*Moiens que la Prouidence de Dieu emploie pour accroître la preparation & le desir de l'Ame pour Communier.*

avoit defenduë à cette Ame qui en estoit amoureusement affamée. J'attendray quelquefois jusqu'au moment qu'elle aura perdu toute esperance de pouuoir Communier, pour inspirer le Pere spirituel, & pour luy faire changer de resolution en son refus. Ie conduits ainsi le ieu jusqu'à l'extremité; non que ie máque de pouuoir de luy dóner dés le commencement ce qu'elle demande; c'est pour tenir só esperáce bandée & sa foy arrêtée fixement en moy sans chanceler tant soit peu. C'est dis-je, pour la rendre auisée & bien sage à ne pas tourner la teste en arriere & à ne relâcher jamais pour peu que ce soit de la ferueur de ses desirs: Au contraire elle doit de là & de toute autre occasion prendre sujet de s'accroistre de plus en plus.

C'est ainsi que ie me suis vne fois comporté en ton endroit, quád vn iour tu vins à l'Eglise auec vn desir extrême de t'aprocher de la Communion; quoy que tu l'eusse communiqué à ton Pere spirituel, il n'y voulut pas du tout entendre; son refus ne diminua rien de la violence de ta faim qui se rendit si excessiue, qu'elle te contraignit à ietter abondance de larmes. Toutefois cet homme disant la Messe, & estant enuiron sur le point de faire la consecration du Calice, le sainct Esprit qui trauailloit en ton cœur pour rendre tes desirs desesperez s'insinuoit doucement dans l'Esprit du Prêtre, pour le porter à te donner de la satisfaction: il n'eust pas plustost commandé à celuy qui seruoit la Messe

*Dieu inspire le Directeur de saincte Catherine de luy donner la Communion qui luy auoit esté refusée. Effect de ce retardement.*

de t'en donner auis, que ta foy, ton Amour & tes desirs s'accrurent iusqu'à tel excez, qu'il sembloit que par l'impression violente de leur operation extatique, ton Ame voulust se separer d'auec ton Corps. Tu appris par là, que ce retardement auoit esté menagé pour ton profit, afin de dessecher en toy tous les restes de l'Amour propre, de fermer desormais la porte aux moindres pensées d'infidelité, & de boucher les auenuës à la défiance.

*Le sainct Esprit supplée par soy-méme à la consolation que les Creatures dénient à l'Ame fidele.*

Quelquefois ie me sers des Creatures pour ce dessein ; & d'autrefois ie n'emploie pas d'autre moyen que celuy du sainct Esprit, lequel est le veritable Consolateur, le puissant & sage Gouuerneur des Ames. Combien de fois ce diuin Paraclet a-il supplée par soy-mesme, quant les Creatures ont dénié leurs secours à mes bons Seruiteurs. A present ie te feray souuenir de deux rencontres où ie t'appris cecy par experience.

*Dieu Communie saincte Catherine au defaut des Prétres qui l'auoient refusée.*

L'vn se fit le iour de la Conuersion de mon Apostre Paul, où tu emploia tout ton pouuoir pour receuoir le Sacrement Auguste du Corps & du Sang de mon Fils. Tu pria autant de Prétres qui se presenterent à l'Eglise, à ce que tu pûsse receuoir par leur Ministere vne si grande grace, laquelle ils te refuserent. Ie disposois leur Esprit à ce rebut, ie voulois que tu connusse par là que ie ne manque pas au defaut des Creatures, pourueu que l'on espere en moy qui suis leur Createur. Il n'y auoit plus que la derniere

Messe à dire, laquelle ayant esté commencée, tu t'adressa à celuy qui la répondoit, pour aduertir le Prétre de ta deuotion. Celuy-là au lieu de suiure tes intentions n'en voulut pas rien dire : C'estoit moy qui ménageois cette tromperie, afin qu'à cette fois ie te fisse enyurer des douceurs rauissantes de ma Prouidence. Cependant tu attendois vne réponse fauorable ; & ne l'ayant pas, tu ne laissois pas d'accroistre les ardeurs de tes affections pour attendre le bien qui te faisoit languir. Enfin tu te treuua bien loin de tes esperances à la fin de la Messe, apprenant que le Prétre n'auoit pas ouy parler de ce que tu auois donné charge qu'on luy fit entendre. L'on ne sçauroit dire les desolations de ton cœur en ce rencontre : d'vn côté tu reconnus ton indignité pour receuoir cette grace ; tu t'accusois de temerité, d'auoir presumé d'approcher des Mysteres que tu ne deuois adorer que de loin ; l'humilité emploioit toutes ces raisōs, pour te faire cōnoistre que cette priuation estoit toute pleine de Iustice. D'autre côté ie trauaillois dans ton cœur pour porter la faim & la soif de tes desirs iusqu'à cette extremité, qu'il te sembloit que tu ne pouuois pas viure dauantage ny demeurer en toy-même. Puis que ie suis celuy qui esleue les humbles à mesure de leurs abaissements, ie tirois auec adresse tes affections dans l'abysme immense de ma Charité ; tandis que la sagesse de mon Fils auoit gagné ton entendement. Tu te laissois aller où tu estois attirée; de maniere que tu te sentis bien-tost conjointe auec tant de perfection à moy & aux deux autres personnes Diuines, que l'vnion où ton Ame faisoit du progrez s'y treuuoit plus forte que celle qu'elle auoit auec ton Corps, qui s'esleuoit de la terre par vn transport d'Amour incomparable. Ce fust dans cet abysme de Charité où ie te donnay l'accomplissement de ton desir. Ce fust là dis-ie, où tu receus le Sacrement du Corps & du Sang de mon Fils: & pour te persuader apres ton rauissement de la verité de cette grace, ie laissay par plusieurs iours l'odeur & la saueur de ce Corps & de ce Sang en tes sentimens, par vne maniere d'autant plus admirable qu'elle est incomprehensible. Tu te connus en suite toute renouuellée en la connoissance de ma bonne Prouidence, il n'y eust que toy à qui cette grace fust connuë.

*Admirable maniere de Cõmunier & ses effets prodigieux en Saincte Catherine.*

Quant à ce qui est du second rencontre, le Prétre en eust la connoissance & tous ceux qui se treuuerent presents. Tu sçais qu'à cause de tes grandes infirmitez, tu n'auois pû vn autre iour aller de bonne heure à l'Eglise pour ouyr la Messe; Le Prétre estoit déja prest de consacrer lors que tu vins auec vn desir extrême d'assister au Sacrifice, & de prédre le Sacrement. Tu te mis au bout de l'Eglise esloignée du Prétre, par ce que tes Directeurs t'auoient expressement defendu de t'aprocher de l'Autel lors que l'on y celebroit. Voiant donc que tu estois venuë trop tard tu commença à pleurer amerement. Tu

*Autre façon miraculeuse de Cõmunier Sainte Catherine.*

disois.

disois, miserable que ie suis! ie ne reçois que trop de grace d'auoir osé mettre le pied dans le Temple sainct & Auguste de mon Dieu, & d'auoir veu son Ministre sacré à ses Autels; n'est-ce pas là plus que ne sçauroit meriter vne Creature digne de l'Enfer pour ses crimes? Ces sentimens affectueux d'humilité profonde, n'apportoient pas pourtant de moderation à la violence de ton desir; tant plus tu pensois le contredire par ton aneantissement, tu te treuuois plus puissamment attirée en haut: les Anges estoient venus à tō aide, ils trauaillerent à rendre ta foy plus viue, & ton esperance plus certaine pour predre asseurance que le sainct Esprit le veritable Consolateur de ton Ame, ne manqueroit pas de donner le rassasiement entier à sa faim excessiue. C'est ce qui arriua par vne maniere que tu ne pouuois ny pretendre ny penser: le Prétre faisant les parties de l'Hostie auant se Communier, vne piece se détacha du reste par ma toute-Puissance, & se retirant de l'Autel alla iusqu'à l'autre bout de l'Eglise où tu estois, elle entra en ta bouche pour Communier. Tu ne croiois pas que la chose fust visible, tu pensois seulement que ie te communiasse inuisiblement, ainsi que i'auois faict quelqu'autre fois. Le Prétre cependant n'estoit pas sans peine d'Esprit, ne treuuant pas la partie de l'Hostie qu'il auoit diuisée; il luy venoit vne inspiration en l'Esprit de ma disposition en ta faueur, à laquelle toutefois il ne pouuoit donner son consente-

P p

*La doctrine de Dieu, enseignée* ment; jusqu'à ce que t'ayant découvert le sujet de son estonnement & de sa tristesse, je l'eusse asseuré de ce prodige qui s'estoit passé en toy.

*Dieu Communie miraculeusemēt saincte Catherine pour l'éveiller de l'Amour de sa Prouidence.*

Tu me pourrois demander si ie ne pouuois pas au lieu de faire ce miracle, empécher ton infirmité, afin que tu fusse arriuée à la Messe à l'heure propre pour Communier. I'auoüe qu'ouy. Mais ie desirois te conuaincre à plain que ie puis seul par moy-même, tout ce que i'ay disposé d'estre fait par le moien de mes Creatures. Ie tiens entre les mains vne infinité de moiens merueilleux pour satisfaire tes desirs au delà de tout ce qu'ils peuuent pretendre. Que cecy donc te suffise, ma tres-agreable Fille! auec les autres choses que ie t'ay racontées de ma Prouidence enuers les Ames affamées de ce Diuin Sacrement, pour te faire connoître qu'en toutes sortes d'accidents ie pouruois abondamment aux besoins de mes Creatures.

## Chapitre VIII.

### De la Prouidence de Dieu sur les Pecheurs.

*Diuers moiens que Dieu emploie pour la cōuersion des Pecheurs.*

TV peux considerer l'Ame de l'homme en trois estats; ou en celuy du Peché mortel, ou en celuy de la grace imparfaicte, ou en celuy de la perfection de cette grace. Ma douce & puissante Prouidence embrasse generalement & en particulier toutes ces conditions d'hommes, comme leur bonne mere: c'est toutefois en diuerses manieres, selon les ordres de ma Sagesse, & conformément à ce qu'vn chacun a besoin. Ie reueille ordinairement celuy qui est endormy dans le sommeil mortel du Peché, auec les piqueures viues du remords de conscience, auec l'affliction dont le cœur sera trauaillé par differentes rencontres que ie ménage adrettement à ce dessein. Tu ne sçaurois comprendre le nombre des sources de ces peines d'Esprit, dont les importunitez auec celles de la synderese, seruent ordinairement d'occasions aux méchants de faire banqueroute au vice. Assez souuent ie leur osteray le lieu & le temps d'accomplir leur peruerse volonté en l'Amour qu'ils auront pour quelque Creature, ou de mettre en effect la resolution qu'ils auront concertée contre mes ordres: de maniere que le tourment interieur qu'ils souffrent de rencontrer de l'opposition en leur dessein, les obligent de prendre vne inclination contraire, & les disposent à la compóction & au veritable repentir. Par ce moien ils abbatent peu à peu l'Amour, que ie puis appeller frenetique, qui leur donnoit de l'atrachement aux Creatures; ils commencent à voir clairement que ce qui les rendoit furieux en leur passion n'est pas grande chose, & en fin apres auoir bien pensé, ils iugent que ce n'est rien du tout. C'est ainsi que ie tire la rose de l'épine, que du rien i'en faits quelque chose en faueur de

Pp ij

leur salut, & que ie dispose que ce qui faisoit mal à l'Ame, se change en sujet de delices que l'on ne sçauroit exprimer.

*Les prieres des gens de bien sont des effects de la Prouidence de Dieu, sur les Pecheurs indignes de sa Misericorde.*

Ce n'est pas le Pecheur qui m'oblige à cete grace; il a des dispositions contraires à ma Bonté qu'il fuit & qu'il méprise, au lieu de la rechercher auec Amour. Il ne demande mon aide, & n'a recours à ma Prouidence que pour se rendre de plus en plus mon Ennemy par le Peché, pour paruenir à l'assouuissement de ses sales plaisirs, pour se rendre puissant en richesses, & pour son agrandissement dans les Estats du monde. Il n'y a que l'Amour qui m'a obligé de vous créer; qui me contraint pareillement de continuer à vous faire du bien. Cela n'empêche pas que ie ne considere beaucoup dans cet Amour les prieres de mes bons seruiteurs, qui trasportez du zele de ma gloire & du salut de leur Prochain que le sainct Esprit embrase dans leur cœur, s'éfforcent d'appaiser ma Iustice, que le méchant prouoque continuellement contre soy-même pour sa damnation. Les larmes & les oraisōs de ceux-là pour le bien de ceux-cy, sont des effets de ma Prouidence, de laquelle ie veux ma tres-chere Fille! que tu deuienne éperduëment amoureuse; tandis que touchée de compassion tu verras les méchants se rire & se mocquer, quoy qu'ils viuent dans l'ordure & dans les tenebres du Peché, en s'auançant à grand pas à la mort Eternelle.

*Prouidence de Dieu en ce que*

Les miserables coulent le temps qui leur doit estre si cher parmy les delices de la concupiscence & du ventre, ils font leur Dieu de l'vn & de l'autre, enflez de superbe & de vanité, & remplis de toutes les autres pauuretez horribles que ie t'ay raconté ailleurs. Ce pourroit-il rencontrer vne plus grande folie que celle d'vn homme qui chanteroit & danseroit tandis qu'on le conduit au dernier supplice auquel il a esté condamné pour reparation de ses crimes? C'est ce que le Pecheur fait tous les iours auec d'autant plus de dommage, que la vie de l'Ame est preferable à celle du Corps, & que la mort Eternelle est infiniment plus à craindre que la mort temporelle. Il n'y a pas de proportion entre vne peine infinie que ceux-cy meritent & entre vn tourment fini que l'on fait souffrir à ceux-là: Neantmoins comme des aueugles, que dis-ie, comme des furieux & des possedez d'vne sorte de manie qui n'a pas de semblable en la nature, ils se donnent du bon-temps pendant que mes bons amis se tuent de desplaisir, qu'ils emploient les iours & les nuits à prier & de faire penitence pour eux, auec des austeritez & des macerations qui ne sont pas croiables. Assez souuent ils sont payez de mocqueries & traitez de mépris par ceux-méme qu'ils cherissent iusqu'à cét excez. Leur ingratitude pourtant retombe sur leur tête; parce que ie suis vôtre Dieu iuste & veritable, qui rend à vn chacun selon ses œuures: partant la punition rigoureuse s'attachera au Peché tout ainsi que la recompense se prendra au merite de celuy qui aura souf-

*les bons sont affligez, tandis que les mauuais pour qui ils s'affligent sont à leur aise.*

598 *La doctrine de Dieu, enseignée*

sert des trauaux pour ma gloire, & qui n'aura rien relâché de la feruer & de ses exercices pour l'ingratitude & les persecutions des autres; d'où au contraire il aura pris occasion d'accroissement, d'affection & de desir à procurer leur bien. Tu vois par là les rufes sacrées de ma Prouidence, qui multiplie l'Amour des vns à mesure de la haine des autres, & que les manieres dont ie me sers pour la conuersion des miserables sont infinies.

### Chapitre IX.
*Prouidence de Dieu sur les Ames imparfaites en son Amour & en sa grace.*

*Prouidence de Dieu en retirant de l'Ame sainte les graces experimentales.*

MA tres-chere Catherine! voila ce que i'ay pensé de te dire touchant la Prouidence que i'emploie pour retirer l'Ame de l'estat du Peché mortel. Ie te veux monstrer à present comment ie me comporte pour conduire à la perfection celle qui est encore imparfaite en la grace ; Quelquefois c'est par plusieurs pensées fâcheuses, ou bien laissant l'esprit remply de desolations qui luy font craindre qu'il ne soit entierement abandonné de moy. Ie dispose qu'elle ne fasse aucune experience sensible de la presence de ma grace. Il luy semble qu'elle est au monde d'vne maniere comme si elle n'y estoit pas; Elle perd la connoissance que son estre ait sa dependance de la souueraineté de mon estre duquel elle n'a aucun sentiment, quoy que ie la pense re & que ie la possede en toute sa capacité; Elle sçait seulement que sa volonté n'a pas d'inclination pour m'offenser.

De vray sa volonté est vne piece considerable que ie me suis reserué vniquement & absolument. Il n'y a pas de puissance ny dans la nature ny dans la grace qui s'y puisse faciliter l'entrée: C'est moy seul qui en ouure la porte. Ie permets bien aux Ennemis de l'homme de frapper à cette porte, laquelle leur sera toûjours fermée, si ce n'est que l'Amour propre, ayant seduit le libre Arbitre qui en est le gardien & le portier, se glisse dedans pour y donner entrée à ceux qui ne peuuent s'en rendre les maîtres que par vsurpation. Luy seul peut donner son consentement & dire ouy, selon son bon plaisir. Il y a beaucoup de portes en l'homme pour penetrer dans l'interieur de son Ame. L'entendement & la memoire sont des plus considerables; mais il n'y a que la volonté qui soit la principale entre toutes les autres. Elle est leur Reyne & leur gouuernante; Quand elle s'est lâchement renduë, il faut que les deux autres puissances suiuent les conditions de son malheur.

*Maistrise de la volonté de l'homme. Elle ouure la porte au reglement ou au dereglement de l'Ame & de toutes ses puissances.*

L'entendement donne lieu aux tenebres, & la memoire est incontinent saisie du souuenir des iniures receuës, qui produisent la haine ennemie de la Charité; les plaisirs de la terre y prennent leur logement en autant de differentes manieres, qu'il y a de Pechez contraires aux vertus. Les organes du Corps se

*Déreglement des puissances de l'Ame & du Corps.*

*De l'entendement.*

*De la memoire.*

P p iiij

ressentent de cette desolatió de l'Ame; Tous les sens sont compris dans les conditions mal-heureuses des facultez de l'Esprit, duquel ils participent par contagion la corruption qui est dans l'interieur. L'œil demeure ouuert pour témoigner la vanité du cœur par vne ioye dissoluë, & pour produire la Lubricité cachée, par vne côtenance deshônestecapable de donner la mort & à la personne qui regarde, & à la personne qui est regardée; que pourroit-on attendre d'vn œil qui s'arrête pour vn Amour desordonné à voir vne chose qu'il ne deuoit pas ? I'auois donné à l'hôme cet organe pour estre le plus riche ornement de son Corps, pour luy seruir à regarder le Ciel & les beautez de mes Creatures, & pour l'arêter sur mes Mysteres, afin que l'Esprit fust excité à me vouloir aymer. L'oreille est desormais attentiue aux paroles de saletez & de calomnie, au lieu que ie l'auois creée pour entendre & ma diuine Doctrine & les besoins du Prochain. La langue qui deuoit chanter mes Loüanges, & publier ma gloire, confesser ses Pechez & consoler le Prochain; s'emploie aux murmures, aux blasphemes, aux iniures, aux detractions & à faire des discours deshonnétes; scandaleux & Impies. L'on ne sçauroit dire la grandeur ny le nombre des mal-heurs que produit ce petit membre, lors qu'il est infecté du poison de la volonté corrompuë. La perte irreparable du temps, les dissolutions, les homicides, les haines & les vengeances viennent du déregle-

*De l'œil.*

*De l'oreille.*

*De la langue.*

ment de la langue. L'odorat & le goust par- *De l'odorat, &*
ticipent de ce desordre, pour seruir à la gour- *du goust.*
mandise & à l'excez prodigieux du boire &
du manger, qui fournissent de matiere à la
lubricité où porte la corruption infame de la
chair delicate & eschauffée. Les mains n'y
contribuent que trop souuent, elles seruent
d'instrument à prendre le bien d'autruy, & à
faire du dommage à son Prochain. Les pieds
obeïssent pour aller où la concupiscence donne de l'inclination, & où les passions violentes emportent l'esprit.

Ie t'ay, ma Fille! raconté ces choses, pour te *Le déreglement*
donner sujet de pleurer le miserable estat où *qui se trouue dãs*
l'Ame est reduite par le peché, & pour te don- *toutes les autres*
ner à connoistre les suites pernicieuses qui *puissances ne*
*nuit pas à l'ame*
sortent de la volonté quãd elle a donné l'en- *si le reglement*
trée à ses ennemis par le consentement. Tou- *est en la volõté.*
tes les autres puissances peuuent estre ga-
gnées sans que pour cela la volonté le soit; &
elle ne sçauroit se rendre, qu'à mesme temps
tout le reste qui est en l'homme ne deuienne
esclaue. De maniere que ie permets que l'entendement soit enueloppé de tenebres &
que la memoire soit vuide de mon souuenir;
Ie souffriray que les sentiments du corps experimentent diuers combats; Ie reduits l'esprit à vn tel estat de misere, qu'en regardant
les choses sainctes, les touchant, les voyant,
les aymant & les adorant, elles ne luy representent en l'imagination que des idées de
corruption & des especes des-honnestes.
Tout cela pourtãt au lieu de causer la mort à

l'ame luy est au contraire occasion de vie, tandis qu'elle tient la porte de la volonté seurement fermée.

*Connoissances & profits que l'Ame tire de ce que Dieu l'abandonne à l'affliction.*

Ie prends vn singulier plaisir de voir cette Ame dans la peine & plongée bien auant dâs le déplaisir, entre les coûteaux, s'il faut ainsi dire, & les espées de ses Ennemis: ce n'est pas afin qu'elle perde les richesses de ma grace, c'est plustost afin qu'elle admire les tresors de ma Prouidence, c'est pour l'apprendre de se déprendre de plus en plus de la confiance en soy-mesme, & luy donner plus de sujet d'auoir vne plus puissante adherence à ma Bonté comme à la source souueraine de tous les biens qu'elle peut esperer. C'est encore afin qu'elle perde toute sorte de negligence & de paresse au fait de mon seruice, & afin que fuyant & soy-mesme & les Creatures, elle accoure vistement à moy, qui suis sa protection, son ayde & tout son bien. Que craint-elle? Ie suis son Pere doux & debonnaire, qui fais auancer son salut par ce traittement qui semble trop rigoureux en apparence, & qui toutefois luy est necessaire pour l'affermir en l'humilité profonde, & la faire perseuerer dans l'aueu qu'elle n'a ny estre ny suffisance d'elle-mesme, que c'est moy seul qui suis absolument le principe fontal de sa vie & de toutes les graces qui l'accompagnent.

*L'ame admire la toute-puissance de Dieu au milieu de ses delaissements.*

Elle se laisse persuader cette Verité, & que ma Prouidence est toute-puissante dans les grandes assistances qu'elle reçoit de moy, au milieu des assauts, des combats les plus violents, & lors qu'il luy semble qu'elle est reduite au dernier point d'estre vaincuë. De vray ie ne souffre pas que cette guerre dure tousiours; les assauts vont & viennent, selon que ie le iuge à propos pour le bien de l'Ame. De maniere qu'à l'heure qu'il luy semblera qu'elle est engloutie de l'Enfer; Ie luy fais gouster les essais de la vie eternelle; & au moment qu'elle pense estre sans exercice, c'est lors que ie commence à la rauir de transports par les operations delicieuses de l'Amour sainct.

L'on ne sçauroit exprimer la tranquillité où nagent son Esprit & ses puissances apres cette tempeste, sa paix deuient si excessiue qu'elle ne fait plus d'autre experience que de Dieu. En tout ce qu'elle voit, ce qu'elle entend, ce qu'elle touche, ce qu'elle sauoure, ce qu'elle flaire, & ce qu'elle pese, il luy semble que c'est moy, & que toute la nature ne crie autre chose que la saincteté de mõ Nom, & la souueraineté de ma Bonté; tant elle est si pressamment éprise, penetrée & possedée de la puissance des feux sacrez de ma dilectiõ, en l'abysme de laquelle elle est comme engloutie & noyée! Les douceurs de mõ amoureuse Prouidence se representent à son Esprit, tandis qu'elles se laissent sauourer delicieusement à la volonté : elle se sent échapée d'vne mer orageuse où elle croyoit perir, non par sa propre industrie ou par quelque sainct exercice qu'elle ayt employé, parce que le secours est venu lors qu'elle y pensoit le moins,

*Douceurs enyurées de la prouidence de Dieu apres les delaissements.*

lors qu'elle n'auoit que des idées de deses-poir, des sentiments d'indeuotion & des dispositions de froideur.

*Ruse de la Prouidence de Dieu qui ne vient pas consoler quād il est prié, & vient à propos lorsq'ue l'Ame en a presque perdu l'esperance.*

Elle connoist donc qu'il n'y a eu que mon Amour qui m'a obligé de la venir secourir, au temps qu'elle ne pouuoit presque plus ny combattre ny resister. Il est vray qu'auparauant elle auoit imploré mon assistāce fauorable; elle auoit pris toutes les postures agreables pour fléchir mon cœur de venir donner de la consolatiō à l'affliction extréme du sien: Elle auoit mis en exercice toutes les pratiques des plus belles deuotions, afin que ie lui enuoyasse les lumieres & les feux capables de chasser les tenebres de son entendement, & de bannir les froideurs de sa volonté: neantmoins ie faisois la sourde oreille, Ie me comportois auec elle en apparence auec beaucoup d'indifference, que dis-ie, ie faisois le fâcheux, car tandis qu'elle m'appelloit ie ne luy répondois pas; Et lors qu'elle ne me disoit plus mot, & n'auoit pas seulement la force ny le courage de me dire, helas! ie suis venu à elle, encore qu'elle ne m'attendoit plus. Ie n'ay pas voulu venir plustost, de crainte qu'elle n'attribuast à ses deuotions & à son merite la gloire de ma visite & les ardeurs de mes touches diuines. Vous apprenez par là Catherine! que les imparfaicts se conduisent à la perfection du sainct Amour par le moyen de ces combats, où ils font l'épreuue des agreables assistances de ma Bonté qu'ils admirent en ma Prouidence, de l'amour de laquelle ils demeurent tout embrasez.

I'vse quelquefois encore d'vne saincte ruze pour déprendre l'Ame de son imperfection. A ce dessein ie permets qu'elle ayme quelque Creature d'vn Amour spirituel, plus en particulier, pardessus l'amour general qu'elle est obligée d'auoir pour toute sorte de persones. Or cét Amour doit estre reglé; só déreglemét se peut connoistre en diuerses manieres: Si elle veut estre tant soit peu attentiue pour obseruer tous ses mouuements, il n'y a moment qu'elle ne le puisse connoistre de plus en plus. Ie te diray seulement à present, que quand l'on souffre vne peine d'esprit de ce que la personne que l'on affectionne a plus de conuersatió auec quelqu'autre; & parce que l'on est priué de son entretien par diuerses rencontres, ou que le cœur s'épanoüit par excez de ioye à son abord; Vous pouuez iuger asseurément, que l'amour que l'on a pour cette Creature, quoy que spirituel, est encore imparfait, & par consequent vous deuez estre asseurez que celuy que l'on me porte contracte la mesme imperfection, puisque la perfection de la Charité du Prochain suit les conditions de mon Amour; tel que sera celuy-cy, tel sera celuy-là, imparfaict s'il est imparfaict, parfaict s'il est parfaict. La mesure de l'vn faict la mesure de l'autre. Tu vois dóc, ma bonne Fille! que dans la ioye & dans la tristesse déreglée qui naissent en suite de la presence de la personne que l'on ayme ou de

*Moyen admirable pour en l'amour du Prochain discerner si l'on a la perfection de l'Amour de Dieu.*

son absence, & dans la ialousie que l'on a qu'elle se donne plus à vn autre, l'ame connoist l'imperfection de son Amour. Ce qu'ayant apperceu elle se propose de le rendre plus pur, à quoy elle ne pourroit se resoudre si premierement elle n'auoit reconnu son impureté, en ayant faict l'épreuue en soy-mesme. C'est à ce dessein que i'ay bien voulu qu'elle eust aymé cette Creature d'vn Amour spirituel; Ie ne suis pas toutefois la cause de son imperfection : il estoit donc à propos qu'elle reconnût ce qui vient de moy & ce qui est de soy, afin qu'elle prist de la complaisance pour ce qui est bon, afin de le conseruer cherement; & que d'ailleurs elle portast de la haïne à ce qui est mauuais pour le ietter dehors.

*La maniere qu'il faut tenir pour aymer le Prochain auec perfectió d'Amour sainct, & le moié de le discerner.*

C'est par ce moyen qu'elle faict mourir en son cœur toute sorte d'amour sensuel, sans excepter celuy de pere, de mere, de freres & de sœurs, qu'elle ne sçauroit aymer desormais que pour l'amour de moy sans qu'elle se reserue aucune proprieté. Il faut pourtant prendre garde soigneusement que cet amour de la Creature, ne fasse pas d'autre effort en l'esprit que celuy de l'espreuue l'on m'ayme en verité auec perfection; ou bien celuy du discernement s'il vient de moy ou non. Apres cela si l'on veut marcher auec prudence, l'on connoistra quelle droiture d'intention, & quelle pureté d'affection l'on doit apporter pour aymer cette Creature. La connoissance de soy-mesme & la haïne du propre sentiment retrancheront tout ce qui est dereglé; pourueu qu'au temps de la tentation & de l'épreuue l'on ne tombe en confusion & trouble d'esprit, & que l'on ne laisse gagner le cœur à l'amertume. Autrement ce que i'ay ménagé pour son bien tourneroit à sa ruine totale, & si l'on venoit à cette occasion abandonner les exercices accoustumez de deuotion, il y auroit bien du danger que l'Ame ne tombast dans le dernier malheur. Pour donc éuiter cela, il ne faut iamais rien relâcher des sainctes prattiques, tandis que par vne humilité tres-veritable & tres-profonde, l'on s'estimera indigne de toute consolation, soit du costé de ma presence, soit du costé de la presence de la Creature que l'on ayme. L'on doit auoir la pensée que cette personne ne perd rien de la vertu par son absence, pour empescher que vostre esprit ne soit affligé; puis que la raison qui a deu vous obliger de la preferer à plusieurs en vostre affection, demeure toûjours la mesme. Comme la presence de l'amy n'augmente pas, ny l'absence ne diminuë pas son merite; De mesme celle-cy ne doit pas causer de tristesse déreglée, ny celle-là de ioye excessiue en vn esprit qui fait profession de m'aymer parfaitement. Il doit au contraire en l'vn & en l'autre conseruer vne égalité de disposition, auec vn desir excessiuement affamé de souffrir auec courage toute sorte d'afflictions & de priuations, sans se soucier de quel costé la chose vient pour ma plus grãde gloire. C'est ainsi que l'on accomplira ma volonté en soy-mesme, & que l'on moissonnera les glorieux fruits de la perfection, pour laquelle i'ay permis tous les rudes assauts & toutes les rigoureuses touches dont ie t'ay donné des leçons, pour apprendre de t'y comporter auec fidelité & courage.

## CHAPITRE X.

*De la Prouidence de Dieu sur les parfaits en son Amour pour les perfectionner de plus en plus.*

*Les parfaicts peuuent durant la vie presente croistre toûjours en la perfection.*

C'Est assez auoir parlé de l'exercice que donne ma bonne Prouidence aux imparfaits pour les rendre meilleurs, encore que ie n'aye pas dit tous les autres moyens qu'elle employe, & que la suffisance humaine ne sçauroit expliquer. Il ne reste plus qu'à parler des parfaicts qui ont la meilleure part aux soins de cette bonne Mere: Ie les appelle parfaits, non qu'ils ne puissent croistre en perfection; Ie veux seulement dire qu'ils sont en l'estat des parfaicts qui participent de la condition de la vie presente, ou iusqu'à la fin l'Amour sainct, les vertus, la saincteté & la grace peuuent prendre de nouueaux accroissements. Ma Prouidence donc embrasse ceux-cy, non seulement pour les conseruer en l'eminence de leur estat; c'est encore pour éprouuer leur perfection, & pour la rendre

de

de plus en plus accomplie.

A ce dessein i'employe divers moyens, le principal & l'ordinaire a son fondement sur ce qu'a dit ma Divine Verité en l'Euangile; qu'il estoit la vraye vigne que i'en estois le vigneron & vous les branches: De maniere qu'il estoit besoin que vous fussiez vnis à luy comme à vostre souche surnaturelle qui préd origine de moy son Pere eternellement viuant, afin que vous puissiez apporter du fruict. Or ie fais grossir ce fruict iusqu'à ce qu'il soit meur, par diuerses sortes de tribulations, d'infamies, d'iniures, de mocqueries, de hontes & de blasmes, soit en parole, soit en effect, que i'enuoye auec la faim, la soif & les autres miseres de la vie, selon qu'il plaist à ma Bonté souueraine. De vray la tribulation est vn signe demonstratif de la Charité parfaicte dans vne Ame, quand parmy les iniures elle témoigne vne patience genereuse; & quand la malice de ceux qui la persecutent, luy seruent d'occasions d'accroistre de plus en plus les flammes amoureuses de sa compassion, ressentant plus de douleur de l'offence que l'on me faict & du dommage que son Ennemy reçoit, que de la peine & du tourment qu'on luy procure.

C'est ainsi que ie ménage le progrez continuel des Ames de cette eminente éleuation. I'excite encore dans leur cœur vne faim excessiue du salut du Prochain, qui ne les laisse iamais en repos: elles perdent le souuenir & le soin d'elles-mesmes, pour perseuerer con-

*Tribulations de la vie & les persecutiõs, moyens d'accroistre la perfection de l'Ame parfaite.*

*Ego sum vitis vera, & Pater meus Agricola est. Ioann. 15. v. 1.*

*Ego sum vitis vos palmites, qui manet in me & ego in eo hic fert fructum multũ. Ibid. v. 5.*

*Zele du salut des Ames est vn moyé pour faire du progrez en la perfection du sainct Amour.*

Qq

stamment à la porte de ma Misericorde où elles frappent sans cesse, iusqu'à ce qu'elle leur soit ouuerte en faueur des pecheurs: Ils reüssissent en cecy auec beaucoup d'auantages, à mesure qu'elles se méprisét, puis qu'elles me trouuent à mesure qu'elles se sont abandonnées en me cherchant. Le chemin qu'elles tiennent & le lieu où elles vont pour me rencontrer, c'est IESVS-CHRIST, c'est en l'institution de sa diuine Doctrine qu'elles apprennent les routes qu'il leur faut courir pour arriuer à la perfection: c'est en ce delicieux & tres-aymable Liure qu'elles lisent que pour accomplir ma volonté, & pour me donner des preuues puissantes qu'il auoit de l'amour pour moy & pour les hommes, il s'estoit rendu obeïssant iusqu'à souffrir les tourments tres-cruels & tres-ignominieux de la Croix, où il courut auec ioye pour s'y rassasier du salut des Ames.

Ie ne sçais pas d'autre moyen meilleur que celuy-cy, afin de tirer des preuues asseurées que l'Ame est arriuée à la perfection de mon Amour, & qu'elle s'auance auec beaucoup de gloire dans cét estat souuerain. Quand dis-ie à l'imitation de mon Fils, par les veilles, par les Oraisons continuelles, & par le trauail infatigable elle procure le salut du Prochain. Lors que l'on en est venu iusques-là, l'on atteint tout ce que l'on pourroit desirer pour se rendre agreable à ma Bonté, pour luy rendre seruice, pour luy témoigner la pureté & l'excez de l'amour. Ne t'ay-ie pas repeté déja plusieurs fois que la vertu n'avoit pas d'exercice sans la Charité du Prochain, qui estoit l'unique sujet capable d'en recevoir les effets: tout ainsi que l'on ne contractoit le vice que par la privation de cette Reyne de toutes les vertus.

Voila, ma Fille ! le glorieux fruict de ces pampres mystiques, ie les taille souvent en diverses manieres de tribulations & de tentations, tandis qu'ils ne s'épargnent pas de leur costé, afin que ce fruict qu'ils doivent rapporter soit plus abondant & plus savoureux. I'ay dit abondant, par le nombre de ceux qui seront convertis: Et puis savoureux, par leur patience amoureuse au milieu des peines qui les environnent de toutes parts. Helas ! qui auroit des yeux pour connoistre les biens de l'vn & de l'autre ; l'on verroit qu'il n'y a pas de rigueurs que l'on ne voulût embrasser de bon cœur, ny de difficultez que l'on ne desiraft franchir avec promptitude & allegresse d'esprit, pour procurer de les faire reüssir. Pour ce qui regarde la patience; ie ne veux pas qu'elle demeure oysive à faute d'exercice, Ie la travaille en eux pour la tenir en sa vigueur & en sa vivacité, par plusieurs travaux penibles : c'est afin qu'elle soit toûjours disposée à de nouveaux combats & à de nouvelles victoires, & que iamais l'Ame ne la trouve enroüillée, s'il faut ainsi parler, quand il faudra s'en servir. De vray l'impatience ronge l'esprit de déplaisir, de murmure, & assez souvent de desespoir.

*Dieu exerce les parfaits par la tribulation, afin que leur zele au salut des Ames rapporte plus de fruicts.*

Q q ij

*Dieu réueille la partie sensible aux petites choses quoy qu'endormie aux grãdes, pour humilier les parfaits.*

Quelquefois j'exerce les parfaits du costé de l'humilité, de laquelle ie desire pareillement tirer des asseurances. La ruse que i'employe en cecy est belle; Ie faits assez souuent endormir leur ressentiment, de maniere qu'il ne semblera pas, ny à la volonté, ny à la partie sensible qu'ils souffrent aucune peine, parmy les trauaux & les iniures, non plus que s'ils estoient des personnes endormies. Cecy n'est pas inconnu aux parfaits, desquels la partie sensitiue de vray n'est pas morte, elle dort seulement; l'occupation puissante du sainct Amour & l'operation rauissante du feu du sainct desir luy cause le sommeil: Toutefois s'ils viennent dauanture à relâcher de leur exercice, elle se réueille auec plus de viuacité qu'auparauant. D'où vient que personne pour

*Auertissement important pour les parfaits.*

si parfaite qu'elle puisse estre, ne doit se tenir iamais en asseurance. Tant plus que l'Ame fait du progrez dans le bien, qu'elle s'approfondit dans mes lumieres, & qu'elle s'abysme dans mon Amour, elle doit prendre moins de confiance en soy-mesme, & moins d'asseurance en sa propre suffisance: à faute d'en vser ainsi plusieurs font des cheutes mal-heureuses où iamais ils ne fussent tombez. Apres donc que ces parfaits auront esté durant vn grand temps en possession de cét endormissement du sentiment aux grandes occasions, & que sous des fardeaux qui estoient au dessus de leurs forces naturelles ils se sont maintenus genereux & constants auec autant de modestie que de ioye, & comme s'ils n'eus-

à saincte Catherine de Sienne. 613

sent du tout rien senty; ils deuiendront en vn moment si sensibles en des choses legeres desquelles ils se riront incontinét apres, qu'il y a dequoy s'estôner beaucoup. L'ame adroite s'apperceuant de ce desordre, se garde bié de se laisser abattre, elle fait vn effort pour s'éleuer au dessus de soy-mesme; & puis s'humiliant aussi bas qu'il se peut, elle se reproche ce sentiment duquel elle entreprend la punition rigoureuse, auec vne haïne mortelle qu'elle luy porte, sans luy donner lieu d'excuse & de grace : par ce moyen elle remet le sentiment en son premier estat, & si vous voulez dans vn plus profond sommeil qu'auparauant.

Autrefois ma chere Prouidence employe sur mes plus signalés seruiteurs vn moyen encore plus parfait que ceux que ie viens de dire; Ie leur laisse ce qui est honteux & fâcheux à des hommes qui tiennent la nature sous les pieds : c'est l'aiguillon tres-importun de la concupiscence, ainsi que ie fis à mon Apostre S. Paul. Ie l'auois choisi pour estre la trompette de ma gloire, il auoit appris la Doctrine surnaturelle de ma Verité en l'abysme de mon sein où ie produits mon Verbe; Ie luy laissay pourtant cét aiguillon importun naissant de la rebellion de la chair. I'auoüe que ie pouuois le deliurer de cette honte auec les autres qui la souffrent en diuerses manieres, selon mes dispositions adorables ; mais aussi ie l'eusse priué par ce moyen du merite du combat & de la gloire du triomphe ; Ie luy

*Dieu laisse l'aiguillon de la chair aux parfaits, pour en les humiliant les perfectionner de plus en plus.*

Q q iij

eusse osté vne occasion puissante de se maintenir en la connoissance de soy-mesme, qui est la mere & la nourrice de l'humilité. Cecy encore leur sert de leçons viuantes pour y apprendre d'estre comparissants & misericordieux enuers les autres, qui souffrent les mesmes tentations, & qui sont sujets aux mesmes passions qu'ils ressentent en eux par les ordres de ma Prouidence.

*Les moyens que Dieu employe pour exercer les parfaits, les disposant à l'vnion souueraine.*

La condoleance qu'ils ont pour les infirmitez de leur Prochain contribuë à l'accroissement de l'Amour sainct en leur cœur, où il faict vne fournaise viuante de ses feux & de ses flammes, desquelles l'Ame saincte estant penetrée en toute sa capacité se dispose à l'vnion souueraine auec ma Bonté. Toutes ces sainctes ruses que ie viens de te dire, & plusieurs autres cachées dans les tresors de ma Sagesse reseruées pour la gloire des parfaits se terminent à cette vnió extatique; laquelle ainsi que ie t'ay expliqué ailleurs consiste en vne si estroite adherence de connoissance & d'Amour de ma Bonté, que l'hôme quoy qu'il soit encore mortel en la terre, commence desia d'y prendre les essais des delices de l'eternité; & quoy que prisonnier en sa chair, il est rendu participant de la liberté des Bien-heureux.

*Langueurs douloureuses de l'Ame parfaicte de ce que Dieu est offensé.*

Toutefois cela n'empesche pas que l'esprit ne souffre beaucoup de douleur, laquelle n'est pas sans Amour. Qu'attendrez-vous donc d'vne personne qui m'ayme beaucoup si ce n'est vn excez de douleur, qui ne procede pas des iniures qui luy sont faictes, ny des persecutions qu'elle souffre puis qu'elle est morte à soy-mesme ; mais de ce que ie suis griéuement offencé par les personnes qui les luy procurent. N'y ayant donc plus que mon Amour qui la remplit & qui l'embrase, elle se më de déplaisir auec d'autant plus d'excez, qu'elle connoist la grandeur & le merite de ma Bonté si lâchement & si impudemment méprisée par des viles Creatures. La perte des Ames quelle voit cheminer parmy les tenebres de l'ignorance & de la malice, la font languir ; ses langueurs s'empirent à mesure que l'vnion qu'elle a faite en moy par les efforts affectueux de mon Amour, luy donne vne plus claire connoissance de l'excez de ma dilection pour l'homme : & considerant qu'il porte mon Image, elle en deuient si éperduëment amoureuse pour l'Amour de moy, que quand elle connoist qu'il se separe de ma Bôté par sa malice, elle en ressent vne douleur extremement affligeante. Ses peines interieures la pressent si fort, qu'elle tombe dans des defaillances qui rendent sa vie languissante, quoy que pourtant tout cela luy paroisse bien leger en comparaison de l'iniure & du mépris que l'on faict de moy.

Pour mieux faire reüssir tout le ieu ; il me plaist de me manifester moy-mesme par mes visites à certains Esprits de reserue ; Ie leur ouure mon sein pour leur faire monstre de mes grandeurs ; Ie touche leur cœur & i'ouure leur entendement, afin qu'apres y auoir

*Comment les lumieres extraordinaires & extatiques de la grãdeur de Dieu, & de la malice du peché accroist la perfection des parfaits.*

Q q iiij

appris auec vn excez d'amertume les iniquitez & les miseres du mõde, auec l'horreur de la damnation des Ames tant en cõmun qu'en particulier, selon qu'il me plaist; Ils prennent plus de sujet d'accroissement de condoleance d'amour en leur volonté; & qu'estans poussez des viues flâmes qui les embrassent, ils accourent à moy auec vne ferme esperance & vne foy viue pour obtenir les agreables épanchements de ma misericorde, suffisantes de remedier à tant de pressantes necessitez. Par ce moyen ma bonne Prouidence pouruoit tout à la fois & aux miseres des pecheurs, & aux progrez des parfaits; à ceux-là, en leur faisant grace, y estant comme contraint par les desirs affectueusement douloureux de mes bons Seruiteurs; & à ceux-cy, leur donnant sujet de s'auancer de plus en plus en la treshaute connoissance & en la tres-eminente perfection de l'Amour.

*Dieu ne cesse durant la vie de disposer des moyens de progrez aux Ames si parfaites qu'elles soient.*

La vie presente, ma bonne Fille, est vn estat de merite & d'agrandissement; d'où vient que ie ne cesseray iusqu'à la fin de preparer les moyens que ie viens de te dire, & plusieurs autres, pour rendre la perfection de l'Ame tousiours meilleure. Ie trauaille sans cesse de la dépoüiller de toute proprieté d'amour tãt spirituel que temporel; Ie retourne souuent à elle auec la verge & le baston, pour luy faire auancer le pas pour rendre les fruicts de sa patience plus sauoureux; & pour l'endurcir au sentiment de la peine, par la mort entiere de son Amour propre. Tous ces moyens que

*à saincte Catherine de Sienne.* 617

sont connus que de ceux qui cherchent la Lumiere plus ou moins à mesure qu'ils en profitent : il n'y a que ceux qui se plaisent en leur aueuglement qui n'en ont pas de connoissance, laquelle pourtant ils treuueroient en fin s'ils rentroient serieusement en eux-mêmes, pour s'y considerer ; & par ce moien ils se retireroient des tenebres.

## CHAPITRE XI.

*Le zele des parfaits pour le salut des Ames, representé par les circonstances des deux Pesches de sainct Pierre, auant & apres la Resurrection de Iesus.*

CE que i'ay dit iusques icy de ma Prouidence tant en general qu'en particulier, n'est rien en comparaison de ce qu'elle faict. Tout ce que tu en as appris ma chere Fille ! n'est pas seulement l'ombre d'vne petite goute comparée à toutes les eaües de la mer. Ie t'ay premierement discouru du Sacrement du Corps & du Sang de mon Fils ; Ie t'ay découuert les adresses que ie tiens, pour prouoquer le desir affamé de l'Ame saincte d'y participer. Tu as veu mes agreables tromperies quand i'enuoye le sainct Esprit pour trauailler interieurement dans toute sorte d'Ames, dans celle des Pecheurs pour les conuertir à ma grace, dans les imparfaictes pour les auancer à la perfection, & dans les parfaictes afin de

*Les Ames parfaictes sont Mediatrices, & cóme les Arbitres entre Dieu & le Pecheur.*

les rendre de plus en plus eminentes en la perfection de mon Amour, & afin de leur faire acquerir toutes les bontez propres pour estre, s'il faut ainsi dire, les arbitres de reconciliation entre moy & l'homme Pecheur mon ennemy. Par cette glorieuse condition de mediateurs ils portent l'Image tres-accomplie de mon Fils Iesus Crucifié, duquel ils exercent l'office puis que i'ay resolu, ainsi que ie t'ay déja plusieurs fois asseuré de faire Misericorde au monde par leurs prieres, & de reformer l'Eglise par leurs trauaux: C'est à l'exemple de cet Amoureux Redempteur qui est venu dans le monde, à dessein de faire cesser par son Sang & & par ses merites, la guerre du Peché & de ma Iustice, & de reconcilier l'homme auec ma Bonté par vne paix asseurée qu'il vous a acquise, endurant excessiuement iusqu'à la mort tres-honteuse & tres-cruelle de la Croix. De vray ces personnes ont tant d'Amour pour les souffrances, que vous les prendrez pour des Crucifiez ; Ils paroissent en cette posture pour se mettre entre moy & le Pecheur, par les prieres continuelles qu'ils me presentent, par ma Doctrine qu'ils publient & par la saincteté de vie qu'ils proposent pour exemple en eux-mêmes, dans la pratique excellente de toutes les vertus. La patience genereuse qu'ils apportent à dissimuler auec addresse les fautes de leur Prochain, leur sert d'ameçon pour gagner à moy plusieurs Ames.

*L'Ame parfaite* Ces personnes font l'office de Pécheurs,

ils ne iettent pas les filets à la main gauche *embraſſe par le*
mais à la main droite, ainſi que mon Fils có- *deſir le ſalut de*
manda vn iour à ſainct Pierre & aux autres *tous les homes.*
Diſciples apres ſa glorieuſe Reſurrection. La
gauche de l'intereſt & de l'Amour propre eſt
morte en leur Eſprit; La verité du tres-pur & *Mittite in dexte-*
tres-doux Amour a pris ſa place, pour y eſtre *ram nauigij rete,*
ſource de vie & pour faire cette droicture *Ioan. 21. v. 6.*
d'intention auec laquelle le Rets du ſainct
deſir s'approfondit en moy qui ſuis vne mer
immenſe de paix. Et pour joindre la Péche
de deuant la Reſurrection auec celle-cy; en
voulans retirer le Rets & le renfermans en la
connoiſſance d'eux-mêmes, ils ſont contrains
d'appeller leur compagnons à leur ayde tant
eſt grande la Péche des Ames qu'ils veulent
gagner pour ma gloire. Le ſainct deſir vny à
mon Amour encloſt tous les hommes, il veut
tout prendre; l'Eſprit affamé de ma gloire ne
ſe contente pas d'vne partie du monde, il ſe
dilate à l'infiny, & ne voudroit pas d'exceptió
au fait du ſalut. Il embraſſe les bós afin qu'ils
ſe conſeruent dans le bien, qu'ils croiſſent
en perfection, & qu'ils contribuent de leur
zele à l'ayder en l'accompliſſement de ſon deſir. Il enueloppe les imparfaits afin qu'ils deuiennent meilleurs, auſſi bien que les méchás
afin qu'ils deuiennent bons; il comprend les
infideles & les ignorans, à ce qu'ils ſoient participans de ma grace & de mes Lumieres au
ſainct Baptéme. La capacité de ſon ſouhait a
vn eſtenduë ſi vaſte qu'il n'y a aucun eſtat ou
aucune condition d'homme qui n'y treuue ſa

place. Il tâche en cela de porter la resemblance de l'immensité de mon Amour & de ma Bonté dans laquelle il voit tous les hommes. C'est en ces deux sources où l'Ame parfaicte admire les causes & les motifs de l'estre des Creatures, & puis de leur rachapt par le Sang venerable de mon Fils vnique.

*L'Ame parfaicte desire d'auoir des compagnes à la conqueste des Ames.*

Son desir donc estant semblable au mien qui comprend tout l'Vniuers ; Il ne faut pas s'étonner si elle reconnoit qu'elle a trop de foiblesse toute seule pour reüssir en sa Pêche, & gagner autant d'Ames que son souhait a d'étenduë? D'où vient qu'auoüant son impuissance par le motif de l'humilité profonde, elle a recours à la Charité des autres capables de la secourir en son dessein.

*Les parfaits font voir la droiture de leur intention dans la malice des méchans desquels ils zelent le salut.*

J'auouë que plusieurs s'échapent par leur propre faute, & ne correspondent pas aux Oraisons continuelles que l'on m'adresse pour eux. Helas! combien y en a-il qui abusét de ma grace, qui la méprisent, qui croupissent dans l'infidelité & dans le Peché mortel, qui fuient ma presence & la conuersation de mes bons Seruiteurs, qui ne veulent pas communiquer à leur Amour sainct, & qui les traittét d'irreuerence. Tandis que ces perdus se comportent ainsi auec beaucoup d'iniustice & de mépris; ceux-là au contraire ne perdent rien de leur Charité, de laquelle ils font croître les feux de plus en plus parmy les froideurs ingrates de ceux-cy ; par ce moien ils font voir qu'ils iettent le Rets de leur sainct desir à la droite & non pas à la gauche.

### à sainte Catherine de Sienne. 621

Ma bonne Fille ! apprenez que toutes les actions de mon Fils dans la terre sont toutes remplies de tres-grands Mysteres, & que la verité de la Lettre de ses operations miraculeuses, soit auec, soit sãs ses Disciples, estoiẽt de cõtinuelles leçons à toutes sortes de personnes pour le bien de l'Ame. Les Esprits pesans & les subtils, les doctes & les ignorants, les parfaicts & les imparfaicts y peuuent estudier les regles infallibles de ce qu'ils doiuent imiter & y apprendre la veritable Doctrine necessaire pour le salut, s'ils veulent tant soit peu les considerer attentiuement auec la Lumiere de la raison aydée de celle de la Foy.

*Les actions miraculeuses de Iesus, sont des leçons viuantes aux hommes.*

Tu sçais donc comment l'aimable Redempteur parla à sainct Pierre lors qu'il luy commanda de jetter les filets dans la mer; à quoy sainct Pierre répondit qu'il n'auoit faict autre chose toute la nuict sans auoir pû reüssir en son trauail. Il adjousta neantmoins qu'il vouloit obeïr, & qu'à son commandement & en vertu de son Nom il alloit encore vne fois hazarder le Rets. Ce qu'aiant faict auec autãt de promptitude que de simplicité & de confiance, il sentit qu'il estoit remply d'vn nombre si excessif de poissons, qu'il luy fust impossible de le retirer sans l'ayde de ses compagnons : Catherine ! ne vois tu pas que toutes les circonstances de cette Pêche miraculeuse sont ménagées par ce diuin Maître, pour être appropriées au sujet duquel ie t'entretiens maintenant. La confiance de sainct Pierre,

*Application des circonstances de la Pêche de saint Pierre au zele du salut des Ames qu'ont les parfaits.*

*Duc in altum, & laxate retia vestra in capturã. Respõdens Simõ dixit illi : Præceptor per totam noctem laborãtes nihil cepimus, in verbo autem tuo laxabo rete, & cum hoc fecissent cõcluserunt pisciũ multitudinem copiosam. Et annuerunt socijs quierant in alia naui vt venirent & adiuuarẽt eos. Luc.5.v.4.5.6. 7.*

sa foy & son obeïssance sont tout le merite du fruit qu'il en a heureusement emporté; c'est ce qui fust cause qu'il prit beaucoup de poissons. Remarque que ce ne fut pas durant la nuit: De vray la nuict du Peché n'est pas propre pour gagner des Ames à mon seruice; La priuation de la Lumiere de ma grace, faict que l'on met son affection non en la mer viue, mais en la morte, sans faire aucun auancement; l'on ne prend que le Peché qui est vn pur neant, & c'est encore auec vn trauail intolerable qui rend l'homme vn mal-heureux martyr de l'Ennemy, au lieu de l'estre de Iesus-Christ Crucifié. C'est donc durant le iour de la grace que mes bons Seruiteurs, appliquent leurs pensées à la Meditation des Commandemens de ma Loy, où ils apprennent que l'on doit ietter les Rets de l'affectiō saincte, & le zele du desir en l'abysme immense de mon Amour, par la vertu de la parole de mon Fils, en m'aymant sur toutes choses & le Prochain comme soi-mesme. Alors dis-je auec obeïssance, guidée par la Lumiere de la Foy & fortifiée par la confiance, suiuant la Doctrine veritable de ce diuin Verbe & de ses Disciples, ils reüssissent heureusement.

## Chapitre XII.

### De la Diuine harmonie que faict l'Ame des parfaicts.

*Les parfaits qui gardent les Conseils, comme sont les Religieux,* TOut ce que ie viens de dire seruira afin qu'auec la Lumiere de l'entendement, l'ō connoisse la grandeur de la Prouidence que mon Fils a employé en toutes ses actions & en *font plus de fruit* toutes ses paroles pleines de Mysteres di- *à procurer le sa-* uins, durant qu'il a conuersé visiblemét dans *lut des Ames que* le monde; & que de là l'on apprenne ce que *les autres.* l'Ame doit faire estant arriuée au souuerain degré de perfection où tous ne trauaillent pas également. Il y en a quelques-vns qui auec plus de ferueur, plus de promptitude & plus de Lumiere obeïssent à la parole de ma Verité, ayants perdu la confiance en eux-mêmes, & renoncé à l'esperance en leur propre suffisance, pour demeurer seulement recüeillis en moy qui suis leur Createur, ainsi que font ceux qui obseruent auec les Commandemens, les Conseils non seulement mentalement & de cœur, mais actuellement & par effect. Ceux-cy comme parfaits font meilleur Pêche que ceux qui gardent les Cômandemens par effect, & qui ne gardent que les Conseils mentalement. Tu sçais ma Fille! ce que ie t'ay dit ailleurs, qu'il est impossible de garder les Commandemens par effect si l'on ne garde pareillement les Conseils par affection de cœur & mentalement, à raison de l'alliance tres-estroite qu'il y a entre les vns & les autres.

Ces parfaits ordonnent toutes leurs puis- *L'Ame des par-* sances & accordét toutes leurs facultez à fai- *faits comparée* re vne harmonie agreable dressée à la gloire *cord & son har-* de mon Nom. Les petites cordes qui sont *monie.* les sentimens du Corps, suiuent les accords des grosses cordes de l'Ame. Et tout ainsi que les instrumens de Musique, comme sont les Luths & les Violes, sont ouuerts en partie & fermez de l'autre : De même l'Ame des parfaits demeure fermée à l'Amour de tout ce qui est moindre que moy, par la bône & seure garde, que fait le libre Arbitre à la porte de la volôté, qui est d'ailleurs ouuerte pour cherir mon honneur & le salut du Prochain. L'entendement aussi est fermé à contempler les delices, la vanité & les miseres du siecle, auec lesquelles il contracte vn aueuglement déplorable : Au contraire, il est ouuert à la Lumiere adorable de ma Verité incarnée. La memoire demeure fermée au souuenir du monde & de la sensualité, & elle est ouuerte à representer le souuenir perpetuel de mes bien-faits. Ce qui faict que l'affection de l'Ame forme vn cris de joye, & vn tres-doux susurre de loüange & de iubilation. Les sentimens du Corps s'accordent au ton de l'Ame; vn chacun trauaille en son ordre, selon la regle que luy cómandent la raison & la grace pour le salut des Ames à ma plus grande gloire. L'œil en sa veuë, l'oreille en son ouye, l'odorat à fleurer le goust en sa saueur, la langue en sa parole, tous les autres sentimens du Corps en leurs fonctions demeurent d'accord, pour obeïr à l'Esprit, & resonner comme luy l'exaltation de mon sainct Nom, & seruir par les bonnes œuures spirituellement & temporellement le Prochain.

*Puissance de l'harmonie qui a gaigné les Ames.* Catherine ! tandis que les méchans font vn desaccord effroiable de mort; les bons au contraire font vne harmonie gratieuse de vie la prattique des veritables vertus, auec lesquelles ils deliurent des tourmens & du Peché, ceux qui y estoient mal-heureusement engagez. Que le monde le veüille ou qu'il ne le veüille pas, les hommes méchans ne sçauroiét s'empécher d'étre touchez de cette harmonie, entre lesquels plusieurs se treuuent pris pour se rendre à ses douceurs. Si ceux-cy en sont rauis, qui pourroit raconter les transports des bōs, & qui pourroit expliquer auec quelle allegresse, ceux qui jouïssent déja du souuerain biē dās le Ciel y attendent ceux de la terre pour participer du bon-heur & de la joye des vns des autres. Tous les Ss. ont esté pris à ce resonnement delicieusement harmonieux: le premier qui le fit entendre, ce fut le diuin Verbe: auec l'instrument de vôtre humanité estendu sur la Croix, il toucha vn air de vie qui rauit le Genre humain à son Amour, & donna la mort à l'Ennemy, lequel il dépoüilla de la souueraineté qu'il auoit vsurpée à l'occasion du Peché de l'homme. Les Apôtres firent le même; & touchants sur le même ton, ils gagnerent des mondes entiers par la Predication de mon Euangile. Les Martyrs, les Confesseurs & les Vierges ne se sont pas seruy d'autres armes pour me captiuer les Ames. Saincte Vrsule chanta si bien, qu'elle en anima onze mille au Martyre. C'est ainsi que les autres qui en vne maniere, qui en vne autre, ont faict du progez en l'auancement de ma gloire. Voila iusques où s'est estéduë ma bonne Prouidence, c'est elle qui a

*Qui sont ceux qui l'ont fait entendre.*

R r

626 *La doctrine de Dieu, enseignée*

pourueu vn chacun de mes bons Seruiteurs, de moiens necessaires pour reüssir en ce dessein. Tout ce que ie promets, & tout ce que ie veux sur eux durant le cours de la vie, c'est pour les rendre plus propres à cette même fin; c'est pour accroître en eux les moiens de se rendre plus vtiles; si ce n'est qu'estans aueuglez par la taye ou le cataracte de leur Amour propre & de la bonne opinion de leur suffisance, ils se rendent volontairement incapables de connoître & d'admirer les secrets de mes adorables dispositions.

---

### Chapitre XIII.

*De la Prouidence de Dieu dans le Corps politique & Mystique, disposant que l'vn communique au bien de l'autre.*

La Prouidence de Dieu embrasse tous les hommes.

Dilatez vôtre cœur ma douce Fille! & ouurez l'œil de vôtre entendement, pour receuoir plus à plein la Lumiere de la Foy, & que par elle vous puissiez mieux comprendre la grandeur de l'Amour de ma Prouidence sur l'homme. De vray ne l'ay-ie pas creé pour le rendre possesseur de tous mes biens. A ce dessein i'étends mes soins sur l'Ame & sur le Corps, tant des imparfaits que des parfaits, tant des mauuais que des bons, soit au temporel soit au spirituel, soit au Ciel soit en la terre, soit en la vie mortelle, soit en l'immortelle.

Dieu n'a pas  I'ay lié tous les hommes ensemble; & quoy

à sainte Catherine de Sienne. 627

qu'ils se puissent separer par l'affection fondée en la Charité, ils ne peuuent toutefois se deslier des vns des autres par les estreintes de la necessité: De maniere que s'ils ne veulent pas exercer entr'eux la Charité laquelle ils ont perduë par leur faute, ils sont neantmoins contraints de se rendre mutuellement les actions & les œuures que la Charité deuroit produire. C'a esté mon dessein quand i'ay faict les hómes qu'ils exerçassent la Charité autant par affection que par action, d'où vient que ie n'ay pas voulu donner à vn chacun en particulier ce qui estoit necessaire pour pouruoir à tous les besoins de la vie; i'ay départy vne industrie à l'vn, vne adresse à l'autre: i'ay distribué à celuy-cy, vne aptitude; à celuy-là vne habilité toute differente: Tellement qu'vn artisan ne se sçauroit passer de celuy qui faict vn autre mestier, les Religieux & les Prétres ont besoin des personnes Laïques, & ceux-cy treuuent en ceux-là, ce qu'ils ne se peuuent procurer sans leur assistance. Par ainsi ayant voulu faire paroître dans les riches thresors de ma bonne & sage Prouidéce, la magnificence de ma Bonté; I'ay ménagé à l'homme les rencontres de luy faire pratiquer l'humilité & la Charité: celle-là, quád il va chercher chez autruy ce qui luy manque; celle-cy en donnant aux autres ce qu'ils n'ont pas & ce qu'il possede amplement.

*voulut donner toutes les aptitudes a vn homme seul, afin d'establir la Charité parmy les hommes.*

N'auez-vous pas vne leçon perpetuelle de cecy dans les membres de vostre Corps, qui s'entreseruent mutuellement par vne cor-

*La Charité fraternelle enseignée aux hommes par les mem-*

R r ij

*Près de leurs Corps.*

respondance à ravir quoy que naturelle, tandis que dans le Corps politique & Mystique, vous n'auez aucune compassion des vns des autres? Si la téte se plaint, la main va promptement à son secours; & si celle-cy a mal au bout du doigt, la téte encore que beaucoup plus noble & plus considerable, s'applique à le soulager: De vray elle sert à toutes les parties du Corps, auec l'oüie, la veuë, la parole & auec tout ce qu'elle a. L'homme superbe ne se comporte pas ainsi, il dédaigne de soulager les besoins de son Prochain; il refuse de le cōsoler par la douceur condescendante d'vne bonne parole, il tourne la face en arriere, c'est assez souuent auec reproches, iniures & mépris: & quoy qu'il abōde en superfluitez d'excessiues richesses, il n'a pas de honte de laisser mourir de faim celuy qui est de même nature auec luy. Peut-on voir sous le Ciel vne cruauté pareille de laquelle l'horreur prouoque ma Iustice pour la deprimer iusques dans les Enfers.

*Prouidence de Dieu en la recompense du pauure méprisé, & en la punition de celuy qui luy dénie la Charité.*

Ie ne manque pas toutefois de Prouidence pour ce pauure, ie luy ay preparé des biens qui n'ont pas de prix, pour compenser auec excez en l'Eternité, toutes les miseres qu'il a souffertes dedans le temps. Cependant ie rejetteray de moy ces entrailles endurcies, s'ils ne se reconcilient de bonne heure auec ma Misericorde; Ie leur reprocheray que i'ay eu faim & soif, & qu'ils ne m'ont donné ny à manger ny à boire; que i'ay esté nud, malade & prisonnier, sans que pour cela ils se soient mis en peine ny de me reuestir ny de me donner vne visite. Ils n'oseroient alleguer pour excuse qu'ils ne m'ont pas veu souffrir ces besoins dans la vie ; puis qu'ils sont conuaincus par la verité, que tout le bien & le mal que l'on faict à vn des moindres du nombre des pauures, est approprié à ce Diuin Redempteur, & reputé comme s'il estoit faict à luy même ; Voila les raisons de la condemnation des méchans aux peines Eternelles des Enfers.

N'admire tu pas icy les douceurs enyurantes de ma bonne Prouidence, qui a disposé des moiens si propres & si faciles aux hommes, pour leur faire éuiter vn mal-heur si déplorable. Catherine ! retire tes yeux de la terre, égaye ta contemplation dans la vaste estenduë du Ciel, & si tu veux, dans la capacité immense de mon sein où reside la vie Eternelle en sa source, tu y verras les Anges bien-heureux, auec les autres Citoiens du monde sauuez par la vertu du Sang adorable de l'Agneau, vnis ensemble, par les estraintes puissantes de la Charité auec vn ordre rauissant. De maniere que l'vn ne sçauroit sauourer son bien propre, qu'il ne participe à même-temps du bien de tous les autres. En cecy ils sont tous égaux, encore qu'il y aye de l'inegalité en leur bon-heur. Le plus grand dans la gloire prend part en la felicité du plus petit ; & celuy-cy, se conjoüit de la jouïssance de celuilà. Quand ie dis petit, i'entends quant à la mesure, & non quant à la plenitude : tous aussi

*Charité fraternelle & cójouïssance mutuelle des bien-heureux en la gloire.*

bien les petits comme les plus grands sont remplis de la Charité consommée, chacun selon son degré, selon son merite & selon sa capacité, ainsi que ie t'ay raconté ailleurs.

*Rauissemens de la Charité fraternelle, & de la conioüissance mutuelle des Bien-heureux.*

A! ma Fille? qui pourra comprendre la grandeur de cette Charité fraternelle, qui se retreuue entre les Bien-heureux? A! combié est parfaicte & est intime l'vnion incomparable qu'ils ont auec moy, & qu'ils ont entr'eux les vns auec les autres auec moy. Car chacun considerant en particulier qu'il a receu cette grace de ma Bonté, ils la veulent tous tenir d'elle, auec la reuerence & la crainte qu'ils me doiuent: mais venans à reconnoitre ce bien en eux-mêmes, ils sont saisis de tant de flammes amoureusement Diuines, qu'ils sont contrains de se laisser transporter dans mon sein, pour y admirer les grandeurs de la gloire où ie les ay esleué auec tant de Majesté. L'Ange s'épanche dans le sein de l'homme qui reciproquement se répand dans la poitrine de celuy-là: Il se faict vn meslange d'Ames bien-heureuses, auec des Esprits bien-heureux vnis ensemble par les douces & puissantes estreintes de mô Amour. Ce qui forme la complaisance & la conioüissance que les vns ont de la joüissance des autres; d'où naissent les élancemens de joye, accompagnez de cris d'allegresse & de saueurs delicieuses, au sujet de cette admirable disposition de ma Bonté.

*Prouidence de Dieu sur les*

Il ne reste plus qu'à te dire touchant les Ames du Purgatoire que ie ne les abandon ne pas de mes soins; Celles qui dans le monde par ignorance ou par paresse, n'ont pas faict vn employ assez exact du temps sont condamnées par ma Iustice à demeurer dans les tourmens : Et parce qu'elles sont en vn estat où elles ne peuuent plus meriter, i'ay pourueu que ceux qui estoient restez dans le monde suppléeroient par leurs œuures satisfactoires à la pauureté de ces prisonnieres. C'est par les aumônes que l'on faict pour elles, tandis que l'on en a le temps, par les diuins seruices que l'on ordonne de dire, par les jeusnes & par les prieres que l'on faict en estat de grace pour elles, que l'on abrege, moyennant ma Misericorde la durée de la peine qu'elles ont merité. Voila ce qui appartient à l'interieur de l'Ame, où ma Prouidence se faict paroître de plus en plus admirable tout ensemble & aimable. C'est ce que ie demande de toy, aime-là parfaictement, confie-toy en elle, vis en son esperance sans aucune crainte seruile, ne me perds iamais de veuë en tous tes besoins, & au milieu de tes plus grandes miseres au lieu de m'abandonner, embrasse moy plus pressamment.

*Ames de Purgatoire par la Charité fraternelle.*

R r iiij

## Chapitre XIV.

*Prouidence de Dieu sur les pauures volontaires pour leur donner les besoins de la vie.*

<small>Moiens que Dieu employe pour gagner le cœur des Riches à faire du bien aux bons pauures.</small>

MA tres-chere Fille ! Ie desire maintenant de te raconter quelques moiens que ie tiens pour assister mes bons Seruiteurs au milieu des besoins corporels qui leur font auoir recours à ma Prouidence, pour attendre d'elle le soulagement que ie leur donne plus ou moins, selon qu'ils sont plus ou moins dépoüillez d'eux-mêmes & qu'ils desesperent des Creatures. Ie ne pretends pas parler icy des pauures de necessité, ils sont seulement pauures en apparence, & ne le voudroient pas estre en effect; ils sont riches quant à la volonté, & refusent de prendre la pauureté pour Medecine de leur Ame, ne prenants pas garde que les richesses leur eussent serui d'occasion de ruine & de damnation. Ces sortes de pauures ne sont iamais contens parmi leurs besoins. I'entens donc parler icy des pauures volontaires & par affection; encore que ceux-cy n'ayent pas d'abondance, toutefois ils ne souffrent pas de necessité dans la necessité. Ie dispose qu'ils reçoiuent ce qui est de besoin pour la conseruation de la vie. Il est veritable que ie les conduits quelquefois iusqu'à l'extremité, afin de leur ouurir les yeux, & leur donner plus de connoissance des moyés que ie puis & que ie veux employer pour leur soulagement; c'est afin de les rendre tout à la fois amoureux de ma Prouidence & de la pauureté la chere Epouse de mon Fils vnique, de laquelle le S. Esprit se rend l'œconome & l'administrateur. Voicy comment il se comporte en cette charge, il s'insinuë amoureusement dans le cœur de ceux qui ont des facultez capables de suruenir aux besoins des autres qui les souffrent pour ma plus grande gloire; il excite leur desir, il prouoque leur deuotion à se rendre compatissants & misericordieux. C'est ainsi que ie gouuerne toute la vie de ces bien-aymez pauures, c'est à dire, par la sollicitude que ie faits naistre, & que ie conserue pour eux dans le cœur des personnes du mõde, que ie rends charitables pour cét effect. Assez souuent ie permettray, que pour donner de l'exercice à leur patience, pour éprouuer leur Foy, & pour donner de la gloire à leur perseuerãce, qu'on leur fasse des reproches, qu'on leur dise des iniures, & qu'on les traitte de mépris: Et neantmoins ie me seruitay de ceux-là mesmes qui se comportent ainsi en leur endroit, pour leur donner ce qu'ils desesperoient de ce costé là.

C'est icy vne façon generale que ma Prouidence employe enuers mes bons pauures. Ie me reserue quelquefois à mes plus signalez Seruiteurs, pour leur donner sans l'assistance de mes Creatures tout ce qu'ils ont de necessité, ainsi que tu l'as experimenté

*Dieu se reserue quelquefois soy-mesme, pour assister les Saincts aux besoins de la vie.*

plusieurs fois en diuerses rencontres. Ne te souuiens-tu pas, que le glorieux Pere sainct Dominique n'ayant dequoy donner pour manger à ses Freres à l'heure du repas, au cōmencement de l'establissement de son Ordre, ne laissa pas de leur commander de se mettre à table, éclairé qu'il estoit de la lumiere de la Foy, & fortifié de l'esperance en ma toute bonne & toute riche Prouidéce; Ceux-cy obeïrent : Alors ie commanday à deux Anges, de distribuer à vn chacun d'eux du pain en abondance, paistry de mes propres mains, blanc comme neige, sauoureux au goust, & nourrissant au delà de tout ce que l'on peut penser. Ce n'est pas vne seule fois que i'en ay vsé de la sorte, ayant égard à la confiance aussi genereuse qu'affectueuse de ce grand homme.

Ie prends plaisir quelqu'autrefois de multiplier le peu que ie trouue, quand il n'est pas suffisant de rassasier vne grande multitude; ainsi que tu sçais que ie fis à l'endroit de la Bien-heureuse Vierge Agnes fille de l'Ordre de ce glorieux Patriarche. Elle me seruit depuis sa jeunesse iusqu'à la fin, auec autant de confiance que d'humilité; elle s'éleuoit en moy par l'esperance genereuse, par autant de degrez qu'elle s'abaissoit par la defiance de soy-mesme : d'où vient qu'elle ne craignoit pas qu'aucun besoin luy manquast, tant pour le soulagement de sa personne que de toute sa famille. C'est ce qui l'obligea pour obeir au commandement de la tres-Auguste Mere

*Exemple de la Prouidence speciale de Dieu en S. Dominique; Pain enuoyé du Ciel.*

*Confiance de saincte Agnes de l'Ordre de S. Dominique, en la Prouidence de Dieu.*

de mon Fils, d'entreprendre l'establissement du Monastere que tu sçais, encore qu'elle fust extremement pauure & destituée de tous les aides humains pour reüssir à vn dessein si glorieux. Le lieu où elle vouloit fonder vn Conuent de Religieuses, estoit le logis d'vne pecheresse scandaleuse, elle resolut d'en faire vne maison de saincteté, où elle assembla d'abord dix-huict ieunes filles pures & Vierges comme des Anges. Leur subsistance & leur entretien n'estoit cautionné que de l'esperance que cette tres-saincte Heroïne auoit mis en ma bonne Prouidence.

Ie voulus vne fois éprouuer sa confiance; ie la laissay auec ses Sœurs l'espace de trois iours entiers sans aucun morceau de pain, à faute dequoy elles furent contraintes de se nourrir de simples herbes. Catherine, ma douce Fille! Ie preuiens la pensée de ton cœur, tu me demande helas, Seigneur! pourquoy souffrez-vous cette extremité en vos tres-humbles & tres-fideles seruantes; puis que vous m'auez asseuré cy-dessus que vous vous tiendriez proches de ceux qui esperent en vostre Bonté, pour leur donner les assistances capables de soulager leurs besoins? Est-ce ainsi que vous vous témoignez veritable en vos promesses? Ne puis-ie pas dire que vous leur auez manqué de parole à cette fois; puis que l'herbe n'est pas la nourriture naturelle & ordinaire des hommes? Si ma bonne Mere estoit vne Saincte, les autres ne pouuoient pas suiure vne si eminéte perfection. A cecy,

*La confiance de la B. Agnes en la Prouidence de Dieu tentée: les fruicts qui en sont arriuez.*

ma bonne Fille! Ie vous responds, que ie m'engeay à propos d'en vser de cette façon, soit pour le bien de la Saincte, soit pour le profit de ses cheres Filles. Quant à ce qui est de saincte Agnes ie la voulois faire enyurer des douceurs de mon agreable Prouidence: Et quant aux autres, parce qu'elles estoient encore foiblettes en la perfection, Ie voulois qu'en cét accidét elles iettassent dés le commencement les fondements de la souueraine perfection en la lumiere de la tres-saincte & tres-viue foy. Ie n'estois pas pourtant cruel enuers elles; puis que par vne vertu occulte & puissante ie suppleois au peu de vigueur qu'auoient ces herbes pour leur donner de la nourriture & des forces. Ne te trompe pas; Ie puis faire auec ce qui n'a pas apparence de viande, & sans viande mesme, que le corps se portera mieux qu'il ne faisoit auparauát auec le pain & auec les autres substances, qui ont coustume de seruir à l'entretien & à l'accroissement de la vie de l'homme, ainsi que ie faisois à l'endroit de ces Filles innocentes.

*Dieu donne la vertu de nourrir à ce qui n'en a pas le pouuoir naturellement.*

Il n'est pas besoin que ie confirme dauantage cette verité; tu ne l'as que trop souuent experimenté en toy-mesme. Au bout donc de trois iours cette heureuse Agnes se voyant reduite à vne si extreme necessité, se iettant à mes pieds, & inclinant amoureusement sa pensée vers ma Bonté, elle ne fit que me dire: Vous estes mon Pere, mon Seigneur & mon Espoux! Il n'y a pas d'apparence que vous m'ayez commandé de tirer ces fillettes de la

*Plainte amoureuse de la B. Agnes dans l'extremité.*

maison de leur pere & de leur mere pour les faire mourir de faim : pensez donc de pouruoir à leur necessité. I'estois moy-mesme dedans son cœur; Ie la faisois parler de la sorte; Ie prenois plaisir d'exercer sa Foy, afin que sa priere me fust plus agreable, durant laquelle i'ajustois ma condescendance à sa pensée, Ie touchay le cœur d'vne personne qui apporta cinq petits pains au Monastere. A grand peine estoient-ils arriuez au tour que ie luy en donnay la reuelation; Elle s'en seruit pour dire à quelqu'vne de ses Filles d'aller receuoir l'aumosne qu'on luy auoit enuoyé, & d'en remercier la bien-factrice: apres quoy elle commanda que l'on se mist à table: Alors i'estendis ma benediction sur ces cinq petits pains, qui multiplierent auec tant d'abondance & de merueille, que toutes furent pleinement rassasiées, & l'on trouua que les restes estoient suffisants pour nourrir la communauté à la prochaine refection, ainsi qu'il arriua.

*Pain multiplié.*

I'vse de cette sorte de Prouidence enuers ceux-là seulement, qui sont, non tant pauures volontaires que pauures spirituels: Ie les appelle ainsi, parce que c'est trop peu d'estre pauure actuellement & d'effect, si on ne l'estoit pareillement d'esprit, c'est à dire, par vne intention tres-pure dressée à la plus grande gloire de mon Nom, à moins la pauureté ne sert de rien pour le salut. Les Philosophes Anciens n'ont iamais eu cette sorte de pauureté, quoy que pour le desir qu'ils auoient de deuenir ſçauants ils mépriſaſſent les richeſſes, comme des empéchemēts pour paruenir à leur fin, qu'ils ſe propoſoient eſtre la principale & la plus noble de la vie humaine. Ils ſe faiſoient pauures volontairement, & ſans contrainte: mais comme l'abandon qu'ils faiſoient des biens de la terre n'eſtoit pas executé, ny par le motif de mon Amour, ny de celuy de mon hōneur; au lieu d'en tirer la vie de la grace, & de ſe diſpoſer par ce moyen à vne plus parfaicte vnion auec ma Bonté, ils n'en ont tiré que confuſion & que mort qui ne prendra iamais de fin.

## Chapitre XV.

### *Les mal-heurs des Auares, & de ceux qui ont de l'attachement aux richeſſes temporelles.*

*Toute ſorte de vices naiſſent de l'auarice.*

C'Eſt vne choſe tres-honteuſe aux Chreſtiens de ſe laiſſer deuancer à des Philoſophes, leſquels n'eſtants éclairez que de la lumiere de la nature, ſe ſont dépris des richeſſes, pour ſe rendre plus diſpoſez à deuenir doctes: au contraire les Chreſtiés au lieu de les mépriſer pour ſe rēdre dignes de ioüir du ſouuerain Bien, en font leur idole; ils les cheriſſent comme ſi elles eſtoient leur Dieu & leur derniere fin. De vray ils en pleurent la perte auec beaucoup plus de triſteſſe, que quand ils m'ont perdu, & que ie me ſuis pour leurs pechez retirez d'eux par ma grace: N s'estonne donc pas si toutes sortes de maux prennent naissance du desir desordonné de posseder des biens temporels. De là vient l'orgueil, quand par leur moyen l'on cherche auec vanité de paroistre au dessus des autres. L'iniustice, le larrecin & le sacrilege prouiennent de cette maudite source. L'on deuient cruel enuers soy & enuers son Prochain; enuers soy, en se déniant les besoins de la vie, ou bien en preferant les richesses de la terre à celles du Ciel; enuers les autres, puis que l'appetit déreglé d'en auoir porté à prendre le bien d'autruy, le larcin passant quelquefois iusqu'au sacrilege, sans pardonner au bié de l'Eglise que l'on rauit par violence, encore qu'il ayt esté acquis par la vertu du Sang adorable de mon Fils vnique. L'auare ne fait que trop souuent trafic du Sang de son Prochain, & marchandise vsuraire du temps qui ne luy appartient pas. Les yurongneries, les desbauches de la bouche & de la concupiscence, ne sont entretenuës que par cette cõuoitise desesperée. Les homicides, les haines, les enuies contre le Prochain accompagnent ces hommes de terre; Ils deuiennent cruels enuers eux-mesme & infidels enuers moy, quand ils presument tenir de leur industrie & de leur merite, ce qu'ils ne possedent que par ma tres-pure & tres-franche liberalité.

Ils perdent en suite l'esperance en ma bõne Prouidence; toute leur confiance & tout leur appuy consiste en leurs richesses, qui ve- *Cruauté de l'Auare enuers soy-mesme, & les dangers où il s'expose.*

nât à leur mâquer, ou par le zele de ma Iustice pour les chastier, ou par celuy de mon Amour pour leur profit; ou mesme par la loy de la necessité que la mort impose à tous les hommes; ils commencent d'ouurir les yeux pour en reconnoistre l'inconstâce & la vanité, veu qu'elles ne leur ont seruy que pour appauurir leur Ame & la rendre miserable. Ils reconnoissent trop tard que le mauuais vsage de ces choses rend l'homme cruel contre soy-mesme, & qu'elles luy rauissent l'honneur de participer de l'infinité qui m'est propre. Son desir qui deuoit estre vny à moy qui suis vn Bien eternel, s'est appliqué à des choses finies & perissables, lesquelles luy ont fait perdre la saueur agreable de la vertu & l'odeur rauissante de la pauureté. C'est ainsi qu'il se priue honteusement de la Seigneurie de soy-mesme, en se faisant esclaue des richesses qui sont creées pour son vsage, tandis qu'il n'y a rien que moy qui suis sa derniere fin & son souuerain bien, qui doiue captiuer son cœur & gagner ses affections. Il ne faut donc pas s'estonner s'il deuient insatiable en ses desirs, puis qu'il a de l'attachement à ce qui est moindre que luy. Il est difficile de nombrer les grands dangers où il s'expose, auec les peines où il se condamne quand il cherche par mer & par terre ce qui ne le sçauroit rassasier, quoy qu'auec le fruict de ses trauaux il se procure des delices & des honneurs du monde. Cependant il ne voudroit pas seulement faire vn pas, ny le moindre effort, il ne voudroit

à saincte Catherine de Sienne. 641

droit pas, dis-ie, souffrir la moindre incommodité pour acquerir les vertus qui sont les veritables tresors de l'Ame. Son cœur que i'auois creé pour seruir à ma gloire & pour s'attacher à mon Amour, s'est noyé & perdu dans l'affection des biens perissables, par tant de gains sordides & de trafics illicites, qui ont chargé de pechez enormes sa conscience criminelle.

Ma Fille! considere ie te prie la misere de cét homme; vois l'inconstance de sa condition appuyée sur la vanité des biens de la terre, qui n'ont rien de constant que leur inconstance. D'où vient que celuy qui estoit auiourd'huy riche est demain pauure; qui estoit hier éleué dans l'honneur & dans les charges, sera bien-tost mocqué & traitté de mépris, pour les auoir perduës & pour estre tombé du haut de leur insolente grandeur. La misere où ils sont reduits apres leur premier bon-heur, n'excite pas de compassion, puis que ce n'estoit pas leur vertu ou leur merite qui auoit gagné les affections & le respect du peuple, c'estoit les grandes richesses & les emplois considerables, lesquels venant à manquer par quelque reuers de fortune que ie ménage auec autant de Iustice que de Sagesse, ils demeurent exposez à la honte publique, ayants perdu l'amour & la reuerence qu'on leur eust tousiours rendu, si leur vertu en eust excité les deuoirs & les témoignages.

*Honte de celuy qui auoit mis son honneur aux richesses & aux honneurs quand il vient à descheoir.*

En fin, il faut que ie te dise, que l'on ne *La difficulté*

S s

*qu'ont les auares d'or, et d'esprit pour entrer au Ciel: leurs tourmens dès cette vie.*

sçauroit representer les fardeaux dont les consciences de ces richars du monde sont chargées, qui les empeschent d'entrer par la porte estroite du salut, tandis qu'ils sont pelerins dedans la terre. C'est ce que ma Verité vous dit au sainct Euangile: qu'il estoit plus facile à vn Chameau de passer par le trou d'vne éguille, qu'à vn Riche d'entrer en la vie eternelle. Par ce Riche il entend aussi bien celuy qui desire, comme celuy qui possede les richesses par affection desordonnée. De vray il y a certains pauures, ainsi que ie t'ay desia dit, qui n'ayants rien, possedent pourtāt tout le monde par desir & par volonté. Ces personnes comme Chameaux bossus & chargez ne peuuent entrer par la porte également estroite & basse qui conduit à la vie; s'ils ne iettent par terre leurs fardeaux, s'ils ne resserrent leur affection en la retirant du monde, & s'ils ne courbent la teste par humilité: autrement ils passeront à la mort eternelle, dont le chemin est vaste & la porte large. Ils ne se prennent pas garde (aueuglez qu'ils sont) de leur ruïne prochaine dans l'Enfer, les faux-bourgs duquel ils ont desia gagné, & en ressentent les rigueurs, tant sont grandes les peines qu'ils sont contraints de souffrir incessamment en toute sorte de rencontres. Ils desirent ce qu'ils ne peuuent auoir: cette priuation les afflige au delà de tout ce que l'on sçauroit penser; & s'ils perdent quelque chose de ce qu'ils ont, leur douleur en deuiēt d'autant plus amerement desesperée, que

*Facilius est camelum per foramen acus trāsire, quā Diuitem intrare in regnū cœlorum. Matth. 19. v. 24. Marc. 10. v. 23. Luc. 18. v. 25.*

à saincte Catherine de Sienne. 643
l'amour auec lequel il la possedoient auoit plus d'attachement.

Que peut-on attendre de bien de ces personnes qui font vn continuel mépris de la vertu, & qui n'ôt pas d'amour, ny pour moy, ny pour leur Prochain. Ie voudrois, Catherine! que tu entendisse comme moy, combié sont grandes les soüillures que l'on côtracte auec les biens du siecle; ce n'est pas que ie dise que les richesses soient d'elles-mesmes pleines d'ordures ; non, tout ce que i'ay creé est bon & parfait; l'impureté qu'elles ont ne prouient que de l'amour desordonné qui les tient & qui les recherche. En fin tu ne sçaurois, ny raconter, ny comprendre combien sont grands tous les autres maux qui naissent de là, & les dommages pernicieux que le monde en ressent tous les iours.

*Les richesses côtractent leur soüillure de l'amour déreglé de ceux qui les possedent.*

## CHAPITRE XVI.

*Les excellences de la pauureté volontaire, l'extremité de celle de Iesus dans la terre, pour l'enseigner aux hommes, & pour les rendre riches des graces spirituelles de sa Prouidence.*

Tout ce que ie viens de dire de l'affection dréeglée des richesses, te fera mieux cônoistre le tresor caché de la pauureté volontaire & de l'esprit. Il n'y a que les pauures de cette façon qui soient capables de compren-

*Dieu fait dauantage paroistre sa Prouidence sur les pauures volontaires par effect, qui sont ceux qui ne sont*

Sf ij

*pauures qu'en esprit & en effet. Difference entre ces deux pauuretés.*

de sa valeur & son prix. Il n'y a, dis-ie, que ceux qui pour passer plus à l'aise par la porte estroite qui conduit au salut, se sont faits quittes du fardeau aussi pesant qu'importun des richesses qui soient dignes d'en dire les excellences. Or il y a deux sortes de pauures volontaires, ou d'affection : les vns ont tout quitté par effet, poussez de mon Amour ; & les autres se sont contentez de s'en déprendre par l'affection, ne les retenant en effect qu'auec vn cœur destaché & soûmis à mes ordres auec vne saincte crainte. C'est pour en estre plustost les dispensateurs que les Maistres & les possesseurs. Ceux-cy veritablement sont bons ; mais les premiers sont incomparablement plus parfaits, auec plus de profit & auec moins d'empeschement ; puis qu'ils sont rigoureux obseruateurs de mes preceptes & de mes Conseils actuellement & par effect ; au lieu que les autres se contentent de garder mes Commandements en cette façon, & ne gardent mes Conseils qu'en la disposition & en l'affection de leur esprit. Ces parfaicts donc en la pauureté moissonnent plus auantageusement que les autres les heureux fruicts de ma bonne Prouidéce ; elle répand sur eux de plus agreables effects de sa Bonté & de ses soins, quoy que les vns & les autres se soient déchargez de ce qui les retardoit de s'auancer dans le chemin de la perfection, & qu'ils se soient rendus petits par l'humilité.

*La ioye & le cô-*

Laissant à part pour le present les seconds

pauures, desquels ie t'ay parlé ailleurs; Ie m'arresteray seulemét à t'entretenir des premiers, en faueur desquels ie te dits, que comme l'amour desordonné des richesses, ainsi que ie t'ay faict voir, estoit la source mal-heureuse de toutes les peines de la vie, & de tous les dommages déplorables qui rédent l'homme miserable dans le temps & dans l'eternité: de mesme par la regle des contraires, ie t'asseure, que la veritable pauureté est cause de repos, de paix, de plaisir & de tout bien à l'esprit qui s'en est rendu amoureux. Tu n'as qu'à ietter la veuë sur la face & sur la posture des vrais pauures, pour faire vne épreuue de cette verité. Ne lis-tu pas sur la serenité de leur front, sur le maintien de leur visage, sur la grace de leurs yeux & sur le sousris de leur bouche l'allegresse excessiue de leur Ame, & la tranquillité heureuse de leur conscience. Ils sont en vn'estat qui les exempte des atteintes de la tristesse, si ce n'est celle qui prouient des offences que l'on fait contre moy; encore n'est-elle pas dessechante ny auec abattement d'esprit; au contraire elle contribuë pour accroistre la grace en l'Ame, & pour la détremper des plus rauissantes douceurs de mon Amour. De maniere qu'ils sont plus riches qu'ils ne sont pauures; ils ont abandonné les tenebres pour estre possesseurs de la lumiere; ils ont eschangé la tristesse du siecle en la ioye du Paradis commencée. Les biens immortels prennent dans leur cœur la place des fortunes perissables; les trauaux sót

*contentemét excessif des vrais pauures parmy les miseres de la vie.*

leur consolation, & la peine à les souffrir leur sert de doux rafraischissement.

*Les principales vertus qui accompagnent la pauureté volōtaire.*

Ces personnes sont toûjours accompagnées de Iustice & remplies de Charité pour tous les hommes; leurs desirs n'ont pas d'attachemens aux Creatures; la foy viue & l'esperance genereuse déprennent leur cœur du monde, pour l'arrester fixement en ma bōne Prouidence, de l'Amour de laquelle il est espris, il se laisse brûler à sa gloire des douces & feruentes flammes de la diuine Charité. C'est là où il embrasse la pauureté veritable comme sa chere Espouse, auec ses compagnes inseparables, l'abnegation, le mépris de soy-mesme, & l'humilité qui la conseruent & qui la fortifient dans l'Ame. C'est, dis-ie, par la vertu de la Foy & de l'esperance toutes embrasées de Charité, que mes bons Seruiteurs se sont retirez des richesses & de leur propre sentiment, ainsi que fit le glorieux Apostre S. Matthieu, cét homme touché d'vne vertu Diuine, sortit promptement de la banque & abandonna ses richesses, pour suiure ma Verité, qui luy enseigna le moyen d'aymer cette belle Princesse la pauureté. Il ne se contenta pas de luy en faire des leçons par la puissance & par la Sagesse de ses diuines paroles; il les anima de l'exemple admirable de toute sa vie.

*Matth. 9. v. 9.*

*Iesus enseigne aux hommes la pauureté volontaire par la rigueur de celle qu'il a prattiqué.*

De maniere que depuis sa Naissance iusqu'à la mort il n'a cessé de laisser aux hommes des instructions cōtinuelles de cette belle vertu, aux conditions rigoureuses de laquelle il s'est voulu soûmettre par l'vnion qu'il a faict de la nature Diuine auec la nature humaine, encore qu'il fust la richesse necessaire & la suffisance eternelle de toutes choses cóme moy, auec lequel il est vn mesme Dieu. Si donc, ma douce Catherine! tu veux connoistre son extreme pauureté auec son excessiue humilité, tu n'as qu'à considerer qu'estant Dieu il s'est faict homme, en se reuestant de la bassesse de vostre chetiue & disetteuse humanité. Regarde, ma Fille! ce doux & amoureux Verbe naistre dans vne estable, comme l'enfant d'vne miserable passante & d'vne chetiue estrágere, telle que paroissoit en ce rencótre Marie sa tres-Auguste Mere. C'est pour vous apprendre, que vous deuez en cette vie renaître incessammét en la Créche de la connoissance tres-humble de vous-mesme, où vous me trouuerez nay par grace dedás vos Ames. Helas! ma Catherine, n'as-tu pas honte & pitié tout à la fois de le regarder gisát nud au milieu des bestes, sans que sa Mere eust d'autre moyen de le couurir & de l'échauffer que le foin & la paille, l'haleine & le souffle des animaux. Il portoit en son sein le feu brûlant de la Charité increée, & toutefois il a souffert vn froid excessif durant sa vie mortelle en la Chair qu'il a prise. Son indigence ne seroit pas croyable; si nous n'apprenions qu'en sa presence ses Disciples furent contraints à faute d'autre nourriture, de couper quelques épics de bled dans vn champ qui estoit meur, & d'en tirer les grains en les frottant auec la

*Cum transiret per sata vellebāt Discipulis eius spicas, & māducabant confricantes manibus Luc. 6. v. 5.*

S s iiij

main, pour essayer d'appaiser, ou à tout le moins, amuser la faim qui les pressoit iusqu'à l'extremité.

*Plus que rigoureuse pauureté de Iesus sur la Croix, à dessein de nous rendre riches de ses graces.*

Ce seroit peu de dire qu'il est mort tout nud sur vn bois infame, apres auoir en cette posture esté lié à vne colomne, pour y estre foüetté auec pl⁹ d'inhumanité que de cruauté; sï ie n'asseurois apres tout cela, que la terre & le bois mesme luy ont manqué en sa mort, puis qu'il est éleué dans l'air, & que ne trouuant de lieu où reposer sa teste en voulant rendre l'esprit, il fust contraint de la laisser cheoir sur son épaule. Quelle merueille de veoir au milieu d'vne si grande pauureté qu'il souffre vne si abondante profusion de toute sorte de biens qu'il resserroit dans son Sang precieux, qui luy restoit pour toute richesse. Il permet que son venerable Corps fust ouuert de toutes parts, pour verser cette diuine liqueur, en faire vn bain dans lequel vous laueriez vos ordures, vous prendriez la vie & vous trouueriez le tresor incomparable de ma grace & de ma gloire. C'est sur le rétrecissement du bois infame de la Croix, où il faict paroistre la largeur immense de son Amour qu'il répand sur ses Creatures; Il préd pour soy l'amertume du fiel à faute d'autre rafraischissement à soulager l'excez de sa soif, pour vous donner à boire pleinement iusqu'au delà de toute mesure, des torrens delicieux de ses diuines voluptez. Son cœur estoit resserré par la violence de la tristesse, afin d'élargir le vostre, & de le dilater parmy les transports de ses consolations sans mesure. Il s'est laissé lier de cordes & de clouds, c'estoit afin de rompre les chaînes obstinées de vos Pechez; & s'estant condamné à l'esclauage, il vous a rendu la liberté en vous deliurant de la seruitude de Sathan. Il a voulu qu'on le vendit à ce dessein, & pour treuuer plus de lieu de vous rachepter auec le prix de son Sang adorable, & afin qu'en prenant la mort pour soy que vous auiez merité, il vous donnât la vie qui luy estoit propre.

Pouuoit-il vous presenter vne plus belle regle d'Amour que celle qu'il garde luy-même, en vous aymant iusqu'aux derniers efforts de son pouuoir? Que sçauroit-on penser de plus grand? Il a donné sa vie pour ses ennemis, & qui plus est pour les Ennemis de son Pere qu'il aymoit plus que soy-même. Ce qui est déplorable en cecy; c'est qu'il y a encore des hommes si perdus d'aueuglement & d'ignorance, qui ne cōnoissent pas le prix de cette plus qu'excessiue Charité, laquelle ils traitent d'indignités, d'offenses & de mépris. Cet aymable Redempteur a voulu joindre l'humilité à son Amour, afin de vous laisser dans la terre des regles infallibles de tous les deux, s'abaissant iusqu'à souffrir l'infamie & la honte de la Croix. Vous pouuez estudier parmy les opprobres & les iniures qu'on luy a faict, le mépris & l'abnegation de vous-même. Enfin que veux-tu que ie te dise dauantage? écoute-le parler de ses miseres au milieu de l'extremité de son indigence, & tu enten-

*L'extrême pauureté de Iesus nous fait cōnoître la grandeur de son Amour pour nous.*

dras qu'il se plaint amoureusement que les Renards & les Hiboux sont de meilleure condition que luy; ils ont des retraictes & des nids, & luy n'auoit pas seulement où il pût reposer sa téte.

---

### Chapitre XVII.

*Magnanimité des bons Pauures, des grandes miseres dont ils sont affranchis, & des biens qu'ils reçoiuent de la Prouidence de Dieu pour recompence dés cette vie.*

*Description rauissante de la pauureté en qualité de Reyne.*

DE si hautes veritez ne sont apperceuës que par les veritables pauures d'Esprit: Ceux-cy éclairez de la Lumiere de la tressaincte Foy, se sont dépoüillez des fausses richesses qui grossissent les tenebres de l'infidelité; ils ont pris pour leur chere Epouse la pauureté volontaire, de laquelle le Royaume est vn Estat de paix & de tranquillité. La guerre & l'iniustice sont bannies à iamais de son Empire, la ville où elle faict sa demeure est fortifiée de rempars & de bastions inuincibles: leurs fondemens aussi ne sont pas pris sur la terre, ils sont establis sur la pierre viue, ie veux dire sur la fidelité de Iesus-Christ mõ Fils vnique. Il n'y a iamais de nuit dans cette belle Cité, la diuine Charité qui est la Mere de la Princesse de laquelle ie t'entretiens, est ennemie des tenebres. La pieté & la Misericorde font tout l'ornement de son agreable sejour, depuis que le cruel tyran de la cupidité en a esté chassé. La dilection du Prochain contribuë à l'vnion puissante que les citoiés ont entr'eux, pour perseuerer tous ensemble glorieusement, iusqu'à la fin. La prudence y est continuellement sur ses gardes pour gouuerner auec beaucoup de sagesse, & pour preuenir toutes sortes d'occasion que l'Esprit ne soit pas surpris.

L'homme qui a vn cœur genereux & vne Ame magnanime, faict l'Amour à cette belle Princesse, il la prend pour son Epouse auec laquelle il se rend seigneur de toutes les richesses spirituelles & Eternelles. A ce dessein il ferme les auenuës de son cœur aux biés perissables; son Amour est mort à tout ce que le monde adore dans les fortunes de la terre; sa plus grande gloire consiste à se rendre loyal & fidele à cette Epouse, de crainte qu'elle ne l'abandonne, & que venant à se separer de luy elle ne le priue de tous les auantages qu'il possede par son moien, & qu'il espere encore soit dans le temps soit dãs l'Eternité. Apres quoy l'on ne sçauroit dire l'extremité de la misere où il seroit reduit. Car c'est la pauureté volontaire qui reuest son cher Epoux de pureté, elle le dépoüille des richesses qui le rendoient plein de soüillures; Elle le seure des conuersations mauuaises pour luy en donner de bonnes; elle bannit de son Esprit la solicitude du monde, & la negligen-

*Les biens qu'apporte la pauureté volõtaire à l'Ame de celuy qui luy est fidele.*

ce en l'affaire de son salut ; elle chasse l'amertume de son cœur, pour y glisser les douceurs auantageuses du Paradis ; elle luy donne les roses sans épines, le rassasiement sans nausée, & l'assouuissement sans dégoût ; elle purge l'Ame des humeurs corrompuës de l'Amour desordonné, afin de la remplir de la nourriture solide & delicieuse des vertus, & la rendre mieux disposée à toute sorte d'exercice dans le bien. La haine du vice & l'Amour des vertus sont les concierges de son appartement, le premier, le tient net ; le second l'embellit ; il iette dehors la crainte seruile & mercenaire, il y maintient vne saincte asseurance, & pour mieux dire vne amoureuse crainte parmy laquelle elle treuue toutes les vertus, toutes les graces & toutes les delectations que l'on sçauroit desirer.

*Confiance des bons pauures en Dieu n'est pas frustrée.*

Il est impossible de raconter la grandeur de la paix que le veritable pauure possede ; aussi n'y a-il rien parmy les Creatures qui luy fasse peur ou qui luy fasse la guerre. Il est exempt d'apprehension de tomber dans la necessité ; Il ne craint ny famine ny cherté de viures ; sa foy & son esperance ne le separent iamais de la confiance en ma protection, qui ne manque iamais à ceux qui attendent d'elle leur subsistance : De vray où treuua-on iamais vn de mes bons Seruiteurs amoureux de la pauureté mourir de faim, comme l'on a veu plusieurs dont les grandes richesses & l'abódance des biens, ont esté cause de leur mort fatale & de leur fin mal-heureuse. C'est pourquoy ceux-là éclairez de la Lumiere de la foy, ont mieux aymé de venir tous nuds à moy, ayants le sein riche de saincte confiance. Ils se sont persuadé par les exemples que depuis le commencement du monde, ie n'ay iamais manqué comme liberal & bon Pere, d'employer l'efficace & les douceurs de ma Prouidence spirituellement & temporellement en toutes choses, aux occasions où mes Amis en ont eu besoin.

Il est vray que ie tente quelquefois leur foy pour luy donner plus de merite, en les faisant souffrir pour quelque temps : Ie differe de leur donner les necessitez pressantes de la vie, afin que leur esperance venant à se fortifier dans les trauaux & parmy les peines, ie treuue plus de sujet en eux de couronner leur patiéce & recompenser leur vertu. C'est ce qu'ils sçauent & ce qu'ils meditent sans cesse : d'où vient que passionnez d'Amour pour ma volonté, laquelle est toute leur vie, ils mettent entierement leur complaisance à souffrir le froid, la nudité, le chaud, la faim, la soif, les mocqueries & les injures. Ils demeurent si dépoüillez de toutes choses & d'eux-mêmes; qu'ils ne refusent pas de donner leur vie, & de verser leur sang pour recompenser la vie & le sang que Iesus mon Fils a liuré pour leur Amour. Sainct Pierre & sainct Paul se sont comportez de la sorte. Sainct Laurens faisoit si peu d'estime de sa propre chair, que les brasiers sur lesquels elle estoit couchée de son long pour estre brûlée ; luy sembloient des

*Raison pourquoy les bons pauures mettent toute leur complaisance à souffrir pour Dieu.*

*S. Pierre & saint Paul.*

*S. Laurens.*

roses & des fleurs: D'où vient qu'enyuré de douceurs interieures de ce qu'il enduroit pour ma gloire, il disoit au Tyran en se riant: ce côté est assez cuit, tourne-le & mange apres si tu veux. Les flammes viues de la Charité qui brûloient en son Ame, estoient plus puissantes que le sentiment de la douleur. Sa peine cedoit à son Amour, aussi bien qu'en la personne de sainct Etienne duquel les pierres qui le faisoient mourir, contenoient autāt de viues sources de consolations diuines qu'elles faisoient couler en son Esprit.

*S. Estienne.*

*Les bons pauures desirent la mort auec ioye.*

Tous les vrais pauures ont toûjours monstré cette haute desappropriation: De vray ayans tout abandonné dans le monde, & n'y treuuans rien pour se rafraîchir, la mort est la fin de leurs desirs, tandis qu'ils souffrent auec patience, la vie & les miseres qui l'accompagnent. Ils ne souhaitent par la mort pour la crainte du trauail & pour l'apprehension de la peine; c'est pour se venir rendre dans mon sein, où ils ont toutes leurs richesses, toute leur gloire & tout leur bien. Ils n'ont garde d'apprehender la mort, de laquelle l'effroy est pourtant naturel à l'homme; puis qu'auec le vertus qu'ils treuuent en la Pauureté, ils ont faict mourir l'Amour naturel d'eux-mêmes: En sa place mon Amour s'est introduit en leur Ame, auec les Lumieres surnaturelles, de ma grace, qui les ont rendus asseurez contre toutes les passions que la separation de l'Ame d'auec le Corps a coûtume de faire naître dans le cœur des plus genereux. Comment auroient-ils peur de la mort, tandis que la vie leur est à charge, & qu'ils languissent de demeurer au monde plus long-temps, quand ils voient que la derniere heure leur est encore prolongée? Ils n'ont pas de regret de rien perdre, ny des richesses ny des biens de la terre en quittant le Corps; puis que jamais ils ne les ont aymées, & que l'on ne se fâche pas d'abādonner les choses pour lesquelles l'on a toute sa vie conceu de la haine & nourry du mépris.

Il est aisé de voir maintenant que de quel côté que l'on se tourne, l'on n'apperçoit en ces personnes qu'vne admirable paix qui occupe leur Esprit, au milieu de laquelle ils se reposent doucement auec vn assouuissement de tout bien, au lieu que dans le cœur des Amoureux des richesses vous ne voyez que peines, que soucis, que chagrins, que craintes & qu'abondance de mal-heurs, encore qu'il semble tout le contraire à ceux qui ne les regardent que par le dehors. Qui n'eust iugé que le mauuais Riche estoit heureux & le Lazare miserable: Neantmoins il est constant que les pauuretez & la ladrerie de celuy-cy, estoient preferables aux richesses, à la bonne chere & à la santé de celuy-là. Le repos de l'Ame dans la vertu l'emporte toûjours au dessus de la conscience cauterisée du méchāt. La volonté du Lazare estoit morte en soy-même; & ayant sa vie en moy, elle estoit comblée de consolations & détrempée de ioye diuine au milieu des mépris des hommes, &

*Comparaisons des ioyes des bons pauures auec les amertumes d'Esprit des Auares en la personne du Lazare & du Riche voluptueux.*

singulierement du Riche gourmand duquel la volonté estoit viue, d'où procede l'affectio & la peine interieure. La fin de la vie de l'vn & de l'autre a faict auec le temps connoître les auantages de la pauureté au dessus des richesses. Le Lazare pour lequel les chiens se sont rendus complaisans à lecher ses playes; à faute d'hommes qui les traitassent, est monté au Ciel, ayant toûjours suiuy durant sa vie les viues Lumieres de la Foy, tandis que le Riche remply de vices & de tenebres est descendu aux flammes Eternelles.

*Traits admirables de la Prouidence de Dieu spirituelle & corporelle sur les bons pauures.*

Voila comment mes bons pauures ne sont iamais sans ioye & sans repos, quant les Riches sont accablez de tristesse & de chagrin. Aussi est-il vray que ie les tiens serrez en mon sein; Ie les attache à mes agreables mammelles, d'où ils tirent le laict delicieux de mes enyurantes consolations. Ie me donne tout à eux, en la place de toutes choses qu'ils ont quitté pour l'Amour de moy. Ie les abandonne aux soins heureux du S. Esprit, afin qu'il soit leur chere Nourrice & quant à l'Ame & quant au Corps, en toute sorte de besoins & de rencontres; Ie tiens toute la Nature entre les mains pour l'employer à leur seruice; Les animaux même sans raison seront mes valets pour suppléer en diuers façons à ce que les hommes leur refuseront. Toutefois la maniere que i'ay coutûme de tenir c'est d'inspirer les hommes à se secourir les vns les autres: C'est ainsi que quand il y auoit quelque Solitaire malade i'incitois vn autre de l'aller

visiter

à sainCte Catherine de Sienne. 657

visiter & le seruir. Combien de fois t'ay-ie tiré de ta retraite pour satisfaire à la necessité des paunres honteux, & assez souuent i'ay pressé d'autres personnes charitables à te rendre le reciproque quand tu en auois besoin, pour te faire éprouuer en toy-même cette même Prouidence. Par ainsi tu connois que ie me donne toûjours au defaut des Creatures.

Ie supplée par ma toute-Puissance à tous les besoins de ceux qui ont esperance que ie ne les abandonneray pas de mes faueurs. D'où vient que plusieurs fois l'on a veu que certaines personnes qui estans toûjours malades parmy les richesses, au milieu de la bonne chere, & quoy qu'ils fussent vestus delicatement, se sont apres parfaictement bien portez depuis qu'ils se sont rendus paunres volontaires pour l'amour de moy, qu'ils se sont nourris de viandes grossieres, & qu'ils ont esté mal couuerts. Vous diriez qu'à present ces personnes sont renduës insensibles au froid, au chaud, à la nudité, aux iniures du temps, aux veilles & aux macerations de leur chair & de leur Esprit. Voicy de vray des miracles admirables de ma bonne & douce Prouidence, laquelle prend plaisir d'estendre ses soins sur ceux qui les ont perdu pour eux-mêmes à ma plus grande gloire.

*Malades parmy les Richesses se sont bien portées depuis qu'ils se sont fait pauures pour l'Amour de Dieu.*

T t

## Chapitre XVIII.

*Recapitulation de ce qui a esté dit de la Providence, en l'Amour de laquelle sainte Catherine est rauie.*

> La Providence de Dieu est infiniment plus grande que tout ce que nous pouuós en apprédre par l'experience.

MA Prouidence est immense; tout ce que tu as ouy dire d'elle n'est qu'vne ombre de sa grandeur, & qu'vne petite partie de ce qu'elle exerce enuers les Creatures en differentes façons. Ie t'ay monstré en premier lieu, qu'au commencement i'ay creé le monde vniuersel, & puis le petit ou second monde qui est l'homme, auquel i'ay fait porter les caracteres viuants de mon Image & de ma ressemblance. Depuis le moment de la Creation iusqu'à la fin du temps; Ie me suis comporté en toutes mes œuures, auec beaucoup de sagesse & de prudence, pour y ménager les aydes de vostre salut; puis que tout ce qui possede l'estre est ordonné pour vostre sanctification: c'est à ce dessein que ie vous ay mis toutes choses entre les mains. Les méchans s'aueuglent de gayeté de cœur pour ne pas appercevoir cette verité; ils s'offencent de mes ordres, ils treuuent à redire à mes dispositions, & se scádalisent de mes œuures: Toutefois ie suis si bon que ie les supporte, ie ne laisse pas de les comprendre parmy les Iustes aux riches profusions de ma Prouidence, tant aux choses spirituelles qu'aux temporelles. Apres cela tu as veu les miseres inseparables

à Saincte Catherine de Sienne. 659

des richesses, & les mal-heurs où elles attirēt ceux qui les ayment d'vn Amour desordonné, auant que ie te donnasse la connoissance des excellences de la pauureté volontaire accompagnée de l'abiection & du mépris de soy-mesme. Ie ne t'ay rien caché ny de la foy ny de l'esperance qui conduisent parmy les dissetes & parmy mes autres épreuues, au souuerain degré de la perfection.

I'ay tâché de te donner les leçons necessaires pour accroître cette même foy & cette même esperance en ton cœur; afin de t'exciter de plus en plus de frapper à la porte de ma Misericorde, où ie desire que tu perseuere. Prends courage, ie suis ton Protecteur & ta consolation. Réjoüis-toy; Ie te donne parole que i'accompliray tes desirs auec ceux de mes bons Seruiteurs, pourueu que vous souffriez beaucoup iusqu'à la mort. Tu dois estre maintenant satisfaite; I'ay accordé ta demande quand tu me priois que ie pourueusse aux besoins de mes Creatures. Apprends parlà que ie ne méprise iamais les saincts & les veritables desirs de mes bons Amis.

*Dieu console saincte Catherine.*

Ce discours du Pere viuant estoit tout-puissant; il iettoit en mō Ame les impressiōs de ce qu'il contenoit, tādis que mō Esprit deuenoit passionnemēt amoureux de la Pauureté. Il sēbloit qu'il se dilatoit iusqu'à l'excez, dās l'immensité de la grādeur souueraine, & que peu à peu il s'abysmoit dans la profondeur incōprehensible de la diuine Prouidence, en laquelle il se transformoit, à mesure qu'il se sen-

*Admiration extatique de saincte Catherine sur l'Amour de la Prouidence de Dieu.*

T t ij

toit attiré auec autant de douceur que d'efficace, par l'operation rauissante du feu de la diuine Charité dont il estoit embrasé. Il luy estoit du tout impossible de détourner la veuë de la Majesté, qui auoit esté iusqu'alors son Pedagogue & son Maistre. Voicy comment la violence de ses flammes le firent parler. O Pere Eternel! ô feu, abysme de Charité! ô Bonté sans pareille qui ne passe iamais! ô Sagesse qui n'as ny commencement ny fin! ô Bonté immense! ô Douceur & clemence que l'on ne sçauroit ny comprendre ny borner! ô Esperance, consolation & soulagement des Pecheurs! ô Largesse dont la grandeur n'a pas de prix. O Bien! Tout transporté d'Amour! ô Amour éperdu! Quoy, est-ce que vous auez besoin de vos Creatures? à vous voir & à vous entendre, il semble que vous ne sçauriez vous en passer? Les moiens que vous employez pour vous les gagner, persuadent que vous ne pouuez viure content sans elles. Quoy! n'estes vous pas la veritable vie, qui est source de vie à tout ce qui participe de la vie? D'où vient donc que l'Amour de l'homme vous touche de transport? Qu'auez-vous à faire de paroître comme si vous estiez passionné de vostre Creature? O Dieu! ô Amour! Vous auez mis vostre complaisance en elle au milieu de vostre sein, où vous la regardez depuis l'Eternité; & comme enyuré de l'Amour de son salut, vous daignés de la chercher pendant qu'elle vous fuit. Vous vous approchez d'elle lors qu'elle s'eloigne de vous. Que dis-je? vous vous en approchez de si prés, que vous deuenez vne même chose auec elle, lors que vostre nature en la personne de vostre Fils s'est vnie à nostre humanité.

Que diray-ie à cecy? les pensées me manquent, ie n'ay pas de parole ny de sentiment. Ie suis contrainte de me taire, & de ressembler ceux que l'excez de l'admiration a saisi. Ha! ha! ha! Ie ne sçaurois dire autre chose. Vne langue mortelle & vn Esprit creé ne sôt pas capables d'exprimer l'affection de mon Ame qui vous ayme, & qui vous desire (ô) grand Dieu s'il se pouuoit plus qu'à l'infiny & plus qu'au delà de l'Eternité. Ie dis hardiment auec sainct Paul le glorieux Apostre de vostre Fils : qu'il n'y a langue qui puisse dire, ny oreille qui puisse ouyr, ny œil qui puisse voir, ny cœur qui puisse penser les grandeurs merueilleuses que i'ay veu & que i'ay entendu. Mais mon Ame qu'as-tu veu? Tu as veu sans doute les secrets de Dieu viuant cachez en son sein, qu'il n'est pas permis à l'homme de reueler. Et que dis-ie maintenant? I'auouë que les puissances & les sentimens humains sont trop grossiers pour estre capables des Veritez si sublimes. Ie dits toutefois : ô chere Ame! que tu as veu & que tu as sauouré les delicieuses douceurs de la Prouidence adorable de Dieu viuant dans l'abysme immense de son sein.

O Pere souuerain! Ie vous remercie de cette faueur incomparable de laquelle ie con-

*Effects en saincte Catherine de son Amour extatique sur la Prouidence de Dieu.*

*Isa. 64. v. 4.
1. Cor. 2. v. 9.*

*Saincte Catherine dans son ra-*

*nissement, demande des leçons à Dieu touchant l'obeïsance apres l'auoir remercié de celles de la Presidence.*

fesse que ie suis indigne, aussi bien que de toutes les autres graces que i'ay receu de vostre Bonté. Permettez encore ô Bon Dieu! que ie vous supplie puis que vous donnez l'accomplissement des desirs à vos Creatures, comme celuy qui ne sçauroit se refuser & qui ne peut mentir, de me donner des nouuelles leçons sur le sujet de l'Obeïssance; Dites moy de son excellence, de sa perfection, où ie la pourray treuuer, comment ie la pourray acquerir, comment ie la pourrois perdre, & des marques infallibles pour connoistre si elle est en moy ou si elle n'y est pas. Mon desir en cecy n'est que pour me rédre plus amoureuse de cette belle vertu, & pour apprendre les moiens de ne me separer iamais de l'obeïssance, ô Pere Diuin, que ie vous dois. Il me répondit incontinent.

*Le lieu naturel de l'obeïssance, ses marques & ses contraires.*

Ma Fille Catherine! I'exauce voulontiers les saincts desirs qui accōpagnét les iustes demādes de mes bons Amis: Ie veux satisfaire à ma promesse, & aux ardeurs de tō cœur. Ie te dis donc que le sejour naturel de l'obeïssance est dans le sein Amoureux du Verbe mon Fils Iesus-Christ; elle y estoit auec tant d'empire qu'elle l'obligea de courir à la mort autant honteuse que cruelle de la Croix. C'est luy qui te la doit donner; & quand il te l'aura donnée, garde toy bien de la perdre. Si tu desire d'apprendre ce qui te la fera perdre, tu n'as qu'à ietter les yeux sur le premier homme; & tu verras incontinent que l'orgueil produit & fomenté de l'Amour propre, flaté de la complaisance trop grande pour sa compagne, fust l'occasion de le priuer de cette riche vertu auec la vie de grace & l'innocence. Par ce moyen il tomba dans l'ordure & dās la misere extrême où il engagea toute sa mal-heureuse posterité. Pour ce qui est des marques asseurées, pour connoistre si tu es parfaictement obeïssante; Ie n'en treuue pas de meilleure que la patience, sans laquelle tu ne sçaurois te conuaincre que tu sois soûmise à l'execution entiere de mes ordres adorables. Dans la suite de mon entretien, tu ne connoistras que trop cette verité.

Auparauant qu'entrer plus auant; ie te donne auis qu'il y a deux sortes d'Obeïssance: l'vne est bonne & parfaicte, & l'autre est tres-parfaicte: ainsi que i'ay dit des Commandemens & des Conseils; ceux-cy, cōparez auec les premiers. Apres cela i'établis que personne ne sçauroit arriuer au Ciel si ce n'est par l'obeïssance. Iesus même mon Fils vnique n'y est entré, & n'en a ouuert la porte que la desobeïssance d'Adam auoit fermée, qu'auec cette heureuse Clef. Ie la mis entre les mains de cet aymable Redempteur, y estant comme contraint par les violences Amoureuse de ma Bonté souueraine, voiant que l'homme que ie cherissois tendrement, détournoit sa veuë de dessus moy qui suis sa fin derniere & vnique. Ce diuin Verbe a esté donc le fidele Portier qui a desserré la porte par laquelle l'on paruient à moy: C'est pour cela qu'il asseure en l'Euangile, que person-

*L'obeïssance est la clef du Ciel mise entre les mains de Iesus*

ne ne sçauroit aller à son Pere que par son moyen. C'est cette Clef importante qu'il vous laisse montant au Ciel, afin que vous vous en seruiez à son exemple, en vous rendans obeïssans à son Vicaire qu'il a estably dans la terre, auquel vous estes obligez de vous soûmettre, & suiure ses ordres iusqu'à la mort. Quiconque est hors de cette ordonnance demeure en estat de damnation, ainsi que ie t'ay dit ailleurs.

*La connoissance & l'Amour de Dieu, sources de la rigoureuse obeïssance de Iesus.*

Si tu desire sçauoir d'où procedoit la tres-rigoureuse & tres-parfaicte obeïssance de mon Fils, regarde à l'Amour qu'il auoit pour ma gloire & pour vostre salut. Cet Amour naissoit en son Ame de la veuë claire qu'il auoit de l'essence Diuine & de la Trinité des Personnes eternelles : c'est là où il me contemploit face à face ; cette vision de gloire faisoit le mesme effect en luy que fait en vous par proportion la Lumiere viue de la Foy. Par ce moyen il a esté tres-fidele pour se rendre complaisant à ce que i'auois disposé de luy & de sa vie ; ce fut auec cette Lumiere glorieuse qu'il courut par les routes de l'obeïssance, embrasé qu'il estoit des flammes Diuines de mon Amour, en la compagnie de toutes les vertus inseparables de la Charité sacrée, d'où elles tirent leur naissance, leur beauté & leur merite. Il est vray qu'en luy elles ont vn autre lustre, elles y demeurent en vne eminence d'autant plus haute, qu'il est éleué au dessus de toutes les Creatures.

*La patience per-* La vertu qu'il a fait paroistre entre toutes les autres auec plus d'éclat, ç'a esté la patience, en laquelle consiste la perfection de l'obeïssance & le signe demonstratif que l'Ame est viuante de la vie de la grace, & qu'elle a vn Amour veritable pour moy. La Charité sainte & sacrée laquelle est la Mere de la patience & de l'obeïssance, les a liez ensemble comme deux sœurs, qui ne se doiuent iamais separer l'vne de l'autre : de maniere que l'on ne sçauroit perdre celle-là, qu'à mesme temps l'on ne perde celle-cy : autant faut-il dire de celle-cy à l'égard de celle-là ; de maniere que où il les faut auoir toutes deux, ou n'en auoir aucune. L'obeïssance a vne mesme nourrice auec sa Mere qui est l'humilité ; de vray vous serez autant obeïssante que vous serez humble, & autāt humble qu'obeïssante. Dépoüillez-vous de vous mesme par l'aneantissemēt, reuestez-vous d'opprobres auec mon Fils. Il ne s'est iamais plû en soy-mesme, Il ne faut donc pas vous plaire en vous pour pratiquer l'obeïssance auec exactitude.

*perfectionne l'obeïssance : elles sont filles de la Charité, qui les lie ensemble auec l'humilité.*

Cherchez ces regles d'ancantissement & de mépris de vous & de vostre vie dans le sein de l'aymable Redempteur. Qui est-ce des hommes & des Anges qui s'est plus aneanty que luy ? il s'est repeu d'opprobres, il s'est saoulé d'iniures & de mocqueries, il a baigné son cœur dans l'excez des amertumes & des douleurs. Sa propre vie ne luy a-t'elle pas déplû; puis que pour se rédre complaisant pour moy, il l'a voulu perdre au milieu des déplaisirs que iettent l'horreur iusques dans son

*Regles d'aneantissement de patience & d'obeïssance en Iesus.*

Ame saincte? Où est-ce que l'on rencontrera vne patience plus heroïque que la sienne? Il a crié il est vray; il s'est plaint à moy son Pere sur la Croix; mais ç'a esté amoureusement sans murmurer des rigueurs que i'exerçois en son endroit, encore qu'il fust le Fils vnique de mon sein? Il embrassoit les iniures auec vne modestie incroyable. La paix de son Cœur & la tranquillité de son Esprit ont trop d'excez pour pouuoir exprimer la douceur de l'Amour, en donnant toutes les façons & mettant la derniere main à l'obeïssance que ie luy auois commandée. Ma chere Fille! allez donc prendre de luy les regles parfaites qui vous apprennét d'obeïr: il les a gardé luy-mesme le premier, afin de vous les rendre plus faciles; elles vous conduiront infailliblement à la vie. Il s'appelle dans l'Euangile le chemin, la verité & la vie: qui marche comme luy par les routes qu'il a tenu, marchera par la Lumiere pour ne pas offencer, & n'estre pas offencé; parce qu'il aura chassé de son Esprit les tenebres de l'Amour de soy-mesme qui fait tôber dás le mal-heur. Or la desobeïssance n'est iamais sás orgueil & sans impatience qui conduisent l'Ame par la nuict obscure de l'infidelité, iusqu'à ce qu'elle soit arriuée à la mort eternelle. Catherine! ne diuertissez pas vostre attention de dessus ce Liure viuant & adorable de l'obeïssance, & de toutes les vertus.

## Chapitre XIX.

*Loüanges des grandeurs & des biens qu'apportent l'obeïssance à l'homme auquel elle a esté donnée pour s'ouurir la porte du Ciel, & de toutes les faueurs de Dieu.*

JE t'ay desia dit qu'il y auoit deux sortes d'obeïssances, sçauoir, celle des Commandements & celle des Conseils; de maniere que toute vostre Foy est appuyée sur l'obeïssance; c'est par son moyen & non autrement, que l'on monstre que l'on est fidele en verité, puis que tous les Commandements de ma Loy sont communs à tous, dont le principal est de m'aymer sur toutes choses, & le Prochain comme vous-mesme. Il y a vne si estroitte alliance entre tous mes Commandements, que l'on ne sçauroit obseruer l'vn sans se rendre exact à tous les autres: quiconque en neglige l'vn, se rend à mesme temps coupable de la transgression du reste. Donc l'obeïssant veritable embrasse tous les Commandements; Il témoigne par sa soûmission à mes ordres, qu'il m'est tres-fidele & à son Prochain. Il m'ayme premierement, & il ayme pareillement les autres: ce qui fait qu'il n'y a pas d'iniures, de médisances & de persecutions qu'il ne souffre de son Prochain pour l'Amour de moi, auec vne patience admirable.

*Le vray obeïssāt embrasse tous les Commandements de Dieu.*

*L'obeïssance est donnée au Chreſtien au bapteſme comme vne clef pour ouurir le Ciel.*

Tu as ouy que mon cher Fils s'eſtoit ſeruy de l'obeïſſance comme d'vne clef pour ouurir les portes du Ciel, de la grace & de la vie, que la deſobeïſſance du premier homme auoit fermées, cependant qu'elle ouuroit celles de l'Enfer, du peché & de la mort. Cette heureuſe clef eſt miſe entre les mains de tous les Chreſtiens au ſacré Bapteſme, quand ils ont renoncé au Diable, au monde, à ſes pompes, & ont promis de la fidelité en l'accompliſſement de mes preceptes, de mes diſpoſitions & de mes regles, ſans quoy il eſt impoſſible d'entrer dans ma gloire, encore que le diuin Redempteur en ayt ouuert la porte. Ie vous ay faict ſans vous, auparauant que vous m'en euſſiez prié; Ie vous aymois deſia quand vous n'en eſtiez pas dignes, & que vous n'eſtiez pas encore: toutefois ie ne veux pas vous ſauuer ſi vous ne voulez y contribuer par voſtre obeïſſance, cheminans ſans ceſſe par les routes que IESVS-CHRIST vous a frayé en ſes exemples & en ſa doctrine, ſans mettre voſtre affection en quoy que ce ſoit dans les Creatures finies & paſſageres, ainſi que font vn grand nombre d'inſenſez imitateurs de leur premier Pere.

*L'obeïſſance perdue par Adã reſtablie par Ieſus-Chriſt.*

Celuy-cy fuſt aſſez mal-heureux de perdre l'obeïſſance qu'il me deuoit; il laiſſa cheoir cette heureuſe clef dans la fange & l'ordure du peché, il la briſa auec la malice de l'orgueil apres que l'Amour propre l'euſt enroüillée. Par ce moyen l'vſage en eſtoit inutile; iuſqu'à ce que l'Amoureux Verbe euſt pris resolution de se faire homme, portant en main cette glorieuse Clef, laquelle il auoit reformée en la forge embrasée de sa Diuine & excessiue Charité, apres l'auoir lauée auec son Sang venerable de l'ordure du peché, & l'auoir redressée auec le marteau de ma Iustice rigoureuse sur l'enclume de son sacré Corps. C'a esté auec de si heureux succez, qu'encore que les hommes continuent par leurs infidelitez d'aller, ou de faire, ou de vouloir contre mes ordonnances, ils peuuent tout autant de fois retourner à cette Diuine forge, pour auec facilité reprendre l'obeïssance auec son premier lustre & sa premiere vertu encore qu'elle eust esté gastée par le mauuais vsage de son libre arbitre. L'homme donc croupit sans doute dans vn aueuglement épouuantable, qui ayant la facilité de se seruir de cét instrument necessaire de son salut, neglige de le reprendre par la Confession, par la Contrition & par la satisfaction, auec vne ferme & genereuse resolution de ne plus se separer de mes ordonnances sainctes & sacrées.

O Homme mal-heureux! ne te seduis pas dauantage. Crois-tu que la desobeïssance qui a vne fois fermé la porte du Ciel à tous les hommes, ait le pouuoir de l'ouurir à toy seul? pense-tu aussi que l'orgueil qui en est tombé y monte? ou que tu aye l'entrée dans la sale des nopces sans la robe nuptiale? Te persuade-tu que tu chemineras dans les routes du salut, estant lié des chaisnes pesantes de tes

*Reproche de Dieu à l'homme pour l'encourager à l'obeïssance.*

pechez prodigieux en malice & en nombre. Partant prepare-toy de te dépoüiller du vestement du vieil homme, reuests-toy de celuy de la Charité; laisse-toy conduire aux Lumieres sainctes de la Foy, porte la clef de l'obeissance en la main, & haste-toy d'ouurir la porte de la vie de gloire.

*Les moyés de se seruir de l'obeissance.*

Tu ne dois pas tellement tenir à la main cette heureuse clef que tu ne l'arreste attachée auec le cordon du mépris de toy-mesme à la complaisance que tu dois prendre à faire ma volonté, cóme à la ceinture qui doit ceindre tes œuures, resserrer tes pensées, arrester & dresser tes desseins. C'est ainsi que tous les hómes sont obligez de faire; de crainte qu'ils ne se lassent d'obeïr, principalement aux occasions où l'on apprehende le mépris des hommes, ou qui apportent quelque surcroist de peine, soit spirituelle soit corporelle. Partant l'on doit incessamment, demeurer sur ses gardes par vne abnegation veritable de soymesme, par la fuite des honneurs & des loüages; afin que la fereueur des desirs ne s'attiedisse pas, & que la promptitude & l'ardeur de l'esprit ne s'appesantissent pas, à moins l'on s'égareroit de l'obseruance de mes Commandements, à laquelle l'on ne pourroit retourner que par vne volonté genereuse fortifiée de ma grace.

*La patience, la ioye & la paix des vrais obeïssants en toute sorte de rencontres.*

Or tout ainsi que ie t'ay enseigné cy-dessus, que la patience estoit le signe veritable que l'on estoit obeyssant: de mesme ie t'asseure que c'est l'impatience au contraire qui marque qu'il n'y a pas d'obeyssance en l'ame. Ma chere Fille! ton Entendement a trop de rétrecissement pour comprendre la douceur des fruicts que produit cette agreable vertu auec la gloire dont elle est reuestuë. C'est dans son sein où toutes les vertus sont enfermées, pour les mettre en exercice en toute sorte de rencontres : Aussi est-elle la fille aisnée de la Charité qui l'a conceuë & qui l'a enfantée. Et puis n'est-il pas veritable, que la Foy sacrée ne subsiste que par l'obeyssance dans l'esprit de l'homme ; elle est son soûtien, sa base & son fondement. Elle est Reine à meilleur titre que la pauureté. Celuy qui luy fait l'amour est exempt de mal-heur ; la paix & le repos sont son heritage ; les houles irritées du monde aussi bien que les tempestes des rages de l'Enfer n'alterent pas la tranquillité de son Ame. Au temps des persecutions les iniures que l'on vomit côtre la probité de sa vie, ne trauaillent pas son cœur de haine ny de vengeance : il luy suffit qu'il veut obeyr, & qu'on luy a commandé de pardonner. Si ses desirs ne reçoiuent pas tout l'accomplissement qu'ils auoient esperé, vous ne le voyez pas pour cela ny moins ioyeux, ny moins satisfait: car sa soûmission entiere pour s'accommoder à toutes mes dispositions en toute sorte d'éuenements, a parfaictement disposé de sa volonté ; afin de ne rien desirer que moy, qui suis seul sans la compagnie d'aucune Creature, sa suffisance & tout son bien. Il ne se fâche pas si ie le priue des richesses de la terre : sa pensée mesme est trop bien reglée, pour exciter en quelque accident que ce soit, les moindres sentiments capables de troubler le repos & la tranquillité pacifique de son Esprit.

*Eloges de l'obeïssance.* O saincte & heureuse Obeïssance! tu vogue sur la mer orageuse du siecle sans trauail, & tu faits arriuer au havre du salut sans danger de se perdre. Diuine vertu! tu porte les caracteres viuans de la disposition du cœur de mõ Fils dans les fideles, qui aimét mieux, plûtôt que de manquer à obeïr, de mourir sur la Croix, laquelle leur sert de vaisseau pour faire voile dans les routes que ma volõté a marquées, en l'imitatiõ de la vie & de la Doctrine du diuin Redépteur. Elle leur sert encore de table, sur laquelle ils se nourrissent du zele du salut des Ames. Là ils s'approfondissent par l'humilité; ce qui faict qu'ils ne desirent le bien de leur Prochain que selon mes dispositions adorables. Chere Obeïssance! belle vertu! il n'y a pas de laideurs en toy; tu es droite, aussi façonne-tu le cœur de l'homme à ta droiture, tu le rends sans feintise & sans dissimulation. Tu es vne diuine Aurore! qui nous annonce le iour, & qui nous ameine auec toy les Lumieres resplandissantes de la grace. Ie ne te dits pas assez; Tu es plustost le Soleil mesme, qui penetre de tes rayons toute la capacité & toutes les puissances de l'Ame saincte, pour l'éclairer & l'échauffer des viues flammes de la sacrée Charité, des chaleurs de laquelle tu ne sçaurois te déprendre

prendre; & que par ce moyen tout l'homme en toutes ses facultez tant spirituelles que corporelles, produise les heureux fruicts de vie qui me sont agreables, qui luy sont vtiles, & qui sont profitables au Prochain. En fin il faut que i'auoüe que ta force est inuincible, tu participe de ma toute-puissance; aussi es-tu en asseurance. Tes mains sont longues, tu embrasse tout à la fois la terre auec le ciel qui est l'vnique attente de tes desirs. O perle precieuse, cachée pourtant dans le monde sous le mépris & les pieds des hommes! Tu es le bon-heur de ceux qui te possedent, tu les rends les Seigneurs & les Maistres de tout l'Vniuers; tadis qu'il n'y a personne qui exerce l'empire sur eux. Tu les affranchis de la seruitude honteuse de la sensualité, en la haine de laquelle ils ont repris leur liberté, & ils sont rentrez dans leurs premieres dignitez.

Tout le mal-heur de l'homme, Catherine! consiste en ce que refusant d'obeïr à mes Commandemens & à mes ordres, il demeure comme vn cheual vicieux sans frein & sans cauesson; qui est cause qu'il court çà & là de mal en pis, de peché en impieté, de misere en mal-heurs, de tenebres en precipices iusqu'au denier periode de la vie, accompagnée du ver cruel & honteux de la mauuaise conscience qui le ronge sans cesse. La longue accoustumance qu'il a pris à transgresser ma Loy, fait qu'il desespere de son amendement que l'on ne doit pas à cette occasion differer vn long-temps. Ie ne veux

*Les mal-heurs où l'impatience des desobeïssans les precipite.*

pas dire toutefois que le retour à ma grace soit impossible, tandis que l'on est encore au monde; Ie pretends seulement donner auis, que le temps à venir & le dernier iour sont des heures incertaines & fort peu asseurées, pour commencer de s'appliquer à l'observance exacte de mes Commandements que l'Amour propre & l'orgueil des hommes a faict mépriser. Voila les deux sources de l'aueuglement, à ne pas connoistre la valeur de l'obeïssance, ni l'importance de leur impatience, la mere & la nourrice des peines de leurs cœurs. C'est ainsi qu'ils se retirent du chemin de la Verité pour suiure celuy du mensonge, dont le Pere est Sathan, duquel ils seront compagnons en la peine comme ils ont esté ses imitateurs, ses seruiteurs & ses amis en la transgression.

*Les obeïssants sauourent dés ce monde les Auangousts du Paradis, duquel les proprietez sont icy descrites.*

Mes fideles & bons Amis s'estants monstrez tousiours tres-rigoureux obseruateurs de ma Loy, ont pris le party de l'innocent Agneau mon Fils, ils se sont reuestus de son humilité, sur la consideration qu'il auoit voulu accomplir luy-mesme sans reserue la Loy qu'il auoit faite & qu'il auoit donnée. Voila pourquoy ils sauourent dés ce monde par auant-goust, les delices de la vie eternelle dãs les resolutions qu'ils prattiquent de se soûmettre & d'obeyr. La consolation presente ne fait autre chose sinon les disposer à la future, où la paix n'est iamais interrópuë par la guerre, le bien y abonde sans le mélange du mal, l'on y est asseuré sans crainte, l'on y possede les richesses sans pauureté, l'on y est rassasié sans dégoût, & l'on y a faim sans peine. Vne lumiere tres-pure s'y fait voir sans tenebres: En vn mot le bien y est infiny sans estre partagé; il est tout à tous, & tout à vn chacun en particulier qui a l'honneur d'y participer.

Ma bonne Fille! c'est l'obeyssance qui ouure en vertu du Sang de l'Agneau la porte de tout ce bon-heur. O hommes! N'estes-vous pas donc mal-heureux de croupir icy bas dãs l'ordure des vices & dans le bourbier de la coulpe. Quittés les iniustices, les homicides, les haines, les médisances, les murmures, les faux iugements & la cruauté que vous exercez à l'endroit de vostre Prochain. Faictes-vous quitte des larcins, des trahisons & du plaisir desordonné aux delices du siecle; Retranchez les productiõs temeraires de vostre superbe, qui se déchargent sur vostre frere. Nourrissez pour luy vn cœur plein de tendresses affectueuses, en pensant que les iniures qu'il vous fait sont tousiours moindres que celles que vous me faites & que vous leur procurez par maniere de vengeance. Que gagnez-vous par la haine que vous portez aux autres, sinon de me déplaire par la transgression de mon Commandement; & de vous apporter beaucoup de dommage en vous priuant par ce moyen du riche tresor de la diuine Charité?

L'on vous dit que vous m'aymiez sur toute chose, & puis que vous aymiez vôtre Prochain,

*Exhortation de fuir le vice, & de garder les Commandements de Dieu.*

*Il n'y a pas de glose conditionnelle en l'Amour du Prochain.*

*Math. 22.*

chain comme vous mesme. Il n'y a pas d'exception ny de glose en cette Loy; l'on n'y a pas adjousté cette condition, que s'il se rendoit digne de vostre Amour vous l'aymeriez, & que s'il vous traittoit de mépris & d'iniures, que vous n'auriez pas d'amour pour luy. Ce Commandement doit estre obserué auec la mesme pureté & la mesme sincerité qu'il est publié, & qu'il a esté prattiqué veritablement par ma Verité eternelle conuersant dás la terre. Suiuez-là par l'obeyssance ponctuelle auec la lumiere de la foy viue; quittez l'aueuglement & la froideur; que l'Amour sacré gagne vostre cœur, afin qu'il trouue la vie que l'on promet aux obseruateurs de la Loy.

## CHAPITRE XX.

*Prouidence de Dieu sur les ordres Reguliers, où l'obeyssance de Conseil est vn moyen de plus grande perfection.*

*L'Ame qui a obserué les Commandements desire se soûmettre à l'obeissãce des Conseils.*

A Mesure, ma Fille! que l'amour est grád, l'obeyssance est grande; Et parce que les sacrez brasiers du sainct Amour excitent incontinent la haine de soy-mesme dás le cœur de ceux qui ayment en verité; il arriue que l'Amour que l'on a pour moy & la haine que l'on a pour soy-mesme, se multiplient auec tant d'excez, que l'on n'est pas content d'obeyr en general à tous les Commandements de la Loy; l'on veut encore se soûmettre à l'obeyssance en particulier qui n'est que de conseil, afin d'arriuer plus promptement au comble de la perfection de la diuine Charité. De vray les hommes se rendants obseruateurs des Conseils actuellement & en esprit tout ensemble, ils s'éleuent allencôtre d'eux-mesme, pour ruyner leur sensualité & faire mourir leur propre volonté. A ce dessein ils se lient & plus court & auec de plus fortes étreintes; ils mettent leur liberté sous le ioug de l'obeyssance de la profession Religieuse qu'ils promettent à vn Superieur, à la volonté duquel ils captiuent la leur, afin qu'il en dispose selon ses ordres & ses sentiments. C'est de cette obeyssance de laquelle ie pretends de te parler à present, ainsi que tu le desire, apres que ie t'ay entretenu de celle qui est plus generale qui appartient à toute sorte de conditions d'hommes, s'ils veulent être bien-heureux & s'ils veulent éuiter la damnation derniere.

Pour commencer, ie dis qu'apres que l'Ame saincte s'est exercée quelque temps auec beaucoup de succez heureux à l'obseruance tres-exacte de mes Commandements, elle paruient facilement à la seconde plus parfaite par la mesme lumiere qui luy a seruy de côduite en la premiere. Voicy comment la chose se passe. Elle arreste auec douceur d'attention son esprit sur le Sang de l'humble & de l'innocent Agneau mon Fils IESVS pour y étudier ma volonté : là, elle entend d'vne maniere inexprimable l'amour excessif que ie luy porte, où elle voit qu'elle a trop de foi-

*Le moyen que l'Ame qui a obey aux Commandements auec perfection deuient amoureuse de l'obeïssance de Conseil en Religion.*

blesse pour y correspondre auec toute la perfection de la dilection qu'il le merite & qu'il y oblige. C'est ce qui faict que comme toute éperduë, elle cherche auec la mesme lumiere en quel lieu, en quelle façon & en quel exercice elle pourra s'acquitter enuers moy de ses deuoirs auec plus de fidelité, en traittant de mépris & de confusion, tant sa propre sensualité que sa propre volonté, iusqu'à faire mourir l'vne & l'autre. Elle ne manque pas de connoistre que la vie Religieuse contient tous les moyens propres pour reüssir à son dessein auec beaucoup de gloire.

*S. Esprit Patron des ordres Reguliers.*

C'est pour cela que le sainct Esprit a estably l'Ordre regulier, qu'il s'en est faict le Maistre & le Patron cóme d'vn gallion à l'épreuue où il reçoit les Ames qui desirent faire voile sur la pleine mer de la perfection sureminente, & par ainsi arriuer plus glorieusement au port du salut eternel. Ce Diuin Paraclet n'abandonne pas le vaisseau de sa protection pour les fautes de quelques particuliers qui se laissent aller à la transgression de l'ordre, auquel ils font moins de mal qu'à eux mesmes. I'auoüe toutefois que ceux qui tiennent le timon en main sont quelquefois cause par leur negligence & par l'impunité, que la nasselle est agitée de vagues & battuë de tempestes, qui le mettent en danger de faire naufrage pour les vns, tandis que les bons Religieux ne perdent iamais la paix de leur Ame; ils treuuent en leur condition vn Paradis de delices pour tous ceux qui voudront s'y maintenir auec la fermeté de leur premiere resolution.

Cette Ame donc de laquelle nous auons parlé n'a pas pluſtoſt rencontré ce lieu d'aſſeurance, qu'elle ſe delibere d'y entrer, elle s'y comporte d'abord comme vne perſonne morte, ſi tant eſt qu'elle ayt deſia auparauant acquis la perfection de l'obeïſſance generale attachée aux Commandements : Que ſi dauanture cette diſpoſition luy manque, laquelle toutefois deuroit deuancer la tendāce à la perfection compriſe dans les Conſeils, elle ne laiſſe pas de paruenir à l'eminence de ſon eſtat, ainſi qu'il arriue à la pluſpart de ceux qui entrent dans les Monaſteres ſans auoir faict beaucoup de progrez en la Charité, ny ſans auoir la volonté de s'y auancer en vn degré ſublime & conſiderable ; pourueu que leur volonté ſe porte de ſe rendre aſſidus à faire l'obeyſſance en toutes choſes. J'ay dit que la pluſpart de ceux qui ſe font Religieux ſont encore imparfaits : De vray combien y en a-t'il que la legereté de la ieuneſſe porte à ce deſſein ? Il s'en trouue quelques-vns que la crainte preſſe à cette reſolution; d'autres y feront contraints par les peines & les miſeres de la vie; Quélquefois l'amadoüemēt artificieux prendra beaucoup d'authorité ſur l'eſprit, pour l'emporter à cette entrepriſe auſſi genereuſe qu'elle eſt importante. De quel coſté que la choſe arriue, l'on en peut eſperer vn tres-heureux ſuccez, ſi la ſuite eſt accōpagnée de la prattique des vertus, & que l'on y perſeuere iuſqu'à la

*Differentes manieres d'entrer en Religiō peuuent ſeruir pour arriuer à la perfection.*

fin. A moins, il est impossible de faire vn jugement bien asseuré sur les yssuës & sur les progrez de l'entrée en la Religion.

*Plusieurs dont les vocations estoiēt bonnes, n'ont pas perseueré en Religion.*

Combien en a-t'on veu dont les Commencemens paroissent accomplis, & ils l'estoient en verité; qui sont retournez en arriere comme des Apostats execrables, & ont par apres commis des crimes sales & horribles, desquels auparauant ils ignoroient les noms; ou s'ils ont perseueré dans leur Ordre, ils y ont paru auec beaucoup de defauts, qui les ont retenus de s'auancer dans la lyste du sainct Amour? Il faut donc regarder principalement à l'affection auec laquelle l'on perseuere, & que l'on se rend digne de sa vocation, laquelle ne se faict pas toûjours de même façon. Ie ne suis pas determiné à vn seul moien, pour attirer mes Creatures à cette grace singuliere: I'emploie diuers accidens, differentes rencontres & vn nombre inombrable de motifs pour les resoudre de pretendre à ce Bien, qui ne souffre pas de disette, ny spirituelle ny temporelle.

*Dieu n'abandonne pas les Religieux exacts en l'obeïssance des aydes spirituelles & corporelles. Source des disettes des Monasteres.*

Il suffit que l'on soit tres-exact à l'obeïssance des Regles, afin que le sainct Esprit le Patrō & le Maître des Ordres Religieux, pouruoye à tous les besoins tant de la vie naturelle que de la vie de grace. N'auez-vous pas des preuues asseurées de cecy, lors que les Monasteres conseruoient encore la pureté & la rigueur de leur Institut, où les Freres vnis par les estreintes de la Charité, ressembloient plustost à des Anges du Ciel, qu'à des hommes de la terre ? Le bien temporel y estoit plus grand que la necessité; s'il a diminué depuis, c'est que la proprieté s'y est introduite, & que le relâchement aux observances s'y est mal-heureusement glissé. Prenez garde ma bonne Catherine! que les riches possessions ne sont pas la suffisance dans les maisons Monastiques: c'est plustost le respect aux sainctes ordonnances establies auec vne police toute Diuine, & auec vne Lumiere de même nature par les premiers Fondateurs, dont l'Esprit & le cœur estoient les Temples viuans du sainct Esprit. Ces sacrées constitutions sont les veritables Richesses des Bons & des Parfaits Religieux, au milieu de l'extremité de leurs plus grande Pauureté.

### Chapitre XXI.

*Conduite de Dieu sur les Ordres de sainct François & de S. Dominique, de leurs fins & de leurs fruits, soit en leurs Fondateurs soit en leurs Enfans.*

Si tu regarde la Regle de sainct Benoit, tu connoistras que ç'a esté par mon Esprit qu'il l'a écritte auec vne dispositiõ toute celeste. Sainct François n'a-il pas esté conduit du même principe, lors qu'il a fondé son Ordre sur l'extreme pauureté qu'il éprouua le premier auec beaucoup de mépris de sa personne, sans desirer d'auoir de la complaisance

*L'Esprit de Dieu en S. Benoit & en S. François en l'établissement de leurs Ordres.*

pour aucune Creature contre ma volonté, afin d'arriuer luy & ſes Enfans au degré ſouuerain de la perfection ſuréminente. Tandis qu'il fut en vie, il affecta de paroître vile & contemptible aux yeux du monde. Pendant qu'il affligeoit ſon Corps de rudes penitences & d'auſteritez eſtranges, il faiſoit la guerre à ſon Ame pour la faire mourir à toute proprieté de volonté ; & perſeuerant de ſe charger d'opprobres, de peines & de confuſions, en l'imitation & pour l'amour de mon Fils l'innocent Agneau, ſon Amour inuiſiblement, par des affections viues & compatiſſantes attachoit & cloüoit ſon Eſprit ſur la Croix auec luy. De maniere que par vne certaine ſympathie du Corps auec les ſentimens affectueux de l'Ame, ſa chair fut percée des mêmes playes que cet aymable Redempteur auoit receu ſur la Croix en ſes pieds, en ſes mains & en ſon adorable côté.

C'eſt en cette poſture de crucifié qu'il a frayé luy-même le chemin à ſes Enfans qui le doiuent ſuiure dans vne tres-grande Pauureté, laquelle eſt tout le fondement & toute la beauté de ſon Ordre. Encore que tous les Ordres Religieux faſſent profeſſion de garder la Pauureté, toutefois ce n'eſt pas là leur principal but, ainſi qu'en celuy de S. François. Il arriue en cecy cóme en ce que i'ay dit des vertus, leſquelles prennent toutes la vie de la Charité, qui les enchaîne & les lie les vnes auec les autres : De maniere qu'il eſt impoſſible d'en auoir vne ſeule, que l'on ne les aye

*S. François ayme le mépris, la pauureté & la mortification, & la Croix de Ieſu qu'il porte en ſon Eſprit & en ſa Chair.*

*S. François a eſtably ſon Ordre particulierement ſur l'Eſprit de pauureté.*

à saincte Catherine de Sienne. 683

toutes à même-temps. Il est vray qu'vn chacun excelle en quelque vertu, qu'il s'approprie & qu'il affectionne particulieremét plustost qu'aucune autre: C'est ce que ie veux dire des Ordres Religieux, la Pauureté est cómune à tous; Toutefois elle est plus propre aux Freres Mineurs qu'à tous les autres Corps Reguliers. Sainct François s'est affecté cette vertu, elle estoit sa Reyne, sa Maistresse & son Espouse. C'est en l'Amour de cette belle vertu qu'il a estably les maximes de sa Regle & les Loix tres-estroites de son Ordre, composé au commencemét de gens parfaits, dont la bóté surpassoit le nombre. Ils estoiét peu & bons. Mais helas! par la faute de ceux qui y sót entrez depuis, le nombre s'est multiplié sans acroître la vertu, laquelle s'est beaucoup relâchée de sa premiere integrité. Ce desordre ne prouient pas de la Religion, elle est saincte : il a son principe dans la desobeissance des sujets, & dans le mauuais gouuernement des Superieurs.

Sainct Dominique n'a pas moins que sainct François fondé son Ordre sur la Pauureté, pour laquelle il auoit beaucoup d'inclinatió, ayant au contraire vne étrange auersion de la possession des Richesses de la terre. Il le fit bié paroître quant à l'article de la mort il donna sa malediction, & me pria que ie fulminasse la mienne contre les Conuens de son Ordre, où l'on retiendroit des heritages soit en general soit en particulier. Neantmoins ce ne fust pas en cette pauureté qu'il establit le des-

*S. Dominique aymé la Pauureté. Procurer le salut des Ames par la Lumiere de grace, fin de son Ordre.*

sein de son Institut, qu'il voulut dresser pour s'appliquer auec les siens à procurer ma gloire & le salut des Ames par la Lumiere de la science. De maniere que cette Lumiere a esté son principal objet auec laquelle il a extirpé les erreurs, confondu l'impieté & reformé les abus de son siecle. Aussi prit-il pour son Office celuy du Verbe mon Fils ; il entra en la place des Apôtres desquels il imitoit la vie & la Doctrine, pour en ietter par tout les diuines semences. Il paroissoit dans la terre côme vne éclatante Lumiere que ie donnay aux hommes par les prieres de l'Auguste Marie, afin qu'en sa presence les tenebres de l'Heresie disparussent. C'est cette diuine Mere laquelle comme vn autre Rebecca reuestit ce Mystique Iacob de l'habit de sô Ordre, apres qu'elle en eust receu de moy le commandement.

*S. Dominique & son Ordre sous la protection de Nôtre Dame.*

Ce bon sainct n'abandonnoit iamais la Croix ; c'est sur cette heureuse table où auec ses Enfans il nourrissoit ses desirs du zele du salut des Ames, pour ma plus grande gloire. C'est là dis-ie, où il puisoit sa science en Iesus-Christ Crucifié. Il ne voulut pas que ses Religieux eussent d'autre fin en leurs emplois que celuy-là. Pour y mieux reüssir il les priua du soin des choses temporelles, se confiant auec vne foy viue & vne esperance amoureuse, que rien ne manqueroit à leurs besoins parmy les glorieuses conquestes pour mon honneur & pour le profit du Prochain. Il cômanda l'obeïssance rigoureuse, afin de reu-

*L'obseruāce des trois vœux essētiels ordonnez pour la fin du salut des Ames en l'Ordre de saint Dominique.*

à sainéte Catherine de Sienne. 685

dre leurs emplois mieux authorisez, plus considerables, plus remplis de merite & de profits. Et par ce que la science surnaturelle est incompatible auec l'impureté, laquelle iette les tenebres en l'entendement, & assez souuent dans les yeux du Corps qu'elle affoiblit; il eust vn soin fort particulier que la continence fust Angelique parmy ses Religieux; il en fit vn mariage rauissant auec l'obeïssance, afin que l'humilité jointe à la pureté, chassast les tenebres de l'ignorance que l'orgueil & l'impureté, iettoit dans l'Esprit de plusieurs que l'on voit aujourd'huy sçauants & doctes personnages. Que leur sert-il d'auoir l'entendement éclairé, si leur volonté est sans chaleur & si leur Ame est tenebreuse. Ma bonne Fille! où est l'orgueil il n'y a pas d'obeïssance. Ie t'auois déja dit que l'humilité & l'obeïssance marchoient à pas égal; autant que l'on est humble, l'on est soûmis; & autant que l'on est soûmis, l'on est obeïssant; & autant que l'on obeït; l'on est chaste, & quant à l'Ame & quant au Corps.

Voila ce qui appartient à l'essence de la Religion, pour la conseruatió & pour l'accroissement de laquelle, il a ordonné vn grand nombre d'autres Regles aux obseruáces desquelles il n'a pas voulu obliger sur peine d'aucun Peché, soit mortel, soit veniel. Il en a disposé ainsi estant éclairé de mes Lumieres, pour paruenir par compassion aux moins parfaits & aux plus foibles. Son Esprit estoit tout détrempé de douceurs & de tendresses pour

*L'Ordre de saint Dominique est vne demeure agreable par ce que les constitutions n'obligent pas à Peché.*

ses Enfans. Il s'estoit reuêtu des humeurs de mon Fils viuant sur la terre. Que dis-je il portoit ma ressemblance, en ce que comme moy il ne desiroit pas la mort du Pecheur mais qu'il se conuertit & qu'il eust vie. Ce qui faict que sa Religion est vn agreable jardin embaûmé des odeurs du Paradis : tout y est joyeux sans crainte seruile. L'Amour seul en ouure la porte, il en réd le lieu plus delicieux pour s'y arrêter, & plus diuertissant pour y perseuerer. Il est vray toutefois qu'il n'y a eu depuis que trop de mal-heureux qui se nourrissans au sein de l'Ordre, l'ont mis comme en friche, ils en ont faict vne terre de desolation par leurs transgressions insolentes & criminelles, refusans de donner les fruits de la vertu, d'exhaler l'odeur de la bonne consciéce, & de répandre les rayons éclatans de la Lumiere de la grace.

Il n'estoit pas ainsi prophané à son commencement. Il estoit remply d'hommes Illustres en saincteté & en Doctrine ; la professió de la vie s'accordoit auec l'étude des Lettres en vn degré eminent. Vous eussiez dit de voir & d'entendre des Saints Pauls, en ce qui regarde la science & la ferueur de l'Esprit. Leurs Lumieres participoient de la Toutepuissance des miennes. Il n'y auoit pas d'erreur dans le monde, ny d'ignorance dans les hommes, qui pût resister à l'efficace de leurs sacrées persuasions. Iette les yeux sur sainct Thomas d'Aquin, & tu ne connoîtras que trop cette verité : Aussi sa science est plus in-

*Ezech. 33. v. 11.*

*Mauuais Religieux de l'Ordre.*

*Les ferueurs & les fruits des premier Religieux de l'Ordre de S. Dominique.*

*S. Thomas d'Aquin.*

à sainéte Catherine de Sienne. 687

fuſe qu'elle n'eſt acquiſe ; l'Oraiſon y a plus faict que l'étude, & la ferueur de ſon Eſprit y a plus contribué que la Lumiere de ſa Lampe. Il ne faut donc pas s'étonner s'il s'eſt rendu digne d'être mis ſur le chandelier de ſon Ordre & de l'Egliſe vniuerſelle, comme vne grāde & belle Lumiere, qui deuoit chaſſer du monde les tenebres de l'Hereſie & de l'infidelité.

Ce que celuy-cy a faict par l'éclat de ſa Doctrine; Sainct Pierre Vierge & Martyr Religieux du même Ordre l'a faict auec ſon ſang : par ce que de vray les Hereſies de ſon temps prirent fin auec ſa mort; il reüſſit plus en donnant ſa vie, qu'il n'auoit gagné par ſes prieres, & par ſes Predications continuelles auec leſquelles il emporta des victoires ſignalées ſur les Ennemis de la Religion. Qui eſt-ce qui s'eſt employé auec plus de ferueur pour annoncer aux hommes la vie Eternelle & les moiens d'y paruenir ? Y eut-il iamais Sainct qui euſt fait plus genereuſement que luy, vne confeſſion publique de la Foy, & qui en ayt dilaté les progrez & les triomphes auec moins de crainte, iuſqu'au dernier ſoûpir? Ne fuſt-ce pas là que la voix luy manquât apres auoir receu le coup mortel; à faute de langue, de plume & d'encre, il eſcriuit auec ſō ſang deſſus la terre, *ie crois en Dieu*. Son Amour fuſt cette fois plus fort que ſa connoiſſance : Il ſçauoit qu'on l'attendoit par le chemin où il deuoit paſſer pour l'aſſaſſiner; Mais quoy! ſon cœur penetré des viues flam-

*S. Pierre le Martyr en ſa vie & en ſa mort.*

mes de ma Charité, en la fournaise immense de laquelle il estoit abysmé, donnoit de la legereté à ses pieds qu'il sembloit que la crainte deuoit appesantir. La Reuelation que ie luy donnay de sa mort, n'empécha pas qu'il ne se comportât en cette occasion comme vaillant & genereux Cheualier qui entre dans le champ de bataille sans crainte seruile, & sans apprehension d'estre couuert de son sang.

*S. Dominique Martyr d'Esprit & de volonté.*

Ie te pourrois raconter plusieurs autres de cet Ordre, dont les vns n'ont pas laissé d'emporter le merite quoy qu'actuellement ils n'ayent pas receu le Martyre; c'est assez qu'ils l'ont souffert quant au desir & quant à l'affection ainsi que sainct Dominique. Voyez donc ma tres-chere Fille! combien de Laboureurs i'ay mis en ma vigne pour la trauailler & luy donner toutes ses façons, pour en déraciner les épines des vices & pour y mettre les heureuses plantes des vertus.

## Chapitre XXII.

### De la perfection de l'obeissance des Religieux.

*Les conditions qu'il faut auoir pour se faire Religieux.*

MA Fille! i'ay dit que les Ordres Religieux sont des lieux d'asseurance pour le salut, & qu'ils sont tous comme autant de Nauires équipez par le sainct Esprit, sous lequel comme sous le principal les Fondateurs font l'office de Patrons, guidez par la Lumiete surnaturelle de la Foy, auec laquelle ils connoissent leur dependance de ce Diuin Paraclet, qui tient entre ses mains toute la perfection de leurs instituts. Il est à propos maintenant que tu apprenne l'obeïssance exacte que doiuent rendre en general tous ceux qui sont entrez en de si saincts lieux, sans me restraindre plus à vn Ordre qu'à vn autre. Les laideurs de l'obeïssance seruiront d'opposition, pour releuer de plus en plus les beautez de ceux qui obeïssent auec beaucoup de simplicité: par ce moien ie te monstreray la route que l'on doit tenir pour se rendre parfaict chacun dans sa vocation à la Religion, dans laquelle l'on ne doit entrer qu'auec la Lumiere viue de la Foy. Auec cette Lumiere l'on connoîtra qu'il faut faire mourir la propre volonté auec le coûteau de la haine de la passion sensitiue. L'homme qui s'en sera parfaitement dépoüillé, se disposera de prendre l'obeïssance pour sa chere Epouse iusqu'à la mort, & de tenir en sa compagnie sa bonne sœur la patience. Il appellera à même-temps la nourrice de l'vne & de l'autre l'humilité; sans laquelle l'obeïssance est en langueur, & la patience demeure sans vigueur. L'humilité ne va iamais seule, l'abiection & le mépris tant du monde que de soy-même la suiuent par tout. De vray celuy qui ne s'estime pas, ne desire pas aussi les honneurs: Au contraire il se iuge digne de toutes sortes de confusions & de mépris, voila les dispositions que l'on doit souhaiter à tous ceux qui veulent se faire

X x

Religieux s'ils ont l'aage competant.

*Les parfaits obeïssans abandonnent les richesses & baissét la teste par humilité pour passer par la porte estroite du ciel.*

L'obeyssance prompte & ioyeuse estant munie de toutes ces perfections, ouure finalement le guichet du Ciel aux Religieux, au trauers duquel ils ne pourroient passer qu'auec grand danger de leur salut, par ce qu'il est bas & estroit; si ce n'estoit que la Lumiere surnaturelle de la Foy, leur aprend de baisser la téte, quoy qu'il couste, par la soûmission, & non pas l'éleuer par l'orgueil, de crainte de la briser & de la rompre. Pour mieux y reüssir ils abandonnent les richesses par vn renoncement heroïque & general à leur propre volonté. A ce dessein ils voüent la Pauureté volontaire de laquelle ils ne se départent iamais, de crainte de faire tort à l'obeyssance rigoureuse qu'ils ont promise à leurs superieurs, qui ne sçauroient aymer la resistance que l'on apporte à leurs Ordres auec superbe. Ils hayssent que l'on esleue la teste, s'il faut ainsi dire, de la volonté propre contre leurs Commandemens : Au contraire ils approuuent que l'on s'incline par humilité, sans aucune contrainte auec allegresse de cœur & d'Esprit.

*L'importance que les Religieux soient pauures: Mal-heurs de la proprieté qui porte à la Lubricité.*

Le renoncement aux richesses de la terre est si absolument necessaire aux Religieux, que sans cela ils tombent de precipice en precipice, & de mal-heur en mal-heur iusqu'à la transgression du Celibat. De vray celuy qui n'a pas mis de reglement à ses volontez, & qui ne s'est pas dépoüillé du bien temporel, gagne facilement di-

verses connoissances, il ne manque pas de
trouuer beaucoup d'Amis attirez par l'Amorce de leur profit. Les connoissances produisent des familiaritez; & celles-cy, engendrent des amitiez secretes & des communications suspectes, qui font que l'on entretient le corps en delices. Qu'attendrez-vous
autre chose d'vn Religieux qui est sans humilité, & qui porte de l'auersion au mépris de
soy-même, sinon de la complaisance à ses voluptez particulieres, de l'attachement à se tenir auec autant de delicatesse que de superfluité curieuse en ses habits & en ses meubles;
Comme s'il n'estoit pas Religieux, mais vn
muguet de cour, sans se mettre du tout en
peine de se rendre digne de sa vocation, par
les Oraisons & les veilles? Sans doute si ces
personnes n'auoient rien à dépendre, ils ne
tomberoient pas mal-heureusement dans les
impuretez corporelles, ou au moins de pensée & de volonté. Que l'on ne se flatte pas en
cecy; il est bien difficile, pour ne dire qu'il est
du tout impossible, que le Religieux qui pratique les compagnies frequentes & les hantises ordinaires du monde, qui prend plaisir à
dorloter son corps, & qui se nourrit auec superfluité & sans ordre, sans veiller & sans faire Oraison, puisse conseruer son Ame nette à
tout le moins de la fumée: & s'il ne tombe dás
l'impureté manque de moiens ou d'occasions
d'en venir iusqu'à l'execution actuelle; il luy
arriue comme vne mal-heureuse necessité de
faire naufrage par les ardeurs du desir & de
la pensée.

*Le vray obeïssant en mortifiât l'Amour propre s'éleue au dessus de soy-même, auec la compagnie des vertus.*

Le parfait obeyssant preuoit auec les Lumieres de ma grace tous ces mal-heurs; il les preuient par le mépris du monde & de ses biens; Il romp sans cesse sa volonté; il passe par la porte estroite de la soûmission volontaire, par laquelle il connoit qu'il faut qu'il entre necessairement, de bon gré ou par force; si ce n'est qu'il veüille sortir de son Ordre par la porte honteuse & execrable de l'Apostasie. Il s'éleue donc au dessus de soy-même foulant aux pieds sa sensualité & ses sentimens. Il met son Ame à la garde de la haine de soy-même, comme à vne seruante fidele; afin qu'elle en banisse l'Amour propre l'Ennemy mortel de l'obediance, que la Charité sa bonne mere luy a donné pour son Epouse, & qu'elle demeure toute seule sans le rencontre de son contraire. L'obedience se voyant ainsi la maistresse appelle incontinent apres soy l'humilité qui est sa chere Nourrice. Toutes ses belles compagnes ( ie veux dire les vertus reelles & veritables auec toutes les obseruáces de l'Ordre) s'assemblent pour grossir sa Cour. La patience, l'humilité & l'abnegation, paroissent auec plus d'éclat au milieu des autres; il ne se peut penser vne paix plus grande que celle que possede l'Esprit qui est ainsi disposé; il treuue au dedans de soy-même vn Paradis de delices Diuines que sa continence faict. Son entendement est éclairé de la presence du Soleil de l'intelligence surnaturelle, en laquelle la prunelle de la Foy treuue ma verité Incarnée pour son objet & pour sa perfection. Les splendeurs agreables qui découlent de ce rauissant Soleil, ne sont pas priuées de chaleurs celestes, qui se renforcent auec tant d'effect dans le cœur du Religieux parfaictement obeyssant, par l'obseruance toute détrempée d'Amour des Regles & des Statuts de son Ordre; qu'il échauffe du desir de la même prattique, tous ses autres confreres ou compagnons d'vne même profession.

Ce glorieux estat ne procede qu'à cause que l'Ame s'est faite quitte de ses Ennemis qu'elle a mis dehors; le principal estoit l'Amour propre qui produit l'orgueil contraire à la Charité & à l'humilité: l'autre Ennemy, c'est l'impatience ou la resistance à se soûmettre. L'infidelité repugnante à la Foy se mutine pour ce party; la presomption & la confiance en soy-même qui ne s'accorde iamais auec l'esperance que l'on doit auoir en ma Bonté, se reuoltent pareillement. Ainsi l'Iniustice, l'Imprudence, l'Intemperance & la transgression des Commandemens, ont de l'incompatibilité auec les vertus contraires: & les mauuaises frequentations de ceux qui ne viuent pas comme ils sont obligez, n'ont pas de conformité auec la bonne & loüable conuersation des gens de bien. Aussi voyez vous que les Religieux vicieux qui s'éloignent des mœurs & des bonnes coustumes de l'Ordre, sont toûjours Ennemis de ceux qui ont de l'exactitude pour les vouloir obseruer. Enfin la cruau-

*Victoire de l'Obeïssance sur tous les vices qui luy sont contraires.*

té combat contre la debonnaireté; la cholere contre la pitié & la compassion; la haine contre l'Amour des vertus, l'impureté contre le Celibat; la negligence & la paresse contre la diligence & la sollicitude; l'Ignorance contre la Prudence, le dormir excessif contre l'assiduité aux veilles, & contre la perseuerance en l'Oraison. Tous ces monstres Ennemis iurez de l'obeyssant, ont pris la fuite en la presence de la haine qu'il a de soy-méme, & de l'Amour qu'il a pour se soûmettre. Le dessein qu'ils auoient dressé pour soüiller son obeyssance demeure sans effect; Ils ont tous esté vaincus en la mort de la mauuaise volonté, laquelle estant nourrie par l'Amour propre, donnoit vie à toutes ces engeances maudites.

*Le parfait obeissant est exempt de tout ce qui est capable de luy donner de la peine, & de troubler son repos.*

Maintenant donc qu'il a comme coupé la téte à son principal Ennemy qui maintenoit tous les autres, il recouure sa liberté & sa paix, sans que ny l'vne ny l'autre puissét estre alterées par aucune guerre, n'y ayant plus rié qui soit capable de la luy faire. Tout ce qui pouuoit luy procurer de la tristesse est aneanti; De maniere que l'Ame est exempte d'amertume d'Esprit & d'inquietude de pensée. De quel côté viendroit la guerre & la rebellion? Le veritable obeyssant n'est-il pas patient? & qui ne sçait que c'est la patiéce qui oste la pesanteur & la difficulté des obseruances de l'Ordre? Et puis ayant foulé aux pieds sa propre volonté; qui est plus, l'ayant faicte mourir; la peine n'a pas de lieu dans vn cœur qui a de l'adherence à la volonté d'autruy qu'il a choisie pour la regle de sa vie. Que dis-je? ce n'est pas tant la volonté du Prelat de laquelle il se rend deuot & respectueux obseruateur, comme de la mienne qui est Eternelle & souueraine. Ils se garde donc bien d'éplucher les Ordres du Prelat, ny de se constituer le Iuge de ses Ordres ; C'est assez qu'il se persuade que la volonté de celuy qui luy commãde est le truchement & l'oracle tout à la fois de la mienne ; & que ie dispose du commandement selon ce qui est plus vtile pour son salut. D'ailleurs la peine ne sçauroit prouenir du côté de la bassesse des emplois; il n'y a rien de si vile dans l'ordre qui luy donne du dédain; il a mis le comble de sa gloire en la souffrance des mocqueries & des blâmes, en la tolerance des iniures, & d'être estimé homme de neant & de nulle consideration. Ce n'est donc pas de ce costé-là que son Esprit peut estre combatu, puis que l'Amour de l'abnegation a gagné ses inclinations, & que le mépris & la haine de soy-méme sont son élemét. Ce qui faict que n'ayant pas de plus pressante attention que celle de se rendre exactement obeyssant, il joüit d'vne ioye qui ne sçauroit estre interrompuë que par la reflexion, sur ce que ie suis lâchement offensé par mes Creatures.

## Chapitre XXIII.

### L'obeïssant est vn tableau de perfection.

*Zele de l'obeïssant & sa conuersation exemplaire & profitable auec toute sorte de personnes.*

DEsormais la plus douce conuersation du parfait obeyssant, sera auec les personnes qui me craignent en verité. Si d'auanture il est obligé par les conditions de la vie, de frequenter ceux qui sõt separez de ma volõté; il se garde bien de tirer aucune cõformité de leurs mœurs: Au contraire il dresse toutes ses paroles auec ses desseins pour les retirer de leurs miseres, & par vne Charité vrayement Chrétienne, il s'éfforce de leur faire part du bien qu'il reconnoit auoir en soy-même. Il se persuade efficacement qu'il y a plus de gloire à esperer pour mon Nom, s'il gagne beaucoup de compagnons qui me seruent auec fidelité; que s'il demeuroit tout seul. C'est pourquoy il employe toutes ses industries & ses forces, soit par l'Oraison, soit par les sollicitations, soit par toutes les autres manieres que sa Charité luy peut fournir, tant enuers les Religieux qu'enuers les personnes seculieres, pour les attirer à son Imitation; ou à tout le moins, pour les faire sortir de l'état deplorable du Peché. De maniere que la conuersation de l'obeïssant est toûjours irreprochable; ie dis encore plus, elle est toûjours parfaite, soit auec les bons, soit auec les Pecheurs; puis qu'il se comporte enuers les vns & les autres auec vne intention bien ordonnée, vne affection reglée & auec le motif d'vne Charité excessiue qui ne demande qu'à se répandre liberalement.

Au reste il ne met pas son cœur parmy les Creatures. Sa Chrambrette est son Ciel, il en faict vn Paradis où il se plaît de parler & de traiter auec moy qui suis Dieu viuant, par vne affection delicieuse d'Amour qui ne le laisse iamais oysif: De vray son Oraison est perseuerante & continuelle. Si d'auenture durant sa retraite dãs sa cellule, le Diable l'attaque par ses illusions, ou par des imaginations ridicules & dangereuses, il ne se laisse pas gagner à l'abbattement de l'Esprit: il ne tâche pas d'assoupir sur le lict les inquietudes qui l'affligent dedans l'oysiueté. Il ne perd pas le temps à rechercher les raisons de sa peine; il ne s'amuse pas à former des opinions ny des jugemens sur son Estat & sur la disposition de son cœur: Mais il se porte incontinent à la haine de soy-méme, en s'éleuant au dessus de tout sentiment corporel, formant vne resolution genereuse d'apporter beaucoup d'humilité & de patience, pour endurer le trauail de son Esprit & l'affliction de sa pensée. A ce dessein il veille incessamment; il apprend dans son Oraison continuelle, la vigilance & la resistance qu'il employe contre ses Ennemis. L'œil de son entendement ne dort iamais, il est toûjours ouuert à faire sentinelle & seure garde. Il void par la Lumiere de la

*Retraite de l'obeïssant dans sa cellule, ses occupations & ses victoires contre les tentations.*

Foy viue que ie suis son ayde, que i'ay autant de volonté que de pouuoir pour l'assister, en témoignage dequoy ie tiens tousiours les bras de ma Bonté estendus pour luy faire du bien.

*Auis cōment il se faut comporter en sa cellule durant la tentation & de ses fruits.*

Si tu me demande pourquoy est-ce donc que ie permets qu'il soit ainsi tenté ; Ie te responds que c'est afin qu'il apprenne à se fuir, & de recourir à moy qui suis sa consolation & son salut. Toutefois ie luy donne auis que si la tempeste de l'esprit, le trouble de la pensée, & la peine du cœur estoit si excessiue qu'elle donna l'interdit à l'Oraison mentale & spirituelle, il faudroit en ce cas qu'il reprist la priere Vocale, qu'il embrassast les exercices du corps pour fuir sur tout l'oysiueté. Qu'il iette doucement les yeux sur ma Charité, & qu'il admire les industries de ma Prouidence, laquelle par vn Amour incomparable luy donne le moyen de mettre en vsage l'humilité, se reputant indigne de la paix & de la tranquillité d'esprit dont ioüissent mes autres fideles Seruiteurs ; au contraire se iugeant coupable, non seulemét des peines actuelles qui l'affligeoient, mais encore de toutes les autres miseres de la vie. De

*Humilité de l'obeïssant durant la tentation.*

vray il ne sçauroit se persuader qu'il se puisse iamais rassasier en cecy, tant est grand le mépris qu'il faict de sa personne, & tant est excessiue la haine & l'horreur qu'il a conçeu contre son imperfection. Il ne pense pas que l'on puisse trouuer parmy les Creatures rien

à sainéte Catherine de Sienne. 709

de plus vile & de plus abject que luy: c'est pourquoy il iuge que tout ce qu'il souffre de mal n'est rien en comparaison de ce qu'il merite, sans toutefois manquer d'esperance en ma misericorde, laquelle tire de nouueaux agrandissemets au milieu de ces sentiments. En vn mot, auec la Foy & l'obeïssance il passe au trauers de toutes les tempestes, demeurât constant, enfermé dans l'heureuse nasselle de son Ordre, & si vous voulez dans la retraite de sa petite chambre.

Comme il n'est iamais oysif en sa cellule; il n'est aussi iamais paresseux de se rendre au Chœur aux heures qu'on l'y appelle: il y entre le premier, & il en sort le dernier. Il est incapable d'ennuie, si ce n'est quand il apperçoit que quelqu'autre de ses Freres Religieux est plus obeïssant & plus soigneux que luy. Toutefois son emulation n'est pas reprochable; car s'il semble dérober la vertu d'autruy, il ne pretéd pas ny qu'elle diminuë, ny qu'elle se perde en luy; à moins, il seroit separé de la Charité de son Prochain. Il ne s'absente pas des assemblées communes & regulieres; Il ne se dispense pas du Refectoir, où il prend vne complaisance singuliere d'estre introduit à la table des pauures, & d'en estre du nombre. Il a bien faict connoistre l'Amour qu'il a pour la pauureté, quand il a voüé de la garder inuiolablement, & que tous les iours il semble se reprocher les besoins pour la subsistance necessaire de son corps. Quels meubles pensez-vous trouuer en sa chambre,

*Modestie, exactitude, emulation, pauureté, détachement & Charité fraternelle du parfait obeïssant.*

sinon ce qui porte l'odeur & la verité de l'extreme disette? cét Esprit n'est-il pas heureux qui ne craint pas, ny les larons, ny la roüille. La pensée qui luy donne plus de soucy est celle du Royaume du Ciel, & de la maniere de se rendre eminent en l'exactitude de l'obeïssance. Le lendemain ne luy donne pas de sollicitude inquiete & fâcheuse: d'où vient que s'il reçoit quelque liberalité, il ne se l'approprie pas; il la communique à ses freres sans qu'il veüille en cela estre mieux partagé qu'eux. Et parce que l'obeïssance ne se nourrit, ne s'accroist & ne se conserue pas mieux que par l'humilité; sa soûmission ne souffre pas d'exception, elle ne donne pas de preference au grand par dessus le petit, au riche à l'exclusion du pauure, au sçauant auec le mépris de l'ignorant. Tous les hommes luy sont égaux en la qualité qu'il prend d'estre leur seruiteur, en toute sorte d'occasions & de rencontres; sans que la crainte du trauail le retarde d'exercer la Charité. Sa Volonté ne prend pas l'ordre de ses inclinations naturelles quand il est question d'obeïr; il regarde la maniere, le temps, le lieu & les autres circonstances de ce qu'il est obligé de faire & de souffrir, dans le bon plaisir de son Superieur & dans les dispositions de l'Ordre. Tout cela se fait sans peine auec vne grande tranquillité d'esprit.

*Cóment le parfait obeïssant se rend le chemin du ciel facile.*

Ma tres-douce Catherine! voila comment auec l'obeïssance, l'on se fait vn passage bien facile pour arriuer au Ciel; & que l'on entre doucement par la porte estroite des trois vœux, qui sont l'essentiel des Ordres Religieux. C'est ainsi que l'on abaisse l'orgueil de l'esprit, & que l'on incline la volonté par l'humilité; tandis qu'on la munit d'vne patience constante, forte, longue & perseuerante, qui sont les qualitez que l'on desire à l'Ame parfaitement soûmise aux dispositions des Superieurs. Par ce moyen l'on éuite les tromperies de Sathan; l'on mortifie la concupiscence, les desirs & les plaisirs de la sensualité; & en leur place l'on se reuest des trauaux de l'Ordre, auec vne foy viue & parfaicte sans aucun desdain ou dégoust.

Et tout ainsi que le petit Enfant ne se souuient pas des menaces que son pere luy a fait, non plus que des iniures qu'il luy a dites, & des coups qu'il luy a donné: De mesme l'obeissant qui s'est rendu petit par l'humilité, & par le mépris des richesses & des delices de la vie, ne conserue pas en son esprit le souuenir des rigueurs de son Prelat; il perd la memoire des iniures & du mauuais traittement qu'il a receu de luy. Il ne conçoit pas pour cela aucune auersiõ de sa personne, son cœur bien esloigné de nourrir des passions de haine, de cholere & de vengeance; est tout détrempé de douceur & tout remply de bonnes inclinations, pour luy souhaiter du bien, & pour retourner à luy auec autant de facilité comme auparauant. Ceux qui se comportent de la sorte, sont ces petits que ma Verité proposoit à ses Disciples, qui contestoient en-

*Le veritable obeissant est le petit de l'Euangile, il n'a pas d'auersion contre son Superieur lors qu'il l'a mortifié.*

*Quis putas maior est in regno cœlorum? & aduocás Iesus par-*

semble pour sçauoir lequel seroit le plus grād entr'eux. Il leur dit que s'ils ne deuenoient semblables aux petits enfans, qu'ils n'entreroient iamais dans le Royaume des Cieux. Partant, ma Fille! après que celuy qui s'humiliera sera exalté; & que celuy qui se voudra faire grād sera abaissé, ainsi que l'a dit la mesme Verité. C'est donc auec beaucoup de Iustice que i'esleueray iusqu'à ma grandeur, en la compagnie de tous les Bien-heureux, ceux qui se sont humiliez par l'obeïssance, & qui ont perseueré dans leur Ordre sans murmure, & sans resistance aux volontez des Superieurs iusqu'à la fin.

*uulum statuit in medio eorum & dixit, &c. nisi efficiamini sicut paruuli non intrabitis in regnū cœlorum. Matth 18. v. 1. 2. 3.*

## CHAPITRE XXIV.

### Du Centuple ou du Cent pour vn, & de la vie eternelle promise aux Obeïssants.

NE te souuiens-tu pas, ma chere Amie! de la parole que mon Fils dit en l'Euangile,* S. Pierre luy auoit demādé, Maistre Diuin! que nous dōnerez-vous pour recompēse; voila que nous auons abādonné toutes choses pour vostre Amour, & ce qui est encore plus, nous mesme nous vous auōs suiuy? Alors il luy répondit; qu'il leur dōneroit cent pour vn, & puis la iouïssance de la vie eternelle. C'est comme s'il eust voulu dire: Pierre! Ie ne sçaurois que ie ne donne mon approbation à ta resolution d'auoir tout laissé puis qu'autrement tu ne pouuois me suiure

*Dieu rend la Charité pour recompense de la propre volonté qu'on luy presēte, en quittant toute chose pour l'amour de luy.
* Ecce nos reliquimus omnia & secuti sumus te; quid ergo erit nobis? Iesus autē dixit illis: Amen dico vobis quod vos qui secuti estis me, &c. Centuplum accipietis, & vitam æternam possidebitis. Matth. 19. v. 27. 28. 26.*

auec perfection. Mon Amy, Ie ne seray pas moins liberal que vous auez esté genereux; Ie desire vous payer au delà de vostre merite; pour vn que vous auez quitté pour l'amour de moy, Ie vous rendray cent, & apres cela ie vous donneray encore la vie eternelle. Ma Fille! pense-tu que quand il parle du centuple il entende les biens de la terre, Il n'y a pas d'apparance, à proprement parler, que ce soit seulement cela; encore qu'assez souuent ie fasse multiplier les biens temporels des personnes charitables, pour recompéser dés cette vie leurs aumosnes. Ie veux donc que tu sçache que par l'vn, il faut entendre la propre volonté que l'on me presente par l'obeïssance, soit generale soit particuliere. Si tu veux sçauoir quel est ce cent que ie rends en recompense? Ie te dits que c'est la Charité, auec vne conuenance bien propre. Tout ainsi que le centiesme est vn nombre parfait auquel l'on ne sçauroit rien adiouster, si l'on ne recommence au premier pour acheuer vn autre centenaire : de mesme la Charité est le comble de toute perfection; elle est l'eminence de toutes les vertus; il n'y en a aucune qui la surpasse, ny en merite, ny en beauté, ny en dignité. Quand donc l'Ame est paruenuë iusqu'à la Charité; elle ne peut monter plus haut, si elle ne retourne de nouueau à la connoissance de soy-mesme, pour recommencer le bien & le faire croistre en merite, iusqu'au centiesme d'vne plus parfaicte Charité que l'on multiplie par ce moyen iusqu'au delà de ce que l'on sçauroit penser.

Je adiouste à ce centuple la vie eternelle, parce que c'est auec la Charité que vous vous en rendez dignes. C'est elle, dis-ie, qui comme Reyne & Espouse tout ensemble, entre dans la chambre du Roy, menant auec soy le fruict de toutes les vertus qu'elle rapporte dans mon sein qui contient la vie eternelle, où elle s'abysme & s'approfondit heureusement. C'est icy où la lumiere de la Foy se perd en la presence d'vne plus belle lumiere, & que l'esperance n'ose paroistre où il y a vne iouïssance bien asseurée. Il n'y a que la Charité qui embrasse toute seule, & qui possede celuy qui la possede. Heureuse l'Ame! qui dés ce monde reçoit le cent pour vn. Qui pourroit raconter les diuins embrasemets de son sein, & les ioyes rauissantes de son Esprit? De vray, la Charité est tousiours ioyeuse, il n'y a rien de fâcheux & de triste en sa compagnie; l'allegresse spirituelle est vne de ses belles productions : & la paix interieure vne de ses agreables perfections : elle rend le cœur où elle demeure ouuert, libre & dilaté; elle n'a rien de feint, de double & de resserré. De maniere qu'elle ne monstre pas en la face ny en la langue le contraire de ce qu'elle a dans le cœur; ses œuures pour ma gloire ne démentent pas son affection; l'hypocrisie, la feintise & l'ambition n'ont pas d'alliance auec elle; elle sert le Prochain sãs restrainte, puis qu'elle ouure les bras indifferemment à tous. C'est ainsi que l'Ame saincte ne se diuertit ia-

*La Charité nous introduit dans le Ciel, tandis que dés cette vie elle fait vn Paradis de delices.*

*Proprietés de la Charité.*

mais

à saincte Catherine de Sienne.

mais de l'obeïssance, où elle perseuere iusqu'à la mort.

## Chapitre XXV.
### De la laideur de la desobeïssance, des peines qui l'accompagnent & qui la suiuent.

SI l'obeïssance produit en l'ame du bon Religieux vne abondance si pleine de toute sorte de biens; Il faut se persuader que la desobeïssance lui amene quant & soy toute sorte de mal-heurs; de maniere que la peine ne l'abandonne iamais: car en affligeant les autres il se tourmente sans cesse. C'est quelquefois auec tant d'excez, qu'il sauoure dés ce monde les preludes de l'Enfer. La tristesse desseche son esprit, la confusion abat son courage, les remords deuorent sa conscience sans pitié. Le dégoust de sa vocation le rend déplaisant iusqu'à ce point, qu'il faict vn mépris dedaigneux de son Ordre aussi bien que de ses Superieurs. Quelle pitié! de voir celuy qui s'estoit affrachy par l'obeïssance, se liurer soy-mesme à l'esclauage auec la transgressiõ? Quelle misere! dis-ie, de voir l'impatience nourrie & fomentée de l'Amour propre, cõmander auec tant d'empire, pour establir tout le contraire de ce que ie t'ay dit de l'obeïssance? Peut-on se persuader vne peine plus grande que celle que souffre le desobeïssant, lors qu'estant priué de la Charité on le contraint par force de plier sa volonté non-

*Peine d'esprit & de corps que le desobeïssant est contraint de souffrir.*

obstant l'inclination opposée que luy donne la superbe qui la rend obstinée en luy ostant la conformité qu'elle deuoit auoir aux dispositions de l'Ordre. On luy commande la soumission & l'exactitude, tandis qu'elle est portée à faire tout autrement. On luy ordonne de viure dans vne grande pauureté, & elle en est desia lassée; elle la fuit pour courir par affection aux richesses perissables. On veut qu'elle ayt de l'amour pour le celibat, & elle a de l'attachement à l'impureté & à l'ordure.

*Le desobeïssant se dispose à perdre la Foy. Ses peines de ce qu'on le côtraint d'obeïr.*

Ma bonne Catherine! il faut que ie t'auoüe que le Religieux qui a sa volonté ainsi disposée à la transgression des trois vœux, se precipite en tant de mal-heurs, qu'il paroist estre plustost vn Demon incarné qu'vn Religieux en verité. Et quoy que desia ie te l'aye dit ailleurs, Ie le repeteray encore, pour donner de plus en plus de recommandation à la rigueur assiduë de l'obseruance, puis que ie n'auois pas parlé en ce lieu-là de ses erreurs, ny des fruicts maudits qu'il tire de la transgression de sa Regle. Sçache donc que ce personnage est mal-heureusement deçeu par son amour propre; la complaisance qu'il prend à l'assouuissement de sa sensualité parmy les choses du monde où l'œil de son entendemét est arresté & comme noyé, l'a priué de la lumiere pour voir; sa Foy en cette adherence, a perdu sa vigueur & sa vie; il n'a plus d'inclinatiô que pour le môde, duquel il ne se separe iamais par l'affection, encore qu'il en soit détaché quant au corps. Lors qu'il pense fuir le trauail qu'il s'imagine dans l'obedience, il s'y engage plus profondement : De vray il faut qu'il obeïsse, ou de gré, ou de force. N'eust-il pas mieux fait, & auec moins de difficulté, d'accōplir promptemēt auec l'agreément de sa volonté ce qui luy estoit commandé, que d'en venir à la fin à l'execution par cōtrainte & par forme de desespoir. Ce peut-il voir vne plus grande tromperie que celle qu'il se procure à soy-mesme? voulant prendre de la complaisance, il gagne du déplaisir; en pensant se satisfaire, il se charge de mescontentements.

Il souhaiteroit de faire de son Monastere vne Cité permanente, où il puisse continuer ses prattiques & entretenir ses menus plaisirs; & l'ordre veut qu'il soit comme vn pelerin, allant de demeure en demeure, c'est ce qu'on luy fait apprendre par experience: car lors qu'il s'est proposé de s'establir en vn lieu qu'il trouue à son iugement propre pour flatter ses inclinations, on luy commande d'aller ailleurs; c'est alors que la tristesse le saisit, il endure vne peine excessiue de ce changemēt de lieu, duquel dépend le changement de sa satisfaction, dont la priuation le met comme en desespoir. Ce qui luy arriue, parce que sa volonté propre estoit toute pleine de vie, & qu'il n'auoit pas encore trauaillé, si ce n'est à la faire mourir entierement, au moins de la mortifier. N'eust-il pas procedé auec plus de sagesse, de suiure l'exemple de la Verité mou

*Peine desesperée du Religieux desobeïssant qui a de l'attachement à vn Monastere. La source de cette peine.*

Yy ij

*La doctrine de Dieu, enseignée*

Fils vnique; pour s'exempter de ce tourmét, en fuyant la route du mensonge qui est toute détrempée d'amertume? N'eust-il pas mieux esté pour luy, que se desfiant de sa propre cõduite, de sa suffisance naturelle & morale, & de ses propres forces; il se fust abandonné à la prudence du Patron, pour éuiter la tempeste & l'orage qui le conduisent au prochain naufrage.

*Le desobeïssant est vn phantosme, vn monstre & vne beste.*

De vray il n'est dans la Religion que du costé du corps, ou peut-estre du costé du bout de son habit seulement, qu'il ne porte pas dans le cœur; le reste estant dans le siecle, possible dans le libertinage. Par ainsi, puis qu'il faict vn mépris sacrilege des Statuts de son Ordre, & des promesses sacrées de sa Profession; Ne direz-vous pas qu'il n'est ny Moyne, ny Religieux, mais qu'il en est seulement le phãtosme monstrueux. C'est trop de dire qu'il est vn homme vestu en Moine; puis que sa vie retient plus de la brutalité que de l'humanité; puis, dis-ie, qu'il n'a pas assez de lumiere pour preuoir la mort eternelle où il se va precipiter, & pour prendre les moyens de ne pas encourir ce dernier mal-heur.

*Corruption generale du desobeïssant.*

Que sçauroit-on esperer autre chose de cette plante maudite, dont la racine, c'est à dire, l'affection est toute détrempée du poison de l'amour propre, qui n'est iamais sans orgueil & sans vanité du cœur? Ce qui fait que les branches, les fleurs, les feuilles & les fruicts qui naissent d'vne si mauuaise source, se ressentent de sa corruption. Les trois vœux

*Aux vœux essentiels.*

essentiels, qui estoient comme les trois principales branches, n'ont rien de sain ny d'entier. Les paroles que ie puis comparer aux feuilles, s'émancipent de l'honnesteté bienseante à la saincteté de la profession de ceux qui les disent; elles sont accompagnées de circonstances scandaleuses que mesmes l'on reprocheroit aux personnes seculieres les plus perduës dans le libertinage. Si d'ananture il faut employer l'vsage de la lãgue pour prescher l'Euangile, ils s'y prennent de si mauuaise grace, que tout leur discours ne tend qu'à faire admirer vne politesse estudiée auec affectation, sans se soucier de prendre pour intention principale de gagner les Ames pour ma plus grande gloire. Ils s'attachent plus au fard qu'à la verité de ma parole. La mignardise a plus de poids sur leur intention que la solidité du salut. De la corruption des paroles, Ie viens à l'horreur des pensées assistées du dereglement des desirs, qui tiennent lieu de fleurs en ces Arbres de malediction. Le cœur de ces personnes est comme vn grand chemin, tout ce qui passe est le bien venu; il n'y a pas d'objet qu'il refuse, ny d'idée qu'il n'agrée; pourueu qu'elle luy promette de contribuer à ses plaisirs. Les lieux, le temps & les occasions propres à ce dessein ne treuuent pas de repugnance dans sa disposition: bien loin d'en auoir de l'auersion; il va au deuant pour venir à l'accomplissement du peché qu'il auoit conçeu comme vn mal-heureux germe, & qui le dispose à la

*Aux paroles.*

*En la predication.*

*Aux pensées.*

*En la dispostion du cœur.*

Y y iij

mort eternelle apres l'auoir priué de la vie de grace. Les fruicts qui naissent de là, participent de la nature des fleurs qui les ont deuancé; la desobeissance & la resistance iettent vne odeur contagieuse qui ne pardonne pas mesmes aux Superieurs, dás la volóté desquels le Religieux peruers veut penetrer pour iuger de leur intention, condamnant de malice tout ce qu'ils auisent de bon & de salutaire pour sa correction.

*Enuers le Superieur.*

Adioustez à cecy les conuersations trop ordinaires, assez souuent suspectes auec les femmes qui n'ont que le masque de la pieté; Sous le nom qu'elles prennent de Deuotes (Nom, beau à la verité; mais tres-dangereux quand il est vuide de ses obligations) il ne se peut dire les mal-heurs qui naissent de telles prattiques. Helas! combien de productions aussi funestes que scandaleuses prouiennent de semblables entretiens ou familiaritez, dás lesquelles l'on vient à perdre toute sorte de respect sous le pretexte de pieté.

*Conuersation dangereuse auec les fausses Deuotes.*

Voila les extremitez où conduit la desobeissance auec le manquement des vertus qui l'accompagnent & qui la suiuent. Ce qui fait encore que le mauuais Religieux pour se maintenir dans le dereglement de sa vie, fait tout ce qu'il peut pour tromper son Superieur. Il n'y a pas de flatteries, de souplesses, de feintises qu'il n'employe pour le surprendre; & si la peau du renard ne le faict pas reüssir en son dessein, selon qu'il s'estoit proposé; il emprunte l'humeur du lyon, parlant

*Description comme le desobeissant se comporte auec son Superieur & auec ses Freres.*

luy auec autant d'arrogance que de mépris. Quelquefois il le chargera d'iniures & de reproches, assez souuent il meslera dans la rigueur de ses paroles de rudes menaces auec des protestations de vengeances criminelles. Le trop grand desir qu'il a de prendre de la complaisance en soy-mesme, auec la vanité insolente de son cœur, est cause qu'il n'est pas bien auec ses Freres, desquels il ne sçauroit souffrir la correction charitable ; les auertissements de douceur qu'ils luy proposent transportent son esprit par la cholere; l'impatience le saisit, le dépit & la haine luy font prendre en mauuaise part ce qui n'a esté conceu que par le motif de la compassion, & de l'obligation de la conscience à ne pas laisser perdre son semblable. C'est ainsi que se scandalisant soy-mesme, il vit dans vne perpetuelle affliction de l'ame & du corps.

Ne vous estonnez pas si la Cellule qui fait vn ciel aux autres, luy semble vn Enfer ; c'est parce qu'il est sorty premierement du cabinet de la connoissance de soy-mesme. Il a de l'horreur du Refectoir, seulement parce que c'est vn lieu de téperance contraire à son humeur portée à l'excez de la desbauche, & parce qu'il luy fait des leçons continuelles de la pauureté qu'il a promise par ses vœux. N'eût-il pas mieux esté pour luy, qu'il se fust accoustumé de manger en la compagnie des obeissants dans la Communauté, & là auec eux, se nourrir en paix & en silence, quant à l'Ame & quant au corps ; au lieu de se mettre en

La Cellule, la Communauté, le Chœur, le Chapitre sont vn Enfer au desobeissant.

Refectoir.

Y y iiij

soucy de se procurer ce qui doit satisfaire sa gourmandise, & se voir contraint à la fin, apres auoir despensé tout ce qu'il auoit en particulier, de se remettre à vne vie qui luy semble si amerement contraire à son goust. Apres cela qu'elle deuotion peut-on esperer d'vne ame enseuelie dans le lart & le sang?

*Le Chœur.* S'il vient au Chœur, c'est comme en vn lieu de supplice le plus tard qu'il peut; comme il ne s'en approche iamais le premier, aussi ne s'y arreste-il pas le dernier; Il y demeure quât au corps, tandis que sa pensée se pourmene dehors. Il ouure ses leures pour chanter mes loüanges, & donne son cœur à ce qui est ennemy de ma gloire. Comment est-ce qu'il feroit bien l'Oraison mentale, puis que c'est son ordinaire de ne se pas acquitter de dire son breuiaire?

*Le Chapitre.* De tous ces desordres, pensez si le Chapitre ne luy doit pas estre vne prison pleine d'horreur, pour la crainte du châtiment lequel il attend par soupçon, auec des hontes d'esprit & des confusions de conscience qui deuancent, qui accompagnent & qui suiuent les penitences qu'on luy impose?

*Le desobeïssant incapable d'amitié veritable. Description de ses mal-heurs & de ses pertes.* N'attendez-pas de veritable amitié de cette personne; il ne sçait aymer que d'vn amour brutal, duquel il se fait le centre & la regle. Il n'affectionne que pour son profit, c'est à dire, pour l'assouuissement de sa sensualité. O desobeïssance mal-heureuse! maudite sois-tu donc! puis que tes productions ont des effects si pernicieux, auec des yssuës de si mauuaise consequence. Tu priue l'Ame

à sainɛte Catherine de Sienne. 723

de la Lumiere de ma grace, & de l'eclat de toutes les vertus. Tu es ennemie de sa paix & de sa vie ; au lieu dequoy tu ne luy procure que guerre & que fruits de mort. Tu la retire de l'obseruance des regles dans laquelle elle pouuoit paruenir heureusement au port de ma gloire, pour la precipiter dans la mer orageuse de la propre volonté qui conduit aux tourmens Eternels. Elle pouuoit se sauuer si elle se fust appuyée sur le iugement d'autruy ; & elle a faict naufrage par ce qu'elle a trop donné à sa liberté. Pauure Ame languissante ! qui pour auoir perdu le merite de l'obeyssance est contrainte de viure dans l'amertume, priuée de toute consolation, d'esperance & de tout bien : De maniere que dés ce monde elle reçoit les auant-coureurs de la mort Eternelle, où elle se precipite auec Sathan le Prince de tous les desobeyssans qui a le premier ouuert la porte de la transgression criminelle.

### Chapitre XXVI.

*Le mal de la tiedeur en Religion & son remede. Explication des paroles de l'Apocalypse ; Ie voudrois que vous fussiez chaud ou froid, &c. Apoc. 3. v. 15. 16.*

IL faut que i'auoüe ma bonne Catherine ! que le nombre des vrais obeyssants est bien petit, en comparaison des desobeyssans. Il

*Tromperies & fausses apparences de la tiedeur,*

*mettent l'Ame en danger de son salut.*

est vray qu'entre ces deux extremitez contraires, il y en a quelques-vns qui ne sont pas mauuais absolument : Mais aussi l'on ne sçauroit pas asseurer qu'ils soient parfaictement bons ; ils se gardent de tomber dans le Peché mortel, ils s'empéchent autant qu'ils peuuent, que leurs transgressions deuiennent criminelles : Toutefois il ne se soucient pas beaucoup de s'attacher à la rigueur de l'exactitude en l'obseruance des Regles & aux prattiques des vertus qui conduisent à la perfection ; ils se contentent d'vne deuotion commune & lâche. Ceux-cy ne laissent pas d'estre en danger, d'auoir besoin de diligence & de sollicitude pour ne pas s'endormir, & ne pas croupir dans la langueur du courage & dans la tiedeur de l'affection. Autremét, ils ont de grandes dispositions de tomber lourdement dans le desordre de la débauche, ou à tout le moins de viure dans vne fausse opinion qu'ils conceuront de leur vertu où ils prendront vne mal-heureuse complaisance. Celle-cy les precipitera bien tost dans vne asseurance appuyée sur leur propre satisfaction couuerte seulement de la couleur ou du manteau, & non pas de la verité ny de la perfection de leur Ordre.

*Presomption des tiedes en Religion, qui meprisent ceux qui ne s'attachent pas à quelques legeres ceremonies quoy que plus parfaits qu'eux.*

Ils s'étudieront plus, d'estre obseruateurs des Cerimonies que de la Religion. Ils se flattent tellement de ce peu de Lumiere qui leur reste; qu'ils méprisent ceux qui ne s'attachans pas si fort à beaucoup de legeres formalitez exterieures, se rendent toutefois Zelateurs parfaits de l'essentiel de l'ordre, & de la vertu interieure. Ie dits donc qu'il y a beaucoup à craindre de demeurer en cet estat de Charité auec tiedeur & d'obseruance auec lâcheté; à raison des peines que l'on y souffre, sans esperance de grand fruit auec le dommage de la perfection où l'on est entré, que l'on offense & que l'on méprise au lieu de l'embrasser en s'éfforçant de s'y perfectionner. Or encore que ceux-cy ne fassent pas tant de mal que ceux desquels ie t'ay parlé; ils ne sont pas toutefois exempts de reproche: Puis qu'ils n'ont pas quitté le monde pour viure en Religion auec l'obeïssance generale, qui est commune aux personnes du siecle; ouy bien auec la soûmission qui doit les faire passer par la porte estroite du salut, dont la clef qui est l'obeïssáce Religieuse, doit estre entre les mains du sainct desir porté à l'aneantissement ou abnegation par le motif de l'humilité.

Ces persónes (s'ils le vouloient) ont beaucoup plus de disposition que les autres pour acquerir la perfection; ils en sont aussi d'autant plus proches que la chaleur a plus de ressemblance auec la tiedeur qu'auec la froideur. I'auouë que les Pecheurs du monde sót extremement esloignez de la perfection du bien: Neantmoins ie proteste que le plus souuent il y a plus de facilité de les retirer de leur Peché, en les conuertissant à ma grace, qu'il n'y a de pouuoir de retirer ces tiedes de l'imperfection de leur Amour & de leur ob-

*Pourquoy est il plus facile de cōuertir vn Pecheur, que de reduire le tiede à la feruecur de l'Amour sainct.*

feruance, pour les mettre dans le train de la ferueur. La raison de cecy est bien claire; le gros Pecheur connoît manifestement qu'il faict mal; sa conscience luy en faict continuellement des reproches: il est vray qu'étant affoibly par l'Amour desordonné de soy-même, il ne s'éfforce pas de sortir de cet estat mal-heureux. De maniere que si vous venez à luy demander s'il faict mal, il vous répondra froidement qu'ouy; que la Lumiere naturelle de la raison luy enseigne cette verité: Mais il s'excuse sur la fragilité, sur l'occasion, sur la tentation, ou sur quelque autre circonstance; & treuue qu'il n'a pas assez de resolutiõ pour faire mieux. Il dit en vn mot, qu'il luy est impossible. C'est en cecy qu'il se trompe, & qu'il ne dit pas la verité: Car auec ma grace il le peut, si sa volonté s'en veut ayder. Et de sõ côté ne sçait-il pas qu'il ne fait pas ce qu'il deuroit; partãt sa cõnoissãce est desia vne grãde disposition pour sortir du mal-heur où il s'est lâchement engagé. Il n'est pas ainsi des tiedes & des lâches; comme ils ne font pas beaucoup de bien, ils ne font pas aussi beaucoup de mal: ce qui faict qu'ils prennent bien peu de connoissance de l'estat de leur Ame, sur lequel ils ne font presque pas de reflexiõ pour en apperceuoir les langueurs. L'ignorance donc qu'ils en ont est cause qu'ils ne s'appliquent pas pour y apporter les remedes necessaires. Ils negligent les auertissemens salutaires, qui pourroient en cela leur donner de la Lumiere; ils se flattent dans vne longue possession de viure tellement quellemẽt, n'étans ny chauds ny froids, ny feruens ny tout à faict sans chaleur.

Le moyen de guerir ces personnes, ce seroit de renouueller leurs vœux & leurs bon propos, comme s'ils recommençoient tout à bō; ce seroit de rentrer serieusement en elles-mêmes, pour s'y connoître & y contracter vne haine de leur propre satisfaction, la mettre auec leur propre estime dans le feu de ma Charité immense, & là se reconcilier auec l'obeïssance, l'épousant de nouueau auec l'Anneau de la Foy. C'est à quoy ils doiuent s'employer sans delay; de crainte que ie ne les reprouue, & que ie ne les reiette de ma bouche comme l'eau tiede qui prouoque au vomissement, ainsi qu'il est écrit en l'Apocalypse de mon Fils. De vray s'il ne trauaillent à quitter leur lâcheté, il est à craindre qu'ils ne tombent dans le Peché, & qu'apres cela ie ne les abandōne en punitiō. D'où vient que i'aymerois que ces Religieux fussent entieremēt froids, c'est à dire qu'ils ne fussent pas sortis du monde où ils fussent demeurez auec l'obeïssance generale que l'on doit à mes commandemens, laquelle en comparaison de celle des Conseils, est comme vne eauë gelée en la presence d'vne eau boüillante. Quand ie te dits cecy, ne croys pas que ie prefere le Peché mortel à la tiedeur de l'imperfection; i'ay tant d'auersion de ce Monstre que ie ne sçaurois le souffrir en l'homme sans le punir; i'ay bien plus faict que cela pour donner à cōnoî- tre l'incompatibilité qu'il a auec ma Bonté,

*Moiens de guerir la tiedeur languissante de l'Ame.*

*Scio opera tua, quia neque frigidus es neque Calidus: vtinam frigidus esses aut calidus; sed quia tepidus es & nec frigidus nec calidus, incipiam te euomere ex ore meo. Apoc. 3. v. 15. 16.*

parce que l'homme n'auoit pas la suffisance & les forces necessaires pour porter toute la peine qui estoit deuë à son demerite, i'ay enuoyé le Verbe Eternel mon Fils vnique dans la terre, afin que par son obeïssance il prit sur son Corps les rigueurs de cette punition.

*Motifs de resolution & de confiance pour les tiedes.*

C'a donc que ces lâches poltrons se leuent, & qu'auec la ferueur de leurs exercices, & qu'auec les ardeurs de leurs deuotions parmi les veilles & les prieres continuelles, ils recompensent leurs negligences passées. Qu'ils se proposent leurs Fondateurs & les grands hommes de leur Ordre, comme des fines glaces, où ils se regardent pour se reformer à leur imitation. Ne vous excusez pas : Ils n'estoient pas d'vne autre nature que vous ; ils sont nés d'vne même façon, & nourris d'vn même laict comme vous. D'ailleurs ie suis à present le même que i'estois alors ; Ma puissance n'est pas diminuée auec le temps ; les siecles n'ont rien retranché de ma bonne volonté pour vostre bien ; la vieillesse n'a point alteré la vigueur de ma Sagesse, pour vous donner les Lumieres necessaires afin que vous connoissiez ma Verité.

## CHAPITRE XXVII.

### Loüanges des grandeurs & des biens de l'obeïssance de Conseil.

LA prattique que ie viens de dire, se doit renouueller tous les iours, pour donner de nouueaux accroissemens à la vertu de l'obeïssance, auec la Lumiere de la Foy viue. L'on ne doit pas se contenter simplement d'obeïr; le desir de l'Ame doit aller au deuant de celuy de son superieur, pour souhaiter qu'ô luy dise des iniures, que l'on fasse des risées d'elle, & qu'on la mette dans les occasiõs où il y a beaucoup de peine à souffrir, de crainte qu'elle a de tomber dans la langueur. Elle a tant de peur que sa vertu demeure sans vigueur & comme enroüillée, quãt il sera necessaire de s'en seruir & de la mettre en vsage, que continuellement elle veut luy donner de l'exercice. Ce qui faict qu'elle prouoque sans cesse ses desirs, d'auoir vne faim affectueusement auide de rencontrer les moyens pour prattiquer la patience dans l'obeïssance, laquelle ne sçauroit iamais demeurer oysiue: De vray l'oysiueté est sa mort asseurement.

Obeïssance! chere Epouse des Ames parfaictes, que tu es agreable & comblée de plaisirs? La douceur & les graces ne t'abandõnent iamais; Tu sers de Lumiere delicieuse,

*Desir que l'Ame a d'exercer incessamment sa vertu & son obeïssance, de crainte qu'elle ne se relâche.*

*Proprietez rauissantes de l'obeïssance.*

pour chasser les tenebres qui naissent de l'Amour propre. Tu porte la vie Diuine quant & toy, pour la donner à ceux qui font gloire de t'aymer, en qualité d'Epouse. Ouy, tu prêds la place de la propre volonté, à laquelle tu donne vne mort heureuse par ta seule presence, au lieu de la mort pleine de honte qu'elle donne à l'Ame reuéche de se soûmettre à mes ordres. Belle vertu! tu n'és pas retenuë ny reseruée ; tu es plus prodigue que liberale de toy-même. Tu n'as pas d'auersion ny d'horreur de personne ; tu te soûmets pour l'Amour de moy à toute sorte de Creatures raisonnables. Ta debonnaireté n'a pas de pareille, & ta mansuetude ne treuue pas de riuale, qui te dispute la preference de la douceur. Tes forces participent de ma puissance souueraine: Il n'y a pas de charge que tu refuse, ny d'emplois que tu n'accepte ; il n'y a rien de difficile, & s'il faut ainsi dire, d'impossible, à quoy tu ne t'assuietisse, & que tu ne souffre auec vne patience d'vne trempe toute Diuine. Ny les importunitez des Prelats, ny les indiscretions des Superieurs, ny les mauuaises humeurs des Directeurs n'abattent pas tô courage. La Foy viue dont il est esclairé, prêd pluftost de la vigueur parmy ces contrarietez, au lieu de se relâcher. Agreable obeïssance ! tu as contracté vne amitié si parfaicte auec l'humilité, qu'il n'y a rien dans le Ciel ny dans la terre, capable de t'arracher des embrassemens affectueux de l'Ame qui te possede.

Ma

Ma bonne Fille! que puis-je dire dauantage de cette tres-excellente vertu? Si ce n'est qu'elle est vn bien sans meslange d'aucun mal. De vray de quel côté viendroit le mal? Elle demeure à l'abry des vents, des tempestes & des orages, dedans la Nauire de l'ordre où elle se tient cachée & couuerte: De maniere qu'il n'y a pas de malice qui luy puisse nuire. Elle ne vogue pas sur ses propres forces; elle nage sur la saincteté des Loix de la Religion: Aussi ce ne sera point le Religieux qui me rendra compte de son obeïssance; ce sera le Superieur qui luy aura commandé. Cecy estant, ma tres-bonne Fille! sois amoureuse de cette glorieuse vertu. Que son vsage ordinaire te serue pour t'acquiter de tous tes deuoirs enuers moy, pour prattiquer toutes les vertus, & pour acquerir toutes sortes de perfectiōs. Pourrois tu treuuer vn moien plus propre, pour me témoigner la gratitude de ton Ame, & pour me remercier des bien-faits inombrables plus qu'excessifs que tu as receu de moy, qu'en te rendant tres-exacte pour obeïr, puis que l'obeïssance est la Fille de la Charité? Veux-tu bannir l'ignorance de ton Esprit? embrasse cette vertu, elle prend sa naissance de la connoissance que tu as de mon Fils, qui vous enseigne l'obeyssance, & par sa Doctrine & par sō exemple, en s'assuietissant iusqu'à la honte & à la cruauté de la mort de la Croix. Ouy sa soûmission qui est le modele & le fondement de l'Obeyssance generale de tous les Chrétiens, & de la parti-

*l'obeïssance suffit à l'Ame pour toute vertu, pour s'acquitter de tout deuoir enuers Dieu, & pour treuuer toute sorte de suffisance en soymême.*

culiere plus estroite des Religieux, est la Clef adorable qui a ouuert le Ciel, qui a donné l'étrée aux hommes dans mon sein, que la desobeyssance d'Adam auoit fermé. N'est-ce pas encore cette brillante vertu qui est la Lumiere de l'Ame, puis qu'elle est esclairée des rayons éclatans de la Foy viue, auec laquelle elle tire des asseurances qu'elle me garde fidelité, à son Ordre & à son Superieur.

*Conformité de l'obeïssance auec la foy, elles ont même principe & même effect.*

De vray cette Foy viue arrête toute l'attētiō de l'Esprit, à regarder à moy seulemēt. Ce regard fait que l'on ne iuge de la volonté du Superieur que par la mienne, de laquelle elle est le truchement. Ma volonté ainsi considerée en toute sorte de Commandemens & de dispositions, fait que la propre volonté de l'homme meurt à soy-même; pour pourchasser, non ce qui a le pouuoir de le satisfaire, mais ce qui regarde ma plus grande gloire, le salut du Prochain & la perfection de celuy qui obeyt. Par où l'on apprend, que l'obeyssance a tant de conformité auec la Foy, qu'elle se nourrit, qu'elle s'agrandit & qu'elle se perfectionne, à même que la Lumiere de la Foy prend de l'accroissement. Cela ne sçauroit estre autrement; puis que la Charité qui est la mere de l'obeyssance, est produite dans l'Ame saincte par la connoissance que l'on a de soy-même apres celle de ma Bonté: Et cette double connoissance dépend de la Lumiere de la Foy. Par l'vne, l'on apprend à m'aymer, & par l'autre, l'on est porté à s'humilier. Or d'autant plus que l'on a de l'Amour pour moy, ou que l'on faict plus de mépris de soy-même par l'humiliation; plus aussi est-on porté à faire l'obeyssance, laquelle joignant de compagnie auec la patience, l'on monstre que veritablement l'Ame est reuestuë de la Robbe nuptiale. Sans ce vestement Royal il luy est impossible d'entrer en la vie Eternelle. Tu vois par là que l'obeyssance en ouure la porte, pour donner entrée à la Charité, laquelle l'a laissé dehors auec la Foy & l'Esperance.

## CHAPITRE XXVIII.

*Que l'obeyssance des Religieux est plus parfaite, que celle que l'on voüe dans le monde à vn Directeur, que l'on choisit à cette fin.*

DE toutes les belles leçons que ie t'ay fait touchant l'obeyssance, tu as pû comprendre que mon Fils l'auoit proposée aux hommes par Commandement & par Conseil: le Commandement regarde l'obeyssance generale que tous les Chrétiens me doiuent, en ce qui regarde les preceptes de ma Loy; & les Conseils ne s'adressent qu'aux personnes qui voulans pretendre à vne plus sublime perfection de mon Amour, s'obligent à des prattiques plus estroites. Or entre ceux-cy, il y a deux sortes de conditions de personnes : les vnes se sont attachées à vne Religion

*Difference entre l'obeïssance Religieuse & la particuliere dans le monde par vœu à vn Directeur.*

Z z ij

approuuée de l'Eglise, par les trois vœux essentiels; & les autres sont demeurées dans le monde. Elles ne laissent pas toutefois de faire vn grand mépris des richesses & des vanitez de la terre, de garder la virginité, ou à tout le moins la continence, & de se soûmettre à quelque Directeur ou Superieur qu'elles choisissent, pour luy rendre vne tres-exacte obeyssance iusqu'à la mort.

*Ce n'est pas la condition des personnes ny l'estat qui donne le merite & le prix à l'obeïssance, c'est la Charité.*

Si tu me demande laquelle de ces deux obeyssances est la plus parfaicte; ou de ceux qui sont entrez dans vn ordre de Religieux, ou de ceux qui n'ont pas voulu en venir iusques là, & qui neantmoins s'efforçent d'imiter cet estat. Ie te réponds que le merite de l'obeyssance n'est pas attaché n'y à l'action, ny au lieu, ny à la personne ou à la condition de celuy qui se soûmet. Le parfaict ou l'imparfaict, le seculier ou le regulier, n'apportent pas de circonstance ny pour diminuer ny pour accroître le prix que l'on est obligé de donner à cette belle vertu: C'est la grandeur, ou le peu d'amour que l'on a pour moy en obeïssant, qui donne à l'obeyssance sa valeur. L'imperfection, la mauuaise humeur & l'intention peu sincere du Prelat ne luy ostent rien de son merite, elles l'augmentent au côtraire. L'indiscretion que le Superieur mesle dās ses Cōmandemens, qu'ils surchargent au de là des forces de ceux desquels il a entrepris la conduite, ne sert assez souuent que pour côtribuer à donner plus de gloire, plus d'authorité, plus de generosité & de force à cette belle vertu, & à sa sœur germaine la Patience. l'auoüe que le monde est vn lieu moins parfaict que le Monastere : ie ne pretends pas toutefois d'asseurer que l'obeyssance de ceux qui sont dans le monde, en la maniere que ie viens de dire, soit de moindre consideration ; puis que toute sorte d'obediences, aussi bien que toute sorte de vertus tire son poids de celuy de l'Amour sacré.

Ie ne veux pas nier que la Religion ne soit absolument plus stable, & plus accompagnée de circonstances de perfection & de merite, que tout autre estat moindre que l'Episcopat. Le vœu solemnel du Religieux entre les mains de son Superieur, en suite la necessité de se soûmettre ; l'obligation à laquelle l'on s'est engagé volontairement & pour l'amour, de moy aux penitences taxées dans les Statuts, même quelquefois sous peine de Peché mortel ; plusieurs rigueurs qu'il faut supporter ; & puis l'approbation de la saincte Eglise, font que l'obeyssance Monastique emporte de grands auantages par dessus celle que l'on peut rendre dans le monde, à vne personne que l'on aura choisi pour cette fin. Celle-cy n'a pas le merite du vœu solemnel, il se peut treuuer beaucoup d'occasions legitimes pour en demander la dispense, assez souuent on la peut refuser & s'en dégager sans aucun danger de commettre le Peché.

*Raisons pourquoy absolumēt l'obeyssance Religieuse est preferable à tout autre.*

Veux-tu sçauoir ma chere Fille? quelle dif- *Comparaison pour expliquer cette preference.*

ference il y a entre l'vne & l'autre? C'est la même entre vne personne qui donne auec bon contract, & entre celuy qui préte seulement, quoy qu'il n'ayt pas l'intention de reprendre ce qu'il a vne fois prété. Le Religieux a passé lettres publiques de ne redemander iamais sa liberté qu'il a mise entre les mains de son Prelat, il a renoncé à soy-même & à sa propre volonté, il s'est obligé de garder iusqu'à la mort la Pauureté, la Chasteté, l'Obeyssance: On luy a promis aussi de la part de mon Fils & de l'Eglise saincte la vie Eternelle, s'il perseuere fidelement iusqu'à la fin. D'ailleurs cet estat est plus asseuré pour le salut; il contient plus d'aydes pour releuer ceux qui tombent; il est moins douteux & moins dangereux que l'autre, où l'homme ne se sentant lié par les chaînes amoureusement puissantes des vœux, a toûjours beaucoup de disposition de relâcher de sa premiere resolution. Celuy-cy est comme le Nouice dans l'année de l'épreuue, qui peut dire à dieu quant il luy plaît.

*Le sainct Amour, la fidelité, & la perseuerance, font la veritable preference.*

Ma Fille! i'appelle les vns à vn estat, les autres à vn autre, selon la disposition qu'vn châcun apporte à suiure ma vocation; la correspondance dépend absolument de l'Amour sacré, qui donne le poids & qui faict la mesure du merite de toutes les actions de la vie; De maniere que si le seculier a plus d'amour pour moy que le Religieux, il emportera plus de gloire de son obeissance, & de toutes les autres œuures qu'il metra en prattique pour ma plus grande gloire.

## Chapitre XXIX.

*Du merite de l'obeïssance prompte & aueugle, comment est-ce qu'on la doit preferer à toute autre exercice de deuotion ou prattique de vertu.*

VOus auez pû apprendre que toute la dignité de l'œuure, dépend principalement de l'Amour qui en doit estre le motif & la cause ; le temps & la qualité de l'action contribuënt de fort peu sans ce principe surnaturel; d'où vient que le Pere de famille donne autant de recompense à celuy qui vient sur le tard pour trauailler en sa vigne, qu'à celuy qui estoit venu de grand matin, & qui auoit essuyé le chaud & les sueurs de toute la iournée. Il ne met pas de difference entre les heures de Prime, de Sexte, de None & de la derniere du iour ; afin de vous apprendre par cette parole, que tous ceux qui sont appellez à la Religion pour y trauailler en diuerses manieres par l'obeïssance, n'y seront pas consi-derez par la longueur des années qu'ils aurôt perseueré : Ce sera plustost par la grâdeur de la ferueur intensiue qu'ils auront témoigné en leurs emplois. Ie n'appelle pas toûjours à vn même aage ; plusieurs entrent dans les Ordres Religieux dés leur ieunesse, les vns y viennent en vn aage plus auancé, les autres s'y consacrent sur la vieillesse seulement : Ce-

*Les longues années en la Religion ne font pas le plus grand merite, c'est la ferueur.*

Z z iiij

la n'empéche pas que ceux-cy assez souuent ne prennent le deuant sur les autres qui ont commencé de meilleure heure ; la ferueur de leur Amour prend des accroissemens si excessifs, qu'en peu d'anées, & quelquefois en peu de mois, ils paruiennent à la perfection du merite de plusieurs autres, qui auoient trauaillé l'espace de longues années plus lâchement, & auec moins d'ardeur de Charité. Ce n'est donc pas en l'obeïssance simplemét que consiste sa valeur & son prix, c'est plustost en l'Amour que l'on a pour elle, & que l'on apporte pour obeir. C'est ainsi que l'Ame saincte se remplit heureusement de moy qui suis vne mer pacifique de toute sorte de biens.

*Le merite de la promptitude en l'obeyssance.*

Or ceux-cy qui obeissent par le motif de l'Amour tres-pur, ont de si puissantes affections pour l'obeïssance, qu'ils refusent d'entendre les raisons des commandemens qu'on leur faict, tant il est vray que toute leur raisó c'est parce qu'ils ayment. Aussi n'attendent-il pas le precepte, ils vont au deuant ; la parole du Superieur est plus tardiue que leur disposition ; ils croient que c'est assez que leur application ne preuienne pas l'intention de celuy qui a la pouuoir de disposer de leurs personnes : En cecy ils ne regardent pas tant la Creature comme moy. La Lumiere de la Foy leur faict adorer ma volonté dans celle du Prelat ; aussi n'est-ce pas luy qui est le digne Approbateur de leurs soûmissions & de leurs promptitudes ; il ne le peut estre non plus que d'en estre l'Arbitre pour leur recompense.

Ce fust moy qui acheuay auec vn ancre d'or, la lettre que ce bon Hermite auoit laissé imparfaite, pour ne pas retarder son obeïssance de ce petit espace de temps qu'il falloit employer à clore si peu de chose. Celuy-cy fait bien voir qu'il prenoit le principe de ses actions dans la Foy viue, auec laquelle il penetroit dans ma volonté & dans l'Amour sacré, pour donner à vne action legere vn poids eternel de merite. Ce n'est pas vne fois que j'ay fait des Miracles en faueur de l'obeïssance, pour témoigner combien elle m'est agreable aux choses les plus legeres, qui ne semblent pas estre de si grande consequence. *Miracle fait en faueur de l'obeïssance prompte.*

N'a-t'on pas veu que la terre a donné la vie à ce qui n'en auoit, ny le germe, ny la seve, si ce n'est celle que luy donna l'obeïssance aueugle, naïue, pleine de foy & d'amour de ce ieune Religieux, auquel son Abbé commanda de planter dãs la terre vn baston sec, & l'arroseres durant plusieurs iours iusqu'à ce qu'il prist racine, & qu'il reuerdist: ce qu'ayãt executé, chose merueilleuse à voir; non seulement il arriua ainsi: mais encore il rapporta abondance de fruicts, qui à cette occasion estoient nommez par les Saincts Peres du desert les pommes de l'obeïssance. Les animaux les plus cruels ne sont-ils pas deuenus aussi doux comme des Agneaux, entre les mains des obeïssants ? Pour preuue; il ne faut que se souuenir de cét autre auquel son Superieur *Miracles de l'obeïssance aueugle.*

740 *La doctrine de Dieu*, enseignée

commanda d'aller prendre vne Lyonne, & la luy amener; ce qu'il fit à la mesme heure auec beaucoup de simplicité, qui ne fust toutefois payée que d'iniures afin de le maintenir en humilité. O la grosse beste ! dit l'Abbé, qui nous ameine vne autre beste liée. Combien de fois a-t'on veu que le feu a traitté les obeïssants, auec la mesme retenuë qu'il fit en-uers Daniel & ses compagnons, qui furent iettez en la fournaise embrasée. L'eauë n'a pas moins porté de respect aux personnes de cette sorte : L'histoire de Maur est trop connuë qui fust enuoyé par Benoist son saint Abbé, pour empescher vn Religieux d'estre noyé: car il marchoit dessus cét Elemét ainsi qu'il eust fait sur la terre ferme ; comme si sa Foy l'eust rendu plus leger qu'vne plume, & comme si son amour eust donné de la ferme-té à ce qui n'en auoit pas receu de la nature.

*L'obeïssance a-ueugle de sainct Maur.*

Ma Fille Catherine! cette vertu a tant d'ex-cellence, que ie luy dône la preference pres-que au dessus de toutes les autres : d'où vient que pour la prattiquer l'on doit laisser toute autre occupation; Ie n'excepte pas mesme la Contemplation, laquelle est la tres-bonne part de Marie. Quand mesme il arriueroit que ton esprit seroit vny auec le mien, iusqu'à cette perfection, que ton Corps, à rai-son de l'operation efficace de l'Amour sainct & sacré, fust suspendu en l'air auec vn inter-dit general des puissances sensitiues; & que tu entédisse par quelque façon que ce soit, que l'on te commandast vne autre chose par

*Preference de l'obeïssance à la contemplation & à la pratti-que des autres vertus.*

obeïssance; il faudroit incontinét employer toutes tes forces, si tu le pouuois faire, pour accomplir auec exactitude ce qui te seroit ordonné. Ie dits cecy, non pas pour en faire vne loy generale; il pourroit arriuer quelque rencontre particulier qui exempteroit de cette rigueur à laquelle tu ne serois pas obligée. Tu coniecture assez de ce discours, que cette vertu est vne des raisons auec la necessité & la Charité, pour quitter l'Oraison auāt l'heure determinée pour la continuer; Tu apprends, dis-ie, combien est grand le desir que i'ay qu'en mes fideles Seruiteurs elle soit prompte : c'est sans doute à cause qu'elle m'est beaucoup agreable.

De vray c'est elle qui donne le merite, la dignité & la beauté à toutes les actions de la vie les plus indifferentes, & les plus necessaires où elle se trouue. N'est-ce pas par l'obeïssance que le Religieux boit & mange, dort & veille, qu'il marche & qu'il s'arreste. Tantost elle donne des aisles pour sortir aux besoins du Prochain, tantost elle donne des chaisnes & du poids pour se retenir & demeurer dans la retraite. Et par tout elle fait voir que l'homme est mort à la proprieté de sa volonté; elle le propose entierement humilié & aneanty, auec vne haine parfaite de soy-mesme entre les mains de son Superieur, en la volonté duquel il repose doucemét parmy les tempestes du siecle. Il s'auance ainsi vers le port du salut eternel dans vne grande bonace d'esprit, auec vne grande paix accom-

*L'obeïssance fait l'homme parfait en toutes les actions les plus indifferétes & les plus necessaires.*

pagnée de pureté de cœur & de pensée, que sa soûmission & la Foy luy ont donné. Alors il demeure asseuré ; la foiblesse & la vanité n'ont pas de prise sur sa resolution, elles sont mortes auec la propre volonté de laquelle elles sont les Filles.

*Les delices de l'obeïssance dés cette vie.* Ce qui fait qu'il se nourrit à l'aise, sa viande est la connoissance de soy-mesme & de moy : dans l'vne, il considere son double neant, celuy de l'estre & celuy du peché; dans l'autre il contemple que ie suis celuy qui suis. C'est dans mon sein Auguste & heureux, qu'il se remplit de ma Bonté qu'il a veuë en la verité de mon Fils le Verbe incarné. Son breuuage c'est le Sang adorable de ce mesme Redempteur, par lequel il luy a donné des témoignages asseurez de l'excez de mon Amour, où il admire la prodigieuse obeïssance qu'il a voulu rendre pour ma plus grande gloire & pour vostre salut. L'Ame saincte s'enyure icy, elle se perd soy-mesme ; elle renonce à son propre iugement ; elle se dépoüille de toute sorte de sentiments, d'opinions & d'auis particuliers, pour sçauoir plus parfaitement me posseder par la grace. Par ce moyen elle me sauoure par affection d'amour delicieux, qui se termine à vne paix asseurée pour tout le reste de la vie ; attendant auec vne esperance genereuse l'accomplissement de la promesse qu'il luy a esté faite par son Superieur en sa Profession de la vie eternelle, de laquelle les biens ne sçauroient estre compris par l'entendement creé.

De vray vn bien infiny ne peut estre compris d'vne chose qui est moindre que luy. Le vaisseau que l'on iette dans la mer ne contiét qu'autant d'eauë que sa capacité est grande, tandis qu'elle demeure en soy-mesme sans estre contenuë d'autre capacité que de sa propre estenduë. Ainsi, ma Fille! Ie suis vne mer immense de paix, Ie n'ay pas de circonference: Il n'y a que moy seul qui me puis comprendre, & qui puis donner le prix, la dignité & le merite qui sont deus à mes grádeurs infinies. Ie m'éjoüis en moy-mesme; & la mesme ioye qui me rend Bien-heureux ie la répands dans vos esprits, pour vous rendre participants du mesme bien que ie possede. I'en remplis vn chacun iusqu'au comble selon sa mesure, sans laisser rien de vuide; d'où il comprend de ma Bonté tout autant qu'il me plaist de luy en donner de connoissance. C'est donc ainsi que l'obeissant reçoit la fin de ses desirs dans la ioüissance de moy-mesme; apres qu'il s'est efforcé d'y venir par la Lumiere de la Foy fondée en la verité de mon Fils, estant embrasé de Charité, oint d'humilité, enyuré du Sang de ce diuin Sauueur, accompagné de patience, de mépris de soy-mesme, d'vne force constante & genereuse, & d'vne longue perseuerance en la prattique de toutes les vertus.

*Dieu seul se peut comprendre, il se donne par mesure dans le Ciel aux obeïssants pour recompése.*

Partant, ma Fille! Ie concluds, en te demandant l'obeïssance pour toute reconnoissance des obligations que tu me dois; puis que c'est par l'obeïssance de mon Fils que

*Dieu exhorte sainte Catherine à la reconnoissance par l'obeïssance.*

vous auez receu la vie, pour détruire la mort que la desobeïssance d'Adam auoit introduit dans le monde. Marche par cette route, suis ce chemin asseuré du Ciel, au trauers des tenebres du monde & des mal-heurs du siecle sans aucun danger. Pleure incessamment auec mes autres Seruiteurs, pour implorer la misericorde que i'ay resolu d'accorder enfin par le moyen de vos prieres & de vos larmes. Ne vous épargnez pas en cecy, ne vous y côportez pas lâchement auec tiedeur Et quand à toy en particulier, Ie te demande beaucoup plus de fidelité qu'auparauant que ie t'eusse declaré mes veritez auec tant de familiarité & de lumieres. Prends garde sur tout de ne iamais sortir de la connoissance de toy-mesme; employe tous les soins possibles pour t'y maintenir & pour l'accroistre. Faits vn bon vsage du tresor que ie t'ay confié de la Doctrine de la verité, fondée sur la viue pierre IESVS-CHRIST. Que dis-ie? sois toûjours reuestuë de la lumiere éclatante de cette verité, par le moyen de laquelle tu chasseras les tenebres.

## Chapitre XXX.

*Eleuation extatique de saincte Catherine, en forme de remerciment qu'elle fait à Dieu, pour les instructions qu'il luy a données en sa Doctrine.*

APres toutes ces leçons rauissantes du Pere eternellement viuant, touchant l'obeissance, de laquelle il luy a plû de me faire connoistre les excellentes veritez, non seulement par la veuë de l'entendement, mais aussi par vn sentiment d'affection, ioint à vn desir excessiuement amoureux d'en posseder les richesses; l'arrestay mon cœur & mon esprit sur la Bonté immense, par vne complaisance delicieuse, & luy rendant de tres-humbles & de tres-feruentes actions de graces ie luy disois ainsi. Gloire soit à vous, Pere Eternel, de ce que vous n'auez pas méprisé les desirs de vostre Creature, ny destourné vostre face de dessus mes démerites. Vous qui estes la lumiere par essence, auez bien voulu éclairer mes tenebres par les regards fauorables de vos yeux diuins. Vous estes la veritable vie! & vous n'auez pas eu horreur de la mort honteuse que m'a causé le peché? Souuerain Medecin! la pourriture infecte de mes playes ne vous a pas donné d'auersion? quoy que vous soyez la Saincteté mesme, & moy vn lac vilain d'ordure; vous n'auez pas toutefois laissé de venir à mon secours? Ie suis remplie

*Saincte Catherine compare ses foiblesses auec les grandeurs de Dieu.*

de pauureté, de folies & de malices; cependát vous auez eu tant de bonté, que de venir me communiquer les perfections qui vous sont propres? C'est en voftre Sageffe infinie que i'ay connu la verité; c'est en voftre bonne misericorde que i'ay appris & trouué voftre Amour auec celuy du Prochain. Mais, ô grand Dieu! qui vous a obligé de me traitter de la forte? ce ne font pas mes vertus? Ie fuis perduë de vices: c'est donc voftre Charité?

*Souhaits de fainte Catherine pour pouuoir remercier Dieu.*

O Amour! Ie m'adreffe à vous pour vous contraindre de me conduire aux veritez contenuës dans les lumieres que vous m'auez dôné, afin que les penetrant & en estant poffedée, ie les puiffe entendre. Dilatez ma Memoire pour la rendre de plus en plus capable de receuoir, & de conferuer le fouuenir des riches trefors de vos bien-faits. Rendez-vous le Maiftre de ma volonté par les viues flammes de vos feux facrez, qui luy faffent produire des affections de cette nature, dont l'efficace fe répandant dans toutes les veines & dans tous les arteres de mon corps, faffe fortir du fang en abondance de tous fes pores ouuerts à ce deffein; comme pour payement & pour reconnoiffance du Sang de mon diuin Redempteur voftre Fils répandu pour moy, auec vne liberalité fi prodigieufe. Ie ne defire pas, ô grand Dieu! d'eftre toute feule exaucée en cette priere: Ie vous prie auec le mefme cœur que i'employe pour moy à vous demander; d'y comprendre tous les hommes, foit en general foit en particulier,

principa-

principalement ceux qui composent le Corps Mystique de l'Eglise saincte.

O Deité immense! ie ne sçaurois faire autrement que ie ne confesse, que vous m'auez aymé auant que ie fusse, & que cét Amour duquel ie suis prouenuë de vous est aussi ancien que vostre Eternité. O Eternité! ô Trinité! vous estes vne mer infinie d'estre, vn ocean immense de grandeur, & vn abysme incomprehensible de perfections, où tant plus que l'on s'approfondit par la connoissance & par l'Amour, plus l'on trouue que vous estes inconceuable & au dessus de toute connoissance. Car au milieu du rassasiment que l'on reçoit en vous, l'on ne se sent pas toutefois rassasié: puis que la faim de iöuir de vous demeure tousiours, & que l'on est eternellemét alteré de contempler, d'aymer & d'embrasser ce qui actuellement comblé de plaisir & de bon-heur en vostre iouïssance pleinement rassasiante.

*Elle admire l'immensité de Dieu.*

O adorable & tres-Auguste Trinité! Ie me meurs: ha! ie languis de vous voir en la lumiere qui vous est propre, par la participatió de cette mesme lumiere. Le Cerf ne soûpire pas tant comme mon ame halette apres les bien-heureuses beautez de vostre presence. Iusques à quand la prison de corps sera-t'elle ennemie des desirs de mon cœur? sera-ce encore pour long-temps, ô belle Diuinité! que vous cacherez vostre face à mes yeux? ô feux! ô brasiers d'Amour essentiel! plongez-moy au milieu de vos flammes, afin que les chaînes

*Langueurs de saincte Catherine pour voir Dieu.*

Aaa

748 *La doctrine de Dieu, enseignée*
de mon esclauage en cette vie mortelle, se brûlent & se consument. C'est trop demeurer icy bas dans la terre: où bien vous deuiez estre moins prodigue en mon endroit des lumieres qui m'ont esleué à la connoissance de tant de grandeurs que vous possedez en vostre estre. Au moins s'il se rencōtroit quelque riche occasion pour perdre la vie à vôtre plus grande gloire, afin que me voyant détachée de la pesanteur trop importune de ce corps, ie vinsse à me ioindre dans la gloire à mon exemplaire, duquel ie porte l'image & la ressemblance en la nature & en la grace?

*Aueu que sainte Catherine fait de la dependance à Dieu.*

Oüy, c'est de vous, ô Trinité immense! de qui ie tiens ce que ie suis, ce que ie puis, & ce que i'espere. Ie ne suis vostre Creature que par vostre Puissance infinie? ô Pere viuant! c'est par la participation de la Sagesse laquelle est appropriée à vostre Fils vnique, que i'ay receu la raison & l'entendement; Et le S. Esprit qui procede de vous deux en vnité de principe, m'a donné vne volonté capable de vous aymer. Vous estes donc, ô Dieu, Trine en Personne! mon Createur, & ie suis vostre Creature; vous estes mon Ouurier, & ie suis l'ouurage de vos mains; & quand il vous a plû me reformer à vostre grace par le Sang precieux du sacré Redempteur, vous vous estes épris de l'Amour de ce qui n'a qu'vn ombre de vostre Estre.

*Admiration de la puissance de l'Amour de Dieu.*

O gouffre d'Amour immense! pouuiez vous quelque chose de plus grand que ce que vous auez fait pour moy? Apres vous estre donné, n'auez-vous pas esté au delà de toutes mes esperances & de mon Esprit? O feu! tu brûle tousiours & tu ne te consume pas, ny les autres sujets que tu approche & que tu penetre: au contraire tu les purifie, tu les embellis, tu les eschauffe; que dis-ie? tu les transforme aux riches qualitez de ta nature. Il n'y a que l'Amour propre qui a de l'incompatibilité auec ta presence, que tu détruis, & que tu aneantis, sans qu'il demeure plus de marque de luy dans tes Creatures. Ny la froideur ny la tiedeur de l'affection ne sçauroient resister à ta puissance. Il n'y a pas de tenebres qui ne se dissipent quand tu te donne.

Vous estes, ô mon Dieu! cette Lumiere par dessus toute Lumiere, d'où deriue la Lumiere surnaturelle pour ayder celle de la Foy. C'est par cette sorte de Lumiere que ie connois que mon Ame possede la vie de la grace, & qu'elle vous reçoit, Pere, Fils, & S. Esprit (veritable Lumiere) par le moyen & au milieu de cette mesme Lumiere. Par elle ie participe de la Sagesse increée; en elle ie prend la force, la constance & la perseuerance. Elle me donne vne ferme & viue esperance, qui m'empesche de perdre le courage par le chemin qu'elle me monstre, & où elle me sert de conduite asseurée, sans que ie puisse m'égarer & tomber dans les tenebres. C'est pour cela, ô Pere Diuin! que ie vous priois auec tant de ferueur, qu'il vous plût de m'éclairer de la Lumiere de la Foy saincte & viue, afin qu'estant abysmée dans le vaste sein de vostre

*Contemplation sur la lumiere surnaturelle.*

Aaa ij

Bonté, cōme dans vne mer immense de paix, ie me pûsse nourrir de vos grandeurs comme vn poisson dedans son element, & que ie pûsse y cōtempler sans doute & sans crainte vostre verité, comme dans des eauës crystalines, exemptes de pouuoir estre troublées par aucun accident.

*Admirables proprietez & effects de la Foy.* Oüy, la Foy ne conduit qu'à des eauës claires; elle nous découure les mysteres cachez, elle nous fait voir les choses qui sont bien esloignées de nous, & desquelles elle nous donne presque des asseurances certaines. Elle nous sert en cette vie comme d'vn second miroir, en la place de vostre diuine Essence, en laquelle dans le Ciel nous verrons toute chose. C'est par sa faueur ( en la tenant auec la main de l'Amour sainct & sacré) que ie me regarde en vous, & que ie vous adore en moy, non seulement en ma Personne par le moyen de la grace; mais encore en la Personne de vostre Fils, par l'vnion tres-étroite qui s'est faicte en luy des deux Natures, l'vne qui vous est propre, & l'autre qui m'est commune auec tous les hommes. C'est dis-ie, dās cette Lumiere, que i'apprends que vous estes, ô mon Dieu! vn Bien infiny, vn Bien souuerain, vn Bien par dessus tout bien, vn Bien incomprehensible, vn Bien qui n'a point de prix; vne beauté qui surpasse toutes les beautez possibles, vne Sagesse qui surmonte toute Sagesse, que dis-ie, vous estes le bien & la Bonté mesme, la Sagesse & la beauté mesme. Vous estes la viande des Anges, où les hommes mortels ne pouuoient atteindre, si ce n'eust esté que le feu de vostre Amour immense en a rendu l'vsage commun aux hommes. Les affamez sont rassasiez en vostre sein, les nuds y sont reuestus, & tous sont satisfaits de vostre douceur qui n'a pas d'amertume.

Ie vous remercie donc, ô Trinité eternelle! de la Lumiere que vous m'auez donnée au dessus de celle de la Foy pour la perfectionner, laquelle par plusieurs rauissantes declarations m'a faict connoistre le chemin des plus eminentes perfections; afin que sans tenebres & sans erreurs, Ie vous serue auec toute la verité & auec toute la fidelité que vous demandez de moy: afin encore que ie sois vn miroir de saincteté en la vie & en la conuersation, me retirant de mes miseres, puis que iusqu'à present ie vous ay tousiours rendu seruice parmy les tenebres. Ie n'auois pas connu vostre Verité ainsi que ie le deuois: c'est ce qui a esté cause que ie ne vous ay pas aymé auec toute la perfection que vous meritez. Si ie ne vous connoissois pas encore, c'estoit manque de lumiere qui ne pouuoit entrer, tandis que le cataracte de l'Amour propre aueugloit l'œil de mon Ame. Honneur & gloire à vous, ô Trinité! ô Eternité! qui auez voulu par vostre grande misericorde dissiper mes tenebres & me rendre la Lumiere.

*Saincte Catherine remercie Dieu des Lumieres qu'il luy a donné.*

Mais, grand Dieu! qui est-ce qui pourra *Effort d'actions de grace.*

dignement vous remercier, ou atteindre par ses loüanges la grandeur de vos bien-faits sur moy, principalement sur la consideration de la divine Doctrine que vous m'auez enseignée, qui est vne grace singuliere de laquelle ie vous suis redeuable, outre celles qui me sont communes auec les autres Creatures. Oüy, vous auez daigné de me donner ces instructions rauissantes, & pour ma necessité & pour la necessité des autres qui seront assez heureux de les vouloir estudier. O Seigneur souuerain ! répondez, puis que vous vous estes donné vous-mesme ? Oüy, répondez, & répandez delicieusement ces leçons diuines en mon Esprit, auec la Lumiere de vostre grace ; afin qu'auec cette mesme Lumiere, ie vous puisse témoigner mes reconnoissances & vous protester ma gratitude. O verité eternelle ! accomplissez mon desir bien-tost ; reuestez, reuestez-moy non tant de vos Lumieres que de vous-mesme, afin que ie demeure victorieuse & triomphante des miseres de cette vie mortelle, en perseuerant de vous estre fidele iusqu'à la fin.

à saincte Catherine de Sienne. 753

# TRAICTÉ
# DE LA VOLONTÉ
## DE DIEV;

*En l'accomplissement de laquelle consiste le chemin abregé pour acquerir la perfection.*

### CHAPITRE XXXI.

MOn Esprit estant vn iour esleué par vne Lumiere surnaturelle, emanée du Pere, la source primitiue de toute Lumiere, demeuroit occupé à la consideration profonde de mes foiblesses, de mes ignorances, & de mes autres miseres; & à mesme temps il se sentoit rauy d'admiration en la connoissance qu'il auoit de la grandeur, de la puissance, de la bonté & de toutes les autres perfections de la nature diuine. Cette veuë faisoit de si puissantes impressions en mon entendement, que ie vins à penser combien il estoit iuste & absolument necessaire, que l'on seruit vn si grand Monarque auec perfection de saincteté. Ie dits iuste; parce qu'ayant creé toutes choses, afin que les hommes prissent de là le sujet de chanter ses loüanges; Il estoit raisonnable que le seruiteur se rendît respectueux enuers son souuerain, & qu'il tâchast de reconnoistre sa souueraineté, par ses ser-

*Raisons de la necessité & de l'obligatió qu'a l'homme de se sauuer.*

Aaa iiij

nices, en se rapportant auec toutes les Creatures à son honneur & à sa plus grande gloire. Pour ce qui regarde la necessité, il est asseuré que Dieu a creé l'homme composé de Corps & d'Esprit, auec cette condition, que s'il se monstre iusqu'à la fin fidele aux seruices qu'il luy doit, il ne manquera pas de luy donner pour recompense la vie eternelle. A moins, il luy est impossible de paruenir à ce bon-heur remply de la suffisance de toute sorte de biens qu'il donne.

*Difficulté de se sauuer.* Toutefois il n'y a rien de plus veritable, que bien peu de personnes se rendent fideles pour accomplir ces deuoirs; partant il faut conclure, qu'il n'y a pas beaucoup d'hommes qui prennent la peine de se sauuer, puis que la pluspart ont plus d'attachement à leurs propres interests qu'à la gloire & aux interests de Dieu. En suite de ces veuës, Ie considerois que la vie de l'homme est courte, que l'heure de la quitter est incertaine, que tout le temps du merite se passe en vn moment, que nostre bon-heur & nostre malheur eternel est compris dãs vn point, qu'en l'Enfer il n'y a plus d'esperance de salut, & que la vie future laquelle ne finira iamais, sera employée à la recompense ou à la punition eternelle, selon qu'vn chacun l'aura merité par ses œuures bonnes ou mauuaises, & selon qu'il aura esté iugé par l'Arrest immuable, duquel l'on ne pourra éuiter l'execution, de l'Arbitre souuerain des hommes & des Anges.

Ie voiois encore que les sages ne s'accor- *Raisons pourquoi*
doient pas toûjours, ny en ce qui regarde les *peu de personnes*
prattiques des vertus, ny en ce qui touche le *s'appliquent au bien.*
chemin de la perfection ; qui prescrit vn
moien, qui en ordonne vn autre. Chacun parle
diuersement de la maniere qu'il faut tenir
pour seruir Dieu auec fidelité ; les sçauans en
cet art amassent nombre de raisons, ils grossissent
leurs liures, ils multiplient leurs Predications,
& ils chargent leurs entretiens
d'vn nombre excessif de matieres. Cependant
il n'y a rien de plus retrecy que la suffisance
humaine; l'Esprit de l'homme est petit, son
intelligence est courte, sa memoire est foible:
de façon qu'il n'est pas capable de conceuoir
ny de comprendre beaucoup de choses à la
fois; ou s'il les a conceuës, il est bien difficile
qu'il les puisse conseruer long-temps auec la
même vigueur qu'il les auoit apprises premierement.
D'où vient le mal-heur qui est la
source de tous les mal-heurs des Chrétiens,
en ce qu'encore que l'on voie plusieurs faire
profession d'étudier sans cesse les plus excellentes
maximes du bien, l'on n'en void que
bien peu qui paruiennent à la perfection de la
saincteté, & qui s'appliquent d'aymer & de
seruir Dieu ainsi qu'ils y sont obligez auec
trop de justice & de necessité : Au contraire
l'on voit presque tous les hommes auoir l'Esprit
occupé à des soins inutiles, estre empressez
dans des affaires qui ne regardent que la
terre, troublez & combattus de diuerses sortes
de passions, qui exposent leur salut dans le
peril euident.

*Sainte Catherine demande à Dieu vn moien de se sauuer accommodé à la foiblesse de l'homme.*

Apres donc que i'eus consideré toutes ces choses auec autant d'étonnement que d'attention; mon Ame se sentit transportée pour s'éleuer en Dieu, emploiant les plus violents efforts de ses desirs amoureusement affectueux. Elle supplioit sa Majesté souueraine qu'il luy plût de s'accómoder à nostre infirmité pour donner en peu de mots, succinctement, auec autant de brieueté comme d'efficace, quelques leçons pour nous apprendre les moiens de dresser nostre vie dans le bien & de donner à nos Ames la derniere perfectió du sainct Amour en la prattique de toutes les vertus. Elle desiroit que cette Doctrine comprit en abregé, par la force de ses pensées, les veritez de toutes les Predications, de toutes les lectures, de tous les entretiens & conferences spirituelles; qu'elle fut dis-ie, comme le précis & comme l'essence des sainctes Ecritures, de toutes les prattiques que l'on sçauroit emploier pour l'honnorer, pour luy rendre gloire, pour le seruir, pour l'aymer, & arriuer par ces moiens apres estre sorty de la vie mortelle pleine de miseres, au bon-heur Eternel.

*Pourquoy Dieu est si facile d'exaucer nos desirs au dessein de nostre salut.*

Ce grand Dieu, tout-Puissant & debonnaire, qui est l'inspirateur des Saincts desirs, & leur Approbateur quand l'Ame en faict vn bon ménagement pour les presenter à sa diuine Majesté, ne permit pas que les miens demeurassent sans effect; il me fit bien-tost connoître qu'il les agreoit pour les vouloir exaucer. Ie fus conduite dans vn rauissement d'Es-

à sainête Catherine de Sienne. 757

prit, où s'vnissant à moy, il me fit entendre ce que ie vay dire. Ma tres-chere il faut que ie vous auoüe, que ie prends vn extreme plaisir en la ferueur de vos desirs; Ie ne sçaurois m'empécher que ie ne les agrée & que ie ne leur donne satisfaction auec plus de cœur & de volonté qu'ils n'en ont, & qu'ils ne sont capables d'en auoir à ce dessein. De vray entre tous les souhaits que ie puis conceuoir pour vostre bien, ie n'en ay pas de plus pressant que celuy de répandre dans vostre sein (pourueu que vous le vouliez) toutes les graces, toutes les faueurs & tous les aydes non seulement vtiles & necessaires absolument, mais aussi les plus commodes & les plus propres pour vostre salut. Partant il n'y a pas de raison de t'étonner beaucoup, quand tu me considere si promptement disposé pour t'accorder l'accomplissement de la bonne pensée de ton cœur. Apportez donc beaucoup d'attention à ce que ie vay dire; obseruez diligemment toutes les circonstances des leçons que vous entendrez. C'est assez que vous sçachiez que la tres-douce & la tres-incomprehensible Verité vous faict la grace de vous parler, en vous accordant l'effect de vostre priere.

Pour y répondre ie vous proposeray briéuement en quoy consiste la souueraine perfection du Christianisme qui comprend en soy toutes les vertus & leurs exercices, qui contient en abregé & virtuellement toutes les instructions sacrées encloses dans les Li-

*L'abregé & le chemin bien court de la perfection, qui comprend tous les autres, consiste à faire la volonté de Dieu.*

758 *La doctrine de Dieu, enseignée*

tres tant de l'Ancienne que de la nouuelle Loy, & dans toutes les Predications, entretiens & liures particuliers. De maniere que si tu veux te retirer dans toy-même pour t'y recueillir, & là que tu veuille former ta vie sur cette maxime que ie desire establir, faisant vne ferme resolution de la suiure en toutes choses; Ie t'asseure que tu accompliras tout ce qui est de plus sainct, de plus Mysterieux, de plus caché en mes Diuines paroles; & que tu sauoureras dés cette vie vne douce tranquillité d'Esprit, accompagnée d'vne ioye paisible dans l'Ame qui ne prendra iamais de fin. Sçachez donc ma chere Catherine! que le salut dans la perfection de mes bons Seruiteurs, consiste en ce qu'ils fassent seulement ma volonté, qu'ils tâchent de tout leur cœur, & auec beaucoup de soin de l'accomplir en toutes choses, & à tous momens; qu'ils ne regardent, qu'ils n'obseruent & qu'ils ne seruét que moy seul. Ils s'approcheront d'autant plus de la souueraine perfection de mon Amour, qu'ils apporteront plus de diligence & plus de fidelité à cette heureuse prattique, par le moien de laquelle l'Ame saincte a vne adherance plus pressante, vn appressement plus vni, vne vnion plus étroite & plus intime auec moy, qui suis le principe, la fin de toute perfection, & la perfection même.

*Iesus-Christ en sa vie mortelle & en sa Doctrine, a fait voir que la perfe-* Or afin que tu puisse mieux, & auec plus de facilité comprendre cette Verité tres-sublime, que i'ay neantmoins racourcie; iette les yeux sur la face de IESVS-CHRIST l'vnique sujet de ma complaisance; N'est-ce pas luy qui par son aneantissement, prenant la posture de seruiteur, s'est faict semblable à la chair du Peché; afin que répandant sur vous les splendeurs viuantes de sa Lumiere Diuine, il chassat les tenebres épaisses, dãs lesquelles vous estiez mortellement endormis ; & que par son exemple autant que par sa parole, il vous conuertit en vous remettant dans les routes du salut que vous auiez quittées, autant par vostre malice que par vostre incósideration : Il fust obeyssant iusqu'à la mort honteuse & cruelle de la Croix. Par ainsi la perseuerance en son obeyssance, vous appréd que tout le point de vostre salut dépend de la resolution pleine d'efficace, de faire ma volóté. De vray si l'on veut dresser l'attention de la pensée sur toutes les circonstances de la vie & de la Doctrine de cet aymable Redempteur, & qu'auec exactitude de circonspectiõ l'on en veuille mediter les exemples auec les maximes merueilleuses, l'on connoîtra plus clair que le iour, que la saincteté de tous les hommes & leur perfection ne consiste en autre chose, qu'en l'accomplissement genereux & entier de ma Diuine & adorable volonté en toutes choses.

*ction consiste à faire la volonté de Dieu.*

Combien de fois ce sacré Maître a-t'il rendu témoignage de cette Verité par ses paroles ? N'a-t'il pas asseuré que tous ceux qui luy disoient : Seigneur ! Seigneur ! Seigneur ! n'auroient pas l'honneur d'entrer en son

*Toutes sortes de conditions d'hõmes sont obligez de faire la volonté de Dieu.
Non omnis qui*

*dicit mihi, Domine, Domine, intrabit in regnum cœlorum, sed omnis qui fecerit voluntatem Patris mei. Matth. 7 v. 21.*

Royaume qu'il reseruoit pour ceux seulemét qui feroient la volonté de son Pere. Prends garde ma chere Catherine! auec quelle addresse il parle ; ce n'est pas sans dessein qu'il repete Seigneur! Seigneur! par ce que parlant vniuersellement, la condition de tous les hommes se diuise en deux, assauoir en celle des Seculiers & en celle des Religieux. Il veut donc dire que toute sorte de personnes tant celles qui demeurent dans le monde, que celles qui s'en sont retirées pour aspirer à la plus haute perfection, ne seront iamais sauuez quoy qu'ils s'efforcent de faire & d'inuenter pour ma plus grande gloire, dans leurs seruices & leurs respects ; si ce n'est qu'ils accomplissent ma saincte volonté.

*Le moien de faire la volonté de Dieu, c'est d'aneantir la sienne propre, à l'exemple de Iesus.*

*Non veni facere voluntatem meá, sed eius qui misit me Patris: meus cibus est vt faciá voluntatem eius qui misit me. Ioan. 4. v. 34.*

*Non mea voluntas sed tua fiat. Luc. 22. v. 42.*

*Sicut mandatum dedit mihi Pater sic facio. Ioan. 14. v. 31.*

Le même Sauueur a protesté qu'il estoit venu au monde non pas pour suiure ses inclinations, mais pour accomoder son cœur & son Esprit aux decrets de mon bon plaisir qu'il appelloit sa viande amoureuse, & sa plus delicieuse nourriture. Il ne vouloit pas que l'on dit qu'il vouloit; mais que c'estoit moy, quand il vouloit: que ma volóté me disoit-il ne s'accomplisse pas, que ce soit la vostre. De vray ma volonté estoit la regle de la sienne, non seulement en la nature, mais aussi aux circonstances iusqu'aux moindres de ses emplois. Tout ce que ie fais, disoit-il encore, ie le fais en la même façon que mon Pere me l'a commandé. Si donc vous desirez ma chere Fille! chercher vostre bien lequel consiste à faire ma volonté, suiuant l'exemple de vostre Ditin Maître & Redempteur, il est necessaire que vous preniez à tâche de contredire en toutes choses vostre propre volonté, que vous la méprisiez, que dis-ie? que vous l'aneātissiez & que vous la fassiez mourir entierement. Car à mesure qu'elle sera morte en vous-même, vous aurez plus de vie en moy; ie vous rempliray auec d'autant plus d'abondance des biens qui me sont naturels, que vous vous serez plus plainement vuidez de toute proprieté qui est en vous-même.

## CHAPITRE XXXII.

*Trois moiens pour accomplir parfaictement le Commandement d'aymer Dieu sur toutes choses.*

IE n'eus pas plustôt entendu ces leçons rauissantes pour le salut; que mon Esprit transporté de ioye, s'écria: O Pere! ô mon Dieu! ie ne sçaurois exprimer l'excez de mon contentement. Toutefois ie vous remercie au delà de tout mon pouuoir, des Diuines instructions que vous auez commencé de donner à la moindre de toutes vos seruantes. I'auoüe autant que la foiblesse de mon iugemét le peut permettre, ce qui est vray; qu'il est impossible de se sauuer, ou d'arriuer à la perfection du sainct Amour que par le moien qu'il vous a plû m'apprēdre si clairement, en l'exéple & en la Doctrine de mon Redempteur adorable. De vray n'estes-vous pas, Grand

*Saincte Catherine remercie Dieu & demande les moiens de faire sa volonté.*

Dieu! le tout & le souuerain Bien, qui ne pouuez vouloir en nous que la Iustice & la saincteté, contraires à l'iniquité & à l'iniustice que vous haïssez d'vne haine infinie? Partant ie me persuade que ie me suis deuëment acquittée de tous mes deuoirs enuers vostre Majesté, quand ie me seray reuestuë de vostre volôté, que ie l'auray accomplie en toute son estenduë. C'est ce que ie ne sçaurois faire si premierement ie ne détruis la proprieté de la mienne, à laquelle vous ne voulez pas toucher pour sembler apporter de la violence à sa liberté. Vous m'auez donc faict l'honneur de me l'a donner libre, afin qu'incessamment & de bon gré ie vous la rendisse suiette, & que par ce moien ie deuinsse de plus en plus agreable à vostre cœur, & riche de merites en vostre presence. Que me reste-t'il ?sinon de desirer autant que ie le puis d'accomplir ce qu'il vous plaît me commander. Mais helas! ie ne suis pas assez sçauante des prattiques dans lesquelles vostre volonté est comprise; ie suis ignorante de tous les moiens que ie dois entreprendre pour estre fidele dans mes seruices. C'est pourquoy mon Dieu pourueu que ie ne sois pas temeraire, ou que ma presomption ne soit pas iniurieuse à vostre debonnaireté, ie vous supplie qu'en peu de mots vous me disiez ce que ie dois faire.

*Toute la perfection de l'homme consiste à aymer Dieu sur toutes choses.*

Dieu tout-Puissant & tout Bon, me répondit à l'heure même: Ma Fille! me dit-il, ma volonté vous commande de m'aymer d'vn Amour d'excellence & de preference souueraine

à sainte Catherine de Sienne. 765

raine, toûjours, en tous lieux, & en tous temps. C'est ce que i'ay ordonné quand i'ay dit dans le precepte de la Loy: que vous m'aimerez de tout vostre cœur, de toute vostre Ame & de toutes vos forces. Voila en quoy consiste vostre perfection; puis que la fin du Commandement c'est la dilection laquelle est toute la plenitude, tout l'accomplissement & toute la perfection de la Loy. Tu me diras que tu n'es pas ignorante de ce que ie dis, que c'est cela même qui te met dauantage en peine; par ce que tu desirerois de m'aymer auec toutes les forces & les tédresses excessiues de cet Amour: Mais que tu ne peux sçauoir cómét tu pourras y reüssir à ton contentement, pour ma plus grande gloire. Ie vay au deuant de la pensée de ton cœur que tu m'adresse, pour entendre de moy que si tu desire de m'aymer parfaictement, il faut que tu fasse trois choses.

Tu t'acquitteras du deuoir de la premiere, si tu détache ta volonté de l'Amour des biens de la terre; si tu retire ton affection de ce qui tient à la chair & au sang, si tu purifie ton cœur, de tout ce que le monde adore, & si tu vuide ton Esprit de la vaine complaisance en toy-même; de maniere que tu sois desormais en vne si bonne posture, qu'il n'y ait rien dans la vie de passager & de perissable, capable de faire aucune impression d'Amour, si ce n'est purement & vniquement pour moy. Encore ne faut-il pas que l'Amour que tu me porte soit meslé de celuy de ton interest; Il faut que

*Premier moien pour s'acquitter auec perfection de l'obeïssance au Commandement d'aimer Dieu de toutes ses forces.*

B b b

tant l'Amour que tu as pour moy que celuy que tu as tant pour toy-même & pour ton Prochain, n'ayt pas d'autre centre, ny d'autre veuë que moy seul. Ma Bonté auec mon Amour, sont d'vne nature si delicate qu'ils ne sçauroient souffrir ny la compagnie ny les approches, ny le mélâge d'aucun autre Amour, tel qui puisse estre. De maniere que tu feras iniure à ma Bonté tout autant que tu seras touchée de l'affection des Creatures. Le decroissement de ta perfection est attaché à la mesure de tes inclinations pour autre chose que pour moy. Partant pour conseruer l'Esprit auec la pureté & la saincteté qui me le doiuent faire considerer, il est necessaire qu'il côçoiue vn dégoût ou plustost l'horreur de tout ce qui peut flatter la sensualité; afin qu'il n'y ait rien parmy les Creatures desquelles ma condescendance vous a laissé l'vsage, qui soit capable de retarder vostre cœur en la grandeur de l'Amour qu'il me doit : au contraire il faut que toutes choses iusqu'aux plus indifferentes en excitét les brasiers, en allument les flammes, & en agrandissent les feux iusqu'à l'excez. Ma bonne Prouidence n'a-elle pas disposé de toutes ces choses en leur creation, à ce qu'elles vous seruissent de leçons viuantes & perpetuelles de mes liberalitez prodigieuses en vostre endroit ; & que par ce moien vostre Amour enuers moy deuint d'autant plus grand, que mes largesses se deschargeoient auec plus d'abondance sus vous ?

Ma chere Catherine! perseuerez donc en la posture de ceux à qui j'ay commandé de mettre la ceinture sur leurs reins, c'est à dire, de mortifier leurs appetits. Veillez continuellement sur vous-même; obseruez vous de prés en estudiant tous vos mouuemens; apportez vne resistance austere aux concupiscences, qui naissent de la corruption de la nature durant la miserable mortalité de vostre vie; afin que vous puissiez chanter auec le Prophete: Vous auez donné à mes pieds la perfection des pieds des Cerfs: vous m'auez mis sur les éminences des Montagnes. Les pieds de ton Ame ma Fille, ce sont tes affections saisies de crainte; elles imitent la legereté des Cerfs pour fuyr les morsures, les aboyemens & les importunitez de la concupiscence des choses de la terre, pour estre plus disposées aux operations rigoureuses de la contemplation.

*Vigilance de l'Ame pour paruenir au sommet de la Contemplation.*

*Deus qui præcinxit me virtute, qui posuit immaculatam viam meam. Qui perfecit pedes meos tanquam ceruorum & super excelsa statuens me. Psal. 17. v. 33. 34.*

Apres que tu auras accomply ce premier auis, tu entreprendras le second qui est en vn degré de plus sublime perfection. C'est que tu dresseras toutes tes pensées, toutes tes actions, & toutes tes operations à ma plus grande gloire, pour procurer seulement ce qui sert à l'auancement de mon honneur, que ton Esprit ne relâche rien de son attention pour s'occuper à dire & à mediter mes loüanges, tantost par prieres, tantost par les paroles, tantost par l'exemple & en toutes les manieres qui seront en ton pouuoir. Ce n'est point assez que tu te maintienne auec

*Second moien pour s'acquitter du Precepte d'aymer Dieu auec perfection.*

Bbb ij

autant de fidelité que de perseuerance en cette belle disposition ; il faut encore que tu la souhaite ; & si tu as le pouuoir que tu la persuade à tous les autres, afin que tous les hommes vnis ensemble dans le même dessein affectueux, ne cherchent plus que moy seul : que ie sois l'vnique objet de leurs amours, & la fin entiere de leurs seruices. Cet estat m'est d'autant plus agreable au dessus du premier, que c'est par son moien que l'on accomplit auec plus de perfection ma saincte volonté.

*Troisième auis pour aymer Dieu auec perfection.* Il ne reste plus que le troisième auis, duquel si tu fais vn bon ménagement, tu pourras dire que rien ne te manque dauantage, pour te persuader que tu es paruenuë iusqu'à la derniere éminence de la perfection du sainct Amour. Ce sera si tu emploie toutes soins auec toutes les forces de tes desirs pour acquerir à ton Esprit les dispositions necessaires à l'vnion qu'il doit auoir auec ma volōté, qui est la regle de toute perfection & la perfection même. Il faut donc que ta volonté prenne en mon bon plaisir, vne conformité si entiere que tu ne puisse non seulement vouloir le mal, mais même que tu ne puisse vouloir le bien que ie n'agrée pas. De maniere qu'il n'y ait rien dans la vie, soit parmy les accidents que ie veux, soit parmy les occasions que ie ne sçaurois aymer tant aux choses spirituelles qu'aux temporelles, qui soit capable d'alterer la paix de ton Ame, de troubler la tranquillité de ton Esprit, ou d'aigrir la douceur de ton cœur. Que la Foy viue aye assez de pouvoir de convaincre, sans douter aucunement, que l'Amour que i'ay pour toy est infiniment plus grand que celuy que tu peux nourrir pour toy-même; que mes soins pour ta conservation, que ma Providence pour ta gloire & pour t'en procurer les aydes, ont sans comparaison plus de tendresses, que tu n'en as naturellement pour te desirer tout le bien imaginable. Tant plus tu t'abandonneras aux dispositions de ma volonté, & que tu te seras donnée à moy auec moins de reserue, tant plus ie seray à toy pour t'ayder, pour te consoler & pour estre ta suffisance en toute sorte de biens, au milieu desquels tu sauoureras plus à plein les saueurs delicieuses de ma Charité, de laquelle tu connoîtras mieux les excez immenses.

Or l'on ne sçauroit arriuer à cet estat tres-éminent de perfection, si ce n'est par l'abnegation entiere, ou aneantissement constant & veritable de la volonté propre. Ceux qui en cecy apportent de la negligence & du retardement, monstrent qu'ils n'ont pas de dessein de passer plus auant; ils ne sçauroient croire le déplaisir que ie reçois de ce mépris, puis que mes plus grandes delices sont de demeurer par grace en vostre sein, & y faire ma demeure par mon Amour: C'est afin que si vous donnez vostre consentement de bon cœur, vous soyez heureusement transformez en moy par moy-même, que vous deueniez vne même chose auec mon estre, par la participation de ma perfection essentielle, suiuie de celle de

*L'abnegation de la propre volonté, dépend la perfectiō de l'Ame en l'Amour sainct.*

la tranquillité pacifique qui m'est singulierement propre.

*Dieu a livré son Fils à la mort pour nous apprendre l'importance de l'abnegation, & pour oster les empéchemens de nostre vnion auec luy.*

Mais pour te faire entendre plus clairement l'extrême desir que i'ay de demeurer auec vous, en la maniere que ie viens de dire, & t'exciter de plus en plus de soûmettre ta volôté ou plustost de la tenir vnie étroitemét à la mienne; Considere ie te prie auec vne attention aussi haute que profonde, qu'à ce dessein i'ay disposé que mon Fils se feroit homme au Mystere de l'Incarnation, & que ma Diuinité sans rien perdre de la gloire de sa Majesté, se joindroit en vnité de personne à vôtre humanité; afin que ce prodigieux exemple d'Amour incomparable, que cette demonstration, dis-ie, de l'excez d'vne si rauissante vnion, me seruit de charme pour prouoquer vostre volonté de se venir joindre à la mienne, & de prendre auec elle vne adherence tres-intime. Afin donc d'oster tous les empéchemens qui pouuoiét estre entre vous & moy de cette heureuse vnion de nos volontez; i'ay voulu liurer mó Fils vnique aux tourmens infames & cruels de la Croix, à dessein que par sa mort il détruisit le Peché qui auoit mis la diuisió entre moy & l'homme, & qui auoit détourné ma face de dessus vous, que ie ne pouuois plus regarder. I'ay encore plus faict que cela: Car i'ay dressé vne table Auguste & magnifique, sur laquelle ie serts le Sacremét (si peu respecté) du Corps & du sang de ce méme Fils vnique, afin que le mangeant en forme de viande, vous deueniez non simplement vnis, mais entierement trásformez en moy, en la personne de celuy qui sous les Elemens sensibles du pain & du vin, est vne méme chose auec son Pere. N'est-ce pas ce que ie disois à mon bon Seruiteur Augustin: Ie suis la viande des parfaits, il faut que pour me manger tu croisse à leur mesure : Ce ne sera pas pour me changer en ta propre substance, ce sera pour estre changé amoureusement en moy.

## Chapitre XXXIII.

*Que la volonté de Dieu doit suffire pour toutes choses à l'Ame. Raisons pour s'y soûmettre en tous euenemens.*

Apres auoir entendu ces Diuines leçons, où i'auois apris en quoy consiste la volonté de Dieu, que la Charité estoit le moien necessaire pour l'accomplir parfaictement, & que la perfection de la Charité ne se pouuoit acquerir que par l'aneantissemēt de la propre volōté: Ie m'écriay, Ouy mon Dieu vous m'auez enseigné vostre volōté. Vous m'auez, Seigneur, monstré, que si ie vous ayme auec toute la saincteté que vous meritez & que ie vous dois, ie ne sçaurois plus rien aymer dedans la terre ( sans me mettre dans l'exception ) que pour l'amour de vous. Ie retiens encore qu'il faut qu'auec beaucoup de cœur & de perseuerance ie procure vostre gloire, & que ie m'éforce que tout le reste des hommes ait le méme sentiment. En fin vous me commandez

*Abregé de ce qui a esté enseigné à saincte Catherine.*

que ie reçoiue auec autant de ioye que de modestie magnanime, tout ce que vous auez disposé de fâcheux dans la vie pour me le faire souffrir. Mais par ce que ie dois mettre en exercice toutes ces maximes excellentes, par l'aneantissement de la propre volonté; Ie vous prie de me donner de l'adresse pour reüssir à vn ouurage de si grande importance, & de si difficile prattique. De vray ie ne sçaurois prendre de vostre vie en vous, qu'autant que ie seray morte à moy-même & à mes propres interests.

*La volonté de Dieu est toute à vne Ame qui est morte a sa propre volonté.*

Dieu ne me fit pas languir long-temps apres la réponse. Il me dit à l'heure même, Catherine! ie t'auoüe que tout le bien de l'Ame est caché soubs l'abnegation; vous serez remplis de ma grace à la mesure que vous vous serez vuidez de la proprieté de vostre volonté. Toute la perfection de l'homme cósiste en la participation que ie luy donne de ma Bonté par le moyen de la grace, sans laquelle l'on peut asseurer que l'homme est vn veritable neant quant à l'estre surnaturel; pour pretendre à cette dignité, laquelle surpasse toutes les industries de la Creature. Ie te conseille de perseuerer dans vne profonde humilité, coulant toute ta vie auec vne connoissance veritable tres-intime & qui ne soit pas à l'écorce de tes miseres corporelles & spirituelles. Apres cela prends à cœur d'étudier incessamment dedans ma volonté le reglement de tes pensées, la conduite de ta vie, & les Loix infallibles de tes actions. Que dis-ie? Il faut desormais que ma volonté soit ta demeure, qu'elle soit la terre qui te souftient, l'air que tu respire, le Ciel qui t'enuironne & le Soleil qui t'éclaire. Heureuse seras-tu ma chere Catherine! si cette saincte volonté est toute ta circonference, & si tu y establis ta retraite. Qu'elle soit donc ton Cabinet portatif, duquel tu ne puisse iamais sortir; de maniere qu'il te suiue par tout où tu iras, si ce n'est que ie dise pluftost qu'il te porte luy-mesme. Si tu regarde quelque objet, que ce ne soit pas hors de ma volonté, que ce soit elle que tu touche, que tu entends, que tu flaire, que tu sauoure, que tu vois, que tu contemple, que tu medite, que tu pense en tous les objets de tes sens & de tes puissances, soit du Corps, soit de l'Ame. Ne parle pas, n'agit pas, ne desire & n'ayme pas que par les ordres, que pour la fin & dedans le sein agreable de cette mesme volóté. Qu'elle soit ton Ciel, ta Lumiere, ta nourriture, ta consolation, & ton Paradis. En vn mot qu'elle te suffise pour toute sorte de biés, d'ayde, de faueur, de grace & de suffisance mesme. Si tu te comporte fidelement en cette façon, & qu'en toute chose tu desire de plaire à ma seule volonté, tu seras tousiours en asseurance; le sainct Esprit ne t'abandonnera iamais de ses Lumieres, pour entreprendre par sa conduite, tout ce qui sera, tāt pour ma plus grande gloire que pour fuïr tout ce qui peut auoir des qualitez incompatibles auec mon agréement.

*Soûmission à la volonté des Superieurs est vn ayde pour faire la volonté de Dieu.*

Ie ne pretends pas que pour ce discours du sainct Esprit, tu prenne occasion de t'émanciper de la soûmission à tes Superieurs, laquelle au contraire j'establis pour vn autre moyen qui dispose auec plus de facilité l'exercice l'aneantissement de la propre volôté. Partant ie desire, ma chere Fille! que vous vous abandonniez entierement à la conduite de vos Superieurs; confiez à leur prudence & à leur iugement tout ce que vous estes, tout ce qui vous appartient & tout ce qui vous enuironne. Ne faites pas moins d'estime de leurs conseils que de leurs commandements. Ne mettez pas de difference, afin de bien obeïr, entre leur precepte & ce qui ne l'est pas, entre la necessité & la bien-seance, entre le deuoir & l'indifference, entre leurs intentions & leurs paroles. Soyez également soûmise en tous temps, en tous lieux, en toutes dispositions, & en toute sorte de circonstances. Ayez continuellement cette pensée dans l'esprit, que ceux qui obseruent auec reuerence les paroles de mes bons, de mes fideles & de mes prudents Seruiteurs, m'écoutent moy-mesme en leurs personnes; ils ayment ma volonté en leur volonté, ils honnorent mon iugement en leur iugement, & ils se soûmettent à mon authorité en celle qui la represente visiblement dans les hommes sur la terre.

*La Meditation de la Toute-puissance de Dieu. Premiere raison*

Pour te rendre la prattique de toutes ces choses aussi douce que facile, Ie veux que souuent vous repassiez par vostre Esprit, non

pas en passant & legerement, mais à loisir, *pour faire la vo-*
auec vne attention bandée, & auec vne me- *lonté de Dieu.*
ditation auſſi profonde que ſerieuſe, Ie deſire, dis-ie, que vous conſideriez trois choſes.
La premiere, que ie ſuis voſtre Dieu, en qualité de Dieu de gloire, qui vous ay creé, afin
qu'vn iour vous en ayez la ioüiſſance dans le
bon-heur eternel. Ie ſuis Souuerain & Tout-
puiſſant; Ie dois donc diſpoſer de vous & de
toutes les choſes qui vous appartiennent ſelon mon plaiſir, & non autrement; qu'à cela
il n'y a pas de force parmy mes Creatures,
qui oze ny qui puiſſe refuſer mes ordres,
s'oppoſer à l'execution de mes decrets, ny
apporter de la reſiſtance à mes volontez adorables & ſacrées, ſans leſquelles rien ne ſçauroit vous arriuer de fâcheux ou d'agreable.
Tout ce qui paroiſt dans l'Vniuers releue de
ma Prouidence; le mal meſme n'y oſeroit pa- *Non eſt malū in*
roiſtre, s'il ne releuoit de la dependance de *ciuitate quod nō*
ma permiſſion, ainſi que l'a dit vn de mes *fecerit Dominus.*
Prophetes. *Amos 3.v.*

  Le ſecond point de ta meditation conti- *La ſeconde rai-*
nuelle, ce ſera de penſer que ie ſuis vn Dieu *ſon, qu'il eſt ſage*
qui n'eſt pas ignorant, mais qui eſt tres-ſage. *en la diſpoſition*
I'ay vne tres-parfaite connoiſſance de moy- *de ce qui nous*
meſme & de toutes choſes, mon intelligence *arriue.*
penetre iuſques dans les abyſmes, elle ſonde
dans les eſſences des cauſes, elle lit dans la
profondeur des penſées, elle éclaire les ſecrets des cœurs, elle s'inſinuë dãs les reſſorts
les plus cachez de la liberté, il n'y a pas de volonté parmy les hommes & les Anges qui ne

luy soit ouuerte: de maniere que ie desisterois d'estre ce que ie suis, si ie pouuois me tromper ou estre capable d'alteration & de trouble, en ce qui regarde ta conduite, le gouuernement du Ciel & de la terre, & le reglement de tout l'Vniuers ensemble. Et pour te donner vne plus claire connoissance de l'adresse & de la vertu de ma Sagesse, tu n'as qu'à voir que le bien que ie tire tant de la coulpe que de la peine, est incomparablemét plus grand que le mal que tous les deux apportent à ceux qui commettent l'vne & qui endurent l'autre.

*La troisiesme raison qu'il faut mediter pour faire la volonté de Dieu, c'est qu'il est Bon.*

Le troisiesme point, ce sera de considerer que ie n'ay pas moins de Bonté que de Sagesse. Ie suis Bon auec cette perfection que tout mon estre est vn estre d'Amour. Par ainsi il faudroit de necessité que ie ne fusse pas Dieu, si ie pouuois vouloir pour toy & pour les autres, que tout le bien qui vous est necessaire ou profitable pour vostre salut. Comme il ne sort rien de mon Sein qui ne soit bon; ie ne sçaurois aussi haïr aucune chose à qui i'ay donné l'estre. Les mesmes motifs de ma Bonté & de mon Amour qui m'ont obligé à vous tirer du neant par la Creation, continuent encore & durerót tousiours, afin que ie vous ayme eternellement. Si tu prends la peine de faire vne conference de toutes ces considerations ensemble pour en faire vn resultat aussi iudicieux que remply de sainctes affections de feruatur, tu connoistras clairement que les tribulations de la terre, les tentations de la vie, les difficultez du monde, les deshonneurs du siecle, les infirmitez, soit temporelles, soit spirituelles, & les aduersitez soit de l'Ame soit du corps, sont toutes ménagées par ma bonne & douce Prouidence, pour vostre plus grand profit au dessein de vostre salut : afin que par les accidents fâcheux à supporter, (que vous appellez du nom de mal-heurs) vous vous corrigiez de vos malices, que vous deueniez amoureux de la vertu, qui seule a le pouuoir de vous mener iusqu'au souuerain Bien l'vnique obiet de vos esperances.

Tu apprendras encore au milieu de ces connoissances éclairées de la Lumiere de la Foy, que i'ay pl° de pouuoir, plus de sçauoir & plus de volonté pour ton propre bien que toy même; que toute la suffisance, l'industrie, le desir & la resolution que tu as pour cela, prouient de ma pure liberalité, de ma seule misericorde & de ma grace tres-singuliere. Puis que cecy n'est que trop veritable ; n'es-tu pas obligée d'appliquer la feruer de tous tes soins, & la vigueur de toutes tes forces pour soûmettre heureusement ta volôté à la mienne tres-Auguste: Ce sera par ce moyen que la paix Diuine sera le delicieux repos de ton Esprit, & que tu ioüiras incessamment de ma presence, puis que la douce tranquillité est le lieu de ma demeure dedans les Ames aussi bié que dans mon propre sein. Par ainsi tu ne craindras pas de tresbucher aux occasions du peché qui se presenteront, ny de donner ton

*Paix, asseurance & repos de l'Ame qui fait la volôté de Dieu.*

consentement aux tentations de tes Ennemis qui voudront te perdre, soit par l'impatience, soit par quelque autre maniere. De vray, mon Prophete a bien dit, que l'excez de ma paix ne se donne qu'à ceux qui ont beaucoup d'amour pour ma Loy, ce qui fait qu'ils ne treuuent rien à leurs pieds capable de les faire tôber. Ma chere Catherine! Ie n'ay pas d'autre Loy que ma volonté; aimer celle-là, c'est aymer celle-cy. Ma volonté est la Loy generale de l'Vniuers, auec laquelle il est gouuerné par ma sage & toute bonne Prouidéce. Or ces sainctes Ames qui ont de l'amour pour ma Loy, se trouuent si parfaictement vnies & conformes à ma volonté, qu'elles n'ont pas de disposition pour receuoir du trouble & de l'alteration en toute sorte d'accident, quoy que fâcheux iusqu'à l'excez: Il n'y a que la veuë du peché qui me fait iniure, & qui est contraire à ce qu'ils ayment, capable de glisser l'amertume dans leur Esprit.

*Pax multa diligentibus legem tuam, & non est illis scandalum.*

Comment auroient-elles le pouuoir de faire autrement; n'ont-elles pas l'œil de l'entendement purifié par les viues flammes de leur Amour, & penetré des plus pures Lumieres de la Foy saincte? Auec ce bel œil ne voyent-elles pas que d'vn gouuernement côduit auec tāt de sagesse, tāt de Charité, & auec vn si bel ordre, par vn Dieu Tout-puissant, il ne sçauroit rié prouenir qui ne soit tres-bō, tres-sainct, & tres-parfait; Par ainsi que leurs affaires irōt tousiours mieux entre mes mains qu'entre celles de leur Arbitre & de leur pru-

*Efferts de la Foy & de l'amour dans les Ames qui sont la volonté de Dieu.*

dence. Elles admirent que mon pouuoir, ma Sagesse & ma volonté pour leur bien, l'emportent absolument au delà de tout excez, au dessus de tout ce qu'ils peuuent, de ce qu'ils sçauent, & de ce qu'ils veulent de perfection pour eux-mesmes. De maniere que par tout, sans exception, soit en ce qu'il faut faire, soit en ce qu'il faut souffrir, elles dressent amoureusemét leur veuë sur moy, comme sur l'Auteur de ce qu'il leur arriue. Elles n'attribuent rien au mal-heur, elles ne donnent rien à la fortune ny à la fatalité, elles n'accusent pas le Prochain; mais persistants auec vn ferme propos, suiui d'vne posture qui ne fléchit iamais du costé de la foiblesse; elles se fortifient dás vne patience si heroïque, que c'est trop peu qu'elles endurent toutes choses constammét & sans se plaindre; elles vont encore au deuant des occasions les plus fâcheuses, qu'elles embrassent auec vne allegresse incroyable d'esprit. Leurs sentimétés & leurs pésées sont toutes détrempées de ma Bonté, qu'elles sauourent au milieu des afflictions tant interieures qu'exterieures qui les enuironnent. C'est auec des douceurs qu'elles experimentent au delà de ce que l'on sçauroit raconter; puis qu'elles demeurent comme abysmées dans la profondeur immense de mô Amour, pour y adorer & pour y cherir les sources viuantes de tout ce que ie dispose d'elles pour ma plus grande gloire, & pour leur perfection.

Or il est tres-important, ma bonne Cathe- *L'accomplisse-*

*La doctrine de Dieu enseignée, &c.*

*ment de la volóté de Dieu détruit l'Enfer & bastit le Paradis.*

rine! que vous sçachiez qu'il n'y a que la propre volonté & l'Amour desordonné que vous portez à vous même, qui soit capable de ruyner les riches dispositions que l'esprit a formées sur l'idée de ces belles considerations. Vous devez donc estre asseurée, que si vous aneantissez l'vn & l'autre par vne abnegation aussi generale que veritable, vous détruirez pareillement en vous-mesme l'Enfer. Ie ne dits pas seulement l'Enfer, lequel i'ay preparé pour punir les Corps & les Esprits dignes de ma malediction eternelle : Ie dits encore l'Enfer que les hommes ressentent en cette vie mortelle, composé d'vn nombre de passions violentes, d'vn flus & reflus continuel de desirs & de pensées picquantes, accompagnées d'inquietudes qui trauersent la vie. Partant si vous voulez viure de la vie de ma grace en ce monde, & de celle de ma gloire en l'autre; prenne la resolution de donner le coup mortel à vostre propre volonté, par vn aneantissement & abnegation genereuse. L'on dit de ceux qui en sont là reduits. Bien-heureux sont ceux qui sont morts au Seigneur. Et puis : Bien-heureux sont les pauures d'esprit, parce que dés cette vie ils me voyent par le reciproque de mon Amour ; attendant qu'ils me voyent face à face dedans ma gloire. Ainsi soit-il.

*Beati mortui qui in Domino moriuntur. Apoc. 14. v. 13.*

*Beati pauperes spiritu quoniam ipsorum est regnum cœlorum. Matth. 5. v. 10.*

F I N.

ELEVA-

# ELEVATIONS
## D'ESPRIT EN FORME
d'Oraisons, proferées de la bouche de sainte Catherine de Sienne auec vehemence de ferueur durant ses extases:

*Recueillies, & Reduites par escrit par plusieurs doctes & saincts Personnages presents.*

---

## PREMIERE ELEVATION.
### ARGVMENT.

*Elle admire l'Amour de Dieu de ce qu'il nous a donné son image en la Creation, & de ce qu'il a pris la nostre en l'Incarnation. Elle se confond en la presence de ces Amours; elle prie pour le Pape.*

DIEV! ô Diuinité! ô inexprimable Deïté! ô Bonté, mais Bonté souueraine! qui ne vous estes resolu de nous créer auec les caracte-res viuants de voftre image & de voftre ressemblance que par l'amour excessif de vôtre Amour mesme & de voftre même Bonté. Vous ne nous auez pas faict en comman-

*Saincte Catherine admire la Bonté de Dieu en ce qu'il a creé l'homme à son image.*

Ccc

dant, ainsi que le reste des Creatures: c'est auec conseil & de dessein. Vous n'auez pas dit qu'il soit fait ainsi; que ma volonté soit executée; que ie sois obeï à ma parole: mais, faisons l'homme semblable à nous; ne cherchons pas d'autre exemplaire des grandeurs que nous luy voulons donner, que celles qui sont communes entre nous, & qui sont propres à nos Personnes eternelles. C'est ainsi que vous auez tiré, ô prodige d'Amour! le consentement de la tres-Auguste & la tres-adorable Trinité; & qu'elle s'est accordée pour nous faire part de ses riches perfections dans les puissances de nostre Ame. Oüy Pere eternellement viuant! ma Memoire a esté tirée sur vostre modele incrée & sans principe. Car comme vous estes le premier principe de toute production, qui comprenez & qui conseruez toute chose en vostre Sein: de mesme la Memoire retient en sa capacité toutes les especes qu'elle fournit à l'entendement, pour les speculations qu'il employe à vous connoistre. Cette sublime connoissance de vous, ô grand Dieu! donne à l'entendement la participation de la Sagesse de vostre Fils vnique; Et puis la volonté éprise de l'amour des beautez que l'entendemét a découuert dàs vostre Bonté, se transforme tout en inclination d'amour, pour deuenir semblable à l'Amour personnel le S. Esprit. Ne sommes-nous pas heureux parmy des auantages diuins si réplis de gloire, qui m'obligent à vous remercier autant que ie puis, de ce que vous auez donné la capacité à mon entendement de vous connoistre, à ma Memoire de vous retenir & de vous conseruer, & à ma volonté de vous aymer d'vn Amour, que nulle puissance, ny du Ciel, ny de la terre, ny de l'Enfer parmy vos Creatures, ne pourra iamais me rauir par force.

L'homme donc ne deuroit-il pas mourir de honte, de ne pas vouloir aymer son Createur, qui l'a preuenu de tant d'Amour, & dont le Sein est la source viuante de son Estre & de toute sa vie. O eternelle Bonté! c'est en vous & non ailleurs, que i'apperçois qu'apres que nous sommes tombez dans le mal-heur du peché, par la desobeïssance de nostre premier Pere, le mesme Amour qui auoit serui de motif pour nostre Creatió ouurit les yeux à vostre misericorde, il vous fit auoir pitié de nous, en enuoyant dans le monde le Fils vnique de vostre Sein. C'estoit afin qu'il se reuestist de nostre miserable mortalité, & qu'il deuint en cette posture nostre Mediateur, nostre Reformateur & nostre Redempteur. Oüy, doux Sauueur, tres-aymable Iesus, l'Amour du Pere & les delices du sainct Esprit! Vous vous estes rendu l'Arbitre de la guerre que nostre peché auoit declaré à nostre Createur; vous auez apporté la paix, vous l'auez concluë & signée dans vostre Sang, vous auez chastié nos desobeïssances sur vostre Chair saincte & sacrée, en vous rendant obeïssant iusqu'à la mort tres-honteuse de la Croix. Par ce moyen, vous auez satisfait à l'iniure com-

*Elle admire le remede du peché en l'Incarnation & en la mort du Fils de Dieu.*

mise contre vostre Pere, en détruisant l'horreur de nostre offence. Grand Dieu! ie suis vne grande pecheresse, i'ay besoin de vostre grande misericorde.

*Dieu s'est fait homme afin que l'hôme ne partageast pas son Amour.*

Bon Iesus! ô mon Dieu! de quel costé que ie tourne la pensée de ma consideration, ie trouue par tout l'amour trop excessif que vous auez témoigné pour vostre Creature, qui demeure sans excuse, & digne de la haine publique, si elle ne tâche de vous rendre le reciproque. Car, ô miracle de la nature & de la grace, IESVS vray Dieu & vray homme; vous auez eu de l'Amour pour moy, auparauant que ie fusse, & cet Amour vous a contraint en me donnant l'estre, de me rendre capable de vous connoistre, & de participer de vostre Bonté auec les autres perfections infinies qui vous sont naturelles. Vous auez voulu que ie vous aymasse parfaictement, & afin que ie ne partageasse pas mon affection parmy les Creatures, vous auez ramassé en vôtre personne tout ce que ie ne sçaurois iamais aymer. Il n'y a que le peché, qui pour n'auoir pas d'estre est digne de haine & d'horreur. Si ie veux aymer Dieu, ne l'estes-vous pas? si l'homme, il n'y en eust iamais de plus veritable & de plus pur. Oüy, vous estes mon Seigneur, mon Souuerain, mon Pere, mon Frere; vous me tenez lieu de Mere, vous faites l'office de Pedagogue, de Gouuerneur, d'Amis, & de compagnon. Vous me seruez à tout vsage de la vie auec des tendresses d'Amour, duquel ie ne puis exprimer la grandeur ny la force.

O Eternité! ô Diuinité! que sçaurois-je vous presenter pour marque de mes recon- noissances; puis que vostre Sagesse est souue- raine, vostre puissance infinie, & vostre Bon- té est immense? Vous estes la Beauté en sa pu- reté primitiue; & ie suis vne tres-vile Crea- ture, remplie d'ordure & de puanteur. Vous estes la Lumiere, le Pere de toute Lumiere; & mon Estre est enfoncé dans les tenebres. Si vous estes la Sagesse mesme; ie suis vne folle en verité. L'infinité fait vostre grandeur; & ie suis restrainte dans le neant. La mort est mon apannage, de laquelle ie m'approche de plus pres tous les iours; ô souuerain Mede- cin des Ames! ie suis toute remplie d'infirmi- tez, que ie rends de plus en plus desesperées, mal-heureuse pecheresse que ie suis, à mesure que i'employe le temps inutilement hors de vous. Helas! il ne me semble pas que i'aye encore bien commencé de vous aymer, quoy que depuis l'eternité vous nous tirez à vous par vostre misericorde, & que vous ne cessez de continuer à faire le mesme office par le moyen de vostre grace, si nous le voulons souffrir & nous laisser aller, sans que nostre volonté apporte de la resistance.

*Sainte Catherine s'humilie par comparaison des grandeurs de Dieu.*

Ha desolée que ie suis! ha perduë! ha pe- cheresse! ouy ie vous ay offencé, mon Sei- gneur; mon Dieu; i'ay peché, faites-moy mi- sericorde. Bonté eternelle! détournez vos yeux de dessus nos crimes desquels nous nous sommes rendus coupables, en nous re- tirant auec autant d'inconsideration que de

*Sainte Catherine prie pour le Pa- pe.*

malice de voſtre Amour, & priuant nos Ames de ſon propre objeƈt & de ſa derniere fin. Mais que feray-ie? où iray-ie? que deuiendray-ie? ſinon de ſupplier voſtre tres-grande miſericorde, afin qu'il luy plaiſe d'ouurir les yeux & la poitrine de ſa cōpaſſion pour auoir pitié de voſtre vnique Eſpouſe l'Egliſe, en la perſonne principalement de ſon Chef viſible voſtre Vicaire dans la terre; afin qu'il vous ayme d'vn Amour tout des-intereſſé, qu'il ne vous ayme pas, & qu'il ne s'ayme pas pour ſoy-meſme, qu'il vous ayme tout ſeul; & ſi toutefois vous luy permettez de s'aymer, que ce ſoit donc en voſtre Amour, & pour l'Amour de l'Amour de vous ſeulement. S'il fait autrement nous ſommes tous perdus, c'eſt à dire, s'il vous ayme & ſoy-meſme pour l'amour de ſoy-meſme. Noſtre vie & noſtre mort, grand Dieu! dependent de la nature de ſon amour. La mort, quand il ne ſe ſoucie pas de rechercher les brebis égarées; Et puis l'ay dit la vie, lors que nous receuons de luy les exemples de la ſainteté. l'aüoüe, ſouueraine Diuinité que l'on ne ſçauroit nommer! que ie me rends coupable de preſomption à vos pieds, Ie dits ma coulpe, Ie confeſſe ma faute; l'ay peché.

*Sainte Catherine demāde à ſouffrir pour le Pape & pour l'Egliſe.* Mais ſi ie ne ſuis pas digne de vous prier, vous eſtes Tout-puiſſant & tout bon pour me donner toute la dignité qui m'eſt neceſſaire & qui me manque. Si ce ſont mes pechez qui mettent empeſchement que ie ſois exaucée, & ſi ce ſont mes miſeres qui donnent de l'auersion à vos yeux ; Voicy mon Createur! ce corps que i'ay receu de vous que ie remets entre vos mains ; prenez-le donc, ne pardonnez pas ny à sa chair ny à son Sãg. Coupez-le, rompez-le, démembrez-le, consumez-le dedans les braziers ardants; reduisez-le en cendre, concassez mes os, qu'ils soient moulus & mis en poussiere pour les pestrir auec leur moüelle, & en faire vne patte qui vous soit agreable ; pourueu qu'il vous plaise de m'exaucer en faueur de vostre Vicaire nostre sainct Pere le Pape, l'espoux vnique de vostre vnique Epouse. Ie ne me soucie pas de quelle sorte de mort cruelle vous me ferez mourir; si vous daignez de m'accorder, qu'il ne regarde, qu'il n'ayme, & qu'il ne fasse autre chose que vostre volóté, de crainte que nous ne nous damnions auec luy. Bon Dieu! donnez-luy vn cœur neuf, qu'il croisse incessamment en vostre grace, qu'il témoigne vne force d'esprit genereuse, pour éleuer par tout l'estendart de la Croix. Qu'il nous fasse communiquer à sa grace & à sa fidelité, afin qu'auec luy, nous participions tous ensemble du fruict de la Passion & du Sang de vostre Fils vnique l'Agneau innocent. Misericorde, mon Dieu mon Seigneur! ie suis vne grande pecheresse.

Ccc iiij

## II. ELEVATION.

### ARGVMENT.

*L'Ame qui a aneāty sa propre volonté & s'est reuestüe de celle de Dieu ayme tout excepté le peché. Quelle dois estre la pureté des officiers Ecclesiastiques que saincte Catherine demande à Dieu.*

Fruicts de l'aneantissemēt de la propre volōté en l'vnion rauissante de l'Ame auec Dieu.

Dieu de l'eternité! Ie confesse que vous estes vne mer immense de paix, où les Ames sainctes ont leur mouuement & prennent leur vie, en se nourrissant de vous-mesme. C'est là où elles se reposent doucement par vnion d'Amour, perdant la proprieté de leur volonté dans la totalité de la profondeur infinie de la vostre, qui ne trauaille que pour nostre sanctification. Elles s'en reuestent, ou pour mieux dire elles se trāsforment en elle, apres s'estre dépoüillées de la leur propre, en l'aneantissement de laquelle consiste le signe le plus asseuré que l'on demeure en vous, & que vous demeurez en nous par vostre grace. Alors elles s'accommodent aux ordres de vostre volonté, non en la maniere qu'elles se sont proposé, mais en la façō que vous auez pensé. Elles ont plus de complaisance pour les aduersitez que pour les prosperitez; Elles pensent que celles-cy, facilitent les approches de leur vnion auec vostre Bonté, & que celles-là en retardent l'execution. Ce que sert le feu à l'or dans la coupelle de l'affineur; l'aduersité le faict en l'ame fidele, pour iuger si vostre volonté est la regle de ses actions & de sa vie; ainsi qu'il arriue en ceux qui ayment auec plus de verité que de protestations.

Elles considerent les aduersitez au nombre de vos ouurages, & que c'est vn espece de sacrilege de n'auoir pas d'amour pour elles; puis que tout ce qui vient de vous est bon. C'est pour cela que l'on doit auoir vne haine mortelle contre le peché, il ne sort pas de vos mains; aussi ne vous connoist-il pas pour son Maistre, duquel il ne porte pas la marque. Ne suis-ie donc pas mal-heureuse, d'auoir eu de la complaisance pour ce Monstre, lors que i'ay esté si mauuaise ménagere du temps que i'estois obligée d'employer à vostre seruice. Oüy, mon Dieu! ie suis criminelle, ayez pitié de moy, faites-moy misericorde. Ie suis trop heureuse, si i'obtiens l'effacement de mes fautes par la punition rigoureuse que vous ordonnerez, sans m'épargner & sans reserue. Chastiez donc hardiment, & faites vous Iustice.

*L'Ame ayme toute chose comme l'ouurage de Dieu, excepté le peché, qui ne sort pas de ses mains.*

O Dieu Eternel & que l'on ne sçauroit comprendre! répandez vne pureté si entiere en mon cœur, qu'elle se puisse communiquer à la priere que vostre petite Seruante vous adresse; afin qu'il vous plaise de redresser les cœurs & les volontez des Officiers sacrez de la saincte Eglise vostre chere Epouse, & qu'ils se proposent deuant les yeux l'Agneau innocent vostre Fils vnique rassasié d'opprobres & engraissé, s'il faut ainsi dire de douleurs,

*Perfections que sainte Catherine de Sienne demade à Dieu pour les principaux officiers de l'Eglise.*

pour le fuiure en ſes conditions de pauure, de debonnaire, de modeſte, de mépris, de parfaictement humble & de reſigné par le chemin qu'il a frayé de la ſaincte Croix, non pas à leur mode remplie de corruption & qui conduit à l'erreur; Mais grand Dieu! ſelon vos ordres & ſelon les regles infallibles de noſtre Predeſtination. Ie vous ſupplie encore que vous en faſſiez des Creatures celeſtes dans la terre, qui portent l'imitation de la pureté des Anges bien-heureux, puis que vous leur faites l'honneur qu'ils conſacrent & diſpenſent le Corps & le ſang de voſtre Fils Ieſus. Ne ſeroit-ce pas vne honte de voir des perſonnes de cette condition, viure comme des beſtes, ſans raiſon, ſans faire reflexion ſur l'indignité qu'ils meſlent dans leurs Miniſteres ſacrez & redoutables. Vous eſtes l'Autheur, le Roy, & le Pere de la paix; vniſſez-les enſemble par les eſtreintes de voſtre Miſericorde, enueloppez-les tous dans la mer de la tranquillité immenſe de voſtre Bonté; afin qu'en eſtans comme détrempez & poſſedez en toutes leurs puiſſances, ils ne prodiguent pas les richeſſes du temps preſent, ſous l'eſperance de celuy duquel ils n'ont pas la diſpoſition.

*Confiance de ſaincte Catherine de Sienne à Dieu comme vne fille à ſon Pere.*

Ie dits trop; Seigneur pardonnez moy! ie ſuis vne grande Pechereſſe: Toutefois ayant plus d'égard à ce que vous eſtes, qu'à ce que ie ſuis par mes miſeres; Eſcoutez les vœux de mon cœur, exaucez les prieres de voſtre petite Seruante. Que diſ-ie? ie ſuis voſtre Fille. Ie parle à mon Pere, bon au deſſus de toutes les bontez & de toutes les tendresses d'amour des Peres. Vous estes donc mon Pere; mais aussi vous estes Dieu souuerain & Eternel. Ie Vous recommande tous ceux que vous m'auez commandé d'aymer, comme mes Enfans, pour l'Amour de vostre Amour même.

## III. ELEVATION.

### ARGVMENT.

*Dieu nous ayant enuoyé le Pape pour estre le Vicaire de son Fils, il doit porter son Imitation parmy ses Croix. Son courage, son détachement des sentimens humains, son conseil, sa perfection.*

Ô Pere tout-Puissant Dieu Eternel! ô Charité sans prix & remplie de douceurs! Ouy, ie crois, que dis-ie? & ie penetre iusques dans l'immensité de vostre sein Auguste pour voir que vous estes le chemin, la verité & la vie que tout homme doit atteindre quant il plaît à vostre Amour incomparable de l'informer de la veritable connoissance de la sagesse de vostre Fils vnique Iesus nostre diuin Maître. C'est vous ô Dieu de l'Eternité! dont l'estre & la durée sont incomprehensibles, qui touché de compassion par le seul motif de vostre Charité, auez enuoyé ce diuin Verbe reuêtu de nos miseres, pour remedier à la mort que tous les hommes auoient merité. Il a paru icy bas dans la terre selon vos ordres, non pas auec l'éclat de la Majesté qui luy est naturelle, ny auec les delices & les pompes

*Pourquoy Dieu a enuoyé son Fils dans les miseres & dans les opprobres.*

du monde: Mais ayant l'Ame détrempée d'angoisses, le cœur plein de disette & de pauvreté, & le Corps plus accablé que chargé de tourmens. C'estoit afin que sçachât & qu'accomplissant vostre volonté pour nostre salut, il se rendît obeïssant iusqu'à souffrir les tourmens de la Croix, apres auoir surmonté toutes les malices de l'Ennemy, & vaincu tout ce que le monde auoit opposé de force contre luy : par ce moyen en sa mort, il a faict mourir la mort.

*Le Vicaire de Iesus-Christ doit ressembler à Iesus-Christ dans la terre, afin qu'il fasse fruit.*

N'estes-vous pas ô Dieu d'Amour! le même Amour qui enuoyez le Vicaire de vostre Fils & le vostre dans la terre parmy les persecutions, les amertumes de cœur, les afflictions de l'Esprit & les perils de la vie, afin qu'il ramasse ceux qui ont perdu la vie de la grace, pour s'estre retirez de l'obeïssance de la saincte Eglise vôtre chere & vostre vnique Epouse. Ouy vous voulez qu'il porte l'imitation du cher Enfant de vostre sein, venu pour deliurer les hommes de la mort Eternelle. Neátmoins ô Amour ! il se treuue des hommes poussez de plus de malice que de foiblesse, pressez de plus de presomption & de temerité que d'ignorance, qui font vn jugement aussi desauantageux qu'iniurieux à vos ordres, il se laissent gagner par les ruses de l'Ennemy, aux tendresses de l'affection de la Chair & du Sang, pour auoir des sentimens contraires à ce que vous pretendez au fruit des Ames, & détourner vostre souuerain Vicaire de s'acquitter de sa legation, selon les ordres que vous luy establissez en l'imitatation du diuin

Redempteur. O Eternité d'Amour! ces personnes ont plus de crainte de la mort du Corps que de la mort de l'Ame; ils prennent pour regle de leur iugement le sentiment humain attaché à l'Amour propre, au lieu de regler leur raison par la profondeur impenetrable de la Sagesse immense de vostre Majesté, & par la verité de vos Iugemés, qui sont au dessus de tout ce que l'on sçauroit comprendre. Vostre volonté ô Dieu d'Amour! est la regle que nous deuons suiure; elle est la porte par laquelle nous deuons entrer, elle est encore la route qu'il nous faut suiure. Nous sômes donc obligez de prendre de la complaisance parmy les trauaux, en nous réjoüissant auec les miseres du siecle; puis que vous nous asseurez que nous sommes nés à cette condition. N'est-ce pas pour cela que le monde & nostre chair mal-heureuse ne nous presentent que des fruits détrempez d'amertumes, afin que ny les pompes de celuy-là, ny les delices de celle-là, ne seruent pas de sujet à nos joyes ny d'appuy à nos esperances.

Il est donc bien raisonnable que vostre Vicaire souuerain dans la terre, apprenne à se réjoüir parmy les peines, s'il veut accommoder son Esprit & son cœur à vostre diuin vouloir; s'il desire, dis-ie suiure la Iustice du sacré Redempteur, qui a épuisé toutes ses veines, rompu & ouuert son corps depuis les pieds iusqu'à la teste, afin de faire de tout son sang iusqu'à la derniere goute, non seulement vn bain salutaire pour noyer nos Pechez, mais

*Perfection que saincte Catherine demande à Dieu pour le Pape.*

aussi vn prix aussi rigoureux que suffisāt pour nous achepter le salut par sa tres-excessiue Misericorde. C'est à ce dessein, que vous auez donné à nostre sainct Pere le Pape les Clefs de la puissance de lier & de deslier nos Ames, afin qu'étants rendus à nostre liberté premiere, nous vous rendions en toutes choses conformes à vostre volonté, & imitateurs de la saincteté de sa vie & de sa Doctrine. Cela estāt ainsi: mon bon Dieu! ie m'adresse à vostre Misericorde, pour la supplier qu'elle le regarde amoureusement. Répandez en son cœur tant de viues flammes de vostre dilection saincte & sacrée, que son cœur en estant purifié, il deuienne tout embrasé de ferueur de desir, pour recouurer auec les aydes tous-Puissans de vôtre grace souueraine, les membres Mystiques de l'Eglise perdus, pour les rejoindre à leur Corps.

*Souhait excessif de saincte Catherine, de souffrir pour le Pape que Dieu dōne au monde par vne faueur particuliere.*

Si en cela, ô Amour Eternel! il vous semble qu'il apporte du retardement, ou que sa negligence vous déplaise, punissez-la sans differer plus long-temps sur mon propre Corps que ie vous presente de bon cœur, pour estre deschiré à coups de fouets; & s'il vous plaît pour estre brisé, rompu & détruit, sans qu'il demeure de luy aucune partie entiere. Seigneur! i'ay peché; faictes moy Misericorde? O Dieu de l'Eternité! vous vous estes épris de l'Amour de vostre Creature; vous la cherissez par vostre excessiue Bonté, auec des caresses & des graces que l'on ne sçauroit expliquer: c'est pour la gagner à vostre cœur, que vous

*de saincte Catherine de Sienne.* 795

enuoyez voſtre ſacré Vicaire, apres l'auoir retirée du mal-heur où elle eſtoit perduë. O Amour au deſſus de tout ce que l'on peut pẽſer de l'Amour! ô Bonté infinie! vray Dieu! ie répands tout mon eſtre auec toutes mes puiſſances en action de grace pour vne faueur qui n'a pas de meſure. Quelle honte à l'homme Enfant d'Adam, de ne pas ſuiure voſtre volonté qui ne cherche que noſtre ſanctification & noſtre gloire, apres que vous l'auez rachepté auec le prix de la mort & du ſang de voſtre Fils vnique?

Ie vous prie mon Dieu! par le méme Amour qui vous a obligé de vous reueſtir de noſtre miſerable mortalité, pour vous faire homme ſemblable à nous, & de nous deputer vôtre ſouuerain Vicaire pour nous cõmuniquer les graces ſpirituelles de noſtre iuſtificatiõ, qu'il vous plaiſe de dõner à celuy-cy que vous auez choiſi, les forces de l'Eſprit neceſſaires, afin que ſuiuant en toutes choſes voſtre volonté, il puiſſe recouurer les enfans perdus à voſtre Amour, & eſloignez de la ſaincteté de vos mœurs. Qu'il ne prette pas l'oreille non plus que le conſentement de ſon cœur aux conſeils de la chair & du ſang; Qu'il n'abandonne pas ſon jugement aux perſuaſions tirées du ſentiment humain, ou inſpirées par les amadouëmens auſſi flatteurs que trompeurs de l'Amour propre; conſeruez-le auec vn courage genereux & conſtant, qui ne ſe laiſſe pas gagner ny à la crainte des menaces de la terre, ny des autres aduerſitez de la vie. Ie ne ſçay

*Pureté de Conſeil & generoſité qu'elle demande pour le Pape.*

que trop mes foibleſſes: Venez donc appuyer les infirmitez de mes prieres, par la condeſcēdance debonnaire de voſtre Charité, qu'elle détruiſe les laideurs de mes Pechez, qui font en moy l'indignité pourquoy ie ne dois pas eſtre exaucée.

*Le Corps Myſtique de l'Egliſe eſt malade.*

O Amour immenſe du Fils de Dieu fait hōme! vous retirant du monde, vous n'auez pas voulu nous laiſſer comme des orphelins ſans Pere, ny comme des brebis ſans Paſteur : vous nous auez laiſſé en voſtre ſacré Vicaire, vn autre vous même en voſtre place, pour nous dōner inceſſamment le Baptême du ſainct Eſprit, par le moien de la penitéce où nos fautes ſont effacées. Mais quoy! vous eſtes venu à nous, remply d'opprobres & comblé de miſeres; cepēdant que la Creature voudroit auoir d'autre ſentiment pour ſoy-même, s'éloignât de voſtre Verité par vn jugement formé ſur les raiſons de l'Amour propre, & appuié ſur les ſentimens de la Chair. Helas ! vous eſtes languiſſant dans le Corps Myſtique de l'Egliſe voſtre chere Epouſe, de laquelle l'on épuiſe les graces par les iniuſtices qui luy ſont faictes tous les iours, en la perte des Ames. Reprenez donc en elle voſtre embonpoint Diuin Epoux! prenez auec elle comme ſon chef vne meilleure nourriture ; Que voſtre ſouuerain Vicaire s'attache à vous Eternelle Bonté! par vne adherence tres-intime ; Qu'il ſe raſſaſie pour vous du deſir exceſſif du ſalut des Ames & du zele de la gloire de voſtre Pere. Reſtabliſſez nos premieres forces par ſes

ſoins

soins, afin que voſtre bonne Epouſe paroiſſe deſormais & vous en elle, auec ſes premieres beautez.

Renouuellez ſon Conſeil auec toute l'integrité qu'il eſt neceſſaire pour le bien des peuples, qu'il ſoit compoſé de perſonnes éminentes en la prattique de toute ſorte de vertus & de bonnes œuures. Reformez-les ſur le modele de vos perfections grand Dieu ; qu'ils obeïſſent à vos Lumieres, & qu'ils ſuiuent vos ordres auec beaucoup de ſimplicité de cœur, de droicture d'intention & de volonté genereuſe. En cecy n'ayez pas d'égard, ie vous prie, aux miſeres de voſtre chetiue Seruante qui prie pour eux : que les pechez que i'apporte à vos pieds ne retardent pas que vous les ſepariez d'eux-mêmes, par le d'étachement de leurs propres volontez, pour viure deſormais dans la voſtre comme dans vn Paradis de delices ; qu'ils ne ſortent iamais d'vn ſi beau lieu qu'ils y ſoient profondement enracinez, qu'ils ſe laiſſent aller à ſes conduites, puis qu'elle ſeule eſt immuable & Eternelle, tandis qu'en verité ils ſe traiteront eux-mêmes de mépris. Ouy Pere Eternellement viuant ! ie chante voſtre gloire, ie vous louë, & ie vous benits, afin que vous ayez agreable d'eſtendre voſtre benediction ſur ces perſonnes pour leſquelles ie vous offre mes tres-humbles actions de graces. Ainſi ſoit-il.

*Les perfections qu'elle deſire aux Prelats du Conſeil du Pape.*

Ddd

## IV. ELEVATION.
### ARGVMENT.

*Elle demande la Communion Mystique pour soy & pour les Fideles, c'est à dire, l'accroissement des bons dans l'Eglise, elle admire l'Amour de Dieu enuers son Image en l'homme, nonobstant la prescience de ses Pechez.*

*Communion ou participation au Corps Mystique de l'Eglise.*

O Profôdeur! ô Abysme! ô Eternelle Trinité! ô Amour au dessus de tout ce que l'on peut comprendre de l'Amour! oseray-ie bien vous nommer mon Pere? Ouy vous estes mon Pere, puis qu'il vous plaît de me faire l'honneur de m'appeller vostre Fille. Ie demande vne faueur singuliere de vostre Bonté; c'est que puis que vous auez pour agreable de vous donner vous-même à mon Esprit, en la Communion du Corps & du Sang naturel du Fils vnique de vostre sein Dieu & hôme tout ensemble; qu'il vous plaise pareillemét de me Communier de son Corps Mystique qui est la saincte Eglise, de laquelle il est le chef. C'est mon Dieu au milieu des feux embrasez de vôtre Charité, où vous voulez que nous fassions cette Cómunion excellente, en laquelle tous les Fideles deuiennent vnis ensemble par Charité vn même Corps, vne méme Ame, vn méme Esprit, & si vous voulez vne méme personne en vostre Fils, qui nous assemble auec sa grace comme parties integrantes de ce tout admirable.

*Par l'Incarnatió nous connoissons Dieu en nous.*

O Amour infiny! vous me connoissiez en vous depuis l'Eternité; cette veuë éclairée des Lumieres immenses qui vous sont propres, a esté le commencement de tout mon bon-heur: Car vous ne m'eustes pas plustost apperceu, que vous vous sentites touché d'Amour pour moy, seulement, parce que i'estois l'Image de vostre beauté. C'est ce qui vous obligea de me tirer (s'il faut ainsi dire) de vostre sein Auguste, pour me donner l'estre par la creation, auec auantage au dessus du reste de vos ouurages. Pour cela, ma connoissance ne correspondoit pas à la vostre, vous me cónoissiez bien en vous; mais ie ne vous voiois pas encore en moy, si ce n'est en peinture, dãs la ressemblance que vous m'auez donnée de vos grandeurs. O que de rauissements mon Dieu! de vous voir en moy-même? O que de bon-heur! si ie pouuois auec tous les hommes ensemble, auoir vne parfaicte connoissance de cette faueur qui n'a pas de pareille parmy toutes vos graces? Qu'auez-vous faict? vous estes descendu de la hauteur souueraine de vostre Diuinité, iusques dans l'extreme bassesse de la fange de nostre humanité. C'est ce qu'il vous a pleu de faire, pour donner cet ayde à nostre infirmité. La veuë de nostre Entendement estoit trop courte, ie ne diray pas pour comprendre; mais pour regarder seulemét en contéplant la grandeur de vostre Majesté. Vous auez dóc auisé de restreindre l'imméfité de vostre Estre, que vo⁹ auez racourcy dans la petitesse de nostre immortalité. C'est ainsi que par le moyen de vostre Verbe faict homme, vous vous estes manifesté à nous; De

Ddd ij

maniere que j'ay commencé ô Abysme d'Amour! de vous connoistre, de vous adorer & de vous aymer au milieu de moy.

*Les perfections de Dieu, principalement son Amour, nous sont manifestées en l'Incarnation.*

Ouy ô Trinité dont la hauteur en vostre infinité, dont la profondeur en vostre immensité, & la durée en vôtre Eternité sont incomprehensibles! c'est au Mystere de l'Incarnation, & dans l'épanchemét du sang de vôtre Fils, que vous auez manifesté au monde vos grandeurs ; vostre puissance, qui emploie ce moien pour essuier nos fautes & détruire nos crimes. Vôtre sagesse, en cachant l'ameçon de la Diuinité sous l'amorce de nôtre humanité, afin d'y prendre l'Ennemy & de ruiner son Empire. N'est-ce pas là où vôtre Amour s'est faict paroître auec trop d'excez, puis que sans auoir besoin de nous, vous nous auez achepté auec si grand prix. C'est ainsi, mon Dieu, que vous auez ouuert les yeux pour cónoître vôtre Verité, dans laquelle nous apprenons que vous nous auez mis au monde par la creation, pour nous donner la participation de vostre vie dans l'Eternité. C'est par le moien de vostre Verbe faict homme, que cette heureuse Verité nous a esté confirmée. Auparauāt nous estiós des Aueugles; le Peché auoit ietté dans nôtre entendement, les tenebres que cet aymable Redempteur est venu chasser par sa presence & nous rendre la Lumiere. O chetiue Creature! ô mal-heureux homme! ne dois tu pas rougir de honte de ton ignorance plus que criminelle? N'es-tu pas confus de ne pas encore connoître l'excez de l'Amour de ton Dieu, aprés qu'il t'a esleué à tant de grandeur, en s'humiliant iusqu'à l'extrême bassesse de ton humanité, pour te donner la connoissance de sa presence, de sa Bonté, de son estre, de son Amour, & de ses perfections au milieu de toy-mesme? Mon Dieu mon Seigneur! c'est dequoy ie suis criminelle ayez pitié de vostre Seruante; faites moy Misericorde.

O prodige de merueilles! que vous n'ayez pas perdu la volonté de nous faire du bien par la Creation, encore que vous eussiez veu dans vostre prescience infaillible, que nous denions abuser de vos graces, & nous rendre indignes de vos faueurs par la resistance que nous apporterions à suiure les dispositions de vostre volonté, & porter l'Imitation de vostre Verbe? O Amour sans pareil, & qui a trop d'excez! Mais mon Ame! que dits-tu à cecy? Mais à qui est-ce que tu parle? C'est à vous ô Pere viuant que ie parle. Ie vous prie qu'il vous plaise de me donner la Communion de vostre Charité immense. Communiez-moy Pere Misericordieux & debônaire de l'excez infiny de vostre Amour. Ce que ie vous demande pour moy; ie le demande pareillement par tous vos fideles Seruiteurs. Donnez-nous à tous les dispositions necessaires pour receuoir les fruits des Oraisons de la Doctrine & de toutes les bonnes actions des membres Mystiques de l'Eglise saincte, qui sont appuyées sur la Charité & éclairées de vos Lumieres. Vôtre Fils nous a dit: que nous cher-

*La Prescience de nos Pechez, n'a pas empéché Dieu de nous créer.*

*Elle explique la Cómunion Mystique en la demandant à Dieu.*

chions afin de treuuer, que nous demandions pour receuoir, & que nous frappions à la porte, afin que l'on vint nous l'ouurir. Me voicy donc, mon Dieu! gisante à la porte de voſtre verité; ie prie en la presence de voſtre Maieſté; ie crie aux oreilles fauorables de voſtre Miſericorde; ayez pitié de tout le monde, ſingulierement de l'Egliſe ſaincte voſtre vnique Épouſe, puis que i'apprends par la Doctrine du Verbe increé, que ſon Corps Myſtique eſt la viande delicieuſe qui me doit nourrir. Que i'en ſois donc raſſaſiée inceſſamment, & ne m'en laiſſez pas mourir de faim, s'il eſt vray comme il eſt ainſi que vous l'auez agreable.

*Deſir que Dieu a que nous nous incitions au bien.*

Mais mon Ame que fais-tu? A quoy penſe-tu? croupis-tu dans l'ignorance que Dieu te regarde continuellement? apprends, apprends, que rien ne ſe peut cacher à ſes yeux, ny ſe ſouſtraire de ſa preſence. Tu peux te dérober à la connoiſſance des Creatures, non pas iamais à celle de ton Createur: donne donc la mort à tes crimes, ceſſe dés maintenāt d'offencer Dieu. Il eſt temps mon Dieu? Miſericorde; i'ay peché, Ouy il eſt temps que ie me reueille du ſommeil de la negligence. C'a! mō Ame, excite-toy; ça, mes puiſſances prouoquez-vous vous mémes, pour commencer auec vn nouueau cœur & des feruerus nouuelles. O Amour, ô Trinité, ô Eternité, vous auez vn ſi grand deſir, que nous excitions nos reſolutions au bien pour voſtre plus grande gloire, que quant nous nous endormons au milieu des proſperitez de la vie, vous nous esueillez par les rigueurs de l'aduersité. Vous exercez en nostre endroit les industries d'vn affectionné & sçauant Medecin; vous appliquez le feu de la tribulation sur la playe que l'onction de la consolation ne guerissoit pas. O Pere Eternellement viuant! ô Amour sans origine! ô Charité sans principe! ô Dilection sans cause! me voila rauie d'admiration de ce qu'il vous a plû dedans vos Lumieres, me faire voir que vous me connoissez & toutes les autres Creatures raisonnables tant en general qu'en particulier depuis l'Eternité.

C'est dans vostre propre sein que vous nous regardiez & Adam nostre premier Pere, auec la peine personnelle & commune qui deuoit suiure sa desobeyssance criminelle. Vous connoissiez encore que le Peché tenoit le milieu entre nous & vous; de maniere que vostre Verité ne descendoit pas pour remedier à nos miseres; & nous ne pouuions passer plus auāt pour arriuer à nostre fin derniere. Ce n'est pas encore tout, vous consideriez les tourmens & la mort de vostre Fils qui deuoient rompre ce pernicieux milieu, afin que de nostre costé, le Genre humain se recōciliat à vostre grace; & que du vostre, la verité Eternellement viuante de vostre sein s'accomplit parfaictement à nous. Vous ne vous estes pas contenté ô Amour! de conseruer cherement toutes ces connoissances; vous auez encore voulu m'en rendre participāte, & c'est ce qui iette ma pensée dans l'étonnement. Ouy Pere Eternel! ie me pâme; ie ne sçaurois accor-

*Amour de Dieu plus puissant que nos malices.*

Ddd iiij

der ny comprendre, que nonobstant toutes ces choses que vous auez preueuës, que dis-ie, qui estoient presentes dans le Miroir de l'Eternité, vous n'auez pas laissé de nous mettre au monde. Vostre Amour en cecy l'emporte au-dessus de nos iniquitez; vostre Bonté a esté plus puissante que nos malices, que vous auez dissimulé pour arrester le zele de vostre cœur sur la beauté de vostre Image, imprimée dans nostre nature, & que vous vouliez reformer par vostre grace.

*Excez de l'Amour de Dieu pour son Image en nous.*

L'affection que vous auez euë pour elle semble estre sans iugement & sans prudence; l'on diroit qu'en la maniere que vous auez tenu pour l'obliger, que la passion ou que l'yuresse se fussent renduës maistresses de vostre volonté & de vous méme, pour vous faire dissimuler les laideurs de ses crimes, que vostre connoissance representoit à vostre jugement dignes de haine perpetuelle. Ouy mon Dieu, la veuë des consequences de son Peché, auec des circonstances si estranges, a eu moins de pouuoir sur vos inclinations pour les punir, que vostre Amour pour vous obliger au contraire à nous faire du bien, & d'arrester sur nous vostre complaisance. Que dis-ie vous auez diuerty vos yeux de ce qui attiroit en nous les rigueurs de vôtre Iustice, pour les arrester doucement sur ce qui portoit graué en nos Ames les plus beaux traits de vostre ressemblance. De vray, si de premiere intention vous eussiez seulement regardé les demerites, où nous deuions tomber par nostre faute,

de saincte Catherine de Sienne. 805

vous eussiez incontinent perdu le dessein de nous doner l'être. Ie ne veux pas dire, qu'aucune des circonstances & des suites de nos mal-heurs, se soient échapées à vôtre veuë qui penetre les abysmes: I'entends seulement que vous n'y auez pas eu d'égard, & que vous vous estes tout changé en inclinatió d'Amour, pour vous arrester cõstamment en la premiere pésée de nous faire du bien. Pourquoy? n'estes-vous pas en vostre propre estre vn feu immése d'Amour Tout-puissant? Ha! mal-heureuse que ie suis! ie n'ay pas encore cõmencé à vous bien connoître; mes Pechez iusques icy ont faict vn nuage tenebreux, qui m'a caché les Lumieres éclatantes de vostre Bonté.

Toutefois ie vous supplie de grace, ô tres-doux Amour! que toutes les veines & les arteres de mon Corps soient ouuerts, pour en épuiser tout le sang qu'ils côtiennent, iusqu'à la derniere goute, à la plus grãde gloire de vôtre Nom; pourueu que ie me voie en estat où vous me treuuiez entierement dépoüillée de moy-même. Ie demande ce dépoüillement de toute proprieté, pour celuy qui m'a faict aujourd'huy la faueur de me cõmunier. Regardez-le de bon cœur, receuez-le de mes mains, & qu'il vous plaise, ie vous prie, de le reuestir de vostre volõté sainte & Eternelle. Liez-le à vôtre Amour par des estreintes si puissãtes & si serrées, qu'il paroisse dans le Paradis terrestre de vostre Eglise, cõme vne plante sacrée qui rede en tout téps l'odeur des parfums embaumez de l'exemple, & les fruits delicieux de

*Zele de saincte Catherine, de verser son sang à l'exemple de Iesus, & de mourir d'Amour pour Dieu & pour l'Eglise.*

la Sainĉteté. Pere debonnaire comblez-nous auiourd'huy des doux épanchements de vos benedictions ; lauez les faces de nos Ames, embellissez-les dans la vertu toute-puissante du Sang de voſtre Fils. O Amour! tu me fais mourir, c'eſt languir trop long téps; ça donc que ie meure, pourueu que ce ſoit toy qui me donne la playe mortelle, ſi ce n'eſt que tu veüille que i'expire au milieu de tes flammes.

## V. ELEVATION.

### Argvment.

*Elle demande à Dieu les qualitez necessaires pour le Pape & les Cardinaux nouuellement creez au dessein de la reformation de l'Eglise, de laquelle elle a esté asseurée par reuelation.*

*Les promeſſes de Dieu ſont immuables & comment.*

O Dieu! ô Dieu! ô eternelle Diuinité! Amour ſans pareil! Il vous a plû par l'vnion de l'humanité ſainte de voſtre Verbe noſtre Seigneur IESVS-CHRIST auec la toute-puiſſance de voſtre nature, de répandre dans nos cœurs la Lumiere ſurnaturelle de la tres-ſainĉte Foy, laquelle eſt comme la prunelle de noſtre intelligence, pour apperceuoir les myſteres de voſtre Ordre, principalement la ſouueraineté de voſtre eſtre le veritable objet de mon Ame. Nous ne ſçaurions eſtre trompés, depuis que vous auez fait de voſtre Fils vnique la pierre angulaire & la colomne inébranlable, ſur laquelle vous auez eſtably l'Egliſe ſainĉte voſtre chere Eſpouſe, par le moyen du Sacrifice ſanglant de ce divin Redempteur. C'est vous, ô Dieu de verité! qui auez resolu depuis l'Eternité de faire en cette mesme Eglise vn Ciel nouueau & vne nouuelle terre, par la reformation que vous auez aresté d'introduire, par l'entremise de plusieurs sainctes personnes qui seront autant de riches plantes abondâtes en fruits delicieux du salut. Il n'y a donc pas de puissance parmy vos Creatures, qui puisse rendre inutile ce decret adorable de vostre bonne volonté, elle est eternelle & immuable. Si l'on dit que mes pechez sont les seules causes d'en retarder l'execution, par vne oppositiô incompatible qui me rend mesme indigne de vous presenter mes prieres; Vous n'auez que trop de Bonté pour en effacer les laideurs, ainsi que ie vous en supplie en vertu du merite du sainct Apostre Thomas, duquel l'on celebre auiourd'huy la feste.

O Dieu, mon Amour! purifiez maintenant mon Ame, afin qu'elle soit plus disposée d'estre heureusement exaucée de vostre misericorde, qu'elle implore de toutes ses forces. I'ay beaucoup de raison en ma demande; n'estes-vous pas vn feu immense auec des proprietez tout à fait admirables? Vous brûlez tousiours, & vous ne consumez rien de ce qui s'éprend de vos flammes, si ce n'est ce que nous possedons hors de vous. Allumez donc les feux amoureusement embrasez de vostre Esprit, dans les ieunes plantes que vous auez mises au Corps mystique de vostre Eglise, pour estre comptez au nombre de ses mem-

*Dieu est vn feu d'Amour qu'elle demande pour les Prelats creez de nouueau.*

bres. Destruisez tout ce qui est d'estranger &
de dissemblable en eux ; penetrez iusques dãs
l'intimité de leur cœur & dans la profondeur de leur esprit ; Ne pardonnez pas aux
moindres brins de la racine du propre A-
mour & de l'affection sensuelle. Oüy, Diuin
Iardinier ! tirez ces plantes de l'Amour desordonné, pour les transplanter dans le iardin des delices de vostre Charité. Changez
leurs cœurs en mieux, par vne transformatiõ
toute remplie de la veritable connoissance
de vostre volonté, afin qu'ils apprennent à
mépriser le monde, & s'aneantir eux-mesmes
par l'abnegation. Qu'ils deuiennent tout détrempez, ( s'il faut ainsi dire ) & penetrez de
la ferueur de vostre Amour, pour paroistre
dans le monde embrasez & reuestus du zele
de la Foy & de toutes les vertus ; qu'ils vous
suiuent vniquemẽt auec vne pureté de cœur
tres-entiere, & vne droiture d'esprit tres-
simple à vostre plus grande gloire, foulant
aux pieds les pompes vaines du siecle.

*Elle demande à Dieu toutes les qualitez neces-saires au Pape & aux nouueaux Cardinaux.*

Commẽcez par le souuerain Directeur visible de nostre salut, l'Espoux nouueau de vostre Eglise; ne l'abandonnez iamais, ny de vos
Conseils ny de vostre protection : afin qu'il
choisisse tousiours pour ses aydes, les plus
purs & les plus saincts. Qu'il donne les Benefices & les Prelatures aux hommes qui
portent ces qualitez, sans souffrir que ceux
qui en ont de contraires demeurent à son
seruice, ny qu'ils s'approchent de sa personne sacrée pour les entendre. Que ces nou-

uelles plantes que vous auez choisi pour estre ses assistants, deuiennent imitateurs des Anges du Ciel par la vigilance, par la promptitude & par l'obeïssance qu'ils apporteront pour le seruir dans la terre au dessein de la reformation generale de l'Eglise. Qu'ils se comportent en cecy, selon son cœur auec lequel ils accommoderont en toutes leurs actions leur volonté auec autant de simplicité que de pureté. Qu'ils se souuiennent qu'ils sôt de ieunes antes qui ont pris vie, au Corps mystique de IESVS vostre Fils, en la place de certaines branches superfluës & sans fruict, que vous auez retranché par les secrets adorables de vostre Prouidence, sans que les hommes s'en soient meslez.

Ce n'est pas assez que ie vous aye supplié qu'il vous plaise de les rendre dans la terre semblables aux Anges du Ciel: Ie souhaiterois, mon Dieu! qu'ils ne retinssent rien de l'immutabilité de ces Esprits bien-heureux en ce qui regarde l'incompatibilité de leur estat, auec l'accroissement en vostre grace & en vostre Amour. Mais puis qu'ils ont pris vne nouuelle naissance, qui porte la ressemblâce de l'Enfance & du progrez en l'aage de IESVS; Ie vous demande qu'ils s'auancent à l'imitatiô du diuin Redempteu; qu'ils fassent croistre, qu'ils agrandissent & qu'ils perfectionnent son Corps mystique en la saincte Eglise, par les exemples de leurs vertus, & par la saincteté des deportements de leur vie.

*Cardinaux creez de nouueau côparez aux Anges, à l'enfance, au progrez, en l'aage de Iesus & aux ieunes antes.*

De maniere que tout ainsi que les ieunes plãtes (pour obeïr aux adorables & douces dispositiõs de vostre bonne Prouidence) dõnent ordinairement des fleurs dõt les odeurs sont plus agreables & des fruicts sans comparaison plus delicieux: de mesme que ces personnes estant mortes à toute sorte de mouuements d'affections sensuell s, arrosées de la mesme vertu du S. Esprit, qui remplit les Apostres le iour de la Pentecoste, ils iettent par tout les vapeurs des parfums embaûmez de leur saincteté, & produisent les fruicts sauoureux de toute sorte de vertus; afin que vostre Espouse saincte & sacrée demeure reformée, reprenant ses premieres beautez en leurs personnes.

*Souhait pour le Pape.*

O Amour! ô Eternité! sanctifiez vostre souuerain Vicaire; faites que son innocence puisse seruir à tous les hommes d'vn miroir de pureté tres-entiere, qu'il vous rende seruice à l'ombre de vostre grace, qu'il regle le peuple que vous luy auez soûmis selon la discipline adorable que vous auez estably, à laquelle il tâchera d'attirer les Infideles, tandis qu'il offrira à vostre Diuine Majesté des œuures dignes du salut eternel. Et parce que l'ingratitude ferme la porte de vostre misericorde; Ie vous rends de tres-humbles actiõs de grace de toutes les faueurs que ie viens de me ressouuenir en la presence de vostre Bonté souueraine.

## VI. ELEVATION.

### ARGVMENT.

*Elle s'excite à la confiance pour prier en faueur du Pape & de la reformation de l'Eglise.*

O Augufte Trinité eternellement viuante! ô fouuerain Medecin! ô Amour de mon Ame! encore que vous foyez vne Majefté infinie, & que ie fois vne miferable & chetiue Creature, ie ne laiffe pas de foûpirer apres vous. C'eft affez que ie fuis membre viuant au Corps myftique de voftre Eglife. C'eft dans ce Corps que ie crie & que i'implore voftre mifericorde, afin qu'il vous plaife d'effacer, auec l'efficace de voftre grace, les moindres foüillures de mon Ame. Ne tardez pas plus long temps à m'accorder l'effect de ma priere, accourez auec les feux de voftre immenfe Charité, au deuant de mes defirs; preuenez auec la profondeur des richeffes eternelles de la Sageffe qui vous eft naturelle, les attentes de voftre chere Efpoufe, qui languit que vous veniez à fon fecours. Ie vous demande cela par les merites de fainct Pierre l'heureux Patron de cette Naffelle. Continuez, ô grand Dieu, d'en eftre vous mefme le conducteur! En cecy ne méprifez pas les vœux de vos humbles feruiteurs; mais puis que vous eftes l'Auteur & le Dieu de la paix, dreffez leurs cœurs vers vous feulement, afin qu'apres que vous en aurez chaffé les tene-

*Son humilité pour eftre exaucée en faueur des Prelats.*

bres que ces nouuelles plantes fassent dans l'Eglise comme vne Aurore de Lumiere, qui se dilate de plus en plus, au dessein de procurer le salut des Ames.

*Puissance de l'Oraison. La confiance & effects en la promesse pour la reformation de l'Eglise.*

O les heureuses chaisnes! ô les estreintes benites que vous auez donné, Pere debonnaire! auec lesquelles nous pouuons lier les mains de vostre Iustice, pour les rendre inutiles à la punition de nos crimes. Oüy, Dieu de misericorde, c'est auec l'Oraisõ aussi humble que fidele; c'est, dis-ie, auec les desirs amoureusement embrasez de vos Seruiteurs, que nous vous apportons des douces & puissantes violences, pour appaiser vostre cœur & le flechir à faire misericorde au monde, ainsi qu'il vous a plû de nous le promettre. O hautésse, ô Dieu! ô Eternité! ie ne sçaurois dauantage me contenir, que ie ne vous remercie de la faueur de cette belle & agreable promesse, dans laquelle vous nous donnez asseurance que bien-tost vous consolerez vostre saincte Espouse, & que vous luy donnerez le rafraichissement duquel elle a besoin. Vous ferez en elle vn Paradis terrestre de delices diuines, dans lequel i'entreray tout de nouueau; Ie n'en sortiray pas, iusqu'à tant que ie voye que vous aurez donné le dernier accomplissement à vos promesses, qui n'ont iamais esté que tres-veritables.

*Elle presse Dieu, le Pape, & ses Enfans spirituels pour la reformation & pour le salut des Ames.*

Commencez donc dés auiourd'huy, ô Dieu de verité? de passer l'éponge sur nos pechez pour en essuyer les moindres traces; lauez les visages de nos Ames; embellissez-les dans le Sang

Sang divin répandu pour nous, afin qu'ayāts repris nos premieres beautez, nous puissions rendre à vostre Fils les fruicts de sa Passion, en vivants desormais pour luy & en luy, à cause qu'il est mort pour nous. Exaucez nos prieres que nous vous presentons en faveur de vostre sacré Vicaire, le gardien legitime de la Chaire de sainct Pierre, de laquelle nous celebrons auiourd'huy la feste. Rendez-le digne successeur des vertus de cét Apostre incomparable; donnez-luy toutes les sainctes industries de la prudence Divine, necessaires pour le gouvernement de l'Eglise. I'avouë mon impatience, ô Dieu de verité! ce ne sera iamais assez-tost l'ardeur de mes desirs, que vous accomplirez la promesse que vous m'auez faicte de la Reformation; l'asseurance que vous m'en auez tant de fois reiterée me rend importune à vos pieds, pour en faire auancer le iour & l'heure.

Et vous, mes tres-chers Enfants! puis que nous en sommes desia venus aux mains pour commencer heureusement, voicy, voicy le temps de travailler pour la veritable & la bonne Mere de nostre Foy la sainte Eglise de IESVS. Soyons tous des colomnes fermes & inébranlables pour luy donner de l'appuy. Vnissons ensemble les ferueurs de nos Oraisons à la pureté de nos actions, mourons à toute proprieté d'amour de nous-mesmes, bannissons de nos esprits & de nos resolutions toute sorte de negligence, afin de faire de merueilleux progrez en la propagation de

*Exhortation de saincte Catherine à ses Enfās spirituels.*

la Foy & du salut des Ames; Ce sera par ce moyen que nous accomplirons la volonté de Dieu eternel qui nous a appellé à ce dessein pour nostre gloire, pour celle des autres, & pour l'vnité de l'Eglise, de laquelle dépend nostre bien. Ainsi soit-il.

## VII. ELEVATION.

### Argvment.

*Elle parle des Remedes que Dieu a preparé aux miseres de l'homme; de la force de la volonté humaine. Elle fait voir son humilité estrange au milieu de l'excez de son zele pour l'Eglise.*

*Remedes que Dieu nous donne en Iesus-Christ.*

IE confesse, Dieu Eternel! oüy, Dieu eternellement viuant! l'auoüe que vous me connoissez & que vous me voyez. Ie le sçais asseurément, puis que c'est dans vostre Lumiere que vous m'en auez donné la connoissance. C'est dans cette mesme Lumiere que i'ay veu que vous consideriez incessamment les necessitez importantes de vostre chere Espouse, auec la bonne volonté de vostre Vicaire sacré, pour y apporter le remede. D'où vient donc que la sainte disposition de son cœur n'est pas secondé des bons effects? ô! que de veritez me sont manifestées dans cette Lumiere, où i'apperçois mon Dieu! le remede que vous auez preparé de vostre Fils vnique, au genre humain mort par le peché: Vous ne vous estes pas côtenté d'auoir tiré le Sang de ses veines par toutes les parties de son Corps; Vous auez encore voulu que ces cicatrices demeurassent tousiours ouuertes, afin qu'il criast pour nous deuant vostre Majesté, côme par autant de bouches. Dans cette mesme Lumiere où vous me faites connoistre clairement cette agreable verité, l'admire que vostre Charité plus qu'excessiue en nostre endroit est la cause de ce prodige de merueilles, où la gloire du Corps de cét aymable Redempteur n'efface pas le vermeil du sang, ny la fraischeur de ses heureuses playes; & où ny l'vn ny l'autre ne ternissent pas les qualitez bien-heureuses que possede sa Chair tres-saincte & tres-sacrée. O Douceur! ô Amour! vos diuines Lumieres me font entendre, que vous auez preparé vn autre remede pour les necessitez que vous auez preuenës de nostre saincte Mere l'Eglise, par le moyen des prieres de vos bons Seruiteurs, qui luy doiuent seruir d'appuy, afin qu'elle ne succombe pas aux persecutions scandaleuses des méchans.

En fin la Loy peruerse qui fait la guerre à mon Esprit, & à l'Esprit de tous les hommes, n'a pas esté cachée à vostre prescience; cette maudite concupiscence à laquelle nous sollicitoit de luy obeïr, contraire à nostre volonté auec toutes ses foiblesses & ses malheureuses conditions, s'est representée à vos yeux depuis l'Eternité. La compassion condescendante que vous auez euë de sa misere, vous a obligé de pouruoir à sa guerison, afin que rien ne manquast absolument, pour

*Force de la volonté humaine est vn remede à la foiblesse de la chair à laquelle elle est iointe.*

soulager ses besoins en toute sorte de manieres. Vous auez à cét effect conioint la force de la volonté humaine auec la foiblesse de l'infirmité de sa Chair, afin que celle-cy n'eût pas d'occasion de s'excuser parmy les déreglements de la nature. Cette volonté a tant de puissance & de vertu ; qu'il n'y a pas de Creatures, soit dans le Ciel, soit dans la terre, soit dans les Enfers, capables de la contraindre par violence, à donner son consentement ; si ce n'est que le libre Arbitre qui est son gouuerneur luy en donne la permission.

*Toute-puissance de la volonté de Dieu dans celle de l'homme.*

Mais, ô Bonté aussi ancienne que l'eternité ! d'où pourroit prouenir cette si grande force en la volonté de l'hôme, si ce n'estoit de de la toute-puissance de la vostre, de laquelle vous l'auez renduë participante ? si elle est heureusement reuestuë de vostre vertu, c'est parce que vous nous l'auez donnée par la mesme puissance de vostre mesme volonté également aymable & adorable. C'est ce qui fait que nous en connoissons la force, lors qu'en toutes choses elle suit les agreables dispositions de vostre bon plaisir : au contraire nous nous apperceuons de sa foiblesse, quand elle desobeït à vos Ordres. Ainsi, ô Pere eternellement viuant ! vous donnez à cônoistre la toute-puissance de vostre volonté dans celle de l'hôme. De vray que dirons-no$^9$ ? si celle-cy qui n'est qu'vn ombre en étre, ( aydée de vôtre grace ) a témoigné tant de courage dãs la terre au milieu des rencontres au dessus des forces de la nature ; que deuõsnous presumer de la grandeur du pouuoir de celle qui appartient au souuerain Monarque, Createur & conseruateur de l'Vniuers.

Encore que tout ce que ie viés de dire soit veritable; toutefois vous me découurez vne nouuelle lumiere au milieu de vos Lumieres; c'est que cette volonté que vous nous auez donnée pleine de liberté, tire ses principales forces des lumieres éclatantes de la Foy viue, qui esleue l'entendement de l'hôme à porter sa veuë sur vostre volonté eternelle, qu'il admire toute trásformée en inclinatiô d'amour pour nôtre sanctification. La volôté humaine estant deuenuë forte & robuste par la nourriture qu'elle a prise parmy les lumieres de la Foy, produit toute sorte de bonnes œures qui reconnoissent celle-là pour leur Mere, & celle-cy pour leur Pere. De vray, ny la bonté de l'vne ny la viuacité de l'autre ne sont iamais sans cette heureuse fecondité. Cette lumiere de la Foy viue prend sans cesse du progrez; elle produit le feu de la diuine Charité, puis qu'il est impossible de vous aimer, ô Dieu d'Amour! si elle ne nous découure les perfections qui vous rendent parfaitement aymable. Nous ne pourions accroistre cette dilection que nous auons commencé & que nous vous deuons auec Iustice, si cette mesme Lumiere ne seruoit d'entretien ou de matiere (s'il faut ainsi dire) aux brasiers de nostre feu sacré. Ce n'est donc pas assez que la Foy propose à nostre Charité les merites de vo-

*Nostre volonté prend sa force des Lumieres de la Foy.*

stre Bonté; il faut encore qu'elle s'embrase & qu'elle prenne feu dans les motifs capables de l'exciter.

*Alliance des Lumieres surnaturelles & de l'Amour sacré, de la volonté de Dieu & de celle de l'homme.*

O doux & sage pouruoyeur ! c'est ainsi que vous auez empesché que ie ne m'égarasse pas parmy les tenebres; que vous m'auez armée de la toute-puissance de vostre volonté; & que vous m'auez reuestuë de la robbe nuptiale de vostre Charité, où ie treuue tous les riches tresors de l'Eternité, auec tout ce qui me suffit en cette vie & en l'autre. Seigneur mon Dieu ! ie suis vne grande pecheresse, faites-moy misericorde. O Lumiere ! principe, milieu, fin de toute perfection d'Amour! c'est elle qui commence l'Amour Sainct, elle le conserue & elle l'augmente, & puis elle le perfectionne, tandis que luy de son costé luy rend les mesmes deuoirs; Ie veux dire qu'ils s'entr'aident mutuellemét à s'accroistre l'vn l'autre. O Dieu! ô Eternité! ô Amour! ô Charité incomparable ! vous estes inseparable de vostre Creature, laquelle ne se sçauroit aussi soustraire de la presence de vostre Estre, qui semble comme pestri & meslé auec le nostre, non seulement à raison de nostre Creation; mais encore par la force de nostre volonté, par le feu de vostre Charité, & par la Lumiere surnaturelle que vous nous auez donné pour nous en seruir à vous connoistre de plus en plus, & pour luy donner de l'exercice actuel en la pratique des vertus, à vostre plus grande gloire, O Lumiere qui es au dessus de toute Lumiere! ô Bonté qui excede toute Bonté! ô Sagesse, en la presence de laquelle la sagesse des Cherubins n'est que pure folie! ô feu qui n'as rien de semblable parmy tous les brasiers que l'on sçauroit penser! ô Tout qui es seul toutes choses, & sans lequel il n'y a rien.

Mon Ame n'est-elle pas au contraire remplie de tenebres & de malices, indigne absolument de vos graces. Oüy, mon indignité meritoit auec trop de Iustice que ie fusse engloutie dans les entrailles infames de quelque dragon, au lieu de m'vnir au Corps mystique de toute l'Eglise, & de me faire l'honneur de vostre choix pour seruir de rampart & de colomne pour la soustenir. O Dieu de l'eternité! ie vous remercie autant que ie puis, de tant de graces qui deuancent mes merites & qui preuiennent mon cœur, nonobstant les horreurs de mes crimes. Et puis que c'est vous qui allumez le feu des desirs affectueux dans les cœurs de vos Seruiteurs, pour crier incessamment apres vous, & demander la reformation de vostre chere Espouse! Escoutez donc leurs prieres, exaucez les miennes pour vostre sacré Vicaire; conseruez sa bonne volonté. Que dis-ie? Ie vous demande auec autant de feruer que d'humilité, qu'il vous plaise de l'accroistre de plus en plus, de luy donner toute la perfection qui doit correspondre à la grandeur de son Estat, & à l'importance de sa charge. Seigneur souuerain! Ie comprends dans ma

*Estrange humilité de saincte Catherine au milieu de sa Charité pour le Pape & pour l'Eglise.*

E e e iiij

priere tous les hommes en general, singulierement les personnes que vous auez confiées à mes soins, & que vous auez recommandé à ma direction, quoy que ie sois tres-insuffisante. Souffrez pourtant que ie vous les offre presentement : Que mes pechez, grand Dieu? ne les retardent pas de vous suiure auec beaucoup de perfection. I'auoüe que i'ay tousiours obey à la Loy peruerse qui contredit l'esprit ; Toutefois ie vous supplie que mes pechez ne les empeschent pas de vous suiure auec beaucoup de perfection, afin qu'ils se rendent dignes d'obtenir les fruicts tant desirez de leurs prieres pour la reformation de l'Eglise, & pour le salut de tout le monde, Ha mal-heureuse Catherine! ha pecheresse! misericorde mon Dieu! oüy mon Dieu ayez pitié; & encore vne fois faite misericorde à cette ingrate Creature indigne de vos graces. Vous me contraignez neantmoins, ô Dieu de l'Eternité! de confesser auec beaucoup de simplicité, que vostre Bonté m'a tenuë iusqu'à present pour son Espouse, sans auoir égard à mes infidelitez. Oüy encore i'ay peché! ie suis criminelle; misericorde? Ainsi soit-il.

## VIII. ELEVATION.

### ARGVMENT.

*Elle admire la compassion de Dieu d'vn costé, & la cruauté de l'homme au contraire qui deuroit au cir pitié de soy-même sur le modele de celle que Dieu a pour luy, & qu'il deuroit sans cesse considerer pour l'acquerir.*

Dieu de l'Eternité! Ouy Dieu Eternellement viuant. Ie vous supplie d'auoir pitié de nous, puis que sans vostre compassion nous perdons l'esperance que vous ferez Misericorde. La Misericorde ô souueraine Trinité vous est naturelle; il faut donc que la pitié qui en est la mere, vous soit singulierement propre. Si vous estes Misericordieux, c'est par ce que vous estes pitoyable; & vous ne seriez ny l'vn ny l'autre, si vous n'auiez de l'Amour pour vostre Creature. Cet Amour vous oblige de luy donner l'estre tant de la nature que de la grace. Elle a perduë celuy-cy par sa faute, vous en auez eu pitié; nostre compassion vous fit resoudre d'enuoyer vostre Verbe pour luy faire Misericorde, en la rétablissant en ses premiers honneurs, par le moyen de la grace de la Redemption, au lieu de celle de l'Innocence. Vous ne l'auez pas neantmoins cófirmée en cet estat, duquel elle peut déchoir par le Peché. Vous n'auez pas tellement lié sa liberté, qu'elle ne puisse donner son consentement à la Loy peruerse, qui faict la guerre à son Esprit : De maniere qu'elle retient toû-

*L'Amour compatissant de Dieu est cause de nostre Creation & de nostre recreation.*

jours vne inclination naturelle qui luy donne des dispositions au mal, lesquelles pourtant sont corrigées par l'éfficace de vos aydes surnaturels.

*L'homme est cruel enuers soy-même & enuers les autres, parce qu'il ne contemple pas la compassion de Dieu.*

Voicy mon Dieu! ce que ie ne sçaurois comprendre : Vous estes vn Dieu de pitié pour nous ; D'où vient neantmoins, que nous ne nourrissons que de la cruauté pour nous-mêmes? De vray sçaurois-ie me persuader vne plus grande cruauté, que celle que l'homme exerce en se procurant la mort par le Peché, qui priue l'Ame de la vie de la grace & de la gloire? O hôme mal-heureux! tu es pitoyable à ta sensualité, côtre laquelle tu deurois estre cruel; & tu te comporte en barbare dépoüillé d'humanité contre ton Ame, & contre ton Corps qui sera compris en la damnation de sa compagne? Cette compassion mal-heureuse, que l'homme se porte au lieu de celle ô mon Dieu! où sont vos Lumieres, est cause de sa damnation. Car comment seroit-il possible que nous vissions vostre compassion pour nous, sans en conceuoir vne pareille ? Voicy la source de nostre cruauté contre nous & côtre nostre Prochain; la Lumiere nous a manqué, nous nous sommes aueuglez par nostre propre faute, pour ne pas admirer vôtre pieté compatissante en nostre endroit. De vray que nous profitera que vous soyez pitoyable pour nous, si nous ne le connoissons pas, & si nous n'auons pas auec vous pitié de nous-mêmes ; puis que vous ne voulez pas nostre salut en la maniere de nostre Creation; celle-cy s'est faicte sans nostre ayde, celle-là ne se fera pas sans que nous y apportions nostre consentement. Dieu de pitié & Pere de Misericorde! vous voulez donc que nous arrestions nos yeux sur vostre cœur, pour y prendre les leçons des tédresses compatissantes de nostre Amour, selon l'ordre de la Charité ; premierement pour nous, & puis en suite pour le Prochain, & pour arracher de nos poitrines ces entrailles de fer qui ne veulent pas flechir à la Misericorde. Ouy mon Dieu! vôtre pitié doit estre la mere & la Nourrice de la nostre ; elle luy doit donner sa vie, ses agrandissemens & sa perfectiõ. Pourquoy nous auriez-vous dôné l'œil de l'entendement, pourquoy dis-je, nous auriez-vous éclairé de vos Lumieres; si ce n'estoit pour nous faire connoître que vous nous regardez tantost par les inclinations de vostre Misericorde, tantost par celles de vostre Iustice selon ce que nous auons merité, ou selon que nous sommes rendu coupables. Voila la source primitive de tous nos mal-heurs, & de tout nostre bon-heur.

Heureuse l'Ame qui arreste sa pensée & son cœur sur vous, mon Dieu, qui tenez vostre veuë arrestée sur elle continuellement : Mais aussi n'est-elle pas miserable si elle se priue volontairement de cette veuë? O Dieu Eternel ! ô Abysme de Charité immense ! est-il donc vray que vous ne destournez iamais vos yeux de dessus nos testes, & que nous soyons ou aueuglez ou dédaigneux iusqu'à ce point, que nous refusions de ietter les yeux sur les vostres qui nous pre-

*Source du malheur de l'Eglise, auquel saincte Catherine demide le remede.*

uiennent auec tant de Misericorde? Quand sera-ce que nous commencerons de nous acquitter de nos deuoirs, si nous sommes priués de la connoissance du bien qui doit prouoquer nostre Amour? Mais mal-heureuse que ie suis! i'ay esté iusqu'à present aueuglée; i'ay marché parmy les tenebres, qui m'ont donné vn cœur armé de cruauté contre moy-même. Misericorde ô Pere de Misericorde! Dieu de pitié baissez vos yeux sur les miseres de tout le monde, pour pouruoir par vostre Bôté à tous ses besoins. Esclairez des Lumieres agreables de vostre grace, cette petite poignée d'estre que nous auons receu en nostre creation. Enuoyés encore vne fois vostre Paul dans la terre, pour y répandre les mémes feux de la Charité & de l'exemple, que luy & les autres Apôtres y ont apporté. N'ouurez qu'vn œil; cachez celuy de vostre Iustice sous le voile de vostre Misericorde. Que les estreintes doucement puissantes de vostre Charité, lient les mains de vostre cholere tãdis qu'elles flechiront les rigueurs de vostre indignation.

*Chaine composée de Lumieres & d'Amour qui lient Dieu à l'homme, & l'homme à Dieu.*

O douce & sauoureuse Lumiere, source primitiue & le fondement inébranlable de nôtre salut! puis que c'est en elle que vous auez connu nos besoins pour apporter le remede, & que c'est par elle que nous auons reconnu vostre Bonté pour nous obliger à l'aymer. O Lumieres! ô Amours! ô Vnions! ô Estraintes du Createur auec sa Creature, & de la Creature auec son Createur! ô double chaîne entrelassée de Lumiere & d'Amour! vous commencez auec tous les deux de vous lier à nous; & estans épris de l'vn & de l'autre, nous nous lions à nostre tour à vostre Bonté.

Il ne tient qu'à nous d'ouurir les yeux de nostre intelligence, auec vn desir affectionné de vous connoître; afin de donner l'entrée à vos Lumieres dans nos Esprits ausquels elles ne sçauroient se reseruer quãd la volõté leur en ouure la porte auec quelque sorte de ressemblãce à la lumiere du Soleil visible, qui penetre de ses rayons, le lieu dont au dehors les fenêtres qu'il éclairoit auparauãt luy sont ouuertes. Ce n'est dõc pas assez que l'Ame desire de vous connoître; il faut que la volonté commande à l'entendement de s'épanoüir & de se dilater, pour faire place à vos Lumieres. Vous n'y estes pas plustost entré, ô Diuin Soleil! que les tenebres se dissipent, pour y prẽdre leur place. A même-temps, auec les puissantes chaleurs de vostre Charité inseparable de vos Lumieres, vous dessechez en l'Ame les humiditez onctueuses de l'Amour propre; vous en chassez toutes les qualitez estrangeres; vous y faites entrer celles de vôtre Amour, lesquelles s'insinuënt doucement iusqu'à ce qu'elles ayent mis tout en feu le sujet où elles se sont attachées. Alors l'Esprit commence de joüir de sa liberté. De vray au milieu des Lumieres embrasées qui l'enuirõnent, qui le penetrent & qui le possedent, il connoît qu'il a esté deliuré de l'esclauage hõteux où l'auoit reduit l'endurcissement de sa volonté, & la cruauté de son cœur. Il renonce

*Entrée des Lumieres surnaturelles dans l'Ame, & ses effects pour auoir de la compassion.*

à toute sorte de condescendance à sa sensualité, pour laquelle il ne sçauroit plus auoir de complaisance. De vray il l'a donée toute à la raison; de maniere qu'à mesure qu'il a plus de pitié de celle-cy, il deuiét plus cruel & moins pitoyable pour celle-là.

*Les Lumieres surnaturelles se rendét maistresses des puissances de l'Ame pour l'effect de la compassion qu'elle doit auoir.*

C'est ainsi ô Dieu de Lumieres diuines! que vous vous rendez le Maître des puissances de l'Ame: ouy vous en estes les sçeaux, les serrures, & encore les Portieres. Vous les ouurez & vous les fermez ainsi que vous le iugez pour le mieux. Vous commencez par la memoire, de laquelle vous auez condamné la porte par l'oubly volontaire à toutes les miseres & à toutes les vaines esperances de la terre: au contraire vous y donnez l'entrée libre à vos bien-faits incomparables, pour en conseruer le riche & le delicieux souuenir. Pour ce qui regarde la volonté, elle est si remplie de vostre Charité, auec laquelle ô grand Dieu! elle vous ayme selon toute l'estenduë de ses forces; que rien autre chose moindre que vostre Amour, n'y sçauroit entrer. De vray elle vous ayme sur tout ce que l'on peut penser; & si vous luy cōmandez d'aymer quelque autre chose, elle ne le faict iamais que selon les ordres de vostre volōté, dans l'Amour qu'elle a pour vous, qui est toute la regle de sa vie qu'elle suit genereusement iusqu'à la fin. C'est icy où elle deuient veritablemét pitoyable pour soy-même, & en suite pour son Prochain, duquel elle estime si fort le bien, qu'elle se sent toûjours disposée de sacrifier la vie de son propre Corps, pour son salut.

Comme tous les témoignages de vostre Amour côpatissāt en nostre endroit, ont esté conduits auec autant de sagesse que d'efficace; elle ménage pareillemét à vostre exemple ses condescendances pitoyables auec grande prudence, auec beaucoup de simplicité, sans aucun retrecissement de cœur; Elle s'embrase également dás la vaste capacité de ses desirs le salut de tous les hommes, quoy qu'en cela son Amour incapable d'auersion, s'accommode aux ordres de la Charité reglée. Elle apprend mon Dieu! dans vos Lumieres qui sont les Loix infallibles de la Sagesse, que si elle doit preferer le salut de son Prochain à la vie perissable de son Corps; qu'elle cômettroit toutefois vne iniustice iniurieuse à la même Charité, si auec son propre dommage, elle procuroit auec le Peché l'auancement du bien spirituel & Eternel des autres: quand même l'on attendroit de la moindre de ses offenses, la conuersion, la perseuerance finale & la gloire Eternelle de tous les hommes. De vray quelle proportion y a-t'il entre vn bien finy tel que seroit celuy-cy, & en vne offense infinie comme est celle laquelle blesse vne Majesté infinie & vn bien souuerain. Si elle a moins d'affection pour son Corps que pour l'Ame de son Prochain; elle méprise aussi les richesses de la terre qu'elle possede. La même proportion quelle garde entre la vie naturelle de son Corps, & entre la vie de l'Ame des au-

*L'ordre que l'Ame doit garder en la compassion.*

tres, elle l'obserue exactement entre les biens de fortune qu'elle possede dans le monde, & entre la conseruation de la vie de son Corps.

*Heureuses proprietez de l'homme misericordieux.*

Elle n'a rien de caché en son cœur; il est ouuert à tous, il n'est fermé à personne. La langue ne dément pas la pensée, le visage ne déguise pas l'Esprit, l'action n'est pas dissemblable de l'affection; sa volonté ne retient rié des lambeaux du vestement ancien, elle est reuestuë de la nouuelle robbe de vostre Diuine volonté. O Amour incomparable! que nous serions heureux, si nous auions continuellement nostre attention bandée sur la Misericorde que vous auez exercée en nostre endroit; sans doute nous deuiendrions pitoyables enuers nous & enuers nostre Prochain; nous quitteriós bien-tost ces entrailles cruelles, ce cœur de fer que nous auons contracté dans l'ignorance des tendresses compatissantes de vostre Amour, qui vous ont obligé de racheter nos Ames auec le prix infiny du Sang precieux du Fils vnique de vostre sein.

*La grandeur de la compassion que sainte Catherine de Sienne demāde pour soy & pour le Pape & les autres Prelats.*

O Pere debonnaire! tournez tendrement les yeux sur vôtre Eglise & sur vôtre sacré Vicaire; mettez-le sous la protection de vôtre Misericorde, à l'abry des aisles de vôtre Amour; de crainte que l'iniquité des superbes ne luy apportent du dommage. Faictes-moy la grace que i'imite en quelque maniere le zele affectueux de vostre Fils; que ie répande comme luy le sang de mes veines, les Esprits de mes arteres, que i'épuise la moüelle de mes os par la force du feu de vostre Amour, pour les

*de saincte Catherine de Sienne.* 829

les distiler iusqu'à la derniere goutte sur le delicieux parterre de vostre chere Epouse l'Eglise saincte. O aueuglement, dans les tenebres duquel est forgé l'endurcissement du cœur des hommes. O Amour! enuoyez dans leurs poitrines les Lumieres embrasées de vostre grace, pour faire fondre leurs entrailles de fer, & pour les flechir d'auoir pitié de leur propre mal-heur. O Bonté souueraine! iusques à quand resisterons-nous à la ferueur de vos Diuines flammes? Pourrons-nous bien encore leur estre rebelles, depuis qu'il vous a plû de décharger les rigueurs de vostre Iustice sur vostre propre Fils, pour nous reseruer les riches profusions toutes entieres de vostre Amour plein de pitié. A cette veuë, mon cœur ne s'amolira-il pas? que dis-ie; ne deuiendra-il pas fondu & liquide? ne sortira-il pas de sa place pour s'épancher par ma bouche contre terre, & faire par ce moién vn holocauste de soy-même à vôtre plus grãde gloire? Nõ il n'é fera rien. Il y a encore en luy trop d'aueuglement qui empéche que ie ne comprends pas assez les excez des tẽdresses de vôtre Amour, ny les grandeurs infinies de vostre Misericorde.

Mais qui les pourroit comprendre? y eust-il iamais d'exemple semblable dedans la Nature? a t'on iamais veu vn Pere liurer sõ Fils vnique innocent à la mort, pour les crimes des Esclaues? Vous auez faict cela même ô Pere Eternellement viuant! pour nous faire sauourer les fruits heureux de la vie qui vous est

*Iesus est le tableau où il faut estudier la compassion amoureuse.*

Fff

naturelle, pourueu toutefois, que nous voulions porter en noſtre chair l'imitation des ſouffrances du Diuin Redempteur. Voicy sãs doute la regle infallible & le fondement aſſeuré de tout noſtre ſalut; auſſi a-t'il dit qu'il eſtoit noſtre chemin, noſtre verité & noſtre vie. C'eſt par là qu'il nous conuient de paſſer ſi nous pretendons participer de voſtre Amour compatiſſant.

*Facilité d'aller à Ieſus-Chriſt.* Mon Ame ne craints pas la peine; il eſt plus difficile d'obeïr à la nature que de ſuiure la grace. Que diſ-je? noſtre nature n'eſt-elle pas raiſonnable? y a-il donc rien de plus doux, que de ſe laiſſer aller où la nature & la grace nous inclinent. O Verité Eternelle! pourquoy n'yrons-nous pas à vous? vous comprenez en voſtre Auguſte ſein les odeurs delicieuſes de tous les parfums du Paradis? Vous eſtes liberal au delà de l'excez; Vous eſtes la ſource primitiue de toute Iuſtice, ou vn chacun puiſe la recõpenſe à la meſure de ſes merites. N'eſt-ce pas pour cela que l'impie deuient à charge à ſoy même? Vous ne luy donnez que ce qu'il merite, puis qu'il a de l'attachement auec ce qui eſt moindre que ſoy-même, parmy les delices periſſables de la vie. Il n'y a que vous ô grand Dieu! qui nous ſurpaſſez en grandeur, pour gagner nos Amours & nos ſeruices que nous ne deuons à aucune des Creatures: nous les deuons tenir comme des Eſclaues, nous en rendãt les proprietaires & les Maîtres. Auſſi faut-il que i'auouë que c'eſt en vous ſeulemẽt, que l'on treuue la paix de l'Ame, la tranquillité du cœur & le repos veritable de l'Esprit; auec quoy l'on paruient en fin à la vie Eternelle, si d'auanture l'on s'est rendu fidele au ménagement de tant de douceurs.

O vie Eternelle! c'est vous-même ô Bonté infinie! que l'on ne sçauroit pleinement comprendre ny posseder, sinon autant qu'il vous plaît de nous en faire la grace, laquelle vous mesurés aux dispositions de nostre vie presente. C'est l'Amour sainct qui dilate le cœur, proportionnant sa capacité pour receuoir autant de gloire, autant de ioye, autant de bon-heur & autant de vous-même que vous auez resolu de luy en communiquer. O doux Amour! ie ne vous connois pas encore: & comment pourrois-ie vous aymer? Toutefois ie vous recommande mes Enfans que vous m'auez recommandé le premier. Helas! quel choix auez vous faict de moy? A ie suis toûjours endormie. Prenez en vous même la garde, Pere debonnaire & pitoyable! prouoquez-les au bien, reüeillez-les incessamment; afin que leurs puissances ne relâchent pas vn seul moment leur attention, pour receuoir les impressions de vos touches diuinement amoureuses. Mon Seigneur mon Dieu! ie suis vne grande Pecheresse, faictes-moy Misericorde. Venez Seigneur à mon ayde; accourez promptement pour me secourir. *Ainsi soit-il.*

Iesus est la vie Eternelle.

## IX. ELEVATION.
### ARGVMENT.

*Elle contemple que la foiblesse de l'homme pour le bien est corrigée par la force qu'il prend en Iesus-Christ, elle admire les sources, les progrez, la perfection & les effects de cette force.*

O Eternelle Trinité! où nous adorons le doux & l'aymable Verbe increé. O tres-doux tres-aymable Verbe! par le moien duquel en se donnant à nous, vous auez voulu fortifier l'infirmité de nostre nature inclinée au mal, par la toute-Puissance de la vostre laquelle ne sçauroit vouloir que le bien. L'homme mortel prend la debilité de sa propre substance, dans la foiblesse de son Pere charnel, qui ne peut faire autrement qu'il ne donne à son Fils les defauts de son estre propre; c'est à dire, vne nature susceptible du mal, à raison de la rebellion de la Chair contre l'Esprit contractée par le Peché Originel : De vray tous les hommes sont tirez d'vne même masse, corrompuë en la souche primitiue; ie veux dire en la personne de nostre premier Pere Adam. L'inconsideré qu'il fust, se retira de vostre sein, ô Pere Dieu Tout-puissant! où il prenoit la vie de grace; à méme-temps il perdit la force qui donnoit l'épouuente à l'Enfer; & par ce qu'il joignit la temerité à sa legereté en se rebellant contre vos ordres, il cōmença de sentir en soy-méme vne dangereuse guerre, l'issuë de laquelle fust la mort na-

*La foiblesse de nostre nature, que nous tirons d'Adam fortifiée par la nature Diuine que le Fils prend de son Pere.*

turelle de son Corps, & la mort spirituelle & Diuine de son Ame. Ainsi separé de vostre souueraine Bonté, & dépourueu de la force de vostre grace, il se treuua fort infirme pour entreprendre le bien, au contraire tout de fer & d'acier pour se porter au mal. O Verbe de l'Eternité, Fils vnique du sein de Dieu! ie ne m'estonne pas si vostre Nature increée est toute-Puissante pour le bien, vous la receuez de vostre Pere Eternellement viuant, en vostre naissance increée & immanente. Il vous la donne non pas differente, ny moindre, ny vne autre que celle de la Diuinité même, incapable de la seule pensée du mal pour luy donner son approbation. Qu'auez-vous donc faict ? ô douce Parole du Pere! vous auez vny la Toute-puissance de vostre Nature à l'infirmité de la nostre, tant pour la fortifier au bien, que pour guerir en nous l'inclination mal-heureuse qu'elle auoit au mal.

C'est au sacré Baptême que nous sommes rendus participants de cette grace merueilleuse, par la vertu de vostre diuin Sang. La force que nous y prenons se perfectionne de plus en plus auec l'aage par le moien de la saincte Doctrine que nous commençons de receuoir dés que nous auons assez de discretion qui nous en rende capable. Il n'y a pas d'homme, s'il veut faire profiter cette semence sacrée par le moyen de la prattique de ce qu'elle contient, qui ne prenne enfin vne force si puissante en l'Esprit, que tous les

*Force pour le bien & contre le vice, perfectionnée & ses effets.*

empêchemens qu'il auoit à bien faire viennent à cesser. La rebellion de la Chair demeure assoupie & la concupiscence liée. La raison de cecy, c'est qu'il y a vne parfaicte vnion entre le Corps & l'Ame de l'homme : si donc celle-cy est deuenuë parfaictement amoureuse de ma Doctrine, qu'elle se soit vnie & comme transformée en elle ; ne faut-il pas que la Chair suiue sans resistance la Doctrine qui rauit l'Esprit ? De maniere que l'on commence d'auoir de l'horreur pour les crimes où auparauant l'on prenoit de la satisfaction ; les vertus quoy que difficiles en leurs prattiques, & dont la route sembloit estre jonchée d'épines & d'âpretez, paroissent agreables comme des sources viues de toute sorte de consolations.

*La Doctrine diuine & le Sang de Iesus, sont les deux canaux de la force & de tout le bonheur de l'Ame en cette vie.*

O Doctrine Diuine ! ô Sang Eternel ! vous estes les heureux Canaux par le moien desquels, la force de la Nature diuine vnie à la Nature humaine en la personne du Verbe increé, découle dans nos Ames. O Sang precieux ! ie t'appelle Eternel ; ie ne me trompe pas, tu es vny à la Diuinité. Quelle vertu donc dois-tu laisser dans l'Ame où tu imprime ton efficace ? Tu la rends de la condition des Anges : Que dis-ie ? tu la remplis & tu la penetre de tant de viues flammes de la Charité que tu contiens en toy-même ; qu'elle vient à se perdre à son propre souuenir, sans pouuoir rien voir ou sentir autre chose que toy. La fragilité de la Chair n'est pas entierement bannie des douceurs qui rauissent l'Esprit durant cette admirable operation ; elle se repaist de l'odeur de ce qui comble l'Ame de plaisir ; elle y prend des nouuelles forces. De façon que le Corps & l'Esprit s'accordent ensemble de n'auoir en toute sorte d'exercices de vertu, qu'vn cœur, qu'vne pensée & qu'vne voix ; Toutefois il faut prendre garde de ne pas laisser refroidir le sainct desir de l'Ame, qui doit estre soucieuse non seulement pour le conseruer en ferueur ; mais pour l'accroître aussi. A moins que cela, il est bien à craindre que la rebellion de la Chair ne deuienne plus mutine & plus viue qu'auparauant.

O Diuine Doctrine ! de laquelle l'on ne sçauroit se rendre capable, qu'en faisant mourir premierement la sensualité ; les Lumieres de la Nature sont incompatibles auec tes splendeurs ; il n'y a que la haine que l'homme a de soy-même qui facilite tes approches, & qui t'ouurent la porte de l'Esprit. Ouy grand Dieu ! c'est dans la connoissance de vostre puissance que nous prenons la force, de laquelle nous nous reuestons auec tant de gloire ; qu'il n'y a pas d'aduersitez qui nous fassent peur. Nous sortons toûjours du combat couuerts de palmes & couronnés de Lauriers. C'est par ce que, ô Verbe Diuin ! nous vous suiuons de prés, & que dans la meslée nous nous serrons proche de vous, par l'affection & par l'imitation

*victoires que l'on emporte par la diuine Doctrine.*

F f f iiij

qui nous font participer de la force que vous auez tiré de voſtre Pere, en la Nature Diuine que vous auez de luy. A mal-heureuſe que ie ſuis! ie n'ay pas encore commencé de ſuiure cette heureuſe Doctrine, ſans la ſuitte de laquelle il eſt impoſſible mon Dieu! de participer de voſtre force. Voicy la ſource de mes foibleſſes qui ſont ſi extrêmes, que les moindres tribulations de la vie me font perdre courage. Seigneur Miſericorde, ie ſuis vne grande Pechereſſe.

## X. ELEVATION.

### ARGVMENT.

*Sous la Metaphore du Greffe elle admire l'vnion du Verbe Diuin dans le ſauuageau de nôtre humanité en celuy de la Croix & en l'Ame fidele, auec les fruits de ces trois manieres de greffer.*

*L'hôme Arbre de vie en ſa Creation, eſt deuenu vn Arbre de mort par ſa tranſgreſſion.*

DIEV Eternel! Trinité tres-ſaincte & tres-Auguſte! Ha! qu'il faict beau de voir voſtre Creature raiſonnable dans voſtre ſein, où elle eſt en la pureté de ſa ſource. C'eſt de là qu'elle a tiré l'innocence, la ſaincteté & la liberté que vous luy auez donné, quand vous auez formé ſon Corps de la bouë de la terre. Elle fuſt miſe dans le monde par voſtre bonne Prouidence, comme vn Arbre merueilleux qui portoit le germe de voſtre vie. ſes branches ſont ſes Puiſſances; la memoire pour retenir, l'entendement pour diſcerner, & la volonté pour aymer.

Toutes trois auec leurs racines & leur tronc estoient en la Creation dans leur parfaicte integrité : Mais, helas! cét Arbre de benediction se changea bien-tost en plante de reprobation. Il se retrancha soy-mesme de la vie de la grace par sa desobeïssance; depuis il n'a rapporté que des fruicts mal-heureux indignes de la vie Eternelle pour laquelle ie l'auois creé par Amour. Nous sommes donc des Arbres de mort; & vous Auguste Trinité vous estes l'Arbre de vie?

O Arbre de vie, Dieu Eternel! Pardonnez ie vous prie à la petitesse de mon intelligence. Estes-vous insensé ou yure? l'on diroit que vous estes l'vn & l'autre, en l'Amour duquel vous estes épris pour vostre Creature : elle estoit priuée de vostre vie, de laquelle par vn mal-heur volontaire elle s'estoit separée. Qu'auez vous fait pour luy rendre la mesme vie? sinon de greffer ( s'il faut ainsi dire ) vostre Diuinité en l'approche de nostre humanité, pour insinuer en la place de la mort deplorable de celle-cy, la vie rauissante de celle-là. O douce Anture! ô Escusson sauoureux! ô Ligature agreable! ô Incorporation adorable! ô Incarnation aymable! Oüy, Dieu Souuerain, vous auez mis la douceur que l'on ne sçauroit exprimer de vostre Bonté, auec l'amertume de nostre nature. Vos splendeurs Diuines se sont iointes à nos tenebres; vostre Sagesse n'a pas eu d'horreur de se faire la cõpagne de nostre folie; vostre vie s'est accommodée auec nostre mort; & vostre infinité a

*Excez de l'Amour de Dieu greffant son Verbe dans le sauuageon de l'humanité pour rendre la vie à l'homme.*

trouvé le moyen de se racourcir à nostre portée. Qui a pû faire ce prodige le plus merueilleux entre toutes vos merueilles, en la Creature qui vous auoit lâchement offencé? c'est sans doute vostre Amour. I'en demeure d'accord, qu'il s'arreste dôc à cét excez incôceuable. Mais quoy? cette vnion incomparable ne suffit pas pour contenter ses feux; Si vous-mesme, ô Verbe Diuin anté ou escussonné ( pour parler auec vostre Apostre) n'eussiez répâdu vostre Sang au pied de l'Arbre pour l'arroser de sa propre liqueur, l'échauffer de sa propre chaleur, & ainsi le rendre disposé à produire des fruicts, non pas de la nature du sauuageau ; mais de la nature du germe Diuin.

*Effects rauissâts en l'homme qui participe de ce greffe Diuin.*

Toutefois il est necessaire que l'affection & le cœur de l'homme de son costé soient greffez en luy en approche, pour y prédre la vie, & que la Charité en soit la ligature tres-heureuse, renforcée par l'imitation tres-parfaite de la doctrine & des mœurs de ce diuin Redempteur. Ce n'est pas vous, ô Pere viuant! que nous deuons suiure en cette vie, il n'y a iamais eu & il n'y aura iamais de peine en vostre personne; neantmoins c'est par la peine que nous deuons prendre nostre conformité auec vostre bon plaisir, & que nous deuons estre greffez en vous. Alors la Memoire sera toute occupée de la pensée de vos bien-faits. L'entendement bandé à la contemplation de vos grandeurs, afin de vous connoistre; & la volonté toute détrempée de l'amour des beautez qui auront rauy l'entendement Ces trois Puissances, comme trois branches principales s'entrelassées l'vne dans l'autre ; s'entr'aydent mutuellement, afin de se perfectionner dans les operations qui leur sont propres. La Memoire propose l'obligation que nous auons de vous aymer, & de suiure la Croix de vostre Fils ; l'entendement esclairé de la Lumiere de la Foy, s'approfondit en la contemplation des grādeurs de cette obligation; afin que la volonté prenne plus de poids pour se porter à l'Amour, de ce qui fait des impressions diuinement embrasées sur son inclination. D'icy prouient la haïne de la sensualité & le mépris que l'on fait de soy-mesme, à mesure que l'on a plus de connoissance de vostre Bonté & plus d'amour pour vostre gloire.

O Amour, dōt l'excez est au dessus de l'intelligence des Cherubins! que vos œuures sont admirables au milieu de l'homme ? Quelle merueille! mais quel prodige de merueilles parmy toutes vos merueilles! l'homme estoit vn Arbre de mort, vous luy auez donné la vie en greffant le germe de vostre propre vie, au milieu du sauuageau de sa mortalité. O malheureux hommes! qui ne profitez pas de cette vie à laquelle vous ne voulez pas ny donner de prise en vous, ny prendre la peine de vous en approcher en sa propre source, pour la puiser dans le Reseruoir où est contenu le Sang Diuin qui donne l'immortalité à ceux qui veulent souffrir d'en estre arrosez.

*Malheur de l'homme qui neglige de participer de ce greffe Diuin.*

O aueuglement! ô mal-heur! les hommes ont la vie au milieu d'eux, & ils ne la connoissent pas. Ha mon Ame! où sont les soûpirs, où les cris, où les langueurs de tes desirs, pour obtenir en la preséce de tó Dieu le bien auquel tu es amoureusemét inuitée,& pour pleurer tant de plantes mortes à la vie de grace? I'auoüe que ie n'ay rien de tout cela, parce que ie ne me suis pas parfaitemét perduë à moy-mesme & à toutes choses. Autrement, si vostre seule gloire estoit le sujet de la Passion vnique de mon Ame, ie ne crois pas qu'elle ne vint à se fondre pour en faire vn aneantissement d'Amour deuant vostre Majesté tres-Auguste & souueraine. Mais quoy! toutes mes productions iusqu'à present ont esté des fruicts de mort, parce que ie n'ay pas esté greffé en vous, pour receuoir en moy l'agreable germe de vostre vie Diuine.

*Fruicts de ce Diuin greffe en l'Incarnation, en la Croix, & en l'Ame fidele.*

O mon cher Amour! que de Lumieres, que de feux, que d'abondance, que de largesse, que de gloire, que d'honneur en l'Ame où tu t'es heureusement anté toy-mesme? ô verité eternelle! vous ne vous estes pas si tost greffé, s'il faut ainsi dire, en la nature humaine; que vous y auez produit les fruicts d'Amour, d'obeïssance & de Lumiere. Vous en auez fait autant sur l'Arbre de la Croix, où vous auez esté mis comme par entaillure. Vous faites le mesme en l'Ame, vous ne luy auez plustost communiqué la participation de vostre vie Diuine, par vostre presence inseparable de la grace qui en est le germe; qu'elle commence à perdre ses qualitez vicieuses

& corrompuës : elle n'a plus d'attention, d'amour, de pensée, d'adherence, d'entretien de presence & de vie qu'en vous, & pour tout ce qui regarde vostre gloire au salut des Ames. Elle deuient sage, prudente, fidele, patiente; elle prend ces heureuses qualitez & toutes les autres dans l'imitation de vos perfections infinies. O hommes, soyez confus & mourez de honte de ce que par vostre faute vous vous priuez de tant d'honneur, de tant de richesses & de tant de consolations delicieuses, en vous rendant coupables de toute sorte de mal-heurs : Considerés que ny vos malices ny vos bontez, ne sçauroient apporter ny bien ny mal au Souuerain qui se donne auec tant de liberalité. S'il préd de la complaisance en vos bonnes actions; ce n'est qu'en la consideration que sa Creature, luy ouure les moyens de luy donner pour recompense des fruicts de vie, de la nature de ses œuures; & qu'ainsi elle ioüisse du bonheur eternel sa derniere fin.

Mon Dieu, misericorde ! ie suis vne malheureuse pecheresse : Ie vous supplie d'vnir & de greffer en vous ces personnes, que vous auez recōmandé à ma direction & à ma Charité; afin qu'ils produisent des fruicts dignes de vostre vie. Faites, mon Seigneur & mon Amour! qu'ils imitent vostre Bōté. Tout ainsi qu'elle fait decouler les Lumieres surnaturelles de vostre grace auec douceur, auec paix & auec tranquillité dans les Ames qui luy sont vnies : De mesme que vos tres-humbles Ser-

*Elle prie pour ses enfans spirituels.*

uireurs & Seruantes versent sur vostre chere Espouse, les rosées de leurs prieres affectueuses pour en chasser les tenebres, & pour luy redonner la paix & la Lumiere apres quoy elle soûpire. Exaucez-moy, mon Dieu! & n'ayez pas d'égard que ie suis pecheresse. Misericorde! i'ay peché.

## XI. ELEVATION.

### ARGVMENT.

*Au milieu des rauissants Eloges qu'elle donne à Marie la tres-Auguste Mere de Dieu le iour de l'Annonciation: Elle fait voir les merueilles de Dieu sur l'homme, auec les honneurs & les profits que nous tirons de l'Incarnation.*

<small>Diuers excelléts attributs & proprietez appliquees à N. Dame.</small>

MArie! ô Marie Auguste Temple de la Trinité! belle Marie, fournaise viuante du feu immense de la Diuinité! Marie dispensatrice de la misericorde! Marie, heureuse terre, qui faites germer le fruict de vie que vous produisez! Marie, Redemptrice du monde, en ce sens, parce que le monde a esté rachepté par vostre Chair, en la personne de IESVS souffrant. O Marie mer de douceurs pacifiques, & Mere de la Paix! Marie terre tres-fertile, qui auez porté le Verbe Diuin semé dãs vostre sacré Sein par la vertu toutepuissante de son Pere eternellement vinant. Si vous estes vne terre benite, vous estes pareillement vne plante Diuine, où nous prenons l'adorable fleur de l'eternité le Fils vnique de Dieu, dont l'odeur delicieusement rauissante embaûme le Paradis. O Marie! vous estes vn char de triomphe qui nous auez apporté le feu dans la terre, & qui pour le rendre vtile à nostre vsage l'auez reuestu de nostre mortalité, & l'auez caché comme sous la cendre des miseres de nostre chair. O Marie, lampe sacrée de l'humilité! où le feu de la connoissance de la verité a tousiours brûlé sans qu'il se soit iamais esteint. C'est auec cette Lumiere Diuine que vous vous estes esleuée au dessus de vous-mesme & de toutes les Creatures, pour vous faire agréer vniquement au souuerain Createur. C'est par ce moyen qu'il vous a rauy pour soy-mesme, par la puissance d'vn Amour priuilegié, auec lequel il vous ayme seule au dessus de tous ses ouurages. C'est, dis-ie, par cette Diuine Lumiere, auec le feu de vostre Charité & auec la lampe remplie de l'huile de vostre humilité, que vous auez fait aneantir sa Grādeur qui n'auoit desia que trop de disposition du costé de son Amour plus qu'excessif, de descendre iusqu'à se rendre semblable à nous.

O Marie! auec cette heureuse lampe, embrasée de feu sacré, vous n'auez pas esté du nombre des folles Vierges; d'où vient qu'auec prudence, vous demandâtes à l'Ange comment il seroit possible d'accomplir en vous la grandeur du mystere, duquel il vous portoit la nouuelle de la part de Dieu. Ce n'estoit pas que vous fussiez en peine de la Toute-puissance de la Diuinité. Vous n'en doutiez nullement; Vostre Foy en cecy ne

*Explication rauissante du trouble de N. Dame au salut & à la nouuelle de l'Ange.*

chanceloit pas ; l'infaillibilité de l'euenement perfuadoit affez voftre Efprit. Mais voftre humilité trouuoit autant d'incompatibilité entre cette grace prodigieufe & vôtre indignité, que voftre Foy auoit de conformité auec l'euenement qui en deuoit eftre infallible. Ce n'eftoit pas le pouuoir de Dieu qui alteroit vôtre Efprit, c'eft la difproportiõ qu'il y auoit entre vous & luy, pour accomplir vn myftere fi eftrange. I'appelle voftre crainte vne alteration, non pas de corps mais d'Efprit; non pas encore pour l'offencer mais pour le perfectionner. Il n'y a pas d'apparance qu'au milieu de tant de fplédeurs plus diuines que celeftes, la crainte ayt ietté le defordre en voftre Ame : ce fuft l'admiration de ce que vous ne pouuiez comprendre, qui vous rauit à vos puiffances & à vous mefme. Vous admiriez d'vn cofté l'excez de la Bonté de Dieu, dans laquelle vous approfondiffiez voftre Efprit de plus en plus, à mefure qu'auec vn eftonnemét qui ne fe peut expliquer, vous faifiez refléxion fur ce que vous trouuiez en vous de diffemblable pour vn fi haut deffein. L'accord de Dieu & de vous, de l'infinité de fon Eftre & du neant du voftre, faifoit cette fufpenfion d'attention, de iugemét & de puiffance que l'Euangelifte reprefente, quand il dit que vous fuftes troublée à la parole de l'Ange.

*La Trinité écrite auec noftre dignité en la faincte Vierge au myftere de l'Incarnation.*

O Diuine Marie ! c'eft auiourd'huy que vous auez efté faite vn Liure fainct, où toutes les Loix de noftre vie font décrites : puis qu'é ce iour la Sagesse incrée s'est elle mesme imprimée en vos Augustes & tres-pures entrailles, où nous voyons en vous nostre dignité, nostre force & nostre liberté representées. I'ay dit nôtre dignité; De vray quand ie vous considere, ô agreable Marie! ie vois que la main du sainct Esprit en formant auiourd'huy le Verbe Diuin en vostre poitrine, y a laissé l'impression de la tres-saincte & tres-Adorable Trinité; la Sagesse du Fils en ce diuin Verbe; la toute-puissance du Pere, puis que l'Incarnation en est vn effect & vn témoignage; & puis la debonnaireté affectueuse & charitable du sainct Esprit, laquelle est toute la raison de ce mystere qui est au dessus de l'intelligence de la Creature. O Amour! par tout tu fais connoistre nostre dignité; tu en es aussi le poids & le merite. Si tu as esté le motif de la ressemblance Diuine que nous auons receuë quand nous fusmes tirez du neant; n'es-tu pas la cause qu'estant deuenuë par le peché à vn rien, pire que celuy de la nature; tu nous as donné l'estre de la grace? Tu nous as fait sortir par la Creation du Sein de ta Bonté; & en la recreation tu te mets dedans le Sein de nostre mortalité. En celle-là, nous prenons origine de toy; & en celle-cy, tu prends naissance de nous. En la premiere tu nous donne à nous-mesmes; & en cette derniere tu te dône toy-mesme à nous! N'auez-vous pas sujet de me dire: Deuois-ie, mais plustost pouuois-ie faire dauantage que ce que i'ay fait pour vous? De maniere que ie contemple auiourd'huy auec suspension de toutes mes puissances, l'accomplissement de toutes les merueilleuses singularitez que tu as; O Amour! resolu dans le Conseil eternel de la souueraine Trinité. De maniere que ta toute-puissance se ioint en ce iour à ta debonnaireté & à ta Sagesse, pour nous rendre heureux à iamais.

*Accord de la Iustice & de la misericorde de Dieu dans le sein de Marie.*

Adorable Trinité! vous n'auez iamais perdu le dessein que vous auez eu en nostre Creation, de nous rendre ioüissants pleinement de vous-mesme. Tandis que nos crimes en ont tousiours retardé l'execution; vostre misericorde sollicitoit vostre poitrine de Pere, pour détruire ces Monstres qui mettoient empeschement à nostre bon-heur; neantmoins vostre Iustice s'opposoit à l'enterinement de nostre grace, si auparauant on ne luy donnoit satisfaction, pour laquelle l'homme auoit trop peu de merite. Commét eust-il esté possible de contenter ces deux perfections infinies auec des pretentions si contraires; si vostre Sagesse n'eust esté secondée de vostre Amour, pour accorder ces deux choses qui sembloient incompatibles en la Personne de vostre Fils vnique, qui prenant nostre nature qui vous auoit offencé, satisfit auec rigueur en vertu de la Diuinité qui luy seroit vnie. O Marie! delicieuse Marie! le mesme Verbe du Sein de Dieu le Pere, sans le quitter, est veritablemét le Fils de vostre Sein: ainsi que la parole mentale que nous produisons interieurement, quoy que proferée auec la bouche & la langue, ne sort pas toutefois de l'entendement lequel est sa matrice intellectuelle & immanente.

Si nostre nouuelle dignité paroist auec tant de riches beautez en vostre Auguste poitrine, ô la plus pure entre toutes les Vierges, & la plus pleine de fecondité entre les meres! nous y aprenons aussi, & nous y prenons la force & la liberté qui nous font triompher de nous-mesme, du monde & de l'Enfer. Le conseil de nostre salut auoit esté tenu depuis l'Eternité; l'on y auoit conclu ce qui dans le temps deuoit estre manifesté par vn Archange. Il est deputé à ce dessein l'Ambassadeur de la tres-Auguste Trinité. Il ne vous cele rien de ce qui est porté dans ses ordres. Il vous presse de luy faire vne réponce fauorable pour le genre humain, en demandant vostre consentement, sans lequel le Fils de Dieu ne descendoit pas du Ciel. O force! ô puissance de la liberté de l'homme! sans laquelle le mystere caché depuis l'eternité en Dieu ne se met pas en euidence? Dites-donc : Voicy la seruante du Tout-puissant, qu'il fasse de sa Creature selon le bon plaisir de sa volonté: c'est cette parole créée qui a ouuert la porte de nostre mortalité à la parole increée. Elle frappoit à la porte de la volonté qui auoit le pouuoir de luy ouurir ou de la luy tenir fermée, supposé le decret adorable de l'Eternité. Sur ce modele j'admire la naissance de la liberté humaine, qui ne sçauroit estre forcée ny au bien ny au mal par aucune vertu que

*Belles pensées touchant le consentement de N. Dame au mystere de l'Incarnation.*

l'on se puisse imaginer. Mon Ame ne meurs tu pas de honte à la veuë de l'alliance que Dieu contracte aniourd'huy auec Marie; où tu prends asseurance que si Dieu sans ton consentement t'a donné l'estre, ne te donnera pas le salut eternel sans que tu le veüille bien.

*Marie tableau où le Verbe est representé en verités, & où il préd l'obligation de mourir.*

O Marie, les delices de l'Vniuers & l'Amour de mon Ame! vous estes vn riche Tableau, où le Verbe fait homme s'est representé, non par figure, mais en verité, dans lequel nous lisons les loix eternelles de nostre vie. O Toile vierge! vous portez l'image de mesme substance que le Pere eternellement viuant. Il est vray qu'il n'a pas esté plustost formé en vostre chair, qu'il y a pris le desir affectueux de l'Amour de la Croix. C'est, dis-ie, dans l'humanité sacrée au milieu de vostre Sein Auguste, qu'il prend l'obligation de mourir pour nous sur vn bois infame, qu'il deuoit sanctifier par ses approches diuines. O desir! ô Croix! ô desirs de Croix! ô Croix de desirs plus cruelle sans comparaison que la Croix qui estoit le sujet de ses desirs.

*Elle prie pour le Pape & pour ses enfans spirituels.*

C'est à vous, ô Marie incomparable! que i'ay recours, ayez agreable les prieres que ie vous presente pour la chere Espouse de Iesvs vostre Fils vnique nostre Adorable & aymable Redempteur, & pour son sacré Vicaire; afin qu'il plaise à Dieu de luy donner les Lumieres de la discretion necessaires, pour auec prudence employer les moyens les plus propres à la Reformation de l'Eglise

*de saincte Catherine de Sienne.* 849

saincte que ie viens d'appeller Espouse. Ie vous supplie encore, que vous fassiez qu'il n'y ait qu'vn Corps, par l'vnion des peuples entr'eux, auec le Chef visible de la mesme Eglise: de telle maniere que iamais ils n'ayent la pensée, ny de luy faire la guerre, ny de resister à ses ordres; quoy que toutefois il semble que vous ayez fait de son cœur comme vne enclume d'vne puissante resistance, contre plusieurs qui employent, & leur pouuoir & leur industrie pour l'abattre par leurs paroles & par leurs actions, en toutes les manieres qu'ils se peuuent imaginer. Ie comprends pareillement, selon ma coustume, mes Enfans spirituels; qu'ils ne demeurent pas dans la terre comme des charbons esteints; allumez-les des feux diuins de vostre Charité & de celle du Prochain, afin qu'ils ne soient pas surpris au temps de la tentation & de la persecution. Qu'ils ne demeurent iamais dégarnis de vos graces, soit pour eux, soit pour les autres. Ie ne cesse de prier en leur faueur, encore que ie reconnoisse que ie leur procure par mes pechez plus de mal, que ie ne leur ménage de bien par ma vertu. De vray ie ne suis qu'vn miroir de negligence & d'ignorance, au lieu de leur seruir de modele de perfection.

Mais quoy? ie suis auiourd'huy plus sainctement hardie que les autres iours; c'est vn iour de graces, vn iour de misericorde & tout d'Amour, auquel le Dieu de misericorde, d'Amour & de graces semble ne sçauoir

*Confiance en N. Dame à raison de l'vnion des deux natures qui se fait dans son Sein en l'Incarnation.*

Ggg iij

vous refuser; puis qu'en ce iour trop heureux, voftre terre benîte par deffus toutes les terres, a germé le glorieux fruict de l'eternité le Sauueur du monde. Ha mon Dieu! I'ay peché tous les iours de ma vie. O Pere doux & debonnaire; ô Amour exceffif modele de tout excez? mifericorde? ie fuis vne grande pechereffe. Et vous, tres-Augufte & Diuine Marie! foyez donc benîte à tout iamais au deffus de toutes les femmes; puis que vous eftes cette prudente femme, qui auez affemblé les trois mefures de farine pour en faire vn pain agreable à Dieu, & profitable aux hommes. C'eft vous qui auez caché la Perfonne du Verbe dans cette heureufe pâte de noftre humanité, où elle s'eft coniointe auec tant de vertu, qu'elle en eft abfolument infeparable. Ny la malice des Iuifs, ny nos ingratitudes, ny les tourments cruels de la Croix, ny la mort mefme, n'ont pas eu le pouuoir d'alterer cette adorable vnion qui fera eternelle. Le Sang & l'Ame ont quitté le corps pour quelques heures, & non iamais le Verbe Diuin, tres-vny à l'Ame dans les Lymbes, & au Corps fur la Croix, & dans la fepulture.

## XII. ELEVATION.

### ARGVMENT.

*Elle accorde que Dieu en cette vie ne pouuoit estre veu des hômes en soy mesme, qu'il se peut pourtant sauourer en son Amour pour le conoistre. Cét Amour s'est fait paroistre en la Passion de Iesus, de laquelle elle admire les merueilles & les fruicts. Elle dit que le Pape & les personnes Apostoliques se doiuent regler sur cét exemple.*

Dieu de l'Eternité, grandeur souueraine. Oüy vous estes grand au dessus de toute grandeur; & moy ie suis la plus petite & la plus chetiue de toutes vos Creatures. Il y a vne distance infinie entre l'eminence de vostre Estre, & la bassesse extreme du mien. Comment donc pourrois-ie m'approcher de vous? si ce n'estoit que les puissances de mon Ame esclairées des splendeurs fauorables de vos diuines Lumieres, & fortifiées par les touches efficaces de vostre grace, sont esleuées au dessus d'elles mesmes pour vous connoistre & vous aymer. Mais helas! quoy qu'elles soient rauies au dessus de tout ce que puis entendre; quand ie viens à m'arrester fixement sur l'immensité de vostre Majesté, ie vois que toutes mes plus hautes Eleuations ne sont que des abaissements, que mes connoissances ne sont que des ignorances, que mes Lumieres ne sont que tenebres, auec moins de proportion encore, qu'il n'y en a

*Elle auoüe son indignité en la presence de la grâdeur de Dieu.*

Ggg iiij

entre la nuict & le plein midy d'vn beau iour.

*L'Ame peut sa-uourer Dieu en cette vie, elle ne le sçauroit connoistre co... il est.*

I'auoüe donc que i'ay trop d'auilissement en moy-mesme, pour vous connoistre parfaitement en cette vie. Toutefois ie me console de ce que ma volonté obtient ce que l'on refuse à mon Entendement; celle-cy entre où l'on ferme la porte à celuy-là; elle embrasse, elle possede, elle sauoure par affection d'Amour rauissant & transformant, la presence de l'essence increée, dont la veuë est incompatible auec l'estat de la vie de ce monde. O mot que tu me couste de langueurs? l'homme mortel ne me verras pas, disiez-vous à Moyse vostre bon seruiteur. Oüy, ô grandeur eternelle? l'homme viuant en sa propre sensualité, l'homme duquel la volonté propre est encore en vie, est incapable de vous voir, par vne connoissance qui soit fondée en la grace & en l'affection de la Charité. Et si apres estre mort à soy-mesme, aydé par les touches amoureuses de vos Lumieres, vous vous découurez à luy dedans la terre, ce n'est toutefois qu'en tableau & qu'en peinture; vous ne luy monstrez que vostre Image dans le miroir de son Entendement, ou vous auez agreable de vous representer : vous ne luy manifestez pas la verité de vostre propre Essence, que vous luy reseruez dedans la gloire immortelle.

*Le mystere de l'Incarnation & la Croix nous font connoistre*

I'ay donc bien dit que vostre Majesté estoit au dessus de mes esperances, pour pouuoir pretendre de m'approcher de sa grandeur par la connoissance, quoy que pourtant ie *la grandeur de* goûte les delicieuses saueurs de vôtre A- *Dieu & de son* mour, duquel l'excez m'a esté manifesté en la *Amour.* plenitude des temps, lors que le souuerain Medecin vostre Fils vnique, ô Pere viuant! est venu dans le monde. Lors que l'Epoux s'est marié à son Epouse, ie veux dire, lors que la Diuinité en la personne du Verbe tout-Puissant, s'est vny admirablement à nôtre humanité dans le sein Auguste de la diuine Marie, qui auec le sainct Esprit est le principe de cette vnion autant aymable qu'elle est incomparable. Ouy c'est elle Espoux de l'Eternité, qui vous a reuestu de nostre chair, la robbe de vos Nopces. C'est-elle, dis-ie, qui a trauaillé à l'alliance que vous contractiez auec nous; Elle a faict ce Mariage qui n'aura iamais de diuorce. Mais quoy! vostre Amour en ce Mystere deuenoit aussi caché que l'vnion, laquelle estoit connuë de fort peu de personnes: d'où vient que l'Ame ne pouuoit pas encore atteindre pour connoître la grandeur de vostre Charité, iusqu'à ce qu'il vous a plû de la découurir en vostre Passion pleine de cruauté, & en vostre mort remplie de détresse & de honte. C'est alors que sur le bois infame de la Croix, vous auez ouuert toutes les veines & toutes les parties de vostre Corps, afin que ce feu violent de vostre Amour plus qu'excessif, parut à tout l'Vniuers qu'il vouloit embraser.

Ouy Dieu d'Amour! vous estiez tout en feu *Amour de Iesus* sur la Croix où vous estiez esleué, pour rauir à *dans son Sang.*

vous nos cœurs, pour esleuer auec vous nos affections, & si vous voulez auec nos affections, nos entendemens & nos intelligences; pour par vne maniere du tout contraire à l'ordre qu'establit la Nature, vous contempler dans l'Amour, vous voir dans le feu sans vous voir, & vous connoître sans connoissance. O Sang diuin! abysme & noye mon Ame; afin que dans mon aueuglement, i'y treuue l'Amour en sa source que tu contiens, & qui est comme la vie qui t'anime; & que dedans cet Amour i'y sauoure ce que ie ne sçaurois voir. O sang remply d'Amour! ô Sang qui manifeste l'Amour increé! ô Sang qui declare la Misericorde & la largesse immense de la Diuinité! ô Sang qui faits connoître par experience au Tout-puissant quelle est la pesanteur du Peché & de la iustice de Dieu viuant. Heureux Sang! où la face de l'Eglise a esté lauée pour y perdre ses rides auec les autres laideurs du Peché & y reprendre ses premieres beautez & de nouuelles graces, qu'elle n'auoit iamais eu auparauāt. Glorieux Sang! dans lequel cette Epouse a quitté les haillons de la sensualité, pour se reuestir de son Epoux; & ou enfin elle a fait mourir sa propre volonté, pour y receuoir vne vie Diuine par la mort de Dieu-méme.

*Eloges de la Passion de Iesus.*

O Passion desirée! ô Passion cherement aymée! Mais helas! qu'est-ce que i'entends de vous Eternelle & souueraine Verité? vous dites que vostre Passion ne sçauroit estre ny souhaitée ny cherement aymée de l'Ame, qui

*de saincte Catherine de Sienne.* 855

ne s'est pas encore dépoüillée de l'Amour de soy-même. Il n'y a que celle qui s'est parfaitement aneantie par la veritable abnegation, qui s'est heureusement reuestuë de vous, & qui s'esleue au dessus d'elle-mesme dans vos Lumieres par l'ayde de vos Lumieres, capable de contempler la hauteur infinie, la profondeur toute-Puissante, la longueur Eternelle & la largeur immense de vostre Charité. O Passion adoucissante, tranquille & pacifique! qui conduits l'Ame saincte dans vn repos incroyable, en la faisant courir sans danger au milieu de la mer orageuse du siecle. O Delicieuse, ô sauoureuse & plus que douce Passion! ô Richesses! ô Thresor des Ames! ô Rafraichissement & consolation des affligez! ô viande solide & delicate des amoureux affamez! ô Port! ô fin! ô Paradis des Esprits! ô ioye veritable!

Oüy, chere Passion, tu es ma gloire, ma beatitude & mon tout! Heureuse donc l'Ame qui n'a pas en la vie d'autre gloire que toy, qui ne respire, qui ne pense & qui n'ayme que toy; puis que les delices du Paradis & la veuë beatifique du Dieu de gloire, sont les fruits heureux & benits que tu nous a produits dans la terre. Mais qui est ce qui a mis toute sa complaisance & les agreémens en toy? Ce n'est pas sans doute celuy dont la sensualité tient la raison sous vn dur & honteux Esclauage. Il n'y a que l'Esprit crucifié au monde, & auquel le monde est crucifié, qui se puisse vanter que toute son ambition

*La Passion de Iesus est toute la consolation & le bien de l'Ame desapropriée.*

& sa gloire consiste en la Croix de IESVS.
La gloire des autres ne sort pas de la terre. O
Passion! vous estes le remede de toutes nos
infirmitez, vous les guerissez entierement si
nous le voulons: car sans nostre volonté vos
graces, quoy que puissantes, qui ne nous priuent iamais de la liberté ne nous profitent de
rien. Vous estes nostre force contre les tentations du Demon; vous estes nostre refuge
parmy nos persecutions, & vous nous donnez la vie lors que le Peché nous a donné la
mort. O Passion! c'est dans ton infirmité que
ie prends du courage; tu m'ouure la porte du
celier Mystique, où ie bois, où ie sauoure, où
ie m'enyure de l'Amour de mon Dieu, auquel ie me transforme par la foiblesse que tu
me represente exterieurement, ie penetre
iusques dans la profondeur du Mystere qui
consiste en la vertu toute-puissante de la Diuinité, laquelle y est cachée: Ie me sens attirée à elle, pour y prendre vn repos pacifique.

*Richesses & consolations ca-chées sous l'infirmité de la Passion de Iesus.*

O Passion! vous estes donc vne couche
Royale, où nous mourons à nostre propre
sensualité, pour mieux nous disposer aux saueurs delicieusement affectueuses de la diuine Charité. O que de douceurs! que de rauissements! ô, que de voluptez sainctes sont
reseruées sous ce rideau de l'infirmité d'vn
Dieu souffrant, à l'Ame qui a l'honneur d'y
estre introduite. C'est là où elle treuue les
Lumieres amoureusement embrasées du feu,
qui faict l'vnion également aymable & ado-

rable de la Diuinité auec l'humanité en la personne du Fils de Dieu. C'est-là, dis-ie, où encore qu'elle ne puisse discerner celuy qui est Dieu d'auec celuy qui est homme, puis qu'il est indiuisiblement l'vn & l'autre tout ensemble; elle void pourtant les blessures de l'humanité, sans que la Diuinité s'en ressente. Ce Diuin Soleil demeure caché dedãs la nuée de nôtre chair laquelle ne sçauroit nuire aux Lumieres resplãdissãtes de sa gloire. La peine n'a pas esté si tost passée, que l'on a veu en la Resurrectiõ ses rayons Diuins percer au trauers de son sacré Corps, pour le rendre participant selon sa portée, de la gloire de son Ame tres-saincte & tres-Auguste. Sa Chair qui estoit mortelle est reuestuë de l'immortalité, la Chair souffreteuse & grossiere deuient impassible & vn autre Soleil en lumiere.

O Passion! tu es donc le liure de nôtre vie, où nous lisons la Doctrine veritable que nous deuons suiure. Ceux-là se trompent qui cherchent parmy les delices de la terre, les raisons de leur conduite; nous ne pouuons aller au Pere que par son Fils; c'est par l'imitation des peines de celuy-cy que nous paruenons à la gloire. Là nous entrons par ses infirmitez, pour passer iusques dans sa Diuinité. C'est ainsi, ô grand Dieu! qu'il vous a plû de secourir nostre infirmité: nostre extrême bassesse nous banissoit à iamais des grandeurs de vostre Majesté; la distance & la proportion entre vous & nous estoient infinies, il vous a plû de vous abaisser vous-même &

*Les circonstances des douleurs de Iesus nous sõt des occasions de bon-heur.*

vous ajuster à nostre portée, pour nous esleuer à la hauteur de vos perfections. Vostre aneantissement est nostre exaltation; vous nous donnez tout ce que vous estes, s'il faut ainsi dire. Vous estes rassasié d'opprobres, c'est pour nous gorger de vos delices; tandis que vous languissez de faim, vous remplissez nos cœurs des affections pressantes de vôtre Amour. Vostre mort nous est cause de vie, vos hontes nous ont merité des honneurs Eternels, vos tenebres dans nostre humanité ont donné naissance aux Lumieres sainctes de nos Esprits.

*Cœur de Iesus fournaise d'Amour.*

Vos bras estendus sur la Croix, vostre Poitrine dilatée & vostre cœur ouuert, me sollicitent à vos embrassemens amoureusement delicieux, ils me font place dans vostre sein, & ils m'ouurent la porte du sacré celier de vostre Charité, pour m'y cacher comme dans vn lieu de retraite de deuant la face de mes Ennemis conjurez à ma perte. Là i'apprends l'excez plus qu'excessif de vôtre Amour pour moy; ouy excez plus excessif que tous les témoignages que vous m'en auez donné, dans tous les excez de vostre vie, de vostre Passion & de vostre mort. C'est dans le cœur tout aymable, & tout transformé en inclination de l'Amour qu'il contient, que ie treuue vn bain d'Amour dans lequel l'Ame se purge de la lepre du Peché. Que dis-ie? l'Ame saincte s'y perd, elle s'y abysme, elle s'y change & s'y transforme. O delicieux Amour, ô fournaise immense de feu Diuin. O Abysme impene-

de saincte Catherine de Sienne. 859

trable de Charité! ô incomprehensible hauteur de dilection! tant plus mon Ame s'aprofondit en ta connoissance, sur le sujet de la Passion & de la Mort du Verbe vnique du sein du Pere viuant, plus elle deuient confuse & honteuse; parce que ie n'en connois pas assez la grandeur, & que ie ne vous ay encore bien connû ô mon Dieu! i'ay esté iusqu'à present viue à ma propre sensualité, & toûjours morte à vos Lumieres. Qu'il plaise donc aujourd'huy à la méme profondeur immense de vostre Charité que ie ne sçaurois comprendre, d'éclairer les yeux de mon entendement, de ceux que vous auez confié à ma direction & tous les hommes ensemble.

O Dieu mon Amour! que deuiendrons nous desormais? ie connois que vous auez enuoyé vne fois vostre Fils dans la terre, en qualité de Medecin souuerain; non pas que nous eussions merité ce bien incomparable: vostre Amour la voulu ainsi. Mais quand ie iette les yeux dans le monde, ie vois encore vn si grand nombre de morts par l'iniquité de la coulpe, que ie me meurs d'épouuante. Qui est-ce ô Diuin Redempteur qui viendra rendre vne autrefois la vie à ces morts? Ce ne sera pas vous; vous estes impassible. Vostre venuë dans le monde sera pour iuger & non pas pour rachepter les hommes. Quoy! manquerez-vous de remede? ie n'en crois rien. Que pourroit-il manquer à vne Bonté infinie pour consoler nos besoins? Non non Bonté souueraine & souuerainement aymable! vo-

*Iesus a substitué en sa place le Pape dans la terre, pour remedier à nos maux.*

stre Amour ne s'est pas refroidy en nostre endroit, vostre puissance n'est pas decreuë ny vostre Sagesse diminuée; vostre volonté demeure toûjours d'accord auec vostre Toute-puissance & vostre Sagesse, pour venir remedier à nos mal-heurs. Enseignez-moy donc ô Dieu d'Amour! ce Remede, afin que ie m'en serue la premiere. I'apprends dans vos Lumieres que vostre Fils ne viendra plus visiblement dans la terre, que quant il paroîtra en sa Majesté, pour rendre à vn chacun selon ses œuures. Neantmoins vous me reuelez que vous enuoyerez d'autres Christ dans la terre, par le ministere desquels auec la depédance & auec la grace du Diuin Redempteur ils chasseront la mort du monde en luy procurant la vie.

*Moiens que les personnes Apostoliques doiuét prendre pour remedier aux besoins de l'Eglise.*

Mais par quel moyen se rendront-ils dignes d'vn ouurage tout Diuin. Ce sera sans doute si auec autant de saincte sollicitude que de courage heroïque, épris & embrasez des desirs affectueux de l'Amour sacré, ils suiuent les routes que leur a frayé leur adoré Maître pour vostre gloire & le salus des Ames. Ce sera dis-ie, si pour ce glorieux dessein, ils témoignent leur patience d'vne trempe toute diuine, pour endurer auec complaisance les peines d'Esprit, les tourmens du Corps, les opprobres, les calomnies & les iniures qui leur seront faictes par toute sorte de personnes, en la poursuite de cette heureuse conqueste. C'est par ce moien que vous auez disposé de remedier

aux

*de saincte Catherine de Sienne.* 861

aux desordres de l'Eglise, & d'exaucer en faueur des Ames perduës leurs prieres & leurs desirs: l'auouë que les peines tant du Corps que de l'Esprit seruiront de fort peu, si les ardeurs de la Diuine Charité ne les fortifient de leur merite & de leur poids, auec la vertu de la Passió de Iesus nôtre aymable Sauueur, dont les douleurs n'eussét pas satisfaict auec la rigueur conuenable, sans la presence de la Diuinité, jointe à l'humanité qui souffroit les tourmens. O Eternel Pouruoieur de remedes à nos maux! enuoyez de ces Iesus par imitatió, de ces Christs mystiques, qui vsent leur vie dans les veilles, dans les larmes & dans les Oraisons continuelles pour le salut du monde. Ne permettez-pas que nous demeurions ignorās & refroidis en vôtre Amour & en la haine de nous-mêmes: mais sans cesse faictes nous connoître vôtre volonté, pour l'accomplir auec autant de perfection que nous sommes obligez de l'aymer.

A Pechereffe Catherine! mon Dieu! i'ay peché, ayez pitié de moy. Seigneur! Misericorde? Cependant, i'épanche mon cœur à vos pieds en action de grace, de ce que vous m'auez faict l'honneur de me monstrer la profódeur infinie, & la grandeur immense de vôtre Amour auec le remede que vous auez preparé pour deliurer le monde de la Mort. Mal-heureuse Ame! dormiras-tu encore dans la negligence & la tiedeur, où tu as croupy depuis que tu es infuse dans mon Corps? miserable! qui as embrassé les tenebres au lieu

*Actions de grace & prieres de saincte Catherine.*

Hh h

de la Lumiere, leue toy donc; prouoque tes puissances, excite leur attention, ouure les yeux de ton entendement. Abysme-le dans l'immensité de la Diuine Charité, laquelle tu ne sçaurois aymer si tu ne la considere. Tu l'aymeras autant que tu connoîtras, tu la suiuras autant que tu l'aymeras, & tu seras reuestuë de sa volonté à la mesure de ton Amour, & de ton imitation. Seigneur mon Dieu! i'ay peché, faictes-moy Misericorde ? Ainsi soit-il.

## XIII. ELEVATION.

### ARGVMENT.

*Elle parle à Dieu des Lumieres de la grace accompagnées d'Amour, auec lesquelles l'on sauoure dés cette vie les biens de l'Eternité.*

*La Lumiere de grace qui n'est pas distincte de la Foy viue, est la cause de tout nostre bon-heur.*

TRes-Auguste & adorable Trinité! vous estes nostre Resurrection. O Resurrection de tout le monde! Répandez-vous dans mon sein; & par vn effort genereux de vôtre operation, arrachez mon Ame de son propre Corps. O feu qui brûlez incessamment sans vous esteindre, & sans vous décroître quand méme l'Vniuers seroit embrasé de vos flammes diuinement Amoureuses. O Lumiere au dessus de toute Lumiere! dans laquelle nous voions la Lumiere; sás elle & hors d'elle ie ne sçaurois voir que vo⁹ estes mõ Dieu, & que ie ne suis rié. C'est dóc par sa faueur que ie connois mes besoins auec les necessitez de l'Eglise sainte & de tout le monde. Et parce que ie connois ces choses par l'efficace toute-puissante de vostre Lumiere, ie vous demäde encore que vous arrachiez par force mon Ame des attaches de son Corps, pour le salut de tous les hommes. Ce n'est pas que ie presume aucun fruit ny de ma mort ny de mes œuures; si ce n'est qu'elles soient fortifiées de la vertu de vostre Charité, laquelle est l'ouuriere de toute sorte de biens. Ouy mon Dieu! c'est dans l'Abysme immense de vostre Amour où l'Ame estant plongée asseure son salut, & ménage celuy de son Prochain auec de tres-heureux succez. O diuine Vertu! tu contiens le germe & le fruit de tout nostre bon-heur; par toy nous auons eu l'estre en la Creation, tout ce qu'il y a d'aptitude, de pouuoir, d'industrie, soit spirituelle soit temporelle, soit en nostre Ame soit en nostre Corps, à sa dependance de ton influence amoureuse.

O Trinité! ô Eternité! ie contemple au milieu de vos agreables & rauissantes Lumieres vostre sein Auguste, comme vn parterre vaste & delicieusement diuertissant où sont enfermées toutes les productions de nos bonnes actiós & de toutes vos faueurs. Que dis-ie? vous mêmes n'estes vous pas la fleur & le fruict de vostre gloire: la fleur, puis que vous seul estes capable de vous loüer, de vous glorifier, de vous connoître & de vous aymer tout autant, que vous estes digne de loüange, de gloire, de connoissance & d'A-

*Dieu est à soy-mème les fleurs & les fruits de sa gloire. La souffrance par le Sãg de Iesus, est la clef du bon-heur Eternel.*

Hhh ij

mour. I'ay dit aussi que vous estiez le fruit de vostre gloire, puis que vous prenez de vousmême tout ce qui perfectionne vostre estre, vostre ioye & vostre bon-heur. Vous ne receuez rien de personne; vous donez à tous & vos creatures ne vous rendét que ce qu'elles ont receu de vos mains, qui sont les proprietaires necessaires & essentielles de tout ce qui possede l'estre. C'est de ce Parterre Eternel que vous nous auez tirez, pour nous transplanter dans la terre, & nous y faire germer auec les puissances de nostre Ame, auec le bon vsage de nostre Arbitre & auec les aydes de vostre grace les fleurs des bonnes actions en cette vie, & les fruits de leurs recompenses dans vostre gloire. Mais quoy? Nous auons produit des fruits de mort malheureuse, qui nous ont fermé la porte du Diuin Parterre; nous n'y pouuons pas entrer si vôtre Verbe n'eust fait en sa persône increée, de vôtre Nature & de la nôtre vne admirable clef, pour rouurir cette porte glorieuse que nos iniquitez auoient fermé. C'est donc par vostre moien, ô Diuin Agneau! que nous entrons dans le Paradis des delices Diuines, pour y cüeillir durant l'Eternité les fleurs & les fruits qui soient de cette nature.

*L'importance de souffrir enseignée aux deux Disciples allans en Emaus.*

C'est sans doute ce que vous vouliez aprendre aux deux Disciples fuiards sur le chemin du Chasteau d'Emaus, quand vous leur fites, l'honneur leur exposant les Escritures & les Prophetes, de leur dire que c'estoit ainsi qu'il falloit que le Christ souffrit

*de sainte Catherine de Sienne.* 865

pour entrer en son Royaume; apres en auoir ouuert la porte par son Sang & par sa mort. Quoy faut-il que le Fils vnique du sein du Pere soit compris dans cette necessité de souffrir, pour acquerir le Royaume qui luy est deu par le droict de sa naissance & de sa Nature Diuine? Mais quoy ces deux hommes ne comprenoient point ce Mystere; leurs yeux estoient aueuglez par le doute en la Foy, il n'y auoit que vous qui en consideriez l'importance. De vray vous estes la Sagesse Eternelle de Dieu Tout-puissant.

---

### XIV. ELEVATION.

#### ARGVMENT.

*Elle auoüe nos ingratitudes nonobstant l'obligatiō que nous auōs à Dieu. Elle s'humilie & se confond pour demander à Dieu pour le Pape Vrbain VI. la douceur & les autres perfections contraires à son humeur naturelle. Elle prie pour les Schismatiques.*

O Souuerain Dieu Amour incomparable. Feu immense & Eternellement viuant! qui éclairez auec autant d'efficace que de delicieuses douceurs les Esprits des hommes & des Anges, & qui embrasez de vos amoureuses flammes leurs cœurs & leurs volontez pour les transformer tout en vous, apres en auoir faict sortir ce qui a des qualitez estrangeres & qui ne sont pas vous même s'il faut ainsi dire. Mon Dieu qu'est-ce que ie vois? N'est-ce pas vn fleuue conti-

*Le même Amour de Dieu est la cause de nostre Creation & de nostre reparation.*

Hhh iij

nuellement rapide de braſiers Diuins ſur moy & ſur toutes les Creatures. O Amour qui rauis maintenant mes Puiſſances, & qui engloutis mon intelligence, tu n'es pas vn autre, tu es le même qui m'as donné l'eſtre par la Creation, la conſeruation par la Prouidence, & la Redemption par la Croix. O Amour! vous m'auez faict vne fois ſortir de voſtre ſein en me donnant l'eſtre hors de vous; afin que ie vous connûſſe & que ie vous aymaſſe pour voſtre plus grande gloire: & vous venez dedans ce même Eſtre, pour vous en reueſtir, & par ce moyen pour me reconduire dans le premier lieu de mon origine. C'eſt donc aujourd'huy, ô Amoureux Verbe! que vous vous propoſez à nos yeux en vne Nature paſſible, & que vous vous rendez le premier, le rigoureux obſeruateur de la Loy que vous auez eſtablie aux hommes, vous y paroiſſez vn exemplaire accomply d'humilité, à noſtre confuſion.

*Humilité & exemple de Ieſus en l'Incarnation, eſt l'exéplaire que nous deuons imiter.*

A mal-heureuſe Catherine! ne mourray-ie pas de honte en la preſence d'vne obeïſſance ſi pleine d'exactitude & de ponctualité, de marchander encore de me ſoûmettre & de m'aneantir? Quoy, le Createur accomplira la Loy que la Creature refuſera par vne tráſgreſſion criminelle? Mon Dieu que voiſ-ie deuant mes yeux? N'eſt-ce pas noſtre cendre qui ſert de veſtement à voſtre perſonne tres-glorieuſe & adorable, afin de nous apprendre à nous mettre encore plus bas que la cendre, & nous couurir d'opprobres & de mépris par l'abnegation generale de nous-mêmes ? vous commencez auiourd'huy à nous fiancer en nous donnant les gages de voſtre fidelité, auec les promeſſes de nous épouſer en l'Amour de voſtre Paſſion ſanglante, & de voſtre mort tres-cruelle, afin que i'apprenne à me conformer à voſtre Croix en ſouffrant auec beaucoup de modeſtie & de force d'Eſprit, toute ſorte d'aduerſitez de la vie.

Que tous les cœurs, que toutes les Ames, & que toutes les puiſſances des hommes touchées de l'excez de voſtre Charité, qui vous a obligé de nous mettre au monde pour n'affectionner, ne reconnoiſtre & ne ſuiure que vous ſeulement, tombent auiourd'huy dans l'interdit. Que dis-ie ? qu'elles ſe fondent par la violence de vos amoureuſes flammes, pour faire vn holocauſte agreable d'action de graces à cette même Charité increée & Eternelle. Mais quoy ? l'on diroit que vos graces nous rendent des ſtupides, que vos Lumieres contribuënt à nos folies, & que vôtre Amour faict l'endurciſſement de nos cœurs. Puis qu'au milieu des bien-faits ſi prodigieux en nombre & en grandeur, nous deuenons inſenſibles à la Iuſtice de nos reconnoiſſances. O gages heureux! ô Riches arrhes! ô cher Anneau de noſtre Chair! auec laquelle vous paſſez le contract de voſtre alliance en nous, auec aſſeurance de la conſommation du Mariage ſainct & ſacré, ſi nous nous rendons dignes de cette grace par la fidelité de nos

*Les motifs de noſtre ingratitude enuers Dieu, ſont conuertis en ſujets de méconnoiſſances.*

Hhh iiij

correspondances & de nos gratitudes, que vous couronnerez dans la gloire par la participation de vôtre Eternité.

*Estime que sainéte Catherine faiét de la confession & de l'absolution de ses Pechez: elle s'estoit confessée au Pape.*

Heureux iour pour moy! où le Ciel & la terre s'accordent pour me combler de faueurs; puis qu'auiourd'huy i'ay receu l'absolution de tous mes Pechez de la bouche du souuerain & sacré Vicaire, par la puissance que vous luy auez donnée, de laquelle vous estes le proprietaire. Vous m'auez ô grand Dieu! donné la vie de la nature sans mon consentement; Mais vous ne voulez pas me rendre celle de la grace & de la gloire si ie ne m'y accorde, par la disposition de ma volonté & par la confession veritable de mes crimes. O grace incomparable! ô faueur qui n'a point d'exemple! ô bien faict que l'on ne sçauroit assez priser, pour lequel ie répands mon Ame deuant vostre Majesté, où ie l'humilie tout autant que ie puis en action de grace, de loüange & de benediction. C'est donc auiourd'huy que purifiée de vostre grace, ie crie auec plus de confiance deuant vostre Majesté, pour demander les agreables épanchemens de vostre Misericorde sur tout le monde, singulierement ie vous supplie auec toutes les tendresses de mon cœur & auec toutes les forces de mon Ame, qu'il vous plaise.

*Perfectiōs qu'elle demande à Dieu pour le Pape, pour remplir son Ministere.*

O mon Dieu, mon Amour! de donner à tous les hommes les Lumieres necessaires & les aydes efficaces, pour reconnoître dans la terre le sacré Vicaire de vostre Majesté, que

vous y auez eſtably viſiblement pour tenir
voſtre place. Rendez-le en cecy pur & ſimple en la Foy, en laquelle il doit ſurpaſſer
tous les autres qui le doiuent ſuiure. Faitesluy donc part de vos Lumieres ſans meſure,
à proportion de l'importance & de l'excez
de ſon miniſtere. Ce n'eſt pas aſſez que vous
luy ayez donné vn cœur magnanime & courageux, ſi vous ne le détrempez d'vne humilité qui cōtrepeſe à la grandeur de la dignité
de laquelle il vous a plû l'honorer. Manifeſtez en luy voſtre pouuoir; Qu'vn chacun le
regardant en ſa vie, reconnoiſſe l'excellence
de voſtre Majeſté qu'il repreſente. L'Amour
que i'ay pour voſtre Bonté ſouueraine m'oblige à me rendre importune à vos pieds. O
Amour! que l'on recōnoiſſe & que l'on admire en ſa perſōne cét Amour meſme. Aggrandiſſez-le iuſqu'à ce degré de perfectiō qui merite qu'il ſoit ſubſtitué viſiblemétcōme Vicaire, en la place de vôtre Fils vnique le grād Paſteur des Ames, & le fidele Eſpoux de vôtre
Egliſe. Que ſō cœur ſoit vne fournaiſe ſacrée
d'Amour, où les ferueurs ardentes des ſaincts
deſirs puiſſent brûler inceſſamment à voſtre
gloire & pour le ſalut de ſon Troupeau. Qu'il
rauiſſe tout le monde à ſoy par les charmes
de la douceur, de la debonnaireté, de l'humilité & de la Charité. Que toutes ſes actions,
ſes penſées & ſes paroles ſoient détrempées
de pureté, & aſſaiſonnées de prudente ſageſſe.

Eclairez de vos graces ces cœurs incircon- *Elle prie pour*

*les Schifmatiques qui ne vouloient pas reconnoistre Vrbain VI. Pape legitime.*

dis, rebelles à ses ordres, mépriseurs & ennemis de son autorité, par conséquent du sainct Esprit, duquel il exerce l'office, & de vostre toute-puissance de laquelle il se sert. Mon Dieu, mon Amour! frappez fortement à la porte de leurs consciences, réueillez-les de leur sommeil lethargique; & dans ce iour de grace penetrez iusque dedans leurs cœurs auec les viues flammes de vostre Charité. Brûlez-les, amolissez leur dureté, fondez leur obstination criminelle; afin de les conuertir & de les resoudre, s'il faut ainsi dire, en vous-mesme. Si vostre Iustice y met opposition & qu'elle veüille estre satisfaite; ô Dieu iuste faites donc Iustice sur moy; prenez mon Corps, n'épargnez ny mon sang ny ma vie. Et parce que la mort ne viét que trop tost par les violéces des tourméts; endurcissez ma chair, donés-luy vne trempe d'acier; faites de moy vne enclume sur laquelle ie vous supplie de briser la dureté de leur cœur, rõpez dessus leur obstination, détruisez, mettez en pieces, reduisez en poussiere leurs iniquitez criminelles.

*Cecy conuient auec des escriuains Ecclesiastiques, qui disét que le zele trop précipité du Pape Vrbain VI. pour la reformation de l'Eglise auoit esté l'occasiõ du Schisme.*

I'auoüe, mon Dieu! que vous auez donné à vostre souuerain Vicaire vn cœur genereux: mais ie ne suis pas contente si vous ne luy donez autát d'humilité que de courage. Le cœur courageux est bon, s'il n'estoit pas de son inclination porté à la superbe & à la vanité; Ie demande donc pour luy les Lumieres de vostre grace pour se connoistre, & par ce moyé perfectionner cette magnanimité naturelle que vous luy auez donné. En fin, mon Dieu!

arrachez des cœurs & de voſtre Souuerain Vicaire & des fideles & des ennemis de l'Egliſe la maudite racine de l'Amour propre, afin que ceux-cy viennent à repentance & à demander pardon ; & que noſtre ſainct Pere le Pape & nous ſoyons diſpoſez à leur pardonner. I'engage en cette priere ma propre vie que ie vous offre dés à preſent : afin qu'il vous plaiſe d'en diſpoſer ſelon voſtre bon plaiſir, à voſtre plus grande gloire. Mais que peut vne vie ſi pleine de ſoüillure ? ô Paſſion ! ô mort ! ô Sang du diuin Redempteur que i'adore, c'eſt voſtre dignité que i'interpelle, & voſtre vertu que ie reclame, pour obtenir que l'Egliſe en ſes membres myſtiques deuienne ſaincte, qu'elle depoſe ſes ſoüillures & qu'elle perde ſes laideurs. Grand Dieu ! vous auez deſia heureuſement commencé par ces vieilles plates pourries que vous auez arraché. Ie ne demande pas la mort de perſonne ; ie deſire auec vous le ſalut de tous ; Faites donc viſte mon Dieu ! ne tardez-pas dauantage. Redreſſez les anciennes plantes qui reſtent, courbées par la reſiſtance & la rebellion au ſainct Siege. O Eternité ! ô Eternelle Trinité ! rien ne vous eſt impoſſible. Si de rien vous auez fait toutes choſes : n'eſpereray-ie pas la conuerſion des impies & l'abolition de leurs crimes. Tenez touſiours en voſtre ſauuegarde mes bons Enfans, ſingulierement celuy qui s'eſt donné auiourd'huy à moy ; donnez-vous à luy, afin de le renouueler au dedans & au dehors ; dreſſez toutes ses actions selon vostre bon plaisir. Soyez benit, mon Dieu, aux siecles des siecles. *Ainsi soit-il.*

## XV. ELEVATION.

### ARGVMENT.

*Elle fait voir que nous ne sommes rien sans la participation de la verité, qui n'est perfectionnée en nous que dans le Ciel.*

Le Fils de Dieu, la Verité increée communique la verité aux creatures.

O Verité! ô Eternité! ô eternelle verité. Vous estes, & ie ne suis rien. Vous mettez la verité de vostre Estre dans le mésonge, & dans ce qui n'est pas. Quel prodige donc est celuy-cy, que Dieu me donne sa verité, & que n'estãt riẽ de moy-même, la verité est, opere, fait & parle en moy, tout ce que ie suis, ce que ie dit, ce que i'opere & ce que ie fais. Vo' me donnez la verité; & en me la donnãt vous faites qu'en la verité, Ie dits la verité. Vostre verité ne se communique pas à vos Creatures d'vne mesme façon, elle s'accommode diuersement à tous; elle donne sa participation selon la portée d'vn chacun, en se reseruant tousiours elle-mesme, & sans se separer de son principe dans le Sein Auguste où elle est engendrée eternellement, auec lequel elle est vne seule verité. Dieu eternel! Fils de Dieu! vous estes venu de Dieu pour accomplir dãs la terre la volonté de vostre Pere; personne ne sçauroit posseder la verité, ny la connoistre, si vous ne nous la donnez. Or si quelqu'vn la veut receuoir, il faut que l'ayant en soy-mesme, rien ne luy manque de la verité, puis que la verité ne souffre pas la priuation d'aucune verité, & qu'elle ne sçauroit subsister en la presence de quelque defaut.

C'est ainsi que nous disons que les Bien-heureux sont pleinement satisfaits, en la veuë, ô grand Dieu de vostre verité. O veuë glorieuse! qui est vne participation de la vision naturelle à Dieu mesme, par laquelle il se connoist & toutes ses perfectiós infinies. Oüy, mon Dieu! vous estes la Lumiere auec laquelle vous vous manifestez aux hommes & aux Anges dans vostre gloire; puis qu'entre vostre Bonté & l'entendement de celuy qui vous voit, il n'y a pas d'objet creé qui represente ny vostre Estre, ny vostre verité, ny vos grandeurs. De maniere que celuy qui vous voit, participe tout à la fois de la Lumiere & de l'objet de vostre connoissance. Et comme vous estes vous-mesme & la Lumiere & le milieu & l'objet de vostre vision, ne sera-t'il pas veritable que par l'vnion beatifique de nos Entendements, où nous participons de la Lumiere increée qui vous est naturelle, pour vous connoistre vous-mesme, il n'y aura entre vous & tous les Bien-heureux qu'vne seule & qu'vne mesme vision bien-heureuse. Cela n'empesche pas la diuersité & l'inegalité de cette veuë en chaque comprehenseur; où tous ne vous voyent pas auec vne egale perfection; mais vn chacun voit tout autant de vos grandeurs, qu'il a apporté de disposition. Il y a quelque chose

*La Verité entiere ne se possede que dans le Ciel.*

de semblable en la Foy; comme il n'y a qu'vne verité eternelle sur laquelle elle est establie, & de laquelle elle prend son vnité: neantmoins son habitude & sa viuacité ne se communiquent qu'à proportion du merite des suiets qui s'en rendent capables par les aydes de la grace.

## XVI. ELEVATION.

### Argument.

*Elle se laisse aller au transport sur l'vnion puissante & qui sera eternelle de la Diuinité auec l'humanité en Iesus-Christ. Elle déplore l'aueuglement de l'homme.*

*Belles pensées sur l'vnion faite en l'Incarnatiō.*

O Diuinité! ô Eternité! brisez les liens de mon corps, afin que mon Ame en estant détachée elle puisse contempler vostre verité à son aise. Ma Memoire est trop rétrecie dans cette chair pour vous contenir, mon Entendement trop obscurcy pour vous connoistre, & ma volonté trop contrainte pour vous aymer & vous embrasser ainsi que vous le meritez, & qu'il faudroit pour me rendre heureusement satisfaite. O nature Diuine! dont tout l'estre est vne mer de vie immése à soy-mesme & à toutes choses; qui vous a obligé de vous vnir à la nature humaine, pour en prenant la mort d'elle, luy communiquer la vie qui vous est propre? O vie! ô vnion! ô Verbe! quelle vnion est celle-cy, que le Verbe eternellement viuant entreprend, pour nous estre à iamais source heureuse de toute sorte de vie? O Dieu! cette vnion adorable & aymable tout enſemble eſt eternelle; les ſiecles des ſiecles n'en verront iamais la fin; Tant que le Verbe Diuin ſubſiſtera en la nature de Dieu Tout-puiſſant, il ſubſiſtera perſonnellement en noſtre humanité. Les tourments de la Croix qui ont eu le pouuoir de chaſſer ſon Ame de ſon Corps, n'ont pas eu de priſe pour rompre cette Diuine ligature. La nature paſſible de IESVS ſouffroit ſur le bois infame, que la Diuinité viuifioit d'vne maniere qui eſt au deſſus de l'intelligéce de la Creature. O IESVS ſouffrant & ioüiſſant, heureux & mal-heureux, conſolé & affligé, voyageur & comprehenſeur, accablé de douleurs extremes, & comblé à meſme temps de ioyes beatifiques & glorieuſes! ô Verbe Diuin! ô Verbe, mais Verbe fidele! l'horreur du ſepulchre, les froideurs de la mort, les laideurs du cadavre, n'ont iamais pû donner de l'auerſion dans voſtre mariage, qui eſt immuable & eternel comme vous.

Mais, ô Pere de ce Verbe! que me faites-vous entendre au milieu de vos Lumieres? Vous me faites voir d'vne maniere du tout admirable que vous l'auez reueſtu de noſtre nature, afin qu'elle ſatisfit à voſtre Iuſtice que nous auions criminellement offencé. O miſericorde que ie ne ſçaurois comprendre! mais auſſi quelle ſorte de Iuſtice eſt celle-cy, de condamner à la mort pour les crimes de l'enfant adoptif, le Fils naturel lequel a porté double martyre, l'vn en ſon Corps par

*Grandeur du bien-fait de l'Incarnation mépriſé de l'homme.*

les tourments de la Croix, & l'autre en son Esprit par le desir angoisseux de souffrir. O Pere eternellement viuant! que vos iugements sont profonds, & que vos Conseils sont adorables? ils sont au dessus de l'intelligence de l'homme ignorant & sans ceruelle, il iuge de vos dispositions inscrutables à l'écorce selon la bassesse de son Esprit, & non iamais auec la Lumiere infuse de la Charité, que vous communiquez à vos bons Seruiteurs. O homme insensé, moins homme que beste! tu iuge brutalement des œuures du Tout-puissant. Ne vois-tu pas les flammes eternelles qui t'attendent, pour y estre deuoré & reduit au neant? l'entends le neant de la grace, & non pas de la nature laquelle souffrira eternellement; tandis qu'elle demeurera sans la grace qui la perfectionne. De vray l'on peut dire qu'vne chose est deuenuë à rië lors qu'elle est priuée de sa perfection. O ingrate & méconoissante que ie suis! ie ne vous considere pas en moy, ny ie ne me regarde pas en vous, mon Dieu! Quoy ne m'auez-vous pas fait porter vostre Image, que vous auez grauée dans les trois puissances de mon Ame, & en la personne de vôtre Fils vnique, ne vous estes-vous pas reuestu de cette même Image?

*Mal heur de l'homme de ne pas considerer les deux benefices de la Creatiō & de l'Incarnation.*

O ignorance criminelle des hômes, tu es la source de tous les mal-heurs des pechez où ils se precipitent: car comment seroit-il possible que iamais ils eussent l'effronterie de vous offenser, si ces deux pensées occupoient ordinairement

ordinairement leur esprit ? maudit Amour propre ; qui iette le nuage sur l'œil de l'entendement, en luy rauissant la Lumiere surnaturelle de la grace, sans laquelle il ne sçauroit penetrer dans ces adorables & agreables veritez. Si ie ne vous ayme pas parce que ie suis semblable à vous ; pourquoy, mon Dieu! ne vous aimeray-ie pas depuis que vous vous estes fait semblable à moy ? si la conformité ou plustost la ressemblance, est vne cause aussi bien qu'vn effet d'Amour ; quelle plus grande ressemblance se peut-il rencontrer que celle qui est de l'homme à l'homme, qui semble démentir sa propre condition quand il n'a pas d'Amour pour son semblable ? Donnez-moy donc & à tous les hommes la participation de vostre nature Diuine par le moyen de la grace. Mais quelle grace pour moy ? en oserois-ie demander vne autre que celle, de passer le reste de ma vie parmy les tourments, & luy donner vne fin heureuse par le martyre.

## XVII. ELEVATION.

### ARGVMENT.

*Elle admire d'vn costé les benefices de l'Incarnation, de la Redemption, & de la Foy, & elle déplore l'ingratitude de l'homme prouenante de l'Amour propre qui aueugle l'Ame.*

O Dieu! ô Amour! ô Dieu d'Amour! ô Diuinité toute d'Amour! Que sçaurois-

Deux grandes adorables en l'Incarnation & en la Croix, & leurs fruicts.

ie comprendre ou dire de voſtre verité? ô Verité! parlez vous meſme de la Verité. Puis que ie ne ſuis que tenebres; que pourrois-ie dire autre choſe que tenebres, leſquelles i'ay ſuiuies tous les iours de ma vie, au lieu de ſuiure la verité du fruict adorable de la Croix? qu'eſt-ce cy? i'ay touſiours aimé les tenebres, neantmoins ie n'ay pas connu mes propres tenebres? ſi ie les euſſe conſideré i'euſſe apperceu la lumiere. Quel deſordre d'auoir ſuiuy les tenebres, & auoir demeuré dans la nuit de mon ignorance? Parlez donc, mon Seigneur, mon Dieu! voila voſtre petite ſeruante preſte pour vous entendre. O Verité! ô eternelle Verité! manifeſtez-vous à moy par le moyen de voſtre Croix, de laquelle vous eſtes le glorieux fruict. O Verbe vnique du Sein de Dieu! l'immenſité de voſtre Charité vous a contraint de vous greffer, s'il faut ainſi dire, dans deux ſauuageaux; l'vn eſt la nature humaine, & l'autre eſt l'Arbre de la Croix. C'a eſté afin qu'en l'vn & en l'autre vous nous manifeſtiez voſtre Verité. En celuy-là, vous auez fait connoiſtre la verité de voſtre Pere en ſoy-meſme; & en celuy-cy, vous auez declaré la verité de ſa volonté en laquelle conſiſte noſtre ſanctification & noſtre ſalut. Les clouds ont eu moins de force que l'Amour pour vous tenir attaché ſur cét Arbre, & y mourir deſſus. De cette admirable anture d'amour ſur la Croix, eſt ſorty le Sang precieux, en vertu duquel par celle qu'il a contracté en l'vnion de la nature humaine auec la nature diuine, nous sommes lauez de nos pechez & renouuelez à la grace que nous donnent les Sacrements. C'est cét heureux tresor de vostre Sang que vous auez enfermé dans le sacré Cellier de vostre Eglise, duquel vous auez confié la garde & les clefs à vostre souuerain Vicaire dans la terre, qui en est le legitime & le fidele dispensateur.

Mais quoy toutes ces grandes merueilles ne sont pas entenduës ny comprises des hommes dépourueus de la Lumiere surnaturelle de vostre grace, auec laquelle il vous plaist d'éclairer la plus noble partie de nostre Ame l'entendement. Cette Lumiere est celle de la Foy que vous répandez dans le cœur du Chrestien au Sacrement de Baptesme, auec le don incomparable de vostre grace. Par celle-cy, le peché originel que nous auons contracté dans nostre premiere source est effacé; & par le don de la Foy, nous prenons des Lumieres suffisantes pour nous conduire à nostre derniere fin la Beatitude; si ce n'est que nous soyons assez mal-heureux de deuenir ennemis de nous-mesme, pour nous laisser au contraire aueugler par la proprieté de l'Amour sensuel. Ô aueuglement déplorable! ô pernicieux cataracte d'Esprit! que la froideur en vostre Amour dans nos cœurs, ô mon Dieu! & l'humidité de l'amour de nostre propre sensualité ont fait naistre. Voila ce qui est cause que nous ne vous connoissons pas, & que nous demeurons entierement igno-

*Fruicts de la Foy. Les mal heurs que produit l'amour proprte, & de l'aueuglemét qu'il cause.*

Iii ij

rants de la verité du bien, & du bien de la verité. Nous prenons ce qui est mauuais pour ce qui est bon ; nous aymons pour bon ce qui ne vaut rien absolument.

*Source de l'ingratitude du Chrestien dont la condition est pire que celle de l'Infidele qui ne prophane pas le Sang de Iesus-Christ comme luy.*

Voicy les sources primitiues de nos ingratitudes, qui vont au delà de tout excez de ce que l'on sçauroit proposer de criminel dans la méconnoissance. Voicy, dis-ie, l'origine que nous allons tousiours en empirant, de mal-heur en plus grand mal-heur, & que nous deuenons plus coupables & moins dignes de pardon, apres auoir connu la verité qu'auparauant en auoir eu la connoissance. C'est ainsi que la condition du mauuais Chrestien est pire que celle de l'Infidele & du Payé; si ce n'est à cause qu'il demeure en celuy-là ie ne sçay quelle Lumiere de Foy qui luy sert d'adresse de se retirer de sō mal-heur plûtôt qu'ē celuy-cy. Ce sont ces sortes de Chrétiés qui à proprement parler persecutent en verité le fruit adorable de vôtre Croix, ie veux dire vôtre Sang diuinement precieux. O profanatiō du Sang de mon Maistre aussi bien que de sa Croix & de sa personne! Ils ne vous suiuent pas, diuin Redempteur, ny en la Doctrine, ny en l'exemple des veritez que vous leur enseignez, principalement les Rebelles à vostre souuerain Vicaire auquel vous auez confié les clefs du sacré Cellier qui contient vostre Sang precieux, & celuy de tous les Martyrs; encore que le sang de ceux-cy n'ayt pas de vertu, que par le merite de celuy-là. Ces rebellions aussi bien que tous les autres pechez prouiennent, de ce que les hommes se sont priuez des Lumieres de vostre verité que l'on prend en celle de la Foy surnaturelle, sans laquelle les Philosophes auec toutes leurs connoissances n'ont pû obtenir la souueraine beatitude.

## XVIII. ELEVATION.

### ARGVMENT.

*Elle s'esleue à la consideration de l'excez de la misericorde de Dieu, qui conduit les Ames dans la Charité par differentes manieres, pourueu qu'elles prattiquent des vertus en verité. Elle admire les fruicts de cette misericorde, l'excez de laquelle la rauit quand il a destruit la vie de son Fils dans la terre pour destruire le Corps du peché.*

Ô Amour, au dessus de toutes les douceurs que l'on peut peser de l'Amour! ô eternité de feu! oüy tres-Auguste & adorable Trinité, vous estes vn feu qui ne s'éteint iamais, mais qui brûle tousiours. Vous estes Dieu iuste que l'on ne sçauroit flechir par corruption, vous estes simple sans composition, & vous estes sincere sans feintise. Vostre droiture ne courbe pas, vostre simplicité n'a pas d'hypocrisie, & vostre sincerité ne trompe personne. Dressez donc les yeux de vostre misericorde vers vos pauures & cheriues Creatures. Ie sçay que la misericorde vous est naturelle, que cét attribut vous est singulieremét propre, & que vous estes Dieu par cette perfection. Que dis-ie? de quelque

*Admiration de la misericorde de Dieu.*

Iii iij

costé que ie me tourne, ie trouue l'Vniuers remply de vostre misericorde, & qu'il n'y a aucune chose qui subsiste ou qui ayt vie qui ne tienne son Estre & ses accompagnements des agreables épanchements de cette bienfaisante perfection. C'est ce qui me donne de la confiance pour la reclamer, afin que promptement elle se donne au monde.

*Dieu conduit les Ames à la Charité & à leur derniere fin par differentes manieres & par diuers chemins.*

Mais que m'apprenez-vous auiourd'huy dans vos Lumieres ? vous me monstrez que vous desirez que nous vous seruions à vostre façon, & s'il faut ainsi dire, à vostre humeur. Vous n'auez pas vne seule maniere de conduire les hommes à la perfection de vostre Amour. D'où vient que vous ne permettez iamais que nous iugions du cœur & de la perfection des autres (principalement de vos bons & fideles Seruiteurs) par les actes exterieurs de vertu qu'ils mettent en exercice ; mais seulement entant que leur volonté est conduite & reglée de la vostre. C'est ce qui faict qu'auiourd'huy mon Ame au milieu de vos diuines Lumieres qui me font connoistre clairement cette verité, se laisse transporter par le plaisir de sa conioüissance, de ce que dans les tresors de vostre bonne Prouidence, il y a vne infinité de moyens pour conduire tous les hommes au bien : ce qui est cause que les Ames qui prennent diuers chemins pour arriuer en fin à vous, marchét neantmoins ensemble par la route toute de feu de vostre diuine Charité ; autrement en verité ils ne suiuroient pas vostre Verité. D'où vient que nous voyons les vns qui courent par la penitence qu'ils establissent en la mortification de leur chair; les autres s'auancét par l'humilité auec laquelle ils font mourir leur volonté propre; Il y en a qui se conduisent par le motif de la Foy viue de laquelle incessamment ils produisent des actes; & puis nous en voyons qui se laissent transporter aux efforts de la confiance en vostre misericorde; Qui employera tous ses soins de dilater son cœur en l'amour du Prochain pour le seruice duquel il oubliera ses propres interests. Par toutes ces façons l'Ame saincte trouue dequoy profiter & s'accroistre, pourueu qu'elle soit bonne ménagere de la Lumiere de la raison aydée de la Lumiere surnaturelle de vostre grace, auec laquelle elle vient à connoistre la largesse immense de vostre Bonté.

Mô Dieu! qu'il fait beau voir marcher toutes les Ames dans ce chemin Royal sans sortir de vostre voloté, dans le bon plaisir de laquelle elles adorét les ordres que chacune doit tenir, sás faire reflexion sur la voloté des Creatures pour porter aucun iugement sur leur façon d'agir. Ces personnes, ô Charité que l'on ne sçauroit assez priser? accomplissent auec perfection l'auertissement de vostre bône Verité: Gardez-vous, dit-il, de iuger les hommes à la face selon l'apparence. Ô eternelle Verité! enseignez-moy vostre Verité? Quel est le chemin qu'il me faut tenir afin

*Le chemin Royal de la perfection est de faire la volonté de Dieu suiuant Iesus-Christ.*

d'aller à vostre Pere? apprenez-moy quelle est cette Verité? veritablement ie ne sçay pas d'autre route que celle que vous, ô Verbe, Verité Eternelle auez pauée de vertus reelles & solides, vnies ensemble par vostre Charité auec le ciment de vostre propre Sang. C'est icy le chemin Royal par lequel nous deuons passer pour arriuer au Ciel. Tout nostre mal-heur, ô grand Dieu! consiste en ce que nous aymons ce que vous haïssez, & que nous auons de l'auersio pour ce que vostre Amour approuue: c'est dequoy ie me suis renduë criminelle tous les iours de ma vie. Mais auiourd'huy ie m'adresse à l'abysme immense de vostre Charité, pour la supplier qu'elle me fasse la grace d'apporter de la correction aux laideurs de ma vie passée, suiuant desormais les diuines traces de vostre Verité auec beaucoup de simplicité & de droiture de cœur. Excitez en mon Sein vne faim excessiue d'endurer toute sorte de tourments. Donnez à mes yeux des torrents de larmes capables d'incliner vostre grande misericorde sur tout le monde en general, & en particulier sur vostre chere Espouse la saincte Eglise.

*Sentiments de sainte Catherine sur l'Eglise & sur le Sang de Iesus-Christ.*

O Douceur de Charité, au dessus de tout ce que l'on sçauroit penser de delicieux! cette chere Espouse est le iardin sacré de vos plaisirs que vous auez fondé au Sag de vostre Fils, & arrosé par le Sang des Martyrs qui se sont laissez rauir aux odeurs embaumées de cette liqueur Diuine du precieux Redépteur, pour le suiure en sa mort. Soyez donc le Iardinier & le Protecteur de ce lieu de vos delices. Qui pourra luy-nuire si vous en prenez la garde ? Pere tout-Puissant & debonnaire prenez nos cœurs, brûlez les des viues flammes de vostre Amour ; & s'il vous plaist, noyez-les dans le bain sacré du Sang adorable de vostre Fils, afin que nous puissions conceuoir des desirs insatiables & violens pour vostre gloire & pour le salut des Ames. Seigneur ! i'ay Peché, faites-moy Misericorde. O Dieu Eternel ! que diray-ie ? que penseray-ie digne de vous ? quel jugement dois-ie faire en verité de la maniere de vous comporter en nostre endroit ; si ce n'est que i'asseure sans me tromper, & que ie croye fermement, que vous estes nostre Dieu qui cherchez en toutes vos œuures nostre sanctification & nostre salut ? N'y a-il pas trop de preuues dans le Sang de vostre Fils, pour nous persuader cette Verité ? comme passionné de nostre Amour, n'a-il pas couru à la mort infame de la tres-cruelle & tres-sainte Croix ? Quoy mon Dieu ! auray-ie bien l'effronterie de leuer la teste deuant la Majesté de vostre Pere Eternellement viuant; tandis que ie verray le Chef de gloire à ses pieds humilié dans la bouë méprisable de nostre humanité ?

Il faut que i'auouë que la Misericorde est vne proprieté admirable de vostre Nature ; & qu'elle ne peut appartenir auec plus de bien-seance & plus de bonne grace qu'à vous seul. C'est donc elle que ie reclame

*Eloges & fruits de l'excez de la Misericorde de Dieu.*

pour l'opposer à vostre Iustice, de laquelle les rigueurs ont esté prouoquées par les pechez des hommes. Ouy, vostre Misericorde nous a creé, elle nous a racheté, elle nous conserue de sa protection, de crainte que la terre ne nous engloutisse, que les animaux ne nous deuorent & que l'Enfer ne fasse curée de nous: Au contraire elle commande à toute la Nature de s'employer incessamment à nostre seruice. O Diuine Misericorde! c'est par ta grace que les iours de nostre vie sont prolongez, afin que nous ayons lieu de faire penitence, & le temps pour nous reconcilier à toy. Ne lie tu pas par force les Anges au Ciel, pour les empécher qu'ils ne fassent sur le champ des punitions exemplaires & seueres de nos ingratitudes criminelles? O Misericorde tu détrempe nostre vie, tantost de consolations, tantost de desolations, quelquefois de prosperitez & puis d'aduersitez; afin que celles-là saisissent nos cœurs, en les remplissant des saueurs delicieuses de ton Amour, pour les rauir à ton seruice; & que par celles-cy nous apprenions à nous connoître, & de nous en seruir d'occasions de meriter des couronnes Eternelles, en combattant auec autant de courage que de perseuerance, tandis que tu reserue les cicatrices en la Chair glorieuse du Diuin Redempteur. N'est-ce pas cette Misericorde qui a aujourd'huy eu pitié de moy miserable Pecheresse, en m'apprenant que ie ne deuois pas porter de jugement ny sur les actions ny sur les intentions des hommes; puis que c'est vous ô mon Dieu qui les conduisez à la perfection par des differentes manieres tirées de la fœcondité de vostre Sagesse infinie. Ce que vous m'auez faict encore connoistre par moy-même; dequoy ie vous offre mes tres-humbles actions de grace.

Neantmoins parmy tous les effects prodigieux de cette Diuine perfectiō, ie n'en treuue pas de plus puissant pour rauir le cœur de l'homme, que celuy d'auoir obligé le Verbe Diuin faict homme de satisfaire au delà de toute rigueur de Iustice, & plus qu'au dessus du demerite de l'offense. N'estoit-ce pas assez d'vne goutte de sang. Que dis-ie? vn membre de son Corps n'estoit-il pas assez considerable pour vne action de cette importance, sans qu'il faille épuiser tout le sãg de ses veines, toutes les forces de son Corps, tous les Esprits de ses arteres, & ne laisser aucune partie en sa chair exempte de tourment, pour détruire le Corps du Peché de tout le Genre humain qui auoit conspiré à la rebellion contre vostre Majesté? i'ay dict ô Pere Eternellement viuant, que le Corps du Peché vous auoit offensé; C'est ce que i'entends en deux façõs, la premiere consiste en ce que parmy les conditions des hommes, il n'y en a aucune où vous ne soyez traicté de mépris; aux vns par la teste aux autres auec les mains & les pieds, il y en a fort peu qui s'exemptét de se rendre iniurieux à vos grandeurs par

*Effect plus grãd de la Misericorde de Dieu, en ce qu'il exposé son Fils à la mort pour détruire le corps du Peché.*

quelque partie de leur Corps, par quelque sentiment de leur chair, ou par quelque puissance de leur Ame: De maniere qu'il n'est que trop veritable que tout le Corps de l'homme assemblé en toutes ses parties & en tous ses membres, s'est rendu criminel & digne de punition Eternelle. La seconde façon regarde la volonté de l'homme, laquelle estant corrompuë par le venin de la coulpe, glisse sa qualité maligne dans toutes les autres facultez tant de l'Ame que du Corps: par ainsi l'on peut asseurer, & comme il est vray, que tout l'homme estant enueloppé dans le Peché, est pareillement compris en la peine qu'il merite. Voicy la raison pourquoy ô profondeur immense d'Amour, vous auez voulu exposer tout le Corps & le Sang de vostre Fils vnique, pour satisfaire pleinement en l'humanité souffrante, qui receuoit vne vertu infinie en laquelle consistoit le prix & la dignité du Sacrifice expiatoire des Pechez de tous les hommes. Il sembloit encore ô Diuin Verbe que c'estoit trop peu pour vostre Amour, que vostre Corps demeurât exposé à toutes les rigueurs des tourmens, si vostre Ame n'eust esté détrampée de tristesses nées de la contrition excessiue que vous auiez pour nos Pechez. Mais quoy! nous auions offensé & en la chair & en l'Esprit; C'est ce qui vous a obligé de faire vn double holocauste de vous-même en vôtre Ame & en vôtre Corps. Misericorde? mon Dieu j'ay peché, Dieu Tout-puissant debônaire & misericordieux, destournez vos yeux s'il vous plaît de dessus les horreurs de nos iniquitez.

## XIX. ELEVATION.
### ARGVMENT.

*Elle s'éleue à l'admiration de l'Amour de Dieu aux manieres de se communiquer en l'Incarnation, en l'Eucharistie, aux progrez de l'Ame en la perfection, en l'Oraison & dans l'estat de l'Amour vnitif. Elle finit en s'humiliant & se confiant en la Misericorde de Dieu.*

O Trinité! ô Eternité! ô Eternelle Trinité. Abysme de feu de Charité! Que faites vous mon Dieu? n'apprehendez vous pas de faire tort à vostre jugement, en pensant establir dans la terre vn prodige de vostre Amour? Ne dira-on pas que vous nous aymez au delà de toute raison, de toute Iustice, & au delà de toute sagesse? que ce n'est pas tant la dilection qui vous transporte, comme la passion aueuglée qui vous precipite à vouloir du bien à vne Creature qui ne le merite pas? Mais ô feu Eternel d'Amour, tu es toute ta Sagesse, toute ta raison, & toute ta Verité. Que dis-ie? c'est la Verité & la Sagesse même increée que tu nous donne pour nostre Redemption. O Sagesse! ô Amour dans le Mystere de l'Incarnation du Verbe! l'Amour donne la Sagesse du Pere, qui ne vient pas seule sans Amour, lequel se donne conjointement auec elle, & par son moien la presence de la tres-Auguste & adorable Trinité. O Trinité!

*Amour de Dieu enuers nous sembleroit estre sans sagesse, s'il n'estoit à Dieu toute sa raison & toute sa sagesse.*

Qu'auiõs-nous qui pût vous seruir de motif à nous faire cette grace, sinon le Peché & l'ingratitude? n'est-ce pas cela même que vous deuiez esperer pour recompense de l'excez de vostre Amour ? s'il y auoit du profit à esperer, c'estoit pour nous seulement; puis que vostre suffisance est incapable de tirer aucune vtilité ou plaisir du costé de l'indigence de vos Creatures.

*Excez de l'Amour de Dieu se donnât en nourriture au Sacrement de l'Eucharistie.*

Qui eust iamais ozé penser que vostre Charité fust paruenuë à cette extremité, que de nous donner en forme de nourriture, le même Dieu & homme tout ensemble, que vous auez enuoyé dans le môde pour nostre salut. Ingrate & vile Creature ! n'admire-tu pas les grandeurs Eternelles du Verbe Incarné, cachées sous cette blancheur apparente pour te seruir de refection, de consolation & de force parmy les miseres du siecle, & par ce moien empécher que tu ne succombe au faix du trauail durant le temps de ton pelerinage? O Brasiers immenses d'Amour ! N'estoit-ce pas assez pour l'homme, qu'il portât vostre Image grauée en l'essence de son Ame, & vostre ressemblâce imprimée en ses Puissances; sans encore vouloir estre sa nourriture au Sacrement de la Diuine Eucharistie, où Dieu Trine en personnes deuient la viande de l'Ame en la personne du Verbe, tandis que nostre chair prend sensiblement le Sacrement du veritable Corps du Diuin Redempteur. Il ne faut pas rechercher d'autre motif de cecy que le même Amour qui vous oblige, ô

Auguste Trinité! de vous donner auec luy au Mystere incomparable de son Incarnation, dans le sein venerable de la Diuine Marie.

Mais quoy? vostre Amour ne s'est pas arrêté en ce Sacrement, où vous estes autant redoutable comme vous y estes tout aymable, afin de vous communiquer. Ne vous donnez-vous pas encore hors de ces Mysteres, Pere, Fils & sainct Esprit à l'Ame, qui s'est aneantie & perduë à soy-même, pour n'auoir plus de vie qu'à procurer vostre gloire & la sanctification de vostre nom, sans rechercher ses interests propres ny dans vostre Amour & vostre seruice, ny dans le seruice & l'Amour qu'elle rend pour vostre Amour à son Prochain? De vray n'estes-vous pas la Bonté souueraine & Eternelle, digne d'estre aymée d'vn Amour qui corresponde à la grandeur imméfe de vostre merite? heureuse l'Ame qui s'est disposée de receuoir vn bien de cette nature; vous ne vous contentez pas de vous manifester à elle au milieu des rauissemens de vos Lumieres, vous la fortifiez encore de la toute-Puissance de vostre vertu, ô Pere Eternellement viuant! allencontre des assauts de l'Enfer, des miseres de la vie & des persecutions des autres Creatures: Vous remplissez son entendement de la Sagesse de vostre Fils, afin qu'elle apprenne à se cónoistre & à vous connoistre; vous allumez en sa volonté les brasiers amoureusement viuants du sainct Esprit. Vous daignez ô grand Dieu vous

*Dieu se donne à l'Ame qui s'est aneantie par l'abnegation & qui ne cherche que la gloire de Dieu.*

comporter de la sorte enuers nous, plus ou moins selon la mesure de nostre Amour, & selon que nous apportons de dispositions dans les sainctes prattiques de nostre vie pour nous en rendre dignes.

*Elle remercie Dieu de ce qu'il luy a reuelé les moiens de la reformatiõ de l'Eglise, pour laquelle elle prie apres s'estre humiliée.*

O Pere souuerain! ie m'épanche auiourd'huy toute en actions de graces, de ce qu'il vous plaît estant épris de l'Amour excessif pour vos Creatures, vous nous faictes l'honneur de nous declarer les moiens que nous deuons employer aux fins de la reformation de l'Eglise. Mais aussi ie vous prie, que comme d'vn costé vos Lumieres ont suffisammẽt instruit mon entendement, touchant cette Verité: de même que du costé de vos Creatures & principalement du costé de vostre souuerain Vicaire, en ce qui regarde l'execution, vous disposiez leurs volõtez pour se resoudre à suiure ces mêmes Lumieres importãtes que vous m'auez inspiré & que vous m'auez promis de m'inspirer à ce dessein. O Trinité, ô Eternité ie n'ay faict que vous offenser tout le temps de ma vie. Misericorde: mal-heureuse Catherine, t'es-tu iamais bien souuenuë de Dieu: Dits, Ame miserable! la pensée de Dieu a-elle comme il faut en verité, occupé entierement ton Esprit? si cela eust esté il y a long-temps que tu serois toute brûlée du feu de son Amour. O Pere de l'Eternité! rendez la santé à la malade, que dis-ie, rendez plustost la vie à celle qui est morte; rendez-moy la parole, afin qu'auec vostre voix ie crie à vous-même, pour le salut du monde & pour obtenir

de sainéte Catherine de Sienne. 893
nir vostre Misericorde, en faueur de vostre
chere Epouse l'Eglise saincte. Exaucez mes
prieres, principalement pour vostre sacré Vicaire & pour ceux qui l'assistent de son Conseil, pour ceux encore que vous m'auez commandé d'aymer comme mes Enfans. I'auouë
que ie suis infirme; toutefois ie ne sçaurois les
voir malades & languissans en vostre Amour.
Nonobstant mes imperfections, & qu'il me
semble que ie sois morte à la feruuer de vôtre
Charité; ie souhaite auec des desirs impetueux qu'ils deuiennent parfaits, & qu'ils
soient remplis de la vigueur de vostre
grace.

Mais ô feu dont la grandeur n'a pas de prix! *Faueur priuile-*
ô Dilection immense de Charité, se peut-il *giée de Dieu*
penser vne humilité plus códescendente, ny *nique à certai-*
vne Misericorde plus prodigieuse que celle *nes Ames les Lu-*
que vous employez enuers moy, en vous có- *mieres extati-*
muniquant auec tant d'abondance, non seu- *vnitif.*
lement par l'vnion de la Nature Diuine auec
la Nature humaine, mais encore en vous épăchant vous-même par sentiment extatique,
en l'vnion admirable que vous faictes dans
l'Ame de ceux qui vous ayment auec perfection, & qui vous seruent auec beaucoup de
simplicité de cœur & de droicture d'Esprit?
I'auouë neantmoins que nous ne contribuons rien à cette grace, qui a sa cause primitiue dans vostre Bonté souueraine. Ô malheur pour les hommes! ne deuroient-ils pas
mourir de honte de ne pas vouloir demeurer incessamment en vostre sein, par le reci-
Kxx

proque de leur Amour; puis que vous ne cessez iamais de demeurer au milieu de nous? Miserable Catherine! voila la source de tous tes mal-heurs. Non, mon Dieu, ie n'ay pas encore eu vn veritable souuenir ny de vous ny de voſtre Amour. Misericorde? Misericorde? i'ay offensé griéuement. En demeureray-ie là pourtant.

*Elle s'eſtime indigne de prier la Misericorde de Dieu qu'elle propoſe pour eſtre exaucée.*

Mais qui ſuis ie! pour penſer à vous remercier de tāt de graces remplies d'excez? Comment pourray-ie atteindre à vos grandeurs? quelle proportion y a-il entre mon neant & voſtre Eſtre? Ie ſuis la mort, & vous eſtes la vie. Ie ſuis vne pure folie, & vous eſtes la méme ſageſſe. Le retreciſſement & l'infinité, les tenebres & la Lumiere, l'iniuſtice & la droicture, l'infirmité & la force n'ont pas d'alliāce l'vn auec l'autre. Toutefois ie treuue les moyens de vous approcher que ie ne rencontre pas en moy, dans les Lumieres de voſtre grace que vous répandez dans le ſein de ceux qui ſe diſpoſent à les receuoir. Ces diuines Lumieres font ie ne ſçay quelle proportion entre vous & l'Ame ſaincte, auec laquelle vous vous liez par des eſtreintes amoureuſement puiſſantes. Ce ſont ces agreables cordons, & ces amoureuſes chaînes que ie vous demande pour le monde; Regardez-le encore vne fois des yeux de voſtre Miſericorde; il y a bien plus à gagner pour voſtre gloire ſi vous en vſez de la ſorte, que ſi vous le laiſſiez perir mal-heureuſement. I'auoüe neātmoins que les effets de voſtre Iuſtice ne ſont pas

*de saincte Catherine de Sienne.* 895

moins auantageux pour vostre honneur que ceux de vostre Misericorde. Que dis-ie? les splédeurs éclatantes de vostre gloire brillent par tout. Ne voyons-nous pas que c'est elle méme qui retient le glaiue rigoureux de vos vengeances, sur les Pecheurs pour leur donner lieu de penitence; & dans les Enfers elle le modere, de maniere que les damnez ne sont pas punis à la mesure de leurs demerites? Mais ce que ie desire auec de puissantes ardeurs, c'est que cette gloire paroisse en vos Seruiteurs; qu'ils vous rendent honneur, loüange & benediction, accomplissants exactement vostre volonté, pour paruenir à leur fin derniere. Pour ce qui regarde la personne de vostre souuerain Vicaire, faictes-en vn autre vous-méme par imitation; aussi a-il pl° besoin de Lumiere de grace que les autres qui la doiuent receuoir de luy. O Pere doux & debonnaire! donnez-nous vostre tres-aymable & Eternelle benediction. *Ainsi soit-il.*

## XX. ELEVATION.

### ARGVMENT.

*Tout le dessein de cette Eleuation consiste à plaindre les mal-heurs de la propre volonté, & de se resiouyr des biens qu'apporte la conformité à la volonté de Dieu. Elle fait voir les degrez de cette conformité & ses effets, en déduisant les moiens dont Dieu s'est seruy pour nous la faire acquerir.*

O Deité! ô haute Eternité. O Amour incomparable! i'ay apperceu vos Lu- La propre volõté de l'homme

Kkk ij

*est cause de ses tenebres, & au contraire celle de Dieu en luy est cause de ses Lumieres.*

mieres dans vos Lumieres, qui m'ont faict connoistre les sources de la Lumiere de l'Ame saincte, & les causes des tenebres de celle qui croupit dans le vice. C'est vous ô mon Dieu! qui estes le principe de celles-là, & c'est la mauuaise volonté qui est l'origine de celles-cy. En me reuestant de vostre bon plaisir ie participe de vos Lumieres; & quand ie m'entretiens en ma propre complaisance, ie suis remplis de tenebres. Mon Dieu que le vestement de vostre volonté est agreable, puis qu'il enuironne celuy qui en est reuestu, de clartez Diuines? Quelle merueille! qu'estans encore dans vn Corps mortel, nous connoissions la vie qui est Eternelle? qu'au milieu de nos tenebres nous apprenions les Lumieres de vostre grace? & qu'estans finis en nostre estre & en nostre intelligence, nous entendions ce qui est infiny? Mais auparauant, il faut se dépoüiller du vestement honteux de nostre propre volonté; ce que nous ne sçaurions faire que par la faueur de vos Lumieres que nous auons receu au sacré Baptême, ménagées auec beaucoup de fidelité par nostre Arbitre. O Verbe diuin! c'est vous qui estes la Lumiere cachée sous le voile de nostre humanité, de laquelle deriuent les diuines splendeurs dont nos Ames sont reuestuës.

*Antitheses de la propre volonté, & de la volonté de Dieu en l'hôme, marques de l'vne & de l'autre.*

O glorieuse Robbe éclatante de Lumieres! qui chassez les tenebres & appaisez la faim enragée de la propre volonté auec la soif desesperée des hommes de la terre, par la faim des vertus & par la soif de vostre gloire? heureuse l'Ame ! qui quitte la mort de la volonté peruerse, pour l'échanger auec la vie de voſtre delicieuſe & adorable volonté ? O vêtement honteux de la volonté propre ! tu ne couure pas, au contraire tu manifeſte la confuſion de l'Eſprit. Mais ô Amour incomparable! dans lequel l'Ame parfaicte connoiſt qu'elle s'eſt dépoüillée de ſoy-même, & qu'elle eſt deſnuée de toute proprieté. O volôté toute nuë, toute belle, toute pure, toute ſaincte ! tu porte dans ton ſein les gages de l'immortalité, & les arrhes delicieux du Paradis: Que diſ-ie, que tu es toy-méme ce gage & cette aſſeurance de promeſſe. De vray tu es fidele non pas au móde, mais à ſon Createur, iuſqu'à la fin ; lequel tu embraſſe à meſure que tu t'es plus entierement dépriſe, de l'amour de toy-même. Voicy la marque que nous ſommes reueſtus des Lumieres diuines; ſi en toutes choſes nous prenós le lieu, le temps, la maniere & les autres circonſtances non ſelon noſtre gouſt, mais ſelon voſtre bon plaiſir. Si, diſ-ie, elles produiſent en nous le germe de toutes les vertus, & qu'elles nous en faſſent produire les fruits. A moins que cela l'on peut aſſeurer que l'on marche dans les tenebres de la propre volonté, de laquelle l'on ne ſe défera iamais. La cauſe de cecy prouient de ce que l'œil de l'entendement eſtant eſbloüy par la coulpe, la volonté pareillement qui eſt la cauſe du mal, demeure liée par l'obſtination ; ce qui faict que l'Ame eſt inſenſible aux vapeurs puantes du vice, &

sentant son Amour de deuoir, elle tâche de vo⁹ payer le gratuit enuers le Prochain qu'elle déuance par ses seruices, sans autre veuë, sans autre esperance que vôtre Amour, vôtre gloire & l'exaltation de vôtre Nom. Elle ne pense ny à profit ny à reconnoissance presente ou future du costé de celuy qu'elle ayme auec ce détachement. Ie ne veux pas nier qu'elle ne doiue se comporter en cecy, pour s'acquitter humblement de l'obeïssance qu'elle doit à vôtre commandement.

Mais quand ie viens à considerer la conformité que vous faites en l'Ame saincte, quand il vous plaît d'éleuer ses puissances par les touches rauissâtes de vos Lumieres vnitiues, afin qu'elle vous contéple en vous-même, en la meilleure façô que le peut permettre la condition de la vie mortelle; ô Dieu que de meruielles, que de gândeurs? Ouy mon Dieu vous vous accommodez tellement à elle, & vous la proportionnez d'vne telle maniere à vostre Bôté souueraine, que par le moié des saueurs delicieusement enyurâtes de la Charité, vous luy faites cônoître l'immortalité des biés imméses qui vous sôt propres. Vous estes la Lumiere increeé; ô excez! & vous voulez qu'elle participe de cela méme? Vous estes tout feu d'Amour essentiel, & c'est en quoy vous desirez qu'elle communique auec vous, pour transformer sa volôté en la vôtre, tandis que vous estes tout pour elle? N'estes-vous pas la sagesse méme, & vous la luy versez dans son sein, afin qu'elle puisse discerner en verité que

*Perfection de la conformité dans les Lumieres vnitiues qui sont dônées à ce dessein.*

c'est vous. Vôtre Toute-puissance devient sa force, que nulle Creature luy peut oster, & qu'elle ne sçauroit perdre tandis qu'elle est heureusement reuétuë de vôtre volôté. Apres cela, que diray-ie? sinon que par la grace elle devient infinie en sa façon, en la ressemblance de vôtre Estre duquel elle porte vne rauissante imitation dés cette vie, attendant de la perfectionner dans la veuë de vôtre gloire. Car ce sera alors que la conformité sera pleine, & que le libre Arbitre demeurera glorieusement lié, pour iamais ne perdre cette bien-heureuse ressemblance qu'elle porte de vos grandeurs.

*Hideuse conformité de l'Ame qui ne se gouuerne pas par les Lumieres de la Foy.*

C'est donc, mon Dieu! au milieu de vos Lumieres, que nous nous perfectionnons; ce sôt elles qui sont causes de tout nôtre bon-heur: au contraire nôtre propre volôté est la source de toutes nos miseres, apres nous auoir bany de la circôference de la Lumiere de la Foy, viue dans laquelle nous vous rencontriôs de quel côté que nous iettassions les yeux. Mais depuis que l'Ame en est sortie dehors, mon Dieu quelle conformité, quelle Image, quelle ressemblance est-ce qu'elle porte? si ce n'est celle des bestes qu'elle contracte, en suiuant la loy peruerse de sa propre volonté, & les maximes haïssables des Demons inuisibles, & des visibles la chair & le monde. Qui luy cause ce mal-heur, sinon elle-méme? que dis-ie? ô tres-Auguste & Eternelle Charité! c'est moy, qui suis la cause fatale de tous les Pechez du monde. Misericorde; mon Seigneur! i'ay Peché. Ouy, ie suis criminelle, puis que ie n'ay pas appliqué ma lumiere pour connoistre dās vos Lumieres la honte de ma propre volóté, afin de m'en dépoüiller comme d'vn vestement qui porte mal-heur, & que vous commandez qu'on laisse promptement; sans que l'on se reserue quoy que ce soit de sa proprieté.

Donnez, mon Dieu! donnez, ô Pere des Lumieres! les rayons de vôtre clarté à toutes Creatures qui en sont capables; singulierement versez-les plainement sur nostre bon Pere vostre sacré Vicaire, quelles remplissent la dignité & l'importance de son Ministere, & si vous voulez qu'elles le rendent vn autre vous-mesme & à vos yeux, & à ceux de toute l'Eglise. Eclairés les aueugles, qu'ils ouurent les yeux à vostre Verité. Ie vous recommande pareillement ceux & celles que vous auez confié à mes sollicitudes plus particulieres; faites qu'ils paroissent comme des Enfans de vos douces Lumieres; purgez-les entieremēt de leurs imperfections, lesquelles ie vous prie de chastier sur mes épaules criminelles, afin qu'ils trauaillent glorieusement dans le sacré parterre de vostre saincte Eglise. Mon Dieu, mon Seigneur! ie vous ay offencé. Misericorde? cependant ie vous remercie tout autant qu'il est en mon pouuoir, de ce que vous auez agreé de me faire connoistre l'excellence de nostre conformité auec vostre volonté. Ie ne suis rien du tout, mon Dieu c'est vous seul qui auez l'estre. Remerciez-

*Elle demande à Dieu ses Lumieres pour l'Eglise; elle le remercie de ce qu'il luy a appris de la conformité.*

vous donc vous-mesme ; ou bien donnez-moy ce que vous sçauez estre plus digne, afin que ie vous puisse loüer, ô saincte & douce volonté! source primitiue de tout mon bonheur. Inclinez vostre Misericorde sur le monde; employez vostre toute-puissance pour assister vostre sacré Vicaire auec sa chere Epouse & la vostre. Dieu tres-Auguste & eternel! Misericorde ? i'ay peché. Neantmoins ne laissez pas de nous faire ressentir les agreables épanchements de vos benedictions. *Ainsi soit-il.*

## XXI. ELEVATION.

### ARGVMENT.

*Elle s'excite à demeurer en Dieu par les motifs des manieres que Dieu employe pour demeurer en l'homme.*

*Bô-heur de l'Ame qui considere Dieu dãs soy-mesme, & qui se voit continuellement en Dieu.*

Dieu Eternel! tres-Auguste, tres-haute & eternelle Diuinité! ô souuerain Pere des Creatures. Trinité tres-adorable! vous estes veritablement vn feu immense de Charité. O Diuinité! ô Eternité! Il ne se pouuoit rien trouuer de plus puissant pour nous faire connoistre l'excez de vostre Grandeur, & la magnificence de vostre Bonté, que le don que vous auez fait aux hómes lors qu'il vous a plû vous répandre dans l'estable de nostre humanité, qui estoit deuenuë la retraite des animaux impurs, ce fust pour nous faire voir cette honte, que vostre Verbe voulut naistre dans vne chetiue estable au milieu des animaux. Qu'est-ce que i'entends de vous? ô Dieu de l'Éternité! vous me commâdez d'arrester mes yeux sur vostre Majesté, afin que ie monte de la connoissance de ma petitesse à la connoissance de vostre Grandeur; & que par l'excez de vos perfections ie mesure le raualement de mon Estre & de mon pouuoir. Ie vois toutefois que ie ne sçaurois paruenir à vostre connoissance, si premierement ie ne me desapproprie de ma volonté, ainsi que vous me l'enseignez en vostre Diuine Doctrine. C'est en ce dépoüillement entier que nous venons à nous connoistre nous-mesme; & dans nous-mesme auec vos Lumieres, connoistre vostre immense & souueraine Bonté. O feu qui brûlez tousiours! l'Ame de cette perfection qui vous connoist en soy-mesme, & qui se contemple en vous, ne sçauroit où ietter les yeux dans l'Vniuers, soit parmy les hommes, soit parmy les Creatures sans raison, quoy que finies, qu'elle ne rencontre l'infinité de vos grandeurs. Vostre Puissance, vostre Sagesse & vostre Bonté sont les objets de sa veuë en toutes choses: De vray vous auez tout creé, parce que vous l'auez pû, vous l'auez sçeu, & que vous auez eu assez d'amour pour le vouloir. O mal-heureuse Catherine! Ie n'ay pas encore bien apperceu ces merueilles, parce que ie n'ay pas quitté ma propre volonté, pour me reuestir de celle de mon Dieu.

Mais, ô tres-cher & tres-delicieux Amour! Dieu dans l'hô-

*me par l'Eucha-ristie. Pureté pour s'en approcher.*

vous me commādez de me regarder en vous; dites-moy donc en quelle maniere, & où ie le pourray faire? Voulez-vous que ce soit dans l'Image de vos grandeurs que vous m'auez fait l'honneur de me donner en ma Creation? Ce sera, sans doute, dans cét Amour immense qui a contraint la pureté tres-immaculée de vostre Bonté de s'vnir à la bouë du lac de nostre humanité, & qui par vne certaine estenduë affectueusement transformante s'est donnée à nous en qualité de viāde pour nous seruir de nourriture. O viande tres-pure! ô nourriture vierge & immaculée! tu n'es propre que pour les Anges qui s'approchent de ta netteté. Que dis-ie? cette pureté Angelique que l'on desire en ceux qui se disposent à la Diuine Eucharistie, auroit encore besoin de se purifier dauātage, si elle en estoit capable, pour se rendre digne de la participation d'vn Mystere si Auguste & si plein de Majesté. Mais où est-ce que nous irons chercher cette pureté plus que Seraphique; si ce n'est dans la fournaise toute-puissante de la Charité du S. Esprit, & dans le bain delicieux du Sang de l'Agneau, où les Vierges & les Martyrs ont blanchy leurs Ames plus que leurs corps? ha mal-heureuse que ie suis! auec quel cœur oseray-ie m'approcher des mysteres si redoutables, sans vne purification generale & solemnelle de toutes les qualitez estrangeres, & dissemblables de la saincteté de ce diuin Sacrement? N'ay-ie pas honte de presumer la communion de cette grace incomparable; puis que toute ma vie a eu plus de ressemblance aux qualitez malignes des Demons, desquels i'ay suiuy la volōté, qu'aux passions haïssables des animaux sans raison de la terre, desquels incessamment i'ay faict les actions?

O Bonté immense! vous voulez que ie vous regarde, afin que ie voye dans vostre volonté l'Amour que vous auez pour moy; & qu'en cette idée d'amour gratuit, l'estudie celuy auec lequel ie dois aymer mon Prochain, pour l'assister en ses besoins, tant spirituels que corporels, auec la mesme pureté d'intention à proportió de celle que vous auez en aimant les hōmes. Vous voulez, dis-ie, que ie les ayme cóme vous les aimés sans nulle esperáce de recompense: au contraire qu'au milieu de ses ingratitudes & de ses persecutions, ie renforce les ardeurs plus viues de ma dilection, pour me rendre enuers luy plus condescendāte en ses necessitez, & plus charitable pour les luy procurer. Pour mieux apprendre cette belle prattique, que dois-ie faire de mon costé; si ce n'est de me dépoüiller de ma vieille robbe, c'est à dire de moy-mesme, pour me reuestir de vostre eternelle & adorable volonté; afin qu'auec vostre Lumiere surnaturelle, ô Trinité! ie puisse me contempler heureusement en vous, & apperceuoir dans vostre Sein tres-Auguste que vous estes nostre table, nostre viande; & à mesme temps (s'il faut ainsi dire) le Ministre qui nous la propose & qui nous la sert.

*L'Ame doit étudier l'Amour du Prochain dans la veuë des manieres que Dieu employe pour demeurer en elle.*

*Heureuse nourriture de l'Ame que le S. Esprit propose.*

C'est vostre heureuse poitrine, ô Pere Diuin! qui est la table sacrée où le S. Esprit nous offre en qualité de viande delicieuse vostre Fils vnique, tant au Sacrement de la diuine Eucharistie que nous receuons en la Communion de son Corps & de son Sang qui nous sont donnez en forme de nourriture, qu'en la Doctrine qui est comme le suc de vostre volonté, pour nous fortifier durant que nous serons voyageurs en ce monde. Oüy ce Diuin Paraclet, nous propose cette rauissante Doctrine, éclairant de ses Lumieres nostre Entendement, & pressant nos cœurs par des inspirations delicieusement affectueuses à l'imitation des veritez eternelles qui nous sont enseignées. C'est luy encore qui remplit nos Esprits de la Charité du Prochain, il rassasie nostre faim du salut de tout le monde pour vostre plus grande gloire: de maniere que les Ames éclairées des Lumieres de vostre grace, se nourrissent à toute heure de cette sauoureuse viande qui charme la faim naturelle des corps.

*Sainte Catherine de Sienne se purifie en la consideration de la Bonté de Dieu.*

O Bonté infinie! c'est dans vostre Sein que l'on connoist l'Amour que vous portez à vostre chere Eglise & à vostre Vicaire souuerain dans la terre, ayant fondé celle-là sur le Sang adorable de vostre Fils vnique, & ayant constitué celuy-cy le dispensateur de cette liqueur Diuine. Ce sera desormais que ie me regarderay incessamment dans cette mesme Bonté, pour y prendre la pureté qui me doit rendre agreable à vos pieds, en faueur de tout le monde. Oüy, estant deuenuë toute belle & toute nette ie crieray apres vostre misericorde, afin d'incliner les yeux de sa compassion sur la face de vostre Espouse & sur son Espoux visible. Enuoyez les splédeurs agreables de vos Lumieres sur vos Seruiteurs fideles; afin qu'ils disposent de leur vie auec beaucoup de simplicité accópagnée de prudence. Donnez-leur toutes les bonnes inclinations necessaires pour suiure les inspirations que vous aurez insinué en leurs cœurs.

O hauteur de la Sagesse eternelle! il vous a plû de créer mon Ame auec trois puissances, c'estoit afin qu'elles s'accordassent ensemble en l'vnion de vostre Amour & de celuy du Prochain, sans quoy ie demeure seule sans compagnie. O heureuse ligature! ô assemblage rauissant! où ie deuiens vne mesme chose auec vous & auec mon Prochain. I'apprends, i'apprends auiourd'huy ce que veut dire vostre sainct Apostre: Plusieurs courent dans la lysse, mais il n'y a qu'vn seul qui embrasse le prix. Misericorde, mon Dieu! i'ay peché! Ie n'ay pas encore commencé de me connoistre dans vostre Bonté souueraine, dót la nature est vn feu immense d'Amour. D'où procede mon Estre & mes puissances, si ce n'est de cette fournaise embrasée de dilectió eternelle? Y a-t'il quelque chose dans le Ciel & dans la terre qui ne soit issuë de ces Diuines flammes? Pourquoy est-ce donc que tout l'Vniuers ne brûle pas, & pourquoy ne suis-ie pas toute éprise & toute embrasée des ar-

*Sentiments extatiques de sainte Catherine, de l'Amour de Dieu & du Prochain.*

à l'odeur delicieuse des vertus & de la grace. O mal-heureuse Ame! privée des Lumieres Divines; Misericorde mon Dieu? c'est moy i'ay peché.

*Toutes les graces de Dieu soit generales soit particulieres, tédér à faire la côformité de l'Ame auec Dieu.*

De quel costé que ie me tourne, ie vois que vous voulez que i'aye vne parfaicte conformité auec vostre Bonté. N'est-ce pas pour cela que ie porte vostre Image en l'essence de mon Ame, & vostre ressemblance en ses puissances? A quoy bon auriez-vous pris nostre Estre dãs le sein d'vne Vierge, si ce n'est pour vous proportionner à nostre bassesse, & nous faire l'honneur de participer de vos grandeurs? si ie m'arreste à l'Ame éclairée des viues splendeurs de vos Lumieres surnaturelles; n'assurerons-nous pas, que puis qu'elle demeure en vous, & que vous demeurez en elle par les operations puissantes de l'Amour sacré, qu'elle est deuenuë comme vn autre vous-méme? De vray elle n'a plus de propre volonté; elle a épousé la vostre apres auoir re-

*Effets de la conformité de la volonté de l'hôme à celle de Dieu.*

pudié celle-là; elle ne cherche, elle ne veut, elle n'ayme que ce qui peut estre agreé de vostre bon plaisir; elle se rend exacte en la pratique des Diuines leçons du Diuin Redempteur, & de l'exercice des vertus reelles, veritables, & éprouuées dans le creuset de la Diuine Charité: De maniere que vous deuenez mutuellement amoureux l'vn de l'autre, puis qu'vn méme Amour vous lie ensemble inseparablement. Il est vray qu'elle ne sçauroit vous rendre vn Amour gratuit, comme celuy auec lequel vous la prenenez auec tant de douceur; c'est pourquoy en vous pre-

deurs pressantes de cette Charité? J'auoüe que ie ne suis pas de la nature de ce feu. Mais comme la plante qui a ses racines en la terre, quoy qu'elle ne soit pas terre, ne laisse pas de naistre de la terre, & se nourrir de la terre: Ainsi, ô feu immense de Charité increée! c'est de vous-mesme que j'ay la vie & tous ses accompagnements, c'est au milieu de vos flammes que ie respire, ce sont vos brasiers qui me conseruent. O feu! ô flammes! ô brasiers qui me penetrez & qui me possedez! chágez-moy promptement en vous-mesme. O Lumiere! ô Sagesse! ô force! donnez-moy la participation de vostre Lumiere, de vostre Sagesse, & de vostre force. Bannissez les tenebres de nos Esprits, afin que nous puissions connoistre plus parfaitement vostre volonté, & la suiure en toutes choses auec beaucoup de simplicité de cœur, & beaucoup de droiture d'intention. Seigneur, soyez attentif à mon ayde. Seigneur, hastez-vous de me venir secourir. *Ainsi soit-il.*

FIN.

www.ingramcontent.com/pod-product-compliance
Lightning Source LLC
Chambersburg PA
CBHW071227300426
44116CB00008B/941